"十四五" 时期国家重点出版物出版专项规划项目
新能源与智能网联汽车新技术系列丛书
新工科·普通高等教育汽车类专业系列教材

智能网联汽车技术与应用

主　编　张立军　李海斌
副主编　秦孔建　郭润清　左伏桃
参　编　毕　欣　王亚飞　李琳辉　吴长水　黄孝慈
　　　　王启明　陈　浩　郭魁元　邵学彬　李维菁
　　　　李雨冉　黄晓延　吕吉亮　于乾坤

机械工业出版社

本书以智能网联汽车的"三横两纵"技术架构为基础，重点介绍了环境感知、定位与建图、路径规划、智能驾驶行为决策与控制、自动紧急制动技术、车道保持辅助技术、自适应巡航控制技术、自主换道技术、智能领航辅助驾驶系统、自动泊车技术、车路协同技术、智能座舱系统，同时还介绍了智能网联汽车标准体系、测试评价技术、安全测试评价技术，以及智能驾驶解决方案与典型产品、智能网联汽车科创平台。本书既强调基础理论与方法，又力求体现新知识、新技术，还注重技术顶层设计与创新实践，引入标准法规、实践案例、科创平台等内容，便于读者了解智能网联汽车行业技术发展现状，理解技术知识具体的应用场景，从而更全面地掌握智能网联汽车技术研发和学术研究的基本技能。

本书可作为高校车辆工程、智能电动车辆、智能网联汽车技术等相关专业的教材，也可作为工程技术人员的参考书和培训用书。

图书在版编目（CIP）数据

智能网联汽车技术与应用 / 张立军，李海斌主编. -- 北京：机械工业出版社，2025.10. -- (新能源与智能网联汽车新技术系列丛书)(新工科·普通高等教育汽车类专业系列教材). -- ISBN 978-7-111-78598-9

I. U463.67

中国国家版本馆CIP数据核字第2025XN2625号

机械工业出版社（北京市百万庄大街22号　邮政编码100037）
策划编辑：刘元春　　　　　责任编辑：刘元春
责任校对：张亚楠　张薇　　封面设计：张静
责任印制：任维东
河北环京美印刷有限公司印刷
2025年10月第1版第1次印刷
184mm×260mm・24印张・594千字
标准书号：ISBN 978-7-111-78598-9
定价：73.80元

电话服务　　　　　　　　　网络服务
客服电话：010-88361066　　机　工　官　网：www.cmpbook.com
　　　　　010-88379833　　机　工　官　博：weibo.com/cmp1952
　　　　　010-68326294　　金　书　网：www.golden-book.com
封底无防伪标均为盗版　　　机工教育服务网：www.cmpedu.com

《智能网联汽车技术与应用》
教材编审技术委员会

主　任　周　华

副主任　张立军　赵　剑　朱　冰　李卫东　项　党
　　　　　张晓东

委　员　路　宽　李　兵　张　通　王　莹　丁　娟
　　　　　韩　勇　陈　超　李东旻　王智宇　丁田妹
　　　　　翁才恩　李志超　刘腾宇　张培兴　邬明宇
　　　　　方熙宇　王　珏　王　宇　罗思维　刘少华
　　　　　高建维　任威威　陈　实　李智攀　刘旭磊

前言

进入21世纪以来，随着移动通信、大数据、云计算、人工智能等新一轮高科技的快速发展，有着百余年历史的汽车正从内到外发生质的变化。在"电动化"的基础上，汽车向"智能化""网联化"快速演进，日益升级成为具有移动终端属性和智能生活空间的新一代产品，呈现出新结构、新形态、新功能，催生出新内容、新价值、新生态。

汽车技术革新必然带来人才新需求。在需求侧，智能网联汽车人才需求处于爆发式增长阶段；在供给侧，各高校毕业生人数有限，专业人才供应跟不上需求的增长速度。据中国汽车人才研究会测算，到2026年，智能网联汽车研发人才的需求量将达11.6万人，存量7.2万人，而毕业生供给仅0.73万人，缺口达3.7万人。同时，由于智能网联汽车技术具有跨学科、多专业融合的特点，传统汽车教学内容已不能满足人才培养的需求。本书编写的宗旨是从支撑专业教学课程建设的角度，填补人才培养领域的教材空白，推动供给侧改革，支撑我国汽车产业高质量发展。

本书共十八章，第一至第十三章介绍了智能网联汽车的基础理论与主要技术，重点介绍了环境感知、定位与建图、路径规划、智能驾驶行为决策与控制、自动紧急制动技术、车道保持辅助技术、自适应巡航控制技术、自主换道技术、智能领航辅助驾驶系统、自动泊车技术、车路协同技术、智能座舱系统，第十四至第十六章介绍了智能网联汽车标准体系、测试评价技术、安全测试评价技术，第十七章介绍了目前我国智能网联汽车在不同应用场景下的技术解决方案，第十八章介绍了配合本书使用所需的科创平台。第一至第十六章配有思考题，供读者复习和巩固所学内容，有利于培养读者独立思考的能力，拓宽知识视野。

本书既强调基础理论与方法，又力求体现新知识、新技术，还注重技术顶层设计与创新实践。本书既聚焦智能网联汽车本身，又注重密切相关的交叉领域；既有系统的理论知识，又有实际的应用案例；既有典型应用场景下的技术解决方案，又有形成解决方案的工具方法。同时，为了能使本书内容贴近生产与研发第一线，编者邀请智能网联汽车行业企业参与编写，力图把最新技术成果和鲜活的应用案例呈现出来，便于读者了解智能网联汽车行业的发展情况，理解技术知识具体的应用场景，从而更全面地掌握智能网联汽车技术研发的基本技能。

在本书编写过程中，编者围绕智能网联汽车关键技术先后组织了5场专题研讨会，得到了参与高校、企业的大力支持。在此，谨对中国汽车技术研究中心有限公司、上海交通大学、同济大学、大连理工大学、吉林大学、上海理工大学、上海工程技术大学、上海汽车集团股份有限公司、吉利汽车、赢彻科技（上海）有限公司、上海西井科技股份有限公司、苏州智行众维智能科技有限公司、图达通智能科技（苏州）有限公司、南京楚航科技有限

前言

公司、北京觉非科技有限公司、国际自动机工程师学会、深圳市凯卓立液压设备有限公司等表示感谢。

本书由周华、赵剑、朱冰、李卫东、项党、张晓东等专家教授提供了技术指导。张立军、李海斌任主编，负责内容策划、审核与指导等工作；秦孔建、郭润清、左伏桃任副主编，负责稿件统筹、编辑及研讨活动组织工作；毕欣、王亚飞、李琳辉、吴长水、黄孝慈、王启明、陈浩、郭魁元、邵学彬、李维菁、李雨冉、黄晓延、吕吉亮、于乾坤等负责相关章节内容编写工作，具体分工如下：

第一章　绪论——左伏桃；
第二章　智能网联汽车环境感知——陈浩；
第三章　智能网联汽车定位与建图——李琳辉；
第四章　智能网络汽车路径规划——王亚飞；
第五章　智能驾驶行为决策与控制——王启明；
第六章　自动紧急制动技术——吴长水、黄孝慈；
第七章　车道保持辅助技术——吴长水、黄孝慈；
第八章　自适应巡航控制技术——王启明；
第九章　自主换道技术——吴长水、黄孝慈；
第十章　智能领航辅助驾驶系统——李琳辉；
第十一章　自动泊车技术——王亚飞；
第十二章　车路协同技术——毕欣；
第十三章　智能座舱系统——陈浩；
第十四章　智能网联汽车标准体系——李维菁、李雨冉；
第十五章　智能网联汽车测试评价技术——郭魁元（实车测试）、黄晓延、吕吉亮（仿真）；
第十六章　智能网联汽车安全测试评价技术——邵学彬；
第十七章　智能驾驶解决方案与典型产品——于乾坤等人；
第十八章　智能网联汽车科创平台——由企业提供。

本书可作为高校车辆工程、智能电动车辆、智能网联汽车技术等相关专业的教材，也可作为工程技术人员的参考书和培训用书。

由于编者水平有限，书中难免有疏漏之处，恳请广大读者批评指正。

编　者

目 录

前言

第一章 绪论 1

第一节 智能网联汽车概述 1
一、智能网联汽车的定义 1
二、智能网联汽车的分级 1

第二节 智能网联汽车的发展历程 4
一、智能驾驶技术的发展历程 4
二、车联网技术的发展历程 6

第三节 智能网联汽车的技术架构与关键技术 7
一、智能网联汽车的技术架构 7
二、智能网联汽车的关键技术 9

思考题 11
参考文献 11

第二章 智能网联汽车环境感知 12

第一节 环境感知系统的定义与组成 12
一、车外行驶环境感知系统 12
二、车内驾乘环境感知认知系统 14

第二节 系统分类与基本构成 16
一、自主式环境感知系统 16
二、网联式环境感知系统 17
三、复合式环境感知系统 18

第三节 传感系统与工作原理 19
一、视觉传感器的原理及应用 19
二、毫米波雷达的原理及应用 27
三、激光雷达的原理及应用 31
四、超声波雷达的原理及应用 36
五、多传感器信息融合 38

第四节 车内外环境感知技术的应用 41

一、车外环境感知技术的应用 41
二、车内环境感知技术的应用 41
思考题 42
参考文献 42

第三章 智能网联汽车定位与建图 43

第一节 定位与建图技术的定义与组成 43
第二节 定位与建图技术的发展现状 43
  一、定位技术的发展现状 43
  二、建图技术的发展现状 44
第三节 智能网联汽车定位方法 49
  一、高精地图匹配定位 49
  二、基于航迹推算和地图匹配的定位 51
  三、基于SLAM的视觉定位 53
第四节 智能网联汽车建图方法 55
  一、地图采集系统 55
  二、高精地图的构建原理 55
第五节 典型案例 60
  一、结构化道路定位与建图 60
  二、非结构化道路定位与建图 63
思考题 66
参考文献 66

第四章 智能网联汽车路径规划 67

第一节 路径规划的定义和分类 67
第二节 全局路径规划算法 68
  一、主流算法概述与对比 68
  二、Dijkstra算法 69
  三、A*算法 70
  四、RRT算法 72
第三节 局部路径规划算法 74
  一、主流算法概述与对比 74
  二、人工势场法 75
  三、状态栅格法 77
  四、动态窗口法 78
第四节 典型案例 79
  一、基于A*算法的全局路径规划 79
  二、基于RRT算法的全局路径规划 83
  三、基于人工势场法的局部路径规划 84

四、基于 DWA 算法的局部路径规划 …………………………………………… 87

思考题 ……………………………………………………………………………… 88

参考文献 …………………………………………………………………………… 89

第五章 智能驾驶行为决策与控制 …………………………………………… 90

第一节 行为决策与控制技术的定义和分类 ……………………………… 90
一、行为决策技术的定义与分类 …………………………………………… 90
二、智能驾驶控制技术的定义与分类 ……………………………………… 92

第二节 行为决策理论与方法 ………………………………………………… 92
一、主流算法概述与对比 …………………………………………………… 92
二、基于规则的行为决策 …………………………………………………… 94
三、基于学习的行为决策 …………………………………………………… 95
四、基于博弈论的行为决策 ………………………………………………… 98

第三节 智能驾驶控制理论与方法 …………………………………………… 101
一、智能驾驶控制系统架构 ………………………………………………… 101
二、纵向控制 ………………………………………………………………… 101
三、横向控制 ………………………………………………………………… 103
四、横纵向耦合控制 ………………………………………………………… 105

第四节 典型案例 ……………………………………………………………… 106
一、基于强化学习的决策技术案例 ………………………………………… 106
二、车辆换道行为决策与控制案例 ………………………………………… 107

思考题 ……………………………………………………………………………… 110

参考文献 …………………………………………………………………………… 110

第六章 自动紧急制动技术 …………………………………………………… 111

第一节 自动紧急制动系统的定义与组成 ………………………………… 111
一、自动紧急制动系统的简介 ……………………………………………… 111
二、自动紧急制动系统的定义 ……………………………………………… 111
三、自动紧急制动系统的组成 ……………………………………………… 112

第二节 自动紧急制动系统的工作原理 …………………………………… 114
一、自动紧急制动系统的工作过程 ………………………………………… 114
二、自动紧急制动各子系统的工作原理 …………………………………… 114

第三节 自动紧急制动系统的避撞控制算法 ……………………………… 116
一、马自达公司提出的安全避撞算法 ……………………………………… 116
二、本田公司提出的安全避撞算法 ………………………………………… 116
三、Berkeley 算法 …………………………………………………………… 117
四、SeungwukMoon 算法 …………………………………………………… 117
五、TTC 算法 ………………………………………………………………… 118

第四节 自动紧急制动系统仿真开发案例 ………………………………… 120

目　录

  一、基于 TTC 算法的模型搭建 ……………………………………… 120
  二、传感器模型设置 ………………………………………………… 121
  三、车辆动力学模型设置 …………………………………………… 121
  四、融合 AEB 模型的车辆模型搭建 ……………………………… 122
  五、模型验证 ………………………………………………………… 123
 思考题 ……………………………………………………………………… 124
 参考文献 …………………………………………………………………… 124

第七章　车道保持辅助技术 ……………………………………………… 125

 第一节　车道保持辅助系统的定义与组成 …………………………… 125
  一、车道保持辅助系统的简介 ……………………………………… 125
  二、车道保持辅助系统的定义 ……………………………………… 126
  三、车道保持辅助系统的组成 ……………………………………… 126
 第二节　车道保持辅助系统的工作原理 ……………………………… 127
  一、基本工作原理 …………………………………………………… 127
  二、车道识别原理 …………………………………………………… 128
  三、异常情况处理原理 ……………………………………………… 129
  四、系统干预原理 …………………………………………………… 129
 第三节　车道保持辅助系统的控制算法 ……………………………… 130
  一、车道偏离评价算法 ……………………………………………… 130
  二、主动干预控制算法 ……………………………………………… 136
 第四节　车道保持辅助功能仿真验证案例 …………………………… 138
  一、车辆模型搭建 …………………………………………………… 139
  二、Simulink 模型搭建 ……………………………………………… 140
  三、运行效果 ………………………………………………………… 143
 思考题 ……………………………………………………………………… 143
 参考文献 …………………………………………………………………… 144

第八章　自适应巡航控制技术 …………………………………………… 145

 第一节　自适应巡航控制系统的定义与组成 ………………………… 145
  一、自适应巡航控制系统的定义 …………………………………… 145
  二、自适应巡航控制系统的组成 …………………………………… 146
 第二节　自适应巡航控制系统的工作原理与模式 …………………… 148
  一、自适应巡航控制系统的工作原理 ……………………………… 148
  二、自适应巡航控制系统的工作模式 ……………………………… 150
 第三节　自适应巡航控制算法 ………………………………………… 151
  一、ACC 算法功能定义 …………………………………………… 151
  二、ACC 算法架构 ………………………………………………… 151
  三、ACC 系统下层控制算法 ……………………………………… 152

IX

　　四、基于 MPC 的多目标 ACC 上层控制算法 ……………………………… 156
第四节　自适应巡航控制算法仿真实例 ……………………………………………… 160
　　一、ACC 系统的 Simulink-CarSim 联合仿真模型 ………………………… 160
　　二、ACC 系统仿真分析 ……………………………………………………… 160
思考题 ……………………………………………………………………………………… 161
参考文献 …………………………………………………………………………………… 161

第九章　自主换道技术 …………………………………………………………… 162

第一节　自主换道技术的定义与组成 ………………………………………………… 162
　　一、自主换道技术的概述 ……………………………………………………… 162
　　二、自主换道技术的定义 ……………………………………………………… 163
　　三、自主换道系统的组成 ……………………………………………………… 163
第二节　自主换道系统的工作原理 …………………………………………………… 164
第三节　自主换道控制算法 …………………………………………………………… 165
　　一、自主换道决策模型 ………………………………………………………… 165
　　二、动态换道轨迹规划算法 …………………………………………………… 167
　　三、换道轨迹跟踪控制算法 …………………………………………………… 170
第四节　自主换道实现案例 …………………………………………………………… 171
思考题 ……………………………………………………………………………………… 173
参考文献 …………………………………………………………………………………… 173

第十章　智能领航辅助驾驶系统 ……………………………………………… 175

第一节　智能领航辅助驾驶系统的定义与组成 ……………………………………… 175
　　一、ACC 系统介绍 …………………………………………………………… 175
　　二、LKA 系统介绍 …………………………………………………………… 176
　　三、TJA 与 ICA 系统介绍 …………………………………………………… 177
　　四、巡航方案对比 ……………………………………………………………… 177
第二节　智能领航辅助驾驶系统的功能及使用场景 ………………………………… 177
　　一、交通拥堵辅助（TJA）功能 ……………………………………………… 177
　　二、集成式巡航辅助（ICA）功能 …………………………………………… 178
　　三、智能领航辅助驾驶系统的使用场景 ……………………………………… 179
第三节　智能领航辅助驾驶系统的工作原理及控制策略 …………………………… 181
　　一、工作原理 …………………………………………………………………… 181
　　二、控制策略 …………………………………………………………………… 184
第四节　领航辅助驾驶操作实例 ……………………………………………………… 187
　　一、设置 ………………………………………………………………………… 187
　　二、激活和退出 ………………………………………………………………… 189
　　三、调节巡航车速 ……………………………………………………………… 191
　　四、辅助变道 …………………………………………………………………… 191

　　　　五、进出匝道 ·· 191
　　　　六、功能局限性 ·· 192
　　思考题 ·· 192
　　参考文献 ·· 192

第十一章　自动泊车技术 ·· 194

第一节　自动泊车概述 ·· 194
　　　　一、自动泊车的定义与分类 ·· 194
　　　　二、自动泊车的发展现状与趋势 ··· 195
第二节　自动泊车的技术构成 ··· 195
　　　　一、环境建模 ··· 196
　　　　二、路径规划 ··· 197
　　　　三、跟踪控制 ··· 198
第三节　自动泊车的工作原理 ··· 200
　　　　一、环境建模 ··· 200
　　　　二、路径规划 ··· 204
　　　　三、跟踪控制 ··· 209
第四节　自动泊车典型案例 ·· 210
　　思考题 ·· 211
　　参考文献 ·· 212

第十二章　车路协同技术 ·· 213

第一节　车路协同概述 ·· 213
　　　　一、车路协同技术的概念 ··· 213
　　　　二、车路协同技术的分级 ··· 213
　　　　三、车路协同技术的现状 ··· 214
第二节　车路协同总体技术 ·· 216
　　　　一、车路云系统 ··· 217
　　　　二、网络通信技术 ·· 219
　　　　三、高精地图与定位技术 ··· 222
第三节　车路协同系统的工作原理 ·· 223
　　　　一、车路协同感知 ·· 223
　　　　二、车路协同定位 ·· 227
　　　　三、车路协同决策 ·· 230
　　　　四、车路协同控制 ·· 232
第四节　车路协同典型案例 ·· 235
　　　　一、无信号灯交叉路口协调通行 ··· 235
　　　　二、车辆编队行驶 ·· 238
　　思考题 ·· 240

参考文献 ... 241

第十三章 智能座舱系统 ... 242

第一节 智能座舱系统概述 ... 242
一、智能座舱的定义 ... 242
二、智能座舱的现状与发展趋势 ... 242

第二节 智能座舱系统构成 ... 244
一、智能座舱的空间布局 ... 244
二、智能座舱的域架构 ... 245
三、智能座舱系统信息交互架构 ... 246

第三节 人机交互 ... 248
一、人机交互界面 ... 248
二、人机交互车载系统 ... 248

第四节 典型案例 ... 249
一、语音交互 ... 249
二、手势交互 ... 252
三、多模态交互 ... 255
四、DMS 驾驶人监测系统 ... 259

思考题 ... 262
参考文献 ... 262

第十四章 智能网联汽车标准体系 ... 263

第一节 国内外智能网联汽车标准发展概况与比较 ... 263
第二节 我国智能网联汽车标准体系顶层设计 ... 264
一、智能网联汽车标准体系总体要求及建设思路 ... 264
二、标准体系框架及内容 ... 266

第三节 已有标准及未来建设目标 ... 270
思考题 ... 271
参考文献 ... 271

第十五章 智能网联汽车测试评价技术 ... 272

第一节 智能网联汽车测试评价技术定义及组成 ... 272
一、概述 ... 272
二、ICV 测试与评价方法 ... 273

第二节 智能网联汽车仿真验证与评价 ... 277
一、概述 ... 277
二、L2 及以下级别驾驶自动化仿真验证与评价 ... 277
三、L3 及 L4 驾驶自动化仿真验证与评价 ... 285

第三节 智能网联汽车实车测试评价技术 ... 288

一、封闭场地测试 …… 289

二、开放道路测试 …… 298

思考题 …… 301

参考文献 …… 301

第十六章 智能网联汽车安全测试评价技术 …… 302

第一节 功能安全测试评价技术 …… 302

一、功能安全定义与标准 …… 302

二、功能安全测试与评价 …… 302

第二节 预期功能安全测试评价技术 …… 303

一、预期功能安全标准 …… 303

二、预期功能安全测试与评价 …… 304

第三节 信息安全测试评价技术 …… 308

一、国内外标准法规进展 …… 308

二、信息安全测试技术 …… 309

三、经典信息安全防护水平评价方法 …… 312

第四节 数据安全测试评价技术 …… 314

一、行业现状 …… 314

二、主要数据安全风险及测试需求 …… 315

三、智能网联汽车数据安全测试技术 …… 315

思考题 …… 316

参考文献 …… 316

第十七章 智能驾驶解决方案与典型产品 …… 318

第一节 激光雷达及解决方案 …… 318

一、功能及技术指标 …… 318

二、特点与优势 …… 318

三、应用领域与市场 …… 319

第二节 毫米波雷达及解决方案 …… 321

一、功能及技术指标 …… 321

二、特点与优势 …… 321

三、应用领域与市场 …… 322

第三节 乘用车智能驾驶方案 …… 325

一、乘用车智能驾驶方案概述 …… 325

二、方案特点与技术优势 …… 325

三、产品应用领域与展望 …… 330

第四节 货车智能驾驶方案 …… 331

一、货车智能驾驶方案概述 …… 331

二、货车智能驾驶系统框架 …… 332

三、产品应用领域与展望 ………………………………………… 338
第五节　港口场景智能驾驶案例 ………………………………………… 339
　　一、港口场景智能驾驶概述 ………………………………………… 339
　　二、智能驾驶技术在港口的应用 …………………………………… 340
　　三、技术应用及行业展望 …………………………………………… 347

第十八章　智能网联汽车科创平台　　348

第一节　基于PanoSim的智能驾驶仿真实验流程 ……………………… 348
　　一、构建仿真行驶环境 ……………………………………………… 348
　　二、构建仿真主车 …………………………………………………… 351
　　三、运行仿真实验 …………………………………………………… 353
　　四、基于仿真平台的智能驾驶科创实验 …………………………… 357
第二节　uCom智能座舱科创平台 ………………………………………… 361
　　一、uCom智能座舱科创平台的主要功能及指标 ………………… 361
　　二、uCom智能座舱科创平台的系统组成 ………………………… 363
　　三、uCom智能座舱科创平台的开发应用与实例 ………………… 366

第一章 绪 论

第一节 智能网联汽车概述

一、智能网联汽车的定义

智能网联汽车,是指搭载先进的车载传感器、控制器、执行器等装置,并融合现代通信与网络技术,实现车与X(车、路、人、云等)智能信息交换、共享,具备复杂环境感知、智能决策、协同控制等功能的新一代汽车,如图1-1所示。

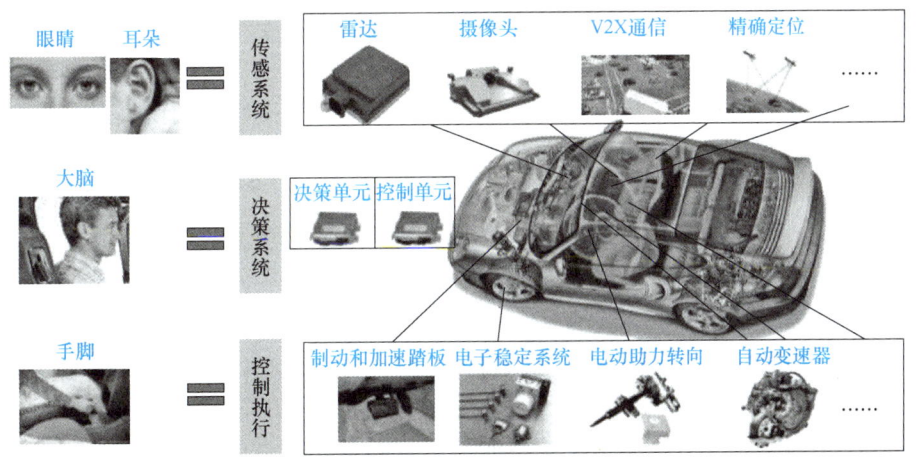

图1-1 智能网联汽车

智能网联汽车的发展已经超越了传统汽车产业范畴,它与人工智能、信息通信、大数据、云计算、半导体等新技术和新兴产业跨界相连,构建起新的汽车产业生态,将带来汽车产业乃至智慧交通体系、人类出行方式的深刻变革。世界各国都在推动共性关键技术创新,给汽车产业装上智慧"引擎",共同致力于建设"零排放、零伤亡、零拥堵"以及智慧、低碳、高效、舒适、便捷的出行体系。

二、智能网联汽车的分级

智能网联汽车包括智能化与网联化两个技术层面,其技术也可对应地按照智能化与网联化两个层面进行分级。

1. 汽车驾驶自动化（智能化）分级标准

（1）汽车驾驶自动化分级的国际标准　在汽车驾驶自动化方面，国际自动机工程师学会（SAE International，原美国汽车工程师学会）、美国高速公路安全管理局（National Highway Traffic Safety Administration，NHTSA）、德国汽车工业联合会（Verband der Automobilindustrie，VDA）等组织已经给出了各自的分级方案。

SAE汽车驾驶自动化分级标准是国际自动机工程师学会制定的一套自动行驶分级标准，如图1-2所示。该标准把汽车驾驶自动化分为6个等级，分别为L0~L5，等级越高，表示自动行驶的成熟度越高。

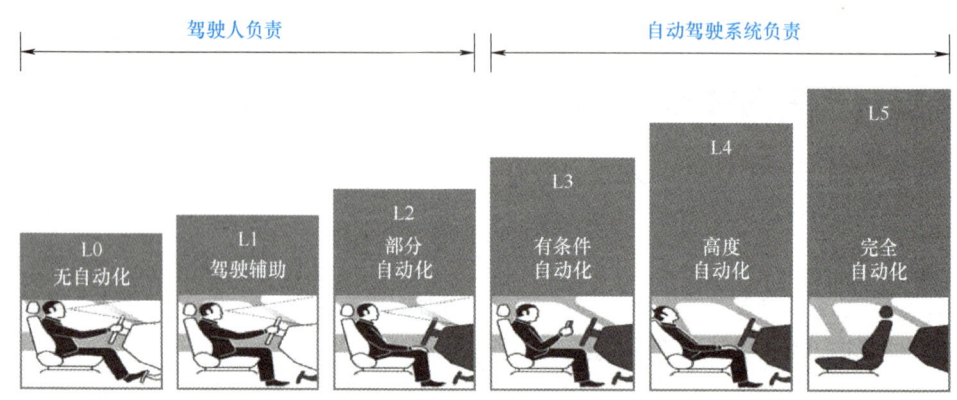

图1-2　SAE汽车驾驶自动化分级标准

L0无自动化：由驾驶人全权驾驶汽车，在行驶过程中可以得到各保护系统的警告。

L1驾驶辅助：通过驾驶环境对方向盘和加减速中的一项操作提供支持，其余由驾驶人操作。

L2部分自动化：通过驾驶环境对方向盘和加减速中的多项操作提供支持，其余由驾驶人操作。

L3有条件自动化：由无人驾驶系统完成所有的驾驶操作，根据系统要求，驾驶人提供适当的应答。自动驾驶系统在其设计运行条件内持续地执行全部动态驾驶任务；在特定环境中可以实现。

L4高度自动化：由无人驾驶系统完成所有的驾驶操作，根据系统要求，驾驶人不一定提供所有的应答；限定道路和环境。

L5完全自动化：由无人驾驶系统完成所有的驾驶操作，在可能的情况下，驾驶人接管；不限定道路和环境。

（2）汽车驾驶自动化分级的中国标准　2022年3月1日，我国《汽车驾驶自动化分级》（GB/T 40429—2021）国家标准正式实施。该标准从动态驾驶任务、最小风险状态、最小风险策略等多角度考量，将汽车自动驾驶划分为0~5级。

0级驾驶自动化：0级驾驶自动化（应急辅助，Emergency Assistance）系统不能持续执行动态驾驶任务中的车辆横向或纵向运动控制，但具备持续执行动态驾驶任务中的部分目标和事件探测及响应的能力。

第一章 绪 论

1级驾驶自动化:1级驾驶自动化(部分驾驶辅助,Partial Driver Assistance)系统在其设计运行条件下持续地执行动态驾驶任务中的车辆横向或纵向运动控制,且具备与所执行的车辆横向或纵向运动控制相适应的部分目标和事件探测与响应能力。

2级驾驶自动化:2级驾驶自动化(组合驾驶辅助,Combined Driver Assistance)系统在其设计运行条件下持续地执行动态驾驶任务中的车辆横向和纵向运动控制,且具备与所执行的车辆横向和纵向运动控制相适应的部分目标和事件探测与响应能力。

3级驾驶自动化:3级驾驶自动化(有条件自动驾驶,Conditionally Automated Driving)系统在其设计运行条件下持续地执行全部驾驶任务。

4级驾驶自动化:4级驾驶自动化(高度自动驾驶,Highly Automated Driving)系统在其设计运行条件下持续地执行全部动态驾驶任务并自动执行最小风险策略。

5级驾驶自动化:5级驾驶自动化(完全自动驾驶,Fully Automated Driving)系统在任何可行驶条件下持续地执行全部动态驾驶任务并自动执行最小风险策略。

驾驶自动化等级与划分要素之间的关系见表1-1。

表1-1 驾驶自动化等级与划分要素之间的关系

分级	名称	持续的车辆横向和纵向运动控制	目标和事件探测与响应	动态驾驶任务后援	设计运行范围
0级	应急辅助	驾驶人	驾驶人及系统	驾驶人	有限制
1级	部分驾驶辅助	驾驶人和系统	驾驶人及系统	驾驶人	有限制
2级	组合驾驶辅助	系统	驾驶人及系统	驾驶人	有限制
3级	有条件自动驾驶	系统	系统	动态驾驶任务后援用户(执行接管后成为驾驶人)	有限制
4级	高度自动驾驶	系统	系统	系统	有限制
5级	完全自动驾驶	系统	系统	系统	无限制

注:排除商业和法规因素等限制。

2. 智能网联汽车网联化分级标准

在网联化层面,国外尚未有较为权威的分级标准。我国汽车工业界按照网联通信内容的不同将其划分为网联辅助信息交互、网联协同感知、网联协同决策与控制3个等级,见表1-2。

表1-2 我国智能网联汽车网联化分级

网联化等级	等级名称	等级定义	控制	典型信息	传输需求
1级	网联辅助信息交互	基于车-路、车-后台通信,实现导航等辅助信息的获取以及车辆行驶与驾驶人操作等数据的上传	人	地图、交通流量、交通标志、油耗、里程等信息	传输实时性、可靠性要求较低
2级	网联协同感知	基于车-车、车-路、车-人、车-后台通信,实现车辆周边交通环境信息的获取,获取的信息与车载传感器的感知信息融合,作为自车决策与控制系统的输入	人与系统	周边车辆/行人/非机动车位置、信号灯相位、道路预警等信息	传输实时性、可靠性要求较高

（续）

网联化等级	等级名称	等级定义	控制	典型信息	传输需求
3级	网联协同决策与控制	基于车-车、车-路、车-人、车-后台通信，实时可靠获取车辆周边交通环境信息及车辆决策信息，车-车、车-路等各交通参与者之间信息进行交互融合，形成车-车、车-路等各交通参与者之间的协同决策与控制	人与系统	车-车、车-路间的协同控制信息	传输实时性、可靠性要求最高

第二节　智能网联汽车的发展历程

纵观智能网联汽车的发展进程，美国、欧盟、日本等发达国家和地区起步较早，在智能驾驶汽车领域布局耕耘多年。我国虽起步较晚，但有很强的后发优势，且更加注重智能化与网联化的深度融合。下面主要按照智能网联汽车所涉及的智能驾驶技术和车联网技术，概述国内外智能网联汽车发展历程。

一、智能驾驶技术的发展历程

1. 探索阶段

1925年8月，美国陆军的电子工程师弗兰西斯·P. 胡迪纳（Francis P. Houdina）通过后车发射无线电波来控制前车的方向盘、离合器、制动器等部件，该被控前车成为人类历史上第一辆有证可查的无人驾驶汽车。

1956年，美国通用正式对外展出了Firebird Ⅱ概念车，这是世界上第一辆配备了汽车安全及自动导航系统的概念车。1961年，美国斯坦福大学制造的Stanford Cart可以利用摄像头和早期的人工智能系统来绕过障碍物，但其速度极慢，每移动1m需要20min。

20世纪七八十年代以来，国外的研究机构开发了多辆自动驾驶汽车原型，并开展了无人驾驶相关研究和实验。美国国防部高级研究计划局（Defense Advanced Research Project Agency，DARPA）在2004—2007年举办了3届DARPA无人驾驶挑战赛，在一定程度上推动了无人驾驶技术的快速发展。

在中国，一些高校很早就开始探索无人驾驶技术。从1988年起，在国防科学技术工业委员会和国家"863计划"的资助下，清华大学开始研究开发THMR系列智能车，其中THMR-V智能车可实现结构化道路环境下的车道线自动跟踪。"八五"期间，北京理工大学、国防科技大学等5家单位联合成功研制了ATB-1（Autonomous Test Bed-1）无人车，这是我国第一辆能够自主行驶的测试样车，其行驶速度可以达到21km/h。

2. 发展阶段

世界智能网联汽车技术在近十几年进入快速发展阶段。

2009年，谷歌在DARPA的支持下，开始了自己的无人驾驶汽车研发项目，2015年，其第一辆原型汽车正式亮相，并且可以正式上路测试。同年，法国的EasyMile无人驾驶公交车EZ10投入运营。与此同时，福特Fusion迎来了无人驾车的载客"首秀"，德国梅赛德斯-奔驰发布超现实F015概念无人驾驶车辆。2018年8月，日本致力于无人驾驶技术的锌矩阵电源有限公司（Zinc Matrix Power，Inc，ZMP公司）和大型出租车企业"日之丸交通"在东京都内进行可供普通乘客使用的无人驾驶出租车试运行。2019年12月，Nuro在美国休斯敦地区与沃尔玛开展无人驾驶配送合作。2020年3月，Waymo公布了其第5代自动驾驶测试车。

近年来，世界智能网联汽车技术迭代加速，新技术、新产品层出不穷，应用场景不断出现，商业化运营也在很多地方落地开花。2021年，特斯拉第一次推出鸟瞰图（Bird's Eye View，BEV）+Transformer算法架构，用神经网络将多个2D图像和传感器信息综合成为3D向量空间，方便规划控制模块处理。2021年1月，奥罗拉（Aurora）与帕卡（Paccar）合作开发其首款商业产品——无人驾驶货车。2021年3月，奥罗拉（Aurora）宣布与沃尔沃集团合作开发无人驾驶货车。2021年9月，Cruise公司获得了美国加利福尼亚州（简称"加州"）机动车辆管理局的许可，可以在该州提供无人驾驶出租车服务。同年，联合国欧洲经济委员会（The United Nations Economic Commission for Europe，UNECE）发布了R155网络安全、R156软件升级、R157自动车道保持三大法规。

2022年，Motional、来福（Lyft）和优步（Uber）合作，在拉斯维加斯和洛杉矶开展无人驾驶Robotaxi和配送服务。2022年5月，奥罗拉（Aurora）宣布与联邦快递（FedEx）合作扩大其自动驾驶货运试点范围，并实现总计超过9600km零安全事故。2022年6月，Cruise公司获得了加州首张无人驾驶部署许可证，成为第一家在城市提供无驾驶人乘车服务的公司。

2022年是世界各国无人驾驶车商业化进程最快的一年。美国加州交通管理局公布了2022年自动驾驶脱离报告（Disengagement Reports），共有43家公司获得加州自动驾驶路测牌照，可以在加州公共道路上测试自动驾驶车辆。其中，百度阿波罗（Apollo）、安途（AutoX）、Cruise、Nuro、Waymo、文远知行以及Zoox等企业允许不带安全员进行测试，Waymo、Cruise及Nuro等企业被许可商业化运行。2022年，特斯拉在法规的允许下，开放了全美国FSD（Full Self Driving）Beta的使用。2023年6月，Zoox获得了内华达州机动车辆管理局授权在公共道路上运营其自动驾驶出租车后，Zoox将其设施和业务扩展到内华达州拉斯维加斯。

2023年4月1日，日本修订后的《道路交通法》实施，该法案列入了在特定条件下实现完全自动化驾驶的"Level 4"运行许可制度。日本政府的目标是到2025财年在至少40个地点实现4级交通服务。

在近十几年间，我国的无人驾驶技术也快速发展，新技术、新产品与新业态不断涌现。2012年，中国人民解放军陆军军事交通学院的"军交猛狮Ⅲ号"实现了以无人驾驶状态行驶114km，最高速度可达105km/h。2015年12月，百度无人驾驶汽车完成北京开放高速路的自动驾驶测试。在2016年4月的北京车展上，北汽集团展示了其基于EU260打造的无人驾驶汽车，其搭载的无人驾驶感知与控制设备大部分都实现了国产化采购，目的是为未来的量产奠定基础。2017年，百度发布阿波罗（Apollo）计划，拟向合作伙伴提供开放、完整、安全的自动驾驶软件平台。2018年5月，宇通客车在其2018年新能源全系产品发布会上宣布，已具备面向高速结构化道路和园区开放通勤道路的L4自动驾驶能力。2019年8月，上汽红岩5G智能货车在上海洋山深水港"首秀"，成功完成了全球首次5G+AI智能化港区作业任务。2020年，百度阿波罗（Apollo）、安途（AutoX）先后开展智能网联汽车规模化载人示范应用，2021年小马智行、赛可智能的无人车也上路测试。

2020—2024年期间，是我国智能网联汽车技术发展最迅速的时段。国家支持智能网联

汽车的政策法规陆续出台，各地测试示范应用范围和测试牌照数量快速增长，测试里程和应用场景不断丰富。据上海市智能网联汽车创新中心统计，截至2023年6月，全国各地发放的测试牌照超过2200张，其中无驾驶人（安全员）牌照超过300张，开放道路超过6000km，测试总里程超过5500万km，创新应用场景涵盖了智能出租、智能公交、智慧列车、智能货车、智能转运、智能配送、智能零售、智能清扫等。

二、车联网技术的发展历程

在车联网方面，世界各国都已经将车用无线通信技术（Vehicle to Everything，V2X）发展看作是未来技术创新、产业培育和交通运输服务变革的重要方向。

早在1992年，美国就出台了《智能车-高速路系统战略规划》(Intelligent Vehicle-Highway System Strategic Plan)，明确规定智能车-高速路系统的7个领域和29个用户服务功能。

2010年，美国发布《智能交通系统战略规划2010—2015》(ITS Strategic Plan 2010—2015)，从国家战略角度明确大力发展网联汽车，并于2015年继续发布《智能交通系统战略规划2015—2019》(ITS Strategic Plan 2015—2019)，将汽车智能化和网联化作为双重发展战略，重点推进智能汽车的安全性应用研究、移动性应用研究、政策研究、智能网联技术研究和示范工程研究。

2017年10月，福特、诺基亚、AT&T和高通宣布开展美国首个蜂窝车联网（Cellular-Vehicle to Everything，C-V2X）试验项目；2018年6月，福特、松下、高通以及加利福尼亚州的科罗纳多交通局宣布商用C-V2X技术取得突破。2020年11月18日，美国联邦通信委员会（Federal Communications Commission，FCC）正式投票决定将5.9GHz频段（5.850～5.925GHz）划拨给Wi-Fi和C-V2X使用，这标志着美国正式宣布放弃专用短程通信技术（Dedicated Short Range Communication，DSRC）并转向C-V2X。

2021年4月，大陆集团宣布与Iteris合作，为北美开发智能基础设施解决方案。2021年12月，大陆集团和Iteris宣布推出Vantage Fusion。这是一种混合交通检测系统，可实现现实世界的车联网应用和先进的交叉口可视化，从而实现更安全、更智能和更可持续的道路出行。

欧洲各国也大力推动车联网技术的发展。2010年，欧盟委员会制定的《ITS发展行动规划》是欧盟范围内第一个协调部署ITS的法律基础性文件。2014年，欧盟委员会启动"Horizon 2020"项目，推进智能网联汽车研发。2015年，欧盟委员会发布《GEAR 2030战略》，重点推进高度自动化和网联化驾驶领域等技术的推进与合作。2016年，欧盟委员会通过"合作式智能交通系统战略"，旨在推进2019年在欧盟成员国范围内部署协同式智能交通系统（Intelligent Traffic System，ITS）服务，实现V2V（Vehicle to Vehicle）、V2I（Vehicle to Infrastructure）等网联式信息服务。2018年5月，欧盟委员会发布《通往自动化出行之路欧盟未来出行战略》，明确到2020年在高速公路上实现自动驾驶、2030年进入完全自动驾驶社会的目标。

2019年，欧盟委员会再次出台新规，计划在欧洲道路上全面部署协同式智能交通系统。新规的出台对实现车联网，即车辆间通信技术具有重要意义。从2019年开始，在欧盟范围内的车辆、交通标识和高速公路将配备智能化技术，以便与所有交通参与方实现信息共享。欧盟连续多年组织开展基于ETSI ITS-G5的Plugtest技术试验，欧洲5GAA联盟联合汽车业和电信业共同推动C-V2X的技术成熟和产业化。

我国始终注重车联网技术的发展。在标准化方面，国内LTE-V2X标准体系建设和核心

第一章 绪 论

标准规范也基本建设完成，包括总体技术要求、空中接口技术要求、安全技术要求以及网络层与应用层技术要求等各部分。2017 年，工信部印发了《国家车联网产业标准体系与建设指南（智能网联汽车）》，对我国智能网联汽车标准体系做出了规划和布置。在产品研发方面，我国已建成全球最大的 5G 网络，并初步形成了覆盖 LTE-V2X 系统、芯片、终端的产业链。在应用示范方面，工信部、交通运输部从车联网、车路协同等不同角度积极推动国家示范区建设，在无锡建成世界首个车联网（LTE-V2X）城市级开放道路示范样板，为跨行业产业协同营造有利条件。在测试验证方面，IMT-2020（5G）推进组 C-V2X 工作组协同跨行业各方完成了实验室和小规模外场环境下的 LTE-V2X 端到端通信功能、性能和互操作测试，为大规模应用示范和商用部署奠定了基础。2020—2022 年，IMT-2020（5G）推进组 C-V2X 工作组、中国智能网联汽车产业创新联盟、中国汽车工程学会等先后在上海开展了 5G 赋能智能驾驶的互联互通应用实践等活动，验证了中国 V2X 标准的全协议栈有效性。

2022 年 11 月 2 日，由工业和信息化部会同公安部组织起草的《关于开展智能网联汽车准入和上路通行试点工作的通知（征求意见稿）》发布，首次为开展智能网联汽车准入和上路通行试点工作提供政策依据，引导行业规范应用，推动产业加速发展。

总之，智能网联汽车可提供更安全、更高效、更舒适、更节能的驾驶方式和交通出行解决方案，是城市智能交通系统的重要组成部分，是构建绿色汽车社会的核心要素，其意义不仅在于汽车产品与技术的升级，更有可能带来汽车以及相关产业全业态和价值链体系的重塑。

第三节 智能网联汽车的技术架构与关键技术

一、智能网联汽车的技术架构

智能网联汽车涉及汽车、信息通信、交通等多领域技术，其技术架构较为复杂，有"三横两纵"式技术架构。"三横"是指智能网联汽车主要涉及的车辆/设施关键技术、信息交互关键技术与基础支撑技术，"两纵"是指支撑智能网联汽车发展的车载平台以及基础设施，如图 1-3 所示。

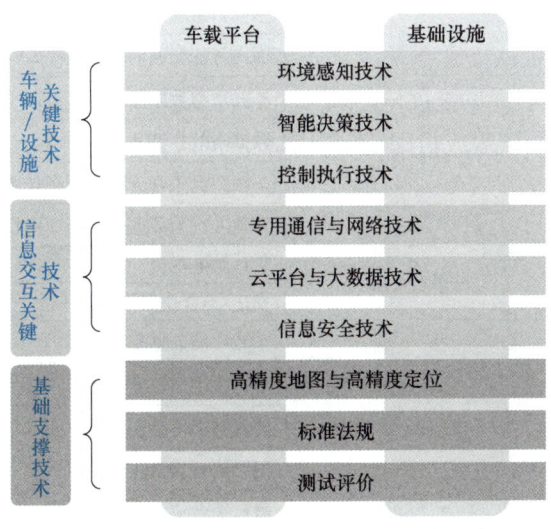

图 1-3 智能网联汽车"三横两纵"式技术架构

智能网联汽车需要车路协同、车路一体化，在智能网联汽车的推动下，道路等基础设施将逐渐向电子化、信息化、智能化方向发展。

智能网联汽车的横向技术可细分为三层体系，第一层为车辆/设施关键技术、信息交互关键技术、基础支撑技术三部分，各部分再细分为第二层与第三层技术，见表1-3。

表1-3 智能网联汽车"三横"技术体系

第一层	第二层	第三层
车辆/设施关键技术	环境感知技术	雷达探测技术
		机器视觉技术
		车辆姿态感知技术
		乘员状态感知技术
		协同感知技术
		信息融合技术
	智能决策技术	行为预测技术
		态势分析技术
		任务决策技术
		轨迹规划技术
		行为决策技术
	控制执行技术	关键执行机构（驱动/制动/转向/悬架）
		车辆纵向/横向/垂向运动控制技术
		车间协同控制技术
		车路协同控制技术
		智能电子电气架构
信息交互关键技术	专用通信与网络技术	车辆专用短程通信技术
		车载无线射频通信技术
		LTE-V通信技术
		移动自组织网络技术
		面向智能交通的5G通信技术
	大数据技术	非关系型数据库技术
		数据高效存储和检索技术
		车辆数据关联分析与挖掘技术
		驾驶人行为数据分析与应用技术
	云平台技术	信息服务平台
		安全/节能决策平台
	信息安全技术	车载终端信息安全技术
		手持终端信息安全技术
		路侧终端信息安全技术
		网络信息安全技术
		数据平台信息安全技术

(续)

第一层	第二层	第三层
基础支撑技术	高精度地图	三维动态高精度地图
	高精度定位	卫星定位技术
		惯性导航与航迹推算技术
		通信基站定位技术
		协作定位技术
	基础设施	路侧设施与交通信息网络建设
	车载硬件平台	通用处理平台/专用处理芯片
	车载软件平台	交互终端操作系统
		车辆控制器操作系统/共用软件基础平台
	人因工程	人机交互技术
		人机共驾技术
	整车安全架构	整车网络安全架构
		整车功能安全架构
	标准法规	标准体系与关键标准
	测试评价	测试场地规划与建设
		测试评价方法
	示范应用	示范应用与推广

二、智能网联汽车的关键技术

1. 环境感知

环境感知作为智能网联汽车的关键技术之一，其获得的环境信息是智能网联汽车决策与规划的输入条件，是智能网联汽车完成行驶任务的基础。

根据感知传感器来源的不同，环境感知可分为自主式环境感知、网联式环境感知以及复合式环境感知。①自主式环境感知系统是实现车辆对周围环境感知和理解的关键技术之一。它通过搭载在车辆上的传感器系统，获取道路、车辆、行人和障碍物等信息，以实现对环境的感知和识别。②网联式环境感知是利用车辆之间和车辆与基础设施之间的通信技术，实现对周围环境的感知和理解。它通过车辆之间的数据共享和协作，以及与交通基础设施的交互，获取更全面、准确的环境信息。③复合式环境感知系统是指利用多种传感器和通信技术，综合感知车辆周围的环境信息，实现对道路、交通和周围物体的全面感知和理解。它通过多种感知手段的融合与协同，提供更准确、可靠的环境感知结果。

目前主流的环境感知传感器有激光雷达、毫米波雷达、超声波雷达、摄像头等。环境感知的各类传感器提供硬件基础，结合在处理器上运行的环境感知与认知算法，才能够实现环境信息的感知与识别。例如，基于视觉传感器的认知算法，通过图像处理，采用支持向量机、深度神经网络等方法可以从图像中提取和识别特征，进一步实现语义分割、对象识别与跟踪、态势识别等不同深度层次的环境信息获取，并将获取结果作为决策系统的依据。

借助多种传感器的信息融合技术和深度学习技术，环境感知系统能够提供更准确、更丰富的环境信息；随着传感器技术和计算机技术的不断发展，环境感知技术将逐步从对象级别的感知认知，向场景全局的态势理解与预测方向发展，从而更好地满足智能驾驶的需要。

2. 定位导航

对于智能网联车辆来说，确定自身在道路上的具体位置是自动驾驶的基础。在地理位置信息的获取中，根据工作原理可将定位信息获取的方法分为三大类：①以全球卫星导航系统（Global Navigation Satellite System，GNSS）为代表的基于信号的定位方法；②利用惯性导航、轮速传感器等，通过轨迹推算方式的定位方法；③以激光雷达、摄像头为传感器，采用同步定位与建图（Simultaneous Localization and Mapping，SLAM）技术的基于地标的定位方法。

全球卫星导航系统具有全球性、全天候、实时性的优点，在导航领域占据重要地位。同时，其也有不可忽视的缺点，如自主性和可靠性差、易于受各种环境因素的影响等。惯性导航技术广泛用于各个领域，有着极强的独立性和可靠性。惯性导航在短时间内精度比较高，但由于误差积累，长时间工作精度不高，因此也限制了其应用。基于地标的定位技术则根据视觉或者激光雷达的感知数据，与数据库中的特征匹配，确定车辆本体的位姿。

由于各种定位系统均有一定的使用局限性，故而组合导航技术已成为研究重点方向。

3. 决策规划

决策规划系统在智能网联汽车中处于信息处理的中心位置。它接收并处理感知系统获取的环境信息，进行行为决策和运动规划，之后发送指令信息至运动控制模块。因此，决策规划系统在智能网联汽车信息传递与处理的过程中占据非常重要的地位。

决策功能系统是智能驾驶系统的"大脑"，需要在复杂的环境中融合多种环境信息，选择最优的驾驶行为和行驶路径，以保证行驶安全性，并满足其他行驶性能的要求。目前主要有两类决策模型：①基于规则的行为决策模型，例如，将行驶行为划分为有限个状态，根据行驶规则、知识、经验等建立行为规则库，实时依据环境信息进行行为规则匹配，从而确定车辆当前状态和行驶行为；②基于机器学习的决策模型，如模仿学习的决策方法，直接模仿专家并根据专家数据学习从状态到规则的映射，如基于强化学习的决策模型，通过与环境的不断交互，进行迭代学习，获得最优的动作策略。

规划是指根据环境信息、车辆实时位姿和行为决策指令，考虑交通规则和道路边界，以及车辆运动学和动力学约束，实时规划车辆运动轨迹，并将轨迹发送至底层控制系统。规划功能主要包括全局规划和实时局部规划两方面。全局规划是指在道路网络的数字地图上进行从起点到目的地的路线规划；局部规划则是指在全局规划的基础上，考虑与周围交通参与者的交互，生成具备安全性、舒适性和鲁棒性的轨迹。

4. 控制执行

车辆的运动控制系统根据决策规划系统的输出和实时车辆行驶状态来控制底盘执行器的操作，使车辆稳定、平滑、精确地跟踪期望轨迹。运动控制分为纵向控制和横向控制，其性能表现直接影响车辆行驶安全和用户体验。

纵向运动控制主要是指通过对驱动和制动执行器的协调，实现对期望车速或期望距离的精确跟随。这类控制问题可归结为对驱动电机、发动机、传动和制动系统的控制。纵向控制通常会采用分层控制结构，控制方法主要包括比例积分微分（Proportion，Integral Derivative，PID）控制、滑模控制、模型预测控制等。横向运动控制是指对转向执行器以及直接横摆力

矩的控制，在保证车辆稳定性的前提下实现横向位移跟踪误差收敛，使行驶路径趋近期望路径。

5. 网联通信

网联通信技术是指在交通环境中，实现车辆内部、路侧单元、行人、云端服务之间的信息交互和协同的技术。根据连接范围的不同，在此将车联网通信技术分为3类讨论，分别是：车云互联、车际互联和车内互联。

车云互联是指将汽车和云端服务器连接起来，这样就可以实现对车辆状态、位置、行驶数据等信息的采集和传输，并提供基于云端计算和大数据分析的各种信息服务。

车际互联是业界专门给汽车开发的通信技术，其中的代表技术就是3GPP组织所推动的C-V2X技术。C-V2X是一种为车辆设计的专门网络，其特点如下：可以让车辆与其他车辆、路侧基础设施和行人直接通信，从而提高道路安全和交通效率；不依赖于网络覆盖，可以在没有基站的情况下实现低时延、高可靠的直接通信；可以利用5G技术提供更快的速度、更低的时延和更大的容量，从而支持更多的创新场景，如自动驾驶、车队编队、扩展传感器、远程驾驶等；可以与现有的蜂窝网络和生态系统兼容，降低部署成本和复杂度。

车内互联技术主要实现汽车与车内物体的互联，比如：手机、车钥匙、临时接入的平板电脑、笔记本电脑等。其所使用到的通信技术一般为近距离的无线通信技术。目前车内所使用到的近距离无线通信技术主要有：Wi-Fi技术、蓝牙（Bluetooth）、近场通信（Near Field Communication，NFC）、超宽带（Ultra-Wide Band，UWB）等。在车内设备通信中，一般采用多种通信技术相结合的方式。

此外，随着无线通信技术、信息处理技术、车路协同技术的快速发展，智能网联汽车也得到快速发展，信息安全技术、数据安全技术等也同步发展，促进智能网联汽车技术不断升级。

【思考题】

1. 智能网联汽车技术包含哪些核心技术？这些技术涉及哪些专业领域？体现了智能网联汽车的哪些特点？

2. 智能网联汽车经历了哪些发展阶段？在不同的发展阶段，都有哪些重大技术突破？为现代智能网联汽车的发展起了怎样的推动作用？

参 考 文 献

[1] 国家发展和改革委员会. 智能汽车创新发展战略［EB/OL］.（2020-02-24）[2024-01-05］. https：//www.ndrc. gov. cn/xxgk/zcfb/tz/202002/P020200224573058971435. pdf.

[2] Taxonomy and definitions for terms related to driving automation systems for on-road motor vehicles ［EB/OL］.（2018-06-01）［2024-01-08］. https：//www. sae. org/standards/content/j3016_201806/.

[3] 全国汽车标准化技术委员会. 汽车驾驶自动化分级：GB/T 40429—2021 [S]. 北京：中国标准出版社，2021.

[4] 秦孔建，吴志新，陈虹. 智能网联汽车测试与评价技术［M］. 北京：机械工业出版社，2021.

第二章

智能网联汽车环境感知

第一节　环境感知系统的定义与组成

一、车外行驶环境感知系统

智能网联汽车的车外环境感知系统可以视为人类感官神经，它通过车载视觉传感器、激光雷达、毫米波雷达、超声波雷达和V2X通信技术等收集智能网联汽车周围环境信息，包括车辆、行人、道路和周边环境等。这些信息经过车载信息处理单元处理后传输到车载控制单元，为智能网联汽车提供及时、准确和可靠的决策依据，以保证车辆的安全行驶。

智能网联汽车车外环境感知对象主要包括以下几个方面：

（1）行车路径　行车路径是指车辆可行驶的道路区域，通常可分为结构化道路和非结构化道路。结构化道路包括高速公路、城市干道等具有明显的道路标志线、单一的背景环境和清晰的几何特征等结构化程度较好的道路。其路径识别主要包括行车线、行车路边缘和道路隔离物的识别。非结构化道路指城市非主干道、乡村街道等结构化程度较低的道路，这类道路没有车道线和清晰的道路边界，加上受阴影和水迹等的影响，道路区域和非道路区域难以区分。其路径识别主要包括路面环境状况的识别和可行驶路径的确认。

（2）周边物体　主要包括车辆、行人、地面上可能影响车辆通过性、安全性的其他各种移动或静止物体、各种交通标志以及交通信号灯等。如图2-1所示，车辆在行驶中通过中间摄像头对前方环境中的车辆、交通标识以及行人进行感知和识别认知。

（3）驾驶状态　主要包括对驾驶人的状态和车辆自身行驶状态的识别。

（4）驾驶环境　主要涉及对路面状况、道路交通拥堵情况、天气状况等因素的识别。

1. 车外环境感知认知系统组成

车外环境感知认知系统由信息采集单元、信息处理单元和信息传输单元三大模块组成，具体如图2-2所示。其中，信息采集单元涵盖视觉传感器、激光雷达、毫米波雷达、超声波雷达、车载自组网络和导航定位装置等；信息处理单元包括道路、车辆、行人、交通标志以及交通信号灯识别等；信息传输单元包括显示系统、报警系统、传感器网络和车载自组网络等。

第二章 智能网联汽车环境感知

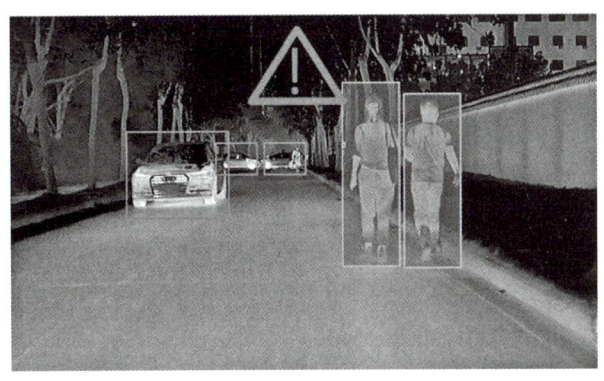

图 2-1 车辆行驶过程中的环境感知认知

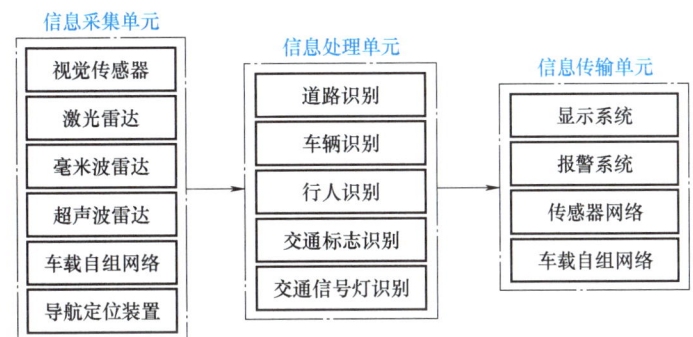

图 2-2 车外环境感知认知系统组成

2. 车外环境感知认知传感器

智能网联汽车的车外环境感知认知传感器主要包括视觉传感器、激光雷达、毫米波雷达、超声波雷达和红外线传感器。另外，全球定位系统（Global Positioning System，GPS）和惯性元件也具备环境感知功能，但主要用于智能网联汽车的定位和导航系统。这些传感器具有不同的性能特点，详见表 2-1。

表 2-1 环境感知认知传感器性能特点

	视觉传感器	激光雷达	毫米波雷达	超声波雷达	红外线传感器
优势	成本适中，可以分辨出障碍物的距离和大小，并区分障碍物类型	测距精度高，方向性强，响应快，不受地面杂波干扰	不受天气情况和夜间的影响，可以探测到远距离（100m 以上）的物体	结构简单，价格便宜，体积小巧	低成本，夜间不受影响
劣势	与人眼一样，会受到视野范围的影响	成本很高，难以全天候工作，受浓雾、雨雪等极端天气影响大	成本较高，行人的反射波较弱，难以探测，需与视觉传感器互补使用	会受到天气和温度变化的影响，最大测量距离一般只有几米	会受到天气条件限制，只能探测到近距离的物体
远距离探测能力	强	强	强	弱	一般

13

(续)

	视觉传感器	激光雷达	毫米波雷达	超声波雷达	红外线传感器
夜间工作能力	弱	强	强	强	强
全天候工作能力	弱	弱	强	弱	弱
受气候影响程度	大	大	小	小	大
烟雾环境工作能力	弱	弱	强	一般	弱
雨雪环境工作能力	一般	一般	强	强	弱
温度稳定性	强	强	强	弱	一般
车速测量能力	弱	弱	强	一般	弱

从表 2-1 可以看出，单一传感器都存在局限性，仅仅通过单一传感器的感知无法全面描述智能网联汽车行驶环境。为了克服各种局限性，确保在任何时刻都能为车辆运行提供可信赖的环境信息，智能网联汽车采用传感器融合技术进行环境感知。该技术利用多种传感器信息融合进行数据分析、综合和平衡，以扩大系统的时空覆盖范围，增加信息维数。在传感器数据处理过程中，考虑各种传感器信息的互补特性和容错处理，避免单个传感器存在盲区，这样就可以获得所需的完整环境信息。

二、车内驾乘环境感知认知系统

车内驾乘环境感知认知系统旨在感知和认知车内驾乘环境，以提供更智能化、个性化和安全的驾乘体验。该系统由多种传感器、数据处理单元、人机交互界面和智能算法组成，可以感知乘客位置、姿态、情绪、疲劳程度、注意力水平等参数，并根据这些信息提供个性化的驾乘环境和驾驶辅助功能。

1. 车内驾乘环境感知认知系统功能

车内驾乘环境感知认知系统功能主要包括以下几个方面：

（1）驾驶人状态监测　系统可以感知驾驶人的姿势、疲劳程度和注意力水平。通过摄像头、生物传感器和车辆传感器等，系统可以监测驾驶人的姿势是否正确、疲劳程度是否过高以及注意力是否集中，如图 2-3 所示。它可以提供相应的警示或驾驶辅助功能，以提醒驾驶人保持良好的驾驶状态。

（2）乘客位置和姿态感知　系统可以通过座椅压力传感器、摄像头或激光雷达等技术感知乘客的位置和姿态。这有助于自动调整座椅、安全气囊和照明系统，以提供更舒适和安全的乘坐体验。

（3）乘客情绪和疲劳感知　通过生物传感器、语音识别和图像分析等技术，系统可以感知乘客的情绪和疲劳程度。它可以识别乘客的情绪状态，如愉快、焦虑或生气，并根据需要提供相应的音乐、照明和氛围设置。此外，系统还可以检测乘客的疲劳程度，并提供相应的提醒或驾驶辅助功能，以增强驾驶安全性。

（4）智能警报和提醒　当系统检测到乘客或驾驶人状态异常或超过安全范围时，它可以触发智能警报和提醒装置。例如，当系统检测到驾驶人疲劳、乘客情绪紧张或注意力分散时，它可以通过声音、振动或显示屏上的警报信息向驾驶人和乘客发出警告。

2. 车内驾乘环境感知认知系统组成

车内驾乘环境感知认知系统通常由以下几部分构成：

图 2-3　车内驾乘环境感知认知

（1）传感器　系统使用多种传感器来感知乘客和驾驶人的状态。这些传感器包括座椅压力传感器、摄像头、激光雷达、生物传感器、眼动追踪设备、脑电图设备等，负责采集乘客和驾驶人的生理和行为数据，以提供对他们状态的准确感知。

（2）数据处理单元　传感器采集到的数据被传送到数据处理单元进行处理和分析。数据处理单元通常由嵌入式系统或计算机组成，具备强大的数据处理和算法运行能力。它负责对传感器数据进行实时处理、特征提取和模式识别，以获取有关乘客和驾驶人状态的信息。

（3）人机交互界面　系统通过人机交互界面与乘客和驾驶人进行交互。人机交互界面可以是显示屏、触摸屏、语音识别系统等。通过人机交互界面，乘客和驾驶人可以获得有关其状态的反馈信息，如警示、提醒以及个性化设置的调整。

（4）智能算法　车内驾乘环境感知认知系统依靠智能算法对传感器数据进行分析和处理。这些算法包括机器学习、模式识别、情感分析等技术，用于从传感器数据中提取特征、识别模式并推断乘客和驾驶人的状态。

3. 车内驾乘环境感知认知传感器

车内驾乘环境感知认知系统使用多种类型的传感器来感知乘客和驾驶人的状态。以下是常见的传感器类型：

（1）座椅压力传感器　用于感知乘客的位置和姿态，可以确定乘客的坐姿、卧姿或站姿。

（2）摄像头　用于进行图像分析，以感知乘客和驾驶人的面部表情、眼睛活动、姿势等信息。

（3）激光雷达　通过发射激光束并测量其返回时间来感知乘客和驾驶人的位置和运动。

（4）生物传感器　如心率传感器、皮肤电传感器等，用于监测乘客和驾驶人的生理状态，如心率、皮肤电活动等。

（5）眼动追踪设备　用于监测乘客和驾驶人的眼睛运动，以评估他们的注意力水平和视线方向。

（6）脑电图设备　用于监测乘客和驾驶人的脑电波，以评估他们的注意力、疲劳和情绪状态。

综上所述，车内驾乘环境感知认知系统通过多种传感器获取乘客和驾驶人的状态信息，借助数据处理单元和智能算法对这些信息进行分析和识别，并通过人机交互界面提供个性化的驾乘环境设置和驾驶辅助。

第二节　系统分类与基本构成

一、自主式环境感知系统

智能网联汽车的自主式环境感知系统是实现车辆对周围环境感知和理解的关键技术之一。它通过搭载在车辆上的传感器系统，获取道路、车辆、行人和障碍物等信息，以实现对环境的感知和识别。自主式环境感知系统的基本构成和功能如下：

1. 自主式环境感知系统的基本构成

（1）激光雷达　激光雷达是自主式环境感知系统中最常用的传感器之一。它通过发射激光束并测量其反射时间来获取车辆周围物体的三维空间信息，可以提供高分辨率的点云数据，用于检测和定位周围的障碍物，并生成地图以支持路径规划和决策制定。

（2）摄像头　摄像头是另一个重要的自主式环境感知传感器。它可以获取车辆周围的图像和视频数据，用于完成目标检测、车道线识别、交通标志识别等任务。通过计算机视觉算法，摄像头可以帮助车辆实现对行人、车辆、交通信号灯等的识别和跟踪。

（3）雷达　雷达传感器在自主式环境感知中发挥着重要作用。它可以通过发射无线电波并测量其反射时间来检测前方物体的距离和速度，可以有效地感知周围障碍物、车辆和行人，并提供实时的距离和速度信息，为智能网联汽车的决策和控制提供重要数据支持。

（4）超声波传感器　超声波传感器主要用于近距离障碍物检测和距离测量。它通过发射超声波并测量其反射时间来判断车辆周围的物体与车辆的距离。超声波传感器通常用于低速行驶和停车场景，可提供精确的障碍物检测和避障功能。

（5）其他传感器　除了上述传感器外，自主式环境感知系统还可以包括其他类型的传感器，如惯性测量单元（Inertial Measurement Unit，IMU）、GPS定位系统等。这些传感器可以提供车辆的位置、姿态、加速度等信息，为环境感知提供补充数据。

2. 自主式环境感知系统的功能

（1）数据采集和感知　自主式环境感知系统首先进行数据采集和感知，通过传感器获取车辆周围的环境信息。不同传感器获取的数据包括激光雷达的点云数据、摄像头的图像和视频数据、雷达的距离和速度信息等。

（2）数据融合和处理　获取的各个传感器数据需要进行数据融合和处理，以生成车辆周围环境的综合信息。数据融合技术可以将不同传感器的数据进行整合，消除噪声和不确定性，提高感知结果的准确性和一致性。

（3）目标检测和跟踪　根据摄像头和雷达等传感器获取的数据，自主式环境感知系统进行目标检测和跟踪。目标检测和跟踪技术可以识别和追踪车辆、行人、自行车等周围物体，并获取其位置、速度和运动轨迹等信息。

（4）地图构建和更新　自主式环境感知系统可以将获取的传感器数据与先前构建的地图进行比对和更新。地图可以包含道路拓扑、车道线、交通标志等信息，用于更准确地理解车辆所处的环境，并支持路径规划和决策制定。

（5）环境感知结果输出　自主式环境感知系统将处理后的感知结果输出给智能驾驶系统的其他模块，如路径规划、决策制定和控制模块。这些感知结果可以包括周围障碍物的位置、大小、速度等信息，以及道路状态、交通信号灯状态等。

自主式环境感知系统是智能网联汽车实现对周围环境感知和理解的关键技术。它通过搭载的传感器系统获取道路、车辆、行人和障碍物等信息，并经过数据采集、数据融合、目标检测和跟踪等处理，为智能驾驶系统提供准确、全面的环境认知。

二、网联式环境感知系统

智能网联汽车的网联式环境感知是利用车辆之间和车辆与基础设施之间的通信技术，实现对周围环境感知和理解的关键技术之一。它通过车辆之间的数据共享和协作，以及与交通基础设施的交互，获取更全面、准确的环境信息，提升智能驾驶系统的感知能力和安全性。网联式环境感知系统的基本构成和功能如下：

1. 网联式环境感知系统的基本构成

（1）车辆感知单元　车辆感知单元是网联式环境感知系统的核心组成部分。它包括搭载在车辆上的传感器系统，如激光雷达、摄像头、毫米波雷达等，用于获取车辆周围的环境信息。与传统智能驾驶汽车相比，网联式环境感知要求传感器系统具备更高的性能和精度，以满足数据共享和协作的需求。

（2）车辆-车辆（V2V）通信　车辆之间的通信是网联式环境感知系统的重要组成部分。通过车辆之间的通信，可以实现环境信息的共享和协作。当一个车辆感知到某个障碍物或交通事件时，它可以通过V2V通信将这一信息传递给其他车辆，使其他车辆能够及时感知和应对。V2V通信可以采用无线网络技术，如车载Wi-Fi、5G等。

（3）车辆-基础设施（V2I）通信　车辆与基础设施之间的通信也是网联式环境感知系统的关键组成部分。通过与交通信号灯、路侧单元等基础设施的通信，车辆可以获取交通信号状态、路况信息等。这些信息可以与车辆自身感知数据相结合，提供更全面的环境信息，支持智能驾驶系统的决策和控制。

（4）数据融合和处理　网联式环境感知系统需要对来自不同车辆的感知数据进行数据融合和处理。传感器数据的融合可以通过分布式数据融合算法实现，将来自不同车辆的感知数据进行整合，消除噪声和不确定性，提高环境感知结果的准确性和一致性。

（5）环境地图构建和更新　环境地图是网联式环境感知系统的重要组成部分。通过感知数据的共享和协作，可以构建更精确、实时的环境地图。环境地图不仅包括道路拓扑、车道线、交通标志等静态信息，还包括动态信息，如其他车辆的位置、速度等。环境地图的构建和更新可以借助云端服务器进行，以实现高效的数据处理和分发。

（6）环境感知结果共享　网联式环境感知系统可以将感知结果共享给其他车辆和基础设施。通过共享感知结果，可以提供更全面、准确的环境信息，促进交通流的优化和安全性的提升。共享的方式可以通过无线网络进行，如车载Wi-Fi、车载通信等。

（7）网络安全和隐私保护　网联式环境感知系统需要确保网络安全和隐私保护。由于涉及车辆之间和车辆与基础设施之间的通信和数据共享，必须采取适当的安全措施来降低系统受恶意攻击和数据泄露的风险。这些措施包括数据加密、身份验证、访问控制等安全机制的应用，以及隐私保护技术的采用，确保个人隐私信息不被滥用或泄露。

2. 网联式环境感知系统的功能

（1）交通信号识别与状态感知　通过与交通信号灯的通信或传感器数据分析，识别交通信号灯并获取其状态，包括红、绿、黄灯状态，帮助智能网联汽车做出相应的行驶决策。

（2）路况感知与预测　通过与基础设施的通信或传感器数据分析，获取道路的实时路况信息，包括拥堵、施工等，预测未来路况的变化，以优化车辆的路径规划和行驶策略。

（3）交通事故预警　通过与其他车辆的通信，及时共享交通事故的信息，包括事故发生位置、严重程度等，提醒周围车辆采取相应的行驶策略，降低事故风险。

（4）高精度定位和地图更新　通过与基础设施的通信，获取高精度的位置信息，改善智能网联汽车的定位精度，同时将感知到的地图信息共享给其他车辆，实现实时的地图更新。

网联式环境感知系统是智能网联汽车的关键技术之一，通过车辆之间和车辆与基础设施之间的通信和数据共享，实现对周围环境的感知和理解。通过网联式环境感知，可以提供更全面、准确的环境信息，支持智能驾驶系统的决策和控制，提升交通安全性和效率。

三、复合式环境感知系统

智能网联汽车复合式环境感知系统是指利用多种传感器和通信技术，综合感知车辆周围的环境信息，实现对道路、交通和周围物体的全面感知和理解的关键技术。它通过多种感知手段的融合与协同，提供更准确、可靠的环境感知结果，为智能驾驶和智能交通系统的决策和控制提供支持。复合式环境感知系统的基本构成和功能如下：

1. 复合式环境感知系统的基本构成

（1）传感器系统　智能网联汽车复合式环境感知系统的核心是传感器系统，它包括多种类型的传感器，如激光雷达、摄像头、超声波雷达、超声波传感器等。不同类型的传感器可以获取不同尺度、不同性质的环境数据，综合使用可以提供更全面、准确的环境感知结果。

（2）传感器数据融合　传感器数据融合是智能网联汽车复合式环境感知系统的关键部分。通过将不同传感器获取的数据进行融合，消除噪声和不确定性，提高环境感知结果的准确性和一致性。传感器数据融合可以采用传统的滤波器技术，如卡尔曼滤波器，也可以采用基于机器学习的数据融合算法，如神经网络、粒子滤波器等。

（3）高精度定位系统　高精度定位系统是智能网联汽车复合式环境感知系统的重要组成部分。通过全球卫星定位系统（如 GPS）和惯性导航系统（如惯性测量单元）的融合，可以实现车辆的精确定位。高精度定位不仅可以提供车辆当前的位置和姿态信息，还可以为地图构建、路径规划和导航提供基础数据。

（4）地图数据　地图数据是智能网联汽车复合式环境感知系统的重要参考信息。地图数据包括道路拓扑、车道线、交通标志、交通信号灯等静态信息，以及交通流量、路况、停车位等动态信息。地图数据可以通过卫星图像、激光扫描、地面测量等手段获取，并与传感器数据进行融合，提供更准确、全面的环境信息。

（5）通信技术　通信技术是智能网联汽车复合式环境感知系统的关键支撑。它包括车辆与车辆之间的通信（V2V）、车辆与基础设施之间的通信（V2I）以及车辆与云端服务器之间的通信。通过通信技术，车辆可以实现环境信息的共享与协同，获取其他车辆和基础设施的感知数据，提高环境感知的准确性和时效性。

（6）数据处理与算法　智能网联汽车复合式环境感知系统需要进行大量的数据处理和算法计算。数据处理包括传感器数据的预处理、特征提取、数据压缩等；算法计算包括目标检测与跟踪、车道检测与识别、交通流量分析等。这些算法可以基于机器学习、深度学习和计算机视觉等技术，对传感器数据进行实时处理和分析，提取有用的环境信息，为决策和控制提供支持。

2. 复合式环境感知系统的功能

（1）道路检测与识别　智能网联汽车复合式环境感知系统可以通过摄像头、激光雷达等传感器，检测和识别道路的边界、车道线、交通标志和交通信号灯等信息。这些信息可以为车辆的导航、路径规划和驾驶决策提供基础数据。

（2）障碍物检测与跟踪　智能网联汽车复合式环境感知系统可以通过雷达、摄像头等传感器，检测和跟踪道路上的障碍物，如其他车辆、行人、自行车等。通过实时监测障碍物的位置、速度和行为，系统可以预测障碍物的未来动态，为车辆的自动驾驶和避障决策提供支持。

（3）交通流量分析　智能网联汽车复合式环境感知系统可以通过传感器数据和地图数据，分析道路上的交通流量。通过实时监测车辆的数量、速度和密度等指标，系统可以评估道路的拥堵状况，提供交通流量预测和优化的建议，为智能交通管理提供支持。

（4）智能停车辅助　智能网联汽车复合式环境感知系统可以通过传感器数据和地图数据，提供智能停车辅助功能。系统可以检测和识别周围的停车位，并为车辆提供停车位导航和自动泊车功能，提高停车效率和便利性。

（5）环境感知与预警　智能网联汽车复合式环境感知系统可以实时感知并分析道路上的环境信息，如天气状况、路面状况、能见度等。系统可以通过车载显示屏或语音提示，向驾驶人提供相关的环境预警信息，帮助驾驶人做出安全驾驶决策。

这些功能的实现可以提高智能网联汽车的安全性、效率性和舒适性，推动自动驾驶和智能交通系统的发展。

第三节　传感系统与工作原理

一、视觉传感器的原理及应用

1. 视觉传感器的概念

视觉传感器是一种用于获取影像信息的传感器，其可以感知光线的强度、颜色和方向，将这些信息转换成数字信号并传输给计算机或其他处理装置进行处理和分析。视觉传感器在智能网联汽车中起着重要的作用，能够实现车辆环境感知、路面识别、车辆识别和行人识别等功能。视觉传感器涉及多种技术，具体包括：图像采集、数字信号转换、图像处理、计算机视觉、机器学习和深度学习等。其中，图像采集是第一步，通过光学元件将环境中的光信息转化成电信号形式。数字信号转换将模拟信号转换成数字信号。图像处理包括图像增强、图像分割、图像匹配等多个技术。计算机视觉是利用计算机对视觉信息的模拟和处理，实现物体识别、跟踪和三维重建等。机器学习和深度学习则可以帮助视觉传感器更精确地识别出目标物体和环境信息。

2. 视觉传感器的类型

视觉传感器主要分为单目视觉传感器、双目视觉传感器、三目视觉传感器以及环视视觉传感器等类型，它们在镜头型号、数量和布置方式上有差异。此外，还有红外夜视视觉传感器等独特分支，即使在远红外夜视图像的处理中，图像处理算法仍然发挥着重要作用。接下来我们将逐一介绍以上这些类型的视觉传感器。

（1）单目视觉传感器　如图2-4所示，单目视觉传感器只需要一个摄像头和一个镜头，很多图像算法的研究都基于此开发。相较于其他车载视觉传感器来说，单目视觉传感器的算法成熟度更高。然而，单目视觉传感器存在两个先天的缺点。第一，它的视野完全取决于所使用的镜头。长焦距镜头可以提供更广阔的视野，但失去了远处的信息，相反，短焦距镜头可以获取更远的信息，但视野较窄。第二，单目测距的精度较低。由于成像图是透视图，离摄像机越远的物体会变得更小，而近处的物体需要大量像素来描述，而远处物体则只需要几个像素点即可。这导致远处一个像素代表的距离要比近处的大得多。因此，对于单目视觉传感器来说，物体越远，测距的精度越低。

（2）双目视觉传感器　由于单目视觉传感器存在缺陷，双目视觉传感器因此被发明。如图2-5所示，双目视觉传感器由两个摄像机和两个镜头组成，当这两个摄像机拍摄同一物体时，像素的偏移量可以被测量。结合镜头焦距和两个摄像机之间的距离等信息，可以使用数学转换得出物体的实际距离。在图像的每个像素点应用双目测距原理，可以获取深度信息。深度信息的加入可以方便地进行障碍物检测，并且能提高高精地图的定位精度。

图2-4　单目视觉传感器

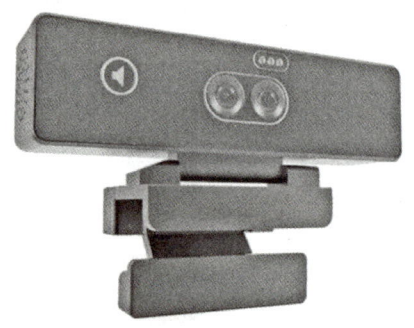
图2-5　双目视觉传感器

与单目视觉传感器相比，双目视觉传感器有以下特点。第一，由于双目视觉传感器采用两个摄像机和两个镜头，相较于单目视觉传感器，成本要稍高一些。不过，双目视觉传感器的成本仍然可接受，并且相对于激光雷达等方案来说，成本要低一些。第二，双目视觉传感器没有识别率的限制，因为它不需要先进行识别再进行测算，而是可以直接对所有的障碍物进行测量。这一特点方便取得深度信息，以及进行障碍物检测。第三，双目视觉传感器的测距精度比单目视觉传感器更高。因为双目视觉传感器可以直接利用视差计算距离，而不像单目视觉传感器那样会受到透视图的影响。这种优势向来是无可比拟的，而且对于一些更加复杂的应用场景，例如自动驾驶车辆，更加重要。第四，由于双目视觉传感器需要处理的数据量非常大，对计算单元的性能要求也更高。这也就意味着双目视觉传感器需要更强的硬件支持，这也是它存在的技术难点和挑战之一。不过，随着计算能力的不断提高，这一问题也将

逐渐得到解决。

(3) 三目视觉传感器　如图 2-6 所示，三目视觉传感器是一种基于 3 个摄像头的视觉传感器，用于获取对象的深度信息和形状。与双目视觉传感器相比，三目视觉传感器可以更加准确地计算三维信息，照射范围也更大，因此更加适用于更广泛的应用场景。由于三目视觉传感器需要使用 3 个摄像头，其数据处理量比双目视觉传感器的更大，需要更强的计算能力和更大的存储容量。这不仅对硬件设备提出了更高的要求，而且也会导致系统的成本增加。

图 2-6　三目视觉传感器

(4) 环视视觉传感器　在前面提到的三款视觉传感器中，所采用的镜头都不是鱼眼镜头，然而，对于环视视觉传感器来说，其所使用的镜头则是鱼眼镜头。环视视觉传感器通常安装在车辆的底部或后方，朝向地面。在某些高配车型上，会配置"360°全景显示"的功能，这就需要使用到环视视觉传感器，这个传感器设置在车辆前方、车辆右后视镜下和车辆后方，由于需要获取足够大的视野，所以采用了鱼眼摄像机，然而，鱼眼摄像机的代价是图像畸变严重。为了实现从车顶往下看的效果，需要通过标定值进行图像的投影变换，将图像还原成俯视图。然后对 4 个方向的图像进行拼接，并在 4 幅图像的中间加入一张车的俯视图，如图 2-7 所示。这样就能够实现环视视觉传感器的功能，从而进行车辆周围的感知和检测。

图 2-7　环视视觉传感器效果图

(5) 红外夜视视觉传感器　在夜间，由于可见光成像的信噪比较低，视觉传感器的成像效果不佳。然而，红外夜视系统可以弥补光照不足的条件下视觉传感器的缺点，即使在光线较暗的情况下，视觉系统也能够提供清晰的图像，为安全驾驶提供保障。红外夜视系统将红外线成像技术应用于车辆驾驶的安全辅助系统中，即利用车辆前方发射的红外线，通过反射、散射和辐射，收集周围环境的红外辐射信息，并将其转化为可视化的图像，红外夜视视觉传感器效果如图 2-8 所示。

3. 视觉传感器的基本构成

视觉传感器主要包括以下几个组件：

(1) 光学系统　光学系统用于收集周围环境中的光线，并将其聚焦到感光元件上。它通常由透镜、滤光片等组成，其中透镜用于聚焦光线，滤光片用于选择特定波长的光。

图 2-8　红外夜视视觉传感器效果图

（2）感光元件　感光元件负责将光信号转化为电信号。常用的感光元件有电荷耦合器件（Charge Coupled Device，CCD）和互补性氧化金属半导体（Complementary Metal Oxide Semiconductor，CMOS）两种类型。它们能够根据光强度变化产生电荷，并将其转化为电压信号。

（3）信号处理电路　信号处理电路负责对从感光元件中读取的电信号进行放大、滤波、模数转换等处理操作，以获取可用的图像信息。这部分电路还可能包括自动曝光、自动对焦、白平衡等功能。

（4）控制接口　控制接口用于连接视觉传感器与其他设备，如计算机、嵌入式系统等。通过控制接口，可以进行图像数据传输、配置参数设置、触发拍摄等操作。

（5）图像处理算法　图像处理算法是视觉传感器的核心部分，用于对采集到的图像进行处理和分析。这些算法包括图像增强、目标检测、特征提取、图像识别等，可以实现对图像信息的解析和理解。

4. 视觉传感器的工作原理及核心参数

视觉传感器是一种电子图像技术，其具有从一幅图像中捕获数以千计像素的能力。图像的清晰程度和细腻程度可以用分辨率来衡量，并以像素数量进行表示。视觉传感器将图像传送至处理单元，通过数字化处理，根据像素分布和亮度、颜色等信息，来进行尺寸、形状和颜色的判别。

目前使用比较多的视觉传感器是光接收装置及其各种摄像头，如光电二极管与光电转换器件、位置敏感探测器、CCD 图像传感器、CMOS 图像传感器及其他摄像元件。

（1）CCD 图像传感器　CCD 图像传感器主要由一个类似马赛克的网格、聚光镜片以及垫于最底下的电子线路矩阵所组成，其外形如图 2-9 所示。

图 2-9　CCD 图像传感器外形

CCD 是一种特殊的半导体器件，能够把光学影像转化为数字信号。CCD 上植入的微小光敏物质称作像素。一块 CCD 上包含的像素数越多，它提供的画面分辨率也就越高。CCD 上有许多排列整齐的光电二极管，能感应光线，并将光信号转变成电信号，经外部采样放大及模数转换电路转换成数字图像信号。CCD 由于体积小、成本低，广泛应用于扫描仪、数码摄像机中。

（2）CMOS 图像传感器　CMOS 图像传感器是利用 CMOS 工艺制造的图像传感器，主要利用了半导体的光电效应，和 CCD 的原理相同，其外形如图 2-10 所示。

图 2-10　CMOS 图像传感器外形

CMOS 图像传感器与 CCD 图像传感器一样，可用于自动控制、自动测量、摄影摄像、视觉识别等各个领域。

（3）视觉传感器的环境感知流程　视觉传感器的环境感知流程一般包括图像采集、图像预处理、图像特征提取、图像模式识别、结果传输等，如图 2-11 所示。根据具体识别对象和采用的识别方法不同，环境感知流程也会略有差异。

图 2-11　视觉传感器的环境感知流程

1）图像采集。图像采集主要是通过摄像头采集图像，如果是模拟信号，要把模拟信号转换为数字信号，并把数字图像以一定格式表现出来。根据具体研究对象和应用场合，选择性价比高的摄像头。

2）图像预处理。图像预处理包含的内容较多，有图像压缩、图像增强与复原、图像分割等，要根据具体实际情况进行选择。

3）图像特征提取。为了完成图像中目标的识别，要在图像分割的基础上，提取需要的特征，并将这些特征计算、测量、分类，以便于计算机根据特征值进行图像分类和识别。

4）图像模式识别。图像模式识别的方法很多，从图像模式识别提取的特征对象来看，图像识别方法可分为基于形状特征的识别技术、基于色彩特征的识别技术以及基于纹理特征的识别技术等。

5）结果传输。通过环境感知系统识别出的信息，会传输到车辆其他控制系统或者车辆周围的其他车辆，完成相应的控制功能。利用视觉传感器进行道路识别的流程如图 2-12 所示。

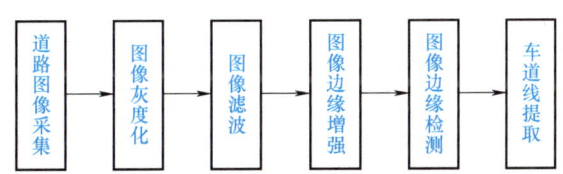

图 2-12　利用视觉传感器进行道路识别的流程

视觉传感器的核心参数是评估其性能和功能的重要指标。以下是一些常见的核心参数：

（1）分辨率（Resolution）　表示图像的清晰度和细节化程度。通常以水平像素数和垂直像素数来表示。较高的分辨率可以提供更精细的图像。

（2）帧率（Frame Rate） 表示视觉传感器每秒能够捕获和处理的图像帧数。较高的帧率可以提供更流畅的图像展示和动态物体的跟踪。

（3）动态范围（Dynamic Range） 表示视觉传感器能够捕获的亮度差异范围。较大的动态范围可以在高对比度场景中保持细节，并避免过曝或欠曝。

（4）噪声（Noise） 表示传感器输出中的随机干扰信号。较低的噪声可以提高图像质量和准确性。

（5）功耗（Power Consumption） 表示传感器在工作过程中消耗的能量。较低的功耗可以延长传感器的使用寿命和节省电力。

（6）接口类型（Interface Type） 表示传感器与其他设备之间进行数据和信号传输的接口类型，如 USB、Ethernet 等。

（7）视场角度（Field of View） 表示视觉传感器能够覆盖的水平和垂直角度范围。较大的视场角度可以提供更广阔的观测范围。

这些参数通常由制造商在产品规格表中提供，用户可以根据应用需求选择合适的视觉传感器。不同的应用场景可能对这些核心参数有不同的要求，因此了解和理解这些参数对于正确选择和使用视觉传感器非常重要。

5. 视觉传感器的标定

视觉传感器的标定主要在于确定摄像头的内参，包含摄像头的焦距和畸变系数等数据，图 2-13 为视频图像坐标系的示意图。

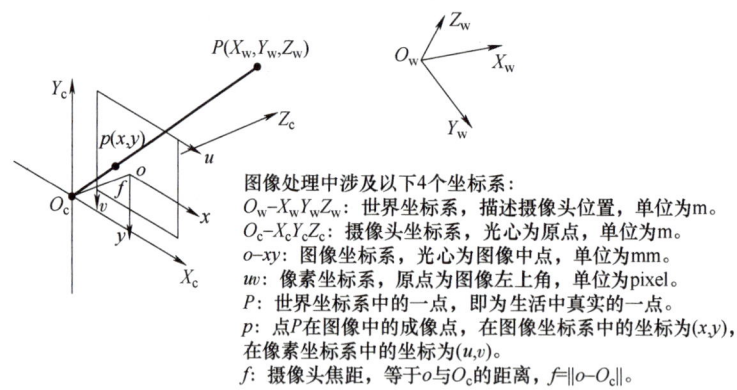

图 2-13 视频图像坐标系的示意图

从世界坐标系转为摄像头坐标系，这一步是三维点到三维点的转换。世界坐标系描述物体空间位置，可自由确定；摄像头坐标系原点位于摄像头光心处，X_c、Y_c 轴分别与像平面平行，Z_c 轴为摄像头光轴。

从摄像头坐标系转为成像平面坐标系（像素坐标系），这一步是三维点到二维点的转换。像素坐标系是一个二维直角坐标系，反映像素点的排列情况，原点位于图像左上角，其坐标轴的单位是像素（整数）。由于像素坐标系不方便坐标变换，引入了图像坐标系，其原点为摄像头光轴与像平面交点，图像坐标系与像素坐标系为平移关系。4 个坐标系之间的转化关系为：

$$Z\begin{pmatrix}u\\v\\1\end{pmatrix}=\begin{pmatrix}\dfrac{1}{dX}&-\dfrac{\cot\theta}{dX}&u_0\\0&\dfrac{1}{dY\sin\theta}&v_0\\0&0&1\end{pmatrix}\begin{pmatrix}f&0&0&0\\0&f&0&0\\0&0&1&0\end{pmatrix}\begin{pmatrix}R&T\\0&1\end{pmatrix}\begin{pmatrix}U\\V\\W\\1\end{pmatrix} \qquad (2\text{-}1)$$

仿射变换　　透视投影　　　刚体变换
内参矩阵　　　　　外参矩阵

式中，(U,V,W) 为在世界坐标系下一点的物理坐标；(u,v) 为该点对应的在像素坐标系下的像素坐标；Z 为尺度因子；f 为相机焦距；R 为旋转矩阵；T 为偏移向量；等号左侧前两项合起来为内参矩阵。

下列矩阵称为内参矩阵，称为 K，内参矩阵取决于摄像头的内部参数，是标定最终得到的数值。

$$\begin{pmatrix}\dfrac{1}{dX}&-\dfrac{\cot\theta}{dX}&u_0\\0&\dfrac{1}{dY\sin\theta}&v_0\\0&0&1\end{pmatrix}\begin{pmatrix}f&0&0\\0&f&0\\0&0&1\end{pmatrix}=\begin{pmatrix}\dfrac{f}{dX}&-\dfrac{f\cot\theta}{dX}&u_0\\0&\dfrac{f}{dY\sin\theta}&v_0\\0&0&1\end{pmatrix} \qquad (2\text{-}2)$$

摄像头畸变原理如下：

一般而言，摄像头拍摄的图片都存在一定的畸变，畸变模型包括径向畸变和切向畸变。对某些透镜，光线在远离透镜中心的地方比靠近中心的地方更加弯曲，产生"筒形"或"鱼眼"现象，称为径向畸变。成像仪中心的径向畸变为 0，越向边缘移动，畸变越严重。

径向畸变公式（3 阶）如下：

$$\begin{cases}\hat{x}=x(1+k_1r^2+k_2r^4+k_3r^6)\\\hat{y}=y(1+k_1r^2+k_2r^4+k_3r^6)\end{cases} \qquad (2\text{-}3)$$

式中，(x,y)、$(\hat{x},\hat{y})$ 分别为理想的无畸变归一化图像坐标、畸变后的归一化图像坐标；r 为图像像素点到图像中心点的距离；k_1、k_2、k_3 分别为系数。

当成像仪被粘贴在摄像头的时候，会存在一定的误差，使得图像平面和透镜不完全平行，从而产生切向畸变。

切向畸变公式如下：

$$\begin{cases}\hat{x}=x+[2p_1y+p_2(r^2+2x^2)]\\\hat{y}=y+[p_1(r^2+2y^2)+2p_2x]\end{cases} \qquad (2\text{-}4)$$

式中，(x,y)、$(\hat{x},\hat{y})$ 分别为理想的无畸变归一化图像坐标、畸变后的归一化图像坐标；r 为图像像素点到图像中心点的距离；p_1、p_2 分别为系数。

6. 视觉传感器的应用场景

根据生物学的研究，人类获取外界信息的 75% 依赖于视觉系统。在驾驶环境中，这一比例甚至高达 90%。如果将视觉传感器系统应用到智能网联汽车领域，将大大提高自动驾驶的准确性。由于视觉传感器具有成本较低、算法成熟度高、体积小和多样化功能等优点，智能网联汽车中需要安装较多的视觉传感器。如图 2-14 所示，智能网联汽车中的视觉传感器主要安装在内置摄像头、前视传感器摄像头、行车记录仪摄像头、倒车后视摄像头、两个侧视摄像头和两个环视摄像头等多个位置,以便实现各种功能。

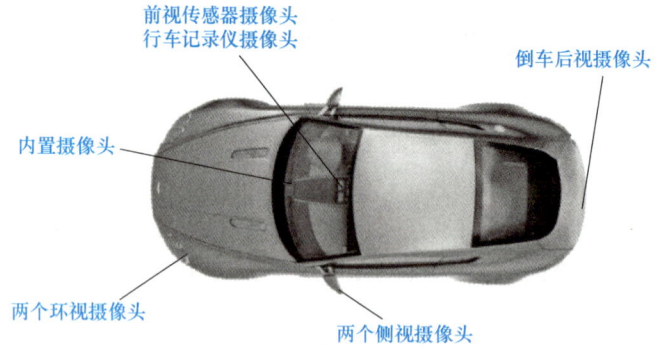

图 2-14 视觉传感器在智能网联汽车上的安装位置及功能示意图

视觉传感器在智能网联汽车中能够提供多种感知能力,如车道线识别、障碍物识别、交通标志识别、道路标志识别、交通信号灯识别、可行驶区域识别、周围车辆感知、交通状况感知、道路状况感知以及车辆本身状态感知等。图 2-15 所示为视觉传感器在智能网联汽车中的具体应用示意图。部分具体功能见表 2-2。

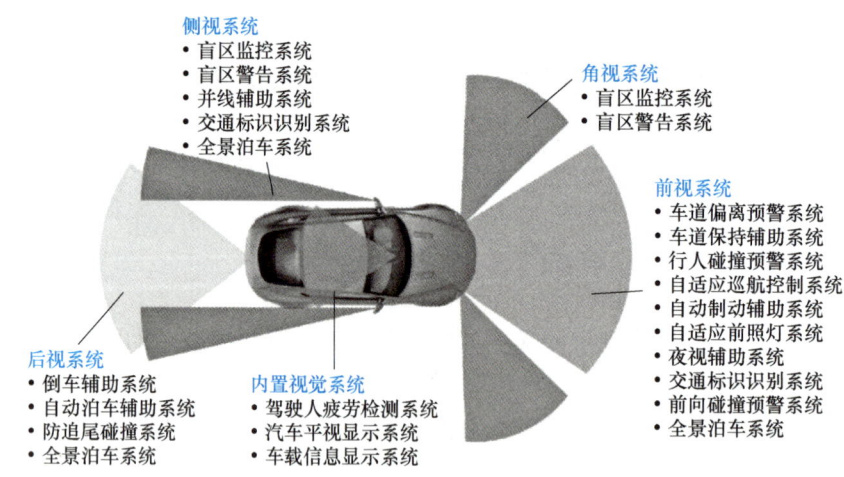

图 2-15 视觉传感器在智能网联汽车中的具体应用示意图

表 2-2 视觉传感器在智能网联汽车中的部分具体功能

高级辅助驾驶系统	摄像头位置	部分具体功能
车道偏离预警系统	前视	当前视摄像头检测到车辆即将偏离车道线时发出警报
盲区监控系统	侧视、角视	利用侧视、角视摄像头将后视镜盲区的影像显示在后视镜或驾驶舱内
自动泊车辅助系统	后视	利用后视摄像头将车尾影像显示在驾驶舱内
全景泊车系统	前视、侧视、后视	利用图像拼接技术将摄像头采集的影像组成周边全景图
驾驶人疲劳检测系统	内置	利用内置摄像头检测驾驶人是否疲劳、闭眼等

第二章 智能网联汽车环境感知

（续）

高级辅助驾驶系统	摄像头位置	部分具体功能
行人碰撞预警系统	前视	当前视摄像头检测到车辆与前方行人可能发生碰撞时发出警报
车道保持辅助系统	前视	当前视摄像头检测到车辆即将偏离车道线时通知控制中心发出指示，纠正行驶方向
交通标识识别系统	前视、侧视	利用前视、侧视摄像头识别前方和两侧的交通标识
前向碰撞预警系统	前视	当前视摄像头检测到与前车距离小于安全距离时发出警报

二、毫米波雷达的原理及应用

1. 毫米波雷达的概念

毫米波雷达是一种利用毫米波电磁波来探测物体的无线电传感器。毫米波雷达可以通过发射和接收毫米波信号，识别出物体的位置、距离和运动状态，从而实现对其探测和跟踪。相较于激光雷达和摄像头等传感器，毫米波波长短，具有更高的分辨率，可提供更准确的目标检测和距离测量结果。同时，对于不同物质具有较强穿透力，包括雾、尘埃、烟雾等。相对于光学传感器而言，毫米波雷达在恶劣天气或低能见度环境中仍可有效工作，毫米波雷达外观如图 2-16 所示。

图 2-16　毫米波雷达外观

2. 毫米波雷达的类型

应用在车载端的毫米波雷达按频段分类主要有 24GHz 频段毫米波雷达和 77GHz 频段毫米波雷达两种，下面将分别进行介绍。

24GHz 频段毫米波雷达是车载毫米波雷达中比较常见的一种，主要用于车辆的控制和驾驶辅助系统中的物体探测和跟踪。其优点是具有较低的成本和较高的探测范围，能够在室内和室外环境下正常工作。此外，24GHz 频段毫米波雷达具有距离远、穿透能力强等特点，可以穿透物体并实现一定的探测。

77GHz 频段毫米波雷达则具有更高的分辨率和探测精度，适用于高级驾驶辅助和自动驾驶等领域。相对于 24GHz 频段毫米波雷达，77GHz 频段毫米波雷达的优势在于其较高的探测频率和较窄的波束，从而能够实现更高的探测精度和更远的探测范围。

不只是在频段上，车载毫米波雷达也可根据天线的配置方式分为单通道毫米波雷达和多通道毫米波雷达两种。多通道毫米波雷达在探测范围和精度方面都具有优异的表现，通常会使用相控阵技术，即将多个天线进行组合，来形成更灵活的扫描范围和探测角度。多通道毫米波雷达的应用场景一般较为复杂，例如高速公路上的自动驾驶车辆需要足够的覆盖范围和精度来确保驾驶安全。

3. 毫米波雷达的基本组成

毫米波雷达主要包括以下几个组件：

（1）毫米波发射器（Millimeter Wave Transmitter）　毫米波发射器负责产生和发射毫米波

27

信号。它通常采用谐振腔或波导天线等结构，利用电磁辐射原理将电能转换为毫米波能量。

（2）毫米波接收器（Millimeter Wave Receiver） 毫米波接收器用于接收目标物体反射回来的毫米波信号。它通常由一个或多个高频放大器、混频器和检波器组成，将接收到的毫米波信号转换为电信号。

（3）天线（Antenna） 天线负责接收和发射毫米波信号。它可以是一个或多个天线元素组成的阵列，也可以是单个天线。天线的设计和特性对于毫米波雷达的性能和仰角、方位角的范围有重要影响。

（4）扫描系统（Scanning System） 扫描系统用于调整和控制毫米波雷达的波束方向和扫描范围。它可以是机械式扫描系统，如旋转平台或倾斜机构，也可以是电子式扫描系统，如相控阵。

（5）控制单元（Control Unit） 控制单元负责控制毫米波雷达的工作模式和参数设置。它可以接收用户输入的指令，并相应地控制发射器、接收器、天线和扫描系统的操作。

（6）信号处理单元（Signal Processing Unit） 信号处理单元负责接收、放大、滤波和分析接收到的电信号。它还包括数字信号处理（Digital Signal Processing，DSP）算法，用于提取目标物体的特征信息，消除噪声并提高探测和距离测量的准确性。

4. 毫米波雷达的工作原理及核心参数

毫米波雷达的工作原理如图 2-17 所示，首先通过振荡器产生线性调频发射连续波或三角波，经由发射机发射再由发射天线定向辐射出去，在空间以电磁波形式传播，当遇到目标时反射回来。接收天线接收目标反射雷达信号，再经过信号处理、数据处理，既可得到单个目标的距离、方位、相对速度信息，又可以检测车流平均速度、车流量、车道占用率、排队长度和进行时间分析。根据辐射电磁波方式不同，毫米波雷达主要有脉冲和连续波两种工作机制。其中连续波又可以分为频移键控（FSK）、相移键控（PSK）、恒频连续波（CW）和调频连续波（FMCW）等方式。FMCW 雷达由于可测量多个目标，分辨率较高，信号处理复杂度低，成本低廉，技术成熟，因此成为最常用的毫米波雷达。

（1）距离测量 如图 2-18 所示，毫米波雷达的测距原理就是把无线电波（毫米波）发出去，然后接收回波，根据收发的时间差测得目标的位置数据和相对距离。根据电磁波的传播速度，可以确定目标的距离公式为：

$$L = \frac{ct}{2} \qquad (2\text{-}5)$$

式中，L 为目标距离；t 为电磁波从雷达发射出去到接收到目标回波的时间差；c 为光速。

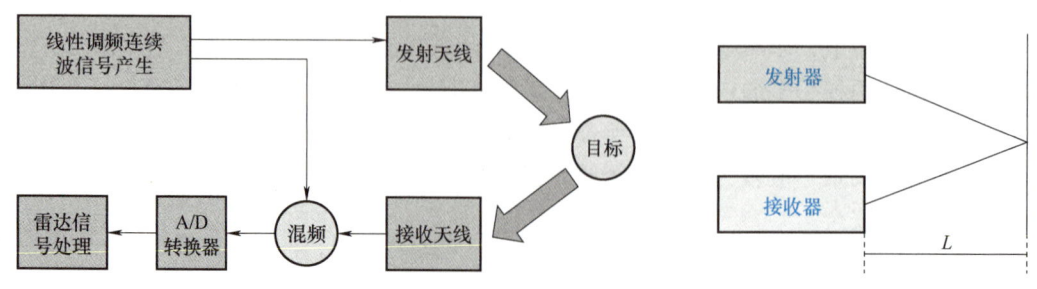

图 2-17　毫米波雷达的工作原理　　　　图 2-18　毫米波雷达的测距原理

（2）速度测量　毫米波雷达测速是基于多普勒效应（Doppler Effect）原理的。如图 2-19 所示，多普勒效应是当声音、光和无线电波等振动源与观测者以相对速度 V 运动时，观测者所收到的振动频率与振动源所发出的频率不同。

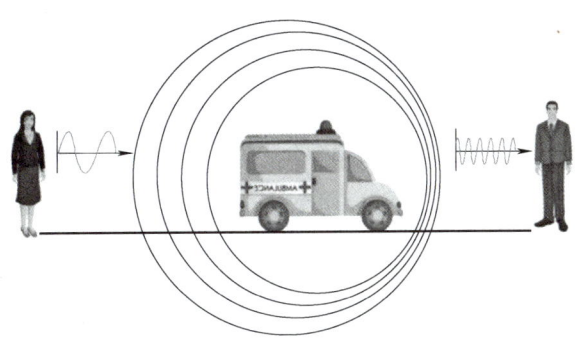

图 2-19　多普勒效应

当发射的电磁波和被探测目标有相对移动时，回波的频率会和发射波的频率不同。当目标向雷达天线靠近时，反射信号频率将高于发射信号频率；反之，当目标远离天线而去时，反射信号频率将低于发射信号频率。由多普勒效应所形成的频率变化被称为多普勒频移，它与相对速度 V 成正比，与振动的频率成反比。通过检测这个频率，可以测得目标与雷达的相对速度：

$$V = \frac{1 - \frac{f'}{f}}{1 + \frac{f'}{f}} c \qquad (2\text{-}6)$$

式中，c 为光速；f 为多普勒测速仪所发射的声波频率；f' 为所接收到的由于多普勒效应而频移的声波频率。

（3）角度测量　毫米波雷达测量角度的原理是：毫米波雷达通过发射天线发射出毫米波后，毫米波遇到被监测物体，反射回来，通过毫米波雷达并列的接收天线接收到同一监测目标反射回来的毫米波的相位差，就可以计算出被监测目标的方位角。如图 2-20 所示为角度测量原理图，方位角为：

$$\alpha_{AZ} = \arcsin\left(\frac{\lambda b}{2\pi d}\right) \qquad (2\text{-}7)$$

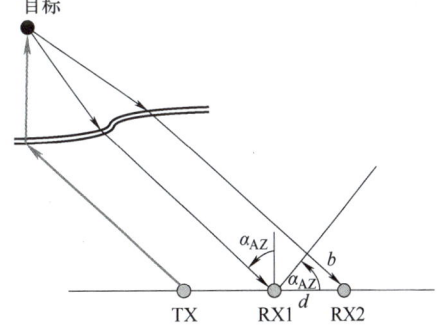

图 2-20　角度测量原理图

式中，λ 为波长；b 为两根毫米波雷达天线所收到反射回波的相位差；d 为毫米波雷达接收天线 RX1 和接收天线 RX2 之间的几何距离。

（4）目标特征提取和分类　雷达截面积（Radar Cross Section，RCS）是目标在雷达接收方向上反射雷达信号能力的度量。如图 2-21 所示，目标的 RCS 取决于目标结构（形状和材料）、雷达工作频率、雷达极化方式和雷达观测角。通常情况下，平面目标具有较强的镜反射回波，而采用涂覆雷达吸波材料和非金属材料等隐身技术则可以大大降低目标雷达截面积。

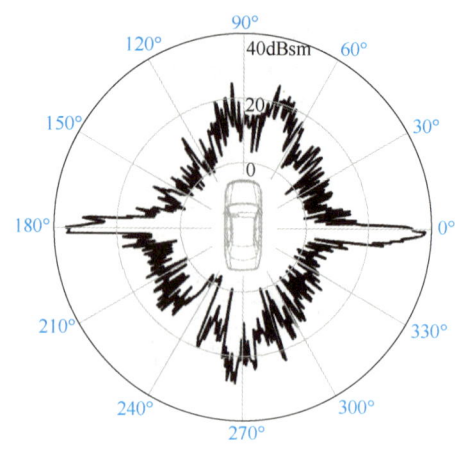

图 2-21 雷达散射截面图

为了满足不同距离探测需求,车辆内装有多种不同距离的毫米波雷达,包括短程、中程和远程雷达。这些雷达在车辆前部、侧部和后部起着不同的作用,如图 2-22 所示。其中,左侧和右侧尾部各装一个后向雷达,其探测范围为 A 区域,可达到 0.1~80m 的距离;前保险杠中间位置还安装了一个前向雷达,其探测范围为 B 区域,可达到 1~200m 的距离。

图 2-22 车载毫米波雷达探测范围示意图

前向雷达和后向雷达已被广泛应用于智能网联汽车的各种高级驾驶辅助系统(Advanced Driving Assistance System,ADAS),具体用途见表 2-3。

表 2-3 车载毫米波雷达在智能网联汽车上的应用

雷达类型	应用
前向雷达	自适应巡航控制、自动紧急制动、前向防撞预警
后向雷达	盲点检测、变道辅助、后方碰撞预警、倒车碰撞预警、开门报警

毫米波雷达的核心参数主要包括以下几个方面:

1)频率范围。毫米波雷达通常工作在毫米波频段,频率范围一般在 30GHz 到 300GHz 之间。

2)分辨率。毫米波雷达的分辨率较高,可以实现对目标的精确探测和跟踪。

3)探测距离。毫米波雷达的探测距离主要受到功率、天线增益和噪声等因素影响。

4)视场角。毫米波雷达的视场角决定了雷达能够覆盖的区域范围,通常由天线的指向性和扫描方式决定。

5)分辨率精度。毫米波雷达的分辨率精度取决于信号处理算法和雷达系统的性能。

6）测速精度。毫米波雷达可以通过测量目标与雷达之间的多普勒频移来实现速度测量，测速精度取决于频率稳定性和信号处理算法。

三、激光雷达的原理及应用

（一）激光雷达的概念

激光雷达是一种利用激光技术测量距离、速度和方向的设备。它通过发射激光束并接收反射回来的激光信号来获取目标物体的位置和轮廓信息，其可以应用于自动驾驶、无人机、机器人、测绘等领域。激光雷达采集到的物体信息被称为点云，它是由大量离散的、具有准确角度和距离信息的点组成的三维坐标数据集合，图2-23为激光雷达工作过程中的点云图。

图2-23　激光雷达工作过程中的点云图

相比传统雷达使用的无线电波，激光雷达使用的激光射线波长更短，一般在600～1000nm。激光波长的减小使得激光雷达可以在相同的时间内发射更多的激光束，从而提高了测量的精度和分辨率。另外，由于激光的传播受外界环境影响较小，其测量精度非常高，可以达到厘米级别的精度。此外，激光雷达可以检测到的距离也非常远，一般可以达到100m以上，这使得它在自动驾驶、机器人、无人机等领域具有广泛的应用前景。

（二）激光雷达的类型

1. 按扫描方式分类

（1）旋转式激光雷达　如图2-24所示，旋转式激光雷达通过旋转激光雷达的整个传感器来扫描环境，可以实现360°全方位扫描。旋转式激光雷达能够获取高密度的点云数据，具有较高的精度和分辨率。但是由于需要旋转传感器，因此其响应速度较慢。

（2）固态激光雷达　如图2-25所示，固态激光雷达是一种不需要旋转的激光雷达，通过控制激光束的方向和角度来扫描环境。固态激光雷达响应速度快，可以实现高速移动下的实时扫描，但是其分辨率和精度相对较低。

2. 按线数分类

（1）单线激光雷达　如图2-26所示，单线激光雷达一次只能扫描一条激光线，因此需要旋转或者调整激光束的角度来扫描整个环境。单线激光雷达成本相对较低，但是在获取高精度的点云数据和全方位扫描方面有限制。

图 2-24　旋转式激光雷达　　　　图 2-25　固态激光雷达　　　　图 2-26　单线激光雷达

（2）多线激光雷达　多线激光雷达可以同时发射多条激光线，从而实现对整个环境的快速扫描。如图 2-27 所示，多线激光雷达可以获取高密度、高分辨率的点云数据，具有较高的精度和全方位扫描能力，但是相对于单线激光雷达成本较高，目前市场上常用的包括 16 线、32 线、64 线、128 线、256 线等。多线激光雷达常用于自动驾驶、机器人、无人机等领域。

图 2-27　不同线数激光雷达点云效果

（三）激光雷达的基本组成

激光雷达主要包括以下几个组件：

（1）激光发射器　激光发射器是激光雷达中最核心的组件之一。它产生并发射高强度、窄束的激光束，通常使用激光二极管或固态激光器来实现。

（2）接收器　接收器用于接收从目标物体反射回来的激光信号。它通常由一个光电二极管或其他类型的光电探测器组成，能够将光信号转换为电信号进行处理。

（3）扫描系统　扫描系统用于调整和控制激光束的方向和扫描范围。它可以是机械式扫描系统，如旋转镜或倾斜镜，也可以是电子式扫描系统，如相位阵列。

（4）光学系统　光学系统用于将激光束聚焦并形成一个细小且准确的光斑。它由透镜、反射镜、滤波器等光学元件组成，确保激光束的质量和聚焦性能。

(5) 时间测量模块　时间测量模块用于测量激光束从发射到接收的时间差。通过测量时间差，并结合光速信息，可以计算出目标物体与激光雷达之间的距离。

(6) 控制单元　控制单元用于控制激光雷达的工作模式和参数设置。它可以接收用户输入的指令，并相应地控制激光发射器、接收器、扫描系统和时间测量模块的操作。

(四) 激光雷达的工作原理及核心参数

激光雷达工作原理是向目标发射探测信号（激光束），然后将接收到的从目标反射回来的信号（目标回波）与发射信号进行比较，进行适当处理后，就可获得目标的有关信息，如目标距离、方位、高度、速度、姿态甚至形状等参数，从而对目标进行探测、跟踪和识别。按照激光雷达的测距原理，激光雷达工作方案可分为飞行时间法（Time of Flight，ToF）、调频连续波（Frequency Modulated Continuous Wave，FMCW）、相位法和三角法。其中 ToF 与 FMCW 可实现室外阳光下较远的测距，是目前市场上车载中长距激光雷达的主流方案。

(1) ToF　ToF 通过测量激光脉冲的发射、返回时间差来测量物体与传感器的相对距离。激光发射器发出调制脉冲激光，内部定时器开始计算发射时间 t_1，当激光照射到目标物体后，部分能量返回，当感测单元接收到返回的激光信号时，停止内部定时器，并计接收时间 t_2，如图 2-28 所示。

所测距离为
$$d = c\frac{t_2 - t_1}{2}$$

式中，c 为光速。

(2) FMCW　FMCW 要通过发送和接收连续激光束，把回光和本地光做干涉，并利用混频探测技术来测量发送和接收的频率差异，再通过频率差换算出目标物的距离。这里以三角波调频连续波为例来简单介绍雷达的测距/测速原理，如图 2-29 所示。图中扫频周期为 T，扫频带宽为 B，发射信号经过目标发射，回波信号会有延时，在三角形的频率变化中，可以在上升沿和下降沿两者上进行距离测量。

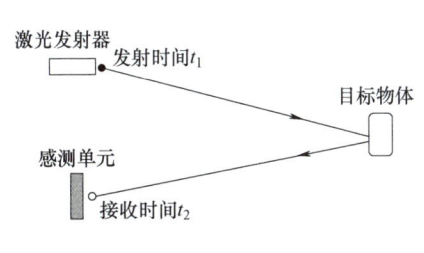

图 2-28　ToF 测距原理

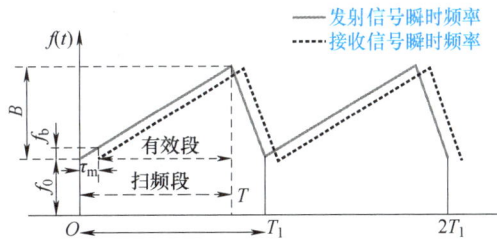

图 2-29　FMCW 测距原理

如果没有多普勒频率，那么上升沿期间的频率差值等于下降沿期间的测量值。对于运动目标，则上升/下降沿期间的频率差不同，可以通过这两个频率差来测距和测速。

(3) 相位法　相位法测距原理如图 2-30 所示，即对发射光波的光强进行调制，使光波在射到物体后返回探测器的过程中在光强波形上形成一个相位差，通过测量相位差来测量时间。相位式激光测距也是一种 ToF 方法，只不过其通过求解发射波和接收波的相位差来反推 ToF。而且这个相位并非光的原始相位，而是被调制的光强的相位。具体来讲，就是对发射光波的光强进行调制，通过测量相位差来间接测量时间，较直接测量往返时间的处理难度降低了许多。测量距离可表示为：

$$L = \frac{cT}{2} = \frac{c\Phi}{4\pi f} \quad (2\text{-}8)$$

式中，L 为测量距离；c 为光速；T 为调制信号在被测距离往返所需的时间；Φ 为发射与接收波形的相位差；f 为波长。

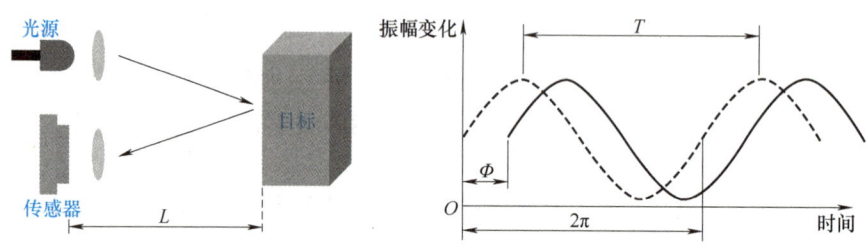

图 2-30　相位法测距原理

（4）三角法　三角法测距原理如图 2-31 所示，激光器发射激光，在照射到物体后，反射光由线性电荷耦合器件（Charge Coupled Device，CCD）接收。因为激光器和探测器间隔了一段距离，所以依照光学路径，不同距离的物体将会成像在 CCD 上不同的位置。按照三角公式进行计算，就能推导出被测物体的距离。距离为：

$$D = f\frac{L+d}{d} \quad (2\text{-}9)$$

式中，f 为接收透镜的焦距；L 为发射光路光轴与接收透镜主光轴之间的偏移（即基线距离）；d 为在 CCD 上的位置偏移量。

在应用激光雷达过程中，常常关注以下几个核心参数：

（1）分辨率　分辨率是指激光雷达在空间中测量目标位置时的最小精度。它表示激光雷达能够解析两个目标之间的最小距离差异。

图 2-31　三角法测距原理

（2）探测范围　探测范围是指激光雷达可以探测到的最大距离。它取决于激光发射器和接收器的性能以及环境因素，如大气衰减和目标反射率等。

（3）视场角　视场角是指激光雷达可以覆盖的水平和垂直角度范围。它决定了激光雷达能够感知到的场景范围。

（4）数据点密度　数据点密度是指激光雷达在测量过程中生成的数据点数量。它与激光雷达的扫描速率、扫描模式和角度分辨率等因素有关。

（5）重复率　重复率表示激光雷达发送脉冲的频率。它决定了激光雷达的数据采集速度和响应时间。

（6）准确性　准确性是指激光雷达测量结果与真实值之间的偏差。它受到多个因素的影响，包括设备的精度、环境条件以及校准和修正方法等。

（五）激光雷达的应用

智能网联汽车利用激光雷达对周围环境进行扫描和识别，以实现车辆的精准导航。在智能网联汽车中，激光雷达类似于车辆的"眼睛"，通过扫描周围环境获取点云数据，从而快速绘制出 3D 全景地图。激光雷达在智能网联汽车中的主要应用场景包括障碍物分类、障碍物跟踪、车道标志线检测以及高精度定位等，下面将介绍一些典型的应用案例。

(1) 障碍物分类　激光雷达通过对周围障碍物进行扫描，提取其形状特征，并将这些特征与数据库中的原始数据进行对比，从而实现对障碍物的分类识别，如图 2-32 所示。激光雷达能够对小轿车、行人、电线杆等障碍物进行分类。

图 2-32　障碍物分类

(2) 障碍物跟踪　激光雷达利用相关算法对比前后帧变化的障碍物，并通过同一障碍物的坐标变化来检测和跟踪障碍物的速度和航向。这些数据信息可以为后续的避障提供可靠的支持，如图 2-33 所示。

图 2-33　障碍物跟踪

(3) 车道线检测　利用激光雷达获取路沿高度信息或物理反射信息的不同特性，可以先检测出路沿。由于道路宽度是已知的，因此可以根据距离推算出车道线的位置，如图 2-34 所示。但对于某些路沿与路面高度相差低于 3cm 的道路，这种方法使用效果较差。

(4) 高精度定位　首先，利用 GPS 获取初始位置信息，通过惯性测量元件和车辆编码器可以获得车辆的初始位置；其次，对激光雷达获取到的局部点云信息，包括点线面的几何和语义信息进行特征提取，并结合车辆的初始位置进行空间变换，以获取基于全局坐标系的矢量特征；最后，将这些特征与高精地图的特征信息进行匹配，以获得一个准确的定位，如图 2-35 所示。

图 2-34　车道线检测

图 2-35　高精度定位

四、超声波雷达的原理及应用

1. 超声波雷达的概念

超声波雷达是一种利用超声波技术进行探测和测距的雷达系统。超声波是指频率高于人能听到的范围（20kHz）的机械波，频率通常为 20～100kHz。超声波雷达利用超声波的特性，在信号的发射和接收过程中，通过探测目标物体所反射的超声波信号的时间差、声波的反射强度和相位差来确定目标物体的距离、方向、速度等信息。与其他雷达技术相比，超声波雷达具有较高的安全性、低功耗、低成本和易于集成的优势，超声波雷达外形如图 2-36 所示。

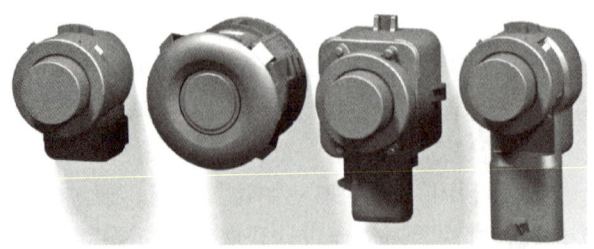

图 2-36　超声波雷达外形

2. 超声波雷达的类型

车载超声波雷达分为两类，即短程超声波雷达（超声波驻车辅助，Ultrasonic Parking Assistant，UPA）和远程超声波雷达（自动泊车辅助，Auto Parking Assistant，APA）。UPA 通常安装在车辆前后部，主要用于检测距离为 0.25~2.5m 的区域。由于其检测距离短，多普勒效应和温度干扰较小，因此检测更为准确。APA 主要用于车身侧面，可检测范围为 0.35~5m，能够覆盖一个停车位。与 UPA 相比，APA 的探测距离更远、方向性更强，具有更优越的波传播性能，但成本更高、功率更大。超声波雷达一般由一个或多个传感器组成，传感器通常以固定的位置安装在需要监测的区域内。它可以是单个传感器，也可以是多个传感器组成的传感器网络。图 2-37 展示了一辆配备了前后 4 个 UPA 和侧面 2 个 APA 的汽车，其中 APA 不仅能够检测两侧障碍物，还能根据返回的数据判断停车位是否存在，因此可用于自动泊车时的停车位检测。

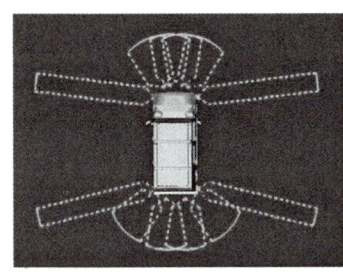

图 2-37　UPA 和 APA 的探测范围和探测区域示意图

3. 超声波雷达的基本组成

超声波雷达主要包括以下几个组件：

（1）发射器　发射器用于产生超声波信号。它通常由一个压电材料制成，当施加电压时会振动产生超声波信号。

（2）接收器　接收器用于接收从目标物体反射回来的超声波信号。它也是一个压电材料，能够将接收到的超声波信号转换为电信号。

（3）声波传播介质　声波传播介质可以是空气、水或其他固体介质。它负责传输超声波信号并将其传播到目标物体。

（4）距离测量模块　距离测量模块用于计算目标物体与雷达之间的距离。它通过测量超声波信号的往返时间，并利用声速信息计算出距离值。

（5）信号处理单元　信号处理单元负责接收、放大和滤波接收到的电信号。它还包括数字信号处理算法，用于提取目标物体的特征信息，消除噪声并提高探测性能。

（6）控制单元　控制单元用于控制超声波雷达的工作模式和参数设置。它可以接收用户输入的指令，并相应地控制发射器、接收器和信号处理单元的操作。

4. 超声波雷达的工作原理及核心参数

超声波雷达测距原理是超声波发射头发出的超声波脉冲，经介质（空气）传到障碍物表面，反射后通过介质（空气）传到超声波接收头，测出超声脉冲从发射到接收所需的时间，根据介质中的声速，求得从探头接收头到障碍物表面之间的距离。如图 2-38 所示，假设探头到障碍物表面的距离为 L，超声在空气中的传播速度为 v（约为 340m/s），从发射到接收所需的传播时间为 t，当发射头和接收头之间的距离远小于探头到障碍物之间的距离时，则有 $L=vt/2$。由此可见，被测距离与传播时间之间具有确定的函数关系，只要能测出传播时间，即可求出被测距离。

在应用超声波雷达过程中，常常关注以下几个核心参数：

（1）工作频率 工作频率是指超声波雷达发送和接收超声波信号所使用的频率范围。不同的应用场景可能需要不同的工作频率，常见的工作频率范围为 20kHz～500GHz。

（2）探测范围 探测范围是指超声波雷达可以探测到的最大距离。它取决于超声波的传播特性、发射器和接收器的性能以及信号处理算法等因素。

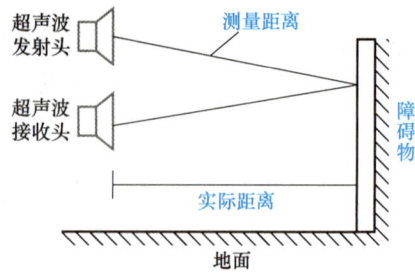

图 2-38 超声波雷达测距原理

（3）分辨率 分辨率是指超声波雷达能够实现的最小测量精度。它表示超声波雷达能够解析目标物体间的最小距离差异。

（4）灵敏度 灵敏度是指超声波雷达对目标物体反射信号的接收能力。具有高灵敏度的雷达可以检测到弱信号，并提供更可靠的测量结果。

（5）速度测量范围 速度测量范围是指超声波雷达可以测量目标物体的速度范围。某些超声波雷达还具有测量目标物体运动方向的能力。

5. 超声波雷达的应用场景

车载超声波雷达主要应用于车辆安全系统中的高级驾驶辅助系统（Advanced Driving Assistance System，ADAS），可以帮助驾驶人更好地感知车辆周围的环境并减少潜在的安全风险。具体应用场景包括：

（1）自动泊车 超声波雷达可以检测车辆周围的墙壁、障碍物和停车位，从而帮助自动泊车系统更准确地定位车辆并避免与其他物体碰撞。

（2）盲区探测 雷达可以帮助驾驶人检测盲区，例如车辆侧面和后方。当有其他车辆或物体接近时，超声波雷达会发出警报，提醒驾驶人注意。

（3）距离辅助 超声波雷达可以在行驶过程中检测车辆前方的距离和速度。当车辆接近前方物体过快时，超声波雷达会发出警报或自动制动，避免碰撞。

（4）防撞系统 超声波雷达可以检测车辆周围的障碍物和其他车辆，并在潜在碰撞发生之前通过发出警报或自动制动避免碰撞。

五、多传感器信息融合

1. 多传感器信息融合的概念

多传感器融合是一种综合处理和优化多元信息的技术，有时也称为多传感器信息融合或者多传感器数据融合。该技术可以从多个角度获取和处理信息，找出它们之间的内在关系和规律性，以此剔除无用和错误信息，保留正确和有用的信息成分，最终实现信息的优化。多传感器信息融合为智能信息处理技术的研究提供了新的思路。图 2-39 为多传感器信息融合概念图，该技术可以从多维信息的视角进行信息处理和综合。

数据融合的主要优势在于能够充分利用不同时间和空间的多传感器数据资源，并采用计

第二章 智能网联汽车环境感知

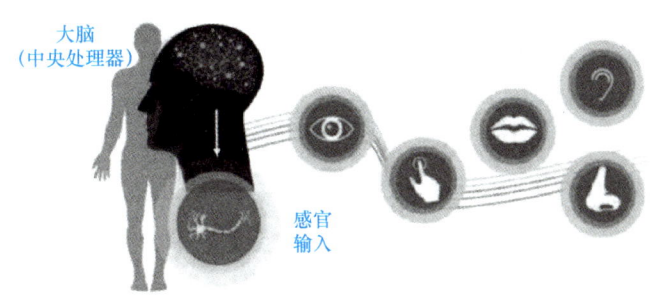

图 2-39 多传感器信息融合概念图

算机技术按照时间序列获取多个传感器的观测数据，在一定规则下对其进行分析、综合、控制和使用。通过对被测对象的一致性解释和描述来获得相关的决策和估计，从而使系统获取比各个组成部分更加充分的信息。这种综合的方法可以最大化地提高信息的可靠性、精度和准确度，提高系统的性能和处理效率，减少不必要的信息重复，节约成本，提高工作效率。

2. 多传感器信息融合的方法

以目标身份估计为目的的体系结构下，多传感器信息融合技术可以根据其抽象程度的不同进行分级，包括像素级融合、特征级融合和决策级融合。对于具体的应用方案，需要根据系统的特点进行合理选择，以实现最佳的信息融合效果。

（1）像素级融合 也称为数据级融合，在图 2-40 中展示，它将各个传感器采集的原始数据进行融合，最大限度地保留了各个预处理阶段的微小信息。但是，由于融合进行在数据的最底层，计算量巨大且容易受到不稳定性和不确定性因素的影响。同时，数据级融合可以精确到像素级的准确度，因而无法处理异构数据。

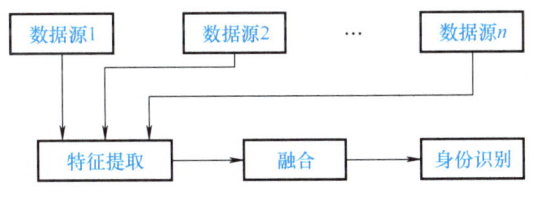

图 2-40 像素级融合

（2）特征级融合 如图 2-41 所示，这种融合方法是通过各传感器的原始数据结合决策推理算法，对信息进行分类、汇集和综合，提取出具有充分表示量和统计量的属性特征。根据融合内容，特征级融合可以分为目标状态信息融合和目标特性融合两类。前者先进行数据配准，以实现对状态和参数的相关估计，更适用于目标跟踪；后者则通过在特征预处理前使用传统的模式识别技术进行分类组合。

（3）决策级融合 其特点是需要处理不同类型传感器对同一观测目标的不同原始数据，并完成特征提取、分类判别，形成初步结论。然后根据决策对象的具体需求，进行相关处理和高级决策，获得简明的综合推断结果，如图 2-42 所示。决策级融合具有实时性好、容错性高的优点，即使一个或部分传感器失效，仍能给出合理决策。

39

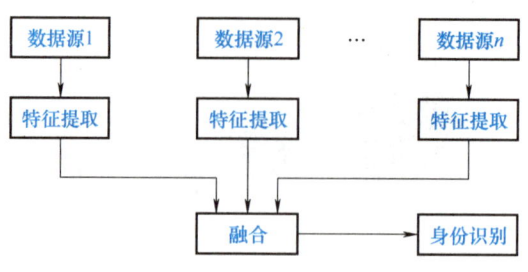

图 2-41 特征级融合

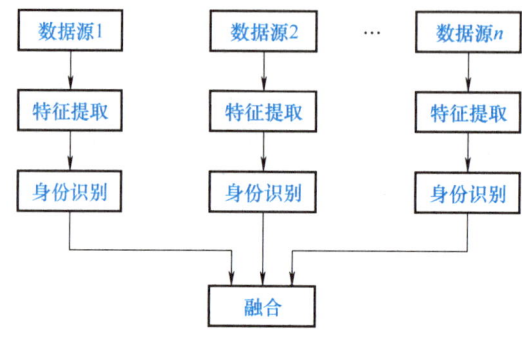

图 2-42 决策级融合

3. 多传感器信息融合技术的应用

在智能网联汽车中，摄像头和激光雷达具有很强的可补性。激光雷达获取的深度数据精度高，不容易受外界环境、光照情况影响。摄像头采集的图像分辨率高，擅长色彩辨别。因此，许多智能网联汽车采用了"激光雷达+摄像头"的融合方案。例如，优步（Uber）采用了多个低线束激光雷达融合摄像头的技术方案，如图 2-43 所示。

另外，许多企业也提出了"激光雷达+摄像头+毫米波雷达"的融合方案。图 2-44 展示了 Roadstar.ai 提出的传感器融合方案，其中包括 5 个低线束激光雷达、6 个摄像头、3 个毫米波雷达和 1 套 GPS&IMU 系统。所有传感器都在该系统中进行处理，包括异构多传感器同步技术。处理后的数据通过一根线输入 ECU 控制，ECU 接入数据后进行检测、决策和定位，并最终通过控制单元来控制车辆。

图 2-43 Uber 智能车

图 2-44 Roadstar.ai 提出的传感器融合方案

第四节　车内外环境感知技术的应用

一、车外环境感知技术的应用

车外感知是自动驾驶系统中的一个重要组成部分，其作用是通过车载传感器对周围环境进行监测，包括检测车辆周围的障碍物、车道线、交通信号等，从而实现车辆的智能驾驶，如图 2-45 所示。

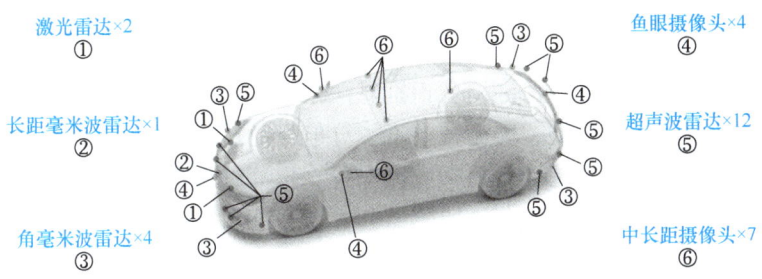

图 2-45　车外感知系统

现有自动驾驶汽车采用了多种传感器进行车外感知，这些传感器包括激光雷达、摄像头等。其中，激光雷达是最为重要的传感器之一，它可以通过激光束扫描周围环境，生成高精度的三维点云数据，用于检测障碍物和车辆周围环境。除了激光雷达外，现有车外感知系统还采用了多个摄像头进行车外感知。这些摄像头包括前置摄像头、后置摄像头、侧置摄像头等，可以覆盖车辆周围的各个方向。摄像头主要用于识别车道线、交通标志、行人、其他车辆等目标，从而帮助车辆做出更为精准的决策。与激光雷达相比，摄像头可以提供更加丰富的视觉信息，并且成本更低，但在光照不足和恶劣天气等情况下，摄像头的表现可能会受到影响。

二、车内环境感知技术的应用

车内感知是指自动驾驶车辆内部的感知系统，用于监测车辆内部的各种信息和情况。它通过使用传感器和算法来感知车内的人员、状态和环境，以实现安全、舒适和个性化的驾驶体验。图 2-46 为车内环境感知系统。

(a) 车内环境感知系统组成

(b) 车内环境感知结果

图 2-46　车内环境感知系统

1. 人员检测与识别

车内感知系统可以使用摄像头和深度传感器来检测和识别车内的人员。它能够准确地识别驾驶人、乘客和可能的幼儿座椅，并对其位置和姿态进行跟踪。这样一来，系统可以根据乘客的需求和状态来进行智能调整，例如调整座椅位置、温度和音量等参数。

2. 驾驶人健康监测

车内感知系统可以使用生物传感器来监测驾驶人的生理指标，如心率、呼吸和皮肤电导。这些指标可以通过座椅、方向盘或其他接触点来获取数据。通过实时监测驾驶人的生理状态，系统可以判断其是否疲劳、分心或紧张，并及时发出警报或采取措施来保障驾驶人和乘客的安全。

3. 语音识别与交互

车内感知系统可以通过麦克风和语音识别算法来实现语音交互。驾驶人和乘客可以使用语音指令来控制车辆的各种功能，如调整温度、导航目的地、播放音乐等。系统能够准确地识别和理解语音指令，并根据指令执行相应的操作，提高驾乘的便利性和安全性。

总之，车内感知系统通过使用各种传感器和算法，能够实时监测车内的人员、状态和环境。它为驾驶人和乘客提供了个性化的驾乘体验，提高了安全性、舒适性和便利性，为自动驾驶技术的发展和应用提供了重要的支持。

【思考题】

1. 为什么要搭建环境感知技术，其主要面向的对象有哪些？
2. 什么是视觉传感器，其主要由哪些部分组成？有哪些核心参数及应用？
3. 什么是毫米波雷达，其主要由哪些部分组成？有哪些核心参数及应用？
4. 什么是激光雷达，其主要由哪些部分组成？有哪些核心参数及应用？
5. 什么是超声波雷达，其主要由哪些部分组成？有哪些核心参数及应用？
6. 多传感器信息融合的技术有哪些？各自的优缺点是什么？
7. 视觉传感器在不同目标识别场景（车道线识别、交通标志识别、交通信号灯识别、周围行人感知、周围车辆感知）中如何应用？有什么限制条件？

参 考 文 献

[1] 陈晓明，杜志彬，侯海晶. 智能网联汽车技术基础［M］. 北京：机械工业出版社，2023.
[2] 吴冬升，马海英. 智能网联汽车技术［M］. 北京：机械工业出版社，2023.
[3] 崔胜民. 智能网联汽车技术［M］. 北京：机械工业出版社，2021.
[4] 李晶华，戈国鹏. 智能网联汽车技术与应用［M］. 北京：机械工业出版社，2021.
[5] 崔胜民，卞合善. 智能网联汽车环境感知技术［M］. 北京：人民邮电出版社，2020.
[6] 王建，徐国艳. 自动驾驶技术概论［M］. 北京：清华大学出版社，2019.

第三章 智能网联汽车定位与建图

第一节 定位与建图技术的定义与组成

智能网联汽车定位是指通过一种或多种传感器信息，实时计算并更新车辆在道路上的精确位置、方向和速度信息的过程。智能网联汽车建图则是指将传感器数据转化为可视化的地图或数学模型的过程，用于创建环境地图或场景模型。定位与建图技术通过自身定位和创建高精地图，可有效协助车辆精准感知周围环境，进行路径规划、执行控制，为各种智能驾驶功能的应用提供关键支持。

定位与建图任务是一个复杂的过程，它依赖两个关键系统的协同工作：传感器系统和环境感知系统。传感器系统是车辆感知和获取环境信息的核心组成部分，包括激光雷达、摄像头、超声波雷达等多种感知设备。该系统不断扫描并感知

3-1-1 定位与建图技术1

3-1-2 定位与建图技术2

车辆周围的环境，为定位与建图任务提供多维度的原始数据，包括路面状况、障碍物分布、行人位置以及交通信号状态等。环境感知系统的任务是对传感器系统获取的数据进行处理和解释，以深入分析和准确理解车辆周围的环境。这两个系统协同工作，共同为车辆提供定位信息和高精地图，以支持决策、规划和控制模块。随着智能驾驶技术和智能网联汽车的不断发展和广泛应用，定位与建图技术对于推动汽车技术进步、提高交通效率以及改善出行体验等具有深远影响。

第二节 定位与建图技术的发展现状

一、定位技术的发展现状

定位技术的起源可以追溯到20世纪的早期，但真正实现突破是在21世纪初。目前，定位技术正处于不断演进之中，主要包括高精地图匹配定位、全球卫星导航定位、惯性导航定

位、激光雷达传感器定位、视觉传感器定位、多传感器融合定位以及车路协同定位等。不同定位技术的对比见表3-1。

精度在定位系统中通常通过误差来量化。误差可以分为位置误差、姿态误差、累计误差等，根据不同精度级别和适用场景要求一般可以分为高精度、较高精度、中等精度、低精度4类。高精度定位的误差在厘米级别的范围内，适用于需要高精度地理定位的应用，如高阶智能驾驶、完全精准导航等。较高精度定位的误差在分米级别的范围内，适用于大多数室外导航和定位需求，如物流车辆、辅助驾驶等。中等精度定位的误差在米级范围内，适用于对定位精度要求不高的应用，如一些室内导航、智能家居场景等。低精度定位的误差在数米以上，适用于需要了解大致位置而对具体位置要求不高的应用，如某些环境监测或大范围区域定位。最终融合定位的精度能够满足场景需求即可，对各部分具体的精度不做硬性要求。

表3-1 不同定位技术的对比

定位技术	优势	劣势	精度	累计误差
高精地图匹配定位	校正传感器误差，减少对传感器精度的依赖	依赖先验地图信息，适用范围较为局限	高	无
全球卫星导航定位	覆盖面广，可全时段、全天候使用	信号容易被建筑等遮挡	较高	无
惯性导航定位	隐蔽性强、抗干扰能力强，系统稳定性高、寿命长，连续性好、噪声低	仅能满足较短时间内的定位精度要求	低	有
激光雷达传感器定位	精度和可靠性高，能够全天候、全时段工作	成本较高，安装有结构要求，点云稀疏环境下精度较差	较高	有，但可通过回环检测消除
视觉传感器定位	传感器成本低，便于布置，环境信息丰富	容易受到光线、遮挡物影响	较高	有，但可通过回环检测消除
多传感器融合定位	定位的可靠性、适应性、实时性高	成本高，系统比较复杂	高	无
车路协同定位	能够获取实时道路信息，定位精度高	需要广泛的基础设施建设，严重依赖通信网络	高	无

二、建图技术的发展现状

目前，智能驾驶市场中广泛采用一些常见的高精地图结构，包括导航数据标准（Navigation Data Standard，NDS）、动态地图平台（Dynamic Map Platform，DMP）、HERE高精实时地图以及TomTom等。表3-2展示了TomTom、HERE和Lanelet定义的高精地图3层结构，大多数高精地图共享类似的3层结构。此处选用HERE的术语来表示这3层结构，具体如图3-1所示。

表3-2 3层结构高精地图的示例

层数	TomTom	HERE	Lanelet
1	导航数据	高精道路	路网
2	规划数据	高精车道	车道级地图
3	道路数字地图	高精定位	地标/道路标记地图

第 1 层，即高精道路，定义了道路的特性，如拓扑结构、行驶方向、坡度/坡道、规则、边界和交叉口等。这一层用于导航。

第 2 层是高精车道，定义了车道级别的特征，如道路类型、线路、道路宽度、停车区域和速度限制。该层作为智能驾驶的感知模块，基于实时交通或环境做出决策。

第 3 层是高精定位，用于在高精地图中定位智能驾驶车辆。该层包含了路边设施，如建筑物、交通信号、标志和路面标记。这些特征有助于车辆在城市等富有特征的区域快速定位。

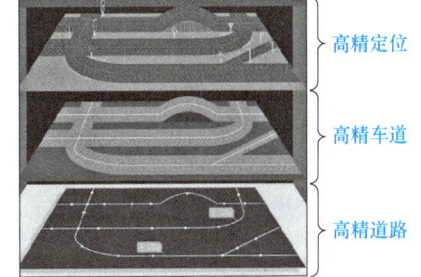

图 3-1 HERE 定义的高精地图结构

尽管上述制作的高精地图都是精确且持续更新的，但它们仅用于商业目的，不是开源的。对于个人研究人员来说，使用这些结构构建高精地图相对困难。因此，本节重点介绍一些未商业化的高精地图生成方法，以帮助读者创建个性化的高精地图，生成方法主要由高精地图的数据采集、点云地图的生成、高精地图的特征提取和地图编码 4 个部分组成。

1. 高精地图的数据采集

数据采集是构建高精地图的首要步骤。该过程涉及在车辆上安装多种传感器，包括全球导航卫星系统（Global Navigation Satellite System，GNSS）、惯性测量单元（Inertial Measurement Unit，IMU）、激光雷达、摄像头和毫米波雷达等，以采集地理空间数据。商业高精地图提供商采用众包方式进行地图的收集、制作和维护，以便在短时间内获取大量最新的道路交通数据。众包方式指的是地图公司或其他数据采集机构（发包方）利用搭载了激光雷达或摄像头等传感器的第三方普通车辆（如整车厂的量产车）进行实时数据采集，并将数据上传至发包方的云服务器。自采数据集是一些研究人员利用移动车辆在城市、大学校园等不同区域进行数据采集，以用于研究。此外，还存在大量的开源数据集，如 KITTI 数据集、Level5 Lyft 数据集、NuScenes 数据集等，这些开源数据集包含了来自车载传感器（如摄像头、激光雷达）的真实世界交通数据，包括图像、三维点云以及 GNSS/IMU 等数据。这些数据集为研究者提供了丰富的数据材料，助力智能网联汽车定位与建图的研究。数据采集方法比较见表 3-3。

表 3-3 数据采集方法比较

	数据采集方法		
	众包	自采数据集	开源数据集
优点	高效率，数据最新，拥有多类型的环境数据	与众包相比成本较低，可定制数据采集参数（特定场景/环境，传感器类型，数据大小）	高质量，数据采集节省时间，数据已组织好，不需要后处理
缺点	高成本，原始数据的后处理耗时且计算成本高	大规模地图的数据采集耗时，数据可能不是最新的，映射范围较小	数据可能不是最新的，环境或场景类型有限

2. 点云地图的生成

生成点云地图是构建高精地图的第二步。根据地图的生成方式，点云地图可以分为在线地图和离线地图两种类型。在线地图通过机载/车载设备上的轻量级模块实现地图的生成；

而离线地图则需要将所有数据集中在一个中心位置，使用卫星信息或激光雷达和相机存储的数据进行离线地图的构建。此外，也可以根据传感器的类型及融合方式进行分类。目前，业界主要以 3D 激光传感器为主来进行点云地图的绘制和高精地图的制作，同时还可以与 IMU、里程计等传感器进行融合，以实现更为精确的状态估计。一旦获得了初始传感器数据，通常会对其进行融合和排序，以生成初始的点云地图。从点云地图中完成点云配准后，可创建一个矢量地图。

3. 高精地图的特征提取

高精地图涵盖了与车道、人行道、交叉口、道路、十字路口、交通标志和交通信号灯等相关的详细信息。为了使车辆能够准确定位并实现对交通标志和信号的检测，提取道路的关键特征是至关重要的。

（1）道路网提取　道路提取可以利用多种数据源，包括相机图像、卫星和航空图像、激光雷达点云以及 GPS 轨迹等，也可以采用多传感器融合的方法。卫星和航空图像能够覆盖大范围的地图，因此在提取城市级别的路网时具有高效性。然而，从这些图像中提取的道路网络并不包含深度和高度信息。从航拍图像中提取道路的性能在很大程度上取决于图像的质量，光照条件差、路边基础设施的遮挡以及各种地形因素都可能影响提取效果。相比之下，三维点云的道路提取具有更多的几何信息和较高的精度水平（毫米级），但也面临遮挡问题，可能导致道路提取的不完整。多传感器融合方法通过融合不同数据源，如航空图像、GPS 数据、相机图像和激光雷达点云，进一步提高了道路提取性能。在道路提取中，多传感器融合方法相较于单一数据源的方法表现更为出色，取得了显著的效果。表 3-4 为不同道路网提取方法比较。

表 3-4　不同道路网提取方法比较

	方法/数据来源		
	航拍图像的道路网提取	三维点云的道路网提取	传感器融合的道路网提取
优点	道路网络覆盖范围大；数据采集节省时间	丰富的几何信息；高精度（毫米级）；能够捕捉各种类型的物体	丰富的几何信息；多传感器解决数据不完整问题；比单一数据源具有更高的准确性
缺点	缺乏深度/高度信息；性能取决于航空图像的质量	数据采集耗时；3D LiDAR 成本高；性能取决于点云质量	多传感器系统成本高；数据采集耗时

（2）道路标志提取　道路标志/路面标记是混凝土和沥青道路表面上的标志。它们通常被涂上高度反光的材料，以增强人类的视觉和智能驾驶汽车的传感器对它们的感知。道路标志是高精地图上的基本特征，为车辆提供关于交通方向、转弯道、可行驶和不可行驶的车道，以及人行横道等信息。与道路网提取方法类似，道路标志提取也可以使用二维图像或三维点云。

（3）杆状物体提取　在高精地图中，交通信号灯、交通标志、路灯、树木和电线杆等杆状物体对道路环境至关重要。这些物体对于定位和运动规划具有关键意义，因为它们的形状独特，是车辆定位的重要特征，并且交通信号灯提供了交通流状况的信息。杆状物体的提取主要是在三维点云上进行的，通常通过分割和分类的方法来提取，因此提取的性能也取决于点云的质量。

4. 地图编码

高精地图需要一个地图框架来有效地管理地图信息。在地图编码环节，点云地图和地图的语义信息被整合成一个可供其他模块访问的格式，通常以应用程序编程接口（Application Programming Interface，API）的形式呈现。这使得定位、预测、路径规划等智能驾驶模块能够轻松地获取和使用地图信息。编码地图还可以通过数据压缩来减少存储和传输成本，同时保持地图在准确性、完整性、可验证性和可扩展性等方面的高标准。本节介绍 3 种用于创建高精地图的主流开源框架：Lanelet2、OpenDRIVE 和 Apollo 地图。

（1）Lanelet2　Lanelet2 地图采用了来自 Lanelet 的现有格式，即基于可扩展标记语言（eXtensible Markup Language，XML）的公开街道地图（Open Street Map，OSM）数据格式，包含 3 个层次：物理层、关系层和拓扑层，如图 3-2 所示。

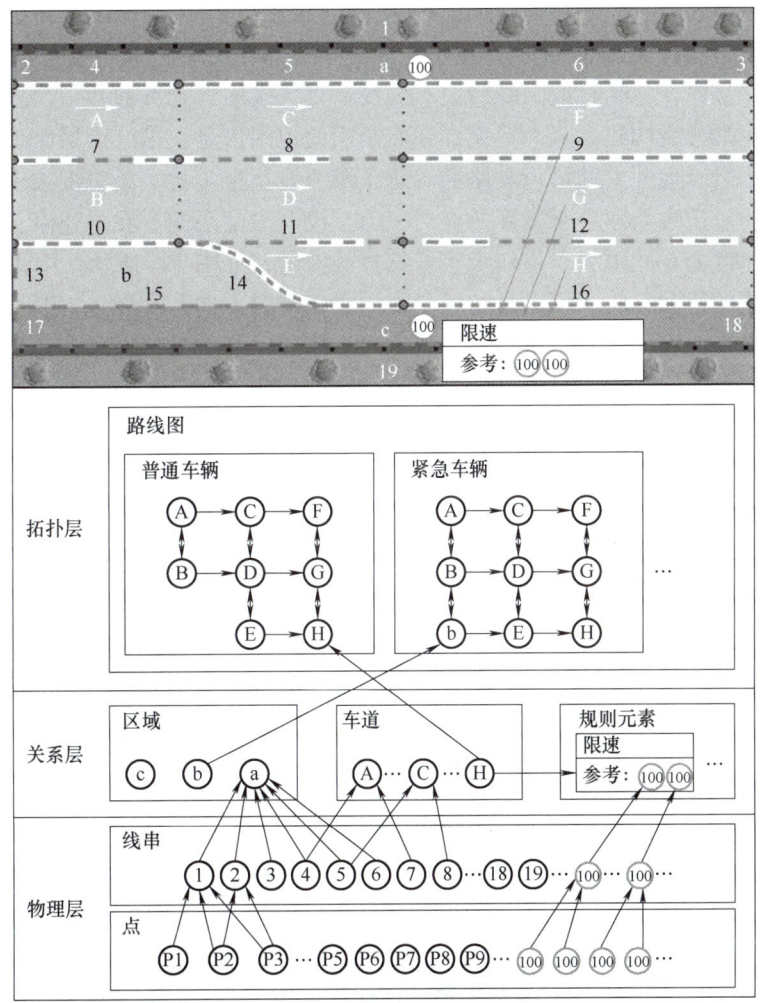

图 3-2　Lanelet2 地图框架

物理层包括两个元素，即点和线串。点是地图的基本元素，可以表示垂直结构（如单点的杆）、车道或区域（作为一组点）。线串由两个或多个点的有序数组构成，在每两个点之间使用线性插值。物理层定义了可检测的元素，如交通信号灯、标线、路缘石等。

关系层包括3个元素，即区域、车道和规则元素。区域由一个或多个线串构成，形成一个封闭的屏障，通常表示静态建筑物，如建筑物、停车场、操场和绿地。车道定义了不同的道路类型，如普通车道、人行横道和轨道。车道还与不在车道内变化的交通规则相关联。它由两个相反方向的边界线串确切定义，一个左边界和一个右边界。通过将左边界更改为右边界（反之亦然），可以互换线串对中的方向。规则元素定义了调整智能驾驶车辆的交通规则。车道和区域可以有一个或多个规则元素，如速度限制和方向限制。规则元素是动态变化的，由所处地域的驾驶习惯、交通标识以及突发的交通情况等组成，必要时可取消部分规则元素。

图3-2中拓扑层中的紧急车辆可以换道至区域b。Lanelet2也经常与Autoware.Auto一起使用，用于创建高精地图的矢量地图。

（2）OpenDRIVE　OpenDRIVE框架同样采用XML文件格式来存储地图信息，其元素包含3个层次：参考线、车道和特征，如图3-3所示。第一个层次是地图道路参考线，与使用点来描述和构建地图特征的Lanelet2地图不同，OpenDRIVE地图采用参考线的方式来描述道路形状和行驶方向，包括直线、螺旋线、弧线、三次多项式和参数化三次多项式。所有车道和特征都沿着参考线构建，从而形成详细而全面的地图信息。第二个层次是附着在参考线上的车道，用于表示地图上的可行驶路径。每条参考线至少包含一条宽度大于0的车道，而每条参考线上的车道数量取决于实际的交通车道，没有固定限制。在构建沿着参考线的车道时，需要一个宽度为0的中央车道作为车道编号的参考，如图3-4所示。中央车道根据道路类型定义了两侧的行驶方向，可以是相反的方向或相同的方向。在图3-4中，由于中央车道和参考线之间没有偏移，中央车道与参考线重合。第三个层次是特征包含与交通规则相关联的信号和标志等对象。然而，与Lanelet2不同，ASAM OpenDRIVE并未涵盖动态内容。

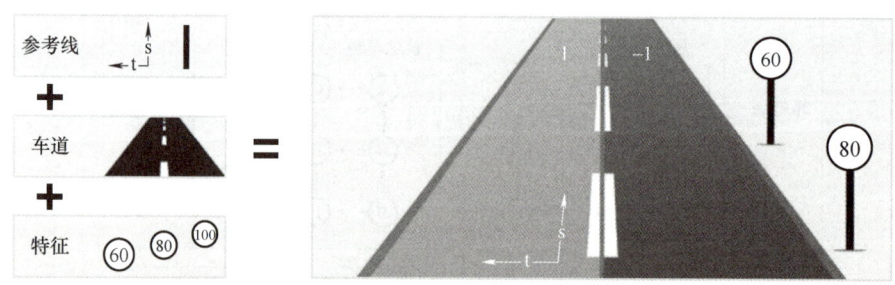

图3-3　OpenDRIVE的元素

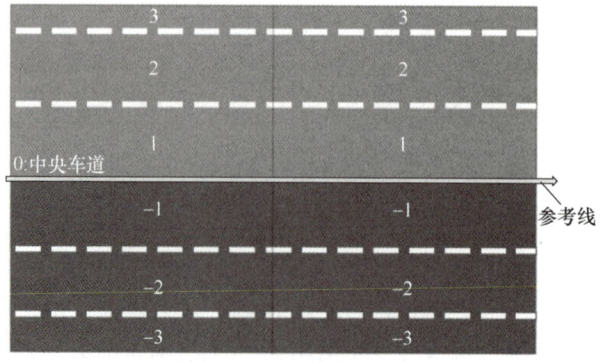

图3-4　具有不同行驶方向的道路中央车道

（3）Apollo 地图　百度 Apollo 的高精地图采用改进版的 OpenDRIVE 格式，比标准版更丰富。Apollo 地图包含的要素并不仅仅来源于 OpenDRIVE，例如 OpenDRIVE 并未包含停车场和人行横道等要素。相比之下，Apollo 地图需要更多的数据来定义车道，使得它更加详细和丰富。与 OpenDRIVE 使用直线、螺旋线和弧线等几何基元来定义道路不同，Apollo 地图则更为简单地使用点来描述车道边界。类似于 Lanelet2 中的点，每个点存储有关纬度和经度的信息，而这些点的列表则定义了道路的边界。在 Apollo 高精地图中，通常包含 5 个不同的要素：① 道路要素，包括道路边界、车道类型和车道行驶方向等特征；② 交叉口要素，包含交叉口边界；③ 交通信号要素，包括交通信号灯和标志；④ 逻辑关系要素，包含交通规则；⑤ 其他要素，包括人行横道、路灯和建筑。百度 Apollo 将高精地图的制作过程分为数据源收集、数据处理、目标检测、人工验证、地图制作 5 个步骤。如果希望在 Apollo 地图中使用 OpenDRIVE 地图，可以将 OpenDRIVE 地图格式转换为 Apollo 地图格式。同样，Lanelet2 地图也可以被转换为 OpenDRIVE 地图格式。

第三节　智能网联汽车定位方法

智能网联汽车通常搭载 GPS 接收器，通过接收卫星信号获取车辆的地理位置坐标，包括纬度和经度信息。除了 GPS 外，智能网联汽车可能还通过多传感器融合的方式，以提高位置信息的准确性和稳定性。导航系统使用了预加载的高精地图数据，其中包括道路、交叉口、建筑物等详细信息。地图数据提供了导航系统对车辆所在位置数据、车周环境数据的理解。通过地图匹配算法，系统将实时获取的 GPS 和其他传感器数据与预加载的地图数据进行匹配，以确定车辆在道路网络中的实时精确位置。这有助于纠正由于 GPS 信号误差而可能产生的位置偏差。这样，导航系统可以持续更新车辆的位置，并在用户界面上反映实时的位置状态。最终，导航系统通过用户界面将车辆位置以可视化的方式呈现给用户。这可能包括在地图上显示车辆图标、行车方向、周围环境等信息，为用户提供友好的导航体验。

导航定位的方法主要有全球导航卫星系统、惯性导航系统（Inertial Navigation System，INS）、航迹推算（Dead Reckoning，DR）技术、高精地图匹配定位、视觉传感器定位、激光雷达定位以及组合定位等，本节详细介绍以下几种典型的定位方法。

一、高精地图匹配定位

智能网联汽车高精地图匹配定位技术能够利用图像、激光雷达数据匹配技术、高精地图技术、融合定位技术等，减少对全球导航卫星系统（GNSS）信号的依赖，实现智能网联汽车自主、可靠和精确定位，提高车辆定位的鲁棒性和实时性。利用基于感知的地图匹配定位技术可以解决在城市峡谷、隧道等卫星信号拒绝场景下的定位问题。同时，匹配定位技术充分利用智能网联汽车上的传感器资源，减少差分定位等车载传感器配置，从而降低整车成本，有助于推动智能网联汽车的应用普及。这一技术主要分为基于视觉匹配的定位方法和基于激光雷达匹配的定位方法。

基于视觉的高精地图匹配定位技术依赖于视觉传感器获取道路特征信息，并通过与先验地图中的视觉特征进行匹配，最终融合多源信息以对车辆的位姿进行精确估计。该技术的总体路线如图 3-5 所示。

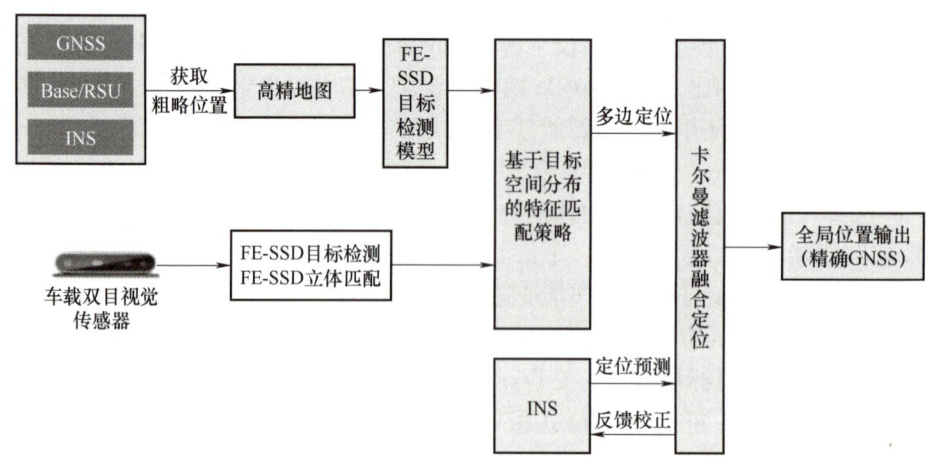

图 3-5　基于视觉的高精地图匹配定位技术的总体路线

基于视觉的高精地图匹配定位技术的实现过程如下：

（1）多传感器获取粗略位置　高精地图匹配定位技术是一种通过将车辆当前感知到的环境信息与高精地图进行匹配，从而实现车辆在地图上的准确位置确定的技术。在这个过程中，全球导航卫星系统（GNSS）、基站/路侧单元（Base/RSU）和惯性导航系统（INS）是3个关键的传感器或技术，用于获取车辆在高精地图中的局部粗略位置信息。

（2）高精地图和车载图像的视觉特征提取　车载视觉传感器采集的图像和高精地图均采用基于视觉的目标检测方法来获取车辆周围的特征信息，然后才能将通过车载图像提取的视觉目标与高精地图的视觉目标进行特征匹配，从而确定车辆的准确位置。在城市场景中，引入了特征增强模块的道路目标检测模型，该模块通过全局共享特征，增强网络模型中有效通道的权重，降低目标检测过程中复杂环境的干扰。道路目标检测模型的网络架构如图 3-6 所示。

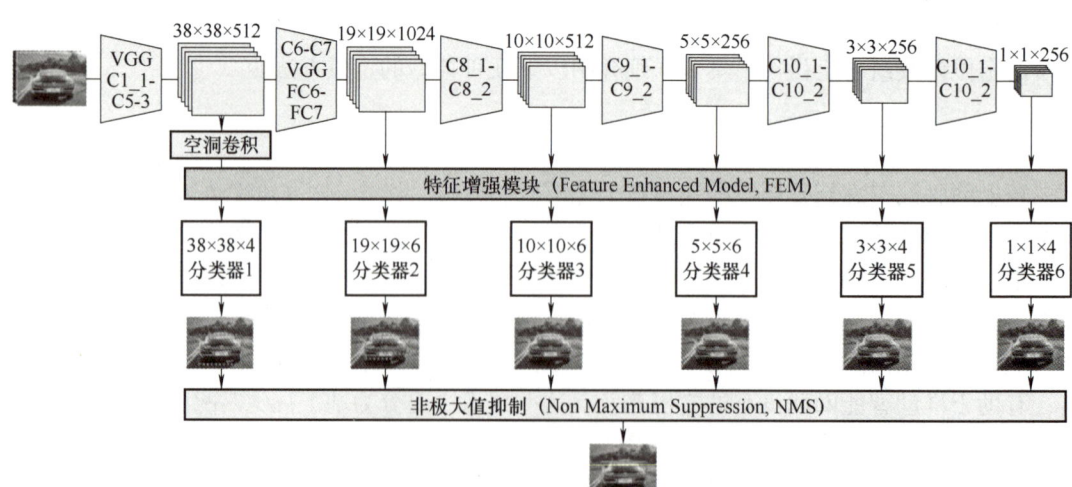

图 3-6　道路目标检测模型的网络架构

FE-SSD 模型是一种高效的检测算法，具有高准确性和快速的特点。该模型以 VGG-16 网络为基础进行特征分类，将 VGG-16 网络的 FC6 和 FC7 全连接层替换为卷积层，并采用空洞卷积（Atrous Convolutions）算法，在不改变感受的前提下减少计算量。特征增强子网络可以增强关联特征的权重，学习活跃特征以及相关的特征组。在 VGG-16 网络之后添加了 6 个特征卷积层，用于计算不同比例和纵横比的锚框相对于先验锚框的偏移量，以及这些锚框与目标相关的置信度。

（3）基于目标空间分布的特征匹配策略　图像匹配阶段可采用尺度不变特征变换（Scale-Invariant Feature Transform，SIFT）匹配算法，该算法用于将目标检测网络检测到的目标与高精地图进行图像特征匹配，如图 3-7 所示。这一过程生成了被检测目标的全局坐标与车辆参考系下坐标的映射向量集合。随后，基于欧几里得距离计算特征点之间的空间分布，如果一个对象在车辆参考系和 GNSS 参考系中的空间特征矩阵元素之间的欧几里得度量值与每个对象平均欧几里得度量值的比值小于比例阈值，则接受这个对象。高精地图提供了被检测目标特征的经纬度和海拔信息，即被检测目标的 GNSS 坐标集合，利用车辆和特征点之间位置关系，可以求解出车辆的全局位置。

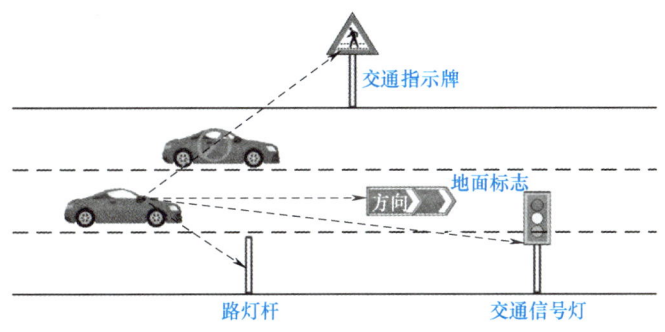

图 3-7　基于目标检测的特征匹配示意图

（4）卡尔曼滤波器融合定位　为了解决地图匹配定位处理周期较长的问题，智能网联汽车采用了一种综合利用惯性导航系统（INS）和地图匹配技术的方法，以提高位置信息的精度和实时性。首先，惯性导航系统（INS）能够实时获取车辆的高精度速度、加速度和航向信息。这些信息不仅具有较高的实时性，而且在相邻两次地图匹配定位之间提供了连续的车辆状态信息。通过利用这些 INS 提供的数据，可以在地图匹配的处理周期内更准确地估计车辆的位置，缩小定位误差。

同时，地图匹配定位输出的与时间无关的全局定位信息具有长期的稳定性。这些全局定位信息可以用来纠正 INS 的累积定位误差，从而提高整体定位系统的准确性。通过将地图匹配输出的全局信息与实时的 INS 数据进行融合，可以更好地综合两者的优势，从而解决 INS 误差积累导致的位置漂移问题。

为了进一步提高精度和稳定性，采用卡尔曼滤波器递归地估计系统状态，能够有效地融合地图匹配定位和惯性导航系统的定向、速度及加速度信息，从而提供高精度、长周期的全局定位输出。

二、基于航迹推算和地图匹配的定位

航迹推算是通过测量车辆相对于起始点的距离变化量和角度变化量，对其进行积分，并与起始坐标累加,从而推算出车辆当前位置的算法。由于累积误差的存在,随着航迹推算时间的增长,车辆当前状态的位置精确度逐渐降低,在此基础上进行的后续预测也会受到误差的累积影响,导致预测的准确性逐渐降低。因此,航迹推算只能作为短时间内的车辆定位手段。地图匹配通过与先验地图数据相结合,精确确定车辆在地图中的相对位姿。利用地图匹配对航迹推算定位结果进行修正,可以再次提高整个定位系统的精度。下面介绍基于航迹推算和相似度模型地图匹配算法的组合定位实例。

航迹推算是一种逐次推算的方法,其原理是通过硬件设备获得的车辆轨迹信息和角度信息对下一点的位置和方向进行推算。三维航迹推算需要使用3个陀螺仪来测量车辆相对于惯性空间的旋转角速率,并利用3个加速度计来测量车辆相对于惯性空间的比力。车辆的合加速度是由重力加速度和其他外力产生的加速度合成而成的。为了消除重力加速度分量,可以使用解算得到的姿态矩阵来确定加速度计相对于重力方向的角度。通过对陀螺仪测量的角速度进行积分,可以得到3个姿态角,同时通过三维旋转矩阵将加速度计测量值投影到导航坐标系中,从而去除重力加速度的影响。在三维空间中,旋转矩阵描述了一个坐标系相对于另一个坐标系的旋转变换。在 zyx(也称为 Yaw-Pitch-Roll 或航向-俯仰-翻滚)顺序下,旋转矩阵可以表示为:

$$R_{zyx} = R_z(\gamma) R_y(\beta) R_x(\alpha) \tag{3-1}$$

式中,$R_z(\gamma)$ 为绕 z 轴旋转的矩阵,角度为 γ;$R_y(\beta)$ 为绕 y 轴旋转的矩阵,角度为 β;$R_x(\alpha)$ 为绕 x 轴旋转的矩阵,角度为 α。结合初始航向角,通过对3个加速度进行一次积分运算,可以得到三维速度信息;随后,通过对速度进行两次积分运算,得到相应的三维位置信息。

地图匹配通过整合车辆定位装置输出的位置和方向信息与先验地图的道路矢量数据,从而精确定位车辆在先验地图上的位置。基于相似度模型的地图匹配要经过以下步骤:

1)基于道路的拓扑结构和连通性,在候选区域内排除一些无须考虑的道路。通过查询地图数据库,提取位于候选区域内的道路信息,考虑路网的拓扑关系和道路长度,以避免对所有道路进行匹配所需的冗余时间。

2)在经过候选路段的筛选后,通过距离和方向属性来判断哪一条道路更可能是车辆实际行驶的道路。假设 $M_c(x_c, y_c)$ 是车辆获取的定位点坐标,L_m 为候选道路。对于每个候选道路,可以通过计算车辆定位点到道路的垂直投影,得到投影点 $M_p(x_p, y_p)$。定义距离 $\nabla d = \sqrt{(x_c-x_p)^2+(y_c-y_p)^2}$ 为车辆位置与道路投影点之间的距离。当 ∇d 越小时,说明该道路更有可能是准确的行驶道路。为了量化距离匹配度,可以设定距离匹配度为 $W_d = \dfrac{1}{1+\nabla d}$,其中 W_d 越接近1,表示该道路距离匹配度越高,更可能是车辆实际行驶的道路。

3)单独依赖某一种属性来确定候选道路可能难以保证准确度,因此将方向属性和距离属性结合起来考虑。航迹推算提供的定位信息通常包含车辆在某一点的行进方向。假设车辆获得的定位点时的速度正北方向的夹角为 α,候选道路 L_1 与正北方向夹角为 β,候选道路 L_2 与正北方向夹角为 γ。L 与 L_1 的方向夹角差 $\nabla\theta_1 = \alpha-\beta$,$L$ 与 L_2 的方向夹角差 $\nabla\theta_2 = \alpha-\gamma$,以此类推。将所有的方向夹角差组合成向量 $\boldsymbol{\nabla\theta} = (\nabla\theta_1, \nabla\theta_2, \cdots)$。当 $\boldsymbol{\nabla\theta}$ 越小时,该道路是行驶道路的可能性越大。因此,将方向匹配度设定为 $W_\theta = \cos(\boldsymbol{\nabla\theta})$。

4)总匹配度可表示为 $W = A_0 W_d + A_1 W_\theta$,其中,$A_0$ 和 A_1 为距离与方向匹配度的权值。

三、基于 SLAM 的视觉定位

基于 SLAM 的视觉定位算法通常利用单目或双目摄像头获取场景信息，通过图像特征提取和匹配技术实现对场景的三维重建和位姿估计。在建立地图过程中，算法将相机传感器捕捉到的图像转换为场景中的三维点云，并利用这些点云构建环境地图。算法会持续更新自身在环境中的位置和姿态信息，以实现自身的定位。此外，系统还能够通过回环检测和位姿优化来减小累积误差。

视觉 SLAM 包括两个主要部分：定位和地图构建。定位旨在确定车辆在现实世界中的准确位置，通常通过将当前传感器测量值（通常是相机图像）与先前观察到的地标或特征进行比较来实现。地图构建的目标是创建或维护车辆所在环境的地图，通常包括检测和提取周围环境中的特征点、边界、障碍物等。视觉 SLAM 的实现步骤如下：

（1）特征检测和提取 在相机图像中，检测出可能用于定位和地图构建的特征点。这些特征通常是在图像中容易识别和跟踪的点，如角点或边缘。对于检测到的特征，提取它们的特征描述符，如图 3-8 所示。这些描述符是对特征点周围区域的抽象表示，通常是一组数值，用于将特征点与后续图像中的相似特征点进行匹配。

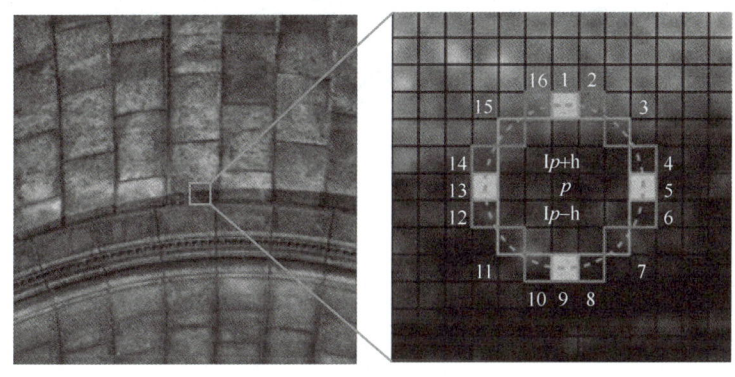

图 3-8 特征点检测和提取

（2）初始化 在初始化阶段，车辆通常并不知道自己的确切位置或环境结构。初始化的目标是估计车辆的初始位置并开始构建地图。初始估计通常通过特征匹配和传感器数据融合来实现。例如，将检测到的特征与地图上已知位置的特征进行匹配，可以估计出车辆的大致位置。

（3）特征跟踪 在车辆移动时，持续地跟踪已知特征点，并利用这些特征点来估计当前位置。这可以通过比较当前图像中的特征与地图中已知特征的位置来实现，如图 3-9 所示。通过分析特征在连续图像帧之间的运动，可以估计车辆的位姿变化，例如平移和旋转。随着时间的推移，可能会积累误差，因此需要使用后续的优化步骤来校正这些误差。

（4）建图 通过在车辆运动的同时检测新的特征点，逐渐构建环境地图。这个地图可以是稀疏的（只包含少数特征点的位置），也可以是密集的（包含更多环境信息）。对于稀疏地图，只存储关键的地标或特征点的位置和描述符，如图 3-10 所示。对于密集地图，需要更多的存储空间和计算资源，因为它包含着更多的细节信息。

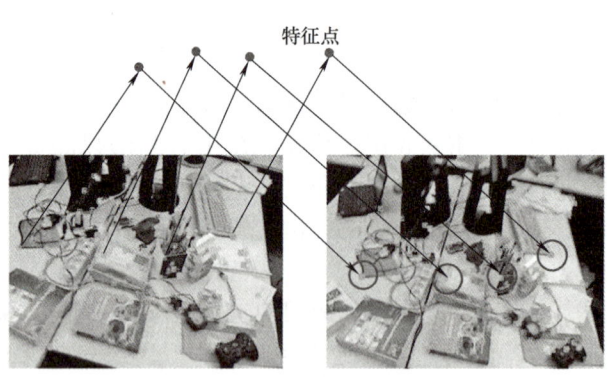

图 3-9　不同帧间的特征点跟踪

图 3-10　基于稀疏视觉特征的局部地图构建

（5）数据关联和回环检测　数据关联涉及将来自不同时间点的观测与地图上已知的特征匹配，以确保一致性。这对于纠正 SLAM 位姿估计中的漂移非常重要。闭环检测用于识别车辆回到之前访问过的地点的情况。一旦检测到闭环，可以使用闭环约束来修正位姿估计和地图，从而减小积累误差。

（6）优化　通过非线性优化技术，对车辆的轨迹、地图和观测进行联合优化，可以最小化定位和地图的误差、提高 SLAM 系统的精度和一致性，如图 3-11 所示。

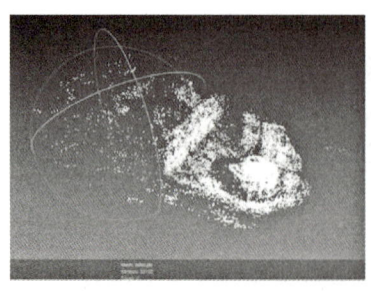

图 3-11　点云地图优化前后对比

（7）循环　上述步骤在车辆移动时循环执行，以连续地更新位置估计和地图。这使车辆智能系统能够实时求解当前位姿并构建环境地图。

第四节　智能网联汽车建图方法

一、地图采集系统

一般而言,有两种主要的建图方式:集中式建图和分布式建图。在集中式建图中,诸多车辆采集的数据被汇集到一个中心(如云服务器、地图服务提供商的服务器等)进行地图构建。数据的集中处理可以更好地整合各个车辆的信息,适用于需要全局一致性、高精度和大规模地图的应用场景,例如智能驾驶、高精度导航服务等。这种方式需要强大的中心化计算和存储资源。在分布式建图中,每辆车辆都在本地处理和存储数据,并构建局部地图。这些局部地图可以按需上传到中心服务器,也可以通过通信和共享方式在车辆之间进行交换。这种方法更强调实时性、实时更新以及分布式处理和通信技术,减少了对中心服务器的依赖,更适用于车辆之间的协同行驶、实时交通信息更新等场景。在两种建图方式中,每个车辆都是通过采集数据、构建地图以及在分布式系统中共享或上传地图信息。在集中式建图中,中心服务器拥有更多的地图管理权,而在分布式建图中,每个车辆在更大程度上承担了自身局部地图的管理和协同构建的责任。

整个地图采集系统的目标是生成一个准确、详细且包含丰富语义信息的高精地图,以支持智能驾驶系统的各种功能。这些地图在智能驾驶中起着关键作用,提供车辆所需的环境感知和定位信息,有助于车辆安全行驶和决策制定。图 3-12(a)展示了百度公司的地图采集车,图 3-12(b)展示了四维图新公司的地图采集车。

(a) 百度公司的地图采集车　　(b) 四维图新公司的地图采集车

图 3-12　高精地图采集车

二、高精地图的构建原理

在本小节中,以基于激光雷达的 Lanelet2 高精地图构建方法为例,详细介绍高精地图的构建原理。基于 Lanelet2 的高精地图构建架构如图 3-13 所示。

(一) 基于激光雷达 SLAM 的点云地图生成

大多数高精地图的构建过程主要依赖于激光雷达的高精度。通过激光同步定位与建图(Simultaneous Localization and Mapping, SLAM)算法拼接多帧三维点云,并离线去除点云地图中的动态点,从而建立静态三维点云地图,本小节以激光 SLAM 算法为例,介绍点云地图生成原理,其框架如图 3-14 所示。

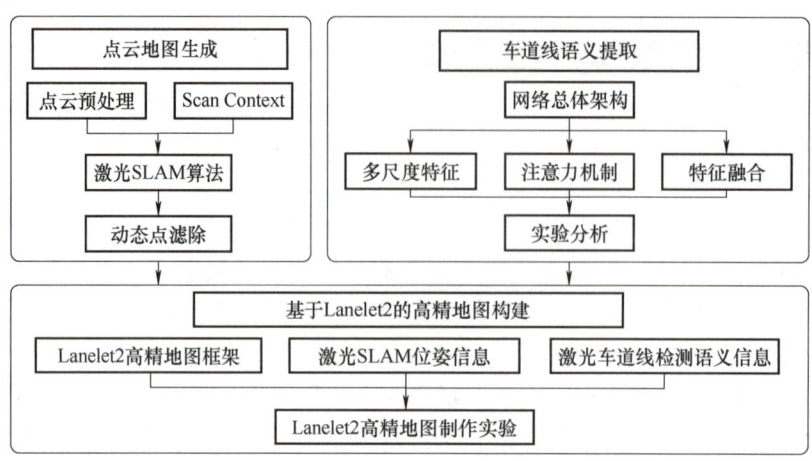

图 3-13 基于 Lanelet2 的高精地图构建架构

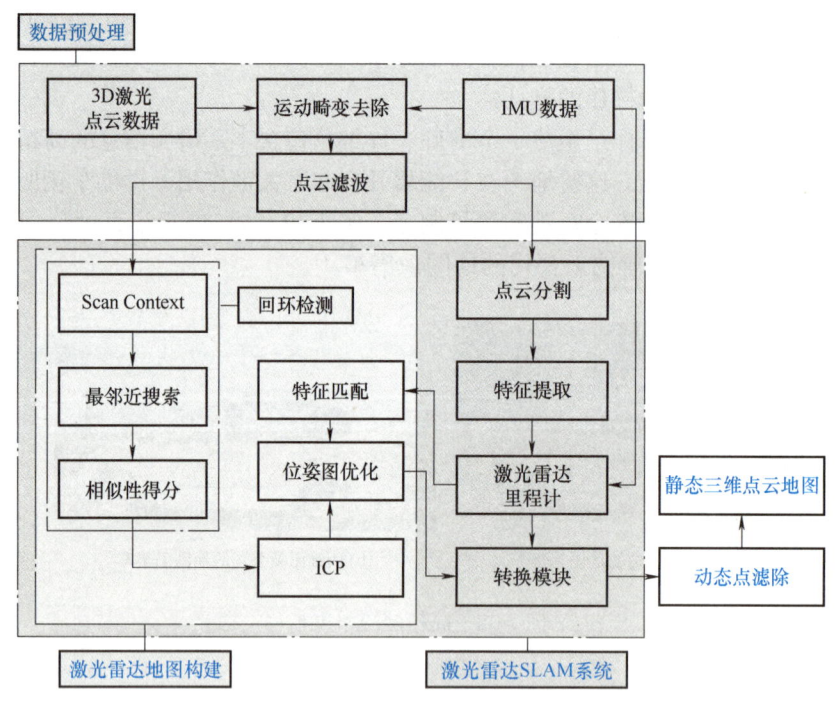

图 3-14 点云地图生成原理框架

在数据预处理部分,首先获取连续帧的 3D 激光点云和 IMU(惯性测量单元)数据,然后消除激光雷达运动引起的畸变,并对点云进行滤波操作以提高数据质量。经过这一系列的处理后,得到的点云被用于点云分割以及建立 Scan Context 全局描述符等。

在激光雷达 SLAM 系统部分,点云分割是将激光扫描数据中的点云划分成不同的部分,并利用特征提取从点云数据中提取出具有代表性的特征点,以描述环境的结构和形状,减少数据量、提高计算效率,并为后续的匹配和定位提供更有效的信息。激光雷达里程计是通过分析连续激光扫描数据,估计车辆相邻时刻的运动和位姿变化,提供实时的定位信息,随后通过坐标转换将不同传感器或车辆局部坐标系之间的数据进行转换,实现一致的参考框架。

在激光雷达地图构建部分,Scan Context 是一种用于描述激光雷达扫描的全局特征表示方法,随后借助查找给定数据集中与查询点最相似的数据点的最邻近搜索和激光点云的相似性得分计算进行特征匹配,并利用最近点搜索算法(Iterative Closest Point,ICP)估计两个激光点云帧之间的相对位姿变换。采用回环检测对位姿图进行图优化,从而更新之前的位姿估计。转换模块将融合激光雷达里程计和位姿图优化后的位姿估计结果,输出最终的位姿变换矩阵,从而构建三维点云地图。通过动态点滤除算法的离线处理,可以去除三维点云地图中动态物体留下的痕迹,生成静态三维点云地图,如图 3-15 所示。

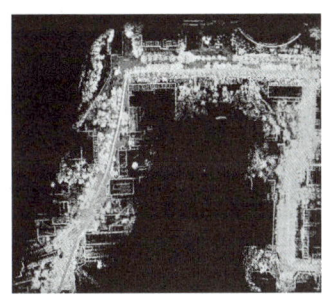
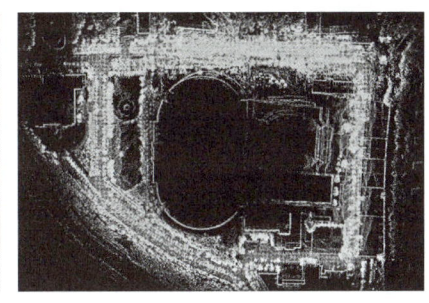

图 3-15　静态三维点云地图

1. 数据预处理

(1) 运动畸变去除　激光数据采集过程通常伴随着汽车前进和转向等运动,因此同一帧数据的点云是在不同时刻和不同坐标位置采集的,从而导致运动畸变。图 3-16 为单线激光雷达运动畸变示意图,其中 1 表示激光雷达扫描到的点云,而 2 则代表真实环境数据。两者之间存在明显的偏差,因此需要借助传感器辅助等方式来消除运动畸变,以校正点云数据。

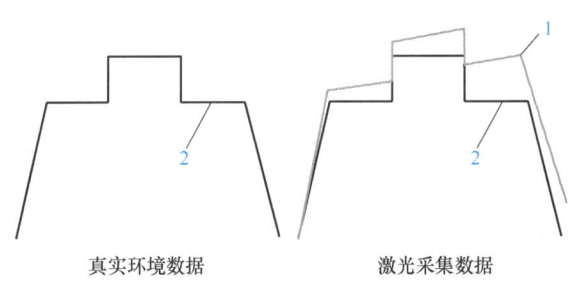

图 3-16　单线激光雷达运动畸变示意图

在相同的水平角度位置,t_k 和 t_{k+1} 两个时刻之前的所有点云均属于同一帧,然而它们的激光线 ID 并不相同。由于不同 ID 的激光点云在采集时刻存在差异,因此需要通过其他手段获取 t_k 和 t_{k+1} 两个时刻之间的位姿变换,以便将 t_k 和 t_{k+1} 之间的激光点云修正到 t_k 时刻。

通过 IMU 数据辅助激光 SLAM,能够校正由车辆运动产生的畸变。IMU 具有远高于激光雷达的数据采集频率,在 t_k 到 t_{k+1} 时间内,IMU 数据可达到几十帧。此外,IMU 直接测量三轴角加速度和加速度,然后通过积分算法获取旋转矩阵和平移矩阵。这些矩阵能够对激光点云进行修正,有效消除运动畸变。

（2）点云滤波　激光雷达采集的点云在激光雷达附近较为密集，而离激光雷达越远，点云越稀疏。在点云的边缘区域，通常存在大量孤立的点云，这些被称为离群点。离群点的存在会使得局部特征的估计变得复杂，可能导致错误的估计值，最终影响点云的配准效果。为了解决这一问题，需要采用滤波手段对数据进行处理，以去除离群点，确保点云配准的准确性。针对远处的稀疏点云，可以通过条件滤波去除范围外的点云，具体方法是给定 x、y、z 三个维度的最大值和最小值，只保留在这个范围内的点云。对于离群点的处理，可以采用半径滤波算法，该算法运行速度较快。在半径滤波中，需要设置人工设定的半径和阈值，然后计算每个点在半径范围内的点的数量。如果点的数量小于阈值，就将该点视为离群点。通过遍历整个点云，删除离群点，从而有效地进行离群点的去除。

2. 激光雷达 SLAM 系统

激光雷达 SLAM 系统由 5 个主要模块组成，包括点云分割、特征提取、激光雷达里程计、激光雷达地图构建以及转换模块，如图 3-14 所示。

首先，对经过数据预处理的点云进行编码，生成范围图（Range Image）。其次，通过计算点云和激光雷达之间的欧式距离，进行点云分割。在分割过程中，将点云分为地面点和非地面点两类。通过基于图像的分割方法，将非地面点云聚类为多个簇，并为每个簇分配唯一的标签。这些点云具有 3 个属性，即地面点或非地面点的标签，点云在范围图上的行和列索引，以及它们与激光雷达的距离。最后，在特征提取的过程中，直接从分割后的点云中提取特征。激光雷达里程计则通过多帧的点云特征，对于 t 时刻和 $t+1$ 时刻连续两帧之间的六自由度位姿变化（$t_x, t_y, t_z, \theta_{roll}, \theta_{yaw}, \theta_{pitch}$）进行估计，从而得到位姿变换矩阵。

激光雷达地图构建模块执行低频率高精度的配准，将特征点集与周围的点云地图进行匹配。这一过程有助于进一步优化姿态变换，同时通过回环检测添加新的约束，以提高地图的准确性和一致性。通过 ICP 算法计算匹配度并估计位姿，最终选取相似度最高的历史帧，将其用于添加后端优化的约束。接下来，基于因子图的 C++ 库对位姿图进行图优化，以进一步提升整个系统的准确性，并更新之前的位姿估计。最后，转换模块融合激光雷达里程计和激光雷达地图构建两个模块的位姿估计结果，输出最终的位姿估计结果。

3. 动态点滤除

使用激光雷达采集道路数据时，难免会受到动态物体的干扰，例如行人和车辆等。在利用这些数据通过 SLAM 算法构建点云地图时，动态物体可能会在地图中留下不必要的动态点云。这些动态点云可能会在后续的定位和导航任务中被误识别为障碍物，因此需要借助动态物体滤除算法，将这些动态点云从地图中滤除。

（二）基于激光的车道线检测算法

在高精地图中，车道线是重要的语义信息，能够帮助车辆更准确地进行预测和决策。本部分以基于激光的车道线检测算法（图 3-17）为例，详细介绍高精地图特征提取的原理。点云预处理是第一阶段，其目的是滤除点云中的离群点并生成 2D 鸟瞰图（BEV）。第二阶段为 BEV 编码环节，采用两阶段特征编码模块对 2D BEV 图像进行编码。通过卷积神经网络，系统能够学习图像中的低层次特征，从而提高模型的收敛速度。同时，综合卷积神经网络和多头注意力机制，实现对局部特征和全局特征的高效提取。最后，通过特征融合完成局部特征与全局特征的交互。在第三阶段，即车道线像素分割，将融合后的特征图作为输入，输出车道线检测结果，即车道线是否存在以及车道线的位置。

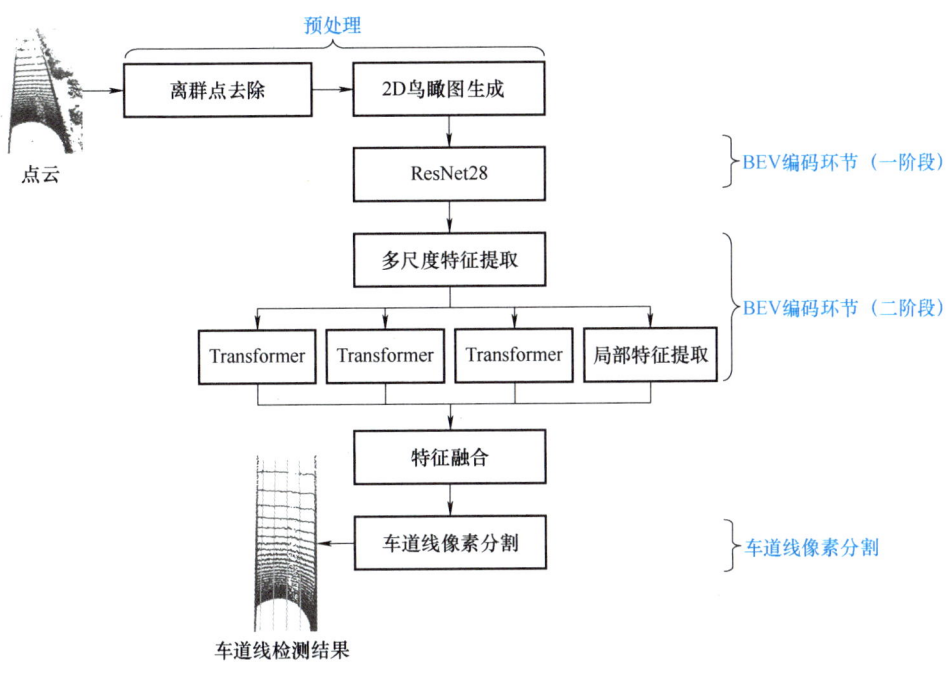

图 3-17　基于激光的车道线检测算法

（三）基于 Lanelet2 框架的高精地图构建

（1）全局语义地图构建　高精地图是三维点云和其他语义信息的组合。点云地图可用于智能驾驶汽车的高精度定位，但不能直接用于导航、预测等任务。因此，需要从三维点云中提取语义信息，以构建全局语义地图。首先，采用上述的激光车道线检测方法提取车道线的语义信息。其次，通过聚类算法对车道线检测结果进行处理，对车道线进行实例化，并进行矢量化，从而构建局部语义地图。最后，结合激光雷达 SLAM 的位姿信息，累积多帧局部语义地图，最终生成全局语义地图，如图 3-18 所示。

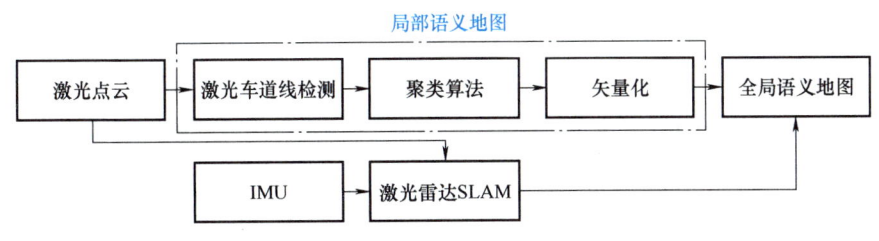

图 3-18　全局语义地图构建流程

（2）Lanelet2 高精地图制作　处理点云数据，Lanelet2 高精地图构建流程如图 3-19 所示，主要由 3 部分构成。首先通过激光雷达 SLAM 算法构建道路的点云地图，并去除点云地图中的动态点，生成静态点云地图。然后，融合激光车道线检测的语义信息和激光雷达 SLAM 的位姿信息，构建全局语义地图。最后，将全局语义地图和静态点云地图导入 Autoware 框架下的 vector map builder 工具中，修正点云中车道线的位置，建立 Lanelet2 车道单元，标注其方向、限速及车道连接关系，最终生成 Lanelet2 高精地图。

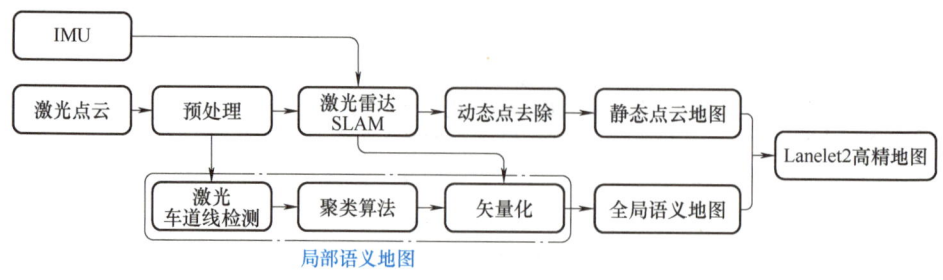

图 3-19 Lanelet2 高精地图构建流程

图 3-20（a）展示了 Lanelet2 高精地图。该地图不仅提供车道行驶方向（正向或反向），还包含车道的转向属性（左转、直行或右转）。这样设计可以确保智能驾驶车辆遵守行驶规则，避免错误占用车道的情况发生。矢量地图被保存为基于 XML 的 OSM 数据格式，这使得它能够在转换为其他地图格式（如 OpenDRIVE 等）时不损失地图信息。同时，点云地图以 pcd 格式保存，用于智能驾驶车辆的定位，确保能够准确地定位其在矢量地图中的位置。

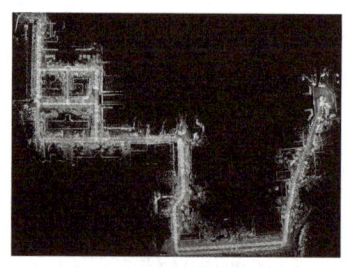 

(a) Lanelet2 高精地图 　　(b) NDT 定位结果

图 3-20 高精地图

图 3-21 展示了局部 Lanelet2 高精地图，其中箭头表示车道方向。地图中的点、线、Lanelet2 等地图元素都具有唯一的编号。每个 Lanelet2 由其左右边界组成，同时包含车道中心线、下一个 Lanelet2 的编号、限速等信息。定位模块采用正态分布变换（Normal Distributions Transform，NDT）算法，该算法启动节点匹配当前帧激光点云和点云地图，实现车辆在点云地图中的实时定位。鉴于本处构建的点云地图尺寸较大，以及对车端算力有限的考虑，对点云地图进行体素滤波处理，以确保车辆定位的实时性。图 3-20（b）展示了 NDT 定位结果。

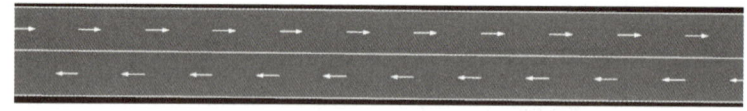

图 3-21 局部 Lanelet2 高精地图

第五节　典型案例

一、结构化道路定位与建图

在本小节中，选择基于深度学习的 SLAM 算法，以展示结构化道路定位与建图的典型案例。传统 SLAM 算法通常假设环境中的物体都是静止或者固定的。然而，在存在大量动态目标或近处纹理缺失等复杂交通道路环境中,基于视觉的 SLAM 算法可能会面临定位精度下降甚至定位失败的问题,这严重影响了其在实际领域的应用。基于深度学习的 SLAM 算法能够获取周围环境的语义信息,并结合先验信息更有效地去除动态区域的特征点,整体流程如图 3-22 所示。

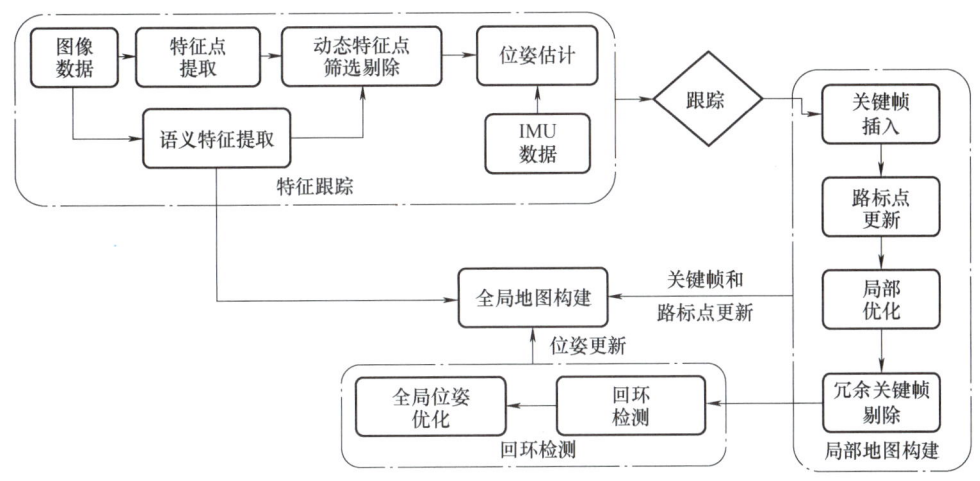

图 3-22　基于深度学习的 SLAM 算法整体流程

基于深度学习的 SLAM 算法整体流程主要分为四大部分,具体表现如下:

1. 特征跟踪

在进行图像特征的提取和匹配时,基于深度学习网络进行道路关键目标识别,获取目标的语义信息。然后,根据先验信息和获取的语义信息判断动态目标,并将其对应区域的特征点剔除。通过几何一致性判断静止的动态目标,进而保留更多稳定的特征点。

2. 局部地图构建

在相机传感器捕获的连续图像序列中创建和维护一个局部地图,通常是一个小范围内的环境区域。接着,通过光束平差法求解相机位姿,进行地图的更新和优化,从而获得更精确的位姿结果和静态地图点。

3. 回环检测

根据词袋模型进行回环检测的过程包括将环境的视觉特征描述成词向量并构建特征词典。当有新的图像输入后,进行历史帧和当前帧的相似性计算。如果相似性超过设定阈值,系统将利用图优化来优化整个车辆轨迹和地图。

4. 全局地图构建

在经过图优化后,将关键帧对应的车辆位姿和路标点融合到一个一致的地图中。全局地图构建是一个持续的过程,因此需要不断地维护和更新地图,以适应新的传感器数据和环境变化。

基于深度学习的 SLAM 算法需要借助语义分割或目标检测等技术。在本小节中,以目标检测网络为例进行讲解。目标检测网络的主要网络结构为 Yolov5s,该网络分为骨干网络(Backbone Network)、瓶颈(Neck)和检测头(Head)3 部分,如图 3-23 所示。在利用目标检测网络检测出道路动态目标后,基于几何一致性和目标的语义信息将其划分为动态物体、静止物体、静止的动态物体，并将动态物体所在的特征点进行剔除，如图 3-24 所示。

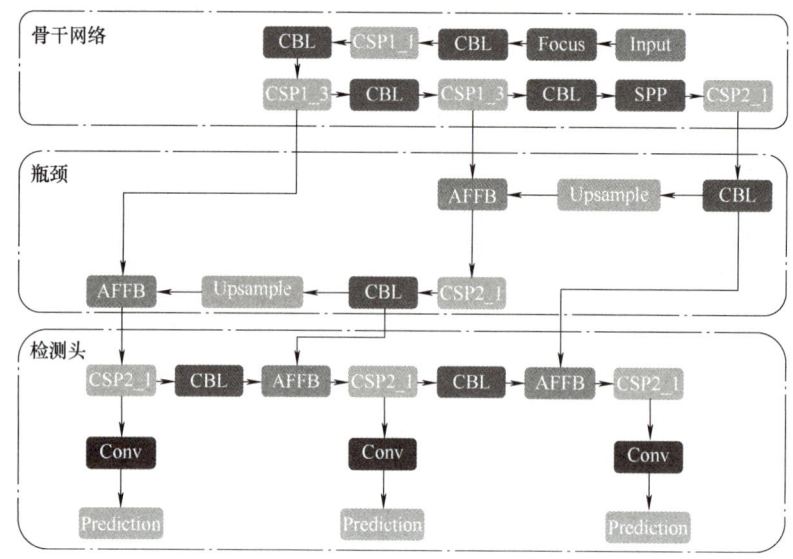

图 3-23　Yolov5s 网络结构

图 3-24　特征点筛选过程

动态特征点筛选后，利用剩余静态特征进行更为准确的车辆位姿估计。假设静态区域的特征在当前帧图像上的坐标为 u_i，其对应的世界坐标系中的 3D 点位置为 P_w^i。通过最小化重投影误差，求解相机位姿变换：

$$T_w^c = \mathrm{argmin} \sum_i \rho \| u_i - \pi(T_w^c \circ P_w^i) \|^2 \tag{3-2}$$

式中，ρ 为 Huber 鲁棒核函数；$\pi(\cdot)$ 为投影函数；T_w^c 为相机位姿；。为位姿变换矩阵对空间点坐标进行三维变换的运算符。在使用非线性优化方法解决上述方程组时，对于每个参与计算的特征点，进行重投影误差的检验，并剔除误差较大的特征点。随后，对空间地图点进行扩展和筛选，并对局部地图中的 3D 点坐标进行局部的光束法平差优化，以进一步提高位姿计算精度和地图点的准确性。

通过管理关键帧中的特征点，实现对地图的构建。在构建局部地图时，为了节省计算资源和减少内存消耗,对局部地图的规模进行控制。在关键帧的选择方面,可采用ORB-SLAM3的关键帧选择策略。同时,将动态区域面积作为关键帧选择条件。如果确定的动态区域面积超过当前候选关键帧图像面积的一半,认为该候选关键帧的有效特征不足,因此不能插入局部地图中。通过上述筛选,既保证了新的有效3D点被不断引入,又确保了局部地图中的特征仅包含静态环境信息。

通过选取 Apollo Scape 智能驾驶数据集中的典型场景进行对比,该数据集记录了广州、北京等城市的交通场景,具有复杂的路况,且动态车辆的占比较大。下面是选取不同方法的平面轨迹对比,如图3-25所示。

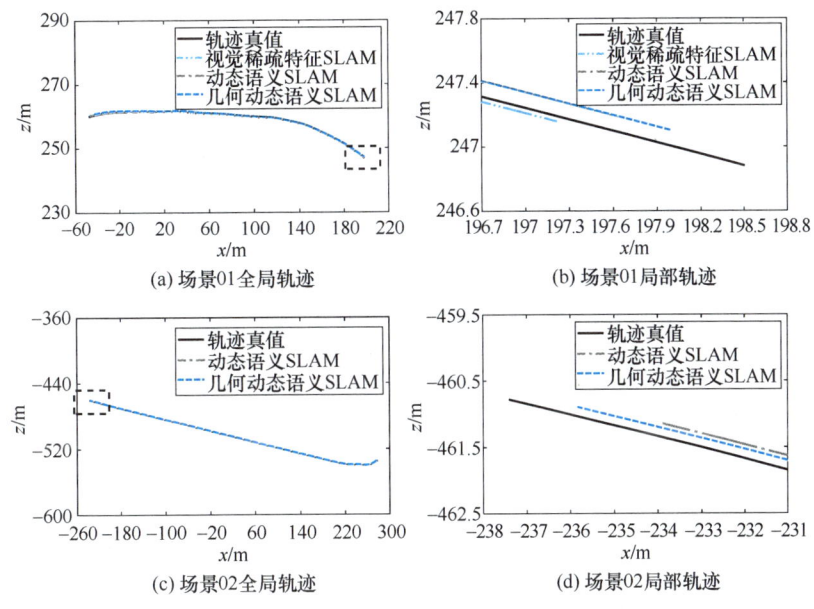

图 3-25　平面轨迹对比

二、非结构化道路定位与建图

在没有明确的车道标线、交叉口、路边标识等结构化特征,以及复杂多变的非结构化道路上,要实现智能车辆的定位与建图,需要综合利用多传感器数据来解决当前车辆在场景中的位置问题。根据传感器实时数据和经过环境重构的先验地图数据,能够在地图范围内的场景中实现车辆高稳定性和高实时性的位姿跟踪。

本小节使用的先验地图数据如图3-26所示,场景内的固定标志物细节如图3-27所示。点云地图由激光惯性导航定位算法提供,多传感器系统确保了地图的精确性。

定位部分需要离线建好的高精度可通行点云地图和车辆实时激光雷达数据。为解决非结构化道路情况复杂、差分信号容易中断等问题,采用多传感器融合定位算法,其框架流程如图3-28所示。

使用实时差分定位(Real Time Kine,RTK)传感器提供的大地坐标系数据获取当前的位置信息,进而确定车辆在初始状态的位置和姿态。然后,通过激光雷达获得的当前帧数据与地图中的历史帧数据进行ICP配准。ICP配准分为两步,粗配准用于粗略位姿估计,精配

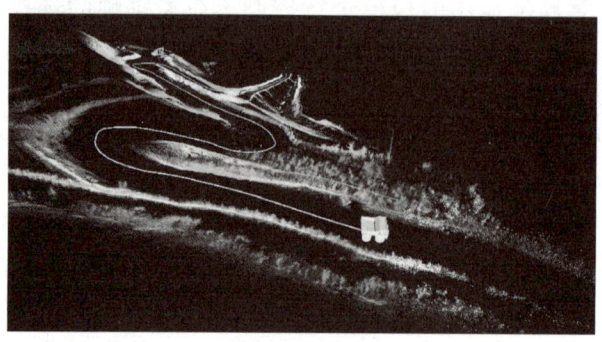

图 3-26　先验地图数据

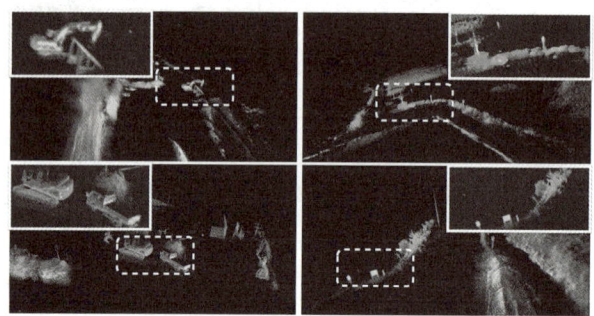

图 3-27　固定标志物细节

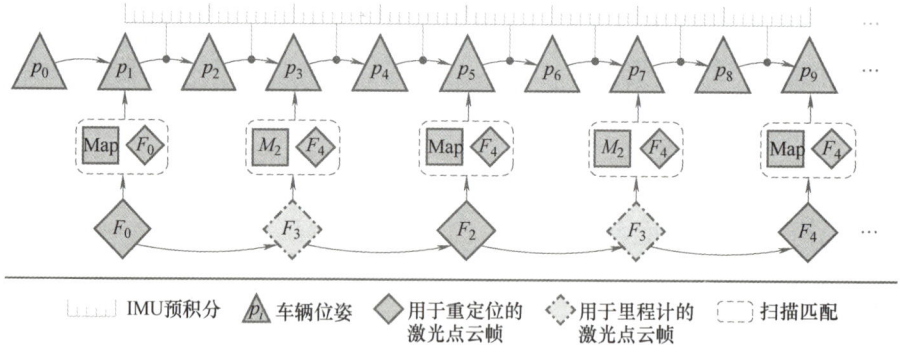

图 3-28　定位算法框架流程

准用于获取精确位姿结果。假设当前帧点集为 P、地图历史帧点集为 Q，通过使用奇异值分解法求解当前的位姿 R、T，使得当前帧点集 P 中的每一个点 p_i 经过改位姿变换后，与历史帧点集 Q 中每一个 q_i 的距离误差和最小。总体误差的目标函数为：

$$\mathop{\arg\min}_{R,T} \frac{1}{2} \sum_{i=1}^{N} \|q_i - Rp_i - T\|^2 \quad (3-3)$$

虽然使用 ICP 匹配的方法可以获取车辆位姿信息，但是由于非结构化环境恶劣、场景过大、传感器噪声等因素，单纯基于地图匹配的定位方法鲁棒性较差。因此，在 ICP 匹配的相邻时刻间，以多线程的方式添加激光里程计，将匹配的位姿信息作为先验位姿约束，以帧间匹配的方式计算相邻时刻间的相对位姿变换。假设 P_r 为第 r 时刻 ICP 匹配获取到的位姿，从第 r 时刻到下一次 ICP 匹配位姿计算输出前，存在 m 个激光里程计输出的相对位姿。在两次重定位输出间隙或重定位失效的情况下，以第 r 时刻的位姿 P_r 为初始位姿，结合激光里程计的相对位姿计算车辆当前的位姿。

里程计系统接收来自三维激光雷达、IMU 的传感器数据，并利用这些观测数据来估计车辆的状态和运动轨迹。这个状态估计问题可以表述为一个最大后验概率问题，使用因子图来对这个问题进行建模。在高斯噪声模型的假设下，最大后验概率问题等同于解决一个非线性最小二乘法问题。整个系统的因子图可以分为两个部分：

1. **IMU 预积分因子**

使用 IMU 预积分的方法，可以获取两个相邻激光帧时间戳之间的相对运动。在这个过程中，IMU 的偏差会与激光雷达因子一起被联合优化，以提高位姿估计的准确性。

2. **激光雷达里程计因子**

系统在接收到新的一帧激光数据时，会通过局部区域点的曲率/粗糙度来提取边缘和平面特征。点的粗糙度值较大时，该点被归类为边缘特征；反之，粗糙度值较小的点则被归类为平面特征。假设在第 t 时刻，激光数据的全部点集为 P_t，平面特征为 P_t^p，边缘特征为 P_t^e。首先，通过 IMU 预测车辆状态，得到初始的变换关系。其次，在边缘特征体素子图 M_t^e 和平面特征体素子图 M_t^p 中进行扫描匹配，找到对应的边缘和平面特征。最后，通过最小化平面特征 P_t^p、边缘特征 P_t^e 与体素子图 M_t^p、M_t^e 中的特征之间的距离，获得当前关键帧和体素地图之间的最佳变换，并通过第 T_i 时刻的位姿和 T_{i+1} 时刻的位姿，得到相对位姿 $\Delta T_{i,i+1} = T_i^T T_{i+1}$。

下面，对不同的定位方法在非结构化道路上进行了对比实验，实验中使用了激光雷达、IMU 和 RTK 等传感器，同时在具有良好差分信号的道路下进行实验。RTK 输出数据作为地面真值，进行对比分析。图 3-29（a），展示了不同算法的轨迹对比图，而图 3-29（b）则详细说明了这些方法在 x 轴、y 轴、z 轴不同方向上与轨迹真实值的差异。

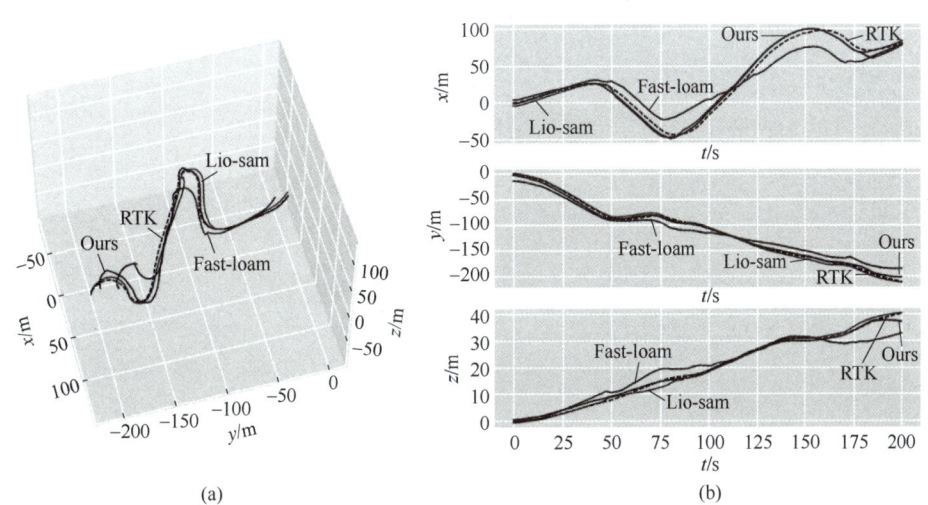

(a) (b)

Lio-sam—激光惯导联合优化 SLAM，RTK—轨迹真值，Ours—可通过性激光惯导 SLAM，Fast-loam—快速激光 SLAM。

图 3-29　不同方法轨迹对比图

【思考题】

1. 如何选择合适的传感器组合以实现高精度的定位和建图？传感器的分辨率、采样率和精度如何影响定位和建图的质量？
2. 对比点云地图、矢量地图、栅格地图的适用场景和优劣势。
3. 智能车辆在跨国行驶时，如何处理不同国家或地区的定位系统和地图数据之间的差异？
4. 探讨以众包方式在大规模高精地图构建方面的优势和局限性，以及现有改进的方法。
5. 比较 NDT 算法和 ICP 算法在车辆重定位方面的优点和缺点。

参 考 文 献

［1］袁富林. 基于车载视觉的智能网联车辆 HD Map 匹配定位方法研究［D］. 合肥：合肥工业大学，2022.
［2］王雅仪. 车载激光雷达高精度自主定位算法研究［D］. 武汉：武汉大学，2021.
［3］QIN T，LI P，SHEN S. Vins-mono：a robust and versatile monocular visual-inertial state estimator［J］. IEEE transactions on robotics，2018，34（4）：1004-1020.
［4］SHAN T，ENGLOT B. Lego-loam：lightweight and ground-optimized lidar odometry and mapping on variable terrain［C］//2018 IEEE/RSJ International Conference on Intelligent Robots and Systems（IROS）. IEEE，2018：4758-4765.
［5］BAO Z，HOSSAIN S，LANG H，et al. High-definition map generation technologies for autonomous driving：a review［J/OL］.（2022-06-24）［2024-07-01］. https：//arxiv. org/pdf/2206. 05400.
［6］高翔，张涛，刘毅，等. 视觉 SLAM 十四讲：从理论到实践［M］. 北京：电子工业出版社，2019.
［7］王庆，冯悠扬. 同时定位与建图的理论、方法及应用［M］. 北京：科学出版社，2023.
［8］高翔. 自动驾驶与机器人中的 SLAM 技术：从理论到实践［M］. 北京：电子工业出版社，2023.
［9］张虎. 机器人 SLAM 导航：核心技术与实战［M］. 北京：机械工业出版社，2022.

第四章

智能网联汽车路径规划

第一节 路径规划的定义和分类

路径规划起源于 20 世纪 70 年代,根据地图范围可分为全局路径规划和局部路径规划。全局路径规划需要建立完整地图,再用路径规划算法获取最优路径。局部路径规划则根据车载传感器实时环境信息进行动态规划,灵活性高。全局路径规划算法包括 Dijkstra 算法、A* 算法、快速扩展随机树(Rapidly-Exploring Random Tree,RRT)算法、概率路线图(Probabilistic Roadmap,PRM)算法、遗传算法、蚁群算法。局部路径规划算法有人工势场法、状态栅格法、动态窗口法、反馈控制法、模型预测控制等。无人驾驶常结合两者,全局规划优化路径,局部规划实时避障。

常见的路径规划算法分类和特点见表 4-1。

表 4-1 常见的路径规划算法分类和特点

算法类型	算法名称	算法特点
全局路径规划	Dijkstra 算法	基于图搜索,以起始点为中心向外扩散,一定能找到最优路径,但算法效率低
	A* 算法	基于图搜索,引入启发式代价函数,使得节点拓展更具有目的性,从而减少搜索量,提高效率,但搜索时间长且生成路径不满足车辆完整性约束要求
	RRT 算法	基于随机采样,速度快、搜索能力强、对地图的预处理没有要求。但搜索时盲目性大,尤其在高维环境下或动态环境中耗时长、计算复杂度高、易陷入死区
	PRM 算法	基于随机采样,搜索速度快,概率完备但路径不是最优的
	遗传算法	智能仿生,适用于复杂问题的求解和优化,搜索灵活,不会出现局部极小值陷阱,但运算效率低,容易出现过早收敛
	蚁群算法	智能仿生,由于各个蚂蚁之间不会相互影响,因此鲁棒性强,易于找到最优路径。但搜索盲目、收敛速度慢,容易陷入局部最优解等问题
局部路径规划	人工势场法	将车辆视为带电粒子,利用势场引导车辆到目标点,计算代价小、规划效率高,但容易陷入局部极小值点
	状态栅格法	基于状态空间,简单易实现,适用于不同的算法,但表示效率不高,时空开销与求解精度存在矛盾,对工作区域的大小有一定的要求

(续)

算法类型	算法名称	算法特点
局部路径规划	动态窗口法	简单高效，计算复杂度低，但每次只选择下一步最优路径而非全局最优，且动态避障效果差
	模型预测控制	建立车辆动力学和环境模型，优化多个时间步的车辆轨迹，适用于高精度路径规划

第二节　全局路径规划算法

智能驾驶汽车全局路径规划的任务是根据车辆的起始点和目标点，并结合电子地图信息进行路径规划。在全局路径规划中，需要考虑多种因素，如道路等级、车速限制、交通拥堵等，以确保路径规划的准确性和可行性。全局路径规划的结果是一条从起始点到目标点的路径，可以作为局部路径规划的输入，为车辆提供导航指引。图 4-1 所示为全局路径规划流程。

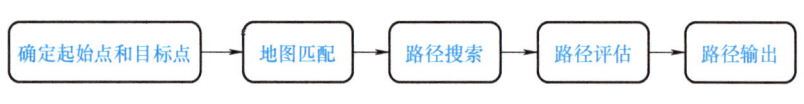

图 4-1　全局路径规划流程

一、主流算法概述与对比

在智能驾驶领域，全局路径规划是决定车辆如何规划一条安全高效行驶路线的关键技术。目前，全局路径规划方法主要分为 3 类：基于图搜索的方法、基于采样的规划方法和智能化规划方法。

1. 基于图搜索的方法

基于图搜索的方法是经典的最优路径搜索算法，适用于已知地图环境。这些算法在简单环境和小规模地图上表现良好，能够得到精确的路径规划结果。其中，Dijkstra 算法逐步扩展节点的搜索范围，选择最短路径；A* 算法在此基础上引入启发式函数，提高搜索效率。然而，在大规模地图和高维空间中，这些方法计算复杂度高，搜索时间可能很长，且对动态环境变化的适应性较差。

2. 基于采样的规划方法

基于采样的规划方法通过采样生成点，可以是路径节点或状态空间中的任意点，具体取决于问题特性和算法。这种方法适用于高维空间和复杂环境，具有良好的适应性。RRT 算法是典型的基于采样的规划方法，在大规模高维空间中能够快速找到可行路径。然而，生成的路径可能不够平滑，因为通过随机采样生成节点并构建树状结构，在某些情况下可能导致车辆运动不平稳。

3. 智能化规划方法

智能化规划方法，受大自然启发，具有强大的全局搜索能力，可在复杂高维空间中找到最优解。其中具有代表性的有遗传算法、蚁群算法和神经网络算法。这些方法适用于具有复杂目标函数和约束条件的路径规划，如遗传算法模拟生物进化过程进行全局优化，蚁群算法模仿蚂蚁寻找食物行为进行启发式搜索,神经网络算法利用人工神经网络学习能力进行全局优化。然而,智能化规划方法计算复杂度高,特别是在高维空间中,搜索可能较慢,并且通常需要大量参数调优,对问题建模和选择合适算法参数具有挑战性。

不同的全局路径规划算法各有优势和适用场景。基于图搜索的方法能够保证找到最短路径,在简单环境和小规模地图中表现良好。基于采样的规划方法在大规模高维空间中具有较好的适应性。智能化规划方法具有更强的全局搜索能力,适用于复杂目标函数和约束条件的情形。在实际应用中,通常需要根据具体的场景需求和问题复杂性来选择合适的全局路径规划算法,或者结合多种算法进行组合使用。例如,在智能驾驶中可以使用基于图搜索的 A* 算法进行全局路径规划,然后使用智能化规划方法进行车辆行驶路线的优化。通过合理选择和组合全局路径规划算法,可以提高路径规划的效率和性能,使智能驾驶系统能够在复杂环境中高效、安全地导航。

二、Dijkstra 算法

Dijkstra 算法是图论中经典和基础的算法之一,由荷兰计算机科学家 Edsger W. Dijkstra 于 1956 年提出。它被广泛应用于计算机网络、智能驾驶、路径规划等领域,是求解单源最短路径问题上理论完备、应用最广的经典算法之一。

Dijkstra 算法是一种基于贪心策略的路径规划算法,解决的是非负加权有向图或无向图中某个节点到另一节点的最短路径问题。它的核心思想是从起点开始,逐步扩展到周围的节点,通过不断更新当前节点到起点的距离和路径,来得到最终的最短路径。

具体来说,Dijkstra 算法的实现过程如下:

1)初始化,将起点加入一个待访问的集合 S 中,将所有其他节点(代表道路网络中的交叉点或连接道路的关键位置)加入一个未访问的集合 Q 中,初始化每个节点的距离为无穷大(除了起点,其距离为 0)。

2)从集合 Q 中选出距离起点最近的节点 u,并将其从 Q 中移除,并将其加入集合 S 中。

3)遍历节点 u 的所有邻居节点 v,对于每个邻居节点 v,计算出从起点到节点 v 的距离:即从起点到节点 u 的距离加上节点 u 到节点 v 的距离。如果该距离比当前已知的最短路径更短,则更新节点 v 的距离值。

4)重复步骤 2)和步骤 3),直到终点被加入集合 S 中或者集合 Q 为空。

5)所有节点的最短路径已经计算出来,可以根据前驱节点的信息回溯出从源节点到每个节点的具体路径。

图 4-2 为相邻节点带权无向图,利用 Dijkstra 算法计算小车从 A 点出发到任意节点位置的最小距离,求解最短路径的过程见表 4-2。

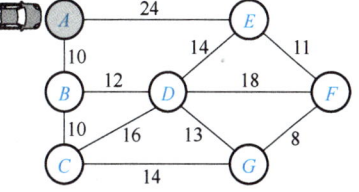

图 4-2 相邻节点带权无向图

表 4-2 求解最短路径的过程

序号	选取节点	集合 S	集合 Q
1	A	$S=\{A(0)\}$	$Q=\{B(10),C(\infty),D(\infty),E(24),F(\infty),G(\infty)\}$
2	B	$S=\{A(0),B(10)\}$	$Q=\{C(20),D(22),E(24),F(\infty),G(\infty)\}$

(续)

序号	选取节点	集合 S	集合 Q
3	C	$S=\{A(0),B(10),C(20)\}$	$Q=\{D(22),E(24),F(\infty),G(34)\}$
4	D	$S=\{A(0),B(10),C(20),D(22)\}$	$Q=\{E(24),F(40),G(34)\}$
5	E	$S=\{A(0),B(10),C(20),D(22),E(24)\}$	$Q=\{F(35),G(34)\}$
6	G	$S=\{A(0),B(10),C(20),D(22),E(24),G(34)\}$	$Q=\{F(35)\}$
7	F	$S=\{A(0),B(10),C(20),D(22),E(24),G(34),F(35)\}$	$Q=\{\}$

表 4-2 描述了使用 Dijkstra 算法求解最短路径的过程，包含了算法的步骤以及相关节点的状态。表格中序号表示算法执行的步骤顺序。选取节点表示在当前步骤中选择的节点。集合 S 表示已经确定最短路径的节点集合。集合 S 中的节点已经确定了最短路径并加入最短路径树中。集合 Q 表示还未确定最短路径的节点集合。集合 Q 中的节点是待考虑的节点，它们可能成为下一步被加入集合 S 中的节点。对于每个节点，括号内的数值表示从起始节点到当前节点的最短距离。例如，在这个表格中，"$B(10)$"表示节点 B 到起始节点的最短距离为 10。

表格具体步骤解释如下：

初始化，将起点 A 加入集合 S，其他节点加入集合 Q，初始距离为无穷大（∞），除了起点 A 的距离为 0。

选择距离起点最近的节点 B（距离为 10），将其加入集合 S。

根据节点 B，更新其相邻节点 C 和 D 的距离（分别为 20 和 22），并选择距离起点最近的节点 C 加入集合 S。

依次执行类似的操作，每次选择距离起点最近的节点加入集合 S，并更新其相邻节点的距离，直到所有节点都被加入集合 S 中。

集合 S 代表已经确定了从起点到达的最短路径的节点集合，而集合 Q 则包含了仍然需要考虑的节点，这些节点可能会在后续步骤中被加入集合 S 中。算法的目标是找到起点到其他所有节点的最短路径，并逐步将节点加入集合 S 中以实现这一目标。

在智能驾驶中，Dijkstra 算法可根据道路限速、交通流量等因素计算最短路径，为车辆提供合适的行驶路线。其优势在于通常能确保找到最短路径，但在处理大规模道路网络时效率较低。因此，常用于结构化道路上的全局规划，如城市区域、高速公路等，可在提前标注了道路信息的高精地图上进行，以提高计算效率。

对于更复杂的场景，如城市中心区域的拥堵路段，Dijkstra 算法可能无法很好地应对。此时可使用其他算法，如 A* 算法或 RRT 算法。这些算法结合了启发式搜索和随机搜索等策略，具有更高效率和更好适应性，可根据不同场景进行调整和优化。

三、A* 算法

智能驾驶路径规划旨在找到安全可达的最短路径，以达到目标位置。常用方法是状态空间搜索，包括深度优先搜索和广度优先搜索。深度优先搜索递归向前探索直到找到终点或无法继续扩展节点，然后返回上一个分支点重新搜索新路径。广度优先搜索按层次递增方式扩展搜索空间,先搜索所有相邻节点,然后扩展到它们的相邻节点,直到找到终点。然而,深度优先搜索容易陷入局部最优解,而广度优先搜索需要大量计算资源和存储空间。

为提高搜索效率引入启发式搜索方法。启发式搜索利用启发函数估计节点到目标节点的距离,指导搜索方向。启发式算法可帮助搜索更快找到最优解,在不同搜索空间上具有广泛适用性。因此,智能驾驶路径规划中,启发式算法是更高效的方法,可帮助车辆更快找到安全可达的最短路径。

A^*路径规划算法是一种典型的启发式搜索算法,用于在图形或网格地图上寻找从起点到终点的最短路径。它是一种基于Dijkstra算法的改进算法,通过使用启发式函数来评估搜索节点的优先级,从而尽可能地减少计算量。A^*算法使用代价函数$g(n)$来表示从起点到节点的实际代价(即当前已经找到的最短路径的总代价),同时使用启发式函数$h(n)$来估算从节点到终点的代价。启发式函数提供了更多的信息,可以帮助A^*算法更快地找到最短路径,也使得A^*算法更适用于非结构化的地图。A^*算法的启发式代价函数形式如下:

$$f(n)=g(n)+h(n) \tag{4-1}$$

式中,n为当前节点;$f(n)$为从起点到目标节点经过节点n的总代价的估计值;$g(n)$为从起始节点到节点n的实际代价;$h(n)$为从节点n到目标节点的估算代价。

需要注意的是启发式函数$h(n)$需要保证不小于从当前节点到终点的实际代价,也就是$h(n) \geq h^*(n)$,其中$h^*(n)$表示从节点n到终点的实际代价。

A^*算法的基本思想是从起点开始,按照节点的f值从小到大顺序,对每个节点进行搜索,并计算其邻居节点的f值。如果邻居节点的f值更小,就将其加入搜索队列中。直到搜索队列为空或者找到终点为止。在搜索过程中,A^*算法综合考虑了节点的实际代价和启发式估算代价,以此评估节点的优先级,从而在保证找到最短路径的前提下,尽可能减少计算量。各节点的实际代价为G,估计代价为H,总代价估计为F,具体的搜索步骤如下:

1)将与起点相邻的节点记录在一个open list(待搜索点列表)中,将起点加入close list(已搜索点列表)。

2)计算open list中各个节点的G、H、F。

3)选出open list中F最小的节点,并加入close list。

4)将与新节点相邻节点也加入open list,并计算它们的G、H、F。若其中的某些点已在open list中,则将其G值更新为$\min(G_{new}, G_{old})$,而H为固定值因此无须更新。

5)重复步骤3)、4)直至达到终点。

与Dijkstra算法相比,A^*算法具有更高的计算效率和更广泛的适用性。它可以通过合理设计启发式函数,在复杂的栅格地图上高效地进行路径规划,尤其是在非结构化的栅格地图上表现更加出色。

但是A^*算法也有一些问题,比如随着地图和状态空间的规模扩大,A^*算法的求解时间也会急剧增加。虽然可以通过调整栅格地图中的栅格尺寸来降低地图空间规模,但是这同样降低了对地图的分辨率,并且会丢失障碍物边缘等信息,从而使得规划出来的路径不一定满足最优性。

对于A^*算法的改进有很多,包括对其搜索方式、启发函数等环节的改进。D^*(Dynamic A^*)算法实现了原本规划路径被堵塞时进行动态重规划的能力,提升了A^*算法对于动态变化的响应能力。跳点搜索(Jump Point Search,JPS)则将障碍物角点相邻的关键栅格定义为跳点,并根据跳点进行有优先级的节点搜索,从而大幅度减小其搜索范围,提升了 A* 算法的搜索速度。然而,JPS 需要读取地图信息来生成、维护对应的跳点集合,这同样需要额外的算力消耗,因此不适用于地图频繁更新的情况。

变步长 A* 算法不仅将相邻节点加入待搜索点列表,还会将额外设定步长以内的栅格节点加入待搜索点列表,并通过修改启发函数,使 A* 算法优先选取较远的节点,从而加快算法的搜索速度。混合 A* 算法则在搜索过程中抛弃了传统的长方形栅格,而是改为结合车辆动力学特性的节点,如图 4-3 所示,并在位置属性的基础上增加了朝向的状态,从而更适用于车辆的路径规划。此外还通过加入 Reed-Shepp 曲线在空旷区域或接近终点时一次性完成搜索,提升搜索效率。此外,混合 A* 算法还会根据共轭梯度法对生成的可行路径进行优化和插值。相较于 A* 算法,混合 A* 算法生成的路径更加平滑,也更加适合车辆在不同场景下的应用。在混合 A* 算法的基础上引入引导式关键点与自适应变步长的改进策略,也可以进一步缓解路径规划过程中计算时间久、路径质量差的问题。

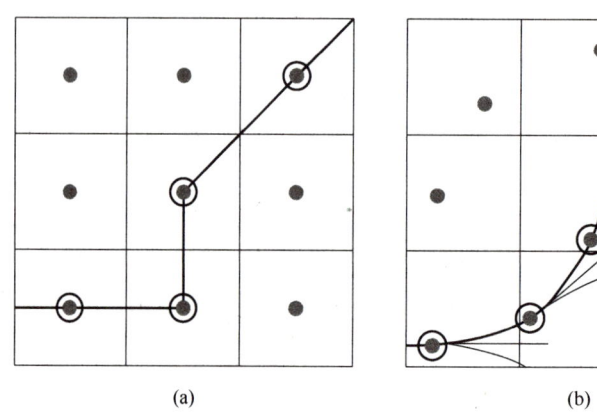

图 4-3 一般栅格和混合 A* 栅格

四、RRT 算法

A* 算法虽然相较于 Dijkstra 算法等有着很大的提升,但是当环境规模扩大、地图搜索空间更复杂时,启发式搜索所减小的搜索范围无法弥补状态空间扩大所导致的搜索空间大幅增加,A* 算法的求解时间会迅速增加,达到难以接受的程度。

在这种情况下,相较于基于图搜索的方法,基于采样的全局规划方法能够在较快的时间内生成一条无碰撞的路径,并且更适用于道路空间中障碍物复杂的情况。基于采样的全局规划算法将路径规划问题转化为采样离散的状态点,通过不断地采样并检查采样点的有效性,可以在这些采样点之间找出一条连续的路径。采样点的生成和可行性检查快速且易于实现,因此能够在复杂场景中仍然保持着不错的效率。

快速扩展随机树 RRT 是于采样的全局规划的代表性算法之一。RRT 算法将起点作为根节点,通过树的随机生长来探索空间和维护生成的采样点序列,其流程如图 4-4 所示,具体步骤如下:

1)初始化树,初始状态下树的边集为空,节点集只包含起点。
2)在空间上随机生成一点。

3）在已生成的树上寻找与该随机点最近的节点。
4）判断随机点与最近节点的连线是否与障碍物碰撞，若有则回到步骤2）。
5）没有碰撞时，在连线方向上以固定步长生成一个新节点，并将该节点加入树。
6）重复步骤2)-5)，直到树生长到终点。对于到达终点的判定，一般是在新生成的节点到终点的距离在设定的阈值内，判断终点和新节点的连线是否会产生碰撞，没有碰撞则直接连接终点并结束计算；反之，则继续进行随机采样。

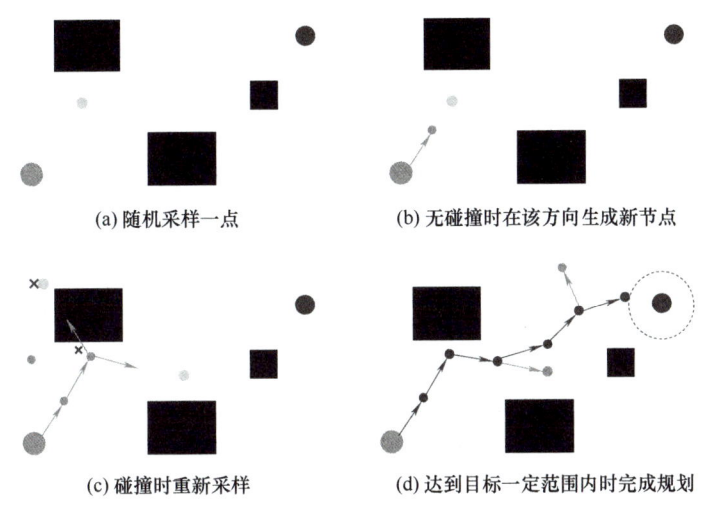

图 4-4　RRT 算法流程

RRT 算法的采样过程计算简单，搜索速度快，能够在障碍物复杂的场景中搜索出一条可行路径，因此 RRT 算法不仅可以用于全局规划，也可以用于对实时性要求较高的局部规划，例如短距离的绕障路径规划等。在地图环境规模扩大、状态空间增加时，RRT 算法求解所需要的时间增长明显小于 A* 算法的，因此也比较适合在相对开阔但障碍物较多的区域中进行规划。

然而，RRT 算法的随机采样导致生成的路径难以最优，这是因为其在搜索的过程中只考虑当前采样点与已生成节点距离，未充分考虑采样点与起终点、节点前后序列的距离。RRT 算法的随机采样具有随机性和盲目性，生成路径容易曲折，平滑性不够理想，难以作为车辆行驶路径。一般而言，RRT 算法往往和多项式、样条曲线拟合等路径平滑算法结合，提升生成路径的质量。RRT 算法往往是在全局地图进行随机采样，而在部分障碍物较多的狭窄场景中，在全局地图采样往往会导致其采样点生成的节点与障碍物碰撞或位于可行驶区域之外，造成采样效率的下降。

为了进一步提升算法效率并解决上述问题，许多研究者提出了改良的 RRT 算法。例如，RRT-Connect 算法通过在起点与终点同时构建搜索树进行双向搜索，有效避免起终点障碍物分布不均匀场景下的低采样效率问题，并进一步加快搜索速度。RRT* 算法为节点引入了距离代价，并在新节点加入时考虑到起点距离代价来决定其父节点，通过"重布线（rewire）"过程来重新调整特定范围内的节点拓扑连接关系，提升算法的最优性，降低生成路径的长度。Informed-RRT* 算法在 RRT* 算法的基础上，改进了其采样的方式，在得到初始可行解后通过不断地限定和缩小可行路径解所在的包括椭圆来缩短路径的长度，如图 4-5 所示，从而实现路径求解的最优性，提升了算法的采样效率和最优性。

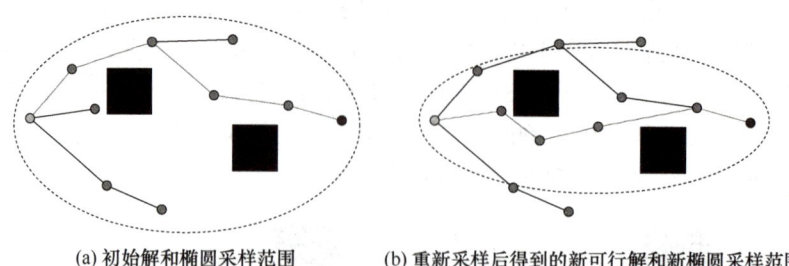

(a) 初始解和椭圆采样范围　　　　(b) 重新采样后得到的新可行解和新椭圆采样范围

图 4-5　Informed-RRT* 算法示意图

RRT 算法也可以很好地和优化方法结合在一起。一方面，RRT 算法生成可行路径解的速度快，且具有较好的避障能力，但缺乏最优性；另一方面，优化方法可以得到一个在特定评价函数下的最优解，但耗时较长，且可能出现不收敛的情况。将 RRT 算法求解得到的可行路径解作为优化问题的初解，并用优化方法对初解进行优化得到最终解，可以使二者形成互补，从而兼顾时间效率和路径最优性。

第三节　局部路径规划算法

局部规划是指在全局参考路径的基础上，对传感器系统感知到的局部环境信息进行实时调整的过程。它主要负责在车辆行驶过程中针对即时变化的动态环境进行路径修正和障碍物避让等任务，以保证车辆能够平稳、安全地行驶。相对于全局规划，局部规划的规划距离较短，但其规划轨迹将直接被下游跟踪控制模块所使用，对实时性和路径位置精度的要求更高。

一、主流算法概述与对比

在智能驾驶领域，局部路径规划是确保车辆在当前环境下安全导航的关键环节。随着技术的不断发展，多种局部路径规划算法不断涌现，每种算法都有其独特的优势和局限性。主流的局部路径规划算法包括人工势场法、状态栅格法、动态窗口法、反馈控制法、变动曲率法、模型预测控制的方法和双向 RRT* 法等。

人工势场法将车辆视为带电粒子，利用势场引导车辆到目标点，通过在环境中创建虚拟势场，使车辆受到引力朝向目标点，受到斥力避开障碍物的影响。虽然易于实现和理解，但在复杂环境中存在容易陷入局部最小值，导致无法正确规划路径或出现振荡问题。

状态栅格法基于状态空间在复杂环境中找到较优路径，它将状态空间划分为一系列状态，每个状态代表车辆的一种姿态。通过在状态空间中搜索并使用启发式评估函数来评估每个状态的优劣，状态栅格法能够找到一条较优的路径。这种方法适用于复杂环境，但在搜索空间较大时计算复杂度较高。

动态窗口法是一种简单高效的方法，适用于智能驾驶车辆的避障和平稳行驶。它将车辆的运动空间划分为速度和转向角的窗口，并在实时中筛选出合理的速度和转向角组合，以找到最佳的运动决策。动态窗口法快速生成候选路径，考虑了车辆的动力学约束和环境信息，从而使得路径规划更加安全和灵活。

反馈控制法是一种经典的路径追踪算法，适用于按照预定义路径导航。

变动曲率法结合了动态窗口法和反馈控制法的优点，适用于高速和复杂环境。它通过采样不同曲率和速度组合，找到代价最小的决策。

模型预测控制的方法（Model Predictive Control，MPC）更复杂，通过建立车辆动力学和环境模型，优化多个时间步的车辆轨迹，适用于高精度路径规划。

双向 RRT* 法通过两个 RRT 树搜索全局路径，适用于局部路径规划。

这些算法推动了局部路径规划的发展，为智能驾驶车辆提供了更高效、智能、安全的导航策略。

每种局部路径规划算法都有其独特的优势和适用场景。人工势场法简单直观但在复杂环境中局限性较大，状态栅格法可以找到较优路径，动态窗口法适用于实时性要求高的避障和平稳行驶，反馈控制法适用于预定义路径的追踪，变动曲率法适用于高速和复杂环境，MPC方法适用于对路径规划精度要求高的场景，双向 RRT* 法考虑全局路径信息。

在实际应用中，应根据具体场景和需求选择合适的局部路径规划算法，或结合多种算法进行决策，以实现更灵活、高效和安全的智能驾驶导航。人工势场法、状态栅格法和动态窗口法作为经典的方法得到广泛研究和应用，我们通过学习这些方法可以了解路径规划的基本概念和常见挑战。这3种方法代表了不同的路径规划思路和应用场景。因此，后面将详细介绍这3种算法的原理及其在智能驾驶汽车中的实际应用情况，方便读者了解不同的路径规划思想和技术。

二、人工势场法

人工势场法通过在障碍物和目标点周围建立虚拟势场，引导车辆向势能最低的方向移动从而达到避障和达到目标点的效果。人工势场包含引力场和斥力场两部分，其中引力场由目标点提供，用于引导车辆向目标点移动；斥力场由障碍物提供，用于避免障碍物和车辆的碰撞。

人工势场法实现流程可以概括为以下几步：

（1）地图建模

1）障碍物表示：将环境中的障碍物转化为车辆需要避开的物体或区域。

2）目标点表示：确定机器人需要到达的目标位置或区域。

（2）势场模拟

1）引力场设计：为障碍物设置引力场，使车辆受到引力以避免碰撞。引力场通常是障碍物到车辆的距离的函数，距离越近引力越强。

2）斥力场设计：为目标点设置斥力场，使车辆受到斥力朝向目标移动。斥力场通常是车辆到目标点的距离的函数，距离越近斥力越强。

（3）势场计算　计算合力：在每个车辆位置，将引力和斥力合并计算得到合力。合力是引力和斥力的向量和。

（4）车辆移动　更新车辆位置：根据合力的方向和大小，更新车辆的位置。车辆沿着合力方向移动，并根据合力大小调整移动步长。

(5) 路径搜索 迭代更新：重复更新车辆位置的过程，直到车辆到达目标点或达到预设的最大迭代次数。

(6) 结束条件

1) 到达目标：当机器人到达目标点附近，或目标点在车辆设定的到达范围内时，算法结束。

2) 达到最大迭代次数：当达到预设的最大迭代次数时，算法结束，即使车辆未到达目标点。

势力场模拟以及计算是该方法流程的核心部分。车辆的移动方向为该时刻其所受引力与斥力的合力方向。其数学表达为：

引力场：

$$U_a(q) = \frac{1}{2}\varepsilon\rho^2(q, q_{goal}) \tag{4-2}$$

式中，U_a 为引力场；ε 为尺度因子；$\rho(q, q_{goal})$ 为当前位置与目标点的距离。

斥力场：

$$U_r(q) = \begin{cases} \frac{1}{2}\eta\left(\frac{1}{\rho(q, q_{obs})} - \frac{1}{\rho_0}\right)^2, & \rho(q, q_{obs}) \leq \rho_0 \\ 0, & \rho(q, q_{obs}) > \rho_0 \end{cases} \tag{4-3}$$

式中，U_r 为斥力场；η 为尺度因子；$\rho(q, q_{obs})$ 为当前位置与目标点的距离；ρ_0 为障碍物最大影响半径。

合力：

$$F = -\nabla(U_r + U_a) \tag{4-4}$$

合力方向即为车辆该时刻的运动方向，通过不断地更新位置点并计算相应的合力方向，可有效引导车辆在避让障碍物的同时行驶到目标点。

人工势场法的优势在于结构简单，实时性好，生成的轨迹平滑，因此经常被应用于局部路径规划中，例如在城市道路场景中换道避障等。然而，人工势场法仍需要面对以下几个问题。

当车辆与目标距离过远时，引力远大于斥力。此时障碍物等产生的斥力作用很小，车辆主要在引力作用下运动，因此可能与障碍物发生碰撞。因此需要引入修正的引力势函数：

$$U_a(q) = \begin{cases} \frac{1}{2}\varepsilon\rho^2(q, q_{goal}), & \rho(q, q_{goal}) \leq d^* \\ d^*\varepsilon\rho(q, q_{goal}) - \frac{1}{2}\varepsilon d^{*2}, & \rho(q, q_{goal}) > d^* \end{cases} \tag{4-5}$$

式中，d^* 为车辆与目标间的距离阈值，是一个可以人为设定的常数。

与此类似，在目标过于接近障碍物时也存在斥力过大，车辆不能正确地向目标前进，即存在目标不可达问题。因此引入修正的斥力势函数，将车辆与目标间距离的影响也加入函数：

$$U_r(q) = \begin{cases} \frac{1}{2}\eta\left(\frac{1}{\rho(q, q_{obs})} - \frac{1}{\rho_0}\right)^2 \rho^n(q, q_{goal}), & \rho(q, q_{obs}) \leq \rho_0 \\ 0, & \rho(q, q_{obs}) > \rho_0 \end{cases} \tag{4-6}$$

式中，n 为一个正常数，一般取 $n=2$。

此外，还可以在人工势场的定义中引入指数函数来解决原势场函数梯度变化快的问题，加入调节因子和动态斥力增益因子，可以有效改善斥力过大所导致的目标不可达问题。

还有诸多其他的人工势场改进方法，例如将相对速度作为修正因子引入斥力函数中，可以利用人工势场法处理动静态障碍物的影响，实现对动静态障碍物的规避。此外，人工势场法还存在陷入局部最优的问题，即在某个点上受到的引力与斥力恰好相等且方向相反，此时可以加入局部扰动因子、设置虚拟目标点，或者采用多种势场切换，从而引导车辆逃离局部最小点。

人工势场算法因为简单、易于实现的特性也常常和其他算法结合在一起，成为为其他算法提供环境和障碍物信息的一种表示方法。例如，人工势场法可以和 A^* 算法相结合，作为启发函数的一项来表征环境和障碍物的信息，从而提升 A^* 算法的搜索效率；也可以和模糊逻辑算法相结合，实现不同障碍物环境下的动态势场参数调整。

三、状态栅格法

局部路径规划中，状态栅格法是一种常用的方法。该方法将车辆的运动状态表示为一个状态空间图，然后将该状态空间图进行离散化。图中的每个节点代表一个状态，如车辆的位置、朝向、速度等，节点之间的连线表示状态之间的可转移关系，如转向、加速、减速等。相比于普通栅格，状态栅格增加了车辆运动学或动力学模型的约束，确保车辆能沿着相邻两点之间生成的路径运动，并且能够具有状态连续性。

因此，状态栅格法可以看作是一种车辆状态空间搜索方法，可以在栅格图上进行搜索，以找到车辆从当前位置到达目标位置的最优路径。基于状态栅格法局部路径规划的基本步骤如下：

（1）建立状态栅格地图　将局部环境信息转换成状态栅格地图，其中包括道路、车辆、障碍物等元素。每个元素对应一个状态，例如车辆可以有多个状态（不同速度和转向角度）。

（2）确定起始状态和目标状态　根据车辆当前位置和目标位置，确定起始状态和目标状态。

（3）搜索最优路径　采用启发式搜索算法，在状态栅格地图中搜索从起始状态到目标状态的最优路径。启发式搜索算法一般采用 A^* 算法或 D^* 算法。

（4）生成轨迹　根据搜索到的最优路径，生成平滑的轨迹。常用的平滑方法包括样条曲线和多项式曲线拟合。

状态栅格法的核心是建立状态空间图和代价函数。状态空间图的构建需要考虑车辆的运动特性以及环境障碍物的限制，同时需要根据实际场景灵活设置节点和连线的间隔，以平衡路径的精度和规划效率。代价函数用于评价每条路径的优劣，通常包括路径长度、转向幅度、速度变化等因素，其中权重的设定需要结合具体应用场景进行调整。

如上所述，基于状态栅格法的路径规划首要步骤是生成离散化的状态栅格，假设车辆的动力学方程为：

$$x=f(x,u) \qquad (4-7)$$

式中，x 为车辆状态变量；u 为控制变量。因此，对于状态空间的栅格化从变量选择的角度通常可以分为两种方法：基于状态空间的采样和基于控制空间的采样。

基于状态空间的采样方法首先对目标对象生成一系列候选终止状态，然后根据目标初始状态和候选终止状态计算中间过程，即进行状态的拟合和连接从而得到一系列候选轨迹，最后根据某种评价准则选择最优的状态作为路径规划结果。图 4-6 所示为智能驾驶车辆沿参考路径方向采样终止状态，从而得到一系列候选路径。

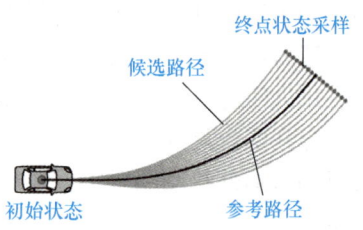

图 4-6　候选路径

智能驾驶中，基于状态空间的采样方法比较典型的是状态栅格算法，被诸如百度 Apollo 和 Autoware 等智能驾驶算法框架采用。基于状态空间采样的方法在局部路径规划中具有一定的优势，可以快速生成候选路径，并通过评价准则选择最优路径。同时，该方法可以灵活地适应不同的约束条件和规划目标，适用于复杂的环境和动态场景。然而，采样密度的选择以及评价准则的设计需要根据具体应用场景进行合理调整，以平衡规划精度和计算效率。

四、动态窗口法

在已知被控对象的动力学或运动学模型条件下，对其输入的控制量进行采样，并根据采样间隔时间 T 进行前向积分从而得到被控对象从初始状态过渡到终止状态，进而得到一系列的状态集合，这就是控制空间中的采样。

动态窗口是一种经典的基于控制空间的采样方法，其基本思路是在速度空间 v 和角速度空间 ω 中进行采样，通过采样一系列候选速度和角速度，利用 DWA 算法评估每个采样点的路径安全性和可行性，并计算出每个采样点对应的路径代价，最后从所有候选路径中选出最优路径。以车辆在平面上做匀速运动为例，其运动方程可以表示为：

$$\begin{cases} x_{t+T} = x_t + vT\cos\theta_t \\ y_{t+T} = y_t + vT\sin\theta_t \\ \theta_{t+T} = \theta_t + \omega T \end{cases} \tag{4-8}$$

在对速度 v 和角速度 ω 进行采样时，采样范围应受到如下限制：

1) 车辆本身最大、最小速度的限制。

2) 受到车辆最大加减速度限制，在当前采样周期内能实际达到的最大、最小速度和角速度为：

$$V_d = \{(v,\omega) \mid v \in [v_c - \dot{v}_b \Delta t, v_c + \dot{v}_a \Delta t], \omega \in [\omega_c - \dot{\omega}_b \Delta t, \omega_c + \dot{\omega}_a \Delta t]\} \tag{4-9}$$

式中，v_c、ω_c 分别为当前速度、角速度；$\dot{v}_b$、$\dot{\omega}_b$ 分别为最大减速度、最大角减速度；$\dot{v}_a$、$\dot{\omega}_a$ 分别为最大加速度、最大角加速度。

3) 能够在与障碍物发生碰撞前停车的最大安全速度和角速度为：

$$V_a = \{(v,\omega) \mid v \leq \sqrt{2\mathrm{dis}(v,\omega)\dot{v}_b}, \omega \leq \sqrt{2\mathrm{dis}(v,\omega)\dot{\omega}_b}\} \tag{4-10}$$

式中，$\mathrm{dis}(v,\omega)$ 为障碍物与轨迹的最近距离。

在完成采样后，计算出 t 到 $t+T$ 时间内的位移，对一段时间内的位移累加求和推算出一段轨迹，之后根据轨迹末端方向与目标方向的夹角大小 $\mathrm{head}(v,\omega)$、与障碍物最小距离 $\mathrm{dis}(v,\omega)$ 和速度 $\mathrm{vel}(v,\omega)$ 3 项指标对生成的每条轨迹加以评价，则有评价指标为：

$$G = \alpha \text{head}(v,\omega) + \beta \text{dis}(v,\omega) + \gamma \text{vel}(v,\omega) \tag{4-11}$$

式中，α、β、γ 为加权系数。

基于动态窗口法进行局部路径规划的步骤可概括如下：

（1）获取被控对象信息　掌握被控对象的动力学或运动学模型，以及当前状态信息，如位置、速度、方向等。

（2）定义控制空间采样范围　在速度空间和角速度空间内进行采样。采样范围应受到限制，包括车辆本身的最大、最小速度限制，最大加减速度限制以及能够在碰撞前停车的最大安全速度。

（3）进行采样　在控制空间内进行采样，生成候选速度和角速度组合，以便通过前向积分在一定时间间隔 T 内模拟被控对象的状态变化。

（4）评估候选路径　对采样得到的候选速度和角速度组合进行评估。评估指标通常包括路径安全性、可行性和路径代价。路径代价可以根据末端方向与目标方向的夹角、与障碍物的最小距离以及速度等指标综合计算。

（5）选择最优路径　根据评估指标计算出每个采样点对应的路径代价，从所有候选路径中选择出最优路径，即具有最低代价的路径。

（6）执行路径规划　将最优路径转化为实际控制命令，使被控对象按照路径规划进行运动。

（7）持续更新和重规划　持续监测环境变化，更新被控对象的状态信息，并根据新的信息重复执行上述步骤，以应对动态变化的环境。

DWA 算法的优势在于实时性好，可以进行动态避障，并且同时考虑了车辆的位置和朝向，因此常常被用于泊车等需要精准停位的规划任务中。其缺点在于单次规划的有效距离较短，行驶过程中速度波动可能较大，并且有时会陷入局部最优。

除了 DWA 算法，基于状态空间采样的方法还可以与 A*、RRT 算法结合以提高规划效率。基于状态空间采样的方法在局部路径规划中具有一定的优势，其不仅可以快速生成候选路径，还可以通过评价准则选择最优路径。同时，该方法可以灵活地适应不同的约束条件和规划目标，适用于复杂的环境和动态场景。然而，采样密度的选择以及评价准则的设计需要根据具体应用场景进行合理调整，以平衡规划精度和计算效率。

第四节　典型案例

一、基于 A* 算法的全局路径规划

在本小节中，我们将选用 A* 算法作为车辆智能驾驶系统的全局路径规划算法，详细分析其优势。A* 算法智能识别最优路径，并巧妙避开障碍物，确保行驶的安全可靠，使其成为车辆智能驾驶系统较为可靠的选择。

A* 算法的路径规划流程如图 4-7 所示。

A* 算法在栅格地图中的路径规划流程主要分为 4 个步骤，具体表现为：

1）初始化地图信息。

2）评估栅格地图的状态，并选择具有最小代价的候选节点。

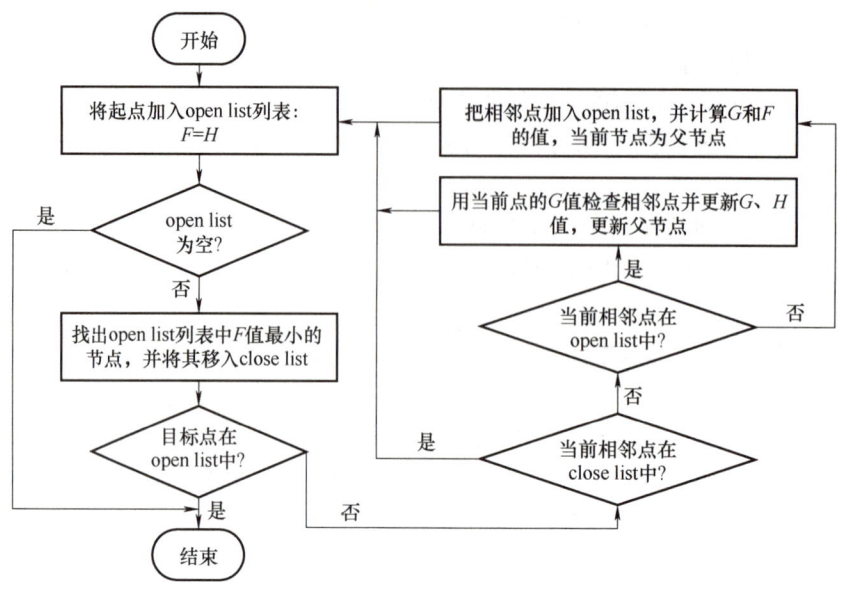

图 4-7 A*算法的路径规划流程

3）判断最小代价的候选节点是否为最佳路径解，若是，则重新规划路径直至到达终点；否则进行下一步操作。

4）将候选节点添加到 open list，并检查是否包含目标点，若包含目标点，则结束算法，否则返回步骤 2）进行下一次计算，直至满足计算要求。

传统的 A*算法搜索扩展节点通常为 3×3 领域算法，即考虑当前节点及其相邻的 8 个节点作为候选节点。根据启发式函数，对每一个候选节点进行评估，选择具有最小代价的节点作为下一步的扩展节点。A*算法 3×3 搜索邻域如图 4-8 所示。

如图 4-7 所示，搜索时随机选择搜索方向，其中节点转折角通常取 0.25π 的倍数，即每次转折角度为 0、0.25π、0.5π、0.75π 等。这种搜索策略的优点是可以在局部区域内高效地搜索最优路径，同时限制了搜索空间的大小，降低了计算复杂度。

采用栅格法进行实验环境建模，建模地图如图 4-9 所示。

在图 4-10 中，每个网格均用 0 和 1 参数进

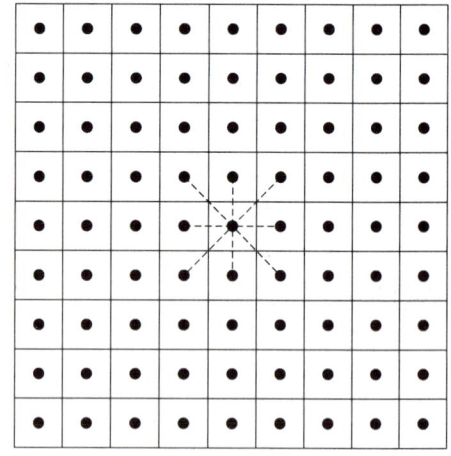

图 4-8 A*算法 3×3 搜索邻域

行表示和地图排列，黑色（1）和白色（0）分别表示有障碍物区域和可行驶区域。它的优点是便于车辆智能驾驶时可确定当前定位和记录途经的路径，从而便于下一步栅格选择。

它的缺点也很明显，由于搜索邻域较小，有时可能导致算法陷入局部最优解，无法找到全局最优路径；规划路径距离较长、转折点较多且转折角过大，导致路径不够平滑。在 3×3 领域算法的基础上，可以将搜索邻域扩展到 5×5、7×7，即考虑当前节点周围的更多节点作

为候选节点。扩展后可能会出现相同方向上的多个子节点，这些子节点具有相同的转向角度，这些重复的子节点可以去除。扩展后的 A* 算法邻域搜索和移动方向如图 4-11、图 4-12 所示。

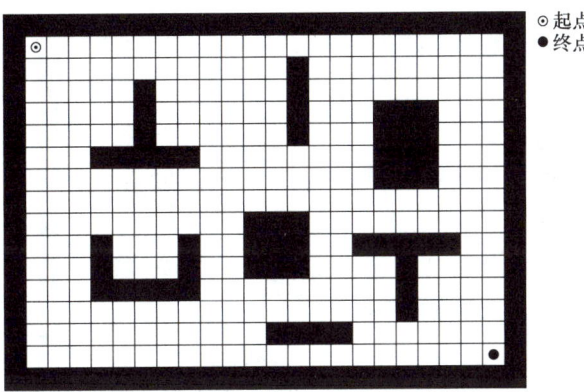

图 4-9 建模地图

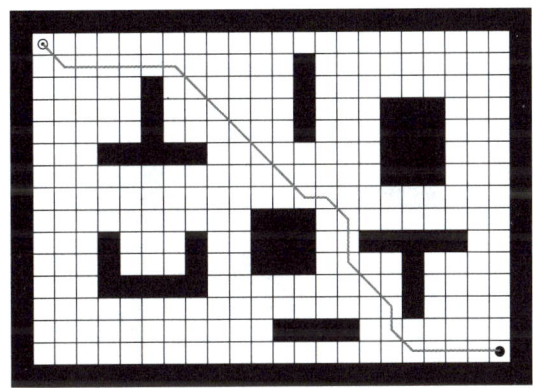

图 4-10 3×3 的 A* 算法

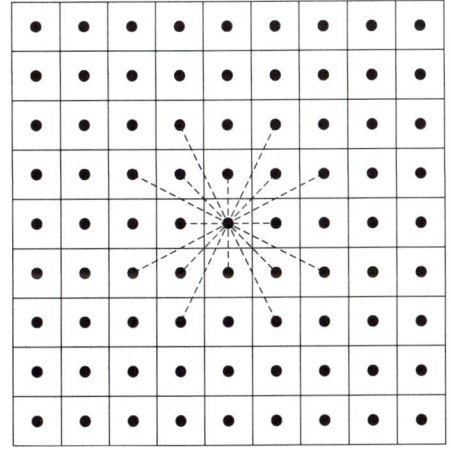

图 4-11 5×5 的 A* 算法邻域搜索和移动方向

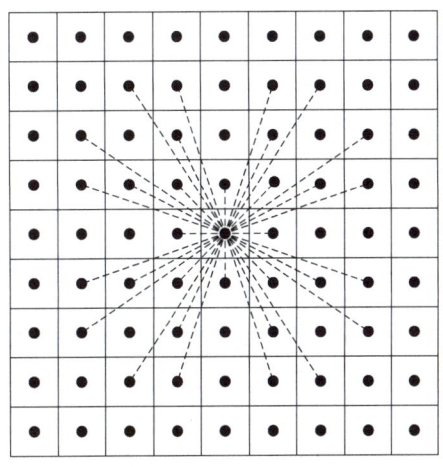

图 4-12 7×7 的 A* 算法邻域搜索和移动方向

A*算法的待搜索邻域个数由 8 个增加为 16 个、32 个，可移动方式也随之增加。搜索邻域的扩大将提高算法全局规划效率，从而改进全局路径规划转折线和平滑度。

5×5 和 7×7 的 A*算法邻域搜索路径规划结果见图 4-13、图 4-14。

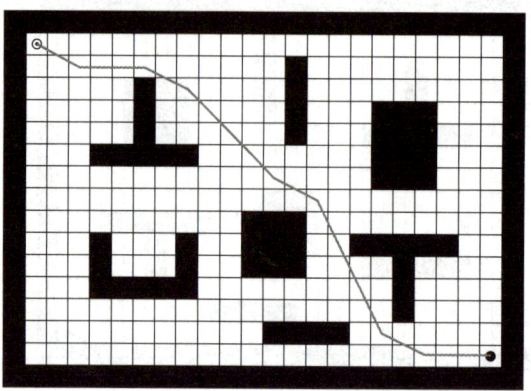

图 4-13　5×5 的 A*算法邻域搜索路径规划结果

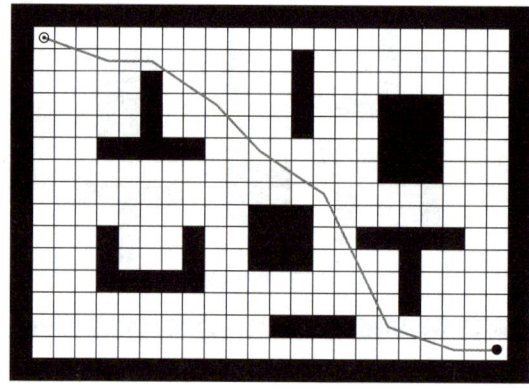

图 4-14　7×7 的 A*算法邻域搜索路径规划结果

增大 A*算法的搜索窗口可以增加可选方向，有助于找到更平滑的路径，减少车辆频繁转向的情况。较小搜索窗口限制了路径选择，导致尖锐转折点增多，降低行驶舒适性。相反，较大搜索窗口允许 A*算法在更广范围内搜索路径，生成更平滑的路线，使行驶更稳定流畅。增加可搜索方向也可能导致其他问题。增大搜索窗口会增加计算复杂度和运算时间，降低路径规划的实时性，影响车辆在快速变化环境下的决策。过多搜索方向也可能降低全局性能，在复杂环境中迷失最优路径，导致行驶效率不佳。

综上所述，在选择搜索窗口大小时需要权衡不同因素。合适的大小应保证路径质量的同时尽量减少计算复杂度，确保实时性和效率。在实际应用中需进行实验和优化，结合场景和需求选择最佳搜索窗口大小，以达到最佳路径规划效果。

A*路径规划算例扫码后见资料 E。

资料 E

二、基于 RRT 算法的全局路径规划

前文中，我们讨论了 A* 算法作为车辆智能驾驶系统全局路径规划的优势，其能够智能识别最优路径并有效规避障碍物，以确保行驶的安全性和可靠性。而 RRT 算法以其创新性的随机探索策略，为智能驾驶系统提供了另一种强大的路径规划工具。接下来以 RRT 算法为例，来进一步探讨全局路径规划算法的应用。

RRT 算法的核心思想在于，将起点作为随机树的根节点，构建仅包含起点的树结构。通过随机采样和逐步扩展，RRT 算法产生新节点，将其与已有节点连接，实现向外扩展，迅速探索多维空间的可行路径。其独特性在于随机性，以智能方式探索未知的路径空间。随机采样导致新节点在空间中呈现随机分布，因此每次扩展时，RRT 算法优先探索未被揭示的区域。随机树扩展至目标区域时搜索成功，形成起点到终点的路径。

RRT 算法的路径规划流程如图 4-15 所示。

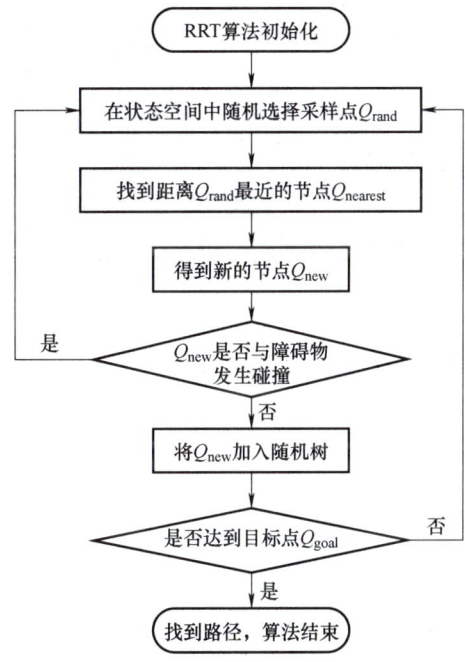

图 4-15　RRT 算法的路径规划流程

RRT 算法具体步骤如下：

（1）初始化　算法开始时，随机树中仅有一个根节点 Q_{init}，即路径规划的起点。然后，算法开始扩展随机树，找到第一个随机采样点 Q_{rand}。

（2）节点选择　对于每个扩展步骤，根据欧氏距离，从随机树中选择距离随机点 Q_{rand} 最近的节点 $Q_{nearest}$。

（3）节点扩展　从最近节点 $Q_{nearest}$ 向随机点 Q_{rand} 方向生长一段距离，得到新节点 Q_{new}。如果 Q_{new} 的生长过程没有与状态空间中的障碍物发生碰撞，那么将 Q_{new} 添加到随机树中，否则放弃这次扩展。

（4）重复扩展　重复进行随机采样和节点扩展，随机树不断增加新的节点，直到达到

某个条件。如果得到的新节点是目标点 Q_{goal}，或与目标点的距离小于事先设置的阈值，说明随机树已经扩展到目标点位置，将目标点也加入随机树中。

(5) 路径回溯 从目标点 Q_{goal} 反向回溯到起点 Q_{init}，由于 RRT 算法的性质，这个过程无须进行搜索，便可以得到一条避开障碍物的无障碍路径。

RRT 算法构建随机树如图 4-16 所示。

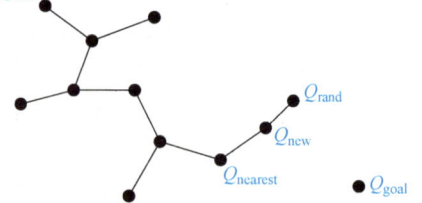

图 4-16 RRT 算法构建随机树

使用 RRT 算法来进行全局路径规划避障，让其在起始点和目标点之间进行路径规划和自动行驶，其动态路径规划效果如图 4-17 所示。

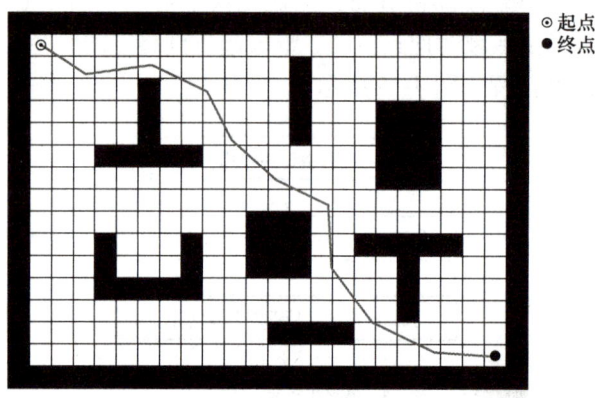

图 4-17 动态路径规划效果

根据规划结果显示，RRT 算法在未知环境下表现优异，能快速生成可行路径，适用于复杂的未知环境。但因其具有随机性，路径偏远，不适用于强调最短路径场景，并且生成路径不够平滑。在探索方面，RRT 算法更擅长覆盖空间，但在复杂结构环境下需改进适应性。

A^* 算法和 RRT 算法在不同方案下各具独特优势。A^* 算法作为经典图搜索算法适用于已知环境，能保证最短路径，尤其擅长强调路径最短任务。它也生成较为平滑的路径，但依赖已知地图，面对未知或动态环境表现受限。

RRT 算法适用于未知和动态环境下的规划。其随机性能快速生成路径，适用于快速响应变化场景，尤其擅长探索未知环境。但路径非最优，不适用于强调最短路径的场合，且路径不够平滑，通常需要额外处理。

三、基于人工势场法的局部路径规划

在智能汽车智能驾驶过程中如果仅采用全局路径规划算法会遇到很多问题，如无法实现车辆的最优路径计算；行驶时无法对局部实际情况和障碍物、行人等进行规避，严重时可能出现交通事故；不利于车辆的智能驾驶性能，采用人工势场法可以有效解决局部路径规划问题。

人工势场法将车辆周围环境抽象为引力场和斥力场构成的势场。车辆被视为质点，不同位置的势能各不相同，车辆向低势能点迁移，目标通常在地图的势能最低点。引力场吸引车辆至目标，斥力场避免碰撞。车辆受这两种力影响，沿势能梯度移动。

通常将目标塑造为引力场核心，确保成为势能最低点。车辆持续朝向目标前进，引力场需覆盖整个空间，强度随车辆与目标距离减小而逐渐降低，如图4-18（a）所示。

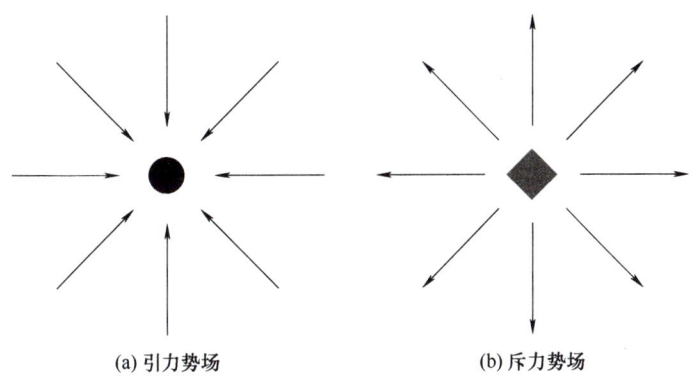

(a) 引力势场　　　　　(b) 斥力势场

图4-18　引力势场与斥力势场

引力势场函数可表示为：

$$U_{\text{att}}(x) = \frac{1}{2} m_{\text{att}} (x - x_g)^2 \tag{4-12}$$

由引力势场函数的负梯度计算得到相应的引力：

$$F_{\text{att}}(x) = -\mathbf{grad}\, U_{\text{att}}(x) = m_{\text{att}} |x - x_g| \tag{4-13}$$

式中，m_{att} 为目标点的引力场常量，它可以看作是一个调整参数，用于控制引力的强度；x 为智能驾驶车辆的当前位置坐标；x_g 为目标点的位置坐标。

斥力场是由障碍物产生的，其表现方式与引力场截然不同。在斥力场中，障碍物的中心处产生最大的势能，与引力场恰好相反，它使得车辆在靠近障碍物时受到排斥。与引力场不同，斥力场并不分布于整个地图，它只在障碍物的影响范围内存在。斥力场通过在障碍物周围产生势能峰值来模拟障碍物对车辆的排斥作用。这种设计使得车辆在路径规划时能够避开障碍物，以确保安全通行，如图4-18（b）所示。

斥力场函数可表示为：

$$U_{\text{rep}}(x) = \begin{cases} \dfrac{1}{2} m_{\text{rep}} \left(\dfrac{1}{x - x_0} - \dfrac{1}{d} \right)^2, & x - x_0 \leq d \\ 0, & x - x_0 > d \end{cases} \tag{4-14}$$

类似地，斥力通过计算可得：

$$F_{\text{rep}}(x) = \begin{cases} m_{\text{rep}} \left(\dfrac{1}{x - x_0} - \dfrac{1}{d} \right) \dfrac{\mathbf{grad}(x - x_0)}{(x - x_0)^2}, & x - x_0 \leq d \\ 0, & x - x_0 > d \end{cases} \tag{4-15}$$

式中，m_{rep} 为障碍物的斥力场常量；x_0 为障碍物位置坐标；d 为障碍物的影响范围。由此也可以发现，距离目标点越近，受到的引力就越大，当距离大于一定值时将不受到障碍物的斥力。引力场和斥力场的结合，将车辆在引力和斥力的双重作用下引导到目标点。

智能驾驶车辆在势场中的受力情况如图4-19所示，图中车辆受到两个障碍物的斥力 $F_{\text{re}1}$、$F_{\text{re}2}$ 与目标点的引力 F_{att}，合力的方向即为车辆的运动方向。根据引力势场函数可知，随着车辆不断靠近目标点，引力不断减小，到达目标点时引力减小为0。

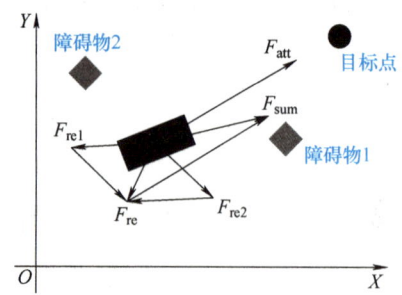

图 4-19　智能驾驶车辆在势场中的受力情况

接下来，我们在静态路径的栅格地图中设置不同的动态障碍物，如图 4-20 所示。

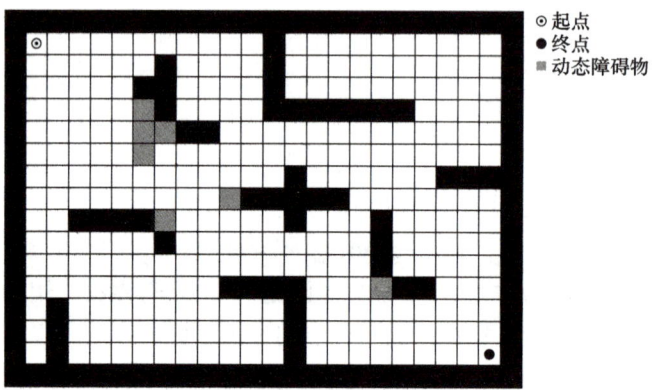

图 4-20　动态障碍物设置

使用上面介绍的人工势场法来进行局部路径规划避障，让其在起始点和目标点之间进行路径规划和自动行驶，其动态避障路径规划效果如图 4-21 所示。

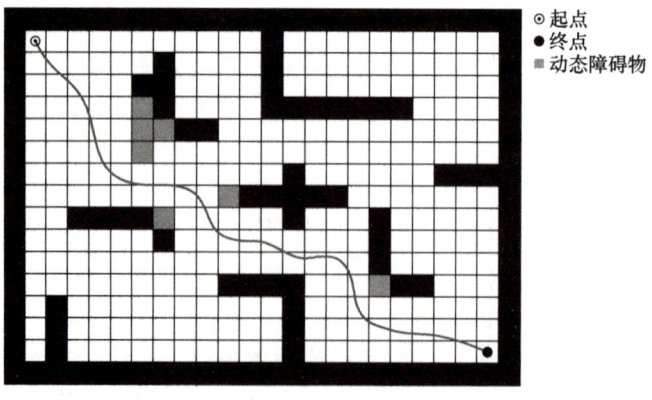

图 4-21　人工势场法动态避障路径规划效果

动态栅格地图显示，人工势场法在动态环境中成功实现了避障路径规划，为智能驾驶车辆提供了安全导航解决方案。该方法能使车辆准确绕过障碍物，规划出转折角较小且平滑的路径，模拟引力场和斥力场的相互作用，引导车辆避障并快速生成路径。

然而，人工势场法基于引力场和斥力场相互作用来指导路径生成，可能导致路径出现锯齿状或不连续转折。这种不平滑路径可能影响车辆舒适性和稳定性，特别是在高速或复杂环境中。算法存在局部最小值问题，可能陷入局部最优解，无法找到全局最优路径。生成路径往往不是最优的，可能绕过不必要的障碍物，增加路径长度或避障不够精准。为解决这些问题，可以引入额外技术进行路径平滑和全局规划。例如，采用样条插值或最小化曲率的方法对路径进行后处理，提高路径平滑度。

四、基于 DWA 算法的局部路径规划

采用动态窗口法来有效解决局部路径规划问题，可将路径规划问题转换为速度矢量空间的约束优化问题。该算法的具体操作流程可分为 3 步，具体表现为：

1. 运动学模型构建

DWA 算法在速度矢量空间中对线速度和角速度进行采样，并在一定时间间隔内，对车辆的移动轨迹进行模拟。线速度和角速度是车辆运动状态的反映。若 (v,ω) 为车辆运动轨迹，利用评价函数在可行轨迹中选择最佳轨迹。若在时间间隔 Δt 内，车辆保持匀速直线运动行驶，则该汽车的运动模型可表示为：

$$\begin{cases} x = x + v_x \Delta t \cos\theta_t - v_y \Delta t \sin\theta_t \\ y = y + v_x \Delta t \sin\theta_t - v_y \Delta t \cos\theta_t \\ \theta_{t+\Delta t} = \theta_t + \omega_t \Delta t \end{cases} \tag{4-16}$$

2. 行驶速度采样

若速度矢量空间中存在无穷组 (v,ω)，则根据车辆行驶轨迹采样来进行速度（角速度）约束，速度（角速度）约束公式可表示为：

$$V_m = \{(v,\omega) | v \in [v_{\min}, v_{\max}], \omega \in [\omega_{\min}, \omega_{\max}]\} \tag{4-17}$$

车辆电机减速约束中，在移动时间间隔内，速度（角速度）的最大值和最小值可表示为：

$$V_d = \{(v,\omega) | v \in [v_c - \dot{v}_b \Delta t, v_c + \dot{v}_a \Delta t], \omega \in [\omega_c - \dot{\omega}_b \Delta t, \omega_c + \dot{\omega}_a \Delta t]\} \tag{4-18}$$

式中，v_c、ω_c 分别为当前速度、角速度；$\dot{v}_a$、$\dot{\omega}_a$ 分别为最大加速度、最大角加速度；$\dot{v}_b$、$\dot{\omega}_b$ 分别为最大减速度、最大角减速度。

车辆制动距离约束可在局部路径规划时保证驾驶人的安全，并在最大减速度（角减速度）的约束下，将撞击障碍物前的速度降低为 0，则可得到：

$$V_a = \{(v,\omega) | v \leq \sqrt{2\text{dis}(v,\omega)\dot{v}_b}, \omega \leq \sqrt{2\text{dis}(v,\omega)\dot{\omega}_b}\} \tag{4-19}$$

式中，$\text{dis}(v,\omega)$ 为 (v,ω) 对应轨迹距离障碍物的最近距离。

3. 评价函数建立

评价函数在局部路径规划中让车辆能够及时避开障碍物，同时在最短时间内抵达目标点。评价函数表达式为：

$$G(v,\omega) = \sigma[\alpha \text{head}(v,\omega) + \beta \text{dis}(v,\omega) + \gamma \text{vel}(v,\omega)] \tag{4-20}$$

式中，$\text{head}(v,\omega)$ 为方位角评价函数，即当前速度下模拟轨迹终点位置方向与目标位置间的方位角偏差；$\text{dis}(v,\omega)$ 为轨迹与静态障碍物的最近距离；$\text{vel}(v,\omega)$ 为当前模拟速度大小

的评价函数；σ 为平滑系数；α、β、γ 为加权系数。

在获得多组运行轨迹后，利用评价函数从中挑选出最佳运动轨迹的线速度和角速度，从而驱动车辆完成局部路径规划。

使用上面介绍的 DWA 算法来进行局部路径规划避障，让其在起始点和目标点之间进行路径规划和自动行驶，其动态路径规划效果如图 4-22 所示。

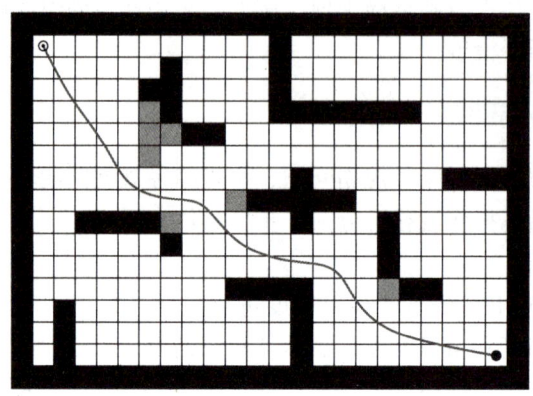

图 4-22　DWA 算法动态路径规划效果

动态栅格地图显示，DWA 算法成功实现了动态避障路径规划，为智能驾驶提供了有效安全导航。车辆避开障碍物，路径转折角小且平滑。

DWA 算法的特点之一是规划路径转折角小、平滑度高。在速度采样中，该算法倾向于选择平缓速度和角速度，避免急转弯，保持路径平滑。这有助于减少车辆晃动，提升舒适性和降低能耗。与人工势场法相比，DWA 算法更注重实时性和车辆动力学约束，避免路径不平滑和局部最小值问题，在需要快速响应、考虑车辆动力学约束的场景下更为适用。

总体而言，DWA 算法在动态栅格地图中表现良好，可为车辆智能行驶提供强大规划和决策能力。然而，在实际应用中需要考虑传感器噪声、实时性和全局路径规划等因素，以进一步优化导航性能。因此，针对特定场景可能需要调整和改进 DWA 算法，或与其他方法结合使用，以达到更理想的效果。

【思考题】

1. 查阅相关资料，指出 Dijkstra 路径规划算法的不足之处以及针对这些不足进行的改进。
2. 为什么 RRT 算法在通过狭窄区域时的规划效率会大幅下降？
3. 查阅资料总结基于状态栅格的路径规划算法适用于什么对象，有什么优点或局限性。
4. 状态栅格法有哪些优缺点？可以用于哪些场景？
5. 比较状态栅格法中基于状态空间采样和基于控制空间采样方法的优点和缺点。
6. 为什么经典的动态窗口法在智能驾驶路径规划中的高速场景下效果不理想？

参 考 文 献

［1］北村昌英，矢野裕真. 自动驾驶：出行方式和产业模式的大变革［M］. 杭州：浙江人民出版社，2021.

［2］WATZENIG D, HORN M. 自动驾驶：未来更安全、更高效的汽车技术解决方案［M］. 高振海，胡宏宇，沈佳亮，等译. 北京：机械工业出版社，2021.

［3］杨世春，曹耀光，陶吉，等. 自动驾驶汽车决策与控制［M］. 北京：清华大学出版社，2020.

［4］FAZLOLLAHTABAR H, SAIDI-MEHRABAD M. Autonomous guided vehicles methods and models for optimal path planning［M］. New York：Springer Publishing Company，2015.

［5］任建峰，蒋立源，于成文. 自动驾驶算法与芯片设计［M］. 北京：电子工业出版社，2022.

［6］熊璐，曾德全，冷搏，等. 自动驾驶汽车运动规划与控制［M］. 武汉：华中科技大学出版社，2022.

［7］JI J, WANG H, REN Y. Path planning and tracking for vehicle collision avoidance in lateral and longitudinal motion directions［M］. San Francisco：Morgan and Claypool Publishers，2020.

第五章 智能驾驶行为决策与控制

第一节 行为决策与控制技术的定义和分类

一、行为决策技术的定义与分类

1. 决策技术定义

智能驾驶技术是将环境感知、路径规划、决策控制技术融合到车辆载体中,从而提高交通效率与安全性能。决策规划系统是智能驾驶的核心内容之一,其所能处理的复杂场景程度可作为衡量智能驾驶车辆的"智能性"的重要指标之一。如果将环境感知系统比作驾驶人的感官,行为决策则在整个智能驾驶系统中扮演"大脑"。

如图 5-1 所示,决策技术的主要功能是根据车辆所感知到的各类局部环境信息、自车定位信息、地理地图导航信息和任务信息等,以良好的实用性、安全性、合理的行车效率、乘坐舒适性等为准则,对适应城市道路和高速公路工况的驾驶行为进行决策,进而生成自车驾驶参考轨迹。环境感知信息通常包含:①道路环境,如当前车道、相邻车道、汇入路口、交通信号灯、路口与地面标识等;②周围其他车辆;③行人、骑车人等。广义的决策系统输出的是运动控制信息,包括车辆运动目标点和目标车速等。

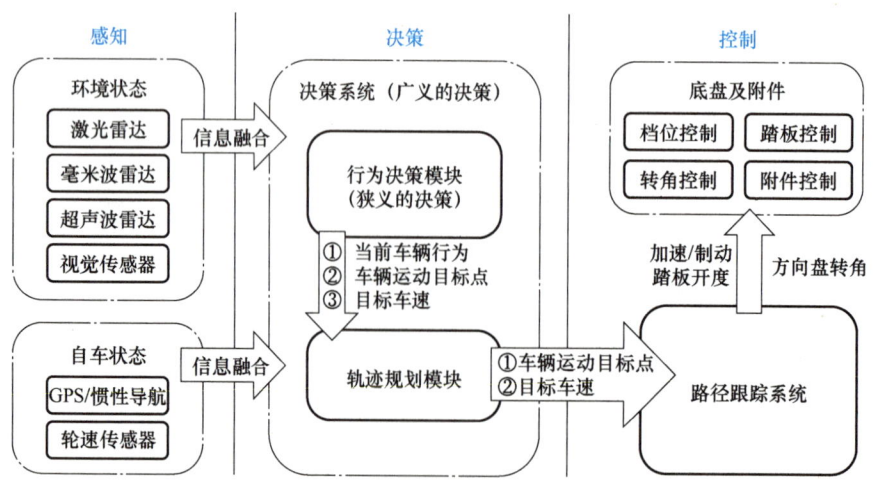

图 5-1 典型无人驾驶车辆系统框架

第五章 智能驾驶行为决策与控制

行为决策理论是一个多学科交叉的研究领域，20世纪80年代后，趋向于理性决策理论，并认为决策者会完全从理性角度出发，根据其所能获得的所有准确、完整的决策信息，得出最优或最大效用方案。如图5-2所示，根据智能驾驶车辆智能认知能力进行分级，智能驾驶车辆驾驶行为可分为车辆控制行为、基本行车行为、基本交通行为、高级行车行为、高级交通行为等。

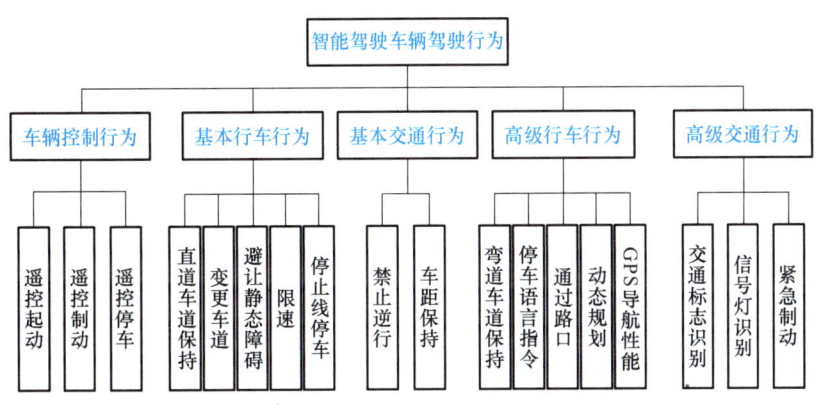

图 5-2 智能驾驶车辆驾驶行为

2. 决策方案分类

目前的智能驾驶决策方案主要分为两类，即分解式决策方案和集中式决策方案。其中，分解式决策方案将决策过程处理为相互独立的子过程，一般分为交通场景理解、交通参与者行为预测、驾驶行为选择、驾驶轨迹规划4个部分。分解式决策方案由于各子过程独立求解，因而决策代码开发的可控性较好；而集中式决策方案将决策过程视为一个不可分解的黑箱，以环境感知结果为输入，以期望路径或者执行器控制命令为输出，体系框架更加简明。两类智能驾驶决策方案比较见表5-1。

表 5-1 两类智能驾驶决策方案比较

项目	分解式决策方案	集中式决策方案
定义	决策过程分解为独立的子过程	决策过程视作一个不可分解的黑箱
方法	排序、搜索、优化等	监督学习、强化学习等
应用	谷歌、百度、通用、Tesla 等	英伟达、Comma.ai、Wayve 等
主要优点	过程可分解，任务可分工，决策代码开发的可控性好，节省车载存储和计算资源	体系框架简洁明了，环境感知信息无损失
主要缺点	感知信息存在损失，涵盖场景、行为有限，决策目标制定困难	难以嵌入已知驾驶经验，场景间难以互相迁移，代码难以理解与手动改进

3. 决策技术难点

智能驾驶车辆所处的环境具有随机性与无限性，而现有的参考场景或数据具有有限性，两者无法完全匹配，因此决策技术目前仍存在较大难度和挑战，可归纳为以下几个方面：

（1）复杂性　自车面临的实际交通参与者种类较多，包括各个年龄段和不同性别的行人、形形色色的机动车与非机动车、不同渗透率下的人机混驾情形等；自车所处的道路种类繁多，道路元素不同，交通规则也不同。上述情形均会使得决策过程非常复杂。

（2）动态性与随机性　自车面临的实际交通参与者通常是动态的，动作意图瞬息万变、难以预测，这都使得自车所处的交通环境具有很强的随机性。

（3）博弈性　自车与其他交通参与者之间存在相互制约与影响的博弈关系，各方均需将其他交通参与者考虑在内，制定相应的决策方案。

二、智能驾驶控制技术的定义与分类

1. 控制技术的定义

智能驾驶控制模块是最下层的控制模块，直接和汽车最底层控制接口 CAN-BUS 对接。其核心任务是将上层运动规划模块输出的轨迹点，通过一系列结合车辆自身属性的运动学和动力学计算，转化为控制车辆的加速、制动以及方向盘信号等。

2. 控制系统的分类

控制系统内容较多，按所选择的车辆模型、使用的控制理论及控制内容分类如下：

（1）按车辆模型分类　通常可分为转向几何学模型、运动学模型和动力学模型等。

转向几何模型通常描述前轮转角与期望路径之间的几何关系，通常分为非预瞄和预瞄两种控制方式，模型易于理解，控制方法简单，因此在横向控制或者换道行为中有着广泛应用。

运动学模型通常描述的是车辆全局坐标系中的位移与当前车辆车速、横摆角和前轮转角之间的关系，该模型可以很好地解决智能车辆编队跟随控制问题。

动力学模型揭示了汽车的受力与汽车各运动学变量之间的关系，精度要高于上述两种模型，但由于普遍使用的线性二自由度汽车模型在建模时进行了一定的线性化假设，因此该模型在非线性区的控制精度较低。

（2）按控制理论分类　通常可分为经典控制理论、现代控制理论和智能控制理论等。

经典控制理论中提出的几种稳定性判据在自主循迹控制中仍然广泛使用。区别于经典控制理论基于传递函数，现代控制理论基于状态空间法，这使得系统辨识法、滑模变结构法、最优控制等得到了广泛应用。现存的智能控制策略有模糊控制（知识表达较为容易）、自适应控制、模糊预测控制、神经网络控制（自学习能力强）等。

（3）按控制内容分类　通常分为纵向控制、横向控制、横纵向耦合控制等。

纵向控制的目的是智能车辆在与前后车保持安全车距的同时，保持期望稳定车速行驶，归根到底是驱动和制动的切换控制。目前，在乘用车应用较为成熟的自适应巡航控制、弯道速度控制和起步停车辅助控制等均属于纵向控制的范畴。

横向控制主要是指控制器根据当前时刻汽车行驶的状态信息和道路信息之间的偏差，进行补偿校正，并计算出相应的方向盘转角等。

横纵向耦合控制属于综合控制系统。

第二节　行为决策理论与方法

一、主流算法概述与对比

自 20 世纪 70 年代以来，在计算机、大数据及人工智能技术推动下，移动机器人相关技

第五章 智能驾驶行为决策与控制

术与上述领域高度耦合，相关研究获得了飞跃式发展，涌现出了许多智能驾驶行为决策方法，比如多准则行为决策方法、马尔可夫决策方法、监督学习、强化学习、博弈论等决策方法等。

智能驾驶车辆亦可看作是一种轮式机器人，因此可以将机器人的行为决策方法应用于智能驾驶车辆。但为了实现多交通场景的正常行驶，智能驾驶车辆行为决策系统还应满足以下特性：①合理性，驾驶行为因人而异，合理性较难界定；②实时性，面向复杂动态交通场景，行为决策能快速响应，避免危险发生。

目前智能驾驶车辆典型行为决策的方法主要分为3类：基于规则的行为决策、基于学习的行为决策、基于博弈论的行为决策。

1. 基于规则的行为决策

通过设计一系列的代价和有限状态机来决策自动驾驶汽车的轨迹和操控指令。类似地，卡内基梅隆大学的智能驾驶汽车系统 Boss 通过计算分析车道之间的空隙，并且按照一定规则和预设的阈值比较决定换道这一行为的触发机制，此机制称为规则引擎；此外，还有结合规则引擎和行为模型建立的混合智能驾驶汽车决策系统等。

2. 基于学习的行为决策

通常将输入定义为任务需求、汽车初始状态、场景设置等基本信息，输出定义为车辆的期望行驶轨迹或执行器控制命令。根据内在学习机的不同，机器学习算法可大致分为监督学习、无监督学习、半监督学习和强化学习等几大类。

监督学习本质上是对优秀自然驾驶人数据的模仿，也被称为监督训练或者有教师学习，常见的监督学习算法包括线性回归、逻辑回归、支持向量机、决策树、神经网络等。无监督学习是指根据类别未知的训练样本解决模式识别中的各种问题，主要解决一些缺乏先验知识、难以标注或人工标注成本太高的问题。半监督学习是基于少量标记数据和大量未标记数据进行学习，在保证高准确性的同时，大大减轻人工标记的工作量和成本。区别于监督学习，强化学习则是自我探索试错，通过与环境在线交互可逐步改善决策能力，常用于解决马尔可夫决策过程的优化策略求解问题。强化学习尤其是深度强化学习是近年来机器学习领域的研究热点，众多学者已考虑将其应用于智能车辆决策领域。

3. 基于博弈论的行为决策

基于博弈论的行为决策的优势在于体现交通参与者之间的动态交互性，实现高效决策，尤其是多车决策规划是对道路时空资源的竞争性使用，因此可将上述多车之间存在相互依赖的影响关系看作是一种博弈行为。博弈论方法已经成为一个重要的多车智能决策工具，得到了日益增多的关注。

4. 3 种典型决策方法的优缺点分析

基于规则的行为决策最为常用，具有易搭建、好调整、实时性好等优点，但难以适应复杂场景。基于学习的行为决策需通过强大的数据训练集，抵消环境不确定性因素带来的影响，计算量大，实时性不强。基于博弈论的行为决策通常应用于全局路径确定下进行局部驾驶行为的决策研究，推理局部环境车辆间的交互行为，以解决多智能体参与复杂工况的驾驶决策难题。

综上所述，行为决策的最终目的是使得智能驾驶车辆像熟练的驾驶人一样具有安全、合理和高效的驾驶行为，以及乘坐舒适性。良好的安全性体现在合理避障、故障检测等；合理性体现在符合速度限制、交通标志与交通信号灯限制；高效性体现在全局路径变更、安全和效率优先等；乘坐舒适性主要体现在转向稳定、驾驶平顺等。

二、基于规则的行为决策

基于规则的方法是一种常用的行为决策方法，其核心思想是利用分治的原则将智能驾驶汽车周围的场景进行划分。在每个场景中，独立运用对应的规则来计算智能驾驶汽车对每个场景中元素的决策行为，再将所有划分的场景决策进行综合，得出一个综合的总体行为决策。具体来说，根据当前任务路线、交通环境、交通法规以及驾驶规则知识库等建立行为规则库；基于状态机对某交通场景进行评价并在该体系框架中进行决策逻辑推理进而输出驾驶人行为，期间还需接收当前执行层的反馈，进行实时、动态调整。但这种方法未能充分考虑环境的不确定性，比如复杂、随机环境未能提前精确建模等，这势必影响基于规则方法的效率。有限状态机和分层状态机是其主要分类，而最具代表性的就是有限状态机，因其逻辑清晰、实用性强等特点而得到广泛应用。

有限状态机是一种离散输入输出型模型，由有限个状态组成，其四要素分别为状态、事件、转移、动作。整个过程为某个状态接收事件，产生相应动作，引起状态转移。有限状态机方法原理简单，其核心在于状态分解，决策时仅需在规则中进行匹配查找，所需算力小，易于在车载嵌入式计算平台上实施，因此在智能车辆决策系统中应用较为成熟，但也存在固有问题：①人为划分状态及制定状态间转移规则难以合理完备，超出规则库决策失效，严重影响行车安全；②难以胜任复杂多变的场景，因此多在简单场景（如封闭园区场景）中落地应用。

按分解逻辑，有限状态机又分为串联、并联、混联 3 种结构。串联式结构显著特点为单向，不构成回路；并联式结构中呈现多输入多输出的并行；如果有限状态机中的子系统既存在串联又存在并联结构，则称系统为混联结构。

1. 串联结构

串联结构的优点是逻辑明确，缺点是对于复杂问题适应度差，一旦某个状态机发生故障会导致整个决策链瘫痪。因此串联结构（if…then）适用于问题分类较细或者某一个具体问题的处理，擅长任务层级推理，给出解决方法，多与层次状态机共存。

麻省理工学院的 Talos 无人车行为决策系统结构如图 5-3 所示，其行为决策系统总体采用串联结构。该无人车以越野工况挑战赛为任务目标，根据逻辑层级构建决策系统。其系统分为定位与导航、障碍物检测、车道线检测、路标识别、可行驶区域地图构建、运动规划、运动控制等模块，其中导航模块负责制定决策任务。

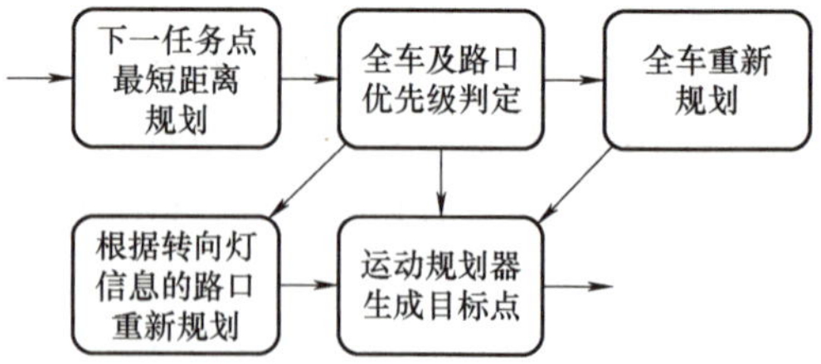

图 5-3 Talos 无人车行为决策系统结构（串联）

2. 并联结构

并联结构将每一种工况单独划分成模块进行处理，整个系统可快速、灵活地对输入进行响应。相较于串联结构，并联结构的优点在于场景遍历广度优势，具有较好的模块性与拓展性，缺点是系统不具备时效性，场景遍历的深度不足，遍历状态较多带来的算法结构庞大，决策易忽略细微环境变化,从而导致决策错误。状态间划分的灰色地带和状态冲突仍是并联结构的解决难点。

斯坦福大学与大众公司研发的 Junior 无人车行为决策系统结构如图 5-4 所示,该系统是典型并联结构,分为初始化、前向行驶、超过实线行驶等子状态,各个子状态之间相互独立。Junior 无人车行为决策系统在实际场景测试中,依然存在有限状态机无法覆盖的情形,且对于真实场景的辨识精度较差。这说明单一使用并联结构进行场景细分并不能提高场景遍历深度,相反容易降低场景辨识精度。

梅赛德斯奔驰公司研发的 Bertha 无人车行为决策系统如图 5-5 所示。该系统分为路径规划、目标分析、交通信号灯管理、放弃管理等独立并行的子状态模块。

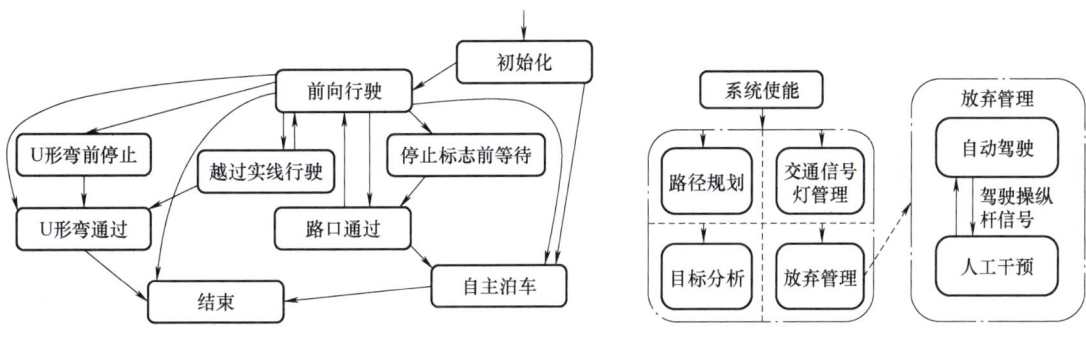

图 5-4 Junior 无人车行为决策系统结构(并联)　　图 5-5 Bertha 无人车行为决策系统(并联)

此外,布伦瑞克工业大学提出的移动导航分布式体系结构,包含一系列驾驶行为(跟随道路点、车道保持、避障、行驶在停车区等),通过投票机制决策驾驶行为并应用于 Caroline 无人车上。

3. 混联结构

层级式的混联结构较好地结合了串联、并联结构的优点。比如卡内基梅隆大学与福特公司研发的 Boss 无人车行为决策系统,具备典型的层级式混联结构。系统顶层基于场景行为划分,底层基于自车行为划分。3 个顶层行为及各自底层行为分别为:车道保持(车道选择、场景实时报告、距离保持、交通流融合等)、路口处理(优先级估计、转移管理等)和指定位置。

基于规则的决策方法相对应用较为成熟,在场景遍历广度上具备优势,逻辑可解释性强,易于模块化设计,瓶颈在于场景遍历深度不足、决策准确率不高。因此这种层级处理的思想衍生出了基于规则与基于学习算法的混合决策方法,比如,中国科学技术大学研发的智能驾驶Ⅱ号行为决策系统机构,属于典型的混联结构。其中,顶层决策系统采用并联式有限状态机,分为路口预处理、U 形弯、自动泊车等模块;底层采用学习算法(ID3 决策树法),以得出车辆的具体目标状态及目标动作。

三、基于学习的行为决策

强化学习尤其是深度强化学习是近年来机器学习领域的研究热点。利用无人车配备的各种传感器,来感知周边的环境信息,并将其传递给强化学习决策系统,对各类信息进行分析处理,并结合经验对无人驾驶汽车做出行为决策。

智能驾驶中的决策问题可以用强化学习框架来描述，其本质是智能体与环境的交互，状态（State）、动作（Action）和回报（Reward）是这一过程中的3个要素。其中，状态是智能体观测到的对环境的描述，智能体基于状态决定要做的动作并作用于环境后，会转移到下一个状态，同时给智能体一个回报。强化学习的目标是找到一个状态到动作的映射，称为策略，使得长期回报最大。强化学习算法通过与环境交互，采集状态、动作和回报信息，对策略进行迭代改进，以达到最优策略。

根据策略的更新和学习方法不同，强化学习算法主要包括以下几种：一种是基于价值函数近似的方法，如 Deep Q-learning 算法及其变体；二是基于策略梯度的深度强化学习方法（图 5-6），如 Policy-Gradient 算法（最早提出，较少使用）、Actor-Critic 算法（较多使用）。基于价值的强化学习方法一般适用于状态空间较小、离散的动作场景，能稳定收敛，有较高的数据利用率，但难以应对决策动作空间规模庞大或者连续动作的情形。针对此类情况提出了基于策略梯度的方法，能很好地处理连续动作空间问题，Policy-Gradient 算法是最早被提出的深度强化算法，使用高斯策略进行策略函数网络学习更新，但该方法学习能力和效率偏低，目前已较少使用；较多使用的 Actor-Critic 算法，其策略函数充当 Actor 生成行为与环境交互，而状态价值函数 Critic 为评价网络，又是基于价值函数的方法进行策略评估和优化的，二者相互促进最终得到最优策略，尽管原始的 Actor-Critic 算法由于策略函数网络和价值函数网络学习更新高度耦合的原因，收敛性脆弱，但在这一思想下产生的 DDPG、PPO、SAC 等改进算法已成功解决了连续行为空间的诸多实际问题。

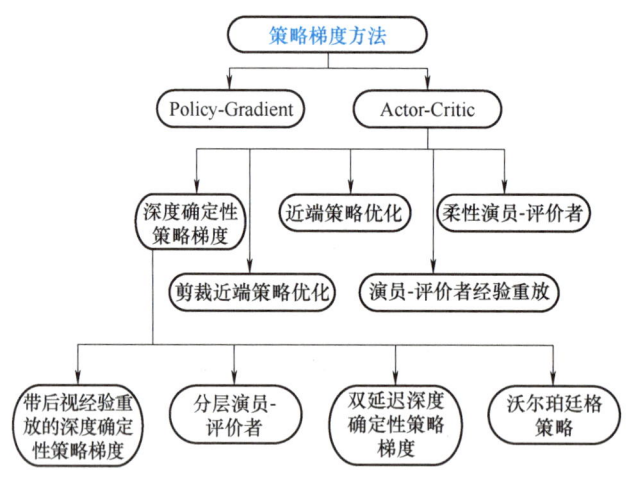

图 5-6　基于策略梯度的深度强化学习方法

1. DQN 算法

DQN（Deep Q-learning Network）算法是由 DeepMind 团队提出的一种深度强化学习算法，它在传统的 Q-learning 算法的基础上引入神经网络结构。通过将 Q-learning 算法用于存储动作、状态及价值等信息的 Q-table 转化为函数拟合（输入的状态动作和输出的 Q 值为神经网络函数拟合），从而解决高维连续的动作状态空间带来数据量过多 Q-table 无法存储的问题。神经网络通过更新参数 θ 可使得 Q 函数逼近最优值，即：

$$Q(s,a;\theta) \approx Q'(s,a) \tag{5-1}$$

DQN 算法的价值函数的更新方式可表示为：

$$Q^*(s,a) = Q(s,a) + \alpha[r + \gamma \max_{a'} Q(s',a') - Q(s,a)] \quad (5\text{-}2)$$

其损失函数为：

$$L(\theta) = E\{[y_i - Q(s,a;\theta)]^2\} \quad (5\text{-}3)$$

式中，y_i 为目标网络产生的目标 Q 值，可表示为：

$$y_i = r + \gamma \max_{a'} Q(s',a';\theta) \quad (5\text{-}4)$$

则神经网络参数 θ 关于损失函数的梯度，可通过梯度下降法更新神经网络的参数，即：

$$\frac{\partial L(\theta)}{\partial \theta} = E\left\{[y_i - Q(s,a;\theta)]\frac{\partial Q(s,a;\theta)}{\partial \theta}\right\} \quad (5\text{-}5)$$

Q-learning 中计算目标 Q 值和预测 Q 值的是同一个网络，因此每次更新网络时，目标 Q 值也会随之更新，这就很容易导致算法不收敛、效率低等。为了解决这个问题，DQN 算法在 Q-learning 基础上，引入一个 Target-Q 网络，Q 网络用于评估当前动作状态下的值函数，Target-Q 网络用来计算损失函数，这两个网络结构一样，只是 Q 网络每次迭代时都会更新，而 Target-Q 网络每隔一段时间才从 Q 网络获取权重更新一次，这样会加速算法收敛。

除了以上两个改进方法，DQN 算法还引入经验回放（Experience Replay）的思想，其主要功能是解决样本数据关联度高和非静态分布导致网络学习困难的问题，具体做法为将每步所获得的状态动作、价值以及下一时刻的状态存储到记忆单元（内存空间 D），对从 D 中取出来的样本数据计算 Target 值，并使用随机梯度下降来更新网络权重 w，利用经验回放，可充分发挥 off-policy 的优势，避免样本数据的相关性问题，实现价值函数的学习收敛。

综上所述，DQN 算法的原理是利用深度神经网络逼近 Q 函数的值，实现对高维、连续状态空间的处理。其核心思想是通过不断更新神经网络的参数，使其输出 Q 值逼近真实的 Q 值，从而学习最优策略。

2. Policy-Gradient 算法

基于价值的强化学习难以应对决策动作空间规模庞大或者动作连续的情况，针对这个问题有学者提出可直接进行策略学习，即将策略看作是状态和动作的带参数的策略，使用深度神经网络来近似策略函数。

不同于 DQN 算法输出的 Q 值，Policy-Gradient 算法输出的是动作或者动作的概率，该算法根据每个动作获得奖励值的大小来改变该动作出现的频率，其输出一般有两种形式：一种是输出某一动作的概率，即随机性策略；另一种是输出具体的某一动作，即确定性策略。策略梯度方法的目标是最大化性能指标。Policy-Gradient 算法是一种基于回合更新的强化学习算法，定义其期望目标函数为

$$J(\theta) = E[R(\tau)] = \sum_\tau P(\tau;\pi_\theta) R(\tau) \quad (5\text{-}6)$$

式中，τ 为智能体的一条运动轨迹，可表示为 $\tau = \{s_0, a_0, s_1, a_1, \cdots, s_{T-1}, a_{T-1}\}$，$P$ 为在策略 π_θ 下轨迹 τ 的概率，即：

$$P(\tau;\pi_\theta) = \prod_{t=0}^{T-1} P(s_t | s_{t-1}, a_{t-1}) \pi_\theta(a_{t-1} | s_{t-1}) \quad (5\text{-}7)$$

对期望目标函数进行求导可得：

$$\nabla_\theta J(\theta) = \nabla_\theta \sum_\tau P(\tau;\pi_\theta) R(\tau) = \sum_\tau P(\tau,\pi_\theta) \nabla_\theta \log P(\tau;\pi_\theta) R(\tau) \quad (5\text{-}8)$$

$$\nabla_\theta \log P(\tau;\pi_\theta) = \nabla_\theta \log \prod_{t=0}^{T-1} P(s_t|s_{t-1},a_{t-1})\pi_\theta(a_{t-1}|s_{t-1}) = \sum_{t=0}^{T-1} \nabla_\theta \log \pi_\theta(a_{t-1},s_{t-1}) \quad (5-9)$$

所以，$\nabla_\theta J(\theta)$ 可表示为：

$$\nabla_\theta J(\theta) = E_\tau \left[\nabla_\theta \sum_{t=0}^{T-1} \log \pi(a_t|s_t) R(\tau) \right] \quad (5-10)$$

完成神经网络参数 θ 的更新，即：

$$\theta = \theta + \eta \nabla J(\theta) \quad (5-11)$$

3. Actor-Critic 算法

目前较多使用的是 Actor-Critic 架构算法，此算法结合了基于价值（Value-Based）和基于策略（Policy-Based）的两种方法的优势。其中策略函数充当 Actor，生成行为与环境交互；状态价值函数充当 Critic，负责评价 Actor 的表现，并指导 Actor 的后续行为动作；Critic 的评价网络是基于价值（Value-Based）进行策略评估和优化的。此外，优化的策略网络又会使得价值函数更加准确反映状态的价值，二者相互促进最终得到最优策略。传统的 Policy-Gradient 算法需完成全部流程才能得到奖惩信息，这使得训练速度大大降低，而评价网络是一种 Value-Based 的算法，可单步更新获得每一步的奖惩值。简单地说，Actor 选择动作，Critic 告诉 Actor 选择的动作是否合适，该算法可同时对值函数和策略函数进行学习，因此也被称为执行器-评价器学习方法。学习框架如图 5-7 所示。

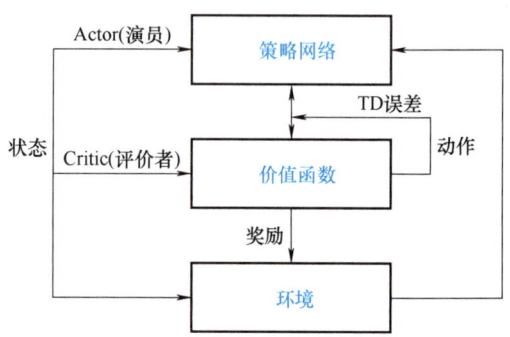

图 5-7　学习框架

四、基于博弈论的行为决策

博弈论充分考虑多智能体之间的交互因素，在智能驾驶车辆交互建模和决策方面有较为明显的优势。因此其不仅可用于智能驾驶汽车的拟人化决策，满足个性化驾驶和乘坐需求，还可模拟多智能体之间的交互行为。此外，在面对复杂动态交通场景和多任务并行情况时，通过网联智能驾驶车辆的协同决策与控制，可显著提高交通效率和驾驶安全性。

博弈论（Game Theory）又称对策论，是研究相互依赖、相互影响的决策主体的理性决策行为，以及这些决策的均衡结果的理论。

将博弈论运用交互式决策方法的研究上，可从微观视角充分考虑人-车-环境一体化耦合交织特征和动态协同演变过程，挖掘多智能体更深层次的持续交互特性，进而使驾驶车辆做出更自然、更拟人的决策行为。

为了描述某一个博弈问题，一般需要建立包含参与人 P（Player）、行动 A（Action）、信息 I（Information）、策略 S（Strategies）、收益 U 的博弈论模型，描述为 G＝{P,A,S,I,U}。其中，P 为博弈的参与人，以最终实现自身利益最大化为目标，称为理性人；A 为参与人采用的策略或行动的集合，该集合可以是有限的或无限的，博弈可分为有限博弈和无限博弈；S 为博弈的进程，也称为博弈进行的次序，也就是行为的时序性，博弈可分为静态博弈和动态博弈，"囚徒困境"就是典型的静态博弈，而棋牌类游戏等决策或行动有先后次序，属于动态博弈；I 为博弈信息，是指参与人对其他参与人信息的了解程度（包括行动、策略、收益），博弈分为完全信息博弈和不完全信息博弈；U 为参与人获益，也是博弈各方追求的最终目标。根据各方利益的不同情况，博弈分为零和博弈和变和博弈；根据参与人之间是否有合作，博弈可分为合作博弈和非合作博弈。与其他方法相结合，被应用于智能驾驶决策的博弈方法通常分为 3 类：滚动时域博弈、迭代微分博弈和马尔可夫博弈。

滚动时域博弈是静态重复博弈与模型预测控制思想的结合，可通过状态预测刻画动态博弈过程；迭代微分博弈问题可视为有多个参与者的最优控制问题，其应用已从零和微分博弈拓展到了非零和微分博弈；马尔可夫博弈是马尔可夫决策过程向多智能体场景的拓展，是具有竞争或合作目标的多智能体交互决策的博弈论框架。

1. 滚动时域博弈

静态博弈是一种单次博弈，无法描述动态过程。将静态博弈重复多次进行，则形成重复博弈，参与者可根据历史信息进行动态决策，因此策略更复杂且均衡点数量更多，但在智能驾驶场景决策中，博弈模型在各个阶段保持不变是不现实的，更为合理的设想是驾驶行动集合不变，可根据当前的交通情况在每个阶段更新博弈收益。将重复博弈与模型预测控制的思想结合，就形成了滚动时域博弈，既保持了重复博弈形式又引入了状态预测，但整个决策过程又是一个从历史到当前行动的映射，如图 5-8 所示。

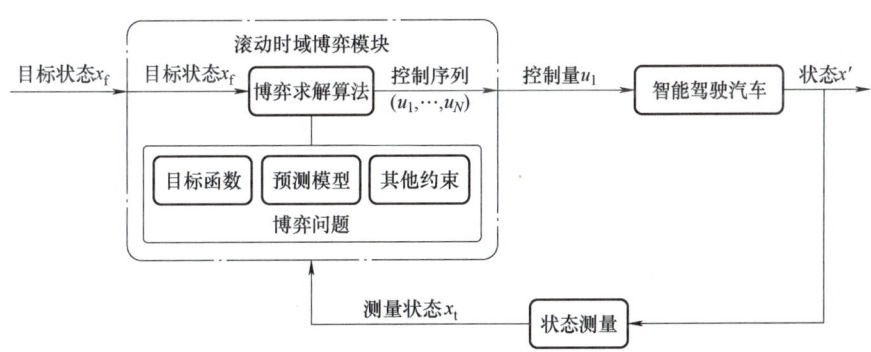

图 5-8 滚动时域博弈流程图

滚动时域博弈将动态的问题转化为一系列静态的问题，利用开环策略的求解比迭代微分博弈的求解更容易收敛，并能保证在预测时间段的策略是一个纳什均衡。针对多车交互的决策问题，采用滚动时域博弈的难点在于建立目标函数与决策变量。

（1）多因素综合的目标函数设计 从乘客的需求出发，智能驾驶决策效果的优劣可从快速性、安全性、舒适性等角度出发进行评价，并提出了多种不同的刻画方式。目前比较基本的目标函数设计方法：一种是特征的线性组合，表示为 $J = \boldsymbol{\omega}^T \boldsymbol{\theta}$，其中 J 是目标函数，$\boldsymbol{\omega}$ 是特征的权重向量，$\boldsymbol{\theta}$ 是特征向量；另一种是分段函数，该方法一般用于分析安全水平的影响。

快速性可用速度、速度的增量、位置的领先程度等指标来衡量；在安全性评估中，比如安全约束被违反时会激活负收益或者引入惩罚函数等；舒适性与诸多因素相关，具有较强的复杂性与主观性，通常考虑车速的稳定性、速度随时间的波动以及加速度的倒数等指标。

（2）二次型目标函数设计 二次型目标函数是一种在最优控制中较为常见的目标函数，

在轨迹优化问题中，有限时域的最小二次型目标函数的基本形式为：

$$J = (x_N - x_f)^T \boldsymbol{Q}_N (x_N - x_f) + \sum_{k=0}^{N-1} (x_k - x_f)^T \boldsymbol{Q} (x_k - x_f) + u_k^T \boldsymbol{R} u_k \tag{5-12}$$

式中，N 为预测时域长度；x_k、u_k 分别为 k 时刻状态和控制量；x_f 为目标状态；$\boldsymbol{Q}_N$、$\boldsymbol{Q}$ 为实对称半正定矩阵；$\boldsymbol{R}$ 为实对称正定矩阵。

2. 迭代微分博弈

迭代微分博弈问题可被理解为有多个参与者的最优控制问题，或者把最优控制问题看作是只有一个参与者的迭代微分博弈问题。迭代微分博弈考虑的是一段共同时间内的动态博弈。通常情况下，智能体共同控制由微分方程描述的动力系统：

$$\dot{x} = f(t, x, u_t^{1:N}). \tag{5-13}$$

式中，$x \in \mathbb{R}^n$ 为系统的状态；$u_t^i \in \mathbb{R}^{m_i}$，$i = \{1, \cdots, N\}$ 为智能体的输入控制变量个数，$u_t^{1:N} \equiv (u_t^1, u_t^2, \cdots, u_t^N)$。

在博弈的时间范围内，每个智能体都希望优化一个特定的目标函数：

$$J_i \triangleq \int_0^T g_i(t, x_t, u_t^{1:N}) \mathrm{d}t, \forall i \in [N] \tag{5-14}$$

智能驾驶决策问题通常被考虑为一种非零和博弈。要解决一个迭代微分博弈问题，不仅需要状态方程和目标函数，还需要系统的状态信息。常用的状态信息结构有两种，即开环信息结构和状态反馈信息结构。策略是一种将智能体的动作与可用信息相关联的规则。开环策略的优点是求解快，但是如果状态受到干扰或者存在噪声，则状态反馈策略会明显优于开环策略。其次，开环策略仅能够保证在整个时段为一个纳什均衡。状态反馈策略计算出的结果不仅在整个时段是一个纳什均衡，而且每一时刻都是一个纳什均衡，也就是子博弈完美纳什均衡，因此是一种更为精炼的均衡。

针对多车交互决策问题，迭代微分博弈的难点在于建立目标函数与决策变量。

其目标函数是轨迹规划决策时需考虑多项指标的加权，例如十字路口场景下需考虑如下的几个方面：

（1）位置 与其他车之间的间距、与车道中心线的距离、与车道边界的距离、与终点的距离等；

（2）输入 控制输入的上下界；

（3）状态 参考速度、速度的上下界等；

3. 马尔可夫博弈

强化学习依赖于由 Bellman 开创的马尔可夫决策过程（Markov Decision Process，MDP）。智能体通过与环境交互执行一系列顺序的决策，通过反复试验和学习找到最佳策略，以使其长期的回报最大化。马尔可夫性意味着未来和过去的状态在当前状态下是独立的，未来的结果仅取决于当前状态和执行的行动。一辆车的动态决策行为是具有马尔可夫性的，车辆从起点行驶到目标点，需要按顺序选择一系列动作。当把路线的选择看作是一个顺序决策的 MDP 时，实现智能驾驶的关键就是赋予智能驾驶车辆拥有长期驾驶策略的能力。

通常情况下，智能驾驶是一种多车交互的场景，比如车辆在超车、并道和转弯时必须考虑场景中其他车辆的行为进而采取相应行动。马尔可夫博弈刻画了多个智能体的交互，是一种将 MDP 推广到具有竞争或合作目标的多个智能体交互的博弈论框架。基于马尔可夫博弈的多车交互决策建模难点在于奖励函数的设计和智能体动作空间与状态空间的设计。

（1）奖励函数　奖励函数的设置通常包括安全性、高效性和舒适性方面的指标。安全性是首要考虑的指标，要求不与其他车辆等障碍物发生碰撞，并不与车道边缘发生干涉。高效性要求车辆尽快通过，与速度有关易于描述。舒适性受车辆加、减速与换道行为影响，也容易量化；车道保持等可通过与车道中心线的距离衡量。然而，车辆安全性则受到两车的运动状态与相对位置影响，评估稍难，可建立基于安全车距的两车客观危险度评估函数来衡量碰撞危险。为了考虑更多的交通因素，可结合道路边界约束建立道路场，结合行驶效率约束建立效率场，并组合得到安全势场，表达车辆在可行域内各状态对应的收益。现有的研究通常将驾驶人决策总结为一个基本的决策模型和一系列个性化参数。基本的决策模型通常有危险度评估模型、交互博弈模型和由神经网络建立的黑箱模型。驾驶人个性化参数主要体现在两方面：一是对于安全性、高效性、舒适性、车道优先级等指标上的权重参数；另一个则是不同驾驶人对应的反应时间、期望速度、安全间距等生理参数。

（2）动作空间　车辆动作空间的设置往往与场景中车辆的任务相关。车辆动作主要分为纵向动作与横向动作。纵向动作包括加速、制动等在纵向上影响车辆动态的行为；横向动作主要分为左转、右转等在横向上影响车辆动态的行为。简单任务下通常只考虑车辆的纵向动作，还可增加加速、减速、巡航、车道保持等纵向动作；更复杂的任务下，需同时考虑纵向和横向动作等，还可通过连续转向角度输入使得车辆的转向行为更加丰富。

（3）状态空间　状态空间通常包括车辆的自身状态和环境状态。自身状态包括车辆的位置、转向角和速度大小等信息。环境信息通常包括其他车辆状态、障碍物的位置和交通信号灯信息。为了适应场景中特殊的任务，还可设置更复杂的状态空间。

第三节　智能驾驶控制理论与方法

一、智能驾驶控制系统架构

智能驾驶控制系统以自车为控制对象，执行已生成的行为决策结果。利用加速、制动及转向等执行系统控制车辆安全高效地进行轨迹跟踪和车速跟踪。运动控制作为智能驾驶汽车实现自主行驶的关键环节，其研究内容主要包括横向控制、纵向控制以及横纵向耦合控制。其中，纵向控制主要研究智能驾驶汽车的速度跟踪能力，控制汽车按照规定的速度巡航或与前方动态目标保持一定距离；动力与传动系统为车辆提供驱动力，制动系统为车辆提供制动力。横向控制是指控制车辆的横向运动，主要研究智能驾驶汽车的路径跟踪能力，即如何控制汽车沿规划的路径行驶，并保证汽车的行驶安全性、平稳性与乘坐舒适性，其主要任务是路径跟踪与换道控制。由于车辆横向控制几乎完全取决于转向系统的控制，因此与纵向控制相比车辆横向控制相对容易，但是想要设计一个好的转向控制系统仍然较为困难。但独立的横向或纵向控制未能满足智能驾驶汽车的实际需求，横纵向耦合控制主要研究车辆横向与纵向耦合特性的协同控制，这对于智能驾驶汽车至关重要。

二、纵向控制

纵向控制是智能驾驶运动控制的重要组成部分，主要功能是速度跟踪控制或距离保持。

控制原理是基于加速踏板（驱动）与制动踏板（制动）的控制与切换，从而实现汽车加减速，进而实现速度跟踪与距离保持。纵向控制系统分为两种模式：直接式和分层式。其中，直接设计控制器对控制参数进行调控的为直接式控制法，此法直接针对某个控制对象，不考虑控制对象与其他汽车的相对位置。分层式控制法通常分为上、下两层控制器，主要用于考虑车辆在行驶队列的转向、加速与制动等行为，以其他车辆作为参考进行控制。

1. 直接式控制

直接式控制是通过纵向控制器直接控制期望制动压力或节气门开度，从而实现对跟随速度和跟随减速度的直接控制，具有快速响应等特点。具体结构如图 5-9 所示。

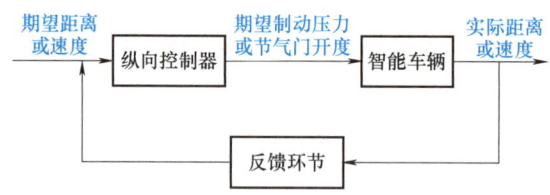

图 5-9　直接式控制结构

纵向控制结构如图 5-10 所示，依据直接式控制流程，为了实现汽车纵向控制，需要考虑"位移-速度闭环 PID 控制器"和"速度-加速度闭环 PID 控制器"，并且需要设计节气门控制器、制动控制器以及驱动/制动切换策略等。切换逻辑设计应保证以下两点：①避免加速和制动踏板同时工作；②避免加速和制动踏板频繁切换。

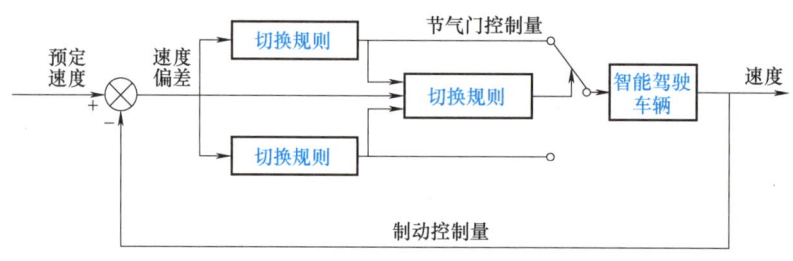

图 5-10　纵向控制结构

2. 分层式控制

智能驾驶车辆纵向动力学模型为复杂多变量非线性系统，且存在较大的参数不确定、测量精度不足及通信延迟等，因此通过单个控制器实现高精度控制较为困难。为了降低纵向控制器的设计难度，提高纵向控制精度，目前多采用分层式控制结构，即上层控制器和下层控制器，上层为策略控制，下层为执行器控制。上层控制器利用当前车辆信息、驾驶人意图等确定车辆所需的加速度。下层控制器确定相应的节气门开度以跟踪上层控制器确定的加速度。下层控制器的设计涉及车辆纵向非线性动力学控制、发动机控制等非线性控制技术，并以此来计算并跟踪控制相应的节气门开度。

如图 5-11 所示，上层控制器决定了车辆的速度应等于或无限接近于"期望速度"，并保证在接近"期望速度"的过程中系统具有较小

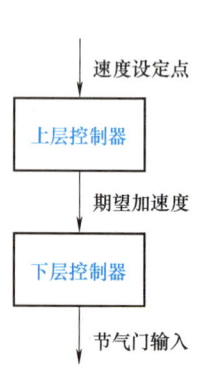

图 5-11　分层式控制系统的结构

的超调量和尽可能短的上升时间。用于上层控制器的典型算法是使用速度误差作为反馈信号的 PI 控制，控制目标为稳态跟踪误差在有限时间内趋向零，即车辆的速度应收敛至驾驶人设定的期望速度，并在此过程中调制系统使其具有较小的超调量和较短的上升时间。

下层控制器的目标是车辆加速度等于或无限接近于"期望加速度"，进而通过控制"期望加速度"使得车辆速度等于或者无限接近于"期望速度"。由于动力与传动系统的非线性及时滞特性，以及下层控制器具有有限的控制带宽等，车辆并不能完美跟踪其期望的加速度，此现象为一阶滞后，模型可表述为：

$$\ddot{x} = \frac{1}{\tau s + 1}\ddot{x}_{\mathrm{des}} \qquad (5\text{-}15)$$

式中，x 为惯性坐标系下车辆的纵向位置；τ 为车辆动态参数，一般为常数。此公式也表明上层控制器控制的实际上是车辆的加速度。

考虑了带一阶滞后的车辆纵向动力学的简化模型通常有如下假设：①车辆中的变矩器（或离合器）被锁定；②轮胎和地面之间无滑动，且上述均为下层控制器设计过程中的合理假设。基于上述假设进行下层控制器的设计，常用于下层控制器的典型算法有比例积分微分（Proportional Integral Derivative，PID）控制、线性二次型调节器（Linear Quadratic Regulator，LQR）控制和模型预测控制（Model Predictive Control，MPC）控制等。

$$m\ddot{x} = F_\mathrm{t} - F_f - F_\mathrm{w} - F_\mathrm{i} - F_\mathrm{j} \qquad (5\text{-}16)$$

式中，参数详见公式（8-1）。

通过对式（5-16）进行线性化，系统模型可表示为：

$$\begin{cases} \dot{\boldsymbol{X}}(t) = \boldsymbol{A}\boldsymbol{X}(t) + \boldsymbol{B}\boldsymbol{U}(t) \\ \boldsymbol{Y}(t) = \boldsymbol{C}\boldsymbol{X}(t) \end{cases} \qquad (5\text{-}17)$$

LQR 控制算法的目标是在最小化目标函数［如式（5-18）］条件下找到一个最优的控制率，如式（5-19）所示。

$$J = \int_0^\infty (\boldsymbol{X}^\mathrm{T}\boldsymbol{Q}\boldsymbol{X} + \boldsymbol{U}^\mathrm{T}\boldsymbol{R}\boldsymbol{U})\,\mathrm{d}t \qquad (5\text{-}18)$$

式中，$\boldsymbol{Q}$ 和 $\boldsymbol{R}$ 为正定矩阵，同时也是目标函数的权值矩阵，通过调节权值矩阵的大小调节控制器的性能。

$$\boldsymbol{U} = -\boldsymbol{K}\boldsymbol{X}(t) = -\boldsymbol{R}^{-1}\boldsymbol{B}^\mathrm{T}\boldsymbol{P}(t)\boldsymbol{X}(t) \qquad (5\text{-}19)$$

式中，$\boldsymbol{P}(t)$ 通过求解式（5-20）所示 Riccati 方程可得。

$$\boldsymbol{A}^\mathrm{T}\boldsymbol{P} + \boldsymbol{P}\boldsymbol{A} - \boldsymbol{P}\boldsymbol{B}\boldsymbol{R}^{-1}\boldsymbol{B}^\mathrm{T}\boldsymbol{P} + \boldsymbol{Q} = 0 \qquad (5\text{-}20)$$

三、横向控制

车辆横向控制主要研究智能驾驶车辆的路径跟踪能力，即如何控制汽车沿规划的路径行驶，并保证汽车的行驶安全性、平稳性与经济性，以及如何利用当前车辆信息、驾驶人意图等确定车辆行驶轨迹。横向控制主要通过控制方向盘转矩或转角等，使汽车跟踪期望轨迹。

通过控制方向盘转角进行轨迹跟踪的同时进行车辆稳定性控制是车辆横向控制的核心问题之一，也经常被称为横向稳定性控制。如图 5-12 所示，当行驶路面的附着系数较高时，车辆能较好地响应驾驶人的转向要求，这是由于高附着系数能够提供通过弯曲道路所需的侧向力。反之，当面临低附路面或车速较高时，车辆无法响应驾驶人的转向请求，只能在半径较大（曲率较小）的轨迹上行驶。在这种情况下，横向稳定性控制系统则需通过控制车辆姿态以满足驾驶人转向要求并保证车辆安全性。如图 5-13 所示为横向控制系统的结构。

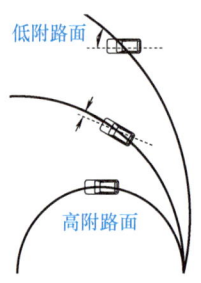

图 5-12　横向稳定性控制示意图

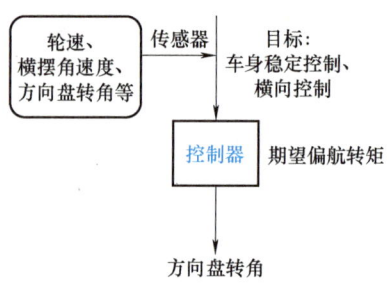

图 5-13　横向控制系统的结构

1. 状态反馈控制法

若将车辆简化为两轮模型，则可表示为：

$$\begin{cases} \dot{X} = V\cos(\psi+\beta) \\ \dot{Y} = V\sin(\psi+\beta) \\ \dot{\psi} = \dfrac{V\cos(\beta)}{l_f+l_r}[\tan(\delta_f)-\tan(\delta_r)] \end{cases} \quad (5\text{-}21)$$

式中，ψ 为车辆航向角；V 为车辆速度；δ_f 和 δ_r 分别为前后轮的转向角；β 为车辆的滑移角；l_f 和 l_r 分别为前后轴到车辆质心的距离。

如果考虑车辆动态，则可表示为：

$$\begin{bmatrix} \dot{e}_1 \\ \ddot{e}_1 \\ \dot{e}_2 \\ \ddot{e}_2 \end{bmatrix} = \begin{bmatrix} 0 \\ \dfrac{2C_{\alpha f}}{m} \\ 0 \\ \dfrac{2C_{\alpha f}l_f}{I_z} \end{bmatrix}\delta + \begin{bmatrix} 0 \\ -\dfrac{2C_{\alpha f}l_f-2C_{\alpha r}l_r}{mV_x} \\ 0 \\ -\dfrac{2C_{\alpha f}l_f^2-2C_{\alpha r}l_r^2}{I_zV_x} \end{bmatrix}\dot{\psi}_{des} + \begin{bmatrix} 0 & 1 & 0 & 0 \\ 0 & -\dfrac{2C_{\alpha f}+2C_{\alpha r}}{mV_x} & \dfrac{2C_{\alpha f}+2C_{\alpha r}}{m} & -\dfrac{2C_{\alpha f}l_f+2C_{\alpha r}l_r}{mV_x} \\ 0 & 0 & 0 & 1 \\ 0 & -\dfrac{2C_{\alpha f}l_f+2C_{\alpha r}l_r}{I_zV_x} & \dfrac{2C_{\alpha f}l_f-2C_{\alpha r}l_r}{I_z} & -\dfrac{2C_{\alpha f}l_f^2+2C_{\alpha r}l_r^2}{I_zV_x} \end{bmatrix}\begin{bmatrix} e_1 \\ \dot{e}_1 \\ e_2 \\ \dot{e}_2 \end{bmatrix}$$

$$(5\text{-}22)$$

式中，$C_{\alpha f}$ 和 $C_{\alpha r}$ 分别为前后轮的侧偏刚度；I_z 为车辆横摆转动惯量；m 为车辆质量；V_x 和 V_y 分别为车辆沿 X 和 Y 向的速度；$\ddot{e}_1=\ddot{Y}+V_x(\dot{\psi}-\dot{\psi}_{des})$；$e_2=\psi-\psi_{des}$；$\delta$ 为车辆方向盘转角。

上述公式可简化描述为：

$$\dot{x} = Ax + B_1\delta + B_2\dot{\psi}_{des} \quad (5\text{-}23)$$

车辆横向控制最常见的为状态反馈控制法，控制律设为：

$$\delta = -Kx = -k_1e_1-k_2e_2-k_3e_3-k_4e_4 \quad (5\text{-}24)$$

通过设计 $K=[k_1,k_2,k_3,k_4]$ 可以使得闭环系统 $A-BK$ 的极点配置在任何位置，此时系统可表示为：

$$\dot{x} = (A-B_1K)x + B_1\delta + B_2\dot{\psi}_{des} \quad (5\text{-}25)$$

由于上式中有 $B_2\dot{\psi}_{des}$ 项，因此单纯的状态反馈控制律将会受到较大的影响。通过设置如式（5-26）所示的前馈补偿律，可降低 $B_2\dot{\psi}_{des}$ 项对系统的影响。

$$\delta = -Kx + \frac{L}{R} + \left(\frac{m_f}{2C_{\alpha f}} - \frac{m_r}{2C_{\alpha r}}\right)a_y + k_3\left(-\frac{l_r}{R} + \alpha_r\right) \qquad (5\text{-}26)$$

式中，L 为轴距；R 为车辆转弯半径；$a_y = \dfrac{V_x^2}{R}$。

2. 预瞄跟踪控制法

预瞄跟踪控制法可描述为基于外界环境、道路信息及当前车辆的运动状态等进行汽车操纵，预测车辆当前实际位置与道路中心线之间的侧向位移偏差和航向偏差，进而转向使得预测偏差为零，该预测偏差称为预瞄侧向位移偏差或预瞄航向偏差。具体步骤为根据前方预期轨迹和当前时刻的汽车运动状态，通过预瞄策略决策可得到一个最优预瞄侧向加速度，然后校正车辆的侧向动力学特性以及系统的时滞特性，得到方向盘的操控指令。迭代上述过程便可完成汽车的轨迹跟踪控制。预瞄跟踪控制法虽然不以驾驶人模型命名，但实质上描述了驾驶人对汽车运动的某种控制行为，从广义上来说这些控制算法从属于驾驶人模型。图 5-14 为预瞄跟踪控制法的逻辑框图。

图 5-14 中，f 是预期轨迹，f_e 是预瞄状态，ε 是估计偏差，δ 是方向盘转角，y 是车辆实际轨迹，$P(s)$、$F(s)$ 分别是预瞄环节、反馈控制环节。

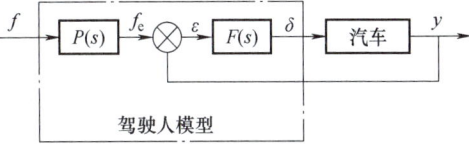

图 5-14 预瞄跟踪控制法的逻辑框图

综上所述，控制系统会根据汽车行驶参数、道路曲率、预瞄偏差和汽车的动力学模型得出所需方向盘转角或前轮转角，从而实现对期望目标路径的跟踪。

四、横纵向耦合控制

独立的横向控制系统或者纵向控制系统并不能体现汽车实际运行时的特性，且不能满足各种道路工况需求。为实现横纵向控制器在实际情况下的控制效果，需要将横向控制与纵向控制协同起来并优化控制参数，构建智能驾驶汽车综合控制系统。该综合控制系统用于实现智能驾驶汽车的横纵向耦合控制。横纵向耦合控制架构包括决策层、控制层与模型层，如图 5-15 所示。各层的作用如下：

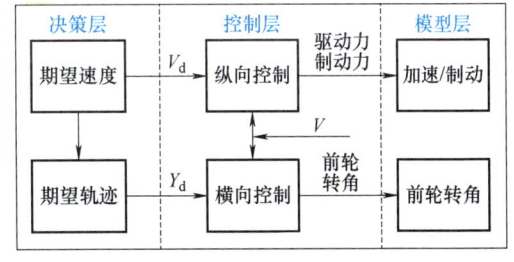

图 5-15 横纵向耦合控制架构

1. 决策层

根据车载感知系统感知的汽车周围环境信息和汽车行驶状态信息对其行驶路径进行规划形成期望运动轨迹，并根据期望运动轨迹计算期望速度。本层使用车轮转速传感器、横摆率传感器、横向加速度传感器和转向角传感器的测量值计算驱动/制动和转向的期望值。

2. 控制层

基于决策层得到的期望路径与期望车速输入，经过控制系统的分析与运算得到理论的前轮转角输出、油门控制输出以及制动器控制输出信号，并作用于智能驾驶汽车，保证智能驾驶汽车以跟踪期望速度沿着期望轨迹行驶。本层通过控制每个车轮的制动与驱动力矩，为车辆提供所需的驱动、制动和偏航转矩。

3. 模型层

对于横纵向运动综合控制系统，运用数学知识建立整车横纵向数学模型。由协同控制构架可知智能驾驶汽车的纵向速度既是横向控制器的状态量输入又是纵向控制器的状态量输入，横向控制系统的前轮转角与车速有关，纵向控制系统的模糊控制器速度偏差输入、加速度偏差输入与车速有关，汽车的纵向车速成为连接横向控制系统与纵向控制系统的关键点。

第四节 典型案例

一、基于强化学习的决策技术案例

本小节将以 Wayve 强化学习决策案例为例，利用强化学习进行车辆决策行为。

1. Wayve 强化学习决策框架

Wayve 将强化学习决策应用于车道行驶任务中，决策系统的任务是给汽车合理的控制指令，比如汽车保持在车道内行驶。Wayve 采用深度确定性策略梯度（Deep Deterministic Policy Gradient，DDPG）算法和卷积神经网络模型，其决策框架如图 5-16 所示。模型的输入是单目摄像头拍摄到的前方道路图片，输出是方向盘转角和速度命令［取值归一化到［-1,1］和期望车速（km/h）］。强化学习的回报为当前车速的大小。当汽车违反交通规则（实车训练为驾驶人接管）时，回合终止。由于价值函数计算了从一个回合开始到结束的累计回报，因此这里的价值函数反映了汽车在违反交通规则（或驾驶人接管）前平均行驶的路程。

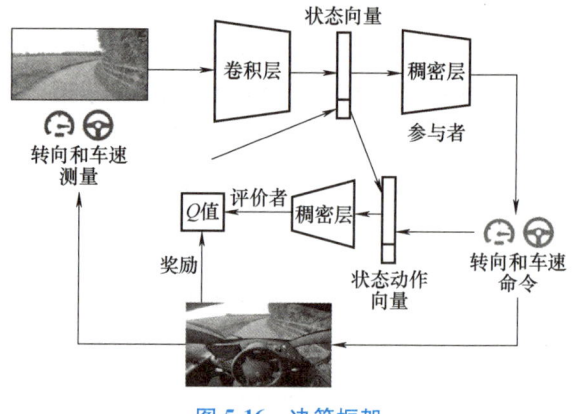

图 5-16 决策框架

2. DDPG 算法

DDPG 算法是一种典型的基于 Actor-Critic 框架的强化学习算法，属于无模型（Model-Free）、离策略（Off-Policy）的算法，结合了基于价值（Value-Based）和基于策略（Policy-Based）两种方法的优势，多用于处理动作空间庞大、连续的动作和状态等情形。DDPG 算法的策略是确定性的，即策略的输出是确定的动作。为了提高算法的稳定性，DDPG 算法在策略网络和价值网络的基础上增加了目标策略网络和目标价值网络，它们的网络结构与原网络相同，参数的更新滞后于原网络。为了提高数据的利用率，DDPG 还引入了经验回放——将过去一段时间内与环境交互得到的数据 (s,a,r,s',d) 储存下来，每次更新网络参数时随机选取一部分数据进行计算。

DDPG 算法是 Q-learning 和策略梯度算法的结合，算法的更新分为价值函数的更新和策略的更新两个部分。价值函数 Q_ϕ 的更新用单步时序差分误差作为损失函数，如式（5-27）所示。

$$L(\phi,D) = \underset{(s,a,r,s',d) \sim D}{E}\left[(Q_\phi(s,a)-(r+\gamma(1-d)Q_{\phi targ}(s',\mu_{\theta targ}(s'))))^2\right] \quad (5\text{-}27)$$

式中，D 为采样得到的样本集合；ϕ 为原价值函数的参数；ϕ_{targ} 为目标价值函数的参数；θ_{targ} 为目标策略的参数；d 为表示状态 s' 是否为终止状态，若 s' 为终止状态，则 $d=1$，否则 $d=0$；策略 μ_θ 的更新采用最大化价值函数的方法，如式（5-28）所示。

$$\max_\theta \underset{s \sim D}{E}\left[Q_\phi(s,\mu_\theta(s))\right] \quad (5\text{-}28)$$

DDPG 算法用上述方法交替地更新价值函数和策略，直到两者均收敛。

如图 5-16 所示，在 Wayve 的决策框架中，神经网络的输入是实时获取的单目图像或当前测量的车辆转角和速度，Wayve 采用适合提取图像特征的卷积神经网络，包含 4 个卷积层，其参数由价值网络和策略网络共享，两个网络各有 1 个全连接层。图像经过卷积神经网络提取特征后与两个测量量共同输入全连接神经网络来决策运动命令。评价者输出 Q 值，而目标 Q 值可以根据奖励计算得到。奖励为当前状态下车辆平均可智能驾驶的距离。输入的图片经过卷积层后，得到特征向量，该特征向量是策略网络输入和价值网络输入的一部分，价值网络输入的另一部分是策略网络输出的动作。

3. 结果分析

为了验证算法的可行性，Wayve 进行了仿真实验和实车实验。仿真实验中，每回合的道路曲线、路面纹理和路标均随机生成。经过不到 10 个回合训练，就实现了可靠的车道行驶效果。实车实验中，汽车在一段 250m 长的道路上行驶，当汽车驶离车道或姿态出现严重问题时，由驾驶人接管，回合结束。实车训练所用的时长为 37min，在训练后的测试中，驾驶人共接管 1 次，接管前汽车自动行驶的路程为 143.2m。若用变分自编码器（Variational Auto-Encoder，VAE）对输入状态进行预处理，则训练时长可缩短至 15min，且驾驶人不需要接管。Wayve 将 DDPG、DDPG+VAE 与随机策略进行了对比，如图 5-17 所示，结果表明，随机策略不能完成车道行驶任务，DDPG 算法可以逐步提升控制策略，配合 VAE 可提升训练速度。

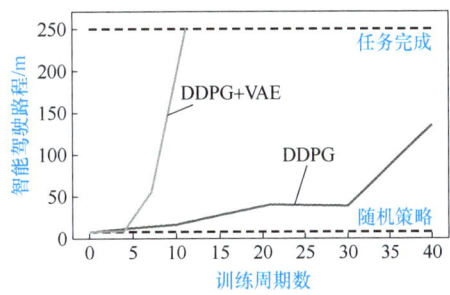

图 5-17 不同策略方法的效果对比

二、车辆换道行为决策与控制案例

本小节将会给出一个实际的车辆换道行为决策与控制案例，具体利用博弈论进行换道决策，使用 LQR 和状态反馈进行车辆的控制。

1. 高速场景下的车辆换道博弈分析

首先对交通环境车辆做以下 3 个假设：

第一，假设换道相关车辆自主程度高，根据收到的决策结果能够完全控制自主车辆通行；

第二，假设换道车辆换道时采取匀速行驶；

第三，假设背景车与换道车辆均为汽车，并且可以接收到信号范围内所有环境车辆信息。

将博弈理论与车辆换道决策进行结合，那么其组成元素可表示为：

（1）参与者　换道车辆与邻车道交通车。

（2）策略集　换道车辆策略集为 {换道，不换道}，目标车道通行车策略集为 {让行、不让行}。

（3）信息　换道车辆与其他交通车的状态信息，如车距、速度、加速度。

（4）收益　利用换道安全、时效及速度收益函数计算各车辆收益。

（5）均衡　参与博弈后各交通车辆达到最大化收益，在该决策下换道车辆及相邻车道行驶车辆的道路通行更稳定、更安全。

（6）结果　换道车辆是否执行换道决策。

假设 P 车在产生换道动机后，进行换道行驶，此时同车道前车和目标车道车辆会对换道车辆 P 造成影响，影响最大的是邻车道后车 L，因此选择 P 车与 L 车进行换道策略的博弈。P 车根据车路环境可选择策略集为 {换道、不换道}，对应目标车道后车可选择策略集为 {让行、不让行}，为方便表示，P 车策略集为 X＝{1:Y,2:N}。Y 为换道；N 为不换道。邻车道 L 车策略集为 Z＝{1:D,2:R}。D 为不让行，R 为让行。用 E、I 分别表示 P 车和 L 车的总收益，可用表 5-2 表示收益矩阵。

表 5-2　收益矩阵

策略	车辆 P 换道（Y）	车辆 P 不换道（N）
L 车不让行（D）	(−0.17, 0.42)	(0.29, 0.42)
L 车让行（R）	(−0.17, −0.65)	(0.29, −0.65)

图 5-18 所示为初始条件设置：在道路良好路面的单向车道内，设定 P 车为换道车辆，以初速 25m/s 行驶，邻车道 L 车初始速度为 30m/s，距 P 车前方 20m 处位置前导车 N 以速度 22m/s 行驶，与 N 车平行的邻车道 M 车以速度 30m/s 行驶。

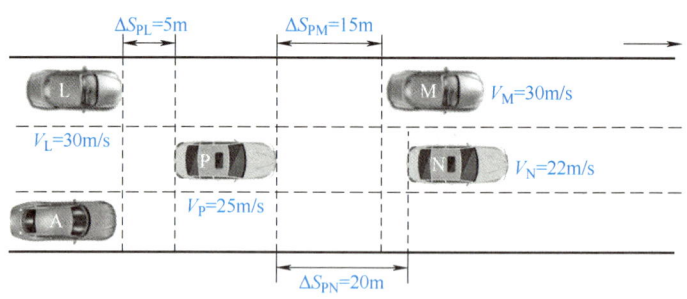

图 5-18　初始条件设置

2. 车辆横纵向控制

本小节采取本章第三节所描述的 LQR 控制方法和本章第三节所描述的状态反馈控制方法进行车辆的横纵向控制。

考虑 LQR 控制方法，其目标函数和控制参数设置如下：

$$J = \int_0^\infty (\boldsymbol{E}^\mathrm{T}\boldsymbol{Q}\boldsymbol{E} + \boldsymbol{U}^\mathrm{T}\boldsymbol{R}\boldsymbol{U})\,\mathrm{d}t \tag{5-29}$$

式中，$Q = \begin{bmatrix} 10 & 0 & 0 \\ 0 & 10 & 0 \\ 0 & 0 & 1 \end{bmatrix}$；$R = 0.1$；$E = [e_x, e_v, e_a]$，$e_x$、$e_v$、$e_a$ 分别代表车辆位移误差、车辆速度误差和车辆加速度误差。

需要注意的是，矩阵 Q 对角线上的值分别代表对车辆位移误差的要求，本示例中要求车辆按照决策结果进行跟踪，因此对车辆速度和位移要求较高，故采取上述参数形式。

考虑状态反馈控制方法，首先设置车辆上层控制器的动态参数为 $\tau = 0.5$，$m = 1650$，$I_z = 3000$，$l_f = 1.2$，$l_r = 1.6$，$C_{\alpha f} = 80000$，$C_{\alpha r} = 80000$。

通过配置控制律 $K = [k_1, k_2, k_3, k_4]$，使得控制后的系统极点配置在 $[-5-3j, -5+3j, -7, -10]$。

3. 结果分析

根据上述内容进行实验，结果如图 5-19 所示，P 车若产生换道动机采取换道行为对于博弈的车辆收益不是最优的。当 P 车不换道时，L 车不让行进行加速行驶时，参与博弈的双方收益最大。结合实际，P 车与邻车道后车 L 两车相对速度较大且纵向距离较小，L 车应加速通行，为 P 车提供足够的安全区域，P 车在确保安全的前提下执行换道。

由图 5-20 和图 5-21 可知，前轮转角虽产生来回波动，造成车辆行驶不稳定，但仍然能跟踪期望轨迹，且由图 5-22 可知，车辆质心偏离参考轨迹最大误差不超过 0.1m，跟踪参考轨迹良好，验证了所涉及控制方法的有效性。

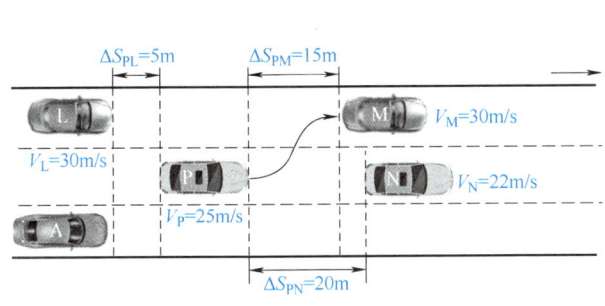

图 5-19 换道决策结果

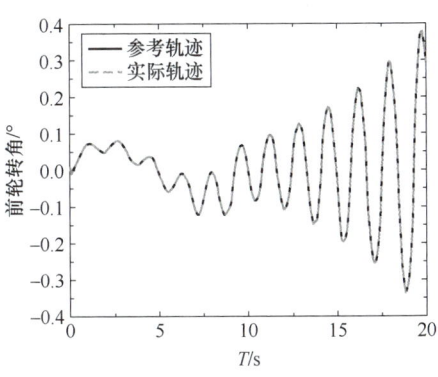

图 5-20 前轮转角对比图

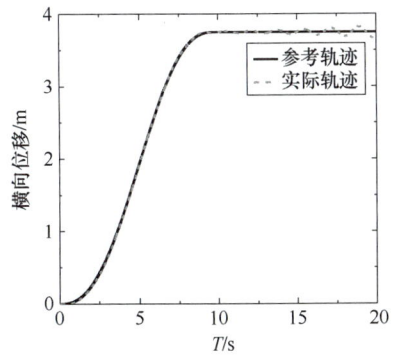

图 5-21 路径轨迹跟踪

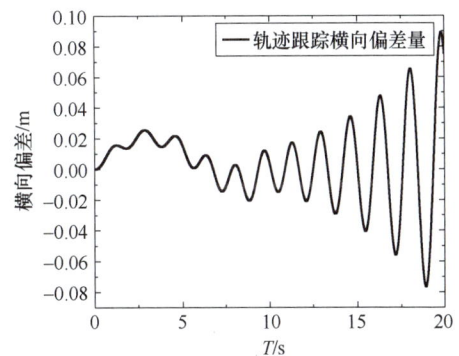

图 5-22 轨迹跟踪横向偏差量

【思考题】

1. 分析智能车辆行为决策面临的关键问题。

2. 分析基于规则的行为决策方法以及基于学习的行为决策方法的优缺点以及应用场合。

3. 人类在驾驶过程中一般如何进行决策?

4. 如果考虑使用深度强化学习方法来求解优化操控策略,奖励函数应如何设置较为恰当?

参 考 文 献

[1] 杨殿阁,黄晋,江昆,等. 汽车自动驾驶 [M]. 北京:清华大学出版社,2022.

[2] 刘敏. 自动驾驶场景下的车辆驾驶行为估计框架 [J]. 中国信息化,2022 (5):69-71.

[3] 宋晓琳,曹昊天. 智能车辆决策规划与控制 [M]. 北京:清华大学出版社,2023.

[4] FURDA A,VLACIC L. Enabling safe autonomous driving in real-world city traffic using multiple criteria decision making [J]. IEEE intelligent transportation systems magazine,2011,3 (1):4-17.

[5] LEONARD J,HOW J,TELLER S,et al. A perception - driven autonomous urban vehicle [J]. Journal of field robotics,2008,25 (10):727-774.

[6] RAUSKOLB F W,BERGER K,LIPSKI C,et al. Caroline:an autonomously driving vehicle for urban environments [J]. Journal of field robotics,2008,25 (9):674-724.

[7] URMSON C,ANHALT J,BAGNELL D,et al. Autonomous driving in urban environments:boss and the urban challenge [J]. Journal of field robotics,2008,25 (8):425-466.

[8] 杜明博. 基于人类驾驶行为的无人驾驶车辆行为决策与运动规划方法研究 [D]. 合肥:中国科学技术大学,2016.

[9] 陈仲铭,何明. 深度强化学习原理与实践 [M]. 北京:人民邮电出版社,2019.

[10] 衣鹏,潘越,王文远,等. 基于博弈论的多车智能驾驶交互决策综述 [J]. 控制与决策,2023,38 (5):1159-1175.

第六章 自动紧急制动技术

第一节 自动紧急制动系统的定义与组成

一、自动紧急制动系统的简介

自动紧急制动（Autonomous Emergency Braking，AEB）系统是汽车的一项主动安全功能，可在紧急情况下自动制动，成为高级驾驶辅助系统的重要组成部分。该系统检测障碍物（人、车辆等）时会自动施加制动力或在驾驶人施加制动力不足时增加制动力。AEB 可以根据速度使汽车减速并制动车辆，以避免潜在的碰撞。这是一项高效的安全功能，因为它可以协助驾驶人或在驾驶人未能采取制动措施时自动施加制动。AEB 通过对目标对象的识别计算危险距离来判断有无潜在危险，若有危险，系统则主动介入使车辆停止，同时警告驾驶人有危险。

6　吉利 AEB

随着交通安全问题的凸显，汽车 AEB 系统对减少前方碰撞事故起到了重要的作用，因此，各国新车评价规程（New Car Assessment Program，NCAP）都引入了 AEB 系统的评价方法，其中普及率较高的主动安全技术的强制性装配法规也陆续颁布。研究数据表明，配备 AEB 系统可有效降低车辆与其他道路使用者（汽车、驾驶人、行人）发生狭长重叠的正面碰撞，发生在路口交叉和转弯时的车辆与车辆、车辆与行人、车辆与自行车的冲突，低速的车道和停车场内的倒车碰撞等场景的事故发生率。因此，自动紧急制动技术已成为新车辆越来越普遍的功能。全球主流的汽车厂商都有自己的预碰撞安全系统。许多汽车制造商和科技公司开发了自己的 AEB 系统，该系统结合一系列传感器、算法和机器学习技术，以提高技术的准确性和有效性。

二、自动紧急制动系统的定义

自动紧急制动系统通过摄像头或雷达检测和识别前方车辆，在有碰撞可能的情况下先用声音和警告灯提醒驾驶人进行制动操作回避碰撞。若驾驶人仍无制动操作，系统判断已无法避免追尾碰撞，就会采取自动制动措施来减轻或避免碰撞。同时，AEB 系统还包括动态制动支持，当驾驶人踩下制动踏板的力量不足以避免即将到来的碰撞时，就会为其补充制动力。

根据品牌和型号的不同，自动紧急制动系统可以有不同的类型。以下是汽车中不同类型的 AEB。

1. 前向 AEB

在此类系统中，AEB 与前方碰撞警告（Forward Collision Warning，FCW）系统协同工作。FCW 通过声音或仪表盘上的可见标志提醒驾驶人。通常，FCW 在 AEB 启动之前激活。首先，FCW 警告驾驶人前方有障碍物，如果驾驶人未能采取适当的行动，AEB 系统会进行干预。

2. 后向 AEB

如果在倒车时检测到任何障碍物，后向 AEB 就会启动该系统。它可能更像是一种便利功能，而不是安全功能。在某些车辆中，后方 AEB 与后方交叉路口警报配合使用，后者会在倒车时检测到车后车辆的移动。从非常狭窄的停车位倒车时，后向 AEB 会很有帮助。

3. 带行人检测的 AEB

该系统类似于前向 AEB，其中 AEB 与能够检测行人、骑自行车者甚至大型动物的前向碰撞警告系统配对。如果 FCW 检测到车辆前方有任何行人，则 AEB 会施加制动以减慢或停止汽车，前提是驾驶人未踩下制动踏板。

4. 城市速度 AEB

该系统可防止在城市、交通繁忙地带或停车场发生碰撞。换句话说，城市速度 AEB 仅在较低的速度下起作用。例如，在车水马龙的道路上行驶，如果没有及时踩制动踏板，AEB 则可以避免追尾车辆。这是一项方便的安全功能，可以防止城市中的慢速碰撞。

5. 高速公路速度 AEB

在这个系统中，AEB 在高速下工作，尤其是在高速公路上行驶时。高速公路速度 AEB 系统使用更先进的传感器来检测远处的障碍物。但是，这种自动紧急制动系统只能在碰撞发生前尽可能地让汽车减速，并不能使车辆停下来。因此，即使有 AEB 干预，也需要驾驶人注意避免碰撞。

三、自动紧急制动系统的组成

AEB 作为一项 ADAS 功能，其硬件包括感知、决策及控制执行 3 个单元，具体如图 6-1 所示。

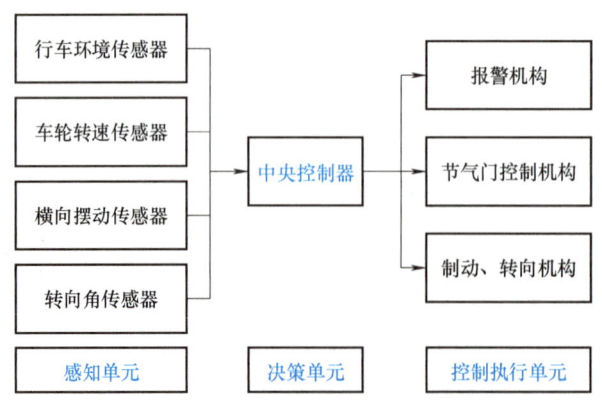

图 6-1　AEB 的组成

1. 感知单元

AEB 在由安装在前格栅、保险杠或风窗玻璃上的感知单元的帮助下工作。感知单元包括行车环境感知和自车状态感知两个部分。目前 AEB 的环境识别主流方案采用的环境感知传感器为毫米波雷达和摄像头：毫米波雷达通过对目标物发送电磁波并接收回波来获得目标物体的距离、速度和角度等信息；摄像头需要先进行目标识别，然后再根据目标在图像中的像素大小来估算目标距离。具体配置方案有以下几种，见表 6-1。

表 6-1　AEB 传感器配置方案

方案	环境感知传感器		优点	缺点	成本	功能/场景对比
	毫米波雷达	摄像头				
方案一	√		体积小、安装方便、探测距离远、穿透能力强	探测角度受限、分辨率低、不能识别小物体	低	城市场景、城郊场景
方案二		√	像素高，刷新快；能识别物质、颜色	受光线影响大；依赖算法，不稳定	中	城市场景、城郊场景、行人保护
方案三	√	√	兼有以上两种	兼有以上两种	高	城市场景、城郊场景、行人保护

以上 3 种配置方案中，方案一采用的毫米波雷达方案波长介于微波和厘米波之间，因此兼有微波雷达和光电雷达的一些优点。毫米波导引头体积小、质量轻、空间分辨率高、穿透能力强、抗干扰，且能同时分辨多个目标。缺点是探测角度受限、分辨率低、不能识别小物体。方案二采用的摄像头方案，因其成本低且像素高的优点，成为环境识别系统中应用较广泛的传感器。近年来，基于图像及深度学习的视觉感知技术发展得相当成熟。但摄像头在逆光或者光影复杂的地方使用效果差，对环境识别能力较差，且依赖于算法对行人的识别，具有不稳定性。方案三采用毫米波雷达与摄像头融合的方式，兼具以上两种方案的优点，具有良好的目标识别能力、识别精度、天气适应性、探测距离和适应测速，但成本高于以上两种方案。

自车状态感知部分包括了车轮转速传感器、横向摆动传感器和转向角传感器等，用于获取自车的行驶状态参数。

2. 决策单元

决策单元由中央控制器识别传感器信息，判断自车的危险状态，将判断结果发送给控制执行单元，并将计算结果与驾驶人交互，为驾驶人提供及时且有效的车辆状态信息，进而提供行驶决策。AEB 控制器目前多集成在传感器内部（多为毫米波雷达），随着智能驾驶技术的不断发展，AEB 控制功能将逐步由域控制器承担。

3. 控制执行单元

决策单元的结果由控制执行单元接收，在危机状态下向驾驶人发出警告。若驾驶人未做出任何反应，控制执行单元为保证安全会自动完成被控目标要求达到的车辆状态。目前 AEB 的执行器均为车身电子稳定性控制（Electronic Stability Control，ESC）系统。随着电子液压制动（Electro-Hydraulic Brake，EHB）系统的逐步量产，其将会成为新的 AEB 执行器，并缩短执行器响应时间，提升 AEB 性能表现。

第二节 自动紧急制动系统的工作原理

一、自动紧急制动系统的工作过程

AEB 系统实际工作过程一般分成 3 个阶段：报警、制动辅助、制动。在检测到碰撞风险时通过警报来提醒驾驶人注意风险，需要进行制动；如果驾驶人没有响应警报，系统会进入制动预备阶段，如果驾驶人开始制动，制动系统的响应会更快，同时辅助增加制动力；如果系统完成制动预备阶段，驾驶人仍没有根据警报进行制动，系统会自动制动来避免风险，其工作过程如图 6-2 所示。

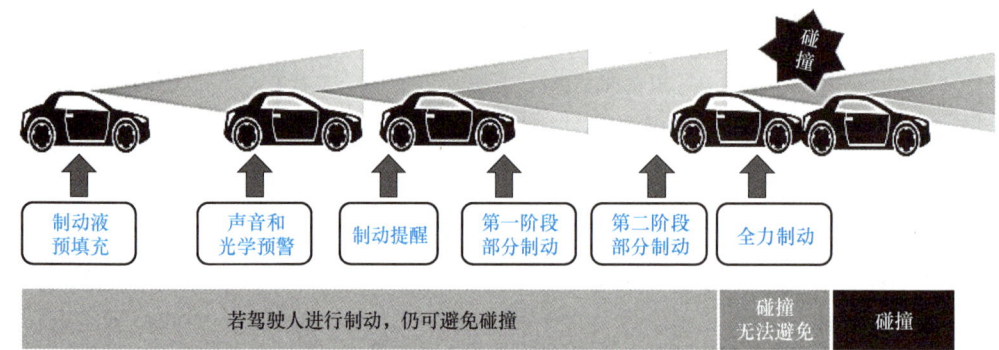

图 6-2　AEB 系统工作过程

二、自动紧急制动各子系统的工作原理

根据以上工作过程要求，AEB 系统的主要功能包括预碰撞报警（Predictive Collision Warning, PCW）、紧急制动（Emergency Braking, EB）和行人保护（Pedestrian Protection, PP）三大部分。

其中，预碰撞报警、紧急制动和行人保护所包含的子功能见表 6-2。

表 6-2　AEB 系统子功能

序号	功能	子功能
1.1	预碰撞报警	制动预填充（Brake Prefill, BP）
1.2		液压制动辅助阈值调整（Hydraulic Brake Adjust, HBA）
1.3		安全距离报警（Potential Distance Warning, PDW）
1.4		预报警（Pre-Warning, PW）
1.5		紧急报警（Acute Warning, AW）
2.1	紧急制动	紧急制动辅助（Emergency Brake Assist, EBA）
2.2		自动紧急制动（Automatic Emergency Braking, AEB）
3	行人保护	行人保护（Pedestrian Protection, PP）

1. 预碰撞报警的工作原理

（1）制动预填充的工作原理　其目的是实现更快的制动反应。一般的制动系统，为防止摩擦片过早磨损,摩擦片与制动盘二者间留有间隙。该间隙的存在,导致紧急制动时将花费一定时间使二者接触,影响了制动距离。制动预填充为紧急状况做好准备,将摩擦片移动到制动盘,但并不施加制动力。在该功能作用下,系统可以对驾驶人的制动请求做出更快的反应。

(2) 液压制动辅助阈值调整的工作原理　其目的是当驾驶人触发紧急制动时辅助驾驶人制动。在需要进行紧急制动的情况下,只有少数驾驶人可以有效地进行较强的制动。为弥补其他类型驾驶人在这一方面的不足,HBA 通过监测制动压力信号,可以发觉到驾驶人进行紧急制动的意愿,从而补上紧急制动时不足的制动力。

HBA 的触发门限须尽可能考虑到极端状态进行优化,从而避免驾驶风格比较"随意"的驾驶人在驾驶时发生经常性误触发。其弊端就在于当遇到紧急情况时,驾驶技术不熟练的驾驶人可能无法触发该功能。

本功能将依据实际情况调整 HBA 的触发门限,从而保证大多数驾驶人在发生紧急情况时可以触发 HBA。

(3) 安全距离报警的工作原理　其目的是提示驾驶人跟车车距过小。安全距离报警会在情况不紧急的时候提醒驾驶人,但是如果这时前车突然减速,该状况的危险程度会迅速升级。

该报警具有提示信息的属性,如果当前状况不改变,则不会发生事故。尽管在这种状况下没有危险,但是驾驶人也应调整自己的驾驶行为,保持合理车距,这样如果前方车辆突然紧急制动,那么驾驶人才能够做出反应以避免事故的发生。

(4) 预报警的工作原理　其目的是实现柔和的视觉及声音报警。系统触发安全距离报警之后,若车辆仍存在碰撞风险,将触发预报警。报警时仪表伴有图像及文字"注意碰撞"提示,目标车辆闪烁,蜂鸣器响3声。

(5) 紧急报警的工作原理　其目的是强烈的触觉报警。系统触发预报警之后,若驾驶人仍未采取任何措施,系统将触发紧急报警,通过短促制动提醒驾驶人,同时仪表文字提示,目标车辆闪烁。

2. 紧急制动的工作原理

(1) 紧急制动辅助　其目的是辅助驾驶人在危险情况下执行制动。系统触发预报警之后,若驾驶人仍未采取任何措施,系统将触发紧急报警,通过短促制动提醒驾驶人,同时仪表文字提示,目标车辆闪烁。

(2) 自动紧急制动　其目的是如果驾驶人未对报警做出反应,并且情况的危险程度升级,则系统会进行自动紧急制动。自动紧急制动包括部分自动紧急制动 AEB-P 和中速自动紧急制动 AEB-M。其中 AEB-P 触发较早(与紧急报警同时触发),主要作用是给驾驶人争取更多的反应时间。如果驾驶人不做出反应,它也会降低事故的危险程度。AEB-M 是在中等速度的时候激活。当系统计算出必须采用很大的、不舒服的减速度才可避免碰撞时,系统会触发此功能,通过自动紧急制动来尽可能地减小两车的相对速度。

3. 行人保护的工作原理

行人保护的目的是避免或减轻自车与正在过本车道的行人的碰撞。行人保护功能同样包括预报警、预填充、HBA 阈值调整、自动紧急制动几个子功能,具体工作原理与上文类同,这里不再赘述。

第三节　自动紧急制动系统的避撞控制算法

自动紧急制动系统是采用传感器测出与前车或者障碍物的距离，再利用数据分析模块对测出的距离和警报距离、安全距离进行比较，小于警报距离时就会有警报提示，要是小于安全距离就会自动对汽车进行制动，从而保护驾驶人。在这个过程中，安全距离模型是系统的核心算法。目前防碰撞安全距离（Anti-collision Safe-distance，AS）算法和碰撞时间（Time to Collision，TTC）算法是两类典型的避撞控制算法。AS 算法通过自车与前车的距离与相对车速确定自车制动所需的安全距离（AS）阈值，代表模型包括：马自达公司、本田公司等提出的安全避撞算法、Berkeley 算法及 SeungwukMoon 算法等。碰撞时间算法主要是根据两车运动状态计算两车发生碰撞的时间，得到碰撞时间的阈值。当自车状态小于 AS 阈值或 TTC 阈值时，AEB 系统主动采取警报或制动。以下为几种典型的避撞算法。

一、马自达公司提出的安全避撞算法

马自达公司提出的安全避撞算法是马自达公司开发的车辆前方碰撞预警模型，该模型考虑驾驶人反应时间、制动系统时延及安全冗余距离，制动过程视为匀减速过程，根据对车辆的运动学关系分析来确定紧急情况下的安全制动距离。该算法的安全制动距离模型为：

$$d_{br} = \frac{1}{2}\left[\frac{v^2}{a_1} - \frac{(v-v_{rel})^2}{a_2}\right] + vt_1 + v_{rel}t_2 + d_0 \qquad (6-1)$$

式中，d_{br} 为安全制动距离（m）；v 为自车车速（m/s）；v_{rel} 为两车相对车速（m/s）；a_1 为自车最大减速度（m/s^2）；a_2 为前车最大减速度（m/s^2）；t_1 为驾驶人反应延迟时间（s）；t_2 为制动器延迟时间（s）；d_0 为最小停车距离（m）。

当 v_{rel} 大于 v 时无危险，制动危险距离 d_{br} 为零。当两车全力制动时，为使两车不发生碰撞保留了最小停车距离 d_0，且增加延迟时间 t_1、t_2，可使系统更加可靠。

该算法通过调整相关参数使系统趋于保守或者激进，需要大量实车试验数据标定参数。根据经验得到参数选择为 $a_1 = 6m/s^2$，$a_2 = 8m/s^2$，$t_1 = 0.1s$，$t_2 = 0.6s$，$d_0 = 3m$，当相对车速 v_{rel} 大于自车车速 v 时，此时 d_{br} 为零，则根据算法模型可绘制出安全距离的三维图模型（图 6-3）。

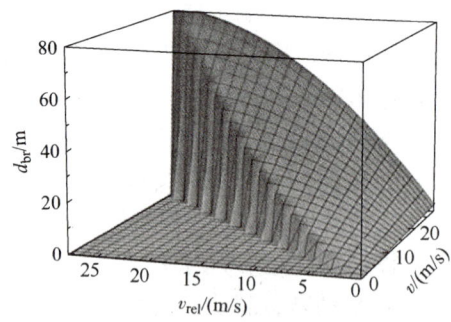

图 6-3　马自达公司提出的安全避撞算法的安全距离的三维图模型

二、本田公司提出的安全避撞算法

该算法是日本本田汽车公司于 20 世纪 90 年代参加了当时由日本国土交通省提出的先进安全汽车（Advanced Safety Vehicle，ASV）项目时所提出的。

该算法考虑碰撞预警和碰撞避免，以预先给定的制动时间与目标车辆的制动时间比较，得到碰撞预警逻辑算法的安全制动距离模型为：

$$d_{br} = t_2 v_{rel} + t_1 t_2 a_1 - 0.5 a_1 t_1^2, \frac{v_2}{a_2} \geq t_2 \quad (6\text{-}2)$$

$$d_{br} = t_2 v - 0.5(t_2 - t_1)^2 a_1 - \frac{v_2^2}{2a_2}, \frac{v_2}{a_2} < t_2 \quad (6\text{-}3)$$

式中，v、v_2 为自车和前车车速（m/s）；a_1、a_2 为自车和前车的最大减速度（m/s²）；t_1 为系统延迟时间（s）；t_2 为制动时间（s）。式（6-2）和（6-3）分别为 $\frac{v_2}{a_2} \geq t_2$ 和 $\frac{v_2}{a_2} < t_2$ 时的安全制动距离模型。

若取 $a_1 = a_2 = 7.8\text{m/s}^2$，$t_1 = 0.5\text{s}$，$t_2 = 1.5\text{s}$，则该算法的安全距离的三维图模型如图 6-4 所示。由图可看出，相比马自达公司的算法，本田公司的算法的危险制动距离介入较晚，驾驶人驾驶舒适性得到了改善。

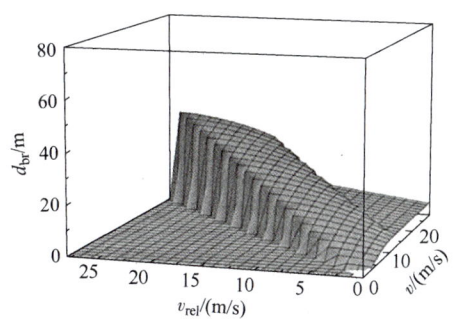

图 6-4 本田公司提出的安全避撞算法的安全距离的三维图模型

三、Berkeley 算法

Berkeley 算法采用模型简化计算，视自车与目标车辆的最大减速度相同，应用于目标车突然匀减速运动，后车匀速向前运动的场景。在 Berkeley 算法模型中，预警阶段自车发生碰撞的公式为：

$$x_1(t) = x_{10} + v_1 t \quad (6\text{-}4)$$

$$x_2(t) = x_{20} + v_2 t - 0.5 a_2 t^2 \quad (6\text{-}5)$$

$$v_1(t) = x_{20} - x_{10} + x_2(t) \quad (6\text{-}6)$$

$$v_{rel} = v_1 - v_2 \quad (6\text{-}7)$$

$$t = t_1 + t_2 \quad (6\text{-}8)$$

$$d = x_{20} - x_{10} \quad (6\text{-}9)$$

$$d_{br} = v_{rel}(t_1 + t_2) + 0.5 a_2 (t_1 + t_2)^2 \quad (6\text{-}10)$$

式（6-10）中，d_{br} 为最终计算的安全制动距离；v_{rel} 为两车相对速度（m/s）；a_2 为两车最大制动减速度（m/s²）；t_1 为驾驶人反应时间（s）；t_2 为制动系统延迟时间（s）。

若取 $a_1 = a_2 = 6\text{m/s}^2$，$t_1 = 1\text{s}$，$t_2 = 0.2\text{s}$，则 Berkeley 算法的安全距离的三维图模型如图 6-5 所示。

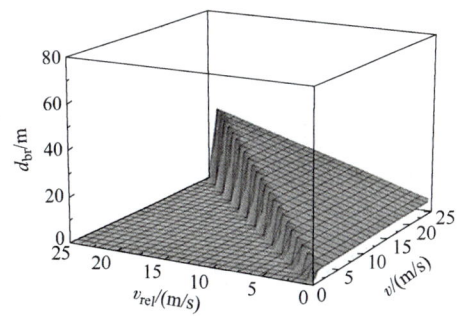

图 6-5 Berkeley 算法的安全距离的三维图模型

四、SeungwukMoon 算法

SeungwukMoon 算法的制动安全距离模型为：

$$d_{br} = v_{rel} T_{delay} + f(u) \frac{(2v - v_{rel}) v_{rel}}{2 a_{max}} \quad (6\text{-}11)$$

式中，v_{rel} 为两车相对车速（m/s）；v 为自车车速（m/s）；T_{delay} 为系统延迟时间（s）；$f(u)$ 为制动因数；a_{max} 为最大制动减速度（m/s²）。

若取 $T_{delay}=1.2\text{s}$，$f(u)=0.2$，$a_{max}=6\text{m/s}^2$，则 SeungwukMoon 算法的安全距离的三维图模型如图 6-6 所示。

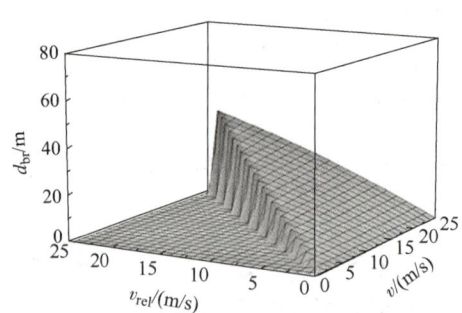

图 6-6 SeungwukMoon 算法的安全距离的三维图模型

五、TTC 算法

TTC 算法在各种标准及规范中应用广泛，包括 ECE R13、SAE、NHTSA、ISO 及 Euro-NACP 等。基于时距的 TTC 模型以碰撞时间（Time To Collision，TTC）为判定参数，根据碰撞时间的数值与制动时间阈值（Time Threshold Brake，TTB）比较结果决定是否执行紧急制动。

碰撞时间为当前道路工况下，自车与前方目标车辆保持当前速度不变，直至自车与目标车辆发生碰撞所需的时间。也有研究认为，自车与目标车辆速度应保持不变，自车与目标车辆转向角也应保持不变。碰撞时间算法不考虑驾驶人可能的制动或转向操作，仅用于表征在当前时间自车与目标车辆出现碰撞的危险情况，适用于驾驶人操作已经无法避免碰撞时 AEB 系统进行制动操作的情况。

制动时间阈值表示通过制动操作能有效防止自车与目标车辆发生碰撞事故的最晚时间，即采取制动操作到速度为 0 接触目标车辆经历的时间。最晚制动时间为理想值，车辆制动减速度并不能立即达到最大也并不恒定。

碰撞时间与制动时间阈值在不同工况下公式不同，工况如目标车辆静止（Car-to-Car Rear Stationary，CCRS）、目标车辆匀速（Car-to-Car Rear Moving，CCRM）、目标车辆减速（Car-to-Car Rear Barking，CCRB）。

通过设置多个预警参数阈值，AEB 系统可实现分级制动策略。以两个预警参数阈值为例，当碰撞时间小于较大的预警参数阈值时，AEB 系统预警部分对驾驶人进行警示，当碰撞时间小于较小的预警阈值即制动时间阈值时，判断进行紧急制动。

制动时间阈值可通过公式计算，常规预警算法通常将制动减速度作为可计算值进行计算，也有通过大量实验将其标定为固定常数值以提高各种工况下常规预警算法的可靠性。

当目标车辆车速大于自车车速时，AEB 系统不进行预警算法判断。当目标车辆车速小于自车车速时进行预警算法判断，当目标车辆处于 CCRM 或 CCRS 工况时，常规 TTC 公式如下：

$$\text{TTC} = -\frac{s_\text{rel}}{v_\text{rel}} \tag{6-12}$$

制动时间阈值 TTB 公式如下：

$$\text{TTB} = \frac{v_\text{rel} + \sqrt{v_\text{rel}^2 + 2a_\text{obj}(s_\text{rel} - d_0)}}{a_\text{obj}} \tag{6-13}$$

式中，s_rel 为自车与目标车辆相对距离（m）；v_rel 为自车与目标车辆相对速度（m/s）；a_obj 为目标车辆减速度（m/s²）。

目标车辆处于 CCRB 工况时，目标车辆停止前是否与自车发生碰撞，目标车辆是否先于自车停止，TTC 模型公式不同。假设自车与目标车辆行驶状态如图 6-7 所示。

图 6-7 中：实线表示自车车速曲线，虚线表示目标车辆车速曲线。当自车制动停止时刚好与目标车辆接触，即图中 O' 点。实线向左移动，前车停止前，出现自车与目标车辆相距最短的情况；实线向右移动，可出现前车停车后自车与目标车辆相距最短，不会发生碰撞，也可能出现自车与目标车辆距离最短，在前车停止前发生碰撞。

车辆接近减速目标时，需判断目标车辆在自车制动停止之前是否碰撞，即判断两车最短距离在前车制动停止前还是制动停止后。

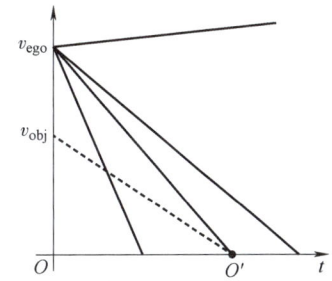

图 6-7 自车与目标车辆行驶状态

自车与目标车辆碰撞发生在前车停止后，即最短距离在目标车辆停止后，当 $v_\text{ego}|v_\text{obj}/a_\text{obj}| + 0.5a_\text{emax}|v_\text{obj}/a_\text{obj}|^2 < |v_\text{obj}^2/2a_\text{obj}| + s_\text{rel}$ 时，TTC 和 TTB 的计算公式如下：

$$\text{TTC} = \frac{S_\text{rel} + |v_\text{obj}^2/2a_\text{obj}|}{v_\text{ego}} \tag{6-14}$$

$$\text{TTB} = \frac{-v_\text{ego} + \sqrt{v_\text{ego}^2 + 2a_\text{max}(s_\text{rel} + |v_\text{obj}^2/2a_\text{obj}|)}}{a_\text{emax}} \tag{6-15}$$

自车与目标车辆碰撞发生前车停止前，即最短距离在目标车辆停止前，当 $v_\text{ego}|v_\text{obj}/a_\text{obj}| + 0.5a_\text{emax}|v_\text{obj}/a_\text{obj}|^2 \geq |v_\text{obj}^2/2a_\text{obj}| + s_\text{rel}$ 时，TTC 和 TTB 的计算公式如下：

$$\text{TTC} = \frac{-v_\text{rel} - \sqrt{v_\text{rel}^2 - 2s_\text{rel}a_\text{rel}}}{a_\text{rel}} \tag{6-16}$$

$$\text{TTB} = \frac{-v_\text{rel} - \sqrt{v_\text{rel}^2 - 2(a_\text{obj} - a_\text{emax})s_\text{rel}}}{a_\text{obj} - a_\text{emax}} \tag{6-17}$$

式中，s_rel 为自车与目标车辆相对距离（m）；v_rel 为自车与目标车辆相对速度（m/s）；v_obj 为目标车辆车速（m/s）；a_emax 为自车最大减速度（m/s²）；a_obj 为目标车辆减速度（m/s²）；a_rel 为自车与目标车辆相对减速度（m/s²）。

现实情况中，TTC 模型普遍使用固定阈值的方式实现自动紧急制动功能，即标定 TTB 为 2.2s。当 TTC≤2.2s 时，AEB 系统控制部分发出控制信号，完成车辆紧急制动。TTC 模型采用固定阈值方式的优势在于控制策略可靠，在大量测试数据的支持下有较好效果，这与滑移率控制中大量采用的逻辑门限值方法相似。

第四节　自动紧急制动系统仿真开发案例

在本节中，将以机动车与电动两轮车的预碰撞系统开发为案例介绍如何应用 MATLAB/Simulink 和 PreScan 仿真软件进行 AEB 功能仿真开发。

一、基于 TTC 算法的模型搭建

TTC 算法模型即基于碰撞时间的避撞算法，此算法定义了危险制动距离，如果碰撞时间 TTC 小于系统制动延迟时间和驾驶人反应时间，且驾驶人对碰撞预警未做出任何反应，则系统将在此时主动制动。模型为：

$$\text{TTC} = \frac{D}{v_{\text{rel}}} \tag{6-18}$$

$$d_{\text{br}} = \text{TTC} \times v_{\text{rel}} + d_0 \tag{6-19}$$

式中，D 为两车的相对距离；v_{rel} 为参与方相对车速；d_{br} 为自车制动危险距离；d_0 为安全停车距离。

通过与上述几种模型的对比，TTC 算法较简单，所需输入的参数较少，只需输入两车车距与相对速度。此模型避撞公式简单，可灵活调整不同的碰撞时间阈值。综上所述，本书采用 TTC 多级制动控制算法，因为当 AEB 系统面向道路电动两轮车使用者时，采用多级全力制动方案不仅可以在很大程度避免对弱势群体的伤害，还可以提高车辆驾乘人员的舒适性。

TTC 避撞控制逻辑见表 6-3，车辆通过传感器感知外部环境信息，输入信息计算 TTC，若 TTC 小于预警触发时间 $\text{TTC}_1 = 2.6\text{s}$ 时，则触发预警系统；当 TTC 小于部分制动触发时间 $\text{TTC}_2 = 1.6\text{s}$ 时，则触发系统部分制动；当 TTC 小于极限触发时间 $\text{TTC}_{\max} = 0.6\text{s}$ 时，则系统全力制动，否则系统不参与动作。

表 6-3　TTC 避撞控制逻辑

预警系统	部分制动	全力制动	系统动作
0	0	0	无动作
0	0	1	无动作
0	1	0	输出部分制动
0	1	1	输出最大制动
1	0	0	输出驾驶人制动
1	0	1	输出最大制动
1	1	0	输出部分制动
1	1	1	输出最大制动

目标检测模块控制原理如图 6-8 所示，载体为传感器，作用时为系统判断有无危险目标，根据目标物危险等级此处设置 ActiveBeam 可同时跟踪探测 7 个目标，系统对目标进行 7 维求和运算，若探测到目标，则系统求和不为零，将信号传递给状态机。

第六章 自动紧急制动技术

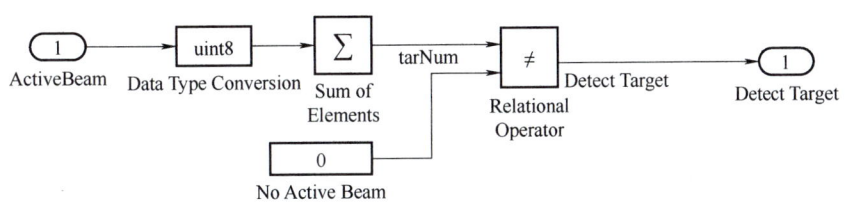

图 6-8　目标检测模块控制原理

二、传感器模型设置

环境感知系统是智能汽车中的关键环节,传感器负责采集汽车所需的重要信息,包括汽车自身及汽车周围环境等信息,为车辆提供及时准确且可靠的决策依据。

因为探测目标为电动两轮车,行驶速度较快且路线不稳定,因此选择探测距离远且穿透能力强的毫米波雷达。传感器参数中,探测角(FoV)与探测距离(R)是重要参数。探测距离越长,就可越早地发现目标;探测角度越大,对电动两轮车的探测越有利,但也会增加相应的制造成本。在 PreScan 中选择单一 TIS 传感器,具体参数设置方法如图 6-9 所示。

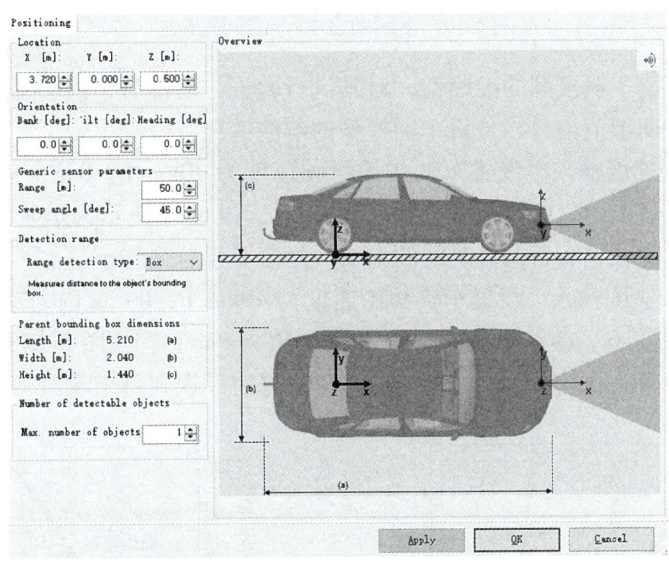

图 6-9　传感器具体参数设置方法

三、车辆动力学模型设置

本书此处选择的轿车车型为 Toyota PRIUS,车辆基本参数见表 6-4。

表 6-4　车辆基本参数

总质量/kg	车长/m	车宽/m	车高/m	质心高度/m
1650	4.485	1.745	1.510	1.160

在 PreScan 软件中车辆动力学模型选择 2D simple,在 Simulink 软件中单击生成操作后自

动生成模型,设置方法如图 6-10 所示。

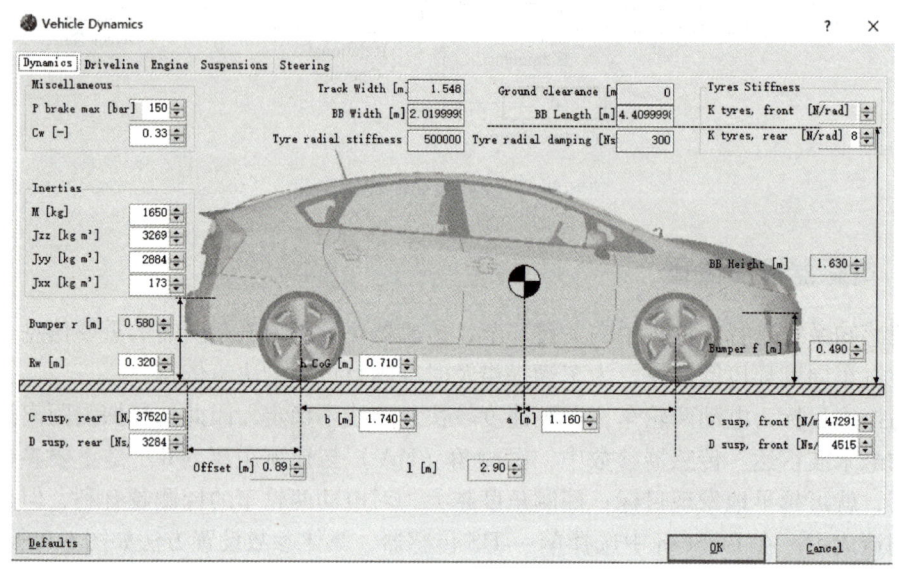

图 6-10　车辆动力学模型设置方法

为验证上述搭建车辆模型的准确性,对其进行验证,通过对车辆模型加速度值的阶跃输入,对比输出值与期望值偏差,分析车辆模型的响应情况。

(1) 负阶跃加速度输入　设置车辆初始行驶速度为 70km/h,0~3s 内匀速行驶,3~6s 内加速度值为 -20m/s^2,6~10s 内加速度值为 0m/s^2,图 6-11 所示为负阶跃加速度输入,可看出两条曲线基本吻合且随着仿真时间的增加,两者差异越来越小。

(2) 正阶跃加速度输入　设置车辆初始速度为 40km/h,0~3s 内匀速行驶,3~6s 内的加速度值为 10 m/s^2,6~10s 内匀速行驶,加速度值为 0m/s^2。如图 6-12 所示为正阶跃加速度输入,可看出两条曲线基本吻合,当速度趋于平稳时,误差趋于零。

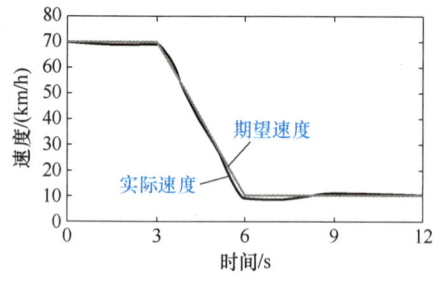

图 6-11　负阶跃加速度输入

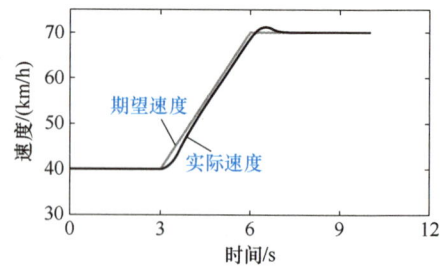

图 6-12　正阶跃加速度输入

总体来说,通过两种不同的速度变换方式测试时,车辆模型对变化加速度的响应效果较好,证明了该车辆模型的可靠性。

四、融合 AEB 模型的车辆模型搭建

整个车辆的避撞过程及其所包含的模块如图 6-13 所示。传感器模块收集外界环境信息

及自车运动状态，将信息传递给 AEB 模块。AEB 模块对传感器传递来的信号进行处理并对指标进行判断，将加速及制动信号传递给车辆动力学模块；在路径跟随模块中设置车辆初始运动参数；通过 3D 动画及显示模块显示车辆运动状态和车辆运动的各种参数。

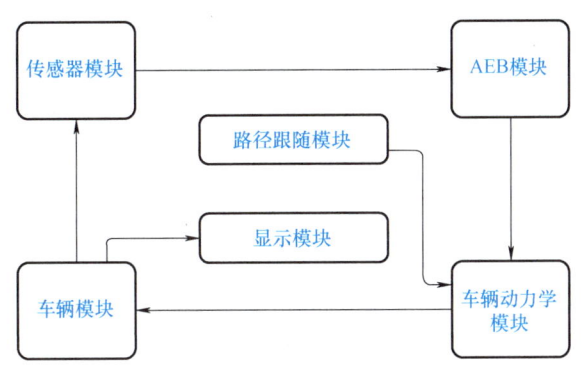

图 6-13　整个车辆的避撞过程及其所包含的模块

五、模型验证

前面章节中讲述了 AEB 控制模型、各参数及传感器的设置，为验证上述搭建的车辆模型的有效性，本小节将在 PreScan 中建立一个简单的路口场景进行一次避撞仿真测试。设置一个单向单车道的十字交叉路口，车辆前方 60m 处放置一辆静止的电动两轮车。车辆以初速度为 45km/h 行驶。将探测距离设置为 60m，探测角设置为 50°。触发 AEB 的 TTC_{max} 初始值设置为 0.6s。假设路面状况良好，场景图如图 6-14 所示。行驶过程中减速度为 $a=0.8g$，仿真过程车辆速度与加速度曲线如图 6-15 所示，碰撞速度为 30.5m/s，仿真持续了约 5s，制动开始时刻在 4s，制动减速度为 8.2m/s²。

图 6-14　场景图

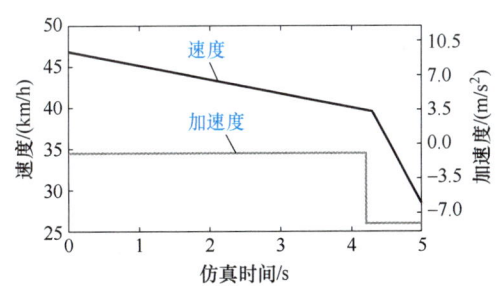

图 6-15　仿真过程车辆速度与加速度曲线

在该场景中，自车车辆距电动两轮车距离为 60m 时即可探测到电动两轮车的存在，当达到 TTC_{max} 时，存在：

$$v_i^2 - v_c^2 = 2a TTC_{max} v_i \tag{6-20}$$

式中，v_c 为车辆和行人碰撞时的速度；v_i 为车辆初始速度。计算出该过程车辆碰撞到电动两轮车的速度，统一量纲后得出的理论碰撞速度为 29m/s，实际值与理论值的误差为 5.1%，可认为模型可靠。通过不断调整 TTC 值使车辆能够避免与电动两轮车碰撞。

【思考题】

1. 自动紧急制动系统由哪些子系统组成？
2. 采用自动紧急制动系统有何优缺点？
3. 预碰撞报警的工作原理是什么？
4. TTC 算法的工作原理是什么？

参 考 文 献

[1] 崔胜民. 智能网联汽车先进驾驶辅助系统（ADAS）[M]. 北京：化学工业出版社，2023.
[2] 王建. 智能车辆技术基础 [M]. 北京：清华大学出版社，2021.
[3] 朱雪静. 基于轿车-两轮车路口事故特征的 AEB 系统参数研究 [D]. 上海：上海工程技术大学，2022.

第七章

车道保持辅助技术

第一节 车道保持辅助系统的定义与组成

一、车道保持辅助系统的简介

在驾驶过程中,驾驶人注意力不集中或者疲劳驾驶,很有可能会导致车辆意外驶出车道,从而造成危险。疲劳和分心是无意中偏离车辆行驶车道线的最常见原因,如何让驾驶人保持注意力且预防驾驶人在注意力分散时发生意外,降低偏离车道的概率以保障行车安全,是近年来各个车厂所努力的目标和研究的重要课题。人容易疲劳,机器不容易疲劳,因此诞生了车道保持辅助系统,此系统可以辅助驾驶人开车,主动帮助驾驶人将其车辆保持在车道内,避免或者减少事故的发生。

7 吉利 LKAS

车道保持辅助系统(Lane Keeping Assistance System,LKAS)是在车道偏离预警系统(Lane Departure Warning System,LDWS)的基础上发展起来的。LDWS 与 LKAS 非常相似,都是由摄像头监测道路上的标线,进而判断车辆是否偏离车道。

1997 年,美国卡内基梅隆大学机器人学院成功研制出了一种 LDWS:AURORA 系统,这是一款由便携工作站、带广角镜头的摄像头以及数字转换器组成的车道偏离预警系统。在工作时,LDWS 通过安装在车身侧的摄像头实时检测车辆旁边的车道线,并通过数字转换器输出给便携工作站,从而完成车道的识别。2000 年,由德国的 DaimlerChrysler 公司和美国的 Iteris 公司联合开发的 AutoVue 系统首次得到了实际应用。这款车道偏离预警系统由立体音箱、摄像机、显示设备和控制单元组成。其工作原理是通过检测车辆在当前车道中的位置,判断车辆是否将要发生偏离,并通过立体音响提醒驾驶人。

而国内对于车道偏离预警系统的研究则起步较晚,直到 2003 年吉林大学交通学院智能车辆课题组才开始对车道偏离预警系统开展研究,经过几年不懈地努力,终于研制出了 JLUVA-LDWS 车道偏离预警系统。

然而车道偏离预警系统并没有自动导正车身的功能,它只能提醒驾驶人车辆已经偏离车道,方向盘会发生振动,不过系统并不会采取任何干预转向的动作。而车道保持辅助技术对增进道路安全有巨大潜力,能有效防止因为驾驶人分心,而发生的意外性车道偏离,除了在偏离车道时发出警示,也会主动转向,使车辆保持在原有的车道内,对于道路安全有相当正面的帮助。得益于线控转向系统技术的快速发展，以及汽车工程师们的不懈努力，终于将线控转向系统技术和车道偏离预警系统成功"合体"，开发出了车道保持辅助系统。最早配备车道保持辅助系统的量产车是日本在2001年推出的第四代CIMA（代号F50，即日本版的英菲尼迪Q45），其不仅拥有车道偏离时发出警报的功能，还能够主动进行转向，使车辆回到原本的车道上。

在当今辅助驾驶技术中，车道保持辅助系统是非常重要的，也是全智能驾驶汽车基础的组成部分之一。随着国内摄像头技术、雷达技术的飞速发展以及中国制造的成本优势，越来越多的车辆装备了更加智能化的车道保持辅助系统，为人们提供更好的驾乘体验。

二、车道保持辅助系统的定义

车道保持辅助系统是车辆横向驾驶辅助系统下的一个分支，它通过转向辅助控制帮助驾驶人抑制车辆的车道偏离倾向，能够主动干预车辆的操作，尽可能避免不恰当变道和注意力涣散引发的交通事故。

车道保持辅助系统通常由车道偏离预警和主动干预两部分组成。在车辆行驶过程中，使用车载摄像头进行车道线的识别，将车辆保持在车道上。如果车辆出现可能偏离车道线的情况，车道保持辅助系统将通过方向盘的振动或声音吸引驾驶人的注意力，若检测到长时间没有操作，方向盘会轻轻转动，使车辆回归正确的车道上。

三、车道保持辅助系统的组成

基于电动助力转向（Electronic Power Steering，EPS）系统的车道保持辅助系统主要由感知单元、决策单元、执行单元3部分组成。

1. 感知单元

感知单元主要通过多功能摄像头采集道路信息，通过传感器采集车辆状态信息，并把这些信息传送给电子控制单元。目前常用的传感器主要有用于车道辨识的传感器，例如摄像头；测车身运动信息的传感器，例如轮速传感器、惯性测量组件等；驾驶操作信息感测模块，比如驾驶转向的力矩和方向盘角度、转向灯信号、制动踏板信号等。其中车道辨识传感器是感测核心，其精度、可用性和可靠性影响车道保持辅助系统的质量。

（1）横向偏摆率传感器 汽车上的横向偏摆率传感器具有自我诊断功能，横向偏摆率传感器主要用来记录汽车纵向轴线摆动的角速度，用来衡量转向过度或转向不足。当汽车上的电子控制模块监测到横向偏摆率与横向偏摆率传感器测量的实际横向偏摆率不相符时，车载计算机会自动启动稳定控制系统来控制汽车。

（2）摄像头 摄像头为驾驶人辅助系统提供图像信息。摄像头检测可视队列，例如车道标记，确定车辆意外移出车道时，将向驾驶人发出视觉、音频或触觉警告。

摄像头的安装可能受到振动或者碰撞影响，使系统性能下降。此时，需要对摄像头等相关传感器进行重新校准。

校准是用来确定车载摄像头的实际方向角的。要想获得准确的警报提醒，就必须知道车载摄像头的准确安装位置。一些因素可能会造成车载摄像头偏离规定的安装位置，如支架或风窗玻璃的部件公差、制造公差等。为了补偿这种偏差，就必须对系统进行校准。校准过程就是要确定车载摄像头的3个方向角（相对于车的行驶方向）和摄像头的安装高度（相对于车辆的轮胎接触面)。3 个方向角包括：横摇角（绕 X 轴的转动）、纵摇角（绕 Y 轴的转动）、横摆角（绕 Z 轴的转动）。

2. 决策单元

决策单元包含了电子控制模块、车道辨识模块、轨迹控制模块、偏离警示判断模块和系统状态决策模块等。

电子控制模块对采集的信息进行分析、计算、判断等，把控制指令传递给执行单元。当行驶偏离车道线后，电子控制单元计算出辅助方向盘操舵力，对应偏的程度来控制方向盘操纵模块。

车道辨识模块辨识车道线信息并估算车辆与车道的相对关系，包含侧向偏移、方位角、曲率等信息，同时融合车道信息和车身运动信息，来提升车道辨识的准确性。

轨迹控制模块会根据预测轨迹和目标轨迹估算行驶偏差，并考虑车辆动态响应特性与安全舒适因子，实现轨迹控制。

偏离警示判断模块会根据跨越车道线距离计算跨越车道线时间，判断是否要给予驾驶人车道偏离的警示。

系统状态决策模块将车道偏离、车辆动态、驾驶人行为等信息作为系统功能动作与否的条件。有些设计也会结合盲点监测系统/并线辅助系统的信息，如在进行车道变换过程有碰撞可能时，车道保持辅助系统主动介入，使车辆驶回原车道以避免追撞。

3. 执行单元

车道保持辅助系统的执行单元通常为转向控制系统。转向控制器执行决策控制模块的命令，提供驾驶辅助力矩。转向系统设计时须考虑系统共振与操作响应，以确保转向操作性能需求。

除此之外，车道保持辅助系统通常还包含人机交互界面、车道保持辅助系统开关、系统警告指示灯等。

第二节　车道保持辅助系统的工作原理

一、基本工作原理

车道保持辅助系统的基本工作原理如下：由感知层提取车辆前方的数据信息，智能识别车辆行驶过程中与所在车道的横向位移状态；决策层通过一定算法判断出车辆是否在规定车道内，可在车辆行驶轨迹太靠近车道标记时做出反应，车辆与车道线的距离低于规定的最小值时，该系统就会介入；当判定车辆在驾驶人无干预情况下偏离或即将偏离当前车道时，执行层暂时接管并控制车辆主动驶回原车道。

如图 7-1 所示，摄像头负责提取车辆前方的视觉数据。它全程监控车辆正在行驶的前方车道的车道标记（中心和侧条纹），探测自车与车道边缘线相对距离与方位，智能识别车辆行驶过程中与所在车道的横向位移状态，实时监测车道变化和车辆在其车道上的位置。

系统在计算机的帮助下，经过编程通过一定算法判断出车辆是否在规定车道内，可在车辆行驶轨迹太靠近车道标记时做出反应，车辆与车道线的距离低于规定的最小值，系统就会介入。一旦车辆在无意识情况下偏离车道标记的规定距离，偏离（左右偏离）自己的车道，且没有打转向灯，车道保持辅助系统就会开始行动。该动作可能首先是警告，然后会发生转向校正。车道保持辅助系统通过控制电动助力转向（EPS）系统为驾驶人提供转向控制，在方向盘上施加力矩，也可自动调整 EPS 输出转矩力，并辅助驾驶人使车辆保持在自身车道内，以帮助车辆回到当前行驶的正确的车道上来，减少车辆偏离车道的风险，提高驾驶安全性。

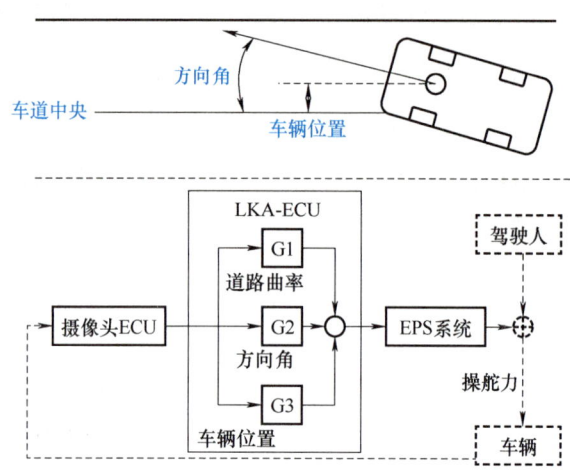

图 7-1　车道保持辅助系统的基本工作原理

二、车道识别原理

摄像头拍摄的每幅数字图像，均由车道保持辅助系统的处理器同步进行分析，可以检查灰度值是否存在大幅变化，例如深色沥青路面的白色车道分界线会使灰度值产生较大幅度的波动。

为了缩短运算时间，车道保持辅助系统在分析图像时，仅选取左半幅和右半幅图像的两个梯形区域，如图 7-2 所示，因为这两个区域就已包含了所需识别的车道标线。

图 7-2　车道保持辅助系统图像分析

如果分析程序在所选取的扫描行内发现一处或者多处强烈的灰度值变化，如图 7-3 所示，那么系统便在这些位置上分别设一个探测点或标记点，如果扫描到的标记点足够多，那么实际的车道走向就可以计算出来了。

根据所识别到的车道走向，车道保持辅助系统会从其内部设定的功能限制和驾驶安全角度出发,计算一条虚拟车道,如图 7-3 所示,有了虚拟车道,结合车辆自身的位置就可以进行转向干预了。

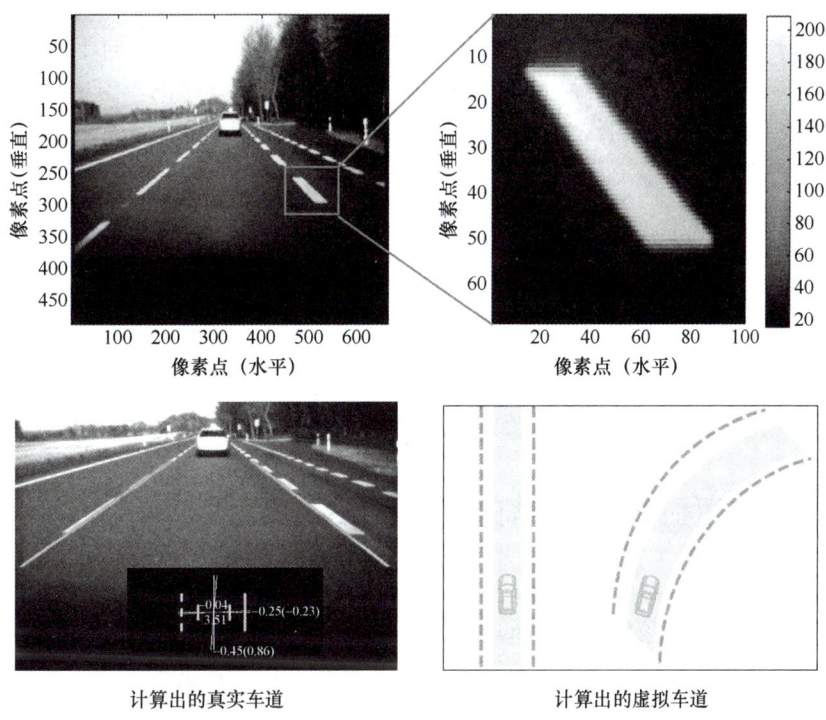

图 7-3 车道计算

三、异常情况处理原理

检测到的异常情况通常有以下两种:

1. 无意偏离道路虚线时

若驾驶人没有打转向灯,车辆越过车道虚线时,该系统将使方向盘发出脉冲式振动,提醒驾驶人及时纠正方向盘。若驾驶人仍未能及时做出车辆方向调整,则:

1)系统监测到虚线旁边车道没有车辆,将控制方向盘振动,提醒驾驶人及时纠正方向,驾驶人不采取措施也可以变入侧方车道。

2)系统监测到虚线旁边车道有车辆,且偏离车道有碰撞危险时,系统会主动对偏离虚线的另一侧的车轮进行制动,自动纠正车辆驶回原车道。

2. 无意偏离道路实线时

系统监测到车辆越过车道实线时,会即刻令方向盘振动来提醒驾驶人,若驾驶人仍未及时采取措施,系统会主动对偏离方另一侧的车轮进行制动,自动纠正车辆整体前进方向,使车辆驶回原车道。

四、系统干预原理

系统干预即对偏离的车辆方向进行主动干预。一般可对系统工作时转向干预点的早晚进行如下两种设置:转向干预点"早",此时系统以朝向车道中间的转向力矩形式进行持续干预；转向干预点"晚"，此模式下，只有当车辆快要接近车道边界线时才会引发系统的转向干预。

1. "早"干预模式

在"早"干预模式中，一旦车辆不再处于车道中间时便会发生转向干预。转向干预的前提条件是：警告系统功能正常，而且没有操作转向信号灯。车辆离车道中心越远，系统转向力矩就越大。驾驶人觉察到作为转向建议的转向干预，而是否采纳该建议则由他自己决定。要想把车辆换到临近车道的话，则驾驶人的转向力矩必须大于反方向作用的系统转向力矩。

2. "晚"干预模式

"晚"干预模式帮助驾驶人不致因疏忽而驶离车道。在该模式中，只有当车辆快要接近车道边界线时才会引发主动车道保持辅助系统的转向干预。如果驾驶人的转向力矩大于反方向作用的系统转向力矩，则车辆将继续朝相邻车道方向行驶，系统转向力矩将随之减小，直到最后数值为零。在这种情况下，系统会认为驾驶人希望变换车道。

第三节 车道保持辅助系统的控制算法

当车辆有发生车道偏离的危险时，车道保持辅助系统的控制算法会通过视觉、听觉或触觉等手段提醒驾驶人，若预警一定时间后驾驶人没有采取相关措施纠正车辆的偏离运动状态，车道保持辅助系统会进一步通过转向系统或制动系统对车辆进行主动干预，使车辆行驶在车道中间的安全区域，保证行车安全。根据车道保持系统的工作原理，车道保持辅助控制算法包含车道偏离评价算法和主动干预控制算法两部分。

一、车道偏离评价算法

车道偏离评价算法是对车道偏离的危险性评估，是指利用当前车辆的运动状态、前方道路的几何结构等从感知部分获得的信息判断车辆是否存在偏离本车道的危险。判断是否存在危险通常用预警时间来描述。一个合适的预警时间，既要保证不会出现频繁的错误报警给驾驶人造成不必要的干扰，又要保证预留给驾驶人恰当的反应时间来采取校正措施。合理的预警算法应当包括下面两个基本标准：

1）保证能够及时恰当的预警，保证驾驶人有足够多的反应时间。由于驾驶人对预警信号的感知响应以及驾驶人采取校正操作后汽车本身的响应都有一定的迟滞时间，所以，车道偏离预警系统应该在车辆横跨车道线、发生车道偏离状况之前的特定时间内准确预测出即将发生的危险，并向驾驶人及时发出预警信号，保证驾驶人有充足的时间采取校正措施，防止致命伤亡事故的产生。但是如果预警时刻过早，反而会令驾驶人感到系统报警的不必要，会不加理睬，这也就失去了系统本身的意义。

2）车道偏离评价算法应尽量减少误报警的次数和遗漏的正确报警次数。误报警是指车辆在车道内保持正常行驶轨迹的情况下系统发出的报警。一方面，如果车道偏离预警系统发出的误报警过于频繁，势必引起驾驶人的厌烦，如此下去，将导致驾驶人对系统报警的不信任性；另一方面，如果过度关注降低系统的误报警率，必然会造成一些正确报警被遗漏，同样使系统预警功能不可靠，甚至可能发生严重的后果。

下面介绍几种常用的车道偏离评价算法。

1. 基于车道偏离时间的评价算法

基于车道偏离时间（Time to Lane Crossing，TLC）的评价算法是国际上各类车道偏离预警系统中非常流行的一种决策算法，是当今大部分研究车道偏离预警的机构与高校所采用的方法。TLC 是指从汽车当前位置开始到汽车与车道线开始接触为止所需的运动时间，也可称之为汽车从当前时刻开始到汽车偏离本车道之前所剩余的时间。尽可能迅速地识别出未来可能发生的轨迹偏离是提出 TLC 方法的目的。该方法一般是对未来特定时间内的车辆动力学模型进行有效假设，根据建立的车辆运动模型和对前方道路模型的正确识别，最后计算出汽车即将跨越道路边界的时间。基于 TLC 的预警算法的基本原理是如果 TLC 小于给定的时间阈值 T_{th}，即当 TLC<T_{th}，则认为汽车将发生车道偏离，触发系统报警。

TLC 的评价算法可以分为横向 TLC 算法和纵向 TLC 算法，这是由所考虑的车道偏离方向的不同来区分的。AURORA 系统（美国卡内基梅隆大学提出）采用了横向 TLC 算法，其公式如下：

$$\text{TLC} = \frac{L_p}{v_y} \tag{7-1}$$

式中，L_p 为汽车侧向的位置，即车辆的纵轴线与道路中心线的侧向距离（如图 7-4 所示）；v_y 为汽车的侧向速度，通过计算最后半秒内汽车标志线相对汽车移动的距离计算获得时间。该方法中道路宽度已知且为常量。

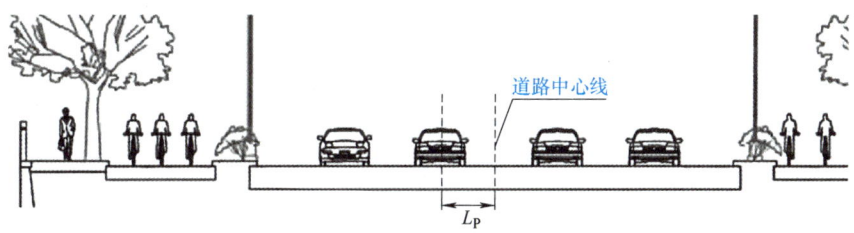

图 7-4　汽车侧向的位置示意图

该算法使用了侧向位移和侧向速度信息并考虑了汽车的行驶轨迹，能够保证在一定的时间范围内向驾驶人报警，给驾驶人预留了一定的反应时间。但是本算法假定汽车的侧向速度在较短的时间间隔内保持不变，并且汽车的航向角保持恒定，在某些情况下这种假设是不正确的。当方向盘转角为一固定值时，汽车会沿着圆弧轨迹行驶，因而在道路上车辆的侧向速度是不断改变的，同时汽车的航向角也是不断改变的。

许多公司使用的是纵向 TLC 公式，相对来说使用比较广泛：

$$\text{TLC} = \frac{L}{v_x} \tag{7-2}$$

式中，v_x 为汽车的纵向速度；L 为从当前时刻开始到汽车前轮接触车道线为止在汽车纵轴线方向的纵向距离。

由公式可见，纵向 TLC 算法关键之处是如何确定纵向距离 L 的值，计算方法主要有两种，两种方法的区别主要在于用于预测汽车运动轨迹的车辆模型不同。

1）假定车辆发生偏离过程中航向角始终保持不变，汽车横向和纵向的速度也保持恒定。如图7-5所示，L是根据汽车质心偏离本车道时所确定的纵向距离。

2）假定车辆发生偏离过程中方向盘转角保持恒定，汽车的运动轨迹能够很好地跟随道路边界曲率，因而汽车的运动轨迹曲线与道路边界线比较类似。

假设地面水平，车道边界线可以近似表述为常见的回旋曲线，如图7-6所示，可得：

$$y(l) = \pm\frac{b}{2} + \frac{1}{2}c_{h0}l^2 + \frac{1}{6}c_{h1}l^3 \quad (7-3)$$

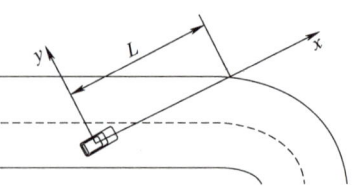

图7-5 基于TCL的决策算法

式中，$y(l)$为车辆运动轨迹；c_{h0}为道路曲线在水平方向的曲率；c_{h1}为道路曲线在水平方向的曲率变化率；l为沿水平方向的行驶距离；b为道路的宽度并且为已知常数，加号对应右车道，减号对应左车道。假定道路曲线的曲率为固定常数，即$c_{h1}=0$。

汽车质心的运动行驶轨迹可以表示为如下公式：

$$y(l) = y_0 + l\theta + \frac{1}{2}c_c l^2 \quad (7-4)$$

式中，c_c为汽车运动轨迹曲率，可通过当前的方向盘转角得到。

上述两种模型的建立都是通过对汽车质心运动轨迹的预估得到的，下式又可表示左右车轮的运动：

$$y_{lr}(l) = y(l) \pm \frac{b_c}{2} \quad (7-5)$$

式中，左、右车轮由下标l、r分别对应；b_c为汽车前轮轮距。由此得到的汽车行驶轨迹曲线和对应的道路边界曲线的交点与当前汽车在道路中的位置之间的距离就称之为L。

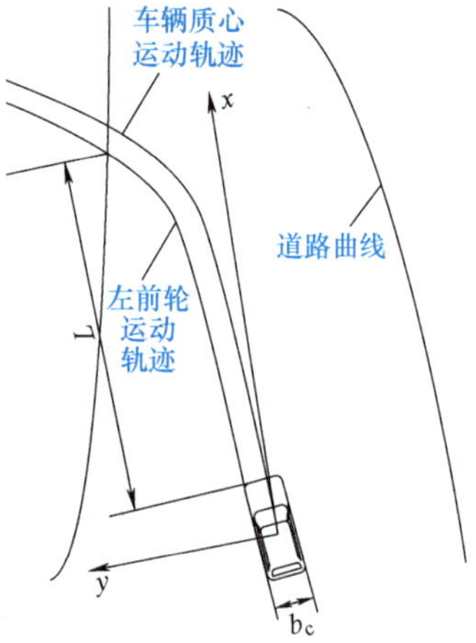

图7-6 运动轨迹为曲线时 L 的确定

2. 基于瞬时侧向位移的评价算法

这种算法利用汽车中心偏离车道中心的瞬时侧向位移L作为评价指标，是一种比较简单的车道偏离评价算法。当L_p大于事先给定的阈值时，系统则发出报警。这种算法比较简单，在实际应用中比较易于实现；但是它忽略了汽车的运动轨迹，尤其是当车辆的运动行驶轨迹偏离道路中心一个距离且平行车道行驶时［如图7-7（a）所示］会发出错误报警。通常情况下，驾驶人开车时不可能严格沿着道路中心线行驶，而是偏离道路中心线特定距离，这个值最大可以达到10cm，对具有这种驾驶行为的驾驶人来说，该预警算法可导致频繁的误报警。当车辆以较大角度偏离当前行驶车道的工况时［如图7-7（b）所示］，系统发出预警信号后留给驾驶人的反应时间太短，驾驶人一般来不及纠正车道偏离行为，这样系统发出的预警也就失去了作用。

3. 基于侧向速度的评价算法

该算法以车辆的侧向速度v_y作为评价指标，如果车辆以比较大的速度偏离道路边界线时系统发出预警，公式如下：

$$v_y > v_{th} \Rightarrow A \quad (7-6)$$

式中，v_{th}为给定的速度阈值；A为"触发报警"。该方法同样会导致错误的报警，因为某些驾驶人开车并不紧紧跟随道路车道线，而是在道路上左右摇摆［如图7.7（c）所示］，这时

第七章 车道保持辅助技术

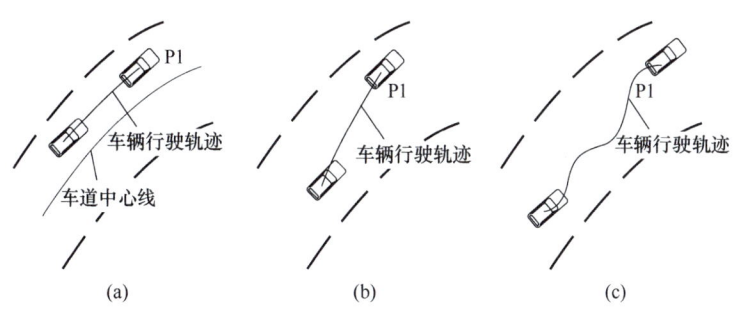

图 7-7 3 种不同车辆行驶轨迹

车辆侧向速度会较大，对这种驾驶人来说，该方法也会导致频繁的错误报警，会导致驾驶人不认可系统的预警功能。另外，若驾驶人发现汽车偏离道路中心线比较大的距离时，会迅速反应，转动方向盘使汽车回到道路中心线附近，这时汽车的侧向速度很大，如果此时报警，必将干扰驾驶人的校正，令驾驶人感到厌烦。

4. 基于汽车当前位置的评价算法

基于汽车当前位置（Car's Current Position，CCP）的预警算法是利用汽车在道路当前位置作为评价指标，判断车辆是否会发生偏离。汽车在道路中的坐标由车道线检测算法得到，道路中心与汽车纵向轴线的距离用 y_0 表示。这种算法假定汽车平行于行驶车道，给出汽车车宽 b_c，则不难计算出目前汽车前轮相对于左右道路边界的位置：

$$\begin{cases} \Delta y_l = \dfrac{b}{2} - \left(\dfrac{b_c}{2} + y_0\right) \\ \Delta y_r = \dfrac{b}{2} + \left(y_0 - \dfrac{b_c}{2}\right) \end{cases} \quad (7\text{-}7)$$

由道路识别算法可计算出公式中道路宽度 b。Δy_l 和 Δy_r 表示左右轮胎到相应道路边界的位置。

当 $\Delta y_l>0$ 并且 $\Delta y_r>0$ 时，说明汽车在本行驶车道内，不需发出预警。当 $\Delta y_l<0$ 或者 $\Delta y_r<0$ 时，则说明汽车即将偏离行驶车道，系统发出预警。

5. 基于预测轨迹偏离的评价算法

基于预测轨迹偏离的评价算法依据一段时间后汽车的预测轨迹与目标行驶轨迹之间的偏差值来进行评价，如果偏差大于给定的阈值，就认为会发生车道偏离，系统报警。丰田汽车（日本）公司的 STAR 系统所采用的就是这种预警方法。如图 7-8 所示，汽车的预测行驶轨迹与目标行驶轨迹的偏差值计算方法如下：

$$\varepsilon = x_m - x - \tau v \varphi \quad (7\text{-}8)$$

式中，x 为当前时刻汽车质心的侧向位置；x_m 为 τ 秒后汽车质心的侧向位置；φ 为车辆横摆角；v 为车速。

该算法一般假定驾驶人能较好地跟随道路曲率变化，因而目标运动轨迹通常为行驶道路的中心线。与此

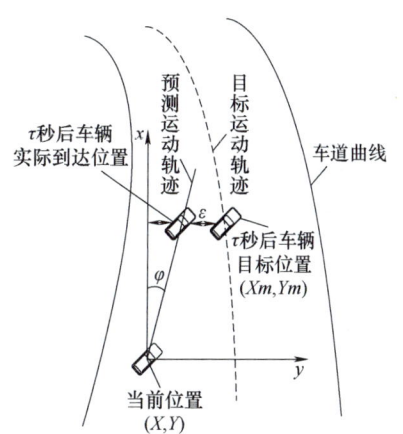

图 7-8 基于预测轨迹偏离的决策方法

同时，这种算法假设汽车的横摆角恒定，则预测轨迹为直线。

6. 基于边缘分布函数的评价算法

基于边缘分布函数（Edge Distributin Function，EDF）的评价方法，可以将边缘方向角的边缘强度直方图进行考虑。韩国全南大学的 Joon Woong Lee 等主要采用 EDF 的评价方法，该方法通过边缘分布函数将车道信息和边缘信息联系起来。该算法对行车线做出几个假设：①车道线平滑过渡，②车道线比路面其他部分明亮，③左右车道线应该平行道路中心线。依据上述假设，EDF 具有两个重要特征——轴对称和局部最大值，如图 7-9（b）所示。

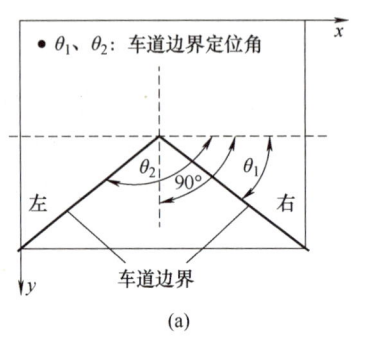
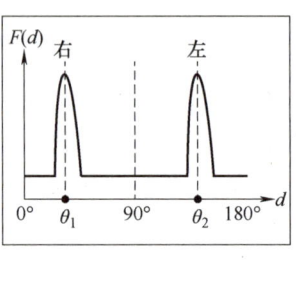

图 7-9 基于 EDF 的评价算法

基于边缘分布函数的评价算法，一般由 3 个步骤组成。

第一步，边缘的提取和图像的获取。对于点 (x,y) 处相应的图像梯度 $f(x,y)$ 用向量 Δf 表示：

$$\Delta f = [G_x, G_y] = \left[\frac{\partial f}{\partial x}, \frac{\partial f}{\partial y}\right] \tag{7-9}$$

方向 $a(x,y)$ 与幅值 $\Delta f(x,y)$ 分别为：

$$a(x,y) = \tan^{-1}\left(\frac{G_y}{G_x}\right) \tag{7-10}$$

$$\Delta f(x,y) = \sqrt{G_x^2 + G_y^2} \approx |G_x| + |G_y| \tag{7-11}$$

第二步，用递归求和滤波器估算边缘分布函数，边缘分布函数定义如下：

$$F(d) = \sum_{n(d)} \Delta f(x,y) \tag{7-12}$$

式中，$n(d)$ 为方向为 $a(x,y)$ 的像素的数量。

EDF 的形状如图 7-9 所示，从图中可以明显看出 EDF 的主要特征，一是在 θ_1 和 θ_2 附近有两极值，其分别对应右侧和左侧道路边界线；二是它具有一条对称轴，如果道路图像是在道路中心线上采集的，对称轴则会位于 90°附近，而如果采集的图像偏离道路中心线，则对称轴就会偏离 90°位置。

由于噪声影响，通常仅仅通过 $F(d)$ 的极值很难判断车道线的方向，因此采用求和的方式估算 EDF 给定 n 帧图像序列，EDF 估算方法如下：

$$H_k(d) = \sum_{i=k-n+1}^{k} F_i(d), k \geq n \tag{7-13}$$

式中，k 为当前帧，n 由试验来确定，递归形式如下：

$$H_k(d) = H_{k-1}(d) - F_{k-n}(d) + F_i(d), k \geq n+1 \quad (7\text{-}14)$$

第三步，搜索边缘分布函数的局部最大值和对称轴。确定是否发生车道偏离有以下两种方法：

方法一：通过对称轴来判断是否发生了车道偏离，如果 $\rho \geq \varepsilon$，就认为发生了车道偏离。ε 为安全阈值，可通过试验确定。ρ 为对称轴偏移量，计算公式如下：

$$\rho = |x - x_c| \quad (7\text{-}15)$$

式中，x 为 EDF 的对称轴位置；x_c 为从道路中心线处拍摄图像的 EDF 对称轴位置。

方法二：通过极值判断是否发生车道偏离，如果 $\xi \leq \eta_2$ 或者 $\xi \geq \eta_1$，则认为发生了车道偏离，η_1 和 η_2 分别为大于 1 和小于 1 的常数，通过试验可以确定。评价指标计算如下：

$$\xi = \frac{d_1 - x_c}{x_c - d_r} \quad (7\text{-}16)$$

式中，d_1 和 d_r 分别为左右方向的两个极值。

基于 EDF 的评价算法不需要摄像机相关参数，忽略了车道线的定位，而前方道路的形状（如倾斜、坡度、宽窄）、车辆的类型和乘坐人数等对算法都几乎没有影响。

7. 基于轨迹偏离时间的评价算法

基于轨迹偏离时间（Time to Trajectory Divergence，TTD）的评价算法是指从最初状态到汽车轨迹与预期轨迹偏差达到期望值所经历的时间。如果 TTD 比给定的时间阈值 T_{th} 小，系统则会发出报警，即：

$$\text{TTD} = \frac{\sqrt{\dfrac{D}{\dfrac{1}{r_c} - \dfrac{1}{r_v}}}}{v} < T_{th} \Rightarrow A \quad (7\text{-}17)$$

公式，r_c 为期望行驶轨迹的曲率半径；D 为汽车运动轨迹与期望轨迹的最大允许偏差；r_v 为汽车实际行驶轨迹的曲率半径；v 为车速；A 为"触发报警"。

车辆能够跟随最优路径是这种算法的优点，而最优路径始终使车辆位于道路中心线处。因为最优路径与自然车道类似，即使汽车靠近内弯道，TTD 的值也较大，因此可对车道偏离更具有预见性。由于这种算法比较复杂，最优路径的精度会影响系统的精度。在弯道上，如果驾驶人转弯比较急，则会造成这种预警算法的误报警。

8. 基于未来偏移距离的评价算法

基于未来偏移距离（Future Offset Distance，FOD）的评价算法主要由卡内基梅隆机器人研究所的 Parag H. Batavia 所采用。该方法原理与 TLC 算法类似，都是根据汽车跨越车道线之前的剩余时间与阈值进行比较来判断汽车是否会发生车道偏离。该方法将实际的车道线扩展为虚拟车道线，设置虚拟车道线后则允许汽车偏离实际的车道边界。这种方法充分考虑了驾驶人驾驶行为特性，在设定虚拟车道线时考虑了驾驶人转向习惯导致的偏离量，并且为适应不同驾驶人的驾驶习惯，虚拟车道线的位置是可以调整的。如果驾驶人在转向时没有偏离的习惯，真实车道线将与虚拟车道线重叠一起。

基于未来偏移距离的评价算法有两个参数：前视预瞄时间 T 和虚拟的车道线 V。前视预瞄时间是指系统预测汽车未来状态的时刻距当前时刻的时间。虚拟车道线是指允许驾驶人转向导致的偏离到真实车道线外侧的距离。如果汽车在 T 秒后的预测位置偏离实际车道线时，系统并不发出报警，而是只有当其偏离虚拟的车道线时系统才会发出报警（如图 7-10 所示），即满足如下条件，系统才认为即将发生车道偏离并报警：

$$L_p > V \tag{7-18}$$

式中，L_p 为 T 秒后车辆的侧向预测位置，其一阶运动学计算方法如下：

$$dL_p > L_p + TL_v \tag{7-19}$$

式中，L_v 为侧向速度；L_p 为当前时刻汽车与虚拟车道线之间的距离。

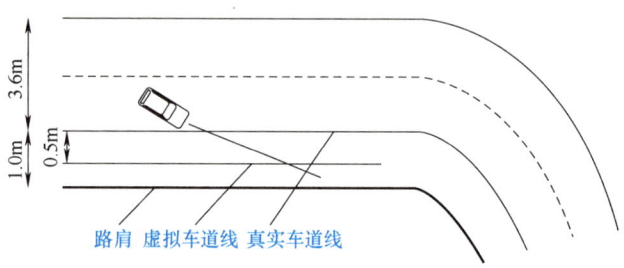

图 7-10　基于 FOD 的评价算法

二、主动干预控制算法

车道保持控制中常用的主动干预控制算法有比例-积分-微分控制算法（PID）、线性二次型最优控制算法（LQR）和模型预测控制算法（MPC）。其中，PID 控制算法是车辆控制中最常见的算法。因此，本小节仅介绍 PID 算法在车道保持控制系统中的应用。PID 的原理是：在过程控制中，按比例（Proportion）、积分（Intergal）和微分（Derivative）对偏差进行控制，其基本原理如图 7-11 所示。

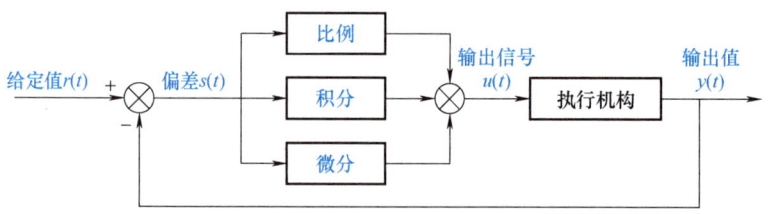

图 7-11　PID 控制的基本原理

PID 控制的好处就是可以选择控制的种类，比如，仅控制比例项（P 控制）、仅控制比例项和微分项（PD 控制），或三者同时控制（PID 控制）。

假设车辆已经偏离中央车道线，如图 7-12 所示，经验丰富的驾驶人会适量地控制方向盘转角，随着汽车逐渐靠近中心线，再慢慢调整方向盘，整个过程车辆轨迹较为平滑；但如果驾驶人操作不够熟练，就可能转向过度，如此往复，最后就是沿着车道线如蛇形前行，车辆控制效果较差。如何控制这个转向过程的稳定性？这就是 PID 要控制的内容了。PID 控制算法的目标是消除车辆目前位置和目标位置的偏差。

1. P 控制——比例控制

根据不同的距离偏差输出不同的控制信号，其输入与输出成正比，只要距离偏差出现，就能及时产生与它成比例的控制信号，控制信号直接控制方向盘产生一个转角，使车辆转向。P 控制的公式如下：

$$S(\alpha) = K_P s(t) \tag{7-20}$$

式中，$S(\alpha)$ 为方向盘转角；K_P 为比例参数；$s(t)$ 为期望值与实际值的偏差。

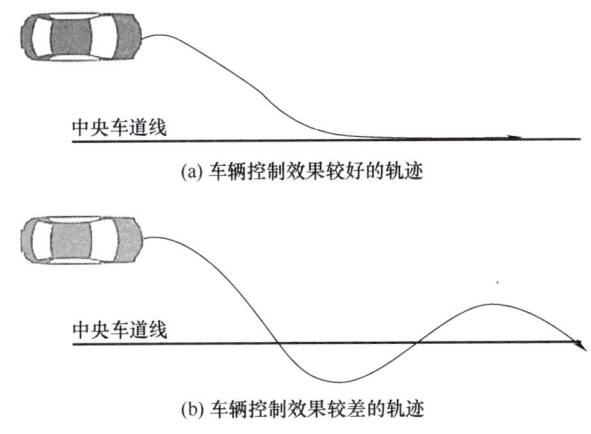

图 7-12　车道偏离调整的两种情况

因为车辆有一定的速度，当车辆到达中心线时，因为惯性会向前冲出一段距离，然后再根据距离偏差得出一个新的转向角往回走，同样又会因为惯性冲过了头，再纠正，如此往复。但每一次经过中心线，车辆的距离偏差就会越小，所以经过多次往复运动后，就能越来越靠近中心线。

车辆每次转向的角度大小是由 K_P 这个参数来控制的，K_P 值是一个常数，需要提前设置。这个如果 K_P 值太小了，可能作用很小，K_P 值较大，会使得车辆较快回到车道线附近。如图 7-13 所示为 K_P 调整对车辆转向角度的影响。

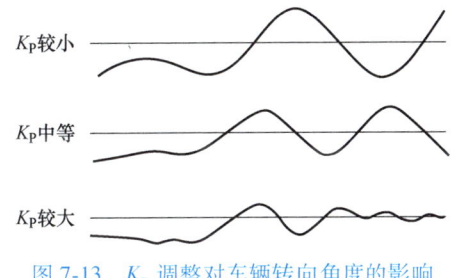

图 7-13　K_P 调整对车辆转向角度的影响

但 K_P 值也并非越大越好。当车辆距离车道中心较远，再调整 K_P 为较大值，使得车辆尽快回到中心线，那么很有可能会使车辆失控。

单纯地使用比例控制，车辆可能会不断地穿越车道中心线，来回调整，并不能按照中心线稳定地行驶。

2. PD 控制——比例微分控制

在比例控制中，只考虑了车辆偏离车道中心线的距离大小。比例微分控制将距离变化的速率（距离对时间的导数，也即速度）加以考虑。控制的公式如下：

$$S(\alpha) = K_P e(t) + K_D \frac{ds(t)}{dt} \tag{7-21}$$

相较于比例控制的公式，该公式多了一个微分参数 K_D。通过 K_P 控制转向的大小控制转向的快慢，最终就能使车辆更快更稳地靠近车道中心线了。

K_P 和 K_D 这两个参数也需要根据不同的情况进行调整，一般的调整规律如图 7-14 所示。由图 7-14 可见，适合的 K_P 和 K_D 参数调整有助于车辆达到临界阻尼。

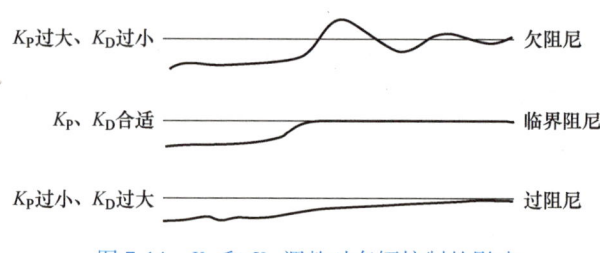

图 7-14　K_P 和 K_D 调整对车辆控制的影响

3. I 控制——积分控制

如果是在理想的道路上前行，只有比例控制和微分控制应该是够的，但是在一些情况下并不能达到理想的效果。例如车辆由于颠簸偏离了车道中心线，此时，P 控制想要让汽车重新回到车道中心线（因为偏移距离较小，所以成比例的方向转角也较小），但是 D 控制又想阻碍这种转向（因为方向转角较小，距离偏差的速度也较小），两者综合作用下，就会要很久的时间，才能使得汽车回归车道中心线。这种偏移误差也称为"稳态误差"。

所以，为了应对路面上的意外情况，让汽车尽快回到车道中心线上，可以对汽车的偏移量进行积分，并且控制这个积分值最小化，就能使得汽车尽快回归车道中心线，即采用下式的积分项：

$$S(\alpha) = K_P e(t) + K_D \frac{\mathrm{d}s(t)}{\mathrm{d}t} + K_I \int_0^t s(t) \mathrm{d}t \tag{7-22}$$

在上式的积分项中，K_I 是个常数，用来控制积分项的比例权重。K_I 的大小不同，产生的控制效果也会不同，如图 7-15 所示。当 K_I 过大，微小的信号误差都会使汽车产生过激反应，K_I 过小，则没有明显效果，所以，合适的 K_I 值，也是非常重要的。

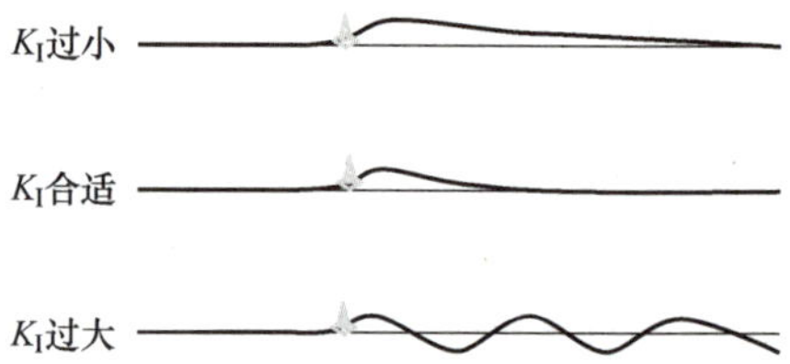

最后，总结一下 PID 控制对车道保持控制效果的影响。

图 7-15　K_I 调整对车辆控制的影响

P 控制（比例控制），其作用是根据车辆偏离距离的大小，控制偏差减少，控制的强弱取决于 K_P 的大小，K_P 越大，控制能力越强，但也容易产生振荡，使系统不够稳定。

D 控制（微分控制），其作用是根据车辆偏离距离的速率，阻止偏差的变化，能有效地克服振荡，使系统趋于稳定。

I 控制（积分控制），其作用是消除系统的稳态误差，同时也能控制偏差往较小的方向变化。

第四节　车道保持辅助功能仿真验证案例

本节介绍了一个应用 CarSim/TruckSim 仿真软件自带的仿真案例进行车道保持辅助功能的仿真和验证。先根据需求选择一个车辆模型，再基于 Simulink 模型处理摄像头反馈的车道线，同时根据车道线数据输出方向盘的需求转角，实现车道保持辅助功能的仿真验证。

第七章 车道保持辅助技术

一、车辆模型搭建

在进行车道保持辅助功能仿真前，先按如下操作配置本案例模型。如图 7-16 所示，增加一个［Misc：ADD_ ENTITY］模块，配置摄像头的安装位置，将摄像头安装在前风窗玻璃中间的顶部。

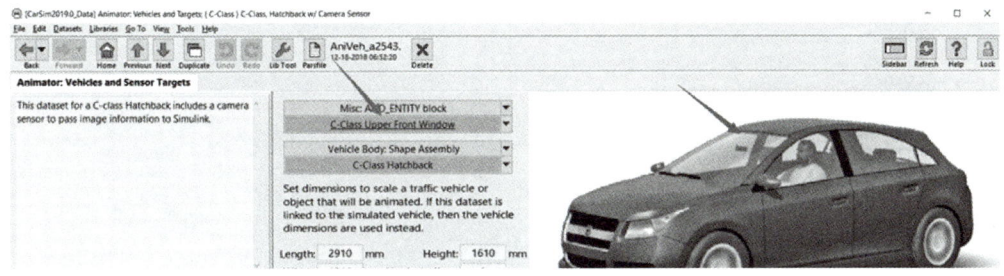

图 7-16　摄像头安装位置

单击［C-Class Upper Front Window］后可以看到配置的命令，即图 7-17 中的 TRANSLATE 指令定义摄像头的安装坐标，ROTATE 指令定义摄像头俯仰、旋转的角度（图 7-17）。

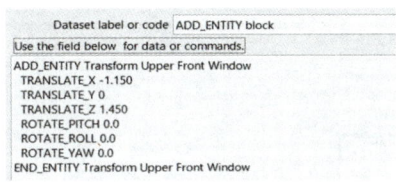

图 7-17　定义摄像头安装坐标、俯仰、旋转的角度

接下来是配置路况，如图 7-18 所示，可以定义车道线，配置道路模型，图中采用的是四车道模型，背景是绿地与蓝天场景。

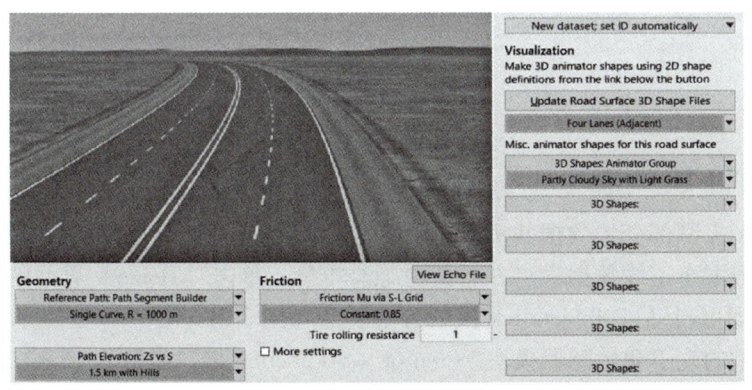

图 7-18　配置路况

根据需求定义转弯半径、弯道长度、直道长度，如图 7-19 所示。

如图 7-20 所示，可以定义摄像头的输出信息（时间戳、数据等）。在 Inport Channels 中可以定义一个输入接口，即方向盘的需求转角。

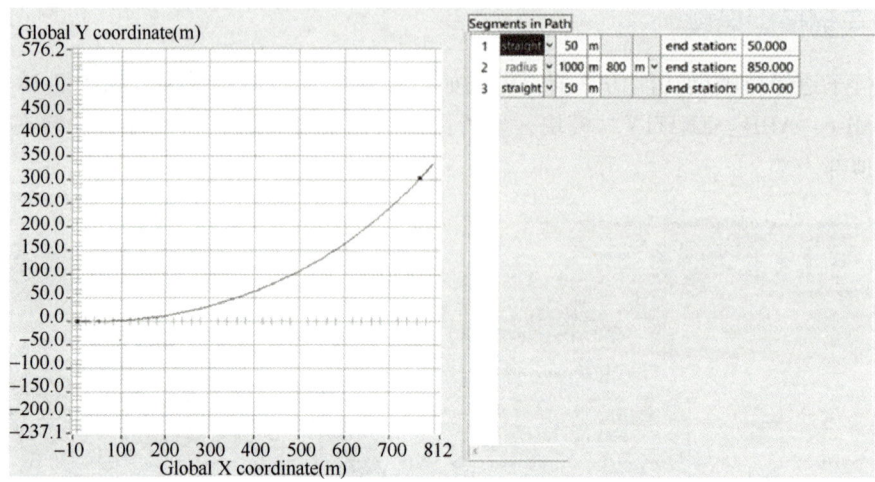

图 7-19　定义转弯半径、弯道长度、直道长度

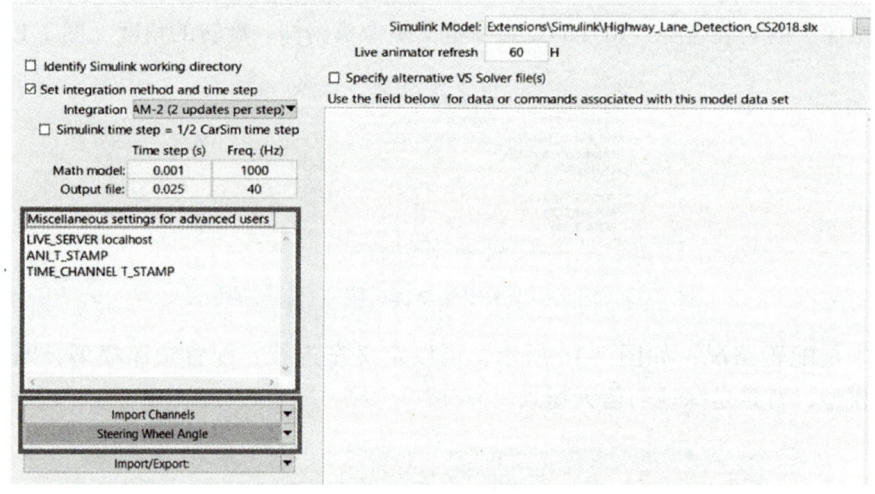

图 7-20　定义摄像头的输出信息

二、Simulink 模型搭建

在 Simulink 控制部分的数据其实分了两部分：一部分是处理摄像头反馈的车道线数据，另一部分是要根据车道线数据输出方向盘的需求转角。单击［Home］界面的［Send to Simulink］按钮，即可自动打开 Simulink 控制策略模型（图 7-21）。

在控制模型的左下角传感器模块 VsSensor（S-Function 接口函数），提供了输出变量。图中使用的摄像头信号来自 RGB Color matrix，可以通过一个 Video Viewer 模块显示实时的摄像头图像（图 7-22）。

加入 Video Viewer 模块可以看到各模块处理后的效果。可以先将 RGB 的彩色信号处理成黑白信号，在提高图像对比度后，图像除了车道线显示为白色，其余的均显示为黑色（图 7-23）。

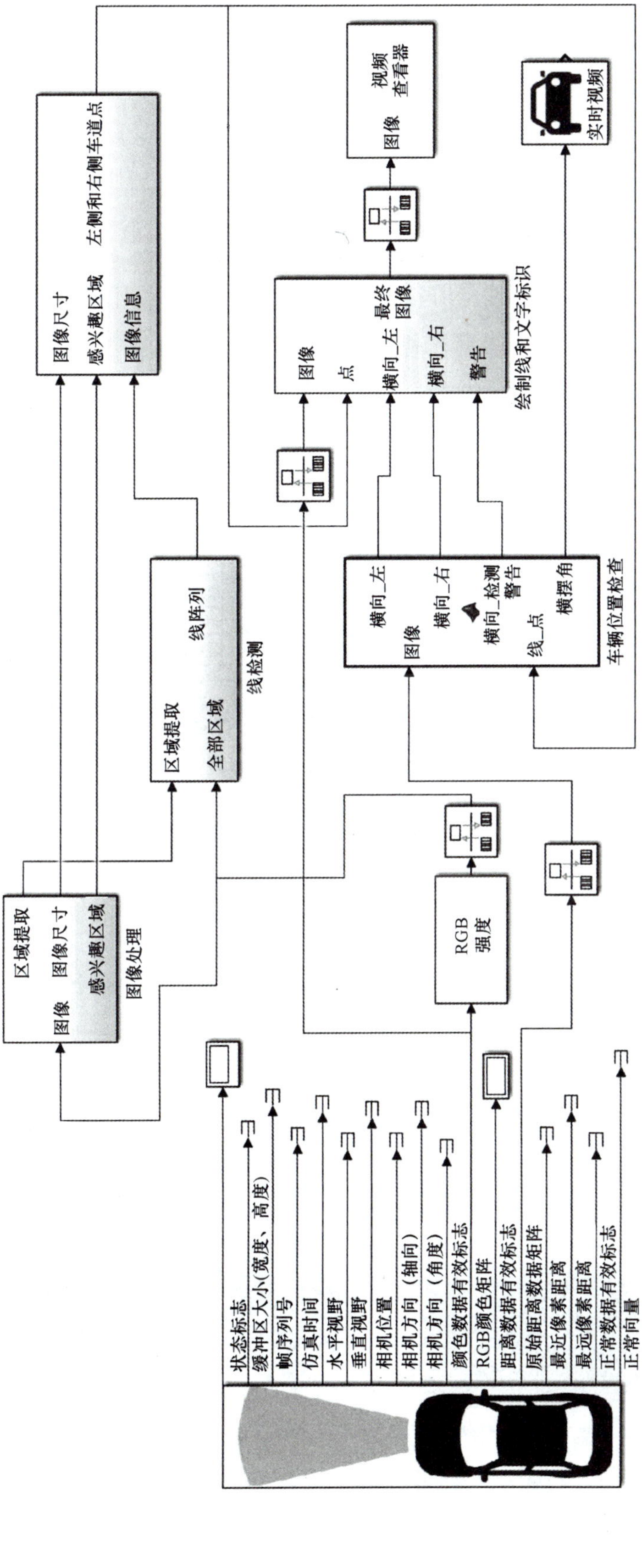

第七章　车道保持辅助技术

图 7-21　Simulink 控制策略模型

141

图 7-22 实时的摄像头图像

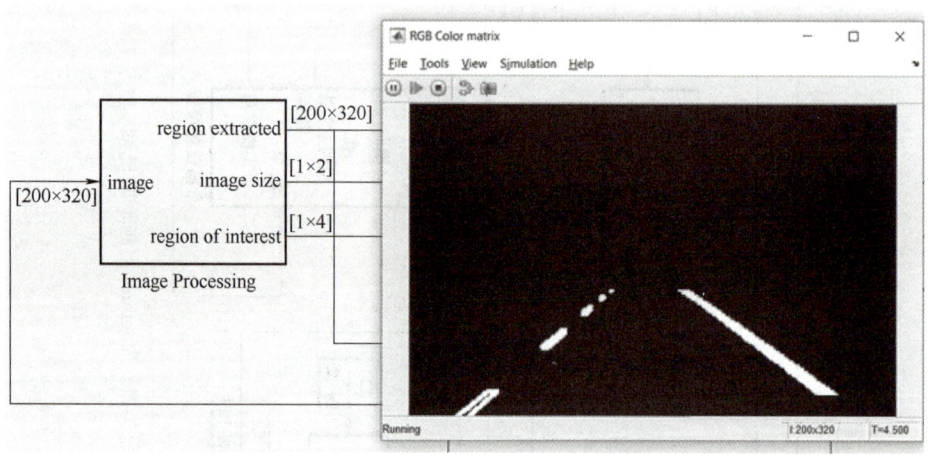

图 7-23 加入 Video Viewer 模块处理后的效果

根据上面处理得到的图像数据进一步计算，提取每条车道线上的两个点并识别出这 4 个点（图 7-24）。

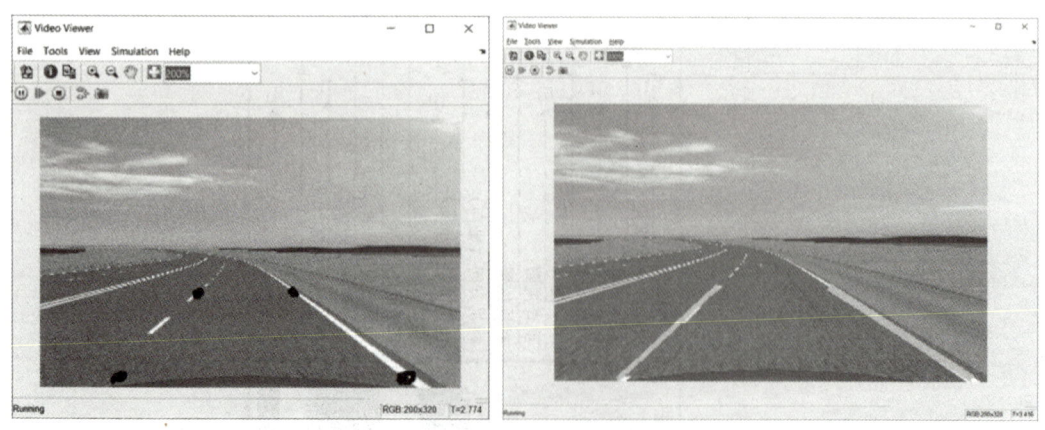

图 7-24 提取车道上的点（左）并识别（右）

三、运行效果

图 7-25 为车道保持辅助系统中的车道线识别效果。根据上面处理得到的图像数据进一步拟合出车道线。图 7-26 为车辆沿车道线行驶过程中方向盘转角的实时数据,从图中可以观察车道保持辅助系统运行的效果。

图 7-25　车道线识别效果

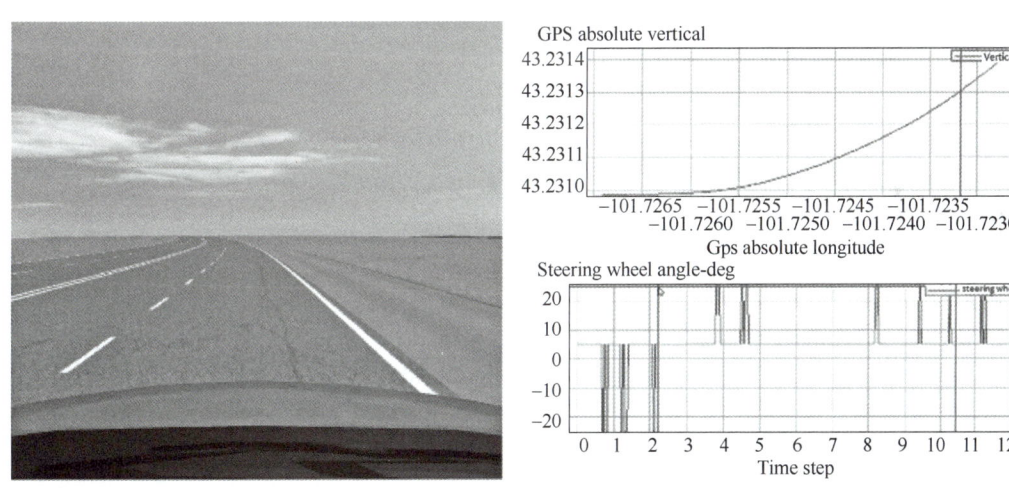

图 7-26　方向盘转角的实时数据

【思考题】

1. 什么是车道保持辅助系统?它由哪些部分组成?
2. 车道保持辅助系统的基本工作原理是什么?
3. 常见的车道偏离评价算法有哪些?
4. 请简要介绍基于 TLC 的评价算法原理。
5. 请简要介绍一下 PID 算法在车道保持辅助系统中的工作原理。

参 考 文 献

［1］崔胜民. 智能网联汽车先进驾驶辅助系统（ADAS）［M］. 北京：化学工业出版社，2023.
［2］王建. 智能车辆技术基础［M］. 北京：清华大学出版社，2021.
［3］商用车辆车道保持辅助系统性能要求及试验方法：GB/T 41796—2022［S］. 北京：中国标准出版社，2022.
［4］崔胜民. 智能网联汽车新技术［M］. 北京：化学工业出版社，2021

第八章 自适应巡航控制技术

第一节 自适应巡航控制系统的定义与组成

一、自适应巡航控制系统的定义

自适应巡航控制（Adaptive Cruise Control，ACC）系统是在传统定速巡航控制系统基础上，结合安全车距保持控制系统建立的一种智能化的自动控制系统。如图 8-1 所示，通过环境信息感知模块（车载雷达或其他传感器）监测前方行驶环境，比如前方是否有车辆、两车车距、相对速度等，一旦监测到前方有车辆行驶，ACC 则需判断能否以期望车速继续行驶。如果与前方车辆距离太近且小于安全车距或前方车辆行驶速度较慢，ACC 将会从速度控制模式切换至车距控制模式，从而避免追尾事故发生，同时提高通行效率。

图 8-1　自适应巡航控制系统

公路交通事故统计数据显示，超过 90% 的交通事故由人为失误造成，而自适应巡航控制系统允许驾驶人根据交通路况选择巡航控制操作，用自动操作部分代替了驾驶人操作，这可以在一定程度上减轻驾驶人的疲劳，为驾驶人提供更多的方便性、舒适性及安全性。

ACC 理论最早由美国密歇根大学专家在 20 世纪 60 年代提出，目的在于控制高速公路上行驶车辆的车速与车距，以提高通行效率与行车安全，但受限于当时传感器、控制器及执行机构的开发水平，之后 20 多年内的研究仅停留在理论阶段。20 世纪 80 年代以后，随着通信、计算机及传感器技术的迅猛发展，欧美、日本等国开始对 ACC 进行技术研发。进入 21

世纪，随着汽车电子技术的不断发展，ACC产品有了实质性突破，并陆续在汽车上得到了应用。ACC不依赖于无线通信或者车联网信息，仅使用车载传感器（雷达）即可实现与前方车辆的期望车距保持。国外奥迪、宝马、沃尔沃、凯迪拉克、雷克萨斯等品牌的中高档车型均配备了ACC，国内的各合资企业、新能源车企的某些车型也都逐步配备了ACC。目前ACC可实现起停跟随，其工作范围已扩展至全车速、全路况等。

二、自适应巡航控制系统的组成

自适应巡航控制（ACC）系统在汽车行驶过程中，通过安装在汽车前部的测距传感器持续扫描前方道路，同时轮速传感器采集车速信号，当与前车距离小于安全车距时，传统燃油汽车的ACC系统的电子控制单元通过与制动系统、发动机控制系统协调动作，使车轮适当制动，发动机的输出功率下降，以便与前车始终保持安全车距；若为电动汽车，则通过改变制动力矩和驱动电机的输出功率控制电动汽车的行驶速度。制动减速度通常限制在不影响舒适性的程度，当需要更大的减速度时，则会发出声光信号通知驾驶人主动采取制动措施。而当与前车距离增加至安全车距时，ACC电子控制单元会控制车辆按照既定车速巡航行驶，避免追尾事故发生，从而提高通行效率。

总体来说，典型ACC系统的基本组成如图8-2所示，主要由信息感知单元、电子控制单元、执行单元和人机交互界面等构成。

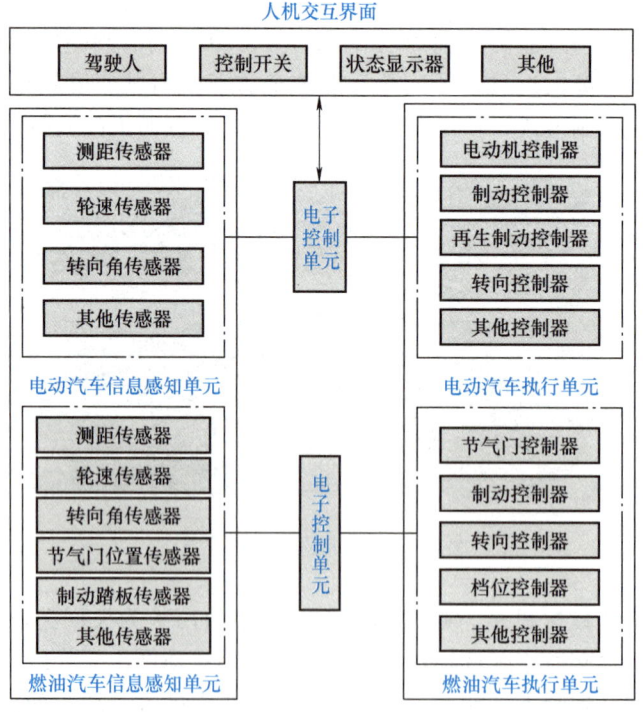

图8-2 典型ACC系统的基本组成

1. 信息感知单元

信息感知单元通过传感器感知本车状态信息（车速、转速、节气门开度、制动）及行车环境信息（车距、相对车速、车辆确切位置），并将上述信息提供至ACC系统的电子控制单元，便于后续决策与控制。因此信息感知单元依赖的传感器有测距传感器、轮速传感器、方向盘转向角传感器、节气门位置传感器、制动踏板传感器等。

（1）雷达传感器　雷达采用无线电探测，主要测量相对车距、相对车速、相对方位角等信息。雷达主要由发射天线、接收天线、数字信号处理单元、数据线等组成。雷达信号的实时性需首要考虑，通常利用数字信号处理技术处理雷达信号，CAN 总线输出雷达信号。典型的雷达传感器有毫米波雷达、激光雷达、超声波雷达、微波雷达、红外探测雷达等。

一般选用激光雷达或毫米波雷达进行探测，但每种传感器存在各自的局限性，人们通常会结合各种传感器的特点，组合兼容使用，共同为 ECU 提供感知信息。例如，雷达由于对于垂直方向重叠物判断较弱，当车辆行驶在立交桥附近，若前方与立交桥匝道上同时出现车辆，雷达容易出现误判；此外，雷达对于金属标识牌或金属废弃物等也会产生误判，因此为了避免上述情况发生，通常会采用两种传感器来进行环境感知，比如利用毫米波雷达和摄像头数据融合感知周围环境信息。

（2）节气门位置传感器　节气门开度信号作为 ECU 计算发动机负荷、点火时间，控制废气再循环、控制怠速等的重要参数，通常由节气门位置传感器获得，该传感器通常是一个可变电阻，大多数节气门位置传感器包含与节气门轴相连的滑动触点臂，该触点臂绕在可动触点的轴所设置的电阻材料上滑动，从而形成可变电阻。此类传感器可分为模拟式节气门位置传感器和开关式节气门位置传感器。如图 8-3 所示，节气门传感器位于节气门体上，随着节气门开度变化和节气门轴的转动带动该传感器内的电刷滑动或导向凸轮转动，随后将节气门打开的角度信号转换成电信号传送到 ECU。

（3）轮速传感器　轮速传感器是用来测量汽车车轮转速的传感器，是现代汽车中最为关键的传感器之一。汽车动态控制系统、汽车电子稳定程序、防抱制动系统、自动变速器控制系统都离不开轮速信息。常用的轮速传感器主要有：磁电式轮速传感器、霍尔式轮速传感器。图 8-4 为轮速传感器的安装位置。

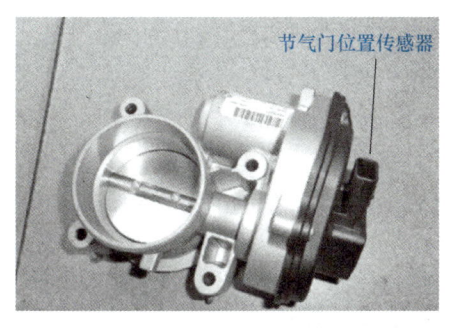

图 8-3　节气门位置传感器

图 8-4　轮速传感器的安装位置

（4）转向角传感器　转向角传感器主要用于获取汽车转向信号，用来判断汽车行驶方向。一台汽车通常配备两个转向角传感器，以保证方向盘转动角度和转向方向测量的准确性。如图 8-5 所示，转向角传感器由光电耦合器元件、开孔槽板、线圈组及线圈支座等组件构成，光电耦合器元件包括光敏晶体管、发光二极管，需与开孔槽板配合，用以输出数字脉冲信号，再将其转化为转向角信息。

2. 电子控制单元（ECU）

电子控制单元 ECU 是 ACC 系统的中央处理器。结合感知信息进行运算、处理、判断及决策，进而输出控制指令，是 ECU 的主要作用，其核心部分由微处理器（CPU）、存储器（ROM、RAM）、输入/输出接口（I/O）、模数转换器（A/D）以及整形、驱动等大规模集成电路组成。

当与前车距离小于安全车距时，ACC 控制单元通过与防抱制动系统、发动机控制系统协调动作，使车轮制动，并使发动机的输出功率下降，进而使当前车辆与前方车辆始终保持安全距离。通过反馈式加速踏板，可感知驾驶人施加在踏板上的力。ACC 控制单元可据此决定是否执行巡航控制，以减轻驾驶人的疲劳。

图 8-5　转向角传感器实物

早期的 ACC 控制系统一般在车速大于 30km/h 时才会起作用，低于 30km/h 时需人工控制，属于基本版 ACC（30~150km/h）。近年来通过系统软件升级，全速 ACC（0~150km/h）可实现"停车/起步"功能，这种拓展功能可使汽车在较低车速时也可以与前车保持设定距离。当前方车辆起步后，ACC 提醒驾驶人，踩加速踏板或按下按钮发出信号，因此全速 ACC 使汽车的编队行驶更加轻松。

ACC 系统的核心技术在于控制器，虽然各大厂商控制器原理大致相同，但它们的细节区别很大，有经典 PID 控制器、LQR 最优控制器、LQG 最优控制器、模糊控制器、神经网络控制器等，目的是使系统更加稳定，适应复杂路况，反应更灵敏准确。

3. 执行单元

下层执行单元包括驱动和制动系统，它们接到 ECU 控制指令后，负责对车辆进行加速或者制动等控制。该单元主要由制动踏板、加速踏板及车辆传动系统执行器等组成。控制器包括节气门控制器、制动控制器、档位控制器和转向控制器等；其中，节气门控制器主要用于调整节气门开度，可使车辆加速、减速及定速行驶；制动控制器可以完成紧急情况制动；档位控制器用于控制车辆变速器的档位；转向控制器用于控制车辆的行驶方向。

4. 人机交互界面

人机交互界面可根据不同驾驶人的需求调节所需的巡航车速及安全车距，还可控制 ACC 的开关、设置 ACC 工作模式、显示系统状态信息等。

启动 ACC 系统时，可设定当前巡航状态下的车速、与目标车辆的安全距离，否则 ACC 系统将自动设置为默认值，但默认设定的安全车距不可小于交通法规规定的安全车距。

第二节　自适应巡航控制系统的工作原理与模式

一、自适应巡航控制系统的工作原理

ACC 工作原理是根据车距传感器（毫米波雷达+摄像头）探测到本车与目标车辆之间的相对运动及位置关系，自动调节本车节气门开度与部分制动力矩，进而控制车速变化，以安全车距行驶。如图 8-6 所示，驾驶人启动 ACC 后，汽车在行驶过程中，安装在其前部的测

距传感器持续扫描前方道路，同时轮速传感器采集车速信号。如果本车与前方车辆相距很远时，控制模式选择巡航控制模式（车速控制），ACC 系统会根据驾驶人设定的车速和轮速传感器采集的当前车速，自动调节加速踏板（节气门控制），使当前车辆达到设定速度并巡航行驶；如果本车与前方车辆距离较近且低于安全车距或速度很慢，控制模式选择跟随控制模式（车距控制），ACC 系统会根据驾驶人设定的安全距离和轮速传感器采集的车速计算出期望车距，并与实际距离相比较，自动调节节气门开度和制动压力，使汽车以一个安全车距稳定跟随前车行驶。

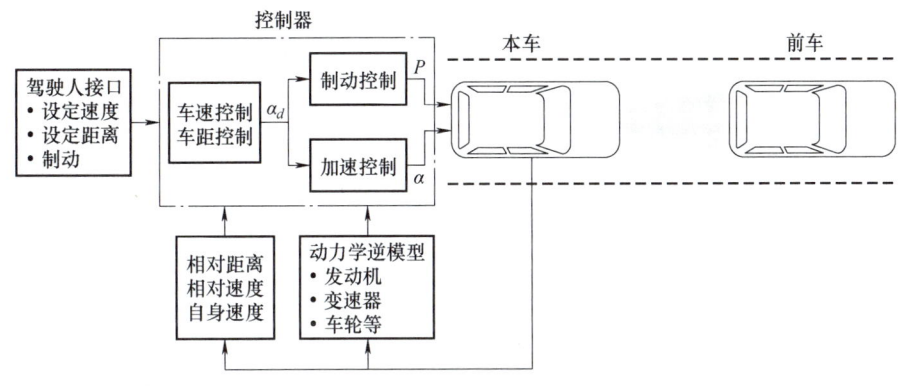

图 8-6　自适应巡航控制系统的工作原理

想要实现 ACC 功能，感知单元需获取与前车的距离、与前方车辆的相对速度、前方车辆的位置 3 个基本参数，然后 ECU 根据上述信息选择跟踪车辆。具体 ACC 技术实现的步骤如下：

步骤 1：距离测量。

毫米波雷达穿透雾、烟、灰尘的能力强，具有全天候（大雨天除外）全天时的优点。ACC 功能通过毫米波雷达，发射毫米波段的电磁波，利用障碍物反射波的时间差确定障碍物距离，利用反射波的频率偏移确定相对速度。ACC 一般使用的是 77GHz 的长距离雷达，测量距离可达 100~200m。

在 ACC 系统设计中，安全车距是保证汽车安全性的重要因素。如果安全车距太小，前车突然制动容易导致交通事故发生；而车距太大，会出现"加塞"影响驾驶体验及交通通行效率，因此，合理的安全车距（即期望跟车间距）对于 ACC 系统设计尤为重要。总体来说，安全车距的计算方法分两种：恒定车距与动态车距。

恒定车距算法，顾名思义就是汽车在行驶过程中，不受周围环境影响，保持安全车距恒定不变。这种算法结构简单、计算量小、实时性较好，易于实现；劣势是恒定车距在汽车的稳定性方面较差，如今 ACC 系统较少使用这种算法。

动态车距算法，大部分基于车头时距，可分为恒定车头时距（Constant Time Headway, CTH）和可变车头时距（Variable Time Headway, VTH），而车头时距是指在同一车道上行驶的汽车队列中，前后两辆车头部通过某一断面的时间间隔，并非真正意义上的距离。CTH 算法是目前较为成熟的动态车距算法，很多车载系统都采用了此类算法，此算法简单且考虑了跟车速度对于安全车距的影响，但 CTH 仍然不够灵活，难以适应复杂路况；在 VTH 算法中，车头时距可随着周围行车环境变化而变化，这种算法考虑了两车速度、加速度等因素，在实际 ACC 系统中，前车加速度是通过两车的相对速度与相对加速度计算得到的。

步骤 2：确定前车速度。

前车速度测定原理为"多普勒效应"，当发射波与被测物体之间的距离减小时，反射波频率提高；当距离增大时，频率降低。电子装置根据频率的变化，可以得到前车车速。确定前车速度之后可以获得两车相对速度，再加上通过步骤 1 测得的距离，可以推算出到达前车的时间，这个时间就可以与 ACC 的期望车距（也就是时间间隔）进行比较。

步骤 3：确定前车位置。

毫米波雷达探测区域呈扇形，视场角小，但探测 130m 以外的物体时，探测宽度可超过三车道宽度，此外，还会有弯道等复杂情况，因此需要判断前车位置。车辆位置确定，还需另外一个参数：本车与前车相对运动方向的角度。为了获取该参数，在 ACC 系统控制单元上配备 4 个发射器和 4 个接收器，而雷达信号呈叶片状向外扩散，即信号强度随着与车上发射器的距离增大而在纵向 X 和横向 Y 降低；因此控制单元根据信号强度与发射器距离的关系，以及 4 个雷达射束可准确定位前车位置。

步骤 4：确定跟随车辆。

确定跟随车辆，属于 ACC 重要判断决策，是 ACC 安全保障的关键，还需利用其他控制单元一起判断，比如车道识别单元。另外，确定好跟随车辆后，后续调节不只需要加速和制动，还需要更多传感器单元参与，比如转向角、车轮转速等传感器。

二、自适应巡航控制系统的工作模式

目前根据 ACC 使用的速度区段，ACC 可分为基本版 ACC（30～150km/h）和全速版 ACC（0～150km/h）。基本版 ACC 的传感器仅有雷达，而全速版 ACC 除有雷达之外，还引入前视摄像头等其他传感器的辅助识别，以满足低速时对于识别精度和反应速度的要求。ACC 系统的工作模式主要有定速巡航、减速控制、跟随控制、加速控制和起停控制等。

1. 定速巡航

定速巡航是 ACC 系统最基本的功能之一，是典型的闭环负反馈控制系统。当前方无行驶车辆时，ACC 进入定速巡航控制，其根据设定车速与当前车速二者偏差计算得到所需的目标加速度，进而得到目标转矩偏差，通过 CAN 总线传送至发动机管理系统，实现车速的控制。

2. 减速控制

当前方车辆车速小于当前车辆车速时，ACC 系统会对当前车辆减速，确保前车与自车的距离属于所设定的安全车距。

3. 跟随控制

当前方有车辆时，ACC 进入前车跟随控制逻辑。前车跟随控制主要是根据雷达采集到的相对速度和相对距离进行速度控制和距离控制。

当相对距离大于设定距离（安全车距）时，进行距离控制，得到需要的加速度和转矩偏差后，传送至发动机管理系统。当相对距离小于设定距离（安全车距）时，进行速度控制，根据相对距离和相对速度得到目标减速度。基于轮胎模型，得到所需的制动压力，传送至电子稳定程序系统。

4. 加速控制

当前车加速行驶或发生移线时，或当前车发生移线且前方道路又无行驶车辆时，ACC 系统将进行加速控制。

5. 起停控制

当车速低于 30km/h 时，车辆进入 ACC 的起停（Stop & Go）控制逻辑，实现交通拥挤状况下的车辆起停。当监测到前方车辆静止时，根据雷达信号和预设的安全车距计算所需的制动压力，通过电子稳定程序系统实现平缓停车。当监测到前方车辆起动时，根据前车车速和当前距离，计算平缓起步所需的转矩，同时起停控制需考虑道路坡度的影响，合理分配发动机转矩，并在坡度较大时退出 ACC 功能等。

第三节 自适应巡航控制算法

一、ACC 算法功能定义

ACC 通过车辆前方的传感器持续探测前方道路，当发现与前车距离过小时，ACC 主动控制车辆进行减速；当与前车的距离增加到安全距离时，ACC 按照设定车速控制车辆行驶。同时 ACC 可控制车辆自动跟随前车至停车，并重新起动。

ACC 算法的功能定义如下：

1）ACC 适用于 0~200km/h；
2）定速巡航功能；
3）自动跟车功能；
4）起停功能（Stop&Go）；
5）驾驶人可通过人机交互界面设置 ACC 功能的开启与关闭；
6）驾驶人可通过人机交互界面设定巡航速度；
7）驾驶人可通过人机交互界面设定跟车时距。

二、ACC 算法架构

如图 8-7 所示，ACC 控制是双层控制，包括上层策略控制和下层执行器控制。上层根据雷达、车速和加速度传感器等测得本车的车速与加速度，并与驾驶人设定的车速进行对比，获得期望车速与期望加速度信号；下层执行器控制接收上层的信号输入，并对驱动系统和制动系统进行调节，输出节气门开度和制动压力指令，从而通过控制发动机和液压制动装置，实现 ACC 系统的巡航控制（车速）模式和跟随控制（车距）模式。

ACC 系统主要由目标选择模块、加速度估算模块、状态控制模块和执行器控制模块 4 部分组成。

1. 目标选择模块

根据前方车辆状态进行定速巡航和自动跟车两种状态的切换。系统根据前方车辆的相对速度、相对距离和驾驶人设定的巡航车速信息等进行预处理，选择目标车辆进行跟踪。

2. 加速度估算模块

通常用于速度跟踪控制和制动预警中，速度跟踪控制采用 PID 控制算法，对相对速度

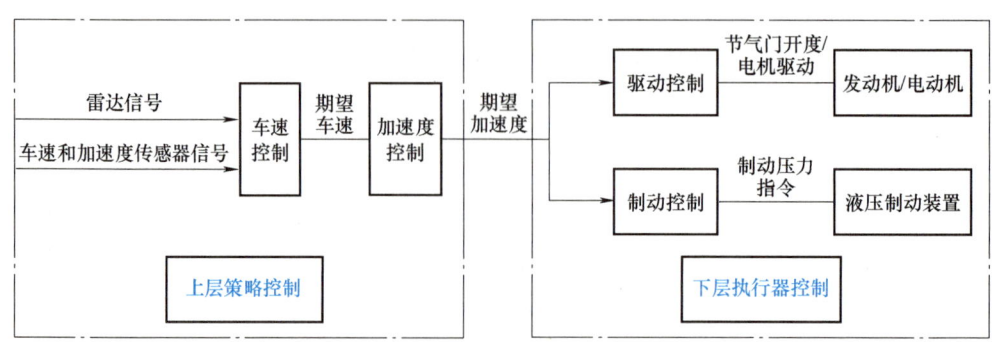

图 8-7 ACC 算法架构图

和相对距离进行 PID 控制,进行相应控制参数整定。

3. 状态控制模块

根据车辆与驾驶人的意图(人机交互界面和制动踏板状态)实时控制切换 ACC 的运行模式,主要状态包括:OFF(ACC 功能关闭);Inactive(ACC 功能开起准备);CC(ACC 定速巡航模式);ACC(ACC 自动跟车模式);Hold(ACC 驻车模式)。

4. 执行器控制模块

根据 ACC 运行模式、目标加速度信号进行车辆的纵向控制(驱动和制动控制),保证对车辆速度的准确跟踪控制。

三、ACC 系统下层控制算法

汽车加速的动力来源于发动机,而车速通常是由节气门开度控制的。发动机输出转矩经由液力变矩器、变速器等驱动结构传递到车轮,为汽车提供前进动力。当汽车由于各种原因需要制动时,液压制动系统根据决策出的制动主缸压力产生摩擦力矩,使得车轮与地面产生制动力,并通过轴承、悬架等作用于整车从而达到减速效果。总体而言,发动机控制着汽车加速,而制动系统控制着汽车的减速,共同形成纵向动力学。

分析汽车在行驶过程中的受力情况是研究驱动与制动系统的前提。以后轮驱动汽车为例,在不考虑制动系统作用的情况下,汽车整车受力如图 8-8 所示。汽车行驶过程中,车轮材质与结构、空气、路面状况等因素,均会对汽车的行驶产生影响。

汽车纵向所受的力主要为驱动力 F_t 与行驶阻力,而行驶阻力可分为滚动阻力 F_f、空气阻力 F_w、加速阻力 F_j、坡度阻力 F_i,由此可得汽车在行驶过程中,驱动力-行驶阻力平衡方程式:

$$F_t = F_f + F_w + F_j + F_i \tag{8-1}$$

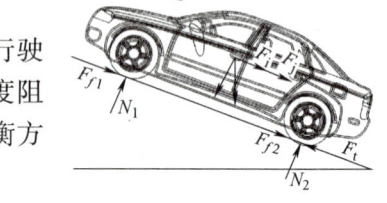

图 8-8 整车受力

1. 车辆驱动力模型

汽车加速过程中,发动机会输出驱动力矩 T_{tq},通过传动装置传递到车轮,作用于车轮的力矩 T_t,用公式表示:

$$T_t = T_{tq} i_g i_0 \eta_T \tag{8-2}$$

式中，η_T 为传动系的机械效率；i_g 为变速器传动比；T_{tq} 为发动机输出转矩；i_0 为主减速器传动比。

车轮上的转矩通过车轮作用于地面，而地面对车轮的反作用力（即驱动汽车行驶的驱动力为 F_t），如图 8-9 所示。

驱动力大小为：

$$F_t = \frac{T_t}{R} \quad (8-3)$$

联合式（8-2）和式（8-3）可得驱动力如式（8-4）所示：

$$F_t = \frac{T_{tq} i_g i_0 \eta_T}{R} \quad (8-4)$$

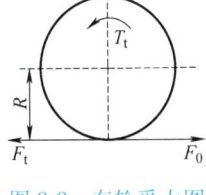

图 8-9 车轮受力图

式中，R 为车轮半径。

2. 车辆行驶阻力模型

（1）滚动阻力 影响滚动阻力的因素很多，如：车轮自身材料与结构的影响，厚重的胎体会增加滚动阻力；车轮所承受的载荷的影响，车轮受到的横向、纵向载荷以及切向力的增加都会使得滚动阻力增加；路面状况的影响，当路面的附着系数越大，滚动阻力越大，当路面积水越多，滚动阻力也相对增加。

滚动阻力的表达式为：

$$F_f = Gf \quad (8-5)$$

式中，f 为滚动阻力系数；G 为汽车重力。

（2）空气阻力 汽车在运动过程中，空气会对其产生阻力，形成空气阻力，车速越快，空气阻力占行驶阻力比重越大。

空气阻力的表达式为：

$$F_w = \frac{1}{2} C_D A \rho v^2 \quad (8-6)$$

式中，ρ 为空气密度；C_D 为空气阻力系数；A 为汽车迎风面积；v 为车速。

（3）加速阻力 当汽车进行加速行驶时，会产生一个惯性力用以保持匀速运动。汽车为加速而克服的力即为加速阻力 F_j，即：

$$F_j = \delta m a \quad (8-7)$$

式中，m 为汽车质量；δ 为汽车旋转质量换算系数；a 为加速度。

（4）坡度阻力 当汽车位于坡道时，其所受到的重力会沿斜坡产生相应的分力，从而对汽车产生阻力，此分力即坡度阻力 F_i：

$$F_i = G\sin\alpha \quad (8-8)$$

式中，α 为夹角；G 为汽车重力。

由于 ACC 系统仅考虑水平方向的行驶工况，因此坡度阻力 F_i 为零，则驱动力为：

$$F_t = F_f + F_w + F_j \quad (8-9)$$

3. 逆发动机模型

当汽车处于加速状态且无制动作用时，其速度将全部由发动机控制，则其车辆动力学方程为：

$$ma = F_t - F_f - F_w \quad (8-10)$$

式中，a 为汽车加速度；m 为整车质量；F_t 为地面作用于车轮的驱动力；F_f 为来自地面的滚动阻力；F_w 为空气阻力。

将式（8-4）、（8-5）和（8-6）代入式（8-10）可得：

$$ma = \frac{T_{tq} i_g i_0 \eta_T}{R} - mgf - \frac{1}{2} C_D A \rho v^2 \tag{8-11}$$

当车辆加速行驶过程中无制动作用，则假设目标加速度为 a_{des}，则发动机转矩为 T_{des}。

$$T_{des} = \frac{ma_{des} + mgf + 0.5 C_D A \rho v^2}{i_g^2 i_m^2 \eta \tau v} R^2 \omega_e \tag{8-12}$$

式中，ω_e 为发动机转速；η 为传动效率；f 为滚动阻力系数；C_D 为空气阻力系数；A 为迎风面积；ρ 为空气密度；i_g 和 i_m 分别为变速器和主减速器传动比；τ 为液力变矩器转矩函数；m 为整车质量；g 为重力加速度；R 为车轮半径；v 为本车车速。

发动机输出转矩的大小不只受到节气门开度控制，还与多方面因素有关，比如发动机转速等，因此发动机转速、发动机转矩、节气门开度三者关系由式（8-13）表示：

$$T_{des} = f(\text{throttle}, n) \tag{8-13}$$

式中，throttle 为节气门开度；n 为发动机转速。

而在发动机转矩及发动机转速不变化时，通常通过查图获得节气门开度大小，如图 8-10 所示。节气门开度与发动机转矩、发动机转速之间的关系可以通过式（8-14）表示：

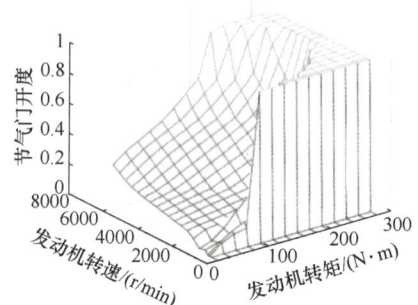

图 8-10　逆发动机模型

$$\text{throttle} = f^{-1}(T_{des}, n) \tag{8-14}$$

根据上述公式，可在 Simulink 中搭建模型，如图 8-11 所示。

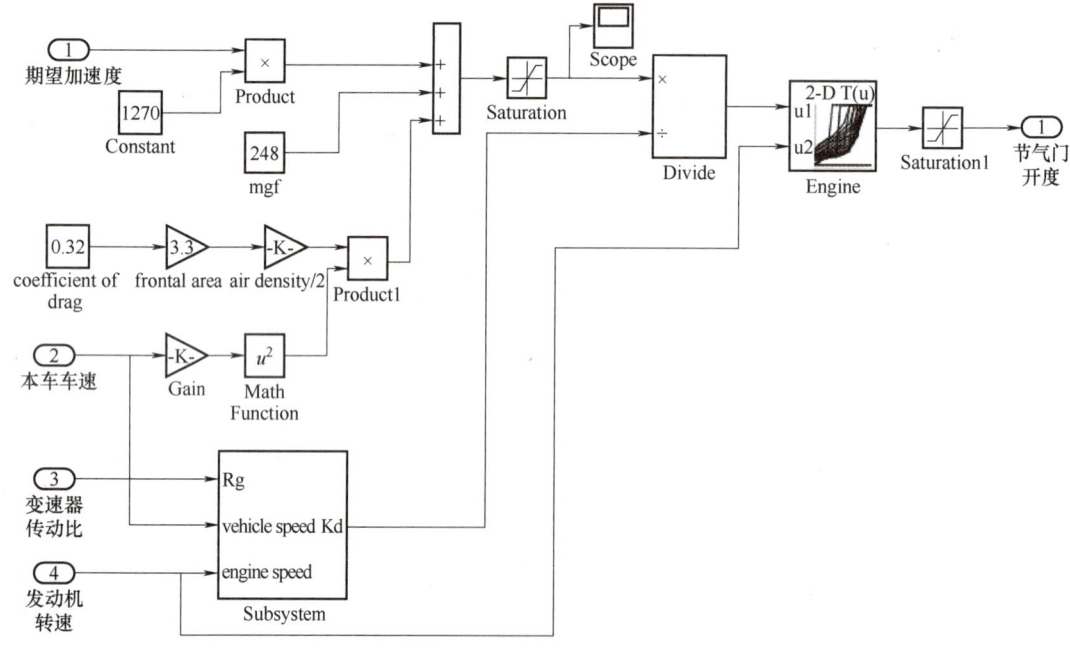

图 8-11　逆发动机模型架构

4. 逆制动系统模型

当车辆行驶过程需减速处于制动状态时，且发动机不参与时，系统控制模式切换为制动控制模式，并将期望加速转换为制动力矩，制动系统再将其转换为制动主缸压力实现对车辆的制动控制，此时车辆行驶方程为：

$$ma = -(F_f + F_w + F_{xb}) \tag{8-15}$$

式中，F_{xb} 为制动力。

当车轮未抱死时，制动力 F_{xb} 小于路面最大制动力，则制动力为：

$$F_{xb} = p_b k_b \tag{8-16}$$

式中，k_b 为比例系数；p_b 为制动系统的管路压力。

当加速度为期望加速度，即 $a = a_{des}$ 时，联合式（8-15）、式（8-16）可得制动压力为：

$$p_{des} = \frac{ma_{des} + Gf + \frac{1}{2}C_D A \rho v^2}{k_b} \tag{8-17}$$

根据上述公式，可在 Simulink 中搭建模型，如图 8-12 所示。

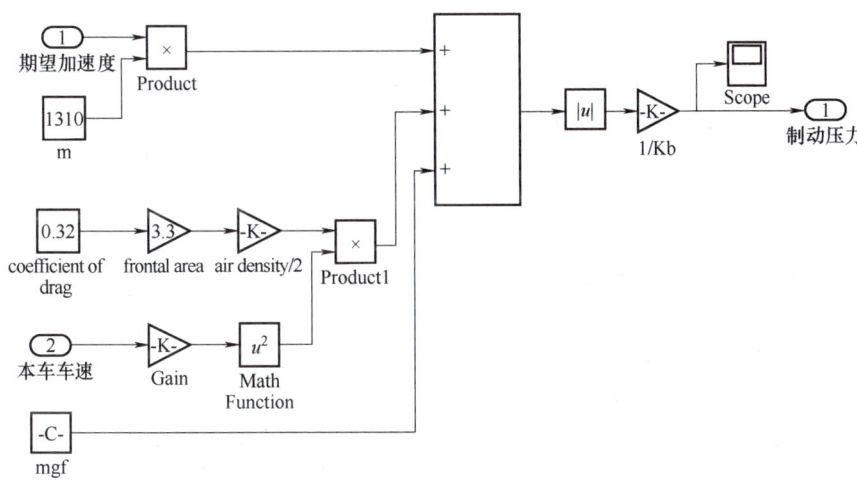

图 8-12 逆制动系统模型架构

5. 驱动/制动切换逻辑模型

汽车在日常行驶过程中，通常会出现加速与减速两个状态。加速时踩下加速踏板，制动踏板处于原始状态，制动压力为零；减速时踩下减速踏板增加制动力用以减速，加速踏板处于原始状态，节气门开度为零，同时车辆也通过空气阻力、滚动阻力、发动机制动等方式辅助制动，最终达到驾驶人所需的减速效果。

因此在实际行驶过程中，加速与减速之间的权衡问题演变成为驱动/制动切换逻辑问题。如果车辆行驶速度较慢，可通过发动机制动、空气阻力等实现制动，此时制动压力为零；若车辆行驶速度过快，仅靠上述制动方法等无法实现有效制动，需要制动系统介入。

若下层控制算法频繁在加速与减速之间切换，会引起车辆的抖动影响驾乘舒适性，同时也会使车辆元器件产生相应的磨损与老化，因此可在加速与制动之间计算过渡区域，以一款 B 级掀背车为例，计算步骤如下：

步骤1：将原始节气门开度值设为零，然后依次设置车辆的初始速度为40km/h、50km/h、60km/h 直到220km/h，通过CarSim仿真求解器得出各个工况下车辆的最大减速度，如图8-13中的曲线2。

步骤2：加速与制动之间的过渡区域设置，图8-13所示的曲线1与曲线3之间的区域称为过渡区域，其宽度为$2\Delta h$。基于Simulink建立的驱动/制动控制切换模型如图8-14所示。

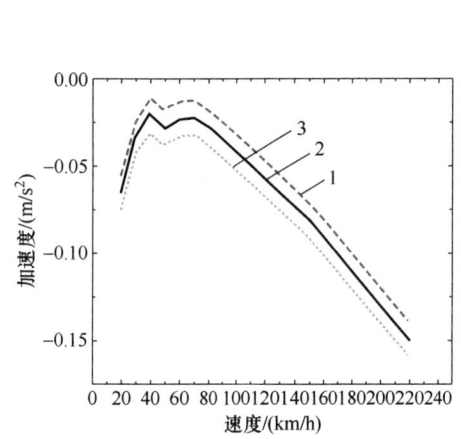

图8-13　驱动/制动控制切换曲线

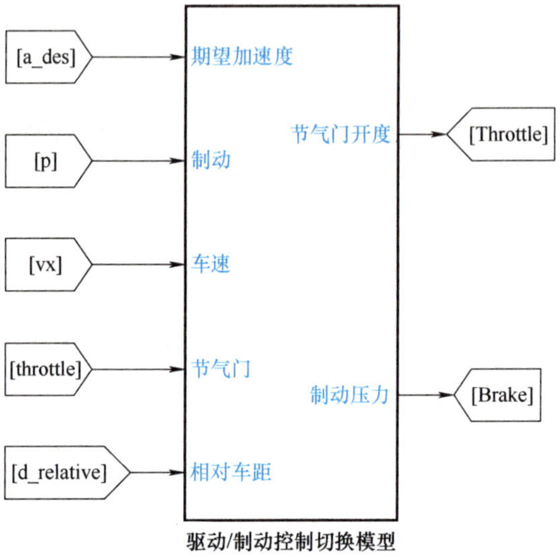

图8-14　驱动/制动控制切换模型

步骤3：切换模式界定。由切换曲线可以得到：

当 $a_{des}>a+\Delta h$ 时，为驱动控制；

当 $a_{des}<a+\Delta h$ 时，为制动控制；

当 $a-\Delta h<a_{des}<a+\Delta h$ 时，维持当前状态。

图8-13所示的曲线1以上区域的加速度值表明车辆正处于加速状态，节气门开度持续控制车辆驱动，而制动器处于静默状态。曲线1与曲线3之间的加速度值表示车辆保持现有行驶状态，若先前节气门驱动，则继续保持；若先前制动器制动则继续保持，在此过渡区域内，驱动与制动无须频繁切换。而曲线3以下表明车辆正处于减速状态，制动系统正对车辆进行减速。

四、基于MPC的多目标ACC上层控制算法

1. ACC系统车辆间纵向运动学建模

前车与本车之间的纵向运动学模型如图8-15所示，其中a_p和a_h分别为前车与本车的加速度，通过两车间的运动学关系可以得出：

$$\begin{cases} \delta = \Delta x - \Delta d_{des} \\ v = v_p - v_h \end{cases} \quad (8-18)$$

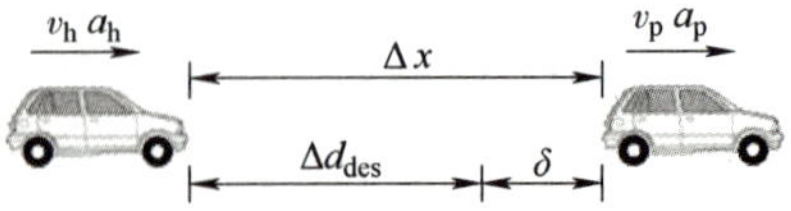

图8-15　纵向运动学模型

式中，δ为车辆间距误差；v为前车与本车的相对车速。

ACC系统通常考虑跟车性能、行车安全性能以及驾乘舒适性能，因此以相对车距、相

对车速及自车纵向加速度等参数作为指标,得到车辆间纵向运动学关系式,即:

$$\begin{cases} x(k+1) = x(k) + v_{\text{rel}}(k)T_\text{s} + \dfrac{1}{2}a_\text{p}(k)T_\text{s}^2 - \dfrac{1}{2}a_\text{h}(k)T_\text{s}^2 \\ v_\text{h}(k+1) = v_\text{h}(k) + a_\text{h}(k)T_\text{s} \\ v_{\text{rel}}(k+1) = v_{\text{rel}}(k) + a_\text{p}(k)T_\text{s} - a_\text{h}(k)T_\text{s} \\ a_\text{h}(k+1) = a_\text{h}(k) + \dfrac{T_\text{s}}{\tau}[u(k) - a_\text{h}(k)] \end{cases} \quad (8\text{-}19)$$

式中,$v_\text{h}(k)$ 为自车车速;$a_\text{p}(k)$ 为前车加速度;$a_\text{h}(k)$ 为自车加速度;$x(k)$ 为自车与前车的间距;$v_{\text{rel}}(k)$ 为自车与前车的相对速度;τ 为时间常数;$u(k)$ 为上层控制输入 a_{des};T_s 为系统采样时间。

2. 跟车模式下的模型预测控制算法

模型预测控制算法(Model Predictive Control,MPC)是一种基于预测模型的控制算法,其利用滚动优化的方法,以局部最优解代替全局最优解,并充分利用实际控制状态进行反馈校正,来增强控制过程的鲁棒性。它不需要十分精确的数学模型,而且优化算法和约束可以自行设计,具有较好的动态控制效果和广泛的应用前景。

(1) 模型预测控制原理 模型预测控制主要包括预测模型、滚动优化、在线校正和参考轨迹,其原理如图 8-16 所示。预测模型输入和输出分别为 $u(k)$ 和 $y_\text{m}(k+i)$,它是根据当前状态信息及输入,计算被控系统未来的状态和输出,可以是状态方程、响应函数或传递函数。滚动优化是获得最优的被控对象输入,它在有限时域内的反复在线滚动优化,选取一定的优化指标及约束条件,计算满足约束条件的最优值,并作为被控量。在线校正是为了消除真实系统与预测模型的失配或环境干扰导致的控制偏差,对产生的偏差进行补偿,同时作为反馈,为下一个采样时刻的滚动优化提供数据,进行新的优化。参考轨迹输入和输出分别为 $s(k)$、$y(k)$ 和 $y_\text{d}(k+i)$,它是预期的控制目标,是平滑、缓和的一条期望曲线。

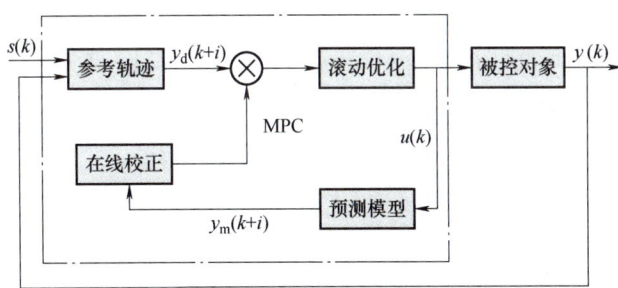

图 8-16 模型预测控制原理

通过滚动优化和在线校正可以克服被控系统的非线性及不确定性,提高系统的稳定性和鲁棒性。模型预测控制的基本思想是求解一个最优化的问题来获得最优的控制序列控制未来的行为。

(2) 预测模型 选取主车加速度作为系统控制变量,相对车距、相对车速和主车车速作为系统输入变量,即:

$$u(k) = a_\text{h}(k) \quad (8\text{-}20)$$

$$x(k) = [d_r(k), v_r(k), v_h(k)]^T \tag{8-21}$$

式中，$u(k)$ 为系统控制变量；$a_h(k)$ 为主车加速度；$x(k)$ 为系统输入变量；$d_r(k)$ 为主车与目标车辆之间的相对车距；$v_r(k)$ 为主车与目标车辆之间的相对车速；$v_h(k)$ 主车车速；k 为自然数。

为了简化预测模型，假设目标车辆的加速度为零，主车与目标车辆之间相对加速度为：

$$a_r(k) = -a_h(k) \tag{8-22}$$

$k+1$ 时刻的相对车距、相对车速和主车车速分别为：

$$d_r(k+1) = d_r(k) + v_r(k)T_s - \frac{1}{2}a_h(k)T_s^2 \tag{8-23}$$

$$v_s(k+1) = v_r(k) - a_h(k)T_s \tag{8-24}$$

$$v_h(k+1) = v_h(k) + a_h(k)T_s \tag{8-25}$$

因为输入变量可测，采样时间为 T_s，所以主车 $k+1$ 时刻的预测模型为：

$$S: \begin{cases} x(k+1) = Ax(k) + Bu(k) \\ y(k) = Cx(k) \end{cases} \tag{8-26}$$

式中，$x(k+1) = [d_r(k+1), v_r(k+1), v_h(k+1)]^T$；$y(k) = [d_r(k), v_r(k), v_h(k)]^T$；

$$A = \begin{pmatrix} 1 & T_s & 0 \\ 0 & 1 & 0 \\ 0 & 0 & 1 \end{pmatrix}; \quad B = \begin{pmatrix} -\frac{1}{2}T_s^2 \\ -T_s \\ T_s \end{pmatrix}; \quad C = \begin{pmatrix} 1 & 0 & 0 \\ 0 & 1 & 0 \\ 0 & 0 & 1 \end{pmatrix}; \quad k = 0, 1, 2, \cdots, n。$$

增量式预测模型以控制变量的变化率为系统输入，为了防止加速度变化过大，可以选取加速度的变化率作为系统的输入，提高系统的稳定性，加速度变化率表达式为：

$$\Delta u(k) = u(k) - u(k-1) \tag{8-27}$$

将式（8-27）代入式（8-20）、（8-21）得：

$$u'(k) = u(k) - u(k-1) \tag{8-28}$$
$$x'(k) = [d_r(k), v_r(k), v_h(k), u(k-1)]^T$$

由此获得增量式预测模型为：

$$S: \begin{cases} x'(k+1) = Ax'(k) + Bu'(k) \\ y'(k) = Cx'(k) \end{cases} \tag{8-29}$$

式中，

$$A = \begin{pmatrix} 1 & T_s & 0 & -\frac{1}{2}T_s^2 \\ 0 & 1 & 0 & -T_s \\ 0 & 0 & 1 & T_s \\ 0 & 0 & 0 & 1 \end{pmatrix}; \quad B = \begin{pmatrix} -\frac{1}{2}T_s^2 \\ -T_s \\ T_s \\ 1 \end{pmatrix}; \quad C = \begin{pmatrix} 1 & 0 & 0 & 0 \\ 0 & 1 & 0 & 0 \\ 0 & 0 & 1 & 0 \\ 0 & 0 & 0 & 1 \end{pmatrix}; \quad k = 0, 1, 2, \cdots, n_s。$$

（3）滚动优化　自适应巡航控制需要在保证安全性的同时兼顾舒适性的前提下实现跟车功能，因此优化目标可以定为减小跟车误差，约束加速度及其变化率，抑制过大的振荡。

跟车误差的优化目标是在不影响安全性的前提下使其尽可能小，由于在建立期望相对函数时已经考虑安全车距的问题，因此只需要对误差取极小值，表达式为：

$$J_d(k) = \min e_d(k) = \min |d_r(k) - d_e(k)| \tag{8-30}$$

式中，$J_d(k)$ 为跟车误差优化值；$e_d(k)$ 为跟车误差；$d_r(k)$ 为实际相对车距；$d_e(k)$ 为期望相对车距。

跟车的最终目标是在一定时间内与前车车速保持一致，进行稳定跟车，相对车速优化值为：

$$J_v(k) = \min v_r(k) \\ \lim_{k \to \infty} v_r(k) = 0 \tag{8-31}$$

式中，$J_v(k)$ 为相对车速优化值。

加速度及其变化率在满足约束条件的情况下尽可能取极小值，即

$$J_{a_k}(k) = \min a_h(k) \quad a_{h_{\min}}(k) \leq a_h(k) \leq a_{h_{\max}}(k) \\ J_{u'}(k) = \min u'(k) \quad u'_{\min}(k) \leq u'(k) \leq u'_{\max}(k) \tag{8-32}$$

式中，$J_{a_k}(k)$ 为主车加速度优化值；$J_{u'}(k)$ 为主车加速度变化率优化值；$a_{h_{\min}}(k)$ 为加速度最小值；$a_{h_{\max}}(k)$ 为加速度最大值；$u'_{\min}(k)$ 为加速度变化率最小值；$u'_{\max}(k)$ 为加速度变化率最大值。

对控制量和输出量进行约束后，在未来任意时刻，控制量的增量和输出量的预测值的每一次优化都需要满足约束条件，即

$$u'_{\min}(k) \leq u'(k) = u'(k-1) + \Delta u'(k) \leq u'_{\max}(k) \\ y'_{\min}(k) \leq y'(k) = y'(k-1) + \Delta y'(k) \leq y'_{\max}(k) \tag{8-33}$$

式中，$u'_{\min}(k)$ 为控制变量的最小值；$u'_{\max}(k)$ 为控制变量的最大值；$y'_{\min}(k)$ 为输出变量的最小值；$y'_{\max}(k)$ 为输出变量的最大值。

二次型优化性能指标的向量形式为：

$$\min_{u'(k)} J(k) = \|\boldsymbol{X}'(k)\|_{\boldsymbol{Q}(k)}^2 + \|\boldsymbol{U}'(k)\|_{\boldsymbol{R}(k)}^2 \tag{8-34}$$

式中，$\boldsymbol{X}'(k)$ 为输入变量形式；$\boldsymbol{U}'(k)$ 为控制变量形式；$\boldsymbol{Q}(k)$ 为误差权矩阵；$\boldsymbol{R}(k)$ 为控制权矩阵。

将跟车误差、相对车速与相对加速度作为优化问题的输入变量，即 $\boldsymbol{X}'(k) = [e_d(k), v_r(k), a_h(k-1)]^T$；加速度变化率作为控制变量，即 $\boldsymbol{U}'(k) = u'(k)$；误差权矩阵为 $\boldsymbol{X}'(k) = \mathrm{diag}[q_{e_d}(k), q_{v_r}(k), q_{a_h}(k)]$；控制权矩阵为 $\boldsymbol{R}(k) = r_{a'}(k)$。通过调节矩阵中的加权系数，对跟车、安全和舒适性能进行平衡，以达到最佳效果。

在满足变量约束的情况下，以有限控制量作为优化变量，对未来 N 个时刻在线求出数学规划问题，即转变成二次规划问题求解，得到具体的优化方程为：

$$\min_{u'(k)} J(k) = \sum_{1}^{N} [\boldsymbol{X}'^T(k+1|k)\boldsymbol{Q}(k)\boldsymbol{X}'(k+1|k)] + \sum_{0}^{N} [\boldsymbol{u}'^T(k+1|k)\boldsymbol{R}(k)\boldsymbol{u}'(k+1|k)]$$

约束条件为：

$$S: \begin{cases} \boldsymbol{x}'(k+1) = \boldsymbol{A}\boldsymbol{x}'(k) + \boldsymbol{B}\boldsymbol{u}'(k) \\ \boldsymbol{y}'(k) = \boldsymbol{C}\boldsymbol{x}'(k) \\ u'_{\min}(k) \leq u'(k) \leq u'_{\max}(k) \\ y'_{\min}(k) \leq y'(k) \leq y'_{\max}(k) \end{cases} \tag{8-35}$$

式中，$k+1|k$ 表示在 k 时刻，通过预测模型预测 $k+1$ 时刻控制系统的输出。

通常优化方程在某些时刻是无解的，因此需要添加松弛因子。转变后的优化方程为：

$$\min_{u'(k)} J'(k) = \min_{u'(k)} J(k) + \rho \varepsilon^2 \tag{8-36}$$

式中，ε 为松弛因子；ρ 为待定系数。

（4）在线校正　在线校正是将输出的信号反馈到系统的输入进行实时校正。由于本系统整个过程是闭环滚动的，系统的输出即为输入变量，并且可以预测，因此可以作为下一步预测和优化的基点。

此控制中，外界不引入其他措施，仅通过状态的刷新，来实现预测目标和实际目标的接近，即循环优化，因此每一次输入控制增量进行叠加后再作为系统的输入，每个周期如此反复，实现系统的校正。

第四节　自适应巡航控制算法仿真实例

一、ACC 系统的 Simulink-CarSim 联合仿真模型

CarSim 软件可设置车辆的行驶环境，模拟车辆的行驶状况，可为 ACC 系统联合仿真模型提供车辆模型。

联合仿真模型中的信号反馈模块、MPC 控制模块、节气门与制动压力控制模块及参数显示模块，均在 Simulink 中搭建。CarSim 信号反馈模块以 Simulink 模块计算得到的节气门开度及制动压力为输入变量，得到的车辆运动速度、加速度及实时位置等给到 MPC 控制模块和节气门与制动压力控制模块。

二、ACC 系统仿真分析

图 8-17 为典型城市工况，在一定程度上反映了车辆行驶过程中的加速、减速、匀速、起停等典型环节。

仿真过程中，三辆车在同一车道上行驶，初速度为 0，第一辆车根据城市工况控制车速，第二辆与第三辆车通过控制算法跟随其后，忽略车车通信延迟因素。

城市工况下对车辆的驾乘舒适性和燃油经济性等的控制目标侧重比较高，故整体测试中的加速度变化幅度都较小。MPC 控制算法下的自车加速度变化较 PID 控制更为平缓，且最大值始终不超过 $2m/s^2$，PID 控制算法最大值为 $3.5\ m/s^2$，峰值降低了 42.86%。当前方车辆发生突然加减速，PID 控制下的加速度会有较大的波动。加速度过于频繁的变化以及大范围波动会降低驾乘舒适性，MPC 算法在城市工况下对于改善驾乘舒适性方面效果显著（图 8-18）。

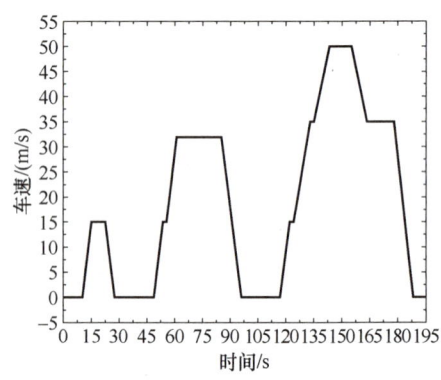

图 8-17　典型城市工况

第八章 自适应巡航控制技术

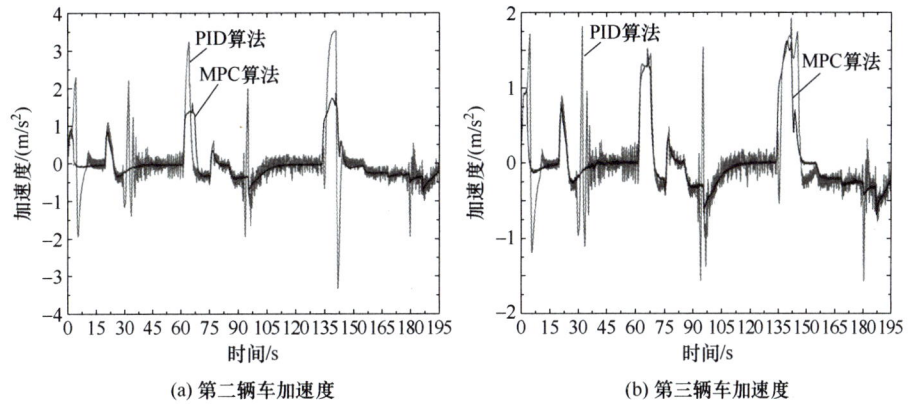

图 8-18　不同算法下的加速度对比图

【思考题】

1. 简述自适应巡航控制系统的定义及组成。
2. 查阅资料，详述自适应巡航控制系统的未来发展方向。
3. 详述恒定车距算法和恒定车头时距算法的区别。
4. 请从系统的感知能力、决策算法以及执行机制 3 个方面进行分析，并考虑不同交通状况（如高速公路驾驶、城市拥堵情况）下 ACC 系统的表现。
5. 请讨论 ACC 技术引入的主要创新点，以及这些创新点如何解决传统巡航控制技术在应对动态交通环境时的局限性。

参 考 文 献

[1] 崔胜民，卞合善. 智能网联汽车先进驾驶辅助系统［M］. 北京：人民邮电出版社，2017.
[2] 崔胜民，俞天一. 智能网联汽车先进驾驶辅助系统关键技术［M］. 北京：化学工业出版社，2019.
[3] 罗莉华. 车辆自适应巡航系统控制策略研究［M］. 上海：上海交通大学出版社，2013.
[4] 龚建伟，刘凯. 无人驾驶车辆模型预测控制［M］. 北京：北京理工大学出版社，2020.

第九章 自主换道技术

第一节 自主换道技术的定义与组成

一、自主换道技术的概述

自主换道技术最早出现的形式是自动紧急转向系统。除了控制纵向运动的 AEB 辅助驾驶系统，在紧急情况下施加转向的辅助驾驶系统成为自动紧急转向（Autonomous Emergency Steering，AES）系统。相关事故研究表明，单纯采用制动措施避障在某些场景中的效果不佳。例如，在车辆高速行驶时，前方突然出现行人横穿道路的情况，前向碰撞预警和紧急制动系统即使及时发现情况并立即采取措施，但由于 TTC 过短，仍不能完全避免碰撞。在这种情况下，汽车的车速较快，即使 AEB 系统起作用，最后对于行人的伤害仍然是致命的。在车速相对较高、附着条件较差等工况下，采取横向避撞策略所需的空间小于纵向避撞。因此，如果错过最后的制动机会，车辆仍然可采用自动紧急转向的方式来有效避免碰撞的发生。

9　奥迪辅助变道系统

随着车联网技术的进步，自主换道技术由紧急转向技术向主动换道技术发展。具体来说，当车辆驶入一条多车道道路时，智能驾驶系统可以通过车载传感器和地图等数据来感知车辆周围的环境和交通情况，并根据这些信息确定是否需要进行变道操作。如果需要变道，智能驾驶系统将计算出一条合适的变道路径，并使用车辆控制系统实现车辆的转向、加速和减速等操作，直到车辆安全地进入目标车道，如图 9-1 所示。

图 9-1　自主换道过程示意图

自主换道技术的出现可以提高驾驶的安全性和舒适性，减少驾驶人的疲劳和压力，同时还可以优化车辆的行驶效率，减少交通拥堵。

此外，自主换道技术还可以使车辆更好地适应道路和交通情况的变化，例如，当车辆前方出现障碍物或拥堵时，智能驾驶系统可以通过变道来规避这些障碍物，缓解交通拥堵，提高道路通行效率。

二、自主换道技术的定义

自主换道技术，指车辆在行驶过程中，通过搭载的传感器、摄像头、雷达等装置，对周围道路、障碍物进行实时感知和分析，根据目标路线和避让策略，在不影响安全的前提下，自动调整车辆行驶方向，实现自主换道的功能。这项技术是智能驾驶技术的一部分，可以提高驾驶安全性和驾驶体验，大大减少了驾驶人的疲劳感和操作负担。

三、自主换道系统的组成

智能网联汽车自主换道系统主要由感知单元、通信单元、自主决策单元和底层控制单元组成。在智能网联条件下，车辆-道路-环境组成了一个完整的系统，相应的关系如图 9-2 所示。

感知单元主要由车载传感器组成，用于检测自身与周围车辆行驶状态。如车载惯性传感器可以获得车辆的横纵向速度及偏航率；车轮转向传感器可以获取车轮的偏转角度；GPS 可以获取车辆的位置、速度等信息；踏板位置传感器可以实时检测加速、制动踏板位置等。遍布于车身的传感器可以实时获取车辆的状态信息，通过 CAN 总线技术实现信息共享。周围车辆的信息可以通过雷达、红外线、视觉传感器等获取，如可通过雷达获取前导车和后随车的速度、距离等。现代智能网联技术的发展可以增强对于智能汽车自主换道技术在环境感知上的优化。智能网联汽车通过 V2V 技术获得周围车辆的位置、速度、加速度等信息，具有更高的实时性和准确性。依据数据进行换道条件的判断，避免驾驶人对环境误判引发的交通事故，可大大提高车辆安全性和通行效率。

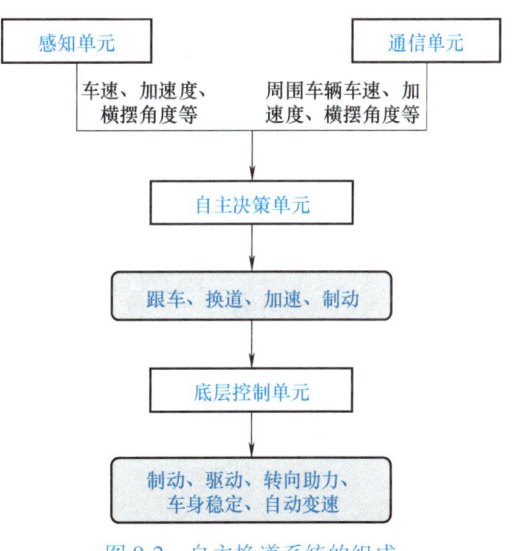

图 9-2 自主换道系统的组成

通信单元是智能网联汽车的核心技术，借助车联网技术，实现车-车、车-人、车与路测设备的实施通信，实现信息交互与共享。一方面，向周围车辆、行人、路测设备传递自身的速度、加速度、位置、驾驶决策等信息；另一方面，接收通信范围内其他车辆的速度、加速度、位置、驾驶决策等信息。智能网联汽车基于网联通信技术能够实时获取周围车辆和环境信息，识别驾驶环境的变化和危险情况，在实时、精确、全面获取信息的基础上，实现车辆的自主合理决策。

自主决策单元利用感知的单元和网络通信单元获取信息，做出满足自身驾驶需求并能够适应周围环境的驾驶决策。同时自主决策单元还要制定与驾驶决策相匹配的车辆控制命令，传递给底层控制单元。根据设计好的算法和流程，决定车辆的行驶状态并发出指令。此外，智能网联汽车的自主决策单元还能够接收云端传来的控制指令，实现云端对道路车流的协调控制。

底层控制单元主要在接收上层指令后，将上层指令进行解析并执行到位，实现车辆的自主加速、减速、制动、转向、变道等操作，从而实现车辆的智能驾驶。

第二节 自主换道系统的工作原理

自主换道系统的工作过程主要有换道意图产生、换道时机决策、换道轨迹规划和换道轨迹跟踪4个环节。相应的逻辑功能如图9-3所示。

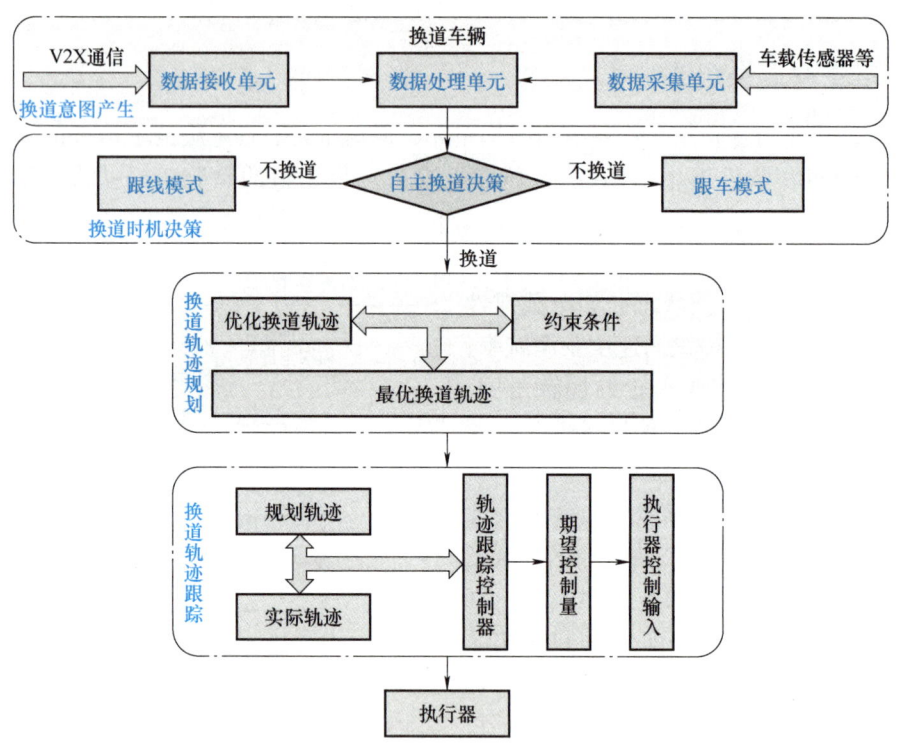

图9-3 自主换道系统的逻辑功能表示

"换道意图产生"有两种模式：其一是驾驶人触发的自动换道，即驾驶人自主判断是否当前需要换道，若有需求则拨动转向灯触发换道；其二是系统自动根据导航信息判断当前是否需要换道以规避堵车、提前合流或为高速路下道做准备。

"换道时机决策"是需要同时检测本车道内前后车辆的速度及加减速度状态，或者根据本车与潜在碰撞目标相应的距离判断是否适合当前换道。

"换道轨迹规划"是指根据车辆的当前状态以及目标位置和速度等信息，通过算法计算出一个最优的路径，使车辆能够安全、高效地到达目标位置。换道轨迹规划是实现智能驾驶车辆换道行驶的核心。换道轨迹规划部分结合已经获取的实时行驶环境信息、换道车辆的当前行驶状态信息、目标位置的期望行驶状态信息对车辆的行驶轨迹进行合理规划。在车辆执行换道操作前能够规划出一条满足换道性能指标需求的最优轨迹。

"换道轨迹跟踪"是指控制系统根据轨迹规划的结果来控制车辆的轨迹，使车辆能够按照规划好的轨迹行驶，并且能够实现要求的速度和加速度等运动参数。在实际应用中，轨迹跟踪通常采用模型预测控制（MPC）算法或者模糊控制等高级控制算法，以精准地跟踪规划好的轨迹。同时，还需要考虑到车辆的动力学特性、环境变化等因素，对轨迹进行实时调整和优化，确保车辆能够安全可靠地行驶。

第三节　自主换道控制算法

智能网联汽车的自主换道控制算法主要包括自主换道决策模型、动态换道轨迹规划算法和换道轨迹跟踪控制算法。自主换道决策模型以加速度作为输入变量，根据换道前后目标车辆和前导车加速度的变化判断是否换道，并监测本车期望执行的换道行为是否会对自身及原车道和目标车道上的后随车安全行驶产生负面影响。动态化轨迹规划算法可以根据 V2V 技术获取实时信息更新换道轨迹，使车辆更好地适应周围车辆运动状态变化。换道轨迹跟踪控制算法主要通过车辆实际位置和期望位置之间的偏差，计算轨迹所需要的期望速度和航向角（抑或偏航率）。

一、自主换道决策模型

下面结合图 9-4 所示场景，介绍自主换道决策模型（换道时机决策）的基本原理。

对于智能网联汽车而言，一方面能够准确检测自身当前的运动状态，另一方面能够实时获取通信范围内其他车辆的速度、加速度、位置等信息。图 9-4 表示了智能网联汽车中的自主换道情景，其中标记为 HV（Host Vehicle）的车辆为本车，本车在原车道上的前车标记为 PV（Preceding Vehicle），原车道上的后车标记为 FV（Following Vehicle），目标车道上的前车标记为 PLV（Potential Leading Vehicle），目标车道上的后车标记为 PFV（Potential Following Vehicle），沿车流行驶方向，目标车辆在原车道上的第 i 辆前导车标记为 PV_i。同样，沿车流行驶方向，将目标车辆在目标车道上的第 i 辆前导车和后车标记为 PLV_i、PFV_i。

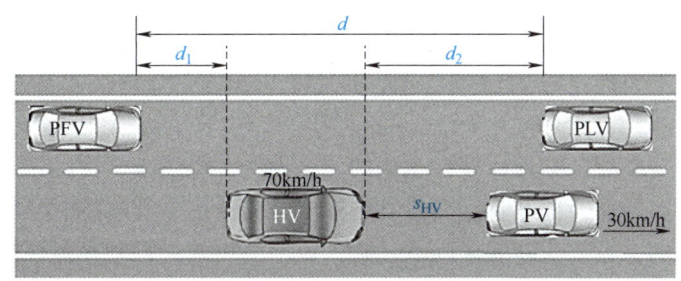

图 9-4　自主换道情景

当前所采用的自主换道决策模型以加速度作为输入变量，根据换道前后目标车辆和前导车加速度的变化，计算代价函数值来判断是否可以进行换道。因此，在建立自主换道决策模型前，需要先确定一个合理的跟车模型，以准确估计本车换道后，本车及目标车道上前导车的加速度。智能驾驶跟车模型由期望加速度、速度和期望跟车距离表示，相应的表示如下：

$$a_{HV} = f(v_{HV}, s_{HV}, \Delta v_{SV}) = a_{max}\left\{1 - \left(\frac{v_{HV}}{V_0}\right)^\delta - \left[\frac{\dot{s}(v_{HV}, \Delta v_{SV})}{s_{SV}}\right]^2\right\} \quad (9\text{-}1)$$

式中，a_{HV} 和 v_{HV} 分别为本车加速度和速度；s_{HV} 为 HV 与前导车的车辆间距；Δv_{SV} 为自车与其前导车的相对速度差；$a_{max}\left[1-\left(\frac{v_{HV}}{V_0}\right)^\delta\right]$ 为自由流的加速度；δ 为加速度指数；V_0 为自车的期望速度；$a_{max}\left[\frac{\dot{s}(v_{HV},\Delta v_{SV})}{s_{SV}}\right]$ 为制动减速度，取决于车辆期望跟车距离 $\dot{s}(v_{HV},\Delta v_{SV})$ 和实际的跟车距离 s_{SV}。期望的跟车距离可以表示为：

$$\dot{s}(v_{HV}, \Delta v_{SV}) = s_0 + v_{HV}T + \frac{v_{HV}\Delta v_{SV}}{2\sqrt{ab}} \quad (9\text{-}2)$$

式中，a 为加速度；b 为车辆的舒适减速度；s_0 为静止时安全距离，表示在交通拥挤、车辆低速缓行时的安全距离；$v_{HV}T$ 为安全车头时距，表示在稳定交通流状态下，车辆以恒定的安全车头时距跟随前导车；$\frac{v_{HV}\Delta v_{SV}}{2\sqrt{ab}}$ 为在不稳定交通流状态下，车辆实施制动决策，且将车辆的减速度控制在舒适减速度以内。本车与前车的车间距、相对速度差分别为：

$$s_{HV} = \|x_{PV} - x_{HV}\| - l_{SV}, \quad \Delta v_{HV} = v_{HV} - v_{PV} \quad (9\text{-}3)$$

式中，x_{PV} 为前导车 PV 的纵向位置；x_{HV} 为本车 HV 的纵向位置；l_{SV} 为车辆的车长；v_{HV} 为本车的速度；v_{PV} 为前导车 PV 的速度。

由于自动换道是以保证本车和周围车辆的安全行驶为首要任务的，换道模型的"安全准则"就是监测本车期望执行的换道行为是否会对自身及原车道和目标车道上的后随车安全行驶产生负面影响。如上面提到的安全准则模型可采用间隙模型法，其基本原理是判断本车与目标车道上的前导车 PLV 和后随车 PFV 之间的临界间隙。该临界间隙是保证本车不与目标车道上的车辆发生碰撞的最小安全距离。其大小与本车、目标车道前导车、目标车道后随车的速度有关。由于目标车辆换道后，其加速度受目标车道前导车 PLV 的影响，而自车成为目标车道后随车的前导车，影响 PFV 加速度的变化。因此，临界间隙除需满足目标车辆按照自身需求换道，还需要保证自身加速度小于安全减速度，保证目标车辆后随车 PFV 在加速度下小于安全减速度。即自车换道后，自车、目标车辆后随车 PFV 的速度、加速度及距离应该满足如下条件：

$$a_{HV} \geq -a_{safe}, \quad a_{PHV} \geq -a_{safe}, \quad v_{HV} \geq -v_{safe}, \quad v_{PFV} \geq -v_{safe} \quad (9\text{-}4)$$

当然，最大安全减速度不仅体现在车辆的安全性上，也体现在车辆速度的变化对交通流产生的影响以及乘客的舒适程度上。而最大的安全行驶速度上需要综合考虑当前速度与目标速度的速度差带来的一系列功能安全问题。除了以上分析外，自动换道还需要考虑换道行为对自车自身驾驶环境的改善，以及自车的换道行为对原车道和目标车道上后随车的影响。即自车的换道总代价由自车的收益和对原车道、目标车道上后随车的影响两部分组成。当换道总代价小于某个阈值，且满足安全准则的约束条件时，则认定为本次换道规划成功，可以进行进一步的换道过程。总体代价函数表示为如下：

$$\text{Cost}(HV) = \dot{a}_{HV} - a_{HV} + p\left[\sum_{i=1}^{n}(\dot{a}_{FVi} - a_{FVi}) + \sum_{j=1}^{n}(\dot{a}_{PFVj} - a_{PFVj})\right] \quad (9\text{-}5)$$

式中，a_{FVi} 为原车道上第 i 辆后随车的加速度；a'_{FVi} 为自车换道后，在原车道上第 i 辆后随车的加速度；a_{PFVj} 为目标车道第 j 辆后随车的加速度；a'_{PFVj} 为自车换道后，目标车道上第 j 辆后随车的加速度；p 为舒适性因子。对于智能网联汽车而言，要顺利换道需要满足：该代价函数值大于一个给定的换道代价函数阈值（Threshold），即 Cost(HV)>Threshold。

当产生换道意图后，本车开转向灯示意换道，同时检测自车道和目标车道上的行车状况，并计算换道代价函数值。由于交通流是动态变化的，换道代价函数值也在不断变化。一旦计算出的本车换道代价函数值大于换道代价函数阈值时，本车即可开始换道。

二、动态换道轨迹规划算法

常用的车辆换道轨迹规划主要有等速偏移换道轨迹规划、圆弧换道轨迹规划、梯形加速度换道轨迹规划、正弦函数换道轨迹规划、多项式函数换道轨迹规划等。

1. 等速偏移换道轨迹规划

等速偏移换道轨迹规划即按照相同的速度在某一时间段内改变方向，同时变道至目标车道。如图 9-5 所示，等速偏移换道轨迹由 3 条线段组成，分别为 A_0-A_1、A_1-A_2、A_2-A_3。其中，在 A_0-A_1、A_2-A_3 处的速度保持不变，在 A_1-A_2 处车辆运动方向发生跃变。

在实际行驶过程中这种变道规划方法是不合理的，因为行车轨迹不可能完全是直线转向，而是带有一定转向弧度的，可以通过大量工作对已有的换道轨迹进行优化。

2. 圆弧换道轨迹规划

圆弧换道轨迹规划即换道过程中掺杂了直线与圆弧线段，在变道的起始和终止部分以两段圆弧表示，中间部分用直线过渡，换道起始阶段车辆将该圆弧切线作为基础来计算相应的航向角，并以驾驶人设置的速度规划控制车辆前行，如图 9-6 所示。

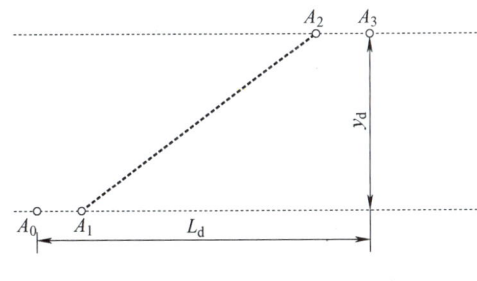

图 9-5　等速偏移换道轨迹规划

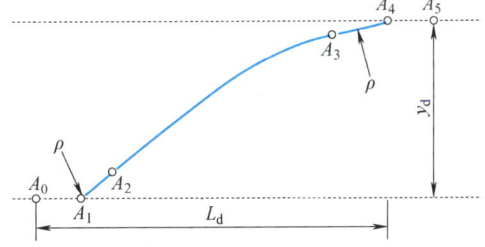

图 9-6　圆弧换道轨迹规划

圆弧换道轨迹规划最大缺陷为在点 A_0、A_1、A_2、A_3、A_4、A_5 处曲率不连续，发生跃变，车辆若按照轨迹模型行驶，则需要在圆弧端点处停车以改变车辆前轮偏转角来适应换道轨迹的曲率半径，这不符合实际车辆换道过程，该方法也需要做一定的改进才可以在实际应用中取得相应的效果。

3. 梯形加速度换道轨迹规划

梯形加速度换道轨迹规划从拟换道车辆的侧向加速度角度考虑，其轨迹由两个方向相反、大小相同的梯形组成，如图 9-7 所示。这种方法将换道过程分为两个阶段进

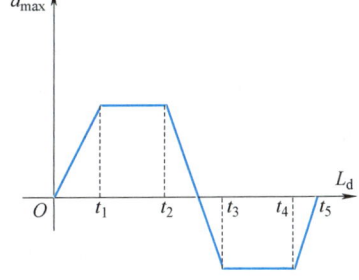

图 9-7　梯形加速度换道轨迹规划

行分析：变道起始阶段，其加速度朝向为正值，加速度规划为正向梯形表示部分；变道终止阶段，加速度朝向为另一端负值。

其侧向加速度为：

$$a(t)=\begin{cases} J_{\max}t & 0\leq t\leq t_1, \\ a_{\max} & t_1\leq t\leq t_2, \\ -J_{\max}t+J_{\max}t_3 & t_2\leq t\leq t_3, \\ -a_{\max} & t_3\leq t\leq t_4, \\ J_{\max}t-J_{\max}t_5 & t_4\leq t\leq t_5, \end{cases} \quad (9\text{-}6)$$

式中，$J_{\max}$ 为侧向加速度变化率最大值；t 为时间；t_1、t_2、t_3、t_4、t_5 为侧向加速度变化的各个时间节点，$t_1=\dfrac{t_3-t_2}{2}=t_5-t_4$，$t_2-t_1=t_4-t_3$。

梯形加速度换道轨迹能够很好地满足运动过程中曲率连续变化及其变化率的限值需求，但模型过于死板，不够灵活，调整换道过程则比较困难。

4. 正弦函数换道轨迹规划

正弦函数换道轨迹规划，因其具有计算简便和优异的平滑特性，可以比较真实地模拟实际换道场景中的转向平滑过渡和纵向控制场景，如图 9-8 所示。

但是该换道轨迹曲率的极大值出现在换道的起点和终点处，此时加速度最大，可能违背换道约束条件，因此，使用该方法也需要对已有的换道轨迹进行多次修正与规划才能应用于实际过程中。

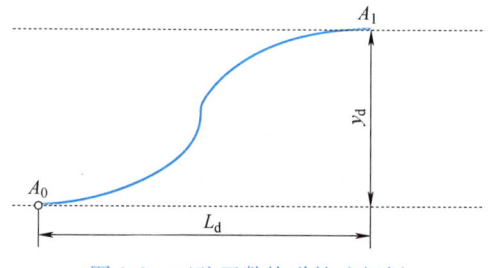

图 9-8　正弦函数换道轨迹规划

5. 多项式函数换道轨迹规划

多项式函数（又称为回旋曲线模型）表示的换道轨迹有两种比较典型的格式，其一是 3 次多项式换道轨迹函数，其二是 5 次多项式换道轨迹函数，如图 9-9 所示。两者的区别在实际换道工况中体现得较为明显：一般情况下，在满足边界约束条件时，对应于车轮转速的曲率 2 阶导数在 3 阶曲线路径中是不连续的，而在 5 阶曲线中则可使得 1 阶导数和 2 阶导数是连续的；在低速情况下，3 阶曲线引入的不连续性对于下层反馈控制的影响不是十分显著，而在高速情况下，这种不连续性则不可忽略。故针对一些特定曲线（纠偏曲线、自动换道回

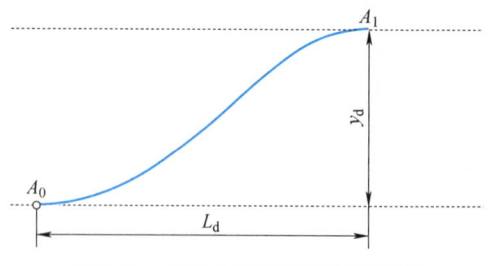

图 9-9　多项式函数换道轨迹规划

退曲线等），其回旋曲线模型要求的采样点越多越能够模拟出曲线形状的真实性，利用 5 次曲线能够更好地表示出轨迹预测情况。此外，针对高速工况，采用 5 次曲线也可更加有效地解决 3 次曲线对下层反馈控制的不连续性。因此，基于 5 次以上的多项式函数换道轨迹具有 3 阶连续可导和曲率连续不突变的优点，在实际过程中能够更好地模拟实际换道曲线，并将横纵向解耦，是比较理想的换道轨迹。因此，本章重点介绍多项式函数换道轨迹规划算法。

为了实现理想的换道轨迹函数规划，选择理想的多项式函数作为换道轨迹显得尤为重要。以目标车辆换道为初始位置建立参考坐标系，以车辆重心为坐标原点，以车辆行驶方向为 x 轴，以车辆换道方向为 y 轴，以换道开始后的时间 t 为变量建立车辆坐标系，则目标车辆的 5 次多项式换道轨迹函数可表示如下：

$$\begin{aligned}x(t)&=a_5t^5+a_4t^4+a_3t^3+a_2t^2+a_1t+a_0\\ y(t)&=b_5t^5+b_4t^4+b_3t^3+b_2t^2+b_1t+b_0\end{aligned} \quad (9\text{-}7)$$

式中，$x(t)$、$y(t)$ 为换道过程的纵向及侧向轨迹位移；a_i、$b_i(i=0,1,\cdots,5)$ 为待定系数。

在车辆换道的初始状态，其侧向位移、侧向速度、侧向加速度均为 0。经过纵向距离 D 的变化，车辆换道过程结束，其目标状态的侧向位移为 W，侧向速度和侧向加速度也均为 0。换道轨迹应满足的约束方程如下：

$$\begin{cases}y(t_0)=\dot y(t_0)=\ddot y(t_0)=0\\ y(t_f)=W,\dot y(t_f)=\ddot y(t_f)=0\end{cases}$$

$$\begin{cases}x(t_0)=\ddot x(t_0)=0,\dot x(t_0)=v_x\\ x(t_f)=D,\dot x(t_f)=v_x,\ddot x(t_f)=0\end{cases} \quad (9\text{-}8)$$

式中，t_0 为换道开始时刻，通常取 $t_0=0$；t_f 为换道时长；W 通常与车道宽度相等，可取 3.75m。换道过程中纵向速度保持不变，则有 $D=v_xt_f$。

根据上述道路边界约束条件对换道轨迹函数参数进行求解，其结果如下：

$$\begin{cases}a_0=0,a_1=v_x,a_2=0\\ a_3=\dfrac{1}{t_f^3}(10D-10v_xt_f)\\ a_4=\dfrac{1}{t_f^4}(-15D+15v_xt_f)\\ a_5=\dfrac{1}{t_f^5}(6D-6v_xt_f)\end{cases} \quad (9\text{-}9)$$

$$\begin{cases}b_0,b_1,b_2=0\\ b_3=\dfrac{10W}{t_f^3}\\ b_4=\dfrac{-15W}{t_f^4}\\ b_5=\dfrac{6W}{t_f^5}\end{cases} \quad (9\text{-}10)$$

将式（9-9）、式（9-10）代入式（9-7）可得换道模型轨迹方程：

$$\begin{cases}x(t)=v_xt\\ y(t)=\dfrac{W}{t_f^5}(10t_f^2t^3-15t_ft^4+6t^5)\end{cases} \quad (9\text{-}11)$$

由式（9-11）可知，当车辆换道时的初始纵向速度确定时，换道过程中唯一的独立变量为换道时长 t_f。确定 t_f，即可确定基于 5 次多项式换道模型的轨迹。

三、换道轨迹跟踪控制算法

换道轨迹跟踪控制是指车辆沿着规划好的轨迹进入目标车道的过程,车辆的自主换道是横纵向运动协同作用的结果,但是为了简化控制策略,通过假设一些条件,忽略纵向运动的相互影响,可以将车辆的换道过程分解为横向运动和纵向运动两个独立的过程。

换道跟踪控制方法分为 PID 控制方法、最优控制方法、基于反馈的线性控制方法、自适应控制方法、滑膜控制方法、预测控制方法、模糊控制方法等。

通过对比发现,滑膜控制方法系统结构不固定,在动态过程中,可根据系统当前的状态有目的地持续变化,使得系统按照预定的"滑动模态"的状态轨迹运动,具有控制响应快、控制精度高、物理实现简单的优点,因此在车辆横向运动控制中具有很大优势。

图 9-10 表示的是一种典型的"滑动模态"控制方法,此方法以当前车辆位置和期望位置之间的偏差为输入,基于滑模控制轨迹设计跟踪控制器。车辆的位置由其重心在地面坐标系的位置和航向角来表示。

图 9-10 中 M_c 表示自车在当前位置处,M_r 表示自车在期望位置处,$\boldsymbol{p}_c = (x_c, y_c, \theta_c)^T$ 和 $\boldsymbol{p}_r = (x_r, y_r, \theta_r)^T$ 为自车当前和期望状态下实际纵向位置、横向位置和航向角,而 $\boldsymbol{q}_c = (v_c, \omega_c)^T$ 为当前速度和横摆角速度,其中 v_c 和 ω_c 分别为车辆当前实际的速度和横摆角速度,在运动学模型中它们是控制输入。

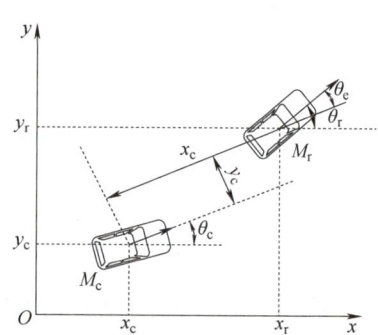

图 9-10 典型的"滑动模态"控制方法

由如上关系可得到车辆的运动学方程为如下:

$$\boldsymbol{p}_c = (x_c, y_c, \theta_c)^T = \begin{bmatrix} \cos\theta_c & 0 \\ \sin\theta_c & 0 \\ 0 & 1 \end{bmatrix} \boldsymbol{q}_c \tag{9-12}$$

在当前坐标系中,根据坐标变换公式,可以得到目标车辆的位置偏差方程为:

$$\boldsymbol{p}_e = (x_e, y_e, \theta_e)^T = \begin{bmatrix} \cos\theta_c & \sin\theta_c & 0 \\ -\sin\theta_c & \cos\theta_c & 0 \\ 0 & 0 & 1 \end{bmatrix} \begin{bmatrix} x_r - x_c \\ y_r - y_c \\ \theta_r - \theta_c \end{bmatrix} \tag{9-13}$$

式中,$\boldsymbol{p}_e = (x_e, y_e, \theta_e)^T$ 为实际位置和期望位置的纵向位置偏差、横向位置偏差和航向角偏差。

位置偏差的微分方程为:

$$\boldsymbol{p}'_e = (x_e, y_e, \theta_e)^{T\prime} = \begin{bmatrix} y_e \omega_c - v_c + v_r \cos\theta_e \\ -x_e \omega_c + v_r \sin\theta_e \\ \omega_r - \omega_c \end{bmatrix} \tag{9-14}$$

$$\alpha = \arctan(v_r, y_e), \frac{\partial \alpha}{\partial v_r} = \frac{y_e}{1 + (v_r y_e)^2}, \frac{\partial \alpha}{\partial y_e} = \frac{v_r}{1 + (v_r y_e)^2} \tag{9-15}$$

基于以上公式求得相应的位置偏差微分方程后可以求得自车实际位置和期望位置的偏差。而基于反演法可以设计滑膜控制的切换函数,即:

$$\boldsymbol{s} = (s_1, s_2)^T = [x_e, \theta_e + \arctan(v_r, y_e)]^T \tag{9-16}$$

第九章 自主换道技术

为了满足滑动模态的条件 $s\dot{s}<0$，可选取等速趋近率如下的表示方式：

$$\dot{s}=-k\mathrm{sgn}(s) \tag{9-17}$$

式中，k 为常数，sgn 为符号函数，当 $x>0$ 时，$\mathrm{sgn}(x)=1$，当 $x<0$ 时，$\mathrm{sgn}(x)=-1$，当 $x=0$ 时 $\mathrm{sgn}(x)=0$。为使得在滑膜切换函数的控制下，系统在有限时间内达到滑动模态，可以使用连续函数取代符号函数的方式，设置连续函数调节因子 δ，得出相应的约束方程如下：

$$\dot{s}_1=-k_1\frac{s_1}{|s_1|+\delta_1},\dot{s}_2=-k_2\frac{s_2}{|s_2|+\delta_2} \tag{9-18}$$

由此得出速度与偏航角速度相应的控制方程如下：

$$\boldsymbol{q}_\mathrm{c}=[v_\mathrm{c},\omega_\mathrm{c}]^\mathrm{T}=\frac{\begin{bmatrix}y_\mathrm{e}+v_\mathrm{r}\cos\theta_\mathrm{e}+k_1\dfrac{s_1}{|s_1+\delta_1|}\\[6pt]\omega_\mathrm{r}+\dfrac{\partial\alpha}{\partial y_\mathrm{e}}(v_\mathrm{r}\sin\theta_\mathrm{e})+k_2\dfrac{s_2}{|s_2|+\delta_2}\end{bmatrix}}{1+\dfrac{\partial\alpha}{\partial y_\mathrm{e}}x_\mathrm{e}} \tag{9-19}$$

基于以上过程分析可知，对于滑动模态的换道轨迹预测方法可通过如下步骤进行。

1）通过车辆传感器或高精地图检测出即将换道的自车在世界坐标系中相应的横纵向位置及航向角：

$$\boldsymbol{p}_\mathrm{c}=(x_\mathrm{c},y_\mathrm{c},\theta_\mathrm{c})^\mathrm{T} \tag{9-20}$$

2）通过车辆传感器检测出即将换道的自车即时速度和横摆角速度：

$$\boldsymbol{q}_\mathrm{c}=(v_\mathrm{c},w_\mathrm{c})^\mathrm{T} \tag{9-21}$$

3）通过车辆传感器检测出从换道起始点至换道终点的横向位移 b。

4）采用一定的算法调节函数中的滑动模态变量调节因子 δ，使得偏差函数最小化，从而保证最终规划的换道轨迹的有效性和可用性。

为保证自动换道能顺利实施，需要根据接收的传感器信息和智能网联控制单元发出的相邻车辆信息（包括位置、加速度、速度等），计算出相应的安全行驶轨迹，同时保证在车辆安全的前提下，更加快速、平稳地变换到目标车道，这对减少车辆延误、提高道路的通行效率有重要意义。

第四节 自主换道实现案例

本节将以在本车前方有障碍车的自主换道为例，来分析自主换道实现过程。如图 9-11 所示，M 为本车，C 为障碍车。假设换道初始时刻 M 车车速高于 C 车车速，且通过环境感知可发现相邻车道上无车，符合安全换道条件，因此可做出向左换道决策。

整个换道过程可以描述为 M 车从本车道的中心线上绕开 C 车到相邻车道的中心线上。自主换道时，前方有障碍车，基于 5 次多项式换道轨迹规划的方法，根据车辆的边界条件进行轨迹规划，即在指定时间内，在初始状态 $(x_\mathrm{in},\dot{x}_\mathrm{in},\ddot{x}_\mathrm{in},y_\mathrm{in},\dot{y}_\mathrm{in},\ddot{y}_\mathrm{in})$ 和目标状

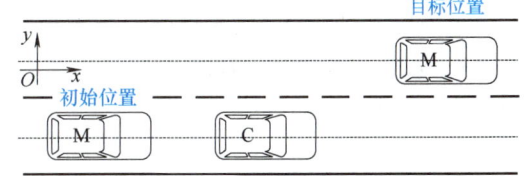

图 9-11 换道的初始位置和目标位置

态 $(x_{\text{fin}}, \dot{x}_{\text{fin}}, \ddot{x}_{\text{fin}}, y_{\text{fin}}, \dot{y}_{\text{fin}}, \ddot{y}_{\text{fin}})$ 之间寻找一条能避开交通车的光滑曲线。

在换道初始和结束时刻，汽车应只有纵向速度，横向速度为 0，且横向、纵向加速度均为 0，这样才能满足车辆运动学特性。初始状态可表示为 $(0, v_{x_{\text{in}}}, 0, 0, 0, 0)$，目标状态可表示为 $(L, v_{x_{\text{fin}}}, 0, h, 0, 0)$。其中，$v_{x_{\text{in}}}$ 为换道初始时刻汽车的纵向速度；$v_{x_{\text{fin}}}$ 为换道结束时刻汽车的纵向速度；h 为初始状态与目标状态的横向距离，即为车道宽度。设在 $t=t_0$ 时完成换道，边界条件的数值代入式（9-9）、式（9-10）得到 b_0、b_1、b_2、a_0、a_2 均为 0，$a_1 = v_{x_{\text{in}}}$，且有：

$$\begin{cases} b_5 t_0^5 + b_4 t_0^4 + b_3 t_0^3 = h \\ 5b_5 t_0^4 + 4b_4 t_0^3 + 3b_3 t_0^2 = 0 \\ 10 b_5 t_0^2 + 6 b_4 t_0 + 3 b_3 = 0 \end{cases} \quad (9\text{-}22)$$

$$\begin{cases} a_5 t_0^5 + a_4 t_0^4 + a_3 t_0^3 + v_{x_{\text{in}}} t_0 = L \\ 5a_5 t_0^4 + 4a_4 t_0^3 + 3a_3 t_0^2 + v_{x_{\text{in}}} = v_{x_{\text{fin}}} \\ 10 a_5 t_0^2 + 6 a_4 t_0 + 3 a_3 = 0 \end{cases} \quad (9\text{-}23)$$

由式（9-22）、式（9-23）可知，横向轨迹由 h 和 t_0 决定，而纵向轨迹由 $v_{x_{\text{in}}}$、$v_{x_{\text{fin}}}$、L、t_0 决定。当上述参数给定时，就可以求解式（9-22）和式（9-23），将求出的系数代入方程（9-7），可得到车辆的换道轨迹曲线。h 是固定的，$v_{x_{\text{in}}}$ 可以由本车传感器感知得到。根据评价指标及车辆动力学约束来确定 $v_{x_{\text{fin}}}$ 和 L。加速度 a 越大，换道时的舒适感越差；换道时的纵向位移 L 越大，换道效率越低。

为了提高换道的安全性，在初始状态和目标状态之间引入一个中转状态量，以中转状态量为第一次规划的终点和第二次规划的起点，进行两次规划，得到的两段轨迹进行拟合，即为最终所求的换道轨迹。

汽车换道时的中转位置如图 9-12 所示，设车长为 T，车宽为 W，从开始规划时刻开始经过 t_c 时刻到达中转位置。此时，本车 y 方向的位移 $h_1 = W$，x 方向的位移 $L_1 = l_0 + v_c t_c$，其中，v_c 为本车的感知系统测出的交通车的速度。根据评价指标选择合适的参数，完成从初始位置到中转位置的规划，得到第一段轨迹。

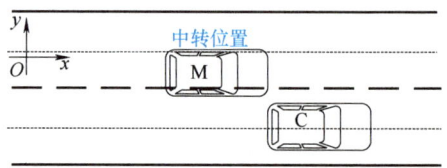

图 9-12 汽车换道时的中转位置

完成从中转位置到目标位置的规划，可以得到第二段轨迹。两段轨迹相拟合即得完整的换道轨迹。此方法得到的轨迹可以避开交通车，提高换道的安全性。因为经过两次规划，所以把此方法称为双 5 次多项式规划。

假设换道初始时刻本车以 20m/s 的速度行驶，同车道正前方相距 20m 处有一前车以 15m/s 的速度同向行驶，整个换道过程都保持此状态，且本车和前车的车长为 4.2m，车宽为 1.8m。设整个换道过程耗时为 5s，并在 2s 时到达中转位置。设中转状态为 $(x_m, \dot{x}_m, \ddot{x}_m, y_m, \dot{y}_m, \ddot{y}_m)$，代入已知数值，可得：

$$\begin{cases} (x_{\text{in}}, \dot{x}_{\text{in}}, \ddot{x}_{\text{in}}, y_{\text{in}}, \dot{y}_{\text{in}}, \ddot{y}_{\text{in}}) = (0, 20, 0, 0, 0, 0) \\ (x_m, \dot{x}_m, \ddot{x}_m, y_m, \dot{y}_m, \ddot{y}_m) = (50, v_{x_m}, 0, 1.8, 0, 0) \\ (x_{\text{fin}}, \dot{x}_{\text{fin}}, \ddot{x}_{\text{fin}}, y_{\text{fin}}, \dot{y}_{\text{fin}}, \ddot{y}_{\text{fin}}) = (L_2, v_{x_{\text{fin}}}, 0, 3.75, 0, 0) \end{cases} \quad (9\text{-}24)$$

式 (9-24) 中 x_{in}，L_2，$v_{x_{fin}}$ 的选取方法已由前文给出。得到较优参数后以初始状态和中转状态进行第一次规划，再以中转状态和目标状态进行第二次规划，所得的两段轨迹拟合即为所求的换道轨迹。

在 MATLAB 中进行拟合计算后，可得到纵向位移、横向位移随换道时间的变化曲线，如图 9-13 和图 9-14 所示。

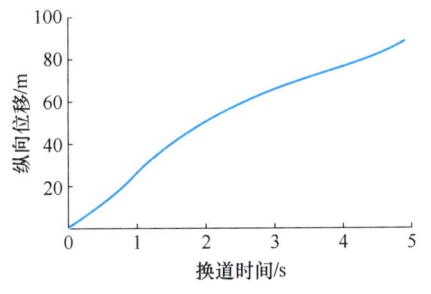

图 9-13　纵向位移随换道时间的变化曲线

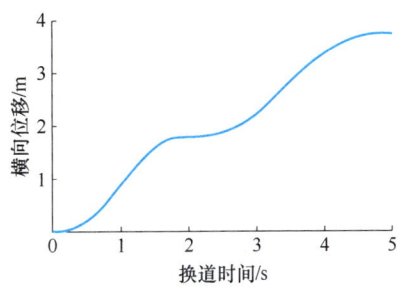

图 9-14　横向位移随换道时间的变化曲线

在得到期望的换道轨迹后，采用前文介绍的"滑动模态"控制方法控制车辆沿换道轨迹行驶在期望位置上，最终可成功完成自主换道。

【思考题】

1. 自主换道系统的构成有哪些？工作原理是什么？
2. 常用的车辆换道轨迹规划方法有哪些？
3. 什么是换道轨迹跟踪控制？常用的控制方法有哪些？
4. 在如图 9-15 所示的换道场景中，本车 M 拟换到图示目标位置。假设换道初始时刻本车以 30m/s 的速度行驶，同车道正前方相距 30m 处有一障碍车以 20m/s 的速度同向行驶，整个换道过程都保持此状态，且本车和障碍车的车长为 4.2m，车宽为 1.8m。设整个换道过程耗时为 5s，并在 2s 时到达中转位置，在换道过程中车速维持不变。试采用双 5 次多项式规划拟合出换道轨迹曲线公式。

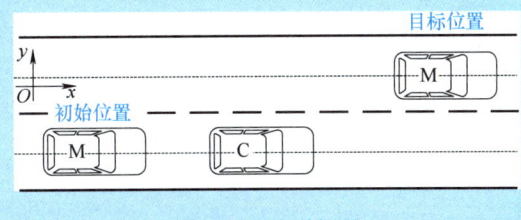

图 9-15　换道场景

参 考 文 献

[1] 崔胜民, 俞天一, 王赵辉. 智能网联汽车先进驾驶辅助系统关键技术 [M]. 北京：化学工业出版社, 2019.
[2] 李元钊. 自动驾驶车辆换道行为决策与轨迹规划研究 [D]. 长春：吉林大学, 2024.

［3］李鹏洲，高振刚，蒲德全. 智能汽车发展背景下的人机协同控制研究现状分析［J］. 汽车文摘，2023（6）：9-23.

［4］王建. 智能车辆技术基础［M］. 北京：清华大学出版社，2021.

［5］李胜琴，丁雪梅. 基于五次多项式的智能车辆轨迹规划［J］. 江苏大学学报（自然科学版），2023，44（4）：392-398.

［6］王海，徐康俊，蔡英凤，等. 面向多工况的智能车换道轨迹规划方法［J］. 江苏大学学报（自然科学版），2019（3）：6.

第十章 智能领航辅助驾驶系统

第一节 智能领航辅助驾驶系统的定义与组成

自适应巡航控制（ACC）系统和车道保持辅助（LKA）系统由于仅能进行单一的纵向或横向运动控制，因而被归类为 L1 部分驾驶辅助系统。智能领航辅助驾驶系统（Integrated Adaptive Cruise Control，ICC）属于 L2 组合驾驶辅助系统。在低速到高速区域范围内，该系统能够实时监测车辆前方行驶环境，并在设定的速度范围内调整行驶速度。该系统具备减速至停止以及从停止状态自动起步的功能，并能同时保持车辆在原车道内行驶，实现横向和纵向的控制。ICC 是集成式巡航辅助（Integrated Cruise Assist，ICA）和交通拥堵辅助（Traffic Jam Assist，TJA）的集合体，如图 10-1 所示。由于 TJA 和 ICA 主要基于"前视摄像头 FCM+前毫米波雷达 FRM"的传感器组合进行开发，因此被认为是基于 1R1V（One Radar and One Vision）的 ADAS 功能。TJA 和 ICA 在大部分工况下可视为"ACC + LKA"的功能组合，为驾驶人提供了更全面、智能的驾驶辅助体验。

10 智能领航辅助驾驶系统

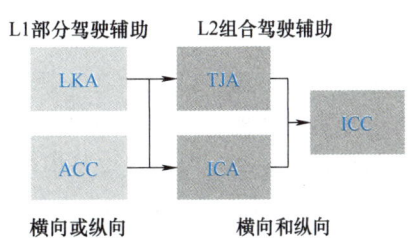

图 10-1 智能领航辅助驾驶系统的组成

一、ACC 系统介绍

ACC 系统的工作模式如图 10-2 所示，主要实现速度控制（定速巡航）和距离控制（车距保持）两种功能。根据行车工况的不同，距离控制分为稳态跟车、前车急减速、前车急加速、旁车切入、前车切出、远处接近前车、主动避撞 7 种模式，并要求在模式切换时实现平滑过渡。ACC 系统在不同的驾驶情境下灵活切换工作模式，以确保驾驶的平稳和安全。详见第八章。

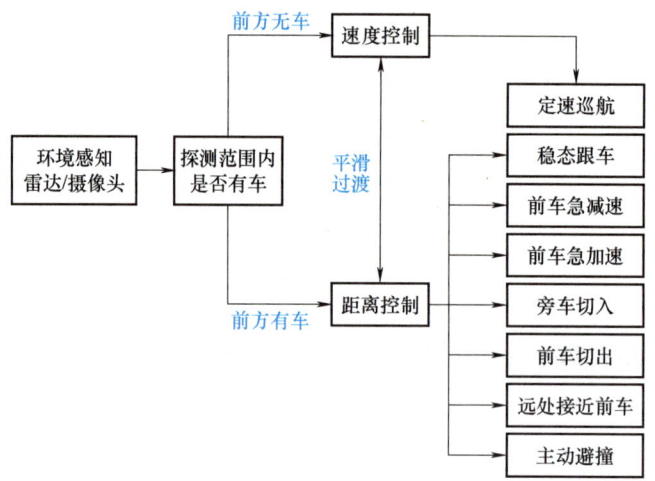

图 10-2　ACC 系统的工作模式

二、LKA 系统介绍

LKA 通过环境感知传感器识别本车相对于车道中央的位置，如果驾驶人无意间偏离车道，则应向驾驶人发出警告或通过自动转向干预使车辆重新回到车道内。LKA 一般包括 3 项子功能，如图 10-3 所示。

（1）车道偏离预警（Lane Departure Warning，LDW）　当车辆发生无意识偏离车道时，LDW 会通过声音、视觉和振动等方式向驾驶人发出预警。其目的是提醒驾驶人注意车道偏离，防止潜在的意外事故发生。

（2）车道偏离预防（Lane Departure Prevention，LDP）　LDP 是 LDW 功能的扩展。当

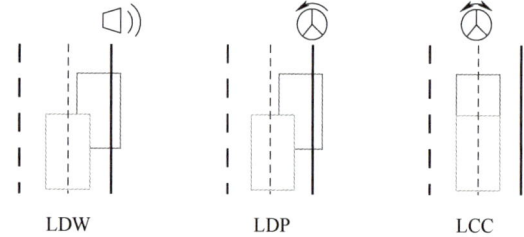

图 10-3　LKA 子功能

车辆发生无意识偏离车道，LDP 会在车辆快要驶离车道时施加适当的转向干预，修正车辆位置，以防止车辆意外离开车道。LDP 首先是一项安全功能，强调防止车辆偏离车道，并保障驾驶人和乘客的安全，而不仅仅是提供舒适性。

（3）车道居中控制（Lane Centering Control，LCC）　LCC 监控汽车与行车道中央的相对位置，主动辅助驾驶人保持在车道中心线附近行驶。通过控制车辆的转向，LCC 减少驾驶人的转向负担，提供更舒适的驾驶体验。尽管 LCC 侧重于舒适性功能，但它仍然有助于保持车辆稳定性和减轻驾驶人疲劳。

在实际 LKA 项目开发中，通常 LDW 功能是必选项，而 LDP 和 LCC 功能可以选择性开发其中一项或全部开发。当 LKA 的 3 项子功能全部开发时，用户可以在车辆的人机交互界面（Human Machine Interface，HMI）上选择打开或关闭 LKA 的 3 项功能。

三、TJA 与 ICA 系统介绍

TJA 和 ICA 采用了相同的 1R1V 传感器数据融合方案（前视摄像头 FCM + 前毫米波雷达 FRM）。具体来说，TJA 和 ICA 的系统架构包括：

（1）前视摄像头（FCM）　负责获取前方道路的图像信息，识别车道标线、前车等重要目标，以及识别弯道和道路几何形状。

（2）前毫米波雷达（FRM）　通过发射和接收雷达信号，检测前方车辆的距离、速度和相对位置等信息，以帮助实现跟车控制和交通拥堵辅助。

（3）控制单元　是 TJA 和 ICA 的中央计算单元，负责接收来自摄像头和雷达的传感器数据，并进行实时处理和分析。控制单元使用有效的算法来识别车道线、前车、弯道等，并基于这些信息做出相应的车辆控制决策。

（4）纵向控制　该部分负责控制车辆的速度和跟车距离，以实现自适应巡航控制功能。在交通拥堵的情况下，纵向控制系统可以根据前方车辆的速度和距离，自动调整车辆的速度，以保持安全的跟车间距。

（5）横向控制　横向控制系统负责车辆的车道居中和在弯道中跟车。通过对车道线和道路几何形状的识别，横向控制系统可以调整车辆的方向，使车辆始终保持在车道内，并在弯道时跟随道路曲线。

综合来说，TJA 和 ICA 通过融合前视摄像头和前毫米波雷达的传感器数据，结合纵向和横向控制，实现车辆在交通拥堵和弯道中的智能驾驶辅助功能。这些系统旨在提高驾驶的舒适性和安全性，减少驾驶人在特定驾驶环境下的工作。

四、巡航方案对比

不同巡航方案对比见表 10-1。

表 10-1　不同巡航方案对比

方案	速度区间	车辆控制	传感器	适用工况	部分特点
ACC	>30km/h	纵向	1R	高速	—
TJA	<60km/h	纵向+横向	1R1V	城市低速	弯道支持，车道居中
ICA	>60km/h	纵向+横向	1R1V	高速	部分智能调速
ICC	0 至支持的最高速度	纵向+横向	1R1V	低速+高速	部分智能调速

注：R—Radar，V—Vision。

第二节　智能领航辅助驾驶系统的功能及使用场景

一、交通拥堵辅助（TJA）功能

TJA 是低速 ACC 和 LKA 功能的集成，例如，工作速度区间为 0~60km/h。在汽车低速通过交通拥堵路段时，TJA 为驾驶人提供车辆的纵向和横向辅助，如图 10-4 所示。TJA 的纵向辅助由 ACC 系统实现，旨在保持自身车辆在固定的车速或者与前方道路使用者的固定时

距内行驶。具体表现为，在当前车辆行驶时，本车能够跟随前车的速度进行匹配，当前车停下时，本车也会相应地停下。例如，若停车时间不超过 3s，一旦前车重新起动，本车将自动起步并跟随。如果停车时间超过 3s，驾驶人只需轻踩加速踏板，车辆将自动起动。然而，在过急弯道、过路口、并道或前方车辆切入的情况下，驾驶人需要负责接管车辆。TJA 的横向辅助策略由 LKA 功能实现。当车道线存在且成功被识别时，系统会使车辆保持在车道内行驶；反之，车辆将跟随前方车辆的横向轨迹移动行驶。TJA 并不允许驾驶人长时间脱手驾驶。在需要驾驶人接管的场景下，例如转弯、过路口、并道、前方车辆切入等，驾驶人必须全权负责车辆的驾驶。这一限制主要是为了适应城市工况，然而，在实际的低速城市行驶中，环境可能变得相当复杂。例如，突然横插进来的车辆、骑摩托车或者自行车的人，以及前方道路上可能存在的大坑、石块、垃圾、动物尸体等静止障碍物，这些都增加了功能实现的复杂性。

图 10-4　交通拥堵辅助（TJA）系统

二、集成式巡航辅助（ICA）功能

ICA 是高速 ACC 和 LKA 功能的整合，例如，工作速度区间为 60km/h 以上，ICA 可以视作是 TJA 的全速域升级版，在车辆高速行驶时，为驾驶人提供车辆的纵向和横向辅助，如图 10-5 所示。ICA 的纵向辅助同样由 ACC 系统实现，目标是将车辆保持在固定的车速，或者将当前车道前方的车辆作为参照体，以控制车速和车距。ICA 的横向辅助策略同样由 LKA 实现，但与 TJA 存在一些不同之处。ICA 的工作速度更高，它将持续使车辆保持在车道中心附近行驶。当没有车道线或者无法识别到车道时，ICA 无法实现跟车功能。同样，ICA 也不允许驾驶人长时间脱手驾驶，在需要驾驶人接管的情境下（例如转弯、过路口、并道、前方车辆切入等），驾驶人必须全权负责车辆的驾驶。

图 10-5　集成式巡航辅助（ICA）系统

总体而言，ICA 在单调驾驶环境或者交通拥堵的情况下，能够减轻驾驶人的工作负担并提供驾驶辅助功能。这些功能主要依赖于车辆前风窗玻璃上的前视摄像头和前毫米波雷达，这些传感器能够协同探测车道线，从而实现车辆的纵向（加速和减速）和横向（车道保持）控制。

三、智能领航辅助驾驶系统的使用场景

TJA 和 ICA 的使用场景见表 10-2。

表 10-2 TJA 和 ICA 的使用场景

序号	场景	图示	描述
1	道路标记可见 引导车辆可见		TJA 将车辆维持在车道中心行驶； ICA 将车辆维持在车道中心行驶； TJA/ICA 并不跟踪前方的引导车辆
2	道路标记可见 引导车辆可见	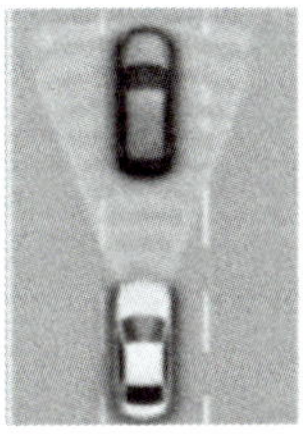	FRM 作为可选项，TJA 可以跟踪引导车辆偏离车道中心行驶； TJA 不会使车辆离开自身车道； ICA 应始终将车辆维持在车道中心行驶
3	道路标记可见 引导车辆不可见	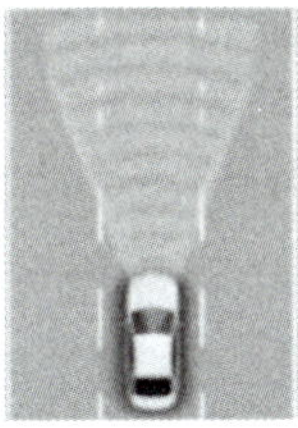	TJA 将车辆维持在车道中心行驶； ICA 将车辆维持在车道中心行驶
4	道路标记不可见 引导车辆可见	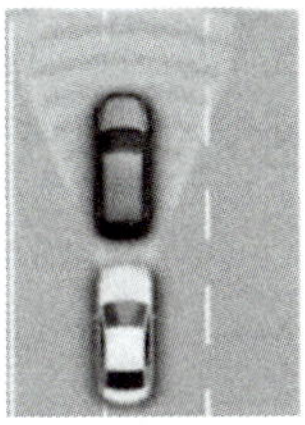	TJA 跟随引导车辆侧向偏离行驶； ICA 由于缺少道路信息而解除； 此情况通常会在交通拥堵情况下出现，此时道路标记被前方车辆覆盖
5	道路标记不可见 引导车辆不可见	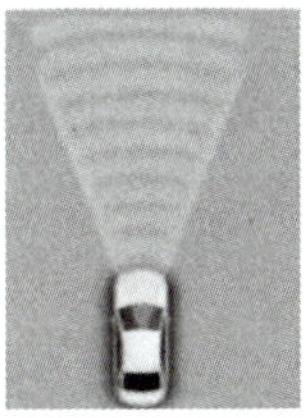	TJA 由于缺少道路标记和引导车辆的信息而解除； ICA 由于缺少道路标记的信息而解除

(续)

序号	场景	图示	描述
6	引导车辆切出	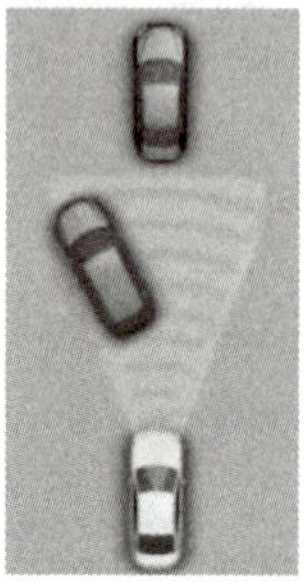	TJA 不会跟随引导车辆进行侧向移动； 如果未检测到新的引导车辆，TJA 会解除； 如果检测到新的引导车辆，TJA 会跟随新的引导车辆进行侧向移动
7	车辆切入	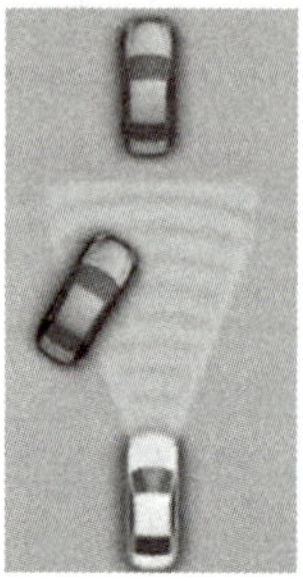	在切入车辆未被检测为引导车辆之前，TJA 不会跟随次车辆进行横向行驶
8	弯道行驶	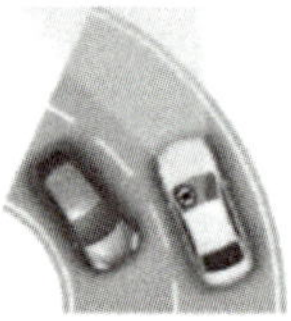	TJA/ICA 将车辆控制在自身车道内行驶； 作为可选项，TJA/ICA 可以将车道向弯道内侧移动，从而进行更为舒适的切弯； 一般而言，系统支持的最小半径为 250m（这也取决于 EPS 的接口定义，例如最大转矩）
9	车道返回		如果 TJA/ICA 的作用开始于车辆远离车道中心的某一点，TJA/ICA 可以平缓地将车辆转回车道中心，即使是在脱手驾驶的情况下
10	变道		如果驾驶人想变道，例如开启转向灯或快速转向，TJA/ICA 可逐渐减小对车辆的控制，以保证驾驶人能够舒适变道

(续)

序号	场景	图示	描述
11	单侧车道线短暂丢失		如果单侧车道线短暂丢失，TJA/ICA 不会关闭，此时 TJA/ICA 的控制会基于一侧车道线进行
12	并道		在并道情况下，TJA/ICA 平缓地减小控制转矩，转矩下降时长约为 3s

第三节　智能领航辅助驾驶系统的工作原理及控制策略

一、工作原理

ICC 系统通过 ACC 使用的雷达和 LKA 使用的摄像头，实时监测前车行驶情况，感应前车和两侧车道线。通过主动纠正本车行驶轨迹，辅助驾驶人控制车辆，进行辅助方向盘转向操作以及车道维持，确保车辆与前车保持一定距离并行驶在车道中间。ICC 系统采用 1R1V 传感器数据融合方案（前视摄像头 FCM + 前毫米波雷达 FRM），控制系统架构如图 10-6 所示。

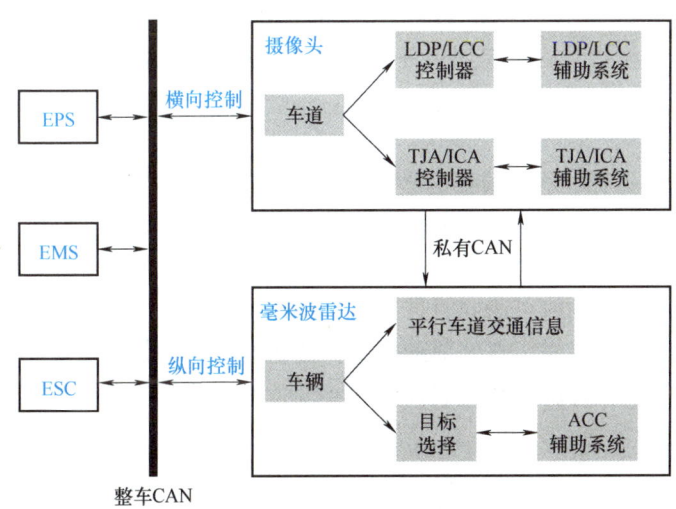

图 10-6　ICC 控制系统架构

（一）前视摄像头 FCM

FCM 主要功能包括道路边界检测、物体检测和侧向辅助 3 项，具体如下：

1. 道路边界检测

FCM 利用车辆上的前视摄像头或其他传感器来监测车辆前方道路的边界，包括车道线和道路边缘。通过实时识别和分析道路边界的位置，系统可以帮助驾驶人保持车辆在正确的车道内行驶，避免意外偏离车道。摄像头在车辆上提供基于图像的道路边界检测功能，它能够识别多种类型的道路边界，包括印制车道线（实线或虚线）和路面标识。摄像头可以同时探测并识别 4 条车道线，根据这些车道线的信息来确定自身车道、左侧车道和右侧车道，如图 10-7 所示。这些道路边界信息可以通过私有 CAN 传输给雷达或其他系统进行进一步处理和分析。

使用摄像头的道路边界探测功能，车辆可以实时了解所在车道的位置和与其他车道的关系，从而帮助驾驶人保持车辆在正确的车道内行驶。这种信息对于驾驶辅助系统和智能驾驶技术非常重要，可以为车辆提供精准的定位和横向控制。通过将摄像头探测到的道路边界信息传输给雷达或其他传感器，可以实现传感器数据的融合，并提供更全面、准确的环境感知。这样的数据融合有助于增强车辆的感知能力，提高驾驶安全性，并在智能驾驶系统中支持更高级别的决策和控制。

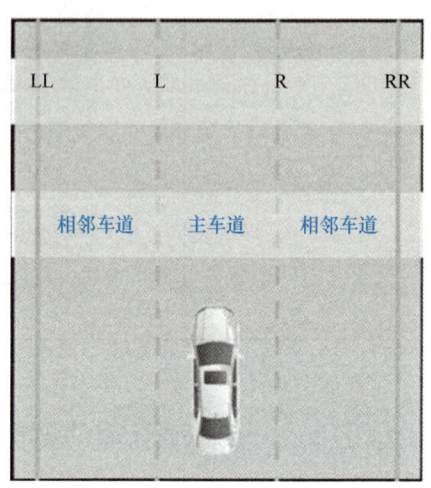

图 10-7　道路边界检测

2. 物体检测

FCM 通过前视摄像头、毫米波雷达等传感器来识别前方的其他车辆、行人、障碍物等。一旦系统检测到前方存在潜在的碰撞风险，它会发出警告，提醒驾驶人及时采取措施避免碰撞。摄像头可以通过图像识别技术提供车辆（包括乘用车、货车、摩托车等）和行人的探测功能。每个被探测到的物体都会被分配一个固定的 ID，并且摄像头可以检测以下属性：

（1）物体类型　摄像头可以识别和分类不同类型的物体，如车辆和行人。

（2）3D 位置　摄像头能够确定被探测物体在三维空间中的位置，这对于实现跟踪和空间感知至关重要。

（3）速度　摄像头可以估计被探测物体的运动速度，包括车辆和行人的相对速度。

（4）TTC 碰撞时间　TTC 指两个车辆或车辆与行人相撞的时间，摄像头可以计算出两个物体之间的 TTC。

摄像头的探测和跟踪功能可以同时处理多个目标，例如不少于 8 个车辆和 8 个行人。这样的多目标探测和跟踪功能对于驾驶辅助系统和智能驾驶技术非常重要，可以提供精准的周围环境感知和数据，以支持决策和控制算法的实现，提高驾驶的安全性和效率。目标信息同样通过私有 CAN 传给雷达。

3. 侧向辅助

侧向辅助功能传感器监测车辆的侧面，帮助检测潜在的侧面碰撞风险。如果系统发现侧面有可能发生碰撞，它会发出警告或自动采取措施，以减轻碰撞的严重程度或避免碰撞。

侧向辅助功能是集成在 TJA 和 ICA 中的横向运动控制逻辑。它基于自车轨迹和目标车轨迹的相对位置，计算出一个目标转向转矩，进而控制自车的横向运动。在 ICA 模式下，摄像头探测到的自身车道会作为目标驾驶轨迹，属于车道跟踪。通过跟踪车道线，系统可以帮助驾驶人保持车辆在车道内行驶，并在需要时进行横向控制。在 TJA 模式下，由于车速较低且道路使用者数量较多，车道跟踪模式通常不可用。因此，系统会根据特定算法，使用基于雷达的平行车道交通模型计算出目标的驾驶轨迹。如果在 TJA 模式下存在引导车辆，自车会跟随引导车辆进行侧向移动，保持一定的距离，并与引导车辆保持同步，以便在拥堵交通中跟随引导车辆的行驶轨迹。否则，系统将继续进行车道跟踪。在这种情况下，系统会根据摄像头探测到的车道线来辅助驾驶人将车辆保持在车道内行驶，以确保车辆稳定和安全。

除了控制逻辑外，系统还会监控功能的抑制条件。这是为了确保在适当的时机采取横向控制措施，以避免对驾驶人操作造成不利影响。当系统判断介入的时机不成熟时，例如在特定驾驶场景或异常情况下，系统会抑制发送目标转向转矩。这样做的目的是确保驾驶人仍然保持对车辆的主导控制，避免潜在的干扰和误操作。在这种情况下，系统会暂停对车辆的侧向控制，并通过警告或提示来提醒驾驶人自行采取适当的操控措施。目标转向转矩是由车辆的侧向辅助功能计算得出的，用于控制车辆的横向运动。这些目标转向转矩将通过整车 CAN 传送给 EPS，车辆的电动助力转向系统将根据目标转向转矩进行相应调整，实现车辆的横向运动控制。

（二）前毫米波雷达 FRM

FRM 主要功能包括驾驶轨道生成和纵向辅助两项，具体如下：

1. 驾驶轨道生成

毫米波雷达基于平行车道交通模型生成驾驶轨道的拓扑描述。该模型假设静态车道边界、自身车道轨迹和其他道路使用者的轨迹是平行的，因此适用于车道内平行交通的情况。对于横向或斜向交通的场景，平行车道交通模型并不适用。此模型计算输入包括：静态道路边界信息（如摄像头探测到的车道线）、自身车辆的轨迹信息和其他道路使用者的轨迹信息（如引导车辆）。根据静态道路边界信息是否可用，驾驶轨道有不同的生成方法，具体见表 10-3。

表 10-3 驾驶轨道生成方法

静态道路边界信息是否可用		驾驶轨道生成方法
可用	选项 1	始终使用道路中心线作为目标轨迹
	选项 2	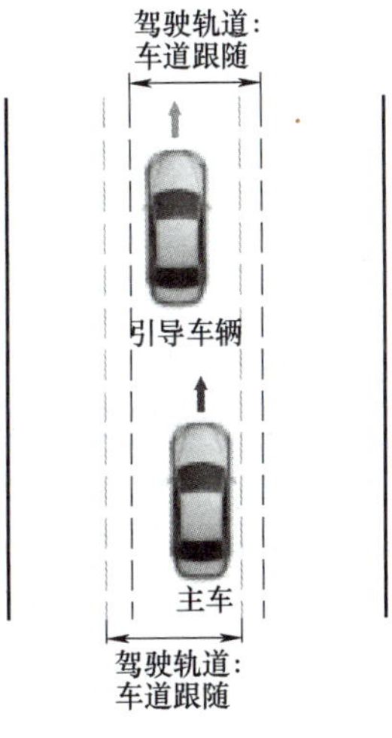 如果引导车辆行驶在车道内，可以在道路中心线之上叠加一个偏移量，以引导车辆的轨迹作为目标轨迹

(续)

静态道路边界信息是否可用	驾驶轨道生成方法
不可用	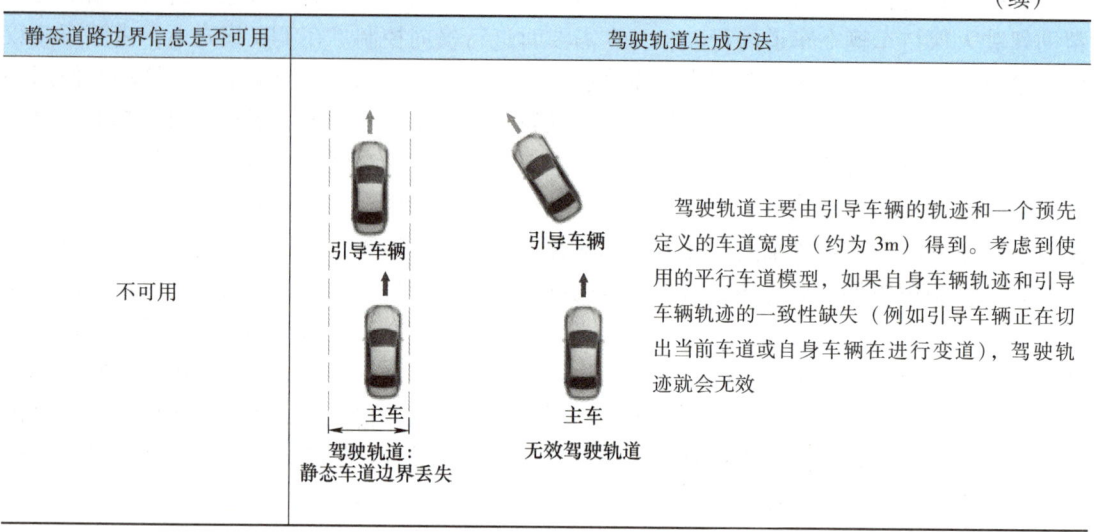 驾驶轨道主要由引导车辆的轨迹和一个预先定义的车道宽度（约为3m）得到。考虑到使用的平行车道模型，如果自身车辆轨迹和引导车辆轨迹的一致性缺失（例如引导车辆正在切出当前车道或自身车辆在进行变道），驾驶轨迹就会无效

2. 纵向辅助

FRM 在纵向方向上提供辅助功能，主要用于 ACC 和前碰撞预警。通过持续监测前方车辆的距离和速度，FRM 可以自动调整车辆的速度，以保持安全的车距和避免碰撞。当前方车辆减速或停车时，FRM 会发出警告或自动减速，以避免碰撞或减轻碰撞的后果。

二、控制策略

对于一般的 ICC 控制策略而言，只需要利用前视摄像头对前方车辆和车道线进行检测作为系统控制的输入，而全景系统配置的侧面和后视摄像头则可以监视并排行驶的汽车或与汽车并排的车道标记，因此高级别 ICC 对于车辆侧面和后方的交通信息全面检测也可以为驾驶人提供更为全面的驾驶辅助。总体来说，ICC 的轨迹预测过程包括对静态环境估计（如车道模型）、对动态过程估计（一般指车道环境中行驶的车辆），此外还包括附加传感器（诸如导航信息、环视摄像头信息等）对 TJA/ICA 估计过程的优化。

1. 静态环境估计

静态环境估计一般指对行驶车道模型估计，车道模型的一般估计方法是采用抛物线形式进行的，以自车后轴中心点为坐标原点，如图 10-8 所示，建立的车道抛物线模型表示为：

$$y = \frac{1}{2}kx^2 \tag{10-1}$$

式中，k 为抛物线方程系数；x 和 y 分别为障碍物的位置坐标。

该抛物线有两个参数，其求解过程是：在实际估计过程中对道路模型中的实际障碍点位置坐标 (x,y) 进行探测，其结果可代入抛物线中进行二次参数方程求解，得到系数 k。同时通过将不断更新的实际点代入方程求解后获得不同的方程参数解，对方程解的评价过程是利用直方图描述其求解质量的，若实际探测到的前方目标位置与预测轨迹曲线差值不具有一致性，那么相应的直方图分布就比较零散，不具有集中分布的特性。直方图具有收敛一致性时，说明求解的抛物线方程是有效的。

图 10-8 表示采用静态环境估计模型利用不同探测点对车道曲线模型进行估计的结果。其中估计曲线 1 模型具有最好的质量权重，其轨迹结果最符合预期。

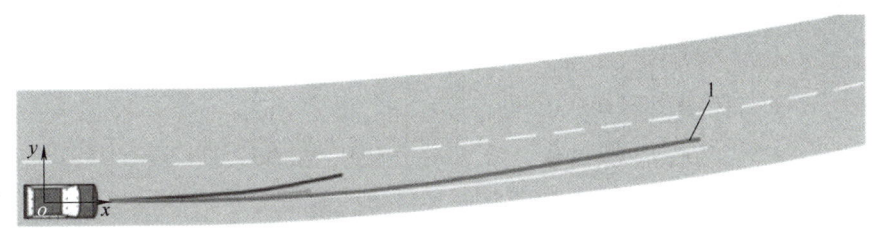

图 10-8　车道曲线模型估计

2. 动态过程估计

动态过程估计是指对于目标车辆的行驶轨迹预测，其有两种不同的计算 TJA/ICA 行驶轨迹的方法，一是关注附近运动车辆的位置，二是涉及车道标记。由于环境探测过程中不止一辆车，因此相应的估计过程包含如下几个步骤：

1）传感器探测到环境中的所有车辆目标，ICC 系统模型对于所有运动车辆的历史轨迹进行估算。

2）选择自车前方对应的车辆作为跟随目标，且该对应前方车辆需要去除对向来车对本车轨迹估计的影响。

3）采用前面提到的曲线模型对实际探测到的同向行驶车辆进行轨迹预测，并对预测结果进行分组。

4）计算估计轨迹质量，质量评估采用权重分配，权重最高的为轨迹曲线的计算结果。

图 10-9 表示对前方车辆以及侧前方车辆按照实时打点进行估计的结果，其中前方车辆的行驶轨迹在预测中最能拟合出一条一致性曲线，因此具备较好的质量以及连续性，由此可以暂时摒除旁边车道的车辆对本车道的影响。

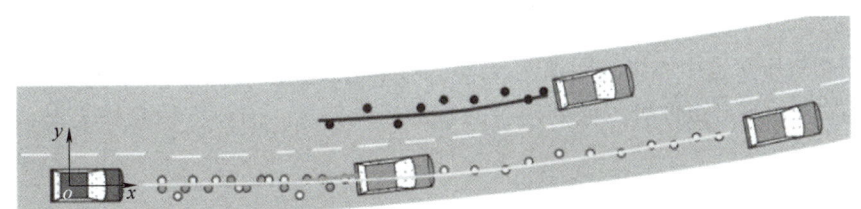

图 10-9　实时打点估计结果

3. 本车道行驶车辆的轨迹过程估计方法

ICC 的控制逻辑中有两种不同的信息需要输入来计算目标轨迹：其一是考虑相邻前方车辆位置以及运动状态；其二是考虑车道标线。设计 TJA/ICA 行驶轨迹过程实际是采用预测加更新的方式进行的，预测即通过对前一时刻的目标行驶状态的探测生成相应的预测轨迹从而确定最新行驶轨迹的估算。因此，TJA/ICA 的轨迹计算过程一般采用卡尔曼滤波策略，相应的横向控制输入值可以作为控制卡尔曼滤波的观测值，以下将详细讲解如何设计 TJA/ICA 的卡尔曼滤波器。

在 TJA/ICA 的轨迹预测过程中，首先需要考虑其预测函数方程，图 10-10 表示以自车为中心建立的轨迹预测图。

以下方程可用于表示一辆运动车辆沿着一条轨迹行进的过程：

$$\begin{pmatrix} \dot{y}_0 \\ \dot{\theta}_\Delta \\ \dot{\kappa}_T \end{pmatrix} = \begin{pmatrix} 0 & v_{EV} & 0 \\ 0 & 0 & v_{EV} \\ 0 & 0 & 0 \end{pmatrix} \begin{pmatrix} y_0 \\ \theta_\Delta \\ \kappa_T \end{pmatrix} + \begin{pmatrix} -v_{EV} & 0 \\ 0 & -1 \\ 0 & 0 \end{pmatrix} \begin{pmatrix} \beta_{EV} \\ \dot{\Psi}_{EV} \end{pmatrix} \quad (10\text{-}2)$$

为了获得 TJA/ICA 可用于控制的路径，其目标轨迹必须包含带有一定偏移量的数据信息，该偏移量表示为偏离车道中心线的距离，表示为 y_0，以及与轨迹相关的航向角 θ_Δ、曲率 κ_T。车辆自身的运动状态包含相应的车速 v_{EV}、航向角 β_{EV}、横摆率 $\dot{\Psi}_{EV}$，$P_T(x_T, y_T)$ 表示预测到的前方车辆的即时轨迹上的坐标点，该点表示下一时刻前车将要行驶到该处。为了将前车 $P_{FC}(x_{FC}, y_{FC})$ 相对位置考虑进来，假设前方车辆将跟随其目标轨迹进行运动，即 $x_T = x_{FC}$，$y_T = y_{FC}$，相应的关系可表示如下：

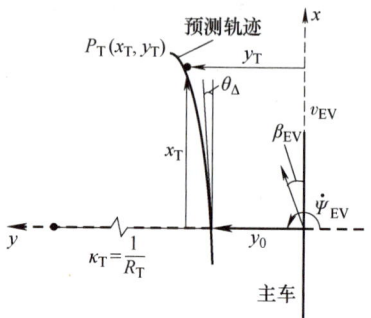

图 10-10　轨迹预测图

$$y_{FC} = y_0 + x_{FC}\theta_\Delta + \frac{1}{2}x_{FC}^2 \kappa_T \quad (10\text{-}3)$$

同时，如果摄像头仍旧能够检测到部分车道标线信息，可以直接计算出相对于车道中心线的目标路径，由此得到利用车道标线信息计算出的轨迹方程为：

$$\begin{pmatrix} y_{FC} \\ y_{0\_BV} \\ \theta_{\Delta\_BV} \\ \kappa_{T\_BV} \end{pmatrix} = \begin{pmatrix} 1 & x_{FC} & \frac{1}{2}x_{FC}^2 \\ 1 & 0 & 0 \\ 0 & 1 & 0 \\ 0 & 0 & 1 \end{pmatrix} \begin{pmatrix} y_0 \\ \theta_\Delta \\ \kappa_T \end{pmatrix} \quad (10\text{-}4)$$

该标线相对于车道中心线的距离为 y_{0_BV}，与车道线方向的航向角为 θ_{Δ_BV}，车道曲率为 κ_{T_BV}，而 BV 表示来自摄像机图像处理后的车道标线信息。当前方信息缺失时，式（10-4）将变成如下形式：

$$\begin{pmatrix} y_{0\_l} \\ \theta_{\Delta\_l} \\ \kappa_{T\_l} \end{pmatrix} = \begin{pmatrix} 1 & 0 & 0 \\ 0 & 1 & 0 \\ 0 & 0 & 1 \end{pmatrix} \begin{pmatrix} y_0 \\ \theta_\Delta \\ \kappa_T \end{pmatrix} \quad (10\text{-}5)$$

式中，l 为计算目标轨迹的相关信息来自不同的信息源，设置该变量是为了在激活 TJA/ICA 系统前，在环境中捕获冗余信息作为函数输入，信息源包括前视摄像头、泊车摄像头或高精地图等。系统必须设计成当车辆无法处理极限工况时，其冗余信息可以帮助驾驶人在其反应时间内接管系统。同时，由于以上两种不同的信息来源（车道线和前车）均可以计算相应的目标轨迹，而最终的目标轨迹实际上是希望采用最好质量的信息作为输入源。这里可以采用协方差作为前方引导车或者车道标线的权重。最终选择的向量以及相对目标轨迹可以用来调整横向控制，以确保最终的转向靠近目标轨迹。

4. 控制系统

图 10-11 和图 10-12，分别为横向和纵向环路控制系统。

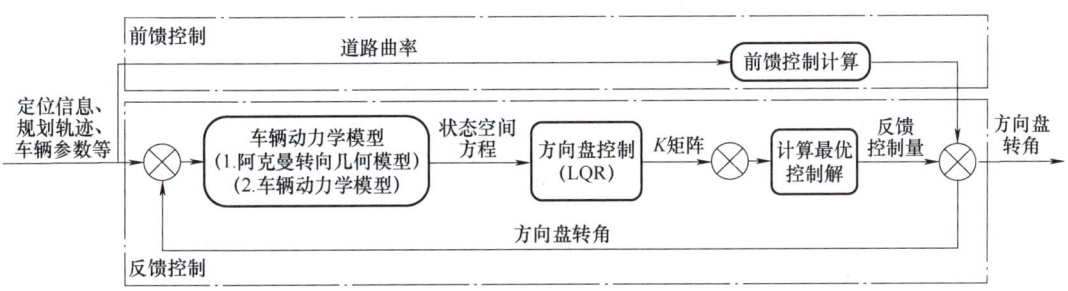

图 10-11　横向环路控制系统

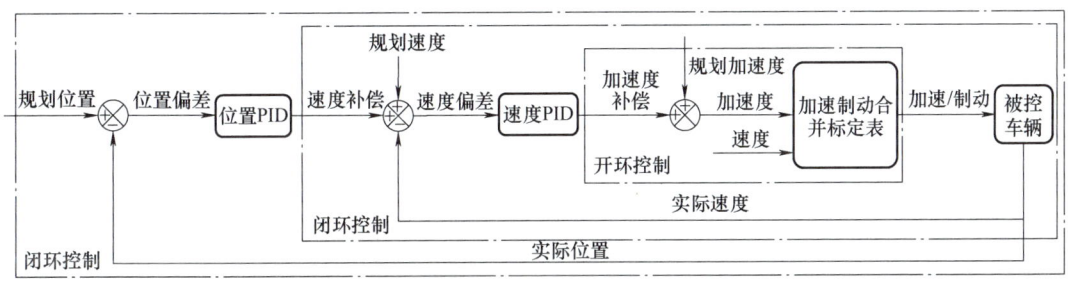

图 10-12　纵向环路控制系统

第四节　领航辅助驾驶操作实例

智能领航辅助是一项基于导航路线规划的驾驶辅助功能。在高精地图覆盖的高速公路和城市路段，领航辅助能够帮助汽车按照设定的车载导航路线行驶，实时调整巡航车速，智能切换至行驶速度较快的车道，并协助驾驶人进出匝道。在车辆行驶速度较慢的情况下，领航辅助功能可帮助汽车灵活变换至更适合的车道。值得注意的是，领航辅助功能在满足车道保持辅助（LKA）和自适应巡航控制（ACC）系统的工作条件及限制条件的前提下方能正常工作。

一、设置

在车辆的中控屏幕设置中，点击"智能驾驶"选项。在智能驾驶功能中，选择"导航驾驶"，如图 10-13 所示。接着，点击"导航辅助驾驶"下方的选项，可以进行导航辅助驾驶的开启与关闭设置。

在车辆的中控屏幕设置中，可以点击"智能驾驶"，接着选择"导航驾驶"。在导航驾驶功能中，找到"变道控制"并单击下方的选项，即可进行变道方式的设置。需要特别注意，在使用导航辅助驾驶功能之前，需要确保车道保持辅助开关已经处于开启状态。

有两种变道方式可供选择："推荐变道"和"自主变道"。在"推荐变道"模式下，系统会向驾驶人发送变道请求，待驾驶人确认后系统才执行变道操作。而在"自主变道"模式下，系统可以自主开启变道侧转向灯并执行变道操作。然而，需要注意的是，在"自主变道"模式下，驾驶人仍需时刻留意周围路况，并在必要时接管车辆。

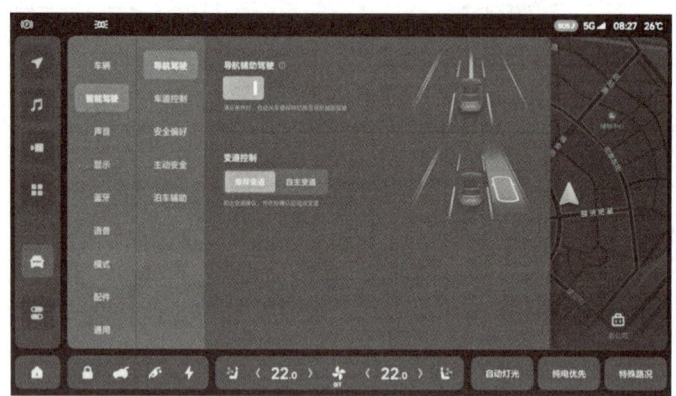

图 10-13　导航驾驶界面

在车辆中央控制屏幕设置中，可以点击"智能驾驶"，接着选择"安全偏好"，如图 10-14 所示。然后，单击"限速偏移"下方的选项，即可进行限速偏移值的设置。在设置限速偏移量时，有两种可供选择的形式：选择"数值"时，可以设置偏移量的范围为-20～20km/h；而选择"百分比"时，可设置偏移量的范围为-20%～20%。

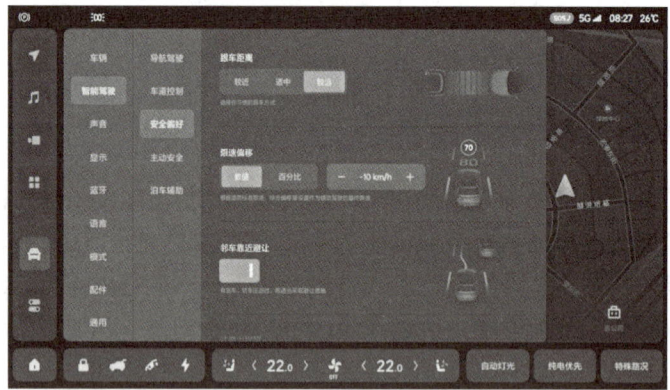

图 10-14　安全偏好界面

在导航辅助驾驶功能激活或一键设置到限速时，系统将综合考虑地图中的道路限速信息和驾驶人设置的限速偏移量，以调整巡航车速。例如，当前道路在高精地图中的限速信息为 100km/h，而设置的限速偏移量为-10km/h，在导航辅助驾驶功能运行状态下，系统将设定巡航车速为 90km/h。

在车辆中央控制屏幕设置中，可以单击"智能驾驶"，接着选择"主动安全"，如图 10-15 所示。然后，单击"高精地图施工预警（测试版）"下方的选项，可以进行高精地图施工预警功能的开启与关闭设置。需要注意的是，在网络或 GPS 信号较差的环境下，地图提供的动态施工信息可能存在一定误差。因此，提供的动态施工信息仅供驾驶人参考，驾

驶人在使用此功能时不应过于依赖,需要谨慎行驶。

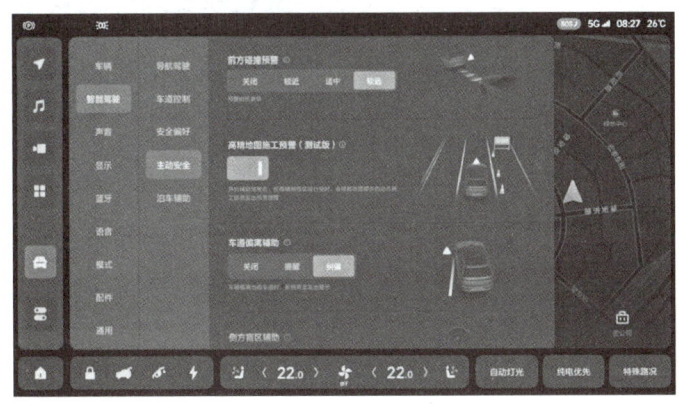

图 10-15　主动安全界面

二、激活和退出

激活:使用车载地图设置并启动导航路线,车辆需处于 D 档且车速在 0~130km/h。当车辆行驶至高精地图覆盖的路段,且定位信号满足要求时,若车道保持辅助功能已被激活,导航辅助驾驶功能将会自动激活。在确保驾驶人和所有乘客都已系好安全带后,导航辅助驾驶功能才能正式启用。

在导航辅助驾驶功能激活时,中控屏幕将显示"导航辅助驾驶已开启"以及引导线等相关信息,同时系统会发出提示音。车载地图导航会显示导航辅助驾驶可用路段的信息,具体如图 10-16 所示。在车载地图导航中,可用路段的开始和结束处会分别标有相应的标识,如图 10-17 所示。

图 10-16　导航辅助驾驶已开启界面

退出:当车辆驶出高精地图覆盖的路段时,导航辅助驾驶功能将会退出。如果车道保持辅助功能仍处于可用状态,导航辅助驾驶功能将降级为车道保持辅助;但若车道保持辅助功能不可用,系统将完全退出辅助驾驶功能,此时驾驶人必须接管车辆,以确保行驶的安全性。

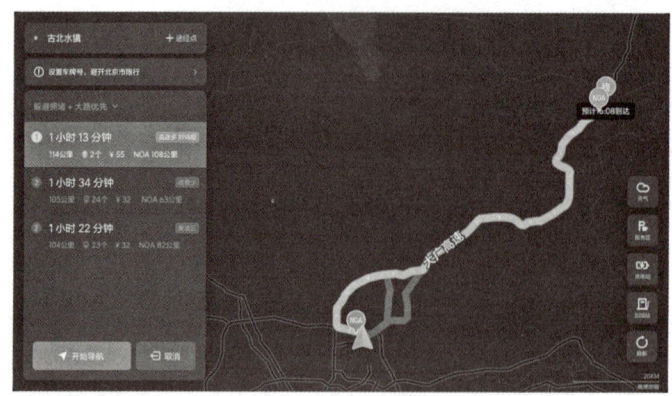

图 10-17　导航辅助驾驶可用路段界面

驾驶人可以通过单击中控屏幕上的车道保持切换图标来主动退出导航辅助驾驶功能，功能将会降级至车道保持辅助状态，辅助车辆继续行驶，如图 10-18 所示。另外，当驾驶人踩下制动踏板或向上拨动变速杆时，系统将同时退出导航辅助驾驶、车道保持辅助和自适应巡航功能。在这种情况下，驾驶人必须迅速接管车辆。

导航辅助驾驶功能退出时，中控屏上的引导线会消失，同时显示"导航辅助驾驶已退出"等提示信息，系统还会发出提示音，详见图 10-19。

图 10-18　功能切换

图 10-19　导航辅助驾驶已退出界面

三、调节巡航车速

在导航辅助驾驶功能运行时,系统将实时参考前车车速、高精地图的道路限速信息、驾驶人设置的限速偏移量、道路曲率等因素来调节巡航车速,但不会超过预设的巡航车速上限。驾驶人可以通过滑动方向盘右侧的滚轮手动调节巡航车速。一旦驾驶人手动调节了巡航车速,系统将在高精地图的下一段路限速信息变化之前停止实时调节。

需要特别注意的是,高精地图的道路限速信息并非始终准确,可能与实际道路情况不符,因此驾驶人应该关注实时的道路限速信息。在必要时,驾驶人可以手动调节巡航车速或接管车辆。此外,在导航辅助驾驶运行时,巡航车速的上限被限制在130km/h。

四、辅助变道

在导航辅助驾驶功能运行时,系统会通过综合判断当前路段的限速信息、前车阻挡状态等行驶环境来做出变道决策,并最终完成变道操作。这一过程主要分为3种模式:自主变道、推荐变道以及手动变道。

自主变道:当系统判断当前路况可变道时,系统自主开启变道侧转向灯并执行变道操作。

推荐变道:当系统判断当前路况适合进行变道时,中控屏将显示"向左(右)变道,按OK键确认"或"向左(右)超车,按OK键确认"等提示信息,提醒驾驶人进行变道。为确认变道,驾驶人可以向上短按方向盘右侧的"OK"拨杆或在安全驾驶交互屏上单击"OK"按钮。如果驾驶人决定取消变道,可以通过向下短按方向盘右侧的"返回"拨杆进行操作,具体如图10-20所示。

手动变道:行驶过程中,驾驶人可手动开启转向灯主动进行变道。若系统判断对应侧相邻车道的环境满足变道要求,则辅助驾驶人进行变道。

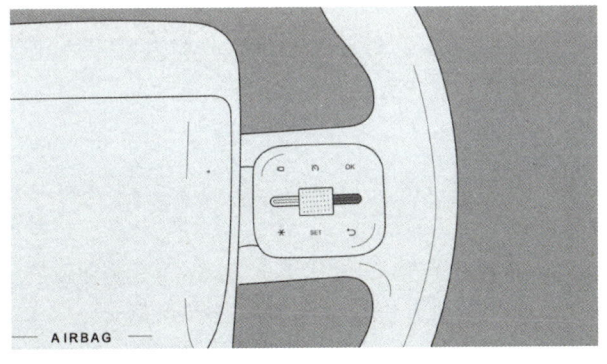

图 10-20　变道按键

五、进出匝道

1. 驶出匝道

(1) 自主变道　系统根据当前路况条件,自主控制车辆汇入主路。

(2) 推荐变道　当车辆从匝道汇入主路时,系统将发出汇入主路的确认提示。驾驶人可以向上短按方向盘右侧的"OK"拨杆或在安全驾驶交互屏上单击"OK"按钮,系统将根据当前路况条件执行变道等待或完成变道操作,并提供汇入主路的剩余距离信息。

如果驾驶人未确认或取消,或者由于道路情况复杂而导致车辆行驶至匝道尽头但仍无法成功汇入主路时,系统将发出接管请求。在这种情况下,导航辅助驾驶、车道保持辅助和自适应巡航控制功能将全部退出。驾驶人应立即接管车辆,并在适当的时机完成汇入主路的操作,以继续安全行驶。

2. 驶入匝道

(1)自主变道 系统根据当前路况条件,自主控制车辆驶入匝道,并提示驶入匝道前的剩余距离。

(2)推荐变道 当车辆从主路驶入匝道时,系统将发出驶入匝道的确认提示。驾驶人可以通过向上短按方向盘右侧的"OK"拨杆或在安全驾驶交互屏上单击"OK"按钮,系统将根据当前路况条件执行变道等待或完成变道操作,并提供驶入匝道前的剩余距离信息。

如果驾驶人未确认或取消,或者由于道路情况复杂而导致车辆无法成功驶入匝道时,系统将发出接管请求。在这种情况下,导航辅助驾驶功能将降级至车道保持辅助,车辆将继续在当前车道行驶。驾驶人应立即接管车辆,并适时驶入匝道以继续行驶。如果车辆未按照原定的导航路线驶入匝道,车载地图将重新规划路线。导航辅助驾驶功能将在满足使用条件时再次被激活,确保在后续的行驶中提供有效的辅助导航。

六、功能局限性

功能在以下情况可能受限或无法使用,请注意行车安全,包括但不限于:处于正常工作车速范围外;部分路段的高精地图信息缺失;隧道、立交桥或龙门架等影响高精定位信号强度;通信网络或定位信号差;无车道线、车道线不清晰、施工导致车道线混乱;摄像头成像能力受到影响。

【思考题】

1. 智能领航辅助驾驶系统的核心技术是什么?它如何通过感知、决策和控制来实现辅助驾驶功能?

2. 如何保证智能领航辅助驾驶系统的安全性?它应该如何应对紧急情况,例如系统故障或不可预见的交通事件?

3. 在不同国家或地区,使用智能领航辅助驾驶系统可能会面临不同的法律和法规。这些法律和法规对系统的功能、责任分配和法律责任如何规定?

4. 智能领航辅助驾驶系统的广泛应用可能会如何影响交通拥堵、交通规则执行和道路安全等方面?

5. 智能领航辅助驾驶系统是智能驾驶技术的一部分。未来,这种技术可能如何进一步发展?可能出现哪些改进和创新?

参 考 文 献

[1] PERRIER M J R, LOUW T L, CARSTEN O. User-centred design evaluation of symbols for adaptive cruise control(ACC)and lane-keeping assistance(LKA)[J]. Cognition, technology and work, 2021: 1-19.

[2] KLINGEGÅRD M, LARSSON A. System limitation experiences by Swedish drivers using ACC and LKA [C]//27th International Technical Conference on the Enhanced Safety of Vehicles (ESV) National Highway Traffic Safety Administration, 2023.

[3] SASHO M, ENDO T, DAIMON T, et al. A study on the process of gradual transition by drivers from automated driving to manual driving-comparison of driving performance and visual behavior after transition in terms of deactivation timing of LKA and ACC [J]. Transactions of society of automotive engineers of Japan, 2019, 50 (2): 492-498.

[4] 李骏. 智能网联汽车导论 [M]. 北京：清华大学出版社，2022.

[5] 崔胜民. 智能网联汽车先进驾驶辅助系统关键技术 [M]. 北京：化学工业出版社，2019.

[6] 汤姆·登顿. 自动驾驶与辅助驾驶系统 [M]. 高振海，胡宏宇，高菲，等译. 北京：机械工业出版社，2021.

第十一章 自动泊车技术

第一节 自动泊车概述

一、自动泊车的定义与分类

自动泊车是通过安装在车辆上的传感器探测周围环境信息并生成可用于泊车的栅格地图，然后规划泊车路径，接着输出控制量控制车辆执行器，最终使车辆完成半自动或自动泊车。目前，根据泊车过程中车辆自动化的程度，将自动泊车分为半自动泊车（Semi-Automatic Parking Assist，S-APA）、全自动泊车（Full-Automatic Parking Assist，F-APA）、记忆泊车（Home-zone Parking Pilot，HPP）和自主代客泊车（Automated Valet Parking，AVP）4 种不同类型，其特点见表 11-1。

表 11-1 自动泊车分类及特点

类型	智能驾驶级别	特点
半自动泊车（S-APA）	SAE L1	通过超声波传感器检测车位并反馈车位信息，然后泊车系统进行路径规划、控制车辆转向，但需要驾驶人对车辆状态进行实时监测，并根据仪表盘提示完成车辆纵向控制
全自动泊车（F-APA）	SAE L2	系统同时进行横向与纵向控制；不过仍然需要驾驶人对车辆持续监控与有效监管。按照感知方案不同，全自动泊车可分为基于超声波雷达、基于视觉以及基于超声波与视觉融合的方案
记忆泊车（HPP）	SAE L3	在全自动泊车的基础上，可以在更加复杂的环境中完成自动泊车操作。泊车系统记录存储用户常用的泊车信息，当车辆经过记录地点时，泊车系统会自动选择记录的路径代替驾驶人完成最后一段距离的泊车行程
自主代客泊车（AVP）	SAE L4	通过移动端下达泊车指令，车辆在接收泊车指令后自动行驶至停车场中空闲车位附近，可以完全脱离用户操纵和监控，整个过程中，车辆行驶完全遵守道路交通规则

目前，自动泊车系统的技术路线主要分为两种。第一种是基于驾驶人经验的泊车控制策

第十一章 自动泊车技术

略,通过采集大量人工泊车数据,再利用模糊控制、神经网络等算法模拟驾驶人的操作行为,实现端到端的泊车控制。系统通过实时输出的速度和方向盘转角控制车辆驶入目标车位。第二种方法采用传统智能驾驶方案,通过融合感知方案探测泊车环境,完成对行人、车辆、立柱、墙体等动静态物体的检测。同时,利用摄像头和超声波雷达传感器检测车位,精确感知车位角点位置和泊车入库方向,并根据超声波感知结果判断目标车位是否可用于泊车。完成目标车位检测后,泊车系统规划模块根据环境信息和车辆位置,生成一条符合车辆运动约束的轨迹,最终通过轨迹上点的位置和速度信息完成车辆的泊入控制。

二、自动泊车的发展现状与趋势

1992 年,德国大众展示了概念车 IRVWFutura,此概念车行李舱搭载计算机控制车辆完成自动泊车,自此自动泊车系统问世。2005 年,雪铁龙公司推出 CityPark 系统,利用该系统车辆可完成侧方停车和垂直入库,无须驾驶人操作。2007 年,丰田在雷克萨斯车型安装了智能泊车辅助系统,其利用超声波雷达与摄像头数据融合,精准识别车位线,缩短泊车时间。2013 年,法雷奥推出 ValtePark4U 系统,驾驶人可通过移动端发送泊车指令,实现自动泊车。2015 年,博世集团和戴姆勒公司联合开发 AVP 系统,2017 年展示了自动泊车功能,2019 年此功能正式投入运营。随着国内汽车智能化、网联化的发展,自动泊车系统也发展得越来越成熟。2017 年,长安推出的搭载 APA6.0 自主代客泊车系统的 CS55 通过测试。上汽集团于 2018 年在北京车展上推出了荣威 MarvelX,此车型是上汽集团生产的首款具备自动泊车功能的车型。吉利于 2019 年推出了基于吉利车型研制的自动泊车系统,并将车辆网 5G 技术应用于泊车系统中。百度自动驾驶公司也于 2019 年推出了 ApolloValetParking 自动泊车方案。

近年来,随着传感器技术、人工智能和车载计算能力的不断提升,自动泊车技术取得了长足的进步,但仍存在着一些技术挑战。目前最棘手的问题之一是如何提高汽车传感器的精确度。现有的传感器在捕捉环境信息的变化和自身车位信息方面存在一定限制,这制约了自动泊车系统的适用范围和实用性。同时,更高清和精确的传感器也会增加车辆成本。

针对这一问题,未来的自动泊车系统可以采用更多种类的传感器来提高环境感知的精度和稳定性,增强对复杂停车场景的适应能力。车辆将能够更准确地感知周围环境和障碍物,实现更精准的停车动作。也可以通过智能化的云端服务获取实时地图、交通信息和停车位状况,完善传感器的不足,从而实现更高效的停车规划和路径选择,为驾驶人带来更大的便利性和舒适性。

第二节 自动泊车的技术构成

自动泊车技术是一个涉及多个领域的复杂系统,它由传感器、计算机视觉、定位技术、路径规划和控制算法等多种技术组成。整个泊车过程的技术构成可分为 3 个环节:环境建模、路径规划、跟踪控制,如图 11-1 所示。

195

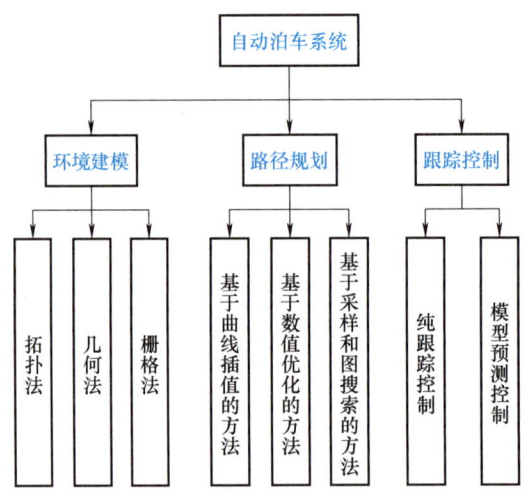

图 11-1　自动泊车系统技术构成

一、环境建模

车辆进行自动泊车规划时，需要利用传感器感知车辆周围环境，并将环境信息转换成规划所需的栅格地图。虽然车载摄像头可以提供更宽视野的感知范围，但计算量较大且对环境要求高。此外，激光雷达探测精度高、探测范围广，但成本相对高。超声波与毫米波雷达具有较高的纵向精度，且受环境影响小，但相比摄像头感知视野较窄。目前常用的环境建模方法有拓扑法、几何法与栅格法。

1. 拓扑法

拓扑法将高维空间降低为低维空间，将车辆附近空间划分为多个区域，各个区域可视为一个节点，通过节点连接形成线段构成拓扑网络。该网络包含可到达点和可规划路径两种信息，如图 11-2 所示。拓扑地图的优势在于，无论环境多么复杂，都可以找到无障碍路径。但是建立拓扑网络的过程比较复杂，且当障碍物数量和位置发生变化时，修改拓扑网络工作量大，因此拓扑结构不适合障碍物多变的场景。

2. 几何法

几何法针对环境特征使用定量描述，根据实际场景中物体、障碍物形状，采用相似多边形表示并记录代表障碍物与物体的多边形的节点、线段与角度信息，如图 11-3 所示。几何法的优点是能够准确描述物体与障碍物轮廓，可以实现精准避障。缺点在于需要大量特征信息，依赖多传感器数据，且数据采集和数据传输都耗时较长，不利于地图实时更新。

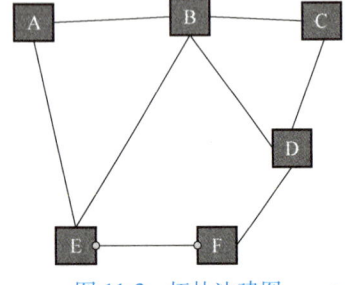

图 11-2　拓扑法建图

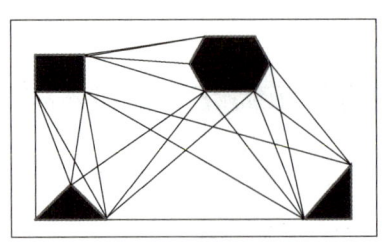

图 11-3　几何法建图

3. 栅格法

栅格法是将环境划分为一系列栅格,其中每个栅格给定一个可能值,表示该栅格被占据的概率。栅格地图根据占据情况分为自由栅格和障碍栅格,区域内不含障碍物的为自由栅格,自由栅格赋值为0,包含障碍物的为障碍物栅格区域,栅格赋值为1。栅格大小选取影响决策速度,栅格选得小,环境分辨率大,环境信息存储量大,决策速度慢;栅格选得大,环境分辨率小,环境信息存储量小,决策速度快,但在密集障碍物环境中路径搜索慢。栅格法建图如图11-4所示。

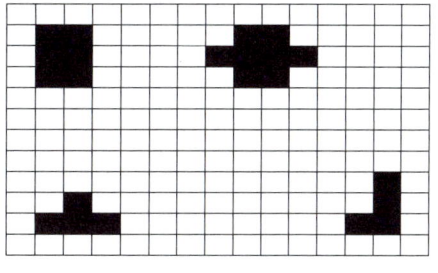

图11-4 栅格法建图

代码扫码后见资料F,具体步骤如下:

1)配置环境和运行条件。
2)执行代码,创建泊车环境和自动泊车系统对象。
① 初始化泊车环境对象的长度、宽度和栅格分辨率属性。
② 创建一个与栅格分辨率相匹配的空白栅格。
③ 初始化自动泊车系统对象的环境属性。
3)从摄像头获取图像或读取静态图像,并更新环境栅格。
① 将图像转换为灰度图像。
② 对灰度图像进行二值化处理。
③ 调整图像尺寸以适应栅格大小。
④ 将二值化图像映射到栅格中。
4)可视化环境栅格,观察停车场的状态。

资料F

二、路径规划

路径规划是自动泊车系统中的关键部分,车辆可对规划模块生成的路径进行精准跟踪,最终完成泊车操作。目前,针对自动泊车系统的规划方案主要分为3类:基于曲线插值的方法、基于数值优化的方法及基于采样和图搜索的方法。

1. 基于曲线插值的方法

曲线插值的方法是通过不同的线型组合生成的曲线类型(如直线、圆弧、回旋曲线等)生成一条无碰撞的泊车路径。目前几何泊车方案主要采用圆弧和切线组合的几何曲线。

2. 基于数值优化的方法

数值优化的方法通过将规划问题构造为目标函数与约束条件设计问题,最终转化为一个凸优化问题,但此法往往只能得到局部最优解,如基于内点法的动态优化算法以及模型预测控制算法。由于在实际泊车场景下,数值优化的方法会消耗大量的时间,导致泊车效率低下,因此该方法很少在泊车中应用。

3. 基于采样和图搜索的方法

基于采样和基于图搜索的方法具有最优性和实时性,场景适应性更强,典型算法有A*算法和快速随机搜索树算法(RRT)。

以下是一般的路径规划思路和步骤:

（1）确定起点和终点　首先确定路径规划的起点和终点位置。

（2）地图构建　根据实际需要，将路径规划的区域抽象成节点和边的网络地图。节点表示位置，边表示位置之间的可行路径。

（3）网络建模　将地图转化为网络模型，并计算节点之间的距离或权重。距离可以是直线距离，也可以是实际路径经过的边数或时间。

（4）确定搜索算法　选择合适的搜索算法，例如最短路径算法（Dijkstra 算法、A^* 算法）或最优化算法（动态规划、遗传算法等）。

（5）路径搜索　运用选定的搜索算法，在网络地图上进行路径搜索，找到连接起点和终点的最优路径。

（6）优化路径　根据实际需求和约束条件，对找到的最优路径进行优化，如考虑避开拥堵区域或避免经过危险区域。

（7）输出结果　将最优路径以可视化的方式展示出来，例如在地图上显示出路径或者输出路径的节点序列。

三、跟踪控制

车辆是一个高度复杂的被控对象，表现为较强的非线性，即系统的输入与输出之间不是简单的比例关系，不符合线性系统的特征，因此对于智能驾驶的运动控制也会存在较大的困难。目前，国内外针对自动泊车跟踪控制做了大量研究，并提出以下几种控制算法：

1. 纯跟踪控制

自动泊车的路径跟踪控制本质是对车辆的转向控制，即通过控制车辆前轮转角来跟踪路径规划模块输出的泊车路径。纯跟踪算法是一种基于车辆与道路几何关系的路径跟踪算法，通过分析车辆位置与期望路径上跟踪点的位置与方向关系，进而计算出期望转角的横向控制器。根据驾驶人的驾驶经验，在实际人工驾驶过程中，驾驶人往往根据实时路况需要调整操作以保证能够较精确地跟踪路径。因此，根据驾驶人预瞄模型思路，在无人驾驶运动控制开发时，车辆通过设置一定的预瞄距离确定预瞄控制点，提前计算控制量并控制车辆跟踪路径。

如图 11-5 所示，将车辆简化为单车模型，通常使用的 X、Y、Z 轴代表了车辆的坐标系，其方向如下：

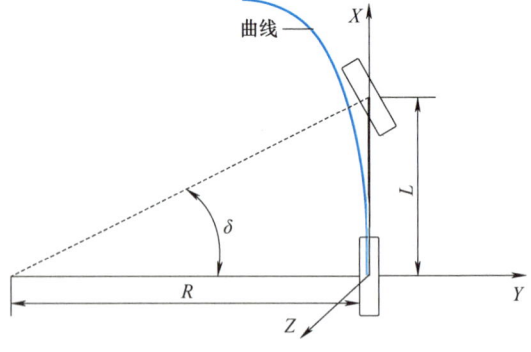

图 11-5　车辆与路径几何关系图

（1）X 轴　沿着车辆的前进方向，通常被定义为车辆的纵向方向。正方向是车辆的前进方向，负方向是车辆的后退方向。

（2）Y 轴　垂直于 X 轴，通常被定义为车辆的横向方向。正方向是车辆的右侧，负方向是车辆的左侧。

（3）Z 轴　垂直于 XY 平面，通常被定义为车辆的垂直方向。正方向通常指向上方，负方向则指向地面。

单车模型实际上是对阿克曼转向几何模型的简化。不考虑在 Z 轴方向上的运动，只需要考虑车辆在 XY 平面上的运动；车辆左右侧车轮转角相同，可将车辆的左右侧轮胎简化为一个轮胎；车辆低速行驶时速度变化较慢，忽略前后轴载荷的转移；考虑车辆车身及悬架系统是刚性的。

此外，使用单车模型可以简化前轮转角与车辆轴距之间的几何关系：

$$\tan\delta = \frac{L}{R} \tag{11-1}$$

式中，δ 为车辆前轮转角；L 为车辆轴距；R 为车辆运动过程中后轮转动半径。纯跟踪算法以车辆后轴为切点，车辆纵向车身为切线，通过控制车辆前轮，使得车辆可以沿着一条经过目标点的圆弧行驶。

图 11-6 所示为车辆基于纯跟踪控制方法进行路径跟踪的示意图，其中 $G(x_g, y_g)$ 为预瞄点，e_d 为车辆后轴中心延长线与预瞄点的绝对距离。根据正弦定理所知：

$$\frac{l_d}{\sin 2\alpha} = \frac{R}{\sin\left(\frac{\pi}{2} - \alpha\right)} \tag{11-2}$$

根据三角函数性质，对上式化简得：

$$\frac{l_d}{2\sin\alpha\cos\alpha} = \frac{R}{\cos\alpha} (\cos\alpha \neq 0) \tag{11-3}$$

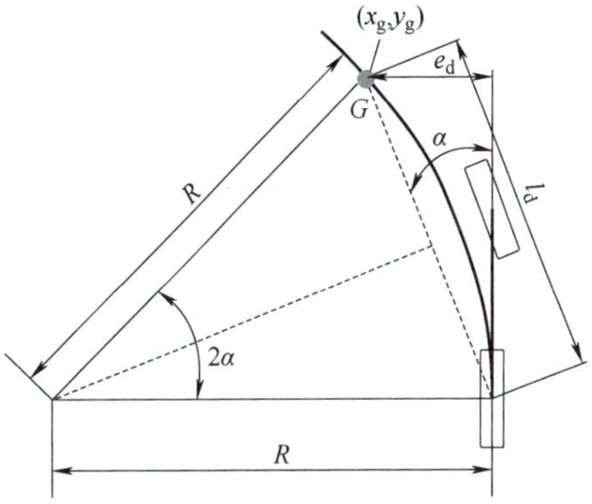

图 11-6 基于预瞄距离的纯跟踪控制

则可以求得车辆转弯半径：

$$R = \frac{l_d}{2\sin\alpha} = \frac{l_d^2}{2e_d} \tag{11-4}$$

根据式（11-1）与式（11-4）可推出车辆前轮转角：

$$\delta = \arctan\frac{L}{R} = \arctan\frac{2Le_d}{l_d^2} \tag{11-5}$$

预瞄距离根据速度 v 设置，速度大的时候，预瞄距离大，速度小的时候，预瞄距离小，预瞄距离可以设置为：

$$l_d = kv \tag{11-6}$$

因此，前轮转角与车辆速度、横向偏差的关系式为：

$$\delta = \arctan\frac{L}{R} = \arctan\frac{2Le_d}{k^2v^2} \tag{11-7}$$

待跟踪圆弧从车辆后轴中心点开始，一直延伸至预瞄点，车辆根据期望方向盘转角从当前位置点开始转动，使车辆沿期望曲线行驶至预瞄点。预瞄距离影响期望前轮转角，车速增加时，预瞄距离增大，待跟踪圆弧曲率减小，前轮转角变小，车辆稳定性提高但跟踪性能下降。速度降低时，预瞄距离减小，待跟踪圆弧曲率增大，前轮转角增大，车辆稳定性降低但跟踪性能提升。纯跟踪算法原理简单，能快速响应不同横向偏差，但受预瞄距离影响较大，预瞄距离难以精确控制，无法保证算法稳定性和精确性。综合预瞄点控制思路，最终输出前轮转角和速度控制量。

2. 模型预测控制

模型预测控制通过建立被控对象的预测模型，并基于预测的控制量对车辆进行控制。相较于其他控制算法，模型预测控制考虑了约束限制，尤其在泊车跟踪控制中，车辆前轮转角和车速存在约束。该方法通过建立优化问题，将车辆速度、加速度约束以及泊车环境中的障碍物约束反映在目标方程中，并利用二次规划求解带有约束的优化问题，以处理约束问题。

模型预测控制是一种不需要依赖研究对象的系统模型，可以根据现有的模型、系统当前的状态和未来的控制量去预测系统未来输出。模型预测控制方法由于具有较好的鲁棒性和控制效果，因此在工业界应用比较广。模型预测控制有3个关键步骤，分别是预测模型、滚动优化和在线校正（图11-7）。

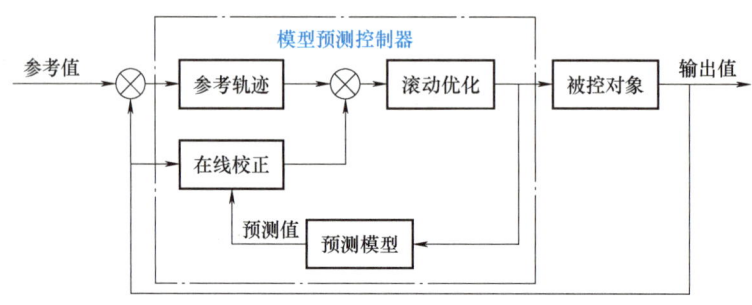

图11-7　模型预测控制方法控制框图

车辆运动学模型预测控制设计原理为：在路径跟踪中，通过闭环反馈控制策略，比较车辆实际位置与期望路径点，获取横向偏差和航向偏差。根据这些偏差和限制值，确定前轮转角、速度的约束及增量约束。对车辆路径在有限时域内进行预测，以平稳性和确定性为目标函数设计指标。对未来时域内的控制量进行求解，将最优控制序列的首个控制量应用于车辆控制系统，完成对车辆的控制。泊车模型系统包括模型线性化与离散化、目标函数设计和约束条件设计，最终进行迭代求解。

整个过程的步骤如下：

（1）建立系统动态模型　创建描述系统状态随时间演变的数学模型。
（2）定义控制目标　确定期望系统状态或轨迹，即控制的目标。
（3）测量系统状态　实时测量或估计系统的当前状态。
（4）预测未来系统行为　使用动态模型，基于当前状态和控制输入，预测未来系统演变。
（5）定义优化问题　将控制目标转化为优化问题，包括性能指标和约束条件。
（6）求解优化问题　使用优化算法计算最优的控制输入序列。
（7）应用最优控制输入　将最优输入应用于实际系统，引导系统朝着期望轨迹运动。
（8）迭代更新　在每个控制周期内重复上述步骤，持续调整控制输入以适应实时的系统变化。

第三节　自动泊车的工作原理

一、环境建模

车位检测是实现自动泊车的前提条件，准确获取车位信息及其周围环境能够提高泊车精度。泊车信息包括车辆自身、待泊车位以及周围环境信息，其中对车位信息、行人、车辆和其他障碍物信息的精准感知至关重要。感知模块输出直接影响规划控制模块，因此泊车车位检测需要达到厘米级别的精度。目前，超声波雷达是主要的检测技术，但为提高精度、识别车位线等信息，逐渐引入了环视摄像头。

在基于超声波雷达地图与环视摄像头感知的视觉地图融合方案中，利用超声波传感器可以实现空间车位的探测，360°环视摄像头可实现车位线的检测。超声波传感器结合环视摄像头的障碍物信息检测，对车位进行多层次的融合，可以实现泊车位的高精度检测，扩大了泊车场景的覆盖范围。

1. 融合感知的车位检测

摄像头检测模块会根据检测结果生成一张 200×250（分辨率为 0.1m）的表示车辆可行区域的栅格地图，如图 11-8（左）所示，中间框为本车，框中的点是后轴中点，A 表示车辆，B（除右上的射线）表示路沿，C 是人，D 是未知元素。然后根据车辆和车位之间的关系，将图 11-8（左）进行旋转、平移与裁剪，可以得到如图 11-8（右）所示的基于车位坐标系的视觉基准图。

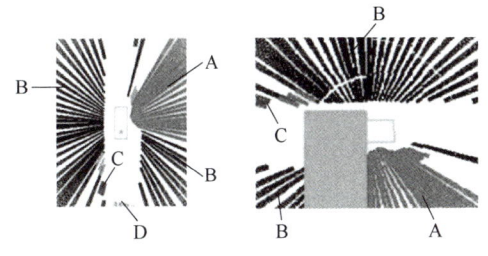

图 11-8　车辆可行区域图与几何变换后的视觉基准图

上述视觉基准图的每部分都有一个类型记录，由一份和每个像素对应的排他数组表来对应。以后每次更新都会对这个像素上的数组分别进行加减，最后输出数组表中的最高值。处理好视觉基准图后，再运行超声波雷达检测地图。如图 11-9 所示，黑色区域（两边）是继承首张图的固定障碍物，A 是本车以及本车行驶过的区域，B 是（车辆四周）无障碍物区域，C（B 附近）是可能有障碍物的区域，其他是未知区域。从图像可知，我们的探测范围是根据超声探头的关注区域加工而成的，图中 B 和 A 区域都是可信任区域。

最后就是将图 11-8 与图 11-9 按像素结合，则可以形成泊车规划所用地图，图 11-10 即超声波与视觉融合感知的地图。

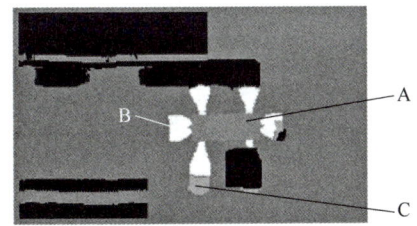

图 11-9　超声波基准图

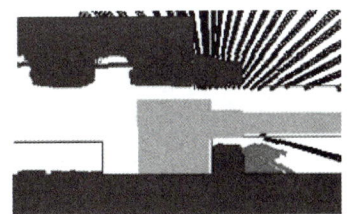

图 11-10　超声波与视觉融合感知的地图

2. 泊车避障约束分析

（1）车辆包络圆构建　由于地下车库中存在立柱、墙体等障碍物，且过往车辆和行人占据车道挤占泊车空间，因此有效利用空间成为本小节研究多障碍物场景路径规划的关键。为了保证泊车的安全性，同时避免浪费泊车空间，本小节设计一种由多圆组成的车辆精准包络圆，用作障碍物碰撞检测。如图 11-11 所示，车辆碰撞轮廓圆一共由 18 个圆组成，将车辆完全封闭，图中小轮廓圆膨胀距离为 d。

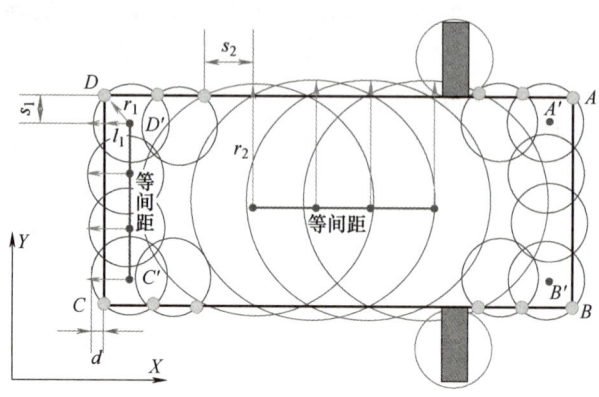

图 11-11　车辆精准包络圆

通过预设膨胀距离，可以计算出圆心与角点相对位置，最终确认各轮廓圆心位置。如图 11-11 所示，r_1 为小轮廓圆半径，r_2 为大轮廓圆半径，d 为车辆膨胀距离，s_1 为小轮廓圆距离车长偏移量，s_2 为大轮廓圆和小轮廓圆交点与大轮廓圆心沿车长方向偏移量。根据几何关系，可以推出上述量之间的关系式。

根据小轮廓圆膨胀距离计算小圆半径为：

$$l_1 = (\sqrt{2}+1)d \tag{11-8}$$

$$r_1 = (2+\sqrt{2})d \tag{11-9}$$

根据小轮廓圆半径计算小轮廓圆心位置偏移为：

$$s_1 = \frac{\sqrt{2}}{2}r_1 \tag{11-10}$$

根据大轮廓圆膨胀距离计算大圆半径为：

$$r_2 = d + \frac{W}{2} \tag{11-11}$$

根据大轮廓圆半径计算大轮廓圆心位置偏移为：

$$s_2 = \sqrt{r_2^2 - \frac{W^2}{4}} \tag{11-12}$$

以车辆 4 个角点为圆心形成的小轮廓圆位置可以利用角点位置来表示，即点 A'、B'、C'、D' 坐标 $(x_{A'}, y_{A'})$、$(x_{B'}, y_{B'})$、$(x_{C'}, y_{C'})$、$(x_{D'}, y_{D'})$ 为：

$$\begin{cases} x_{A'} = x_A - l_1 \\ y_{A'} = y_A - s_1 \\ x_{B'} = x_B - l_1 \\ y_{B'} = y_B + s_1 \\ x_{C'} = x_C + l_1 \\ y_{C'} = y_C + s_1 \\ x_{D'} = x_D + l_1 \\ y_{D'} = y_D - s_1 \end{cases} \tag{11-13}$$

（2）垂直泊车碰撞约束条件　地下车库中常见车位为垂直车位与平行车位，因此本小节针对垂直车位与平行车位分析泊车过程中车辆与车位间的约束条件，以此避免泊车过程中与相邻车位车辆以及附近障碍物发生碰撞。车辆在车位外，采用图 11-11 所示的包络圆进行碰撞检测，即基于车辆简化矩形向外膨胀一定距离，预留安全距离。下面基于车辆简化模型分析垂直车位与平行车位下的碰撞约束条件。

车辆在进行垂直车位泊车时，如图 11-12 所示，车辆与目标车位可能出现的碰撞位置为车位左侧边界 P_1P_3、右侧边界 P_2P_4 与道路边界 P_2E。建立以左上角点为坐标原点的车位坐标系，如图 11-12 所示，车位在车辆右侧，车辆在泊车过程中，围绕圆心 O 运动，此时车身 D 点最易与车位边界发生碰撞，这是因为运动是后轴中心点进行转动的。

图 11-12 中，A、B、C、D 为等效矩形车身 4 个顶点，a、b、c、d 为车辆 4 个车轮在地面上的投影，P_1、P_2、P_3、P_4 为车位 4 个角点。O 为泊车时转动中心，W_R 为车道宽度，W_s 为车位宽度，L_s 为车位长度。

先分析车身左侧碰撞点 D' 临界条件，车辆后轴中心点为 (x,y)，车辆最小转弯半径由 $R=\dfrac{L}{\tan\delta}$ 求得为 $R_{\min}$，当车辆泊车入库时，车身 D 点与车位 D' 发生碰撞。此时有下面关系式：

$$OD'=W_s+x \tag{11-14}$$

车身绕圆心 O 转动时，各点的转弯半径不变，即：

$$\begin{cases}OD'=OD\\ Od'=Od\end{cases} \tag{11-15}$$

根据几何关系有：

$$\begin{cases}OD=\sqrt{Od^2+Dd^2}=\sqrt{Od^2+L_r^2}\\ Od=R_{\min}+\dfrac{W}{2}\end{cases} \tag{11-16}$$

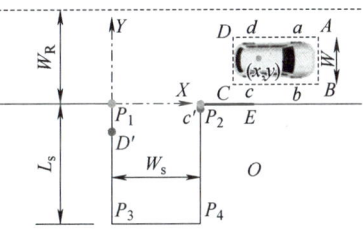

图 11-12　垂直车位避障分析图

式中，L_r 为后轴中心到车后方的距离。

考虑到泊车过程中的安全性，泊车过程中需预留一定的安全距离，即采用如图 11-11 所示的包络圆进行碰撞检测，包络圆相比等效矩形模型向外碰撞距离为 d，则有下面的碰撞约束条件：

$$W_s+x\geqslant\sqrt{\left(R_{\min}+\dfrac{W}{2}\right)^2+L_r^2}+d \tag{11-17}$$

分析车身右侧碰撞点 c 临界条件，可得：

$$Oc=R_{\min}-\dfrac{W}{2} \tag{11-18}$$

$$Oc'=\sqrt{OE^2+Ec'^2}=\sqrt{(R_{\min}-y)^2+x^2} \tag{11-19}$$

考虑泊车过程中的安全性，可设安全距离为 d，则由上述等式可推导出车位在车辆右侧时，垂直车位边界碰撞约束条件：

$$R_{\min}-\dfrac{W}{2}\geqslant\sqrt{(R_{\min}-y)^2+x^2}+d \tag{11-20}$$

（3）平行泊车碰撞约束条件　平行车位泊车入库相较垂直车位泊车入库更为复杂，约束条件更多，可能存在的碰撞点更多。平行泊车可分为库外泊车和库内泊车，因此下面针对车辆进入车位前和进入车位后两个阶段进行避障约束分析。为简化计算，下面先对简化矩形进行碰撞分析。如图 11-13 所示，车辆进入车位前会存在与道路边界和右上角点发生碰撞的可能。如图 11-14 所示，车身 AB、BC、CD 易与车位边界发生碰撞。本小节只对车辆泊车过程避障进行约束条件分析，因此只考虑车辆与车位线的碰撞约束。A、B、C、D 点坐标为 (x_A, y_A)、(x_B, y_B)、(x_C, y_C)、(x_D, y_D)。

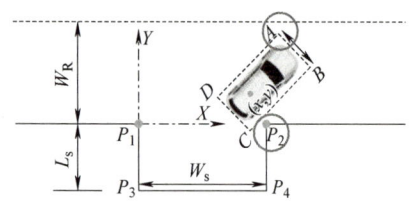

图 11-13　库外碰撞分析

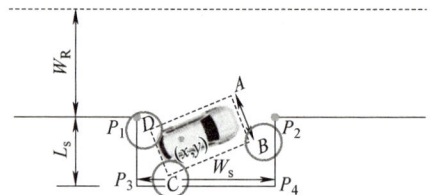

图 11-14　库内碰撞分析

由图 11-13 和图 11-14 分析可知，AB、BC 边与 P_2P_4，BC 边与 P_3P_4，CD 边与 P_1P_3 避障约束不等式如下：

1）AB 边与 P_2P_4 的避障约束不等式为：

$$y_A - \frac{y_A - y_B}{x_A - x_B}(x_A - W_s) \geqslant 0 \tag{11-21}$$

2）BC 边与 P_2P_4 的避障约束不等式为：

$$y_B - \frac{y_B - y_C}{x_B - x_C}(x_B - W_s) \geqslant 0 \tag{11-22}$$

3）BC 边与 P_3P_4 的避障约束不等式为：

$$\begin{cases} y_B + L_s \geqslant 0 \\ y_C + L_s \geqslant 0 \end{cases} \tag{11-23}$$

4）CD 边与 P_1P_3 的避障约束不等式为：

$$y_C - \frac{y_C - y_D}{x_C - x_D}x_C \geqslant 0 \tag{11-24}$$

二、路径规划

（一）AP-RS 曲线路径规划方法设计

1. Reeds Shepp 曲线

Reeds Shepp 曲线（下面称 RS 曲线）是一种几何曲线路径规划方法，是 Reeds 和 Shepp 在 1990 年提出的特殊曲线。假定车辆以恒定的转弯半径转向，且相比于 Dubins 曲线只允许车辆向前运动，RS 曲线运动模型既允许车辆向前运动，也允许车辆向后运动。Reeds 和 Shepp 证明车辆从起点到终点的最短路径一定是表 11-2 中 48 种组合中一种。其中，每种字段组合由 $\{L^+, L^-, R^+, R^-, S^+, S^-\}$ 6 种运动单元和符号组成，L 表示车辆左转弯，R 表示车辆右转弯，S 表示车辆直行，"+"表示车辆前进，"-"表示车辆后退。

表 11-2 Reeds Shepp 48 种曲线类型

基本字段	字段组合
C|C|C	$(L^+R^-L^+)(L^-R^+L^-)(R^+L^-R^+)(R^-L^+R^-)$
CC|C	$(L^+R^+L^-)(L^-R^-L^+)(R^+L^+R^-)(R^-L^-R^+)$
C|CC	$(L^+R^-L^-)(L^-R^+L^+)(R^+L^-R^-)(R^-L^+R^+)$
CSC	$(L^+S^+L^+)(L^-S^-L^-)(R^+S^+R^+)(R^-S^-R^-)$ $(L^+S^+R^+)(L^-S^-R^-)(R^+S^+L^+)(R^-S^-L^-)$
$CC_u\|C_uC$	$(L^+R_u^+L_u^-R^-)(L^-R_u^-L_u^+R^+)(R^+L_u^+R_u^-L^-)(R^-L_u^-R_u^+L^+)$
$C\|C_uC_u\|C$	$(L^+R_u^-L_u^-R^+)(L^-R_u^+L_u^+R^-)(R^+L_u^-R_u^-L^+)(R^-L_u^+R_u^+L^-)$
$C\|C_{\pi/2}SC$	$(L^+R_{\pi/2}^-S^-R^-)(L^-R_{\pi/2}^+S^+R^+)(R^+L_{\pi/2}^-S^-L^-)(R^-L_{\pi/2}^+S^+L^+)$ $(L^+R_{\pi/2}^-S^-L^-)(L^-R_{\pi/2}^+S^+L^+)(R^+L_{\pi/2}^-S^-R^-)(R^-L_{\pi/2}^+S^+R^+)$
$CSC_{\pi/2}\|C$	$(L^+S^+L_{\pi/2}^+R^-)(L^-S^-L_{\pi/2}^-R^+)(R^+S^+R_{\pi/2}^+L^-)(R^-S^-R_{\pi/2}^-L^+)$ $(R^+S^+L_{\pi/2}^+R^-)(R^-S^-L_{\pi/2}^-R^+)(L^+S^+R_{\pi/2}^+L^-)(L^-S^-R_{\pi/2}^-L^+)$
$C\|C_{\pi/2}SC_{\pi/2}\|C$	$(L^+R_{\pi/2}^-S^-L_{\pi/2}^-R^+)(L^-R_{\pi/2}^+S^+L_{\pi/2}^+R^-)$ $(R^+L_{\pi/2}^-S^-R_{\pi/2}^-L^+)(R^-L_{\pi/2}^+S^+R_{\pi/2}^+L^-)$

RS 曲线基于 Dubins 曲线，考虑倒车情况，假定倒车过程中车轮不会产生滑移。Dubins 曲线规划的路径主要有两种状态，即不考虑车辆打滑等特殊情况时，$S_D \in \{0,1\}$。RS 曲线增加了倒车状态，所规划的路径多了后向运动状态，可采用集合表示 $S_R \in \{-1,0,1\}$。RS 曲线在低速场景下，运动轨迹为一个圆，此时将方向盘转角 δ 设置为最大，车辆转向半径为最小，假设最小转弯半径为 r_{min}，如图 11-15 所示为 RS 曲线示例。如图 11-15（a）所示，P_{init} 为起始点，P_{end} 为终点，RS 曲线所规划的轨迹为先左打方向盘前进，再右打方向盘倒车，最后左打方向盘前进到达终点，生成一种 CCC 类型曲线。如图 11-15（b）所示，RS 曲线规划的轨迹为先左打方向盘，再直行，最后右打方向盘到达终点，生成一种 CSC 类型曲线。

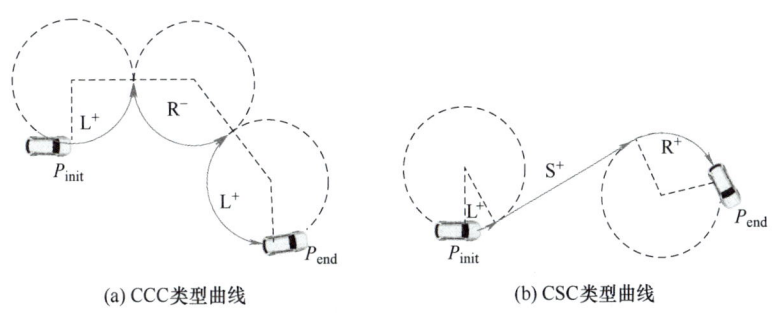

(a) CCC 类型曲线　　　　　(b) CSC 类型曲线

图 11-15　RS 曲线示例

其中，C 是"Curve"的缩写，表示左转或右转，更改车辆运动方向；S 是"Straight"的缩写，表示车辆直行。

2. 垂直车位 AP-RS 曲线设计

泊车过程中频繁换档会增加泊车的难度，降低泊车动作的平顺性，因此在实际路径规划过程中，尽可能减少车辆行驶方向的切换。RS 曲线中 $C|C|CC|C_\beta C_\beta|CC|C_{\pi/2}SC_{\pi/2}|C$ 类型

曲线存在两次换档，因此所生成的路径并非泊车最优选。此外，RS 曲线中所有字段组合都是以圆弧段结束，不符合实际泊车操作。根据驾驶人泊车经验习惯，我们设计一种 AP-RS 曲线，针对垂直车位定义 CCS 类型曲线，如图 11-16 所示。我们所提出的 AP-RS 几何曲线中的字段组合，减少了换档次数，保证了车辆一次泊入，降低揉库（倒车入库）难度，同时精简所定义的曲线组合，减少了几何曲线搜索过程中的无效搜索次数，缩短路径规划时间。

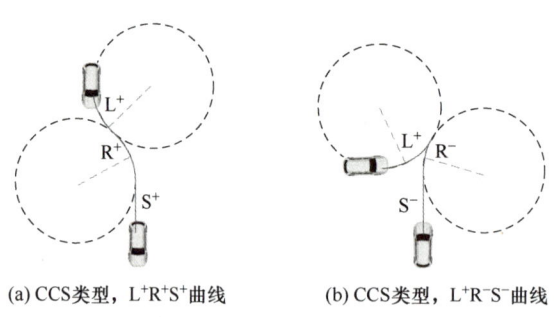

(a) CCS 类型，$L^+R^+S^+$ 曲线　　(b) CCS 类型，$L^+R^-S^-$ 曲线

图 11-16　垂直车位 AP-RS 曲线

3. 平行车位 AP-RS 曲线设计

车辆在平行车位泊车过程中，车辆切入点位置至关重要，车辆转动过早过晚都会导致车辆无法沿着原规划的圆弧段进入车位内。因此，为了保证车辆能够在关键转折点精准转动，将 AP-RS 曲线中基本字段的首段轨迹设置为直线段，可以预留足够的距离控制车辆在精准位置右转进入平行车位。此外，根据驾驶人侧方位停车经验，设计如图 11-17 所示的平行车位 AP-RS 曲线，即车辆先到达泊车起始点，然后直线后退到转向点，进行后退右转切入平行车位，最后进行直线后退到车位内，再进行库内规划或者进行后退左转切入到平行车位内。

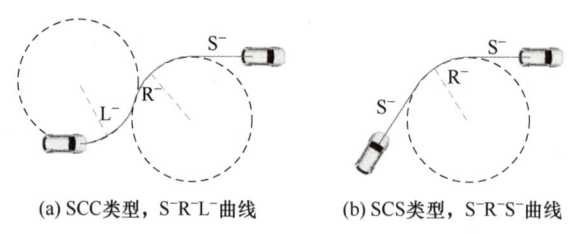

(a) SCC 类型，$S^-R^-L^-$ 曲线　　(b) SCS 类型，$S^-R^-S^-$ 曲线

图 11-17　平行车位 AP-RS 曲线

（二）混合 A* 与 AP-RS 曲线混合规划方法

1. 混合 A* 与 AP-RS 曲线

针对泊车场景的路径规划算法，前端搜索采用混合 A* 搜索算法，后端搜索采用本小节所提出的 AP-RS 几何曲线。自动泊车系统中路径规划器先接收感知决策模块输出的泊车附近环境有效行驶区域以及转换生成的栅格地图。输入路径规划的起点与目标点，起点为车辆当前位置点，目标点为目标车位的后轴中心停止点。先基于混合 A* 搜索算法进行节点搜索，通过设计启发函数使得混合 A* 搜索算法朝着目标点搜索，同时在搜索过程中选取末端搜索节点中代价最小的节点 $(x_{cur}, y_{cur}, \theta_{cur})$ 为 AP-RS 曲线的起点，将目标点 $(x_{end}, y_{end}, \theta_{end})$ 设置为 AP-RS 曲线的终点，此时根据车位类型遍历 AP-RS 曲线路径库，尝试连接终点。如果连

接失败，则继续混合 A* 搜索算法，如果连接成功，则将混合 A* 搜索算法的路径和 AP-RS 路径分段保存，继续进行 AP-RS 曲线的搜索，并通过距离代价比较选择最小的代价路径。

最终选取代价最低的路径作为最终路径进行后处理，并对路径进行平滑优化，还需对优化后的路径进行碰撞检测，若路径不发生碰撞，则对平滑后的路径进行插值，最后对可行路径基于障碍物距离和路径曲率信息进行速度优化设置，最终发布泊车轨迹。

先给出起始点和目标点，混合 A* 算法进行前向搜索，图 11-18 中的点为考虑车辆运动学约束的搜索节点，搜索过程中，选取搜索代价最低的点为 AP-RS 曲线起点，目标点为 AP-RS 曲线终点，尝试连接搜索，虚线为基于搜索节点向终点尝试连接的曲线。生成的 AP-RS 曲线还需要进行碰撞检测，如果连接的 AP-RS 曲线经过障碍物，则放弃当前路径，继续进行搜索。

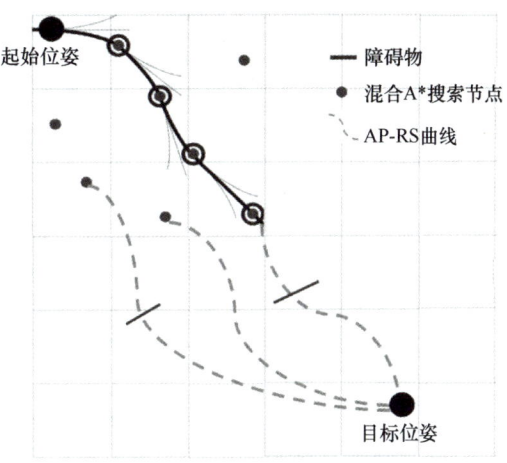

图 11-18　离散点平滑示意图

2. 基于离散点曲线平滑思路的路径优化

参考轨迹是智能驾驶系统重要的先验信息，为智能车提供从起点到终点的路径。在进行路径跟踪时，一般需要对路径规划模块生成的参考路径进行平滑优化。无论是在自然坐标系还是笛卡儿坐标系下，参考线的平滑程度会影响规划模块生成的路径点曲率，从而会影响车辆横纵向控制性能。针对生成路径曲率突变问题，本小节提出一种基于离散点平滑优化的方法，使得优化后的曲线平滑。

（1）目标函数设计　图 11-19 为路径规划模块输出的原始参考线，参考路线由 P_0，P_1，…，P_k，…，P_n 离散点组成。将离散点坐标（x_i，y_i）当作优化变量，将原始参考线的平滑度、路径长度以及原始离散点偏移量设置为优化目标，$cost_1$ 为平滑度代价，$cost_2$ 为长度代价，$cost_3$ 为相对原始点偏移量代价，设计如下优化目标函数：

$$cost = cost_1 + cost_2 + cost_3 \tag{11-25}$$

1）$cost_1$ 代价值。如图 11-20 所示，代价 $cost_1$ 为向量 $\overrightarrow{P_1P_3}$ 的模，即向量 $\overrightarrow{P_1P_0}$ 和向量 $\overrightarrow{P_1P_2}$ 相加。离散点的平滑度可以理解为连续点是否处在同一条直线上，如果 3 个点在一条直线上，$cost_1$ 代价值最小。

$$cost_1 = \sum_{i=1}^{n-1} (x_{i-1} + x_{i+1} - 2x_i)^2 + (y_{i-1} + y_{i+1} - 2y_i)^2 \tag{11-26}$$

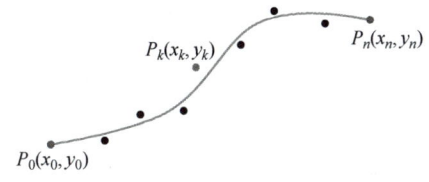

图 11-19　离散点平滑示意图

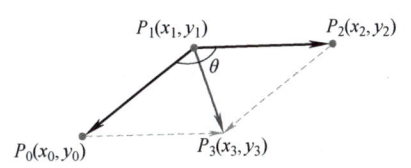

图 11-20　平滑度代价示意图

如果 3 个点组成的向量 $\overrightarrow{P_1P_0}$ 和向量 $\overrightarrow{P_1P_2}$ 夹角 θ 越大，代表曲线越趋近于平直线，因此越平滑。此外，平滑度也可以通过向量夹角余弦值 $\cos\theta$ 表示，余弦值越大，夹角 θ 越小，$P_0P_1P_2$ 越趋近于直线，此时曲线越平滑。余弦值表达式为：

$$\cos\theta = \frac{\overrightarrow{P_0P_1} \cdot \overrightarrow{P_1P_2}}{|\overrightarrow{P_0P_1}||\overrightarrow{P_1P_2}|} = \frac{(x_1-x_0)(x_2-x_1)+(y_1-y_0)(y_2-y_1)}{\sqrt{(x_1-x_0)^2+(y_1-y_0)^2}\sqrt{(x_2-x_1)^2+(y_2-y_1)^2}} \tag{11-27}$$

因此，参考路径平滑度总代价也可以表示如下：

$$\text{cost}_1 = -\sum_{i=1}^{n-1} \frac{(x_i-x_{i-1})(x_{i+1}-x_i)+(y_i-y_{i-1})(y_{i+1}-y_i)}{\sqrt{(x_i-x_{i-1})^2+(y_i-y_{i-1})^2}\sqrt{(x_{i+1}-x_i)^2+(y_{i+1}-y_i)^2}} \tag{11-28}$$

2）cost_2 代价值。cost_2 为离散点之间距离平方之和，为长度代价，P_0、P_1 之间的代价值 d 为：

$$d = (x_1-x_0)^2 + (y_1-y_0)^2 \tag{11-29}$$

因此，参考路径平滑度总代价也可以表示如下：

$$\text{cost}_2 = \sum_{i=0}^{n-1} (x_i-x_{i+1})^2 + (y_i-y_{i+1})^2 \tag{11-30}$$

3）cost_3 代价值。cost_3 为曲线优化后离散点与原始曲线参考点的偏移距离平方和，偏移量代价越小，表示优化后曲线越接近原始曲线。

$$\text{cost}_3 = \sum_{i=0}^{n-1} (x_i-x_{i-\text{ref}})^2 + (y_i-y_{i-\text{ref}})^2 \tag{11-31}$$

（2）约束条件设置

1）位置约束。

在路径优化过程中，对于离散点偏移量，需要对优化后的离散点进行位置约束，如图 11-21 所示，图中方框是对离散点在坐标 X、Y 方向上的范围限制。位置约束设计：

$$\begin{cases} x_{i-\text{ref}} - x_l \leq x_i \leq x_{i-\text{ref}} + x_u \\ y_{i-\text{ref}} - y_l \leq y_i \leq y_{i-\text{ref}} + y_u \end{cases} \tag{11-32}$$

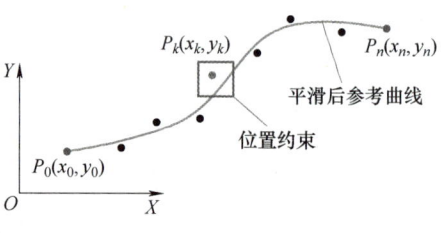

图 11-21 离散点约束示意图

2）曲率约束。此外，路径规划时，需要考虑车辆转弯半径的约束限制，即所规划路径需要满足曲率约束。我们采用 3 点构建圆的方法求解半径。图 11-22，为离散点曲率约束示意图，P_0、P_1、P_2 为相邻连续的离散点，Δs 为 P_0、P_1 之间的弧长，R 为转动半径，当角度 θ_1 较小时，向量 $\overrightarrow{P_0P_1}$ 模长近似等于弧长，因此有：

$$\theta_1 = \frac{\Delta s}{R} \tag{11-33}$$

$$\theta_2 = \frac{\pi - \theta_1}{2} \tag{11-34}$$

由于 $|\overrightarrow{P_1P_0}| = |\overrightarrow{P_1P_2}|$，其中点 C 为 P_1P_3 中点，且 $|\overrightarrow{P_1C}| = |\overrightarrow{CP_3}|$，因此有：

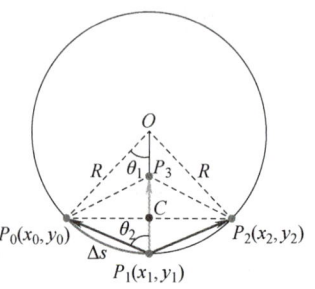

图 11-22 离散点曲率约束示意图

$$|\overrightarrow{P_1P_3}| = 2P_1C = 2\Delta s\cos\theta_2 = \Delta s\theta_1 = \Delta s^2 \frac{1}{R} \quad (11\text{-}35)$$

在对离散点曲率进行约束时，考虑车辆最小转弯半径约束，即使得

$$|\overrightarrow{P_1P_3}| \leq \Delta s^2 k_{\max} \quad (11\text{-}36)$$

式中，Δs 为离散点之间平均长度；$k_{\max}$ 为最大曲率约束值。

对于具有 n 个离散点的参考路径，保证其中 $n-2$ 个中间点满足：

$$(x_{i-1}+x_{i+1}-2x_i)^2+(y_{i-1}+y_{i+1}-2y_i)^2 \leq (\Delta s^2+k_{\max})^2 \quad (11\text{-}37)$$

3）松弛变量。为保证上述曲率约束有解，且能够更快收敛，引入正值的松弛变量 $stack_i$，即：

$$(x_{i-1}+x_{i+1}-2x_i)^2+(y_{i-1}+y_{i+1}-2y_i)^2-stack_i \leq (\Delta s^2+k_{\max})^2 \quad (11\text{-}38)$$

式中，松弛变量约束取值范围满足 $0 \leq stack_i \leq \infty$。

三、跟踪控制

路径规划是自动泊车系统完成泊车任务的前提条件，而路径跟踪精度直接影响自动泊车效果。在完成泊车路径搜索后，路径规划模块将搜索出的轨迹以离散点的形式输出给跟踪控制模块。跟踪控制模块获取轨迹点的车速、曲率等信息，并通过横向控制器计算车辆期望转角，然后以 CAN 信号形式发送给转向、动力、制动执行器，最终控制车辆进行路径跟随，完成泊车任务。

1. 坐标系转化

泊车过程中，需要不断获取自身实时位置与姿态信息，以及规划模块生成的参考路径，这些信息需要转化到统一坐标系进行处理。传统的直角坐标系在描述车辆与路径之间的关系时并不直接，在计算偏差时需要进行转化，且有误差。因此针对泊车过程中的路径跟踪采用自然坐标系描述车辆与道路的位置关系，自然坐标系描述了车辆相对路径的位置关系，横坐标为关于纵坐标的函数：

$$l=f(s) \quad (11\text{-}39)$$

式中，s 为自然坐标系下纵轴，为沿着道路中心线的距离；l 为横轴，表示距离中心参考线的距离，为车辆偏离道路中心线的距离。本小节基于后轮反馈的控制模块中，先将笛卡儿坐标系转化为自然坐标系，再在自然坐标下，将二维的车辆运动解耦成横纵向一维的车辆运动，简化复杂度，降低计算难度。如图 11-23 左图为笛卡儿坐标系下的路径，参考路径点由横纵二维信息表达，图 11-23 右图为基于自然坐标系的参考路径表达。笛卡儿坐标系下，任意点的表达为坐标，即 $(x_{\mathrm{ref}}, y_{\mathrm{ref}})$，自然坐标下任意点的表达为 $s(l)$。

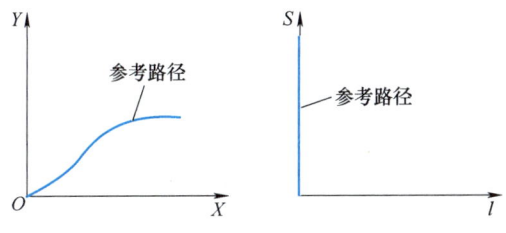

图 11-23　坐标系示意图

2. 航位推算原理

在车辆跟随过程中，需要获取车辆精准的位置信息，以保证控制器跟踪的效果。考虑泊车时，泊车路径较短且车辆在较小的空间运动，本书采用一种航位推算的方法，保证在泊车过程中路径的跟随精度。航位推算是通过车辆上一时刻和当前时刻车载传感器获取的车辆姿态信息，结合车辆运动学模型，对下一时刻车辆位置进行估计，从而获取车辆的定位点。

图 11-24 为结合车辆运动学模型的航位推算示意图，(x_i, y_i) 和 θ_i 为车辆在第 i 时刻的时候泊车坐标系下的坐标与航向角，(x_{i+1}, y_{i+1}) 和 θ_{i+1} 为车辆在第 $i+1$ 时刻的时候泊车坐标系下的坐标与航向角。车辆从第 i 时刻运动到 $i+1$ 时刻，车辆转动行驶距离为 ΔS，车辆航向角的变换量为 $\Delta \theta_i$。根据车辆运动学模型可以推算出在 $i+1$ 时刻车辆的状态量：

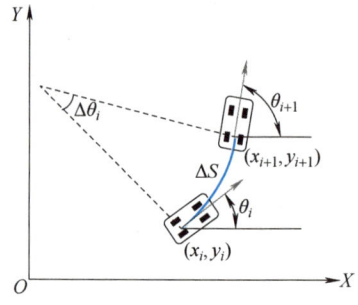

图 11-24 航位推算示意图

$$\begin{bmatrix} x_{i+1} \\ y_{i+1} \\ \theta_{i+1} \end{bmatrix} = \begin{bmatrix} x_i + \Delta S_i \cos(\theta_i + \Delta \theta_i) \\ y_i + \Delta S_i \sin(\theta_i + \Delta \theta_i) \\ \theta_i + \Delta \theta_i \end{bmatrix} \tag{11-40}$$

此外，车辆在低速状态下的运动轨迹可以假设为多段圆弧拼接，行驶的每段圆弧距离为 ΔS_i，且有：

$$\Delta S_i = \Delta \theta_i R = \Delta \theta_i L \cot \varphi \tag{11-41}$$

因此，车辆从 i 时刻到 $i+1$ 时刻的航向角变化量为：

$$\Delta \theta_i = \frac{\Delta S_i \tan \varphi}{L} \tag{11-42}$$

式中，φ 为车辆前轮转角；L 为前后轴的轴间距；ΔS_i 为根据车辆后轮里程编码器记录的车辆行驶的距离。因此，泊车过程中的车辆位置与航向信息可以通过车辆自身信息推导获取。但随着时间变化，航位推算的路段误差会不断累积，因此基于航位推算获取车辆位置不适合应用于长距离的场景中。由于泊车场景空间狭小，规划的路径也较短，因此航位推算在泊车场景中可以保证较高的精度。

自动泊车例程说明扫码后见资料 F。

资料 F

第四节 自动泊车典型案例

现有的自动泊车产品中普遍采用的是摄像头+超声波雷达的方案。其中，摄像头负责检测车位线，从而识别出标线车位；超声波雷达负责探测可以停车的空间，从而确认车位的可用性。特斯拉汽车并没有采用这种方案，而是仅靠超声波雷达实现自动泊车。目前使用摄像头的方案，大部分是采用环视摄像头，形成车辆周围的全景影像。另外，超声波雷达也可以探测出没有车位线、由周围物体形成的可停车区域。除了识别车位外，摄像头和超声波雷达一起，也能实时检测车辆周围的障碍物，避免发生碰撞。

第十一章 自动泊车技术

以 3 款主流车型的产品为例介绍它们的配置，车型分别是特斯拉 Model 3、小鹏 P7 和蔚来 ET7，其采用的硬件参数见表 11-3。

表 11-3 车型配置

车型	特斯拉 Model3	小鹏 P7	蔚来 ET7
芯片	FSD	NVIDIA	NVIDIA
型号	FSD	Xavier	Orin X
数量	2	1	4
AI 算力	144TOPS（72×2）	30TOPS	1016TOPS（254×4）
前视摄像头	3	4	2
侧视摄像头	4	4	4
后视摄像头	1	1	1
环视摄像头	0	4	4
毫米波雷达	1	5	5
超声波雷达	12	12	12

由表中参数可知，特斯拉没有配置环视摄像头，依靠 12 颗超声波雷达实现其自动泊车功能，小鹏 P7 和蔚来 ET7 则是通过 4 颗环视摄像头+12 颗超声波雷达融合来实现自动泊车。自动泊车系统通过感知识别出车辆周围可用的停车位，若识别出多个可用停车位则让用户选择其中一个想要的车位；然后系统结合当前车辆位姿和选择的车位信息，计算出泊入的车辆轨迹，由控制模块控制车辆进行横向和纵向的运动以完成自动泊入停车位的工作。

特斯拉的自动泊车主要依赖于其自动驾驶（Autopilot）系统和完全自动驾驶（Full Self-Driving）套餐。其 Autopilot 系统允许车辆在停车位之间自动执行并完成并行和垂直泊车。

小鹏 P7 搭载 XPILOT Parking 超级自动泊车辅助系统，融合超声波系统和全景视觉系统，支持有线框的垂直、平行、斜列式车位泊车，支持无线框的垂直、平行、斜列式车位泊车。可以实现以下功能：进停车场自动调节车速、获取记忆路线、开启记忆泊车、根据路线自动转弯、路线终点临近车位的自动泊入。

蔚来 ET7 通过其 Aquila 蔚来超感系统、Adam 蔚来超算平台及自动驾驶技术 NAD 实现智能辅助驾驶功能。蔚来 ET7 配备了自适应巡航、自动泊车、车道保持辅助、车道碰撞预警、车道偏离辅助等功能，能够在停车场之中实现完全自动泊车，包括正向、侧向与斜向等多方位泊车。

【思考题】

1. 查阅资料了解端到端的泊车算法，比较其与本章的自动泊车系统。
2. 本章的混合 A* 与 AP-RS 曲线混合轨迹规划可能存在哪些问题？
3. 比较平行和垂直泊车的路径跟踪结果。如何解释这种差异？

参 考 文 献

［1］林生地. 汽车自动泊车技术的应用与发展研究［J］. 内燃机与配件，2022，17：88-90.
［2］左培文，孟庆阔，李育贤. 自动泊车系统发展现状及前景分析［J］. 上海汽车，2017，2：44-46.
［3］朴昌浩. 自动泊车系统设计［M］. 北京：科学出版社，2014.
［4］桑海峰，李荣达，常睿，等. 自动驾驶停车位检测技术［M］. 北京：清华大学出版社，2021.
［5］余贵珍，周彬，王阳，等. 自动驾驶系统设计及应用［M］. 北京：清华大学出版社，2019.
［6］熊璐，曾德全，冷搏，等. 自动驾驶汽车运动规划与控制［M］. 武汉：华中科技大学出版社，2022.
［7］王建，徐国艳，陈竞凯，等. 自动驾驶技术概论［M］. 北京：清华大学出版社，2019.

第十二章 车路协同技术

第一节 车路协同概述

一、车路协同技术的概念

车路协同技术是指在单车智能的基础上,全方位实施车与车、车与路、车与人之间动态实时信息交互,高效和协同地执行车辆和道路的感知、预测、决策和控制功能,最终形成一个能够整合/协调/控制/管理/优化所有车辆、信息服务、设施设备、智能化交通管理的以车路协同为核心的新一代智能交通系统。从广义来讲,车路协同技术涵盖和整合了智能网联汽车系统与智能网联道路系统,即智能网联汽车、车联网、主动交通管理系统、智能道路基础设施等均包含于车路协同技术中。

12 车路协同

二、车路协同技术的分级

2019 年 3 月,欧洲道路运输研究咨询委员会(European Road Transport Research Advisory Council,ERTRAC)发布了 *Connected Automated Driving Roadmap*,定义了智能驾驶的基础设施支持级别(Infrastructure Support levels for Automated Driving,ISAD),见表 12-1。

表 12-1 ISAD 智能驾驶的基础设施支持级别(欧洲道路运输研究咨询委员会)

分级		名称	描述	具有静态道路标识的数字化地图	可变信息交通标志牌、告警、事故、天气	微观交通情况	导航:速度、间距、车道建议
数字化基础设施	A	协同驾驶	基于车辆移动的实时信息,基础设施可以引导智能驾驶车辆(单车或者编队)实现全局交通流优化	*	*	*	*
	B	协同感知	基础设施可以感知微观交通情况,并实时提供给智能驾驶车辆	*	*	*	
	C	动态数字信息	所有动态和静态基础设施信息可以以数字化形式获取并提供给智能驾驶车辆	*	*		

(续)

分级	名称	描述	具有静态道路标识的数字化地图	可变信息交通标志牌，告警，事故，天气	微观交通情况	导航：速度、间距、车道建议
传统基础设施	D	静态数字化信息/地图支持	可获取包括静态道路标识的数字化地图数据。地图数据可以通过物理参考点（地标标识）补充，而交通信号灯、短期道路工程和可变信息交通标志牌需要智能驾驶车辆识别	*			
	E	传统基础设施/不支持智能驾驶	无数字化信息的传统基础设施，智能驾驶车辆需要识别道路几何和道路标识				

2019年9月21日，中国公路学会自动驾驶工作委员会、自动驾驶标准化工作委员会发布了《智能网联道路系统分级定义与解读报告（征求意见稿）》，从交通基础设施系统的信息化、智能化、自动化角度出发，结合应用场景、混合交通、主动安全系统等情况，把智能网联道路系统分为I0级到I5级，见表12-2。

表12-2 智能网联道路系统分级定义（中国公路学会）

分级	信息化（数字化/网联化）	智能化	自动化	服务对象	应用场景	接管
I0	无	无	无	驾驶人	无	驾驶人
I1	初步	初步	初步	驾驶人/车辆	多数	驾驶人
I2	部分	部分	部分	驾驶人/车辆	部分场景	驾驶人
I3	高度	有条件	有条件	驾驶人/车辆	专用道在内的主要道路	驾驶人
I4	完全	高度	高度	车辆	特定场景/区域	交通基础设施系统
I5	完全	完全	完全	车辆	全部	交通基础设施系统

车路协同与道路设施技术、智能驾驶技术的发展存在着密切的关联。从车、路之间能否主动开展信息交互共享层面来看，可以大致将车路协同的演变阶段分为4个等级，分别为无协同、初级协同、中级协同和高级协同，如图12-1所示。以车路协同产业化发展为落脚点，现阶段车路协同的实际应用还处在初级协同阶段。

三、车路协同技术的现状

作为最早开始研究智能驾驶汽车的特斯拉、Waymo等，主要以单车智能为主，通过不断提升算法复杂度和车载终端硬件算力，实现更高级别的智能驾驶，但它们并未引入智能网联技术，缺乏与路侧设备的通信交互手段，车路协同技术仍处于无协同阶段。

第十二章 车路协同技术

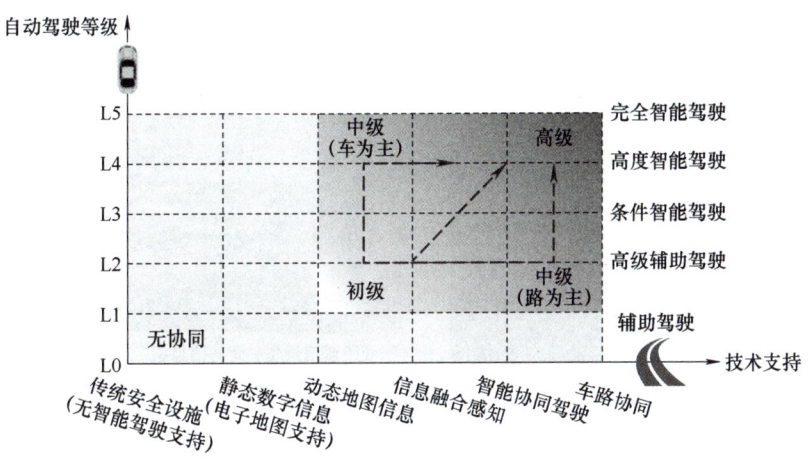

图 12-1 车路协同演变阶段

为了顺应车路协同技术的发展潮流，美国福特已将车路协同系统应用于其量产车型中，采用基于现有商用 4G 蜂窝网络的通信模式，把车辆的 GPS 定位发送到云端服务器，云端服务器根据定位信息回传车辆前方交通信号灯的状态、交通信号灯转换时间、是否处于绿波车速、道路限速、道路施工以及电子路障等信息，如图 12-2（a）所示。其后续计划采用 C-V2X 通信模组，主要参考标准是美国联邦通信委员会（Federal Communications Commission，FCC）将 DSRC 升级的 C-V2X，包括 DSRC 频段 C-V2X 共分配 5.895~5.925GHz 的专用频谱，但仍无法满足未来更高级别车路协同低时延（3~100ms）、高可靠性（达 90%~99.999%）、大带宽（约 50Mbit/s）、高速移动（绝对速度达 250km/h、相对速度 500km/h）的通信要求。

日本通过战略性创新推进计划项目在全国高速公路累计部署了 1700 个 ETC2.0 路侧装置，在日本新东名高速的部分区段上成功实现了"后车无人列队跟驰"（列队跟驰又称编队行驶、队列行驶等）验证测试，主要以 DSRC 车路交互技术为核心，通过在高速公路上设置路侧热点（ITS-SPOT），车端使用 3D 激光雷达和立体摄像头、RTK-GPS、ETC2.0 的车载终端等，V2V 和 V2I 寻找候选车辆形成队列，实现与前方车辆的横向偏移量控制在±50cm 以内。日本基于上述成果牵头发布了 ISO 4272：2022 国际标准，以支持不同制造商的车辆混编组成共享车队，车辆通过协调车速来加入车队，如图 12-2（b）和图 12-2（c）所示。

截至 2021 年底，我国在洋山港和东海大桥上实现了"5G+L4"技术融合的智能驾驶商业化落地，赋能港口智慧转型，提升港口效率，在路侧部署了 5G 基站、隧道内 GPS、通信单元和摄像头，通过融合路侧信息，在东海大桥上实现了多车混流、主动避障和自主换道超车等功能，在港口中完成了真无人条件下的异形三岔路口交汇、行人横穿等典型港口特色场景的测试验证，实现车队行驶的跟车距离小于 15m、泊车入位时间低于 70s、停车精度精确到 3cm 以内，如图 12-2（d）所示。

总体而言，国内外的车路协同技术正朝着不断提升路侧道路智能化水平、提高通信技术和协同能力的方向发展。由于受到通信模组带宽、网络延迟、路侧智能化水平与智能驾驶水平匹配程度、协同感知和决策算法能力等技术的综合限制，目前的车路协同技术仍待进一步发展和提高。

215

(a) 福特车路协同功能

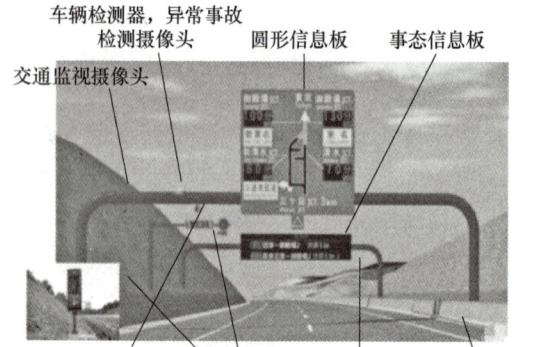
(b) 日本高速公路基础设施

(c) 日本软银的5G编队测试

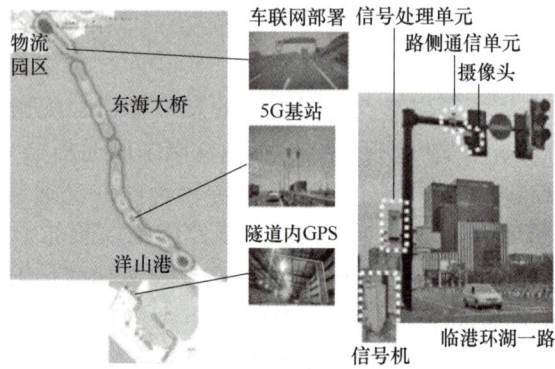
(d) 东海大桥车路协同部署

图 12-2 现阶段车路协同示范测试

第二节 车路协同总体技术

车路协同技术的核心在于交通全要素的一体化，包括车、路、云、网、图共 5 部分，通过车载终端（On Board Unit，OBU）和路侧设备（Road Side Unit，RSU）实现智能网联（V2X）的车路协同系统，如图 12-3 所示。

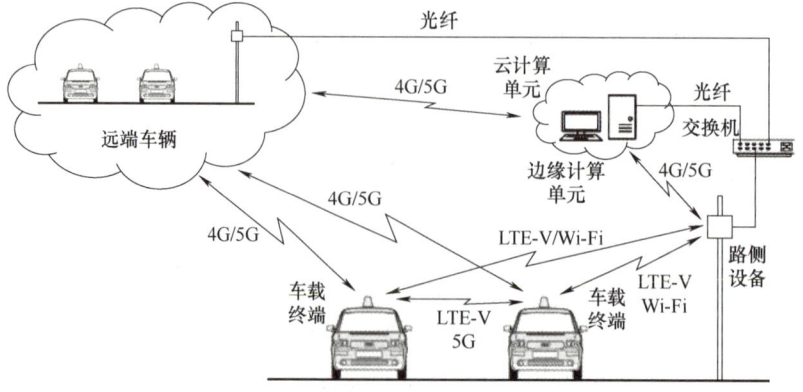

图 12-3 智能网联车路协同系统示意图

一、车路云系统

1. 自主式智能汽车（Autonomous Vehicles，AV）模型

自主式智能汽车可辅助驾驶，其中自适应巡航模块应用广泛。通过感知目标车辆位置和速度，自主式智能汽车可以自动调整期望车速。其运作原理是根据车头间距和车速，计算出加速度以调整车速。

针对自主式智能汽车的自适应巡航模型的公式如下：

$$\dot{v}_n(t) = k_1[h_n(t) - l - s_0 - t_a v_n(t)] + k_2 \Delta v_n(t) \tag{12-1}$$

式中，$h_n(t)$ 为车辆 n 在 t 时刻与前车的车头间距；k_1 为车间距误差控制系数；l 为车身长度；s_0 为车辆最小制动距离；t_a 为自适应巡航控制车辆期望车间时距；$v_n(t)$ 为车辆 n 在 t 时刻的速度；k_2 为速度差控制系数；$\Delta v_n(t)$ 为车辆 $n-1$ 与车辆 n 在 t 时刻的速度差。

2. 智能网联汽车（Intelligent Connected Vehicles，ICV）模型

智能网联汽车的运行特征主要体现在编队行驶上。例如，一种时变通信时延的队列模型，可以通过车车通信和 5G 技术建立多种信息流拓扑结构，将通信拓扑结构设计为双向领航者跟随式。每辆跟随车都能接收领航车的位置、速度和加速度等信息，同时相邻车辆之间也能进行信息交互。以车辆位置、速度、加速度、时延为输入，输出加速度变化量为：

$$u_i(t) = -k_s \sum_{j=1}^{N} a_{ij} \{x_i[t-\tau(t)] - x_j[t-\tau(t)] - d_{ij}\} - k_v \sum_{j=1}^{N} a_{ij} \{v_i[t-\tau(t)] - v_j[t-\tau(t)]\} - k_a \sum_{j=1}^{N} a_{ij} \{a_i[t-\tau(t)] - a_j[t-\tau(t)]\} \tag{12-2}$$

式中，$u_i(t)$ 为智能网联汽车动力学模型在反馈线性化之后车辆 i 在 t 时刻的控制输入；$x_i[t-\tau(t)]$、$v_i[t-\tau(t)]$ 和 $a_i[t-\tau(t)]$ 分别为智能网联汽车队列中车辆 i 在 $t-\tau(t)$ 时刻的位置、速度和加速度；$\tau(t) \in (0, \hat{\tau}]$，为时变时延，对于任意的 $t \geq 0$ 连续可微，$\hat{\tau}$ 为智能网联汽车队列所允许的最大时延上界；k_s、k_v 和 k_a 分别为车辆节点控制器的车间距、速度和加速度误差控制系数；a_{ij} 为邻接矩阵元素，取值范围为 $\{0,1\}$，$a_{ij}=0$ 表示车辆 i 获取不到车辆 j 的信息，否则表示车辆 i 可以获取到车辆 j 的信息；d_{ij} 为相邻两个智能网联汽车 i 和 j 节点之间的期望车距；N 为车辆总数。

协同自适应巡航利用车-车（V2V）无线通信，打破了传统 ACC 模型只依赖前车信息的限制，具有获取周围车辆信息的能力。在每个时间步长，CACC 车辆根据前一时间步长内自身和目标前车的速度、位置以及期望的车间时距和巡航速度，确定下一步的加速度或速度输出：

$$\begin{cases} v_n(t+\Delta t) = v_n(t) + k_s e_n(t) + k_d \dot{e}_n(t) \\ e_n(t) = h_n(t) - l - s_0 - t_c v_n(t) \end{cases} \tag{12-3}$$

式中，Δt 为 CACC 系统控制步长；$e_n(t)$ 为车辆 n 在 t 时刻的实际车间距与期望车间距误差；t_c 为 CACC 车辆期望车间时距参数；k_d 为车间距误差微分项控制系数；其余变量同前。

综上所述，不同智能等级车辆模型特征对比见表 12-3。

表 12-3 不同智能等级车辆模型特征对比

类型		模型输入	反馈形式	模型输出
AV 模型		车头间距、本车/前车速度	线性	加速度
ICV 模型	编队	队列车辆位置、速度、加速度、时延	线性	加速度变化量
	CACC	车头间距、前车速度、本车速度/加速度	线性	加速度/速度

3. 车载终端 OBU

智能网联汽车的车载终端 OBU 形态多样，具体如下。

（1）T-BOX　直接与汽车 CAN 总线通信的前装智能车载终端，获取车身状态、车况信息等。T-BOX 通常包括处理器、GPS 模块、无线模块（如 3G、4G、5G 等），并支持多种接口。

（2）Tracker　实现定位管理，根据配置和功能多样化，不再局限于单一的定位功能，通常包括 GPS 信号接收和 GSM/CDMA 发射等组件。

（3）ETC OBU　工作在 5.8GHz 频段的有源设备，主要包括通信收发信机、RSU 天线控制板、微带天线和 RSU 控制器控制板。

（4）C-V2X OBU　实现 V2X 通信，与环境感知单元交换信息，提供实时道路安全信息；包括 4G/5G Uu 通信芯片和模组，以及 LTE-V2X/5G NR-V2X 通信芯片和模组。

4. 路侧智能设施

路侧智能设施包括智能化交通控制设施（交通信号灯、标志、标线、护栏等）和摄像头、毫米波雷达、激光雷达等各类环境感知设备，如图 12-4 所示。

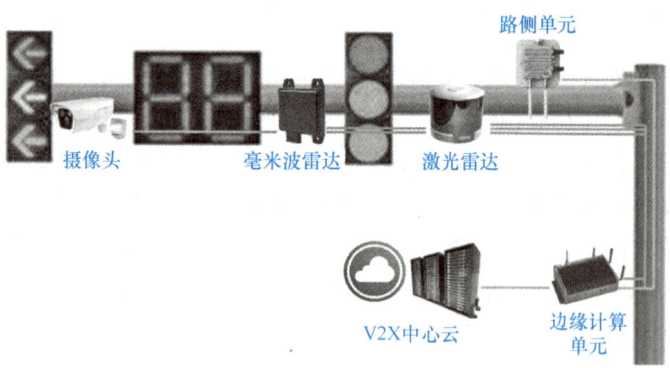

图 12-4　多传感器融合的路侧智能设施

（1）RSU　RSU 利用多传感器信息融合数据，广播数据信息并与道路、车辆、云平台进行信息交互，实现道路信息汇聚。

RSU 呈现多样化产品形态。RSU 基础版本支持 LTE-V2X PC5 通信，收集路侧智能设施和交通参与者信息，并上传至云平台，还可以向道路交通参与者广播 V2X 消息，另有 LTE Uu+LTE-V2X PC5 双模版本。随着 5G 时代的到来，RSU 产品更丰富，包括 5G Uu+LTE-V2X PC5、LTE-V2X PC5+5G NR-V2X PC5、5G Uu+LTE-V2X PC5+5G NR-V2X PC5 版本。ETC 路侧设备、汽车电子标志路侧设备和交通信号灯也融合了 V2X 功能。RSU 不仅通信能力丰富,还有智能化演进可能性,即集成智能化边缘计算能力,拥有决策和控制能力,推动智能化发展。

单车传感器数量的增加已不足以突破视距感知的限制。通信与感知一体化设计可提高智能驾驶车联网的信息交互效率,增强安全性。在此系统中,RSU 不仅作为处理单元促进感知数据共享,还通过传感器建立毫米波通信链路,提高感知精度和性能,实现车路协同。

(2)感知系统　目前,常用于感知系统的传感器包括摄像头、毫米波雷达和激光雷达(见表 12-4)。数据融合可将各传感器的优势结合起来,实现扬长避短的效果。

表 12-4　不同传感器对比

传感器类型	检测类型	局限性
摄像头	检测交通参与者类型(比如行人、车辆、骑行者)	受天气、光照强度的影响较大
毫米波雷达	检测目标的位置、速度等信息,并且不会受天气状态的干扰	容易漏检静止的目标,而且检测的目标噪点较多
激光雷达	检测目标的位置、速度、尺寸等信息	环境敏感度高,易受大雪、灰尘影响

(3)边缘计算单元(MEC)　边缘计算单元通过通信接口获取多种路侧传感器(如摄像头、激光雷达、毫米波雷达等)数据,同时通过 RSU 接收单元获取车辆 OBU 发送的车辆信息数据,将这些数据输入多传感器数据融合软件系统处理,即可得到完整的道路交通参与者信息。

目前在工业和学术领域已提出几种主要的边缘计算架构,以满足不同应用场景需求,包括多接入边缘计算、"云-边-端"三级架构和"边-端"二级架构。下面介绍一种部署灵活、支持多接入方式的边缘计算与车联网融合的系统架构,详见图 12-5,其中边缘计算平台为核心。

在边缘计算中,GPU 可提升图像处理、机器学习和深度学习等应用的速度和效率,满足高实时性需求。多级算力部署可优化边缘计算实施与部署,实现合理分配和灵活调度。

二、网络通信技术

对于协同感知,预警类辅助驾驶任务需要 LTE-V2X PC5、4G/5G 蜂窝(Uu)通信技术支持,实现车车、车路间的信息共享,实现开放道路的智能网联辅助驾驶。

LTE-V2X 主要包含两种通信模式:直通模式和蜂窝模式。直通模式通过引入 PC5 接口,采用 V2X 专用频段,实现近距离范围内的终端在无中心节点的情况下短距离直接通信,从而达到 V2X 终端之间的低时延传输,但需要较好的拥堵控制算法,如图 12-6 所示。蜂窝模式是通过在终端和基站之间建立 5G 无限空中接口通信,在传统移动通信授权频段工作,由基站集中分配并转发数据,从而实现集中化的资源调度功能,可提高 LTE-V2X 的接入能力和组网效率。

5G R15 版本对车辆通信的支持包括 Vehicle-to-Everything(V2X)通信,涵盖了车辆与其他车辆、基础设施、行人以及网络的通信。

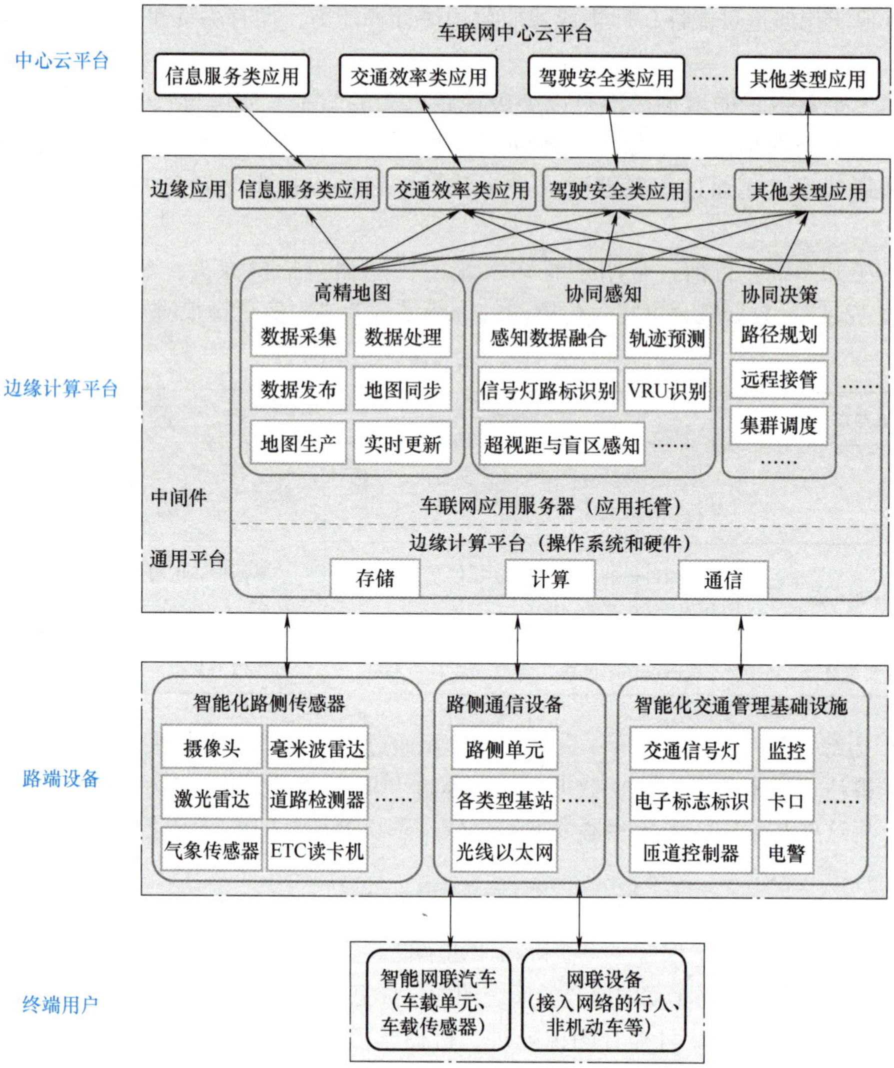

图 12-5　边缘计算与车联网融合的系统架构

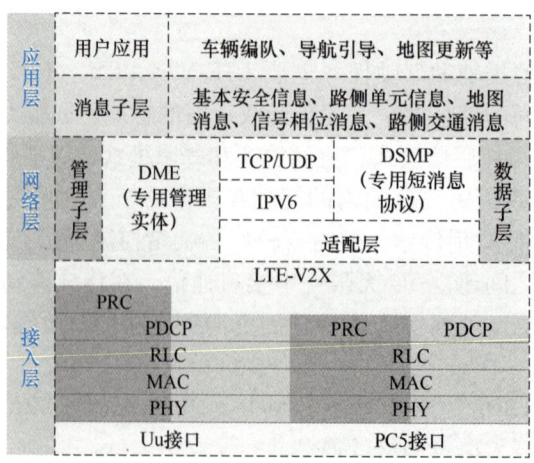

图 12-6　LTE-V2X 协议体系结构

5G R16 版本引入了更多针对车辆通信的改进，如增强的 V2X 通信能力、更好的网络切片支持以满足不同的车辆通信需求，以及更高级的定位服务。5G R16 还具备更好的设备直接通信（Device-to-Device，D2D）能力，能够实现 V2X 支持车辆编队、半自动驾驶、外延传感器、远程驾驶等更丰富的车联网应用场景。

5G R17 版本支持的扩展特性主要包括：将毫米波频段从 24.25~52.6GHz 扩展至高达 71GHz、面向较低复杂度物联网终端引入轻量级的 5G NR-Light（即 RedCap）、支持非地面网络（NTN）。对于智能网联汽车来说，5G R17 可以提供更精确的定位和更高效的能源管理，从而提高车辆的安全性和舒适性。

5G R18/19 等版本，被称为 5G 演进的第二阶段，即为 5G Advanced 阶段。表 12-5 总结了 3GPP R15/R16/R17/R18 在车路协同中的应用与特点。

从技术领域看，5G R18 主要技术包括低复杂度 RedCAP 增强、NR 场景的 XR 增强，NR QoE 增强、5G 网络节能方案等，多方位地提升 5G 场景的应用能力，其在 5G R17 的基础上进一步增强移动宽带和物联网服务。

表 12-5　3GPP R15/R16/R17/R18 在车路协同中的应用与特点

版本	发布时间	主要特点
R15	2019 年	引入 5G 新无线接入技术，支持 V2X 通信以及为车辆安全、协同驾驶和交通管理提供技术基础
R16	2020 年	开始对基于 5G NR 的 V2X 技术进行研究，实现网络切片和定位服务
R17	2022 年	毫米波增强、更精确的定位和更高效的能源管理
R18	2023 年	5G 正式进入 5G 演进阶段（5G-Advanced），可以提供高精度定位、检测和追踪，构建环境地图

未来 10 年，对网络带宽的主流需求是支持 1~10Gbit/s，网络时延小于 5ms。考虑到智能驾驶依托网络的车路协同场景，对网络的可用性也提出了更高要求，可用性要大于 99.999%，并支持 10cm 的定位精度。图 12-7 为 5G 标准的发展之路。

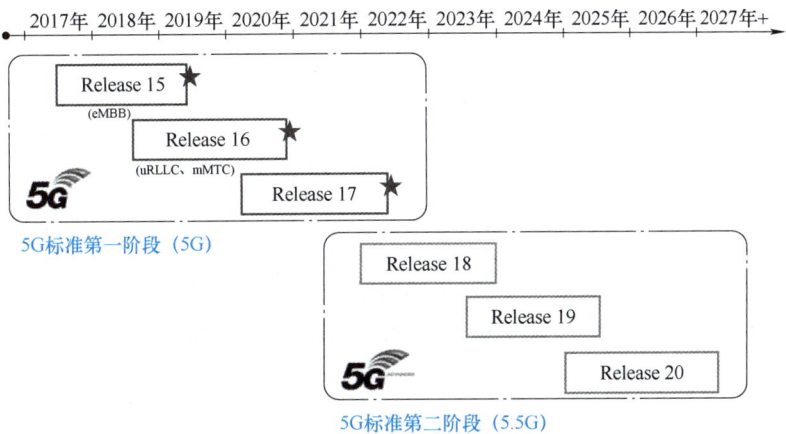

图 12-7　5G 标准的发展之路

三、高精地图与定位技术

高精地图（High Definition Map，HD Map）是指绝对精度和相对精度均在厘米级（10～20cm）的高分辨率、高丰度要素的导航地图。高精地图提供了一个智能驾驶车辆所处的环境模型，包含了最底层的静态高精地图以及其他动态信息。静态高精地图中包含了车道模型、道路部件、道路属性和其他的定位图层。车道模型包含道路细节信息，如车道线、车道中心线、车道属性变化等，此外车道模型中还需要包含道路的曲率、坡度、航向、横坡等数学参数。动态信息是指智能网联体系下所有的动态信息，一般包括地图动态信息、传感器信息、驾驶行为、交通动态信息管控等方面。

如图 12-8 所示，高精地图的分层体系归纳为以下 4 种类型：持续静态数据、瞬时静态数据、瞬时动态数据、高度动态数据。持续静态数据主要包括：车道级别的道路拓扑数据、道路基础设施数据和道路基础设施属性数据。瞬时静态数据主要包括：交通标志位置及含义、交通信号灯位置、兴趣点位置和地标性建筑位置。瞬时动态数据主要包括两类：一是交通状况数据、道路性能数据和道路气象数据等交通运行数据；二是临时性交通标志数据和交通控制数据等交通管理数据。高度动态数据主要包括：道路目标物识别数据、车辆位置数据、车辆行驶数据、车辆操作数据和行人位置数据等。图 12-8 所示为高精地图的分层体系图。

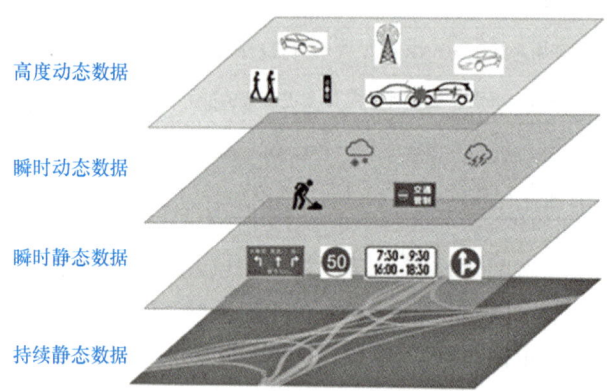

图 12-8　高精地图的分层体系图

高精地图在智能驾驶和智能交通领域扮演着重要角色，有多种格式用于存储和传输地图数据。高精地图目前主流的通用格式规范是 OpenDRIVE，是德国制定的国际通用的高精地图规范。OpenX 套件是自动化和测量系统标准化协会（Association for Standardization of Automation and Measuring Systems，ASAM）提出的一款用于道路网络和驾驶模拟描述的工具集。OpenX 系列标准包括：OpenDRIVE、OpenSCENARIO 和 OpenCRG。仿真测试场景的静态部分（如道路拓扑结构、交通标志标线等）由 OpenDRIVE 文件描述，如图 12-9 所示。道路的表面细节（如坑洼、卵石路等）由 OpenCRG 文件描述，仿真测试场景的动态部分（如交通车的行为）由 OpenSCENARIO 文件描述。

在 OpenDRIVE 数据中，geoReference 元素定义了该文件使用的 UTM 坐标系。在 OpenDRIVE 数据中大量使用的位置信息都是投影后的 x、y 坐标，而除了该投影坐标系，还定义了一种轨迹坐标系，此坐标系中 s 坐标沿着参考线（Reference Line），t 坐标则是相对于参考线的侧向位置，车道编号沿 t 坐标方向增大，如图 12-10 所示。

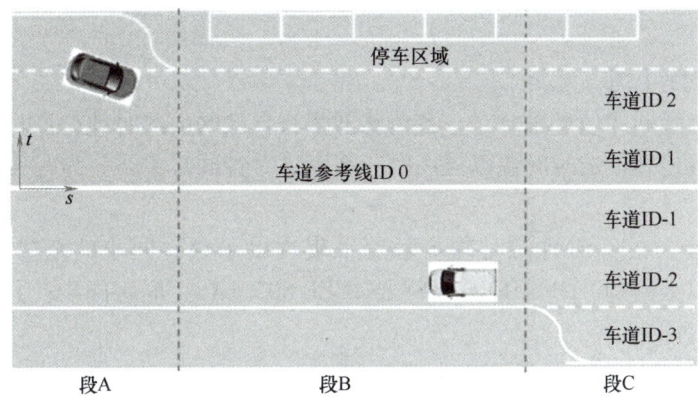

图 12-9　OpenDRIVE 高精地图格式

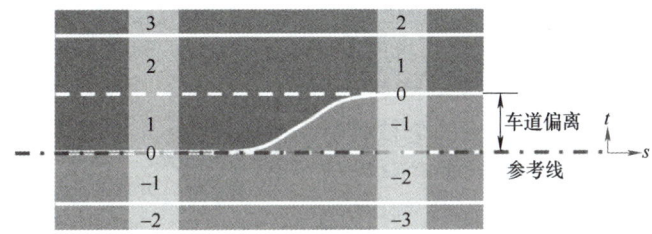

图 12-10　OpenDRIVE 中的轨迹坐标系

在 OpenDRIVE 地图道路信息解析过程中，利用 x-y 坐标系下的起点（x, y）、曲线的相对长度（s 坐标，该点距离起点的线段长度）可计算出相应长度处所对应的 x、y 坐标。使用较多的 Geometry 类型为直线、弧线、螺旋线、三次多项式曲线等。以直线解析为例，公式为：

$$\begin{cases} dx = s\cos\alpha \\ dy = s\sin\alpha \end{cases} \qquad (12\text{-}4)$$

式中，s 为距离起点的线段长度；α 为直线角度。利用上式可以计算出相对起点的 dx 和 dy。

第三节　车路协同系统的工作原理

一、车路协同感知

车路协同感知主要是将车与车之间、车与路侧之间所感知到的交通环境信息进行彼此共享，并对两者的感知数据进行融合处理。车路协同感知需要将车端和路侧的感知数据进行融合处理，涵盖了多视角、多类别、多模态、跨时域、跨感知域等不同条件下的融合需求，并使用统一的描述模型刻画交通参与者状态。相比较单车智能感知来说，它具有更宽广的感知范围、更精确的感知信息。

车路协同感知通过 V2X 通信，将车端和路侧设备的摄像头、激光雷达、毫米波雷达等传感器所感知到的数据信息在数据级、特征级、目标级等层面进行感知融合，实现复杂交通场景下跨平台多传感器的多视角和超视距的信息融合协同感知，支持下游的决策与轨迹规划等智能驾驶任务。

1. 感知系统时钟同步

车路协同多传感器的信息融合时，各传感器都有自己的内部时钟，各时钟之间存在时钟偏差，需要统一各传感器的时间源以提高融合精度。时钟同步主要分为两种技术：硬件同步和软件同步。

（1）硬件同步　统一时钟源与同步触发采集均属于硬件同步的范畴。常见方案有两种：一种是基于以太网的 PTP（IEEE 1588 或 IEEE 802.1AS）时钟同步；另一种是基于 GPS 的 PPS+NMEA 时钟同步。

1）PTP 时钟同步。PTP 是基于以太网的高精度时钟同步协议，能够在以太网中实现支持 PTP 协议的相机、激光雷达等传感器与主机之间的亚微秒级时钟同步。在图 12-11 所示的案例中，联网相机与外部主时钟源可以实现同步。

2）PPS+NMEA 时钟同步。PPS 和 NMEA 的组合能够实现对激光雷达或主机的毫秒级时钟同步。GPS 单元输出精确到毫秒的秒脉冲信号 PPS 和包含时钟信息的 NMEA 指令，各传感器以此校准各自的时钟时间。由于 PPS 的频率

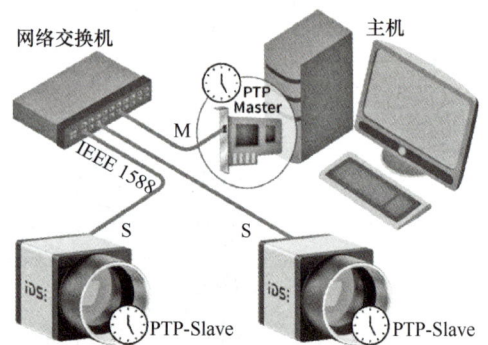

图 12-11　PTP 应用于多相机的同步案例

只有 1Hz，因此需要把 PPS 信号转换为任意频率但同相位的方波，令所有传感器均在 PPS 信号上升沿的时候采集数据。同步触发的效果如图 12-12 所示。

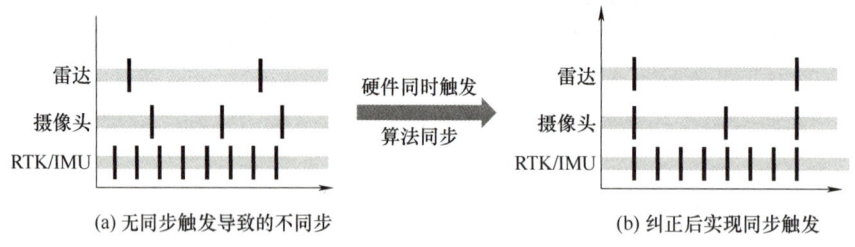

图 12-12　硬件同步触发示意图

（2）软件同步　在传感器的采集时刻不一致时可以使用软件同步的方式进行同步，方法主要有两种，包括近邻匹配法和插值法。近邻匹配法是以频率低的传感器为基准，寻找其他传感器的最近邻帧作为同步帧。插值法主要原理是利用两个传感器帧上的时间戳计算出时间差，然后结合运动信息和时间差对数据进行插值。与近邻匹配法相比，插值法可以实现更小的融合误差。

2. 协同感知空间同步

感知坐标系间空间同步，是将车路协同使用的不同传感器坐标系下的测量值转换到同一世界坐标系下，这需要确定各传感器之间的坐标关系，以及各传感器与同一世界坐标系之间

的转换关系。

在分布式协同感知场景中,路侧感知设备和智能网联汽车都可以对交通目标物实现感知,并与其他智能网联汽车或者路端共享状态和目标检测信息。为了对交通目标进行检测与对定位信息进行一致性描述,需要将多传感器感知信息变换到同一个世界坐标系下,坐标系间变换关系如图 12-13 所示。

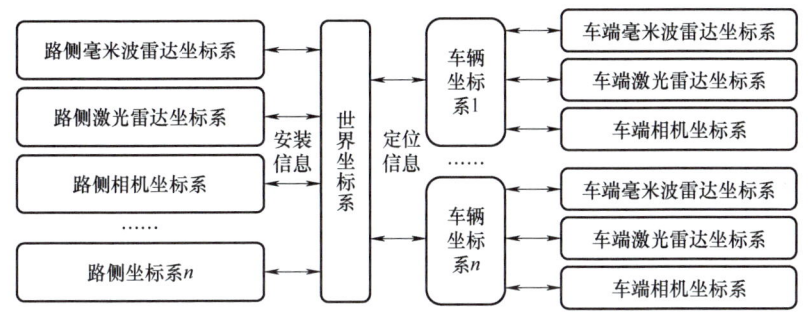

图 12-13　车路协同多传感器坐标系间变换关系

对于任意两个车路协同感知系统坐标系之间的变换,需要确定感知系统坐标系之间的旋转矩阵 $\boldsymbol{R} \in \mathrm{SO}(3)$ 和平移向量 $\boldsymbol{t} \in \mathbb{R}^3$。

如图 12-14 所示,以计算路侧坐标系 B 变换到世界坐标系 A 为例,先固定坐标系 A 为参考坐标系,平移向量 $\boldsymbol{t}$ 为路侧坐标系 B 的原点在世界坐标系 A 中的坐标向量 $\boldsymbol{P}$。

采用 XYZ 固定角来表示坐标系之间的变换关系,该变换是绕基础坐标系的坐标轴旋转的。将路侧坐标系 B 相对于世界坐标系 A 的横滚角(Roll)、俯仰角(Pitch)和偏转角(Yaw)分别表示为 γ、β、α,即坐标系 B 为坐标系 A 绕 X_A 按右手螺旋法则旋转 γ 角(Roll)、绕 Y_A 按右手螺旋法则旋转 β 角(Pitch)、绕 Z_A 按右手螺旋法则旋转 α 角(Yaw)得到 B''' 坐标系,如图 12-15 所示。坐标系 B''' 与坐标系 B 的坐标轴平行。坐标系 B''' 增加平移向量 $\boldsymbol{t}$ 后得到坐标系 B。

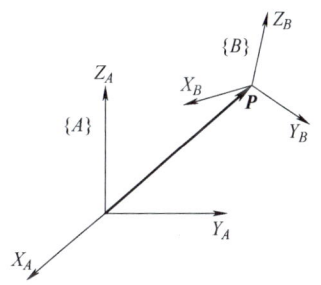

图 12-14　路侧坐标系 B 变换到世界坐标系 A

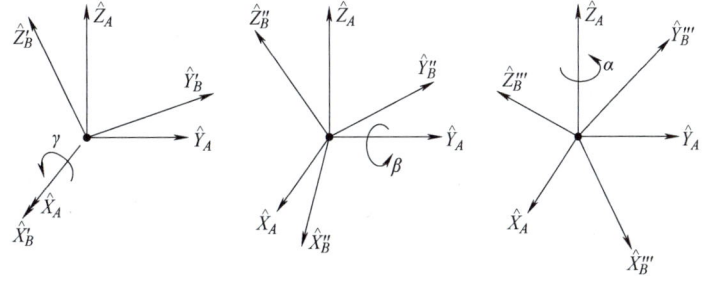

图 12-15　绕固定坐标系 A 旋转得到坐标系 B'''

XYZ 固定角可以另外表达为矩阵形式,令 $\boldsymbol{R}_X(\gamma)$、$\boldsymbol{R}_Y(\beta)$、$\boldsymbol{R}_Z(\alpha)$ 分别为相对于坐标轴 X、Y、Z 的旋转矩阵,则 $\boldsymbol{R}_X(\gamma)$、$\boldsymbol{R}_Y(\beta)$、$\boldsymbol{R}_Z(\alpha)$ 具体的矩阵形式可分别以 XYZ 固定角

表示：

$$\boldsymbol{R}_Z(\alpha) = \begin{bmatrix} \cos\alpha & -\sin\alpha & 0 \\ \sin\alpha & \cos\alpha & 0 \\ 0 & 0 & 1 \end{bmatrix}$$

$$\boldsymbol{R}_Y(\beta) = \begin{bmatrix} \cos\beta & 0 & \sin\beta \\ 0 & 1 & 0 \\ -\sin\beta & 0 & \cos\beta \end{bmatrix} \tag{12-5}$$

$$\boldsymbol{R}_X(\gamma) = \begin{bmatrix} 1 & 0 & 0 \\ 0 & \cos\gamma & -\sin\gamma \\ 0 & \sin\gamma & \cos\gamma \end{bmatrix}$$

三次变换形成的旋转矩阵表示为：

$$^A_B\boldsymbol{R}_{XYZ}(\gamma,\beta,\alpha) = \boldsymbol{R}_Z(\alpha) \cdot \boldsymbol{R}_Y(\beta) \cdot \boldsymbol{R}_X(\gamma) \tag{12-6}$$

$^A_B\boldsymbol{R}_{XYZ}(\gamma,\beta,\alpha)$ 即为由路侧坐标系 B 变换到世界坐标系 A 的旋转矩阵 $\boldsymbol{R}$。

给定一点 p 或目标坐标在路侧坐标系 B 下的坐标为 $\boldsymbol{p}_B \in \mathbb{R}^3$，则点 p 在世界坐标系 A 中的坐标 $\boldsymbol{p}_A$ 为：

$$\boldsymbol{p}_A = \boldsymbol{R} \cdot \boldsymbol{p}_B + \boldsymbol{t} \tag{12-7}$$

给定一方向矢量 $\boldsymbol{\varphi}$ 或目标姿态角在路侧坐标系 B 下表示为 $\boldsymbol{\varphi}_B \in \mathbb{R}^3$，则方向矢量 $\boldsymbol{\varphi}$ 在世界坐标系 A 中表示为：

$$\boldsymbol{\varphi}_A = \boldsymbol{\varphi}_B + [\gamma,\beta,\alpha]^T \tag{12-8}$$

3. 目标集的关联匹配

数据关联是在两组同源数据之间建立匹配关系。数据关联在目标的数据融合之前进行，准确的数据关联结果才能确保准确的目标状态估计，是在时域中及跨感知域间对目标关联匹配的重要步骤，如图12-16所示。

在时域中，通过正确关联前后帧内的多个目标，实现对每个目标的 ID 绑定和目标跟踪，从而支撑目标的状态估计与轨迹预测。同上，在感知系统前后帧之间存在共同的目标，可将研究问题表述为 X_{N-1} 和 X_N 的关联匹配，其中 X_{N-1} 为上一时刻的检测目标集，X_N 为当前时刻检测目标集。

在跨感知域融合目标时，可先通过正确的关联匹配，再通过滤波、优化等方法对目标信息进行融合实现状态最优估计，从而获得更高

图 12-16　多目标在时域上的关联与跟踪

精度的目标位置和更准确的目标属性。当目标存在于两个协同感知系统的共同感知域时，存在一个共同目标集 M 为 Y_A 和 X_A 的目标交集，在理想条件下 X_A 中的一个目标在 Y_A 中最多只有一个对应关系，但部分目标会由于漏检、误检、检测误差而不匹配。

数据关联可以引入多种算法来解决，包括但不限于最近邻匹配法、寻找带权二分图最佳匹配的 KM 算法（Kuhn-Munkres Algorithm）、端到端神经网络法等。

4. 目标的跟踪与预测

在时序关联匹配完成后,按时间顺序连接同一目标的位置即构成目标的轨迹。在完成不同感知系统多目标的关联匹配后,为了能够提高目标状态精度,可基于目标运动信息建模以实现最优状态估计和预测,常采用包括滤波、优化及机器学习等方法。

卡尔曼滤波的预测与最优状态估计的具体方程如下。

状态预测方程:

$$\hat{x}_k = A\tilde{x}_{k-1} \tag{12-9}$$

均方误差预测方程:

$$\hat{P}_k = A\widetilde{P}_{k-1}A^T + Q \tag{12-10}$$

最优滤波增益方程:

$$K_k = \frac{\hat{P}_k H^T}{H\hat{P}_k H^T + R} \tag{12-11}$$

最优状态估计方程:

$$\tilde{x}_k = \hat{x}_k + K_k(z_k - H\hat{X}_k) \tag{12-12}$$

最优均方误差估计方程:

$$\widetilde{P}_k = (I - K_k H)\hat{P}_k \tag{12-13}$$

目标初始化定义时,定义 Q 矩阵、R 矩阵、P_0 矩阵以及 x_0。Q 矩阵是目标运动状态模型噪声协方差矩阵,体现了目标运动状态模型残差的不确定性;R 矩阵是测量噪声协方差矩阵,体现了感知系统检测目标位置和速度的精度;P_0 矩阵为系统状态最优估计的噪声协方差矩阵初始值;x_0 为系统状态初始值。

在目标时域中的关联匹配中,若时间差带来的目标位移不可忽略,可对上一时刻已跟踪目标集(表示为 T_{N-1})进行轨迹预测得到 $\hat{T}_N$ 后,再与当前时刻检测目标集 X_N 进行关联匹配,从而提高关联匹配准确率。在目标跟踪完成后,可根据运动状态模型实现目标轨迹预测,并利用轨迹预测 $\hat{T}_N$ 和 N 时刻检测目标集 X_N,对已跟踪目标进行最优的状态估计。

二、车路协同定位

车路协同定位技术是指通过车辆和道路基础设施之间的信息交互和协同,获取实时的道路信息、交通状态和位置数据,车辆通过融合来自车载传感器、卫星导航系统(如 GPS)、道路基础设施设备等多个信息源的数据,以提高定位准确性和实时性。

车辆通过与道路基础设施设备和云端服务器的实时通信,可以获取最新的道路信息和位置误差校正值,将车路协同技术车联网通信和虚拟参考站技术(VRS 技术)结合,构建面向车联网的 GNSS-RTK 系统,将车联网路侧单元作为 VRS,采用 C-V2X 方式广播误差信息,可实现城市复杂交通环境下的车辆高精度定位。

车路协同 VRS 定位系统由固定参考站、计算中心、车联网路侧单元、流动站(移动车辆)和数据通信链路 5 部分组成。智能网联汽车行至路侧单元通信范围覆盖区域内,通过 C-V2X 通信可直接接收路侧单元广播的修正信息,以实现实时高精度定位,如图 12-17 所示。

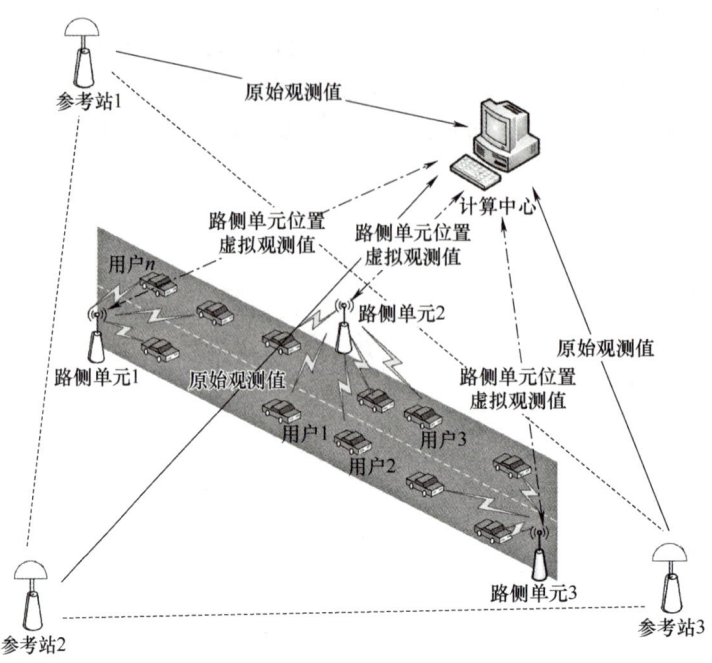

图 12-17 车路协同 VRS 定位系统结构示意图

数据差分是对不同参考站的同类 GNSS 数据进行组合修正误差的方法。在相对定位中常用的组合方式有单差、双差、三差 3 种。

单差指两参考站 i、j 对同一颗卫星 p 的相位观测值之差，基于卫星信号传播与接收过程中的误差模型，可建立单差观测方程：

$$\mu_1 = \lambda(\Delta\varphi + \Delta N) - \Delta\rho = c(\delta t_j - \delta t_i) + \Delta O + \Delta I + \Delta T + \Delta M + \Delta\varepsilon_\varphi \quad (12\text{-}14)$$

式中，Δ 为单差算子；$\lambda(\Delta\varphi + \Delta N)$ 为单差观测值；$\Delta\rho$ 为单差距离值；综合误差 μ_1 是由接收机钟差 $c(\delta t_j - \delta t_i)$、多路径效应误差 ΔM、接收机观测噪声 $\Delta\varepsilon_\varphi$、轨道偏差残余 ΔO、电离层延迟残余 ΔI 和对流层延迟残余 ΔT 组成的。

在两个不同的观测站 i、j 上观测到两颗卫星 p、q，形成两个单差，对两个单差再进行组差得到的结果称为双差。在多基站网中各个基线上，对于任意两卫星与任意两参考站，有双差观测方程：

$$\lambda(\Delta^2\varphi + \Delta^2 N) - \Delta^2\rho = \Delta^2 O + \Delta^2 I + \Delta^2 T + \Delta^2 M + \Delta^2\varepsilon_\varphi \quad (12\text{-}15)$$

经过组差，接收机钟差已经被消除了。虽说双差进一步放大了接收机噪声，减少了观测量，但双差观测量放大的接收机噪声仍然在我们可以接受的范围（毫米级），且此时主要的误差源已经得到大幅度削弱或消除，因此，载波相位双差观测量通常是相对定位解算的主要观测量。

令双差综合误差 μ_2 为双差观测值 $\lambda(\Delta^2\varphi + \Delta^2 N)$ 与双差距离值 $\Delta^2\rho$ 之差，则有

$$\mu_2 = \Delta^2 O + \Delta^2 I + \Delta^2 T + \Delta^2 M + \Delta^2\varepsilon_\varphi \quad (12\text{-}16)$$

双差综合误差 μ_2 是由多路径效应误差 $\Delta^2 M$、接收机观测噪声 $\Delta^2\varepsilon_\varphi$、轨道偏差残余 $\Delta^2 O$、电离层延迟残余 $\Delta^2 I$ 和对流层延迟残余 $\Delta^2 T$ 组成的。$\Delta^2 M$ 和 $\Delta^2\varepsilon_\varphi$ 与站间距离无关，

通过适当的选址和采用合适的天线以及选择高质量的接收机可以将这两项误差控制在很小的范围内，所以双差综合误差可简化为：

$$\mu_2 = \Delta^2 O + \Delta^2 I + \Delta^2 T \tag{12-17}$$

假设 VRS 网络内 3 个固定参考站为 A、B、C，虚拟参考站为 V，流动站（移动车辆）为 u，主参考站通常选择离流动站位置最近的参考站（如 A 站），流动站 u 与主参考站 A 间具有共视卫星 k、l，如图 12-18 所示。

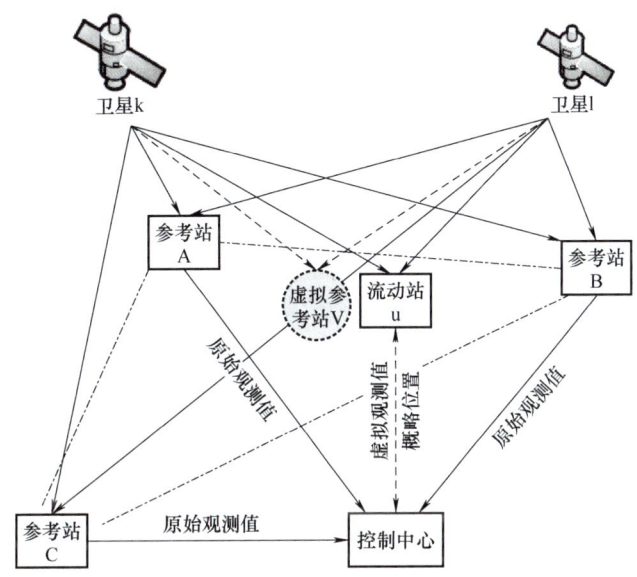

图 12-18　虚拟参考站系统组成

设车联网路侧单元作为 VRS，位于参考站网 △ABC 内且距离 A 参考站最近，则选取 A 点作为主参考点。在参考站间，可以求得站间的双差综合误差：

$$\mu_{AB}^{kl} = \lambda(\Delta^2\varphi_{AB}^{kl} + \Delta^2 N_{AB}^{kl}) - \Delta^2 \rho_{AB}^{kl} \tag{12-18}$$

$$\mu_{AC}^{kl} = \lambda(\Delta^2\varphi_{AC}^{kl} + \Delta^2 N_{AC}^{kl}) - \Delta^2 \rho_{AC}^{kl} \tag{12-19}$$

假设双差综合误差 μ 是平面坐标差的线性函数，对参考站 B 和 C，则有：

$$\mu_{AB}^{kl} = f[(X_B - X_A), (Y_B - Y_A)] \tag{12-20}$$

$$\mu_{AC}^{kl} = f[(X_C - X_A), (Y_C - Y_A)] \tag{12-21}$$

函数 f 为误差内插函数，可选择简单的多项式插值，则有：

$$\mu_{AB}^{kl} = \alpha_1(X_B - X_A) + \alpha_2(Y_B - Y_A) \tag{12-22}$$

$$\mu_{AC}^{kl} = \alpha_1(X_C - X_A) + \alpha_2(Y_C - Y_A) \tag{12-23}$$

确定函数 f 的系数 α_1 和 α_2，将 VRS 的坐标代入，求得虚拟参考站 V 的 μ_{AV}^{kl} 值：

$$\mu_{AV}^{kl} = \alpha_1(X_V - X_A) + \alpha_2(Y_V - Y_A) \tag{12-24}$$

考虑到 VRS 与流动站（移动车辆）的距离很短，误差不会发生明显的波动，则 $\mu_{AV}^{kl} = \mu_{AU}^{kl}$，流动站就能利用这些值对双差值进行改正。由于路侧单元与车载单元之间的通信距离远小于传统 RTK 技术参考站的工作范围（40~50km），因此差分定位精度远高于传统方法的定位精度，车载单元校正后的定位精度可达到厘米级。

三、车路协同决策

车路协同决策基于路端驾驶场景感知与目标轨迹预测,结合交通规则、历史决策信息、驾驶经验等驾驶先验知识,利用决策理论在决策空间集合中给出最优化车辆行为决策判断,如图 12-19 所示。车路协同决策主要分为局部车辆决策规划和全局车辆决策规划。

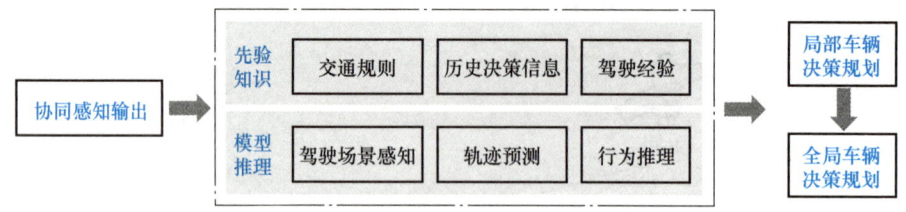

图 12-19 车路协同决策架构

1. 车路协同局部车辆决策规划

车路协同局部车辆决策规划基于路端感知设备提供的周围车辆状态信息、障碍物状态信息、环境信息及本车状态,结合先验知识和模型推理,完成局部车辆决策规划。局部车辆决策规划模块主要基于 Actor-Critic 算法,如图 12-20 所示。

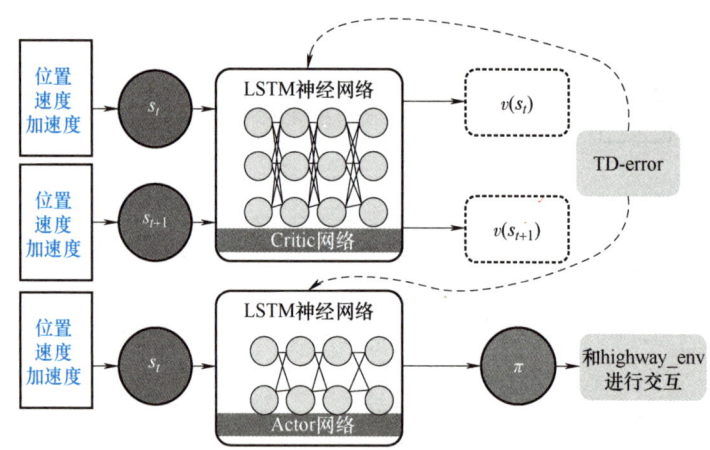

图 12-20 Actor-Critic 算法流程

该算法包含两个网络:一个网络为 Actor 网络,用于输出车辆下一时刻的某个动作(是否换道、下一时刻目标速度);另一个网络为 Critic 网络,负责对 Actor 网络输出的动作进行评价。车辆在行驶过程中产生的是时间序列数据,符合马尔可夫决策过程。将马尔可夫决策过程定义为:

$$M=(S,A,P,r,\rho_0,\gamma) \tag{12-25}$$

式中,S 为状态空间;$\rho_0(s_0)$ 为初始状态 s_0 的分布;A 为动作空间;$P \in R^{|S| \times |A| \times |S|}$ 为状态转移概率,$P(s'|s,a)$ 为在 s 的环境下车辆采取动作 a,从而使环境产生状态 s' 的概率,对于任意 (s,a,s') 而言,都有 $0 \leqslant P(s'|s,a) \leqslant 1$,且 $\sum_{s'} P(s'|s,a) = 1$;$r \in R^{|S| \times |A|}$ 为状态转移过程的奖励函数,$r(s,a)$ 为环境状态为 s 时车辆采取动作 a 所得到的奖励。

定义离散时间步 $t=0,1,2,\cdots$，用来描述交互过程中的状态和动作。一般而言，马尔可夫过程服从下式：

$$P(s_t|s_0,a_0,s_1,a_1,\cdots,s_{t-1},a_{t-1})=P(s_t|s_{t-1},a_{t-1}) \qquad (12\text{-}26)$$

Actor-Critic 算法通过计算 V 值来确定 Critic 网络的损失值，其表示方法如下：

$$V_\pi(s_{t+1})=V_\pi(s_t)+\alpha[r_t+\gamma V(s_{t+1})-V(s_t)] \qquad (12\text{-}27)$$

式中，V 为状态值函数，即车辆达到某个状态能获取的奖励值；s_t 为当前时刻状态；s_{t+1} 为下一时刻状态；α 为学习率；γ 为折扣因子；r_t 为当前环境下做出该动作的奖励值。

根据对智能驾驶汽车行驶过程中的效率和安全性要求，设置奖励函数：

$$R(s,a)=a\times\frac{v-v_{\min}}{v_{\max}-v_{\min}}-b\times\text{accident} \qquad (12\text{-}28)$$

式中，v 为车辆实时速度；$v_{\min}$ 与 $v_{\max}$ 分别为车辆训练过程中采用的最小与最大速度；a 为换道过程中的速度奖励值；b 为对车辆发生事故时的惩罚值；accident 为车辆发生事故的反馈结果。如果发生事故，则 accident 值为 1，反之则为 0。速度奖励是关于最大速度和最小速度的线性函数。

简而言之，车路协同局部车辆决策的目标是得到最优策略。策略 $\pi(a|s)=p[A_t=a|S_t=s]$ 描述从交通状态到驾驶动作的映射，如果策略 π 是确定性的，那么策略 π 在每个状态 s 指定一个确定的动作。状态值函数 $V_\pi(s)$ 是采用策略 π 时，累积回报在状态 s 的期望值。通过计算最优的状态值函数 $V^*(s)$，可以进行最优的驾驶决策动作选择，即得到最优策略 π^*，将这些驾驶决策动作"串联"，就形成局部最优规划路径。

2. 车路协同全局车辆决策规划

车路协同全局车辆决策规划基于局部决策规划结果以实现全局交通流的优化，满足局部决策最优的同时达到系统全局均衡。全局车辆决策规划主要基于多智能体强化学习（Multi-Agent Q-Learning，MAQL）决策算法，如图 12-21 所示。

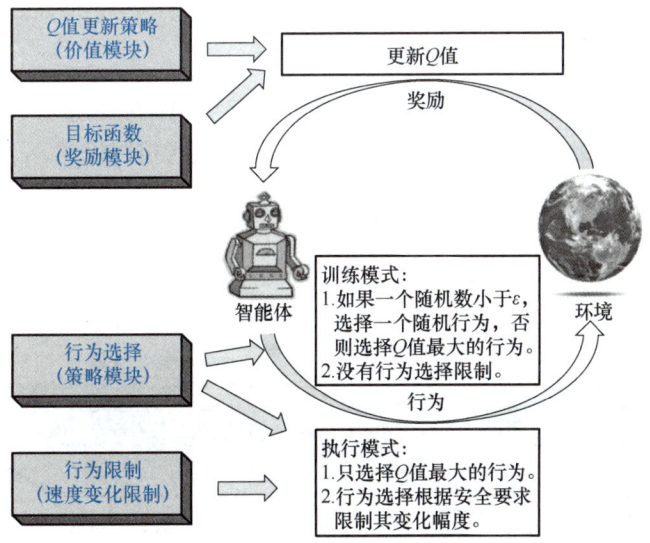

图 12-21　MAQL 算法整体流程

MAQL 算法有两个主要步骤：Q 值更新策略和行为选择策略。Q 值更新策略可以通过以下公式描述：

$$Q_{t+1}(s,a) = Q_t(s,a) + \alpha [R_{t+1}(s) + \gamma \max_a Q(s,a) - Q_t(s,a)] \tag{12-29}$$

式中，$Q_{t+1}(s,a)$ 为行为 a 的最新 Q 值；$Q_t(s,a)$ 为更新前的 Q 值；$R_{t+1}(s)$ 为即时奖励；$\max_a Q(s)$ 为最优更新策略；α 为学习率，该值随着时间的推移逐渐减少，以保证算法能够收敛；γ 为折扣因子，用于决定长期收益在总估值中所占的比例。更新策略 $\max_a Q(s)$ 可以根据具体的驾驶场景和问题进行设计，对于车路协同车辆群体智能驾驶决策而言，需要根据不同的目标函数寻找组合最优点。

行为选择策略是智能驾驶车辆根据当前环境状态做出的反应。行为选择分为训练模式和执行模式，智能驾驶车辆行为选择策略如下：

$$\pi_{t+1}^{(i)}(s_t) = \begin{cases} \pi_t^{(i)}(s_t), & \text{当} \max_{a^{(i)} \in A} Q_t^{(i)}(s_t, a^{(i)}) = \max_{a^{(i)} \in A} Q_{t+1}^{(i)}(s_t, a^{(i)}) \text{时} \\ a_t^{(i)}, & \text{其他} \end{cases} \tag{12-30}$$

将该策略拓展为 ε-greedy 策略，写作：

$$\tilde{\pi}_{t+1}^{(i)}(s_t) = \begin{cases} \forall a^{(i)} \in A & \text{当} \varepsilon < e^{-En}(n \in N^+) \text{时} \\ \pi_{t+1}^{(i)}(s_t), & \text{其他} \end{cases} \tag{12-31}$$

式中，ε 是一个随机数。在训练模式下，当 $\varepsilon < e^{-En}$ 时，随机选择一个行为，这就是探索，反之则选 Q 值最大的行为。在执行模式下，智能驾驶车辆只选择 Q 值最大的行为，从而实现车路协同全局车辆决策规划。

四、车路协同控制

车路协同控制旨在通过路/云远程遥控驾驶与优化控制道路基础设施，解决复杂特殊场景下的控制优化问题，解决交通安全与秩序化问题。根据控制结构的区别，车路协同控制主要可以分为分布式车路协同控制和集中式车路协同控制。

1. 分布式车路协同控制

如图 12-22 所示，在车路协同环境下，分布式车路协同控制通过分析整个车队范围内的车辆状态信息，从道路交通系统角度设置稳定性条件并进行控制优化。

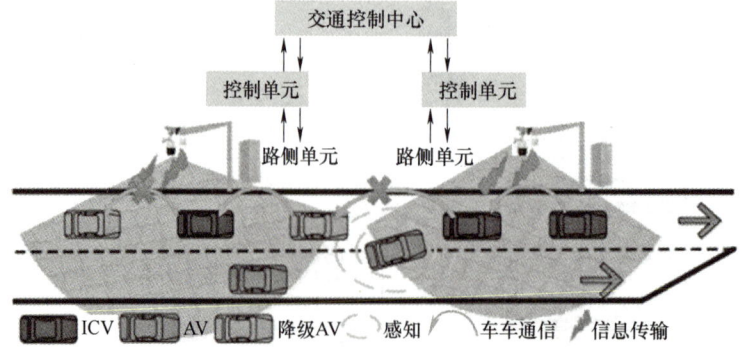

图 12-22 分布式车路协同控制

利用车辆一阶动力学公式,定义第 i 个车辆的系统状态为:
$$\boldsymbol{x}_i(t) = [\Delta x_i(t), \Delta v_i(t), a_i(t)]^{\mathrm{T}} \quad (12\text{-}32)$$

车辆系统状态的导数定义如下:
$$\dot{\boldsymbol{x}}_i(t) = \boldsymbol{A}_i \boldsymbol{x}_i(t) + \boldsymbol{B}_i u_i(t) + \boldsymbol{C}_i \quad (12\text{-}33)$$

式中,$\boldsymbol{A}_i = \begin{bmatrix} 0 & 1 & 0 \\ 0 & 0 & -1 \\ 0 & 0 & -1/T_i \end{bmatrix}$;$\boldsymbol{B}_i = \begin{bmatrix} 0 \\ 0 \\ 1/T_i \end{bmatrix}$;$\boldsymbol{C}_i = \begin{bmatrix} 0 \\ a_{i-1} \\ 0 \end{bmatrix}$。

选用自身车辆加速度和间距误差及其导数项作为反馈项,计算控制加速度的公式如下:
$$u_{i,\mathrm{AV}}(t) = k_{i,s}[s_i(t) - s_i^*(t)] + k_{i,v}[v_{i-1}(t) - v_i(t) - a_i(t)\tau_i] + k_{i,a} a_i(t) \quad (12\text{-}34)$$

式中,$u_{i,\mathrm{AV}}$ 为控制加速度输出;$k_{i,s}$、$k_{i,v}$ 以及 $k_{i,a}$ 分别为间距误差、间距误差导数和加速度的反馈增益参数;a_i 为当前车辆的加速度。应用下标"AV"和"ICV"区分智能驾驶单车和车路协同智能驾驶车队控制模式,考虑通信传输的前车状态信息构建 ICV 驾驶模式的控制算法,公式如下:
$$u_{i,\mathrm{ICV}}(t) = k_{i,s}[s_i(t) - s_i^*(t)] + k_{i,v}[v_{i-1}(t) - v_i(t) - a_i(t)\tau_i] + k_{i,a} a_i(t) + k_{i,f} q_i \quad (12\text{-}35)$$
$$q_i + \tau_i \dot{q}_i = T_i / T_{i-1}(u_{i-1} - a_{i-1}) \quad (12\text{-}36)$$

式中,变量 q_i 的引入是将前车的控制加速度与加速度差值作为前馈信息,旨在消除前车控制加速度与实际加速度之间的差值;$k_{i,f}$ 为前馈系数,若前车为 AV,$k_{i,f}$ 数值为 0,若前车为 ICV,则通信功能有效,$k_{i,f}$ 数值为 1。

通过拉普拉斯变换计算 ICV 驾驶模式的状态传递函数,并将频域中的误差传递函数改写为:
$$\Lambda_{i,\mathrm{ICV}}(s) = \frac{P_i}{P_{i-1}} = \frac{K_i(s) G_i(s) + D_i(s) H_i^{-1}(s) G_i(s)}{1 + K_i(s) G_i(s) H_i(s) - F_i(s) G_i(s)}, s = jw \quad (12\text{-}37)$$

$$\begin{cases} K_i(s) = k_{i,s} + k_{i,v} s \\ G_i(s) = 1/(s^2 + T_i s^3) \\ H_i(s) = 1 + \tau_i s \\ F_i(s) = s^2 \\ D_i(s) = \tau_i s^3 \end{cases} \quad (12\text{-}38)$$

式中,$K_i(s)$ 为关于车辆控制加速度和间距误差的传递函数;$G_i(s)$ 为关于车辆控制加速度和位置的传递函数;$H_i(s)$ 为关于车辆位置和间距误差的传递函数;$F_i(s)$ 和 $D_i(s)$ 为关于车辆位置和加速度的传递函数。

相比于单车智能驾驶模式,变量 $H_i^{-1}(s)$ 对车路协同驾驶模式的控制稳定性具有更加显著的作用。一方面,可以改善 ICV 驾驶模式的稳定性;另一方面,可以实现 AV 和 ICV 驾驶模式的平滑切换。

2. 集中式车路协同控制

集中式车路协同控制可以通过道路全面感知车辆的状态信息和提供的控制参数信息,进而使得交通流不进行分解,并进行交通流整体的优化控制。集中式车路协同控制如图 12-23 所示。

(1) 系统状态 集中式车路协同控制的系统状态和控制向量是由每个车辆的状态和控制的向量集组成的,如下所示:

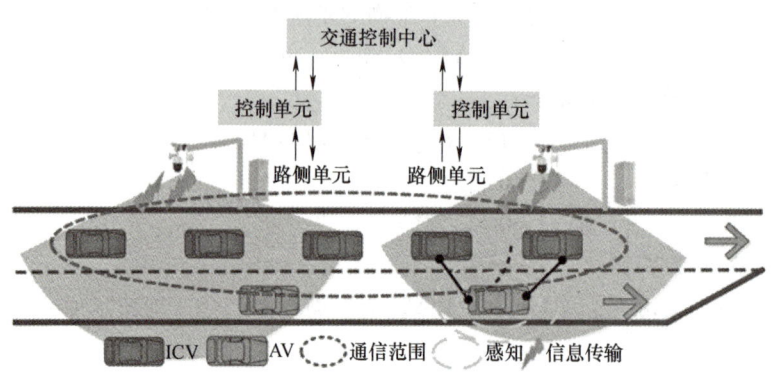

图 12-23 集中式车路协同控制

$$\boldsymbol{x}_n = [x_1, x_2, \cdots, x_n]^T \tag{12-39}$$

$$\boldsymbol{u}_n = [u_1, u_2, \cdots, u_n]^T \tag{12-40}$$

第 i 辆 ICV 的状态和控制向量被定义为：

$$\boldsymbol{x}_i = [\Delta s_i, \Delta v_i, a_i]^T \tag{12-41}$$

$$\boldsymbol{u}_i = u_i \tag{12-42}$$

式中，Δs_i 为前后车辆的车头间距与目标间距的差值；Δv_i 为前后车辆的速度差值；下标 i 用来区别车队中的车辆排序；车辆的平衡状态为 $x_e = [0,0,0]^T$；a_i 为当前车辆的加速度；u_i 为当前车辆的控制加速度。

集中式车路协同控制系统状态的导数可以表示为：

$$\dot{\boldsymbol{x}}_n = \boldsymbol{A}_n \boldsymbol{x}_n + \boldsymbol{B}_n \boldsymbol{u}_n + \boldsymbol{C}_n a_0 \tag{12-43}$$

式中，a_0 为第一辆车的加速度；$\boldsymbol{A}_n = \begin{bmatrix} A_1 & 0 & 0 & 0 \\ A_0 & A_2 & 0 & 0 \\ 0 & \vdots & \vdots & 0 \\ 0 & 0 & A_0 & A_n \end{bmatrix}_{3n \times 3n}$，$\boldsymbol{A}_k = \begin{bmatrix} 0 & 1 & -\tau \\ 0 & 0 & -1 \\ 0 & 0 & -1/T \end{bmatrix}_{3 \times 3}$，$k \in [1, n]$，

$\boldsymbol{A}_0 = \begin{bmatrix} 0 & 0 & 0 \\ 0 & 0 & 1 \\ 0 & 0 & 0 \end{bmatrix}$；$\boldsymbol{B}_n = \begin{bmatrix} B_1 & & \\ & \ddots & \\ & & B_n \end{bmatrix}_{3n \times n}$，$\boldsymbol{B}_k = \begin{bmatrix} 0 \\ 0 \\ 1/T \end{bmatrix}_{3 \times 1}$，$k \in [1, n]$；$\boldsymbol{C}_n = \begin{bmatrix} C_1 \\ C_n \end{bmatrix}_{3n \times 1}$，

$\boldsymbol{C}_k = \begin{bmatrix} 0 \\ a_0 \\ 0 \end{bmatrix}_{3 \times 1}$，$k \in [1, n]$。

（2）控制成本函数构建　车路协同控制总运行成本由每辆车的运行成本和末态成本组成，其中末态成本为零，成本函数公式如下：

$$J_n = \sum_{t=t_0}^{t_0 + t_f} L_n \mathrm{d}t + M_n \tag{12-44}$$

$$L_n = \sum_{i=1}^{n} L_i; \quad M_n = 0 \tag{12-45}$$

式中，J 为总成本；L 为运行成本；M 为末态成本；$[t_0, t_0 + t_f)$ 为预测时长范围。每辆车的

运行成本以二次方形式进行构建，运行成本函数考虑 3 方面影响，即间距误差、速度差、驾驶舒适性。

$$L_i = \beta_1 (\Delta s_i)^2 + \beta_2 (\Delta v_i)^2 + \beta_3 a_i^2 \tag{12-46}$$

式中，Δs_i 和 Δv_i 分别是前后两车的间距误差和速度差值；β_1、β_2 和 β_3 为权重参数且通常均为正数。

车辆运行成本的矩阵表达形式可定义为：

$$L_n = x_n^T \boldsymbol{\beta}_n x_n \tag{12-47}$$

式中，$\boldsymbol{\beta}_n = \begin{bmatrix} \boldsymbol{\beta}_1 & \cdots & 0 \\ \vdots & \ddots & \vdots \\ 0 & \cdots & \boldsymbol{\beta}_n \end{bmatrix}_{3n \times 3n}$，$\boldsymbol{\beta}_k = \begin{bmatrix} \beta_1 & 0 & 0 \\ 0 & \beta_2 & 0 \\ 0 & 0 & \beta_3 \end{bmatrix}_{3 \times 3}$，$k \in [1, n]$。

车辆的速度和加速度具有上下限边界，并且车头间距必须大于预定义的安全距离。

（3）集中式车路协同控制策略 针对准备换道的 AV/ICV 对比其在当前车道与目标车道上的运行成本；当换道车辆在当前车道上的运行成本大于其在目标车道上的运行成本，换道车辆则执行换道操作，否则，保持在当前车道上行驶。

第四节 车路协同典型案例

一、无信号灯交叉路口协调通行

1. 场景搭建

以道路交叉口为研究对象。在 4 个路口来向信号杆上分别部署 4 套摄像头与交通雷达，并布设一台边缘计算控制器。如图 12-24 所示，交叉口被划分为 5 个互不相交的空间区域（路权资源）。

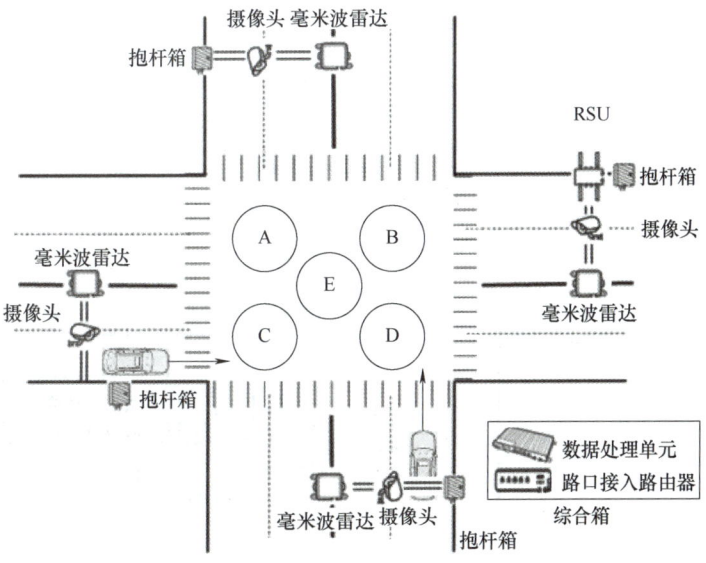

图 12-24　车路协同环境下无信号灯双向两车道交叉口

传感器安装后相对于世界坐标系间的横滚角（Roll）、俯仰角（Pitch）、偏转角（Yaw）分别表示为 γ_i、β_i、α_i，在世界坐标系下的坐标为 p_i。

旋转矩阵 R_i 可根据式（12-5）、式（12-6）求得，平移向量 $t_i = p_i$。

边缘计算设备分别计算 8 个传感器任意时刻检测到的目标集，表示为 $X_i = \{o_j | j = 1, 2, \cdots, n_i\} (i = 1, \cdots, 8)$，其中 $o_j = (x_j^T, \theta_j^T, s_j^T)^T$。$x_i \in \mathbb{R}^3$，$\theta_i \in \mathbb{R}^3$，$s_i \in \mathbb{R}^3$ 分别是三维空间里的位置向量、方向角向量和三维尺寸。

通过坐标系变换，将各传感器目标集 X_i 变换到世界坐标系中，得到新的目标集 W_i。

$$W_i = \{(R_i \cdot x_j^T + t_i, \theta_j^T + [\gamma_i, \beta_i, \alpha_i]^T, s_j^T) | j = 1, 2, \cdots, n_i\}, (i = 1, \cdots, 8) \quad (12\text{-}48)$$

在车路协同感知系统时空同步后，用非最大抑制（Non-Maximum Suppression，NMS）的方式将变换到同一坐标系中的目标融合。将各目标集的边界框和检测置信度作为输入，设定 NMS 的阈值，输出在世界坐标系下的路口的融合目标集 W。

$$W = \text{NMS}\left(\sum_{i=1}^{8} W_i\right) \quad (12\text{-}49)$$

不同时刻的融合目标集 W，将其表示为 $W_t (t = 1, \cdots, N)$，为了能够提高匹配精度并基于目标运动信息建模以实现轨迹的精准预测，先通过卡尔曼滤波器对前一帧跟踪目标集 T_{t-1} 进行新位置预测后，再使用 KM 算法将前后两帧的同一目标进行关联匹配，以实现目标的跟踪与最优状态估计，得到跟踪目标集 T_t 并进行轨迹预测得到轨迹预测集 T_{traj}。

2. 车辆决策调度

基于车路协同感知得到的对于交叉路口车辆的轨迹预测集 T_{traj} 可以判断车辆之间的冲突点，冲突点在任何时刻只能被独占，以冲突点 0 为例进行分析，如图 12-25 所示。车辆 1 抵达冲突点 0 和离开冲突点 0 的时刻分别为 t_{011} 和 t_{012}，车辆 2 抵达冲突点 0 和离开冲突点 0 的时刻分别为 t_{021} 和 t_{022}。

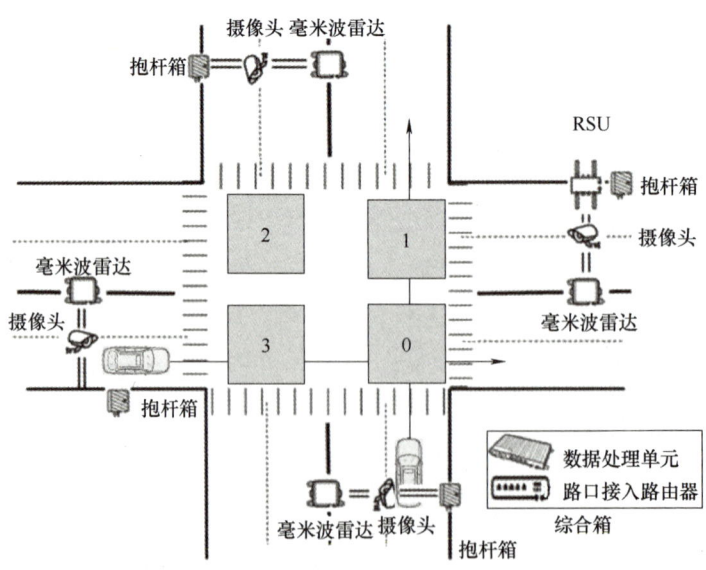

图 12-25　路口车辆冲突示意图

在此基础上，定义编号为 n 的车辆对冲突点 i 的占用时间为 $T_O(i, n) = [t_s, t_e]$，t_s 和 t_e

分别表示编号为 n 的车辆对冲突点占用的开始和结束时刻。定义车辆 p 在通行交叉口时，其轨迹上经过 j 个冲突点，则车辆 p 对冲突点的占用时间为：

$$T_{vo}(p) = T_0(1,p) \cup T_0(2,p) \cup \cdots \cup T_0(j,p) \quad (12\text{-}50)$$

式中，$T_0(j,p)$ 为车辆 p 对冲突点 j 的占用时间。

对冲突点 j 而言，其占用时间为：

$$T_{co}(j) = T_0(j,1) \cup T_0(j,2) \cup \cdots \cup T_0(j,i) \quad (12\text{-}51)$$

式中，$T_0(j,i)$ 为冲突点 j 上编号为 i 的车辆所占用的时间。

为保证车辆尽快安全通行，即车辆通过交叉口的时间最小，选取目标函数为：

$$\min Z = \sum_{i \in V}(t_s^i + t_c^i) \quad (12\text{-}52)$$

式中，Z 为所有车辆离开交叉口的时间；i 为车辆编号；V 为车辆集合；t_s^i 和 t_c^i 分别为车辆 i 进入和通行核心区的时间。

通过调整车辆 i 进入核心区的状态，可以确定车辆 i 通过交叉口的时间，进而计算出车辆总通行时间，实现路口协调通行，具体算法流程如下：

步骤1：初始化，令车辆抵达交叉口停车线最短时间 $t_{min} = +\infty$，所有车辆离开交叉口的时间 $Z = +\infty$。

步骤2：计算 t_{min}。

步骤3：确定当前车辆 p 的占用时间 $T_{vo}(p)$，更新 T_{co} 和 T_0。

步骤4：根据先来先到原则，为后面车辆分配通行时隙 $[t_s, t_e]$，计算进入核心区的时刻 t。

步骤5：在时间集合 $[t, t+T, t+2T, \cdots, t+9T]$ 中采样不同时刻的状态，确定最优轨迹，若满足约束条件，则确定 T_{vo}、T_{co} 和 T_0；否则令 $t = t + \Delta t$，再对轨迹进行求解。

步骤6：循环进行步骤4和步骤5，直至所有车辆都被分配好通行策略，算法结束。

3. 应用效果

如图12-26所示，通过车路协同技术，可以确保智能驾驶车辆在不需要接管的情况下，具备在交叉型道路环境中行驶的能力。

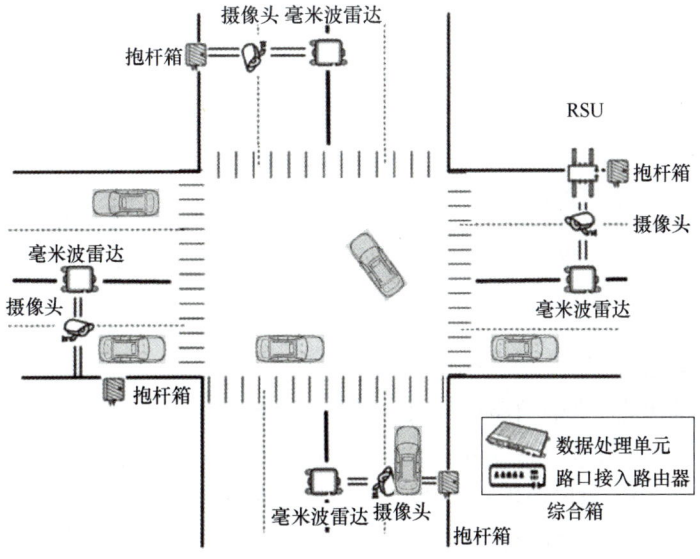

图 12-26　车路协同实现无信号灯交叉口协调通行

二、车辆编队行驶

1. 场景搭建

以直道场景为例,介绍基于车路协同技术的车辆编队控制方法。在路侧部署感知设备,双侧对等按 400m 间隔布设两台雷达视觉融合一体机。两台雷达视觉融合一体机分别对准来车和去车方向,毫米波雷达的监测范围不小于 200m。RSU 按双侧 Z 字形,单侧间距 800m 设置 1 个 RSU,双侧对等按 800m 间隔布设 1 台边缘计算设备,如图 12-27 所示。

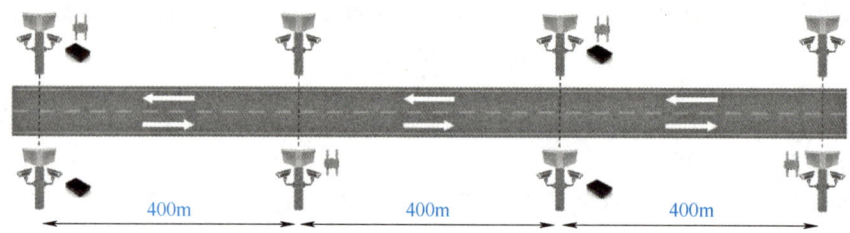

图 12-27 路侧设备部署方案

2. 目标跨域连续跟踪

雷达视觉融合一体机安装后确定在统一的世界坐标系下旋转矩阵的值 $\boldsymbol{R}_i$,平移向量与安装坐标相等($\boldsymbol{t}_i=\boldsymbol{p}_i$)。

将每台雷达视觉融合一体机目标集 $\boldsymbol{X}_i$ 变换到世界坐标系中,并使用 KM 算法将前后两帧的同一目标进行关联匹配,以实现目标的跟踪与最优状态估计,得到跟踪目标集。

当车辆处于道路上两套感知设备的共同感知域时,可采用基于轨迹匹配的目标跨感知域连续跟踪,来为整个感知网络中的每个目标生成其完整的轨迹。跨域轨迹连续跟踪的示意图如图 12-28 所示。

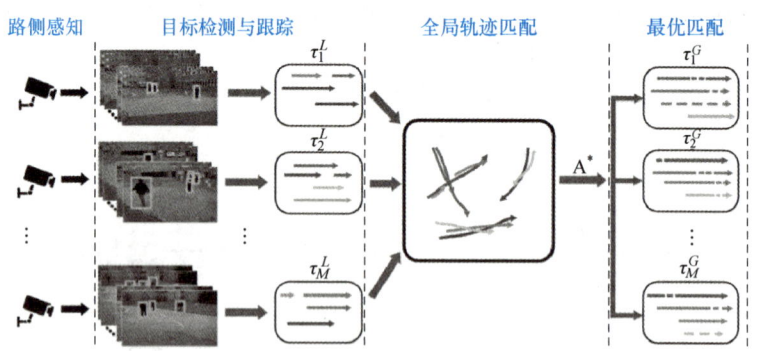

图 12-28 跨域轨迹连续跟踪的示意图

3. 横向控制算法

(1)控制模型构建 编队车辆的状态空间可以表示为:$\{x_\omega, y_\omega, \varphi, v_y, \omega_r\}$,其中,$x_\omega$、$y_\omega$ 为车辆的横向和纵向坐标;φ 为车辆的横摆角(即车辆纵向轴线与大地坐标系的 x 轴之间的夹角);v_y 为车辆的横向速度;ω_r 为车辆的横摆角速度。控制输入为前轮转角 δ_a。

建立系统的状态空间方程组:

$$\begin{cases} \dot{x}_\omega = v_x\cos(\varphi) - v_y\sin(\varphi) \\ \dot{y}_\omega = v_x\sin(\varphi) + v_y\cos(\varphi) \\ \dot{\varphi} = \omega_r \\ \dot{v}_y = \dfrac{k_a + k_b}{mv_x}v_y + \left(\dfrac{l_a k_a - l_b k_b}{mv_x} - v_x\right)\omega_r - \dfrac{k_a}{m}\delta_a \\ \dot{\omega}_r = \dfrac{l_a k_a - l_b k_b}{I_z v_x}v_y + \dfrac{l_a^2 k_a + l_b^2 k_b}{I_z v_x}\omega_r - \dfrac{l_a k_a}{m}\delta_a \end{cases} \tag{12-53}$$

式中，v_x、v_y 为车辆坐标系中沿 x 轴和 y 轴的速度分量；k_a、k_b 为前后轴等效的侧偏刚度；l_a、l_b 为车辆质心到前轴和后轴的距离；m 为车辆的质量；I_z 为车辆绕 z 轴的转动惯量。基于车辆动力学的状态空间方程组构建预测模型，模型的状态量表示为 $\boldsymbol{\xi} = [x_\omega, y_\omega, \varphi, v_y, \omega_r]^T$，模型的控制输入量表示为 $c = \delta_a$。

基于连续时域的预测模型可以表示为：

$$\dot{\boldsymbol{\xi}}(t) = h(\boldsymbol{\xi}(t), c(t)) \tag{12-54}$$

（2）构建增量化模型 预测模型中包含三角函数项，是非线性模型，需要先进行线性化，之后采用前向欧拉法把线性预测模型离散化，预测模型的输出可以表示为：

$$y(k) = Cx(k) \tag{12-55}$$

式中，C 为系数。

假设预测时域是 p，控制时域是 m，并且满足关系 $m \leq p$，在当前第 k 时刻去预测未来 $k+1$，$k+2$，$\cdots$，$k+p$ 等一段离散时域的模型输出，得到预测时域内的模型输出为：

$$\begin{cases} \Delta x(k+p|k) = A\Delta x(k+p-1|k) + B\Delta u(k+p-1) \\ \Delta y(k+p|k) = C\Delta x(k+p|k) + y(k+p-1|k) \end{cases} \tag{12-56}$$

式中，A，B，C 为构建离散化模型时的稀疏；$x(k) = \Delta\boldsymbol{\xi}(t)$，$u(k) = \Delta c(t)$。

预测时域内的模型输出为：

$$Y(k) = \begin{bmatrix} y(k+1|k) \\ y(k+2|k) \\ y(k+3|k) \\ \vdots \\ y(k+p|k) \end{bmatrix} \tag{12-57}$$

（3）成本函数设计 状态偏差成本函数可表示为：

$$\boldsymbol{J}_y = \sum_{i=1}^{p}(\boldsymbol{y}(k+i) - \boldsymbol{y}_r(k+i))^T \boldsymbol{Q}(\boldsymbol{y}(k+i) - \boldsymbol{y}_r(k+i)) \tag{12-58}$$

式中，$\boldsymbol{y}(k+i)$ 为预测模型输出的第 $k+i$ 时刻的车辆状态；$\boldsymbol{y}_r(k+i)$ 为第 $k+i$ 时刻期望的轨迹状态；$\boldsymbol{Q}$ 为实对称矩阵。为了保证驾驶舒适性，前轮转角的变化量不应过大，控制输入增量应尽可能小，控制输入增量成本函数可以表示为：

$$\boldsymbol{J}_u = \sum_{i=1}^{p-1}(\Delta\boldsymbol{u}(k+i))^T \boldsymbol{R}(\Delta\boldsymbol{u}(k+i)) \tag{12-59}$$

式中，$\boldsymbol{R}$ 为实对称矩阵。综上所述，目标成本函数为：

$$\boldsymbol{J} = \boldsymbol{J}_y + \boldsymbol{J}_u \tag{12-60}$$

4. 纵向控制算法

（1）预瞄点选取　预瞄距离考虑驱动执行器或制动执行器的滞后，根据滞后时间、编队车辆当前的速度以及加速度这几个变量，计算动态预瞄距离 d_{pre}：

$$d_{pre} = v_{ego} t_d + \frac{a_{ego} t_d^2}{2} \tag{12-61}$$

式中，v_{ego} 和 a_{ego} 分别为编队车辆当前速度和加速度；t_d 是执行器滞后时间。预瞄示意图如图 12-29 所示。

（2）PID 上层控制器　根据预瞄点速度和自车当前速度计算出速度误差，把速度误差作为 PID 控制器的输入，通过 PID 控制器输出编队车辆的期望加速度。在 t 时刻，轨迹上预瞄点速度 $v_p(t)$ 和车辆当前速度 $v_{ego}(t)$ 的误差 $e_p(t)$ 为：

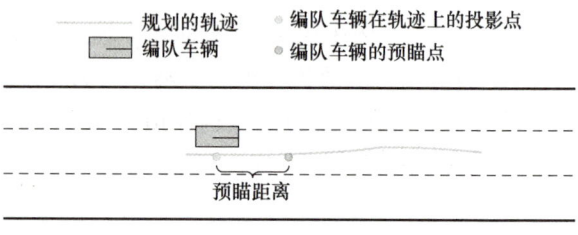

图 12-29　预瞄示意图

$$e_p(t) = v_p(t) - v_{ego}(t) \tag{12-62}$$

在 t 时刻，车辆距离轨迹上最近的轨迹点的速度 $v_n(t)$ 和车辆当前速度 $v_{ego}(t)$ 误差为：

$$e_s(t) = v_n(t) - v_{ego}(t) \tag{12-63}$$

PID 控制器的比例项和微分项使用误差 $e_p(t)$，积分项使用误差 $e_s(t)$，因此，上层控制器输出的期望加速度 $a_u(t)$ 可以表示为：

$$a_u(t) = k_p e_p(t) + k_i \int_0^t e_s(t) \, dt + k_d \frac{de_p(t)}{dt} \tag{12-64}$$

（3）PID 下层控制器　下层控制器的输入是期望加速度、车速，输出是期望驱动转矩或制动压力，在实际的纵向控制中，编队车辆的实际加速度可能会在期望加速度附近来回振荡，导致驱动执行器和制动执行器频繁切换，严重影响纵向的舒适性。为了避免这个问题，当车辆实际加速度和期望加速度的偏差小于某一阈值 ε 时，即满足数学关系：

$$|a_{ego} - a_u| < \varepsilon \tag{12-65}$$

则执行器不再执行控制指令，这样可以有效避免反复加减速，保证纵向控制平稳可靠。

【思考题】

1. 车路协同技术包含哪些关键技术？
2. 查阅文献，了解坐标系变换的表示方法，包括欧拉角、旋转矩阵、RT 矩阵及四元数的数学模型，以及它们相互之间的转换公式。
3. 对比路侧单元作为 VRS 的车路协同定位技术与传统 RTK 技术的系统组成和工作原理的区别。
4. 请简述车路协同局部车辆决策规划流程。
5. 分布式车路协同控制与集中式车路协同控制的系统状态方程如何建立？

参 考 文 献

[1] 张毅，裴华鑫，姚丹亚. 车路协同环境下车辆群体协同决策研究综述［J］. 交通运输工程学报，2022，22（3）：1-18.
[2] 曲栩，陈志军，张红娟，等. 交通群体运动状态感知技术与态势演化理论［M］. 北京：人民交通出版社，2022.
[3] 张海娜，赵微微，涂序彦. 网联车辆协同感知与智能决策［M］. 北京：科学出版社，2019.
[4] 武志斐. 智能网联汽车技术概论［M］. 北京：北京理工大学出版社，2022.
[5] 王庞伟，张名芳. 智能网联汽车技术系列 智能网联汽车电子技术［M］. 北京：机械工业出版社，2021.
[6] 段续庭，郝威，周建山，等. 智能网联汽车信息和异构网络融合技术［M］. 北京：人民交通出版社，2021.
[7] 李骏，李克强，王云鹏，等. 智能网联汽车导论［M］. 北京：清华大学出版社，2022.
[8] 李克强，王建强，许庆，等. 智能网联汽车［M］. 北京：清华大学出版社，2022.

第十三章 智能座舱系统

第一节 智能座舱系统概述

一、智能座舱的定义

随着互联网、大数据和人工智能等先进技术在交通运输领域的应用和发展,汽车的驾乘内部空间、人机交互界面、操作方式和交互过程正在发生革命性的变化,推动了智能座舱的诞生。汽车座舱即汽车内部驾乘空间。智能座舱的出现满足了人们对更加安全、智能、舒适、环保的驾乘体验的需求。

智能座舱是一种装备有智能和网联功能的车载产品,如图 13-1 所示,是可以与人、道路和车辆本身进行智能交互的驾驶室,是人与车之间从工具关系向伙伴关系演进的关键节点和纽带。简单地说,智能座舱就是对汽车乘坐空间进行改造,从而提高驾乘体验的舒适性和智能化。目前,智能座舱的定义主要有广义和狭义两种。

图 13-1 智能座舱示意图

广义的智能座舱指的是所有与驾乘人员相关并能够结合云端大数据和车辆自身数据与驾乘人员智能交互的载体,例如座椅、氛围灯和车载信息娱乐系统(In-Vehicle Infotainment,IVI)等。其中,内部传感器、外部信息和驾乘人员个性化信息的获取与融合计算是关键,最终目的是实现汽车与驾乘人员之间的良好"沟通"。目前,双屏交互、智能语音、车联网和空中下载(Over-the-Air,OTA)技术已成为市场主流智能座舱的基本配置。

狭义的智能座舱则所指范围较小,主要是基于视觉和语音等与驾乘人员交互的各种显示屏载体,包括 IVI、仪表和平视显示器(Head Up Display,HUD,又称抬头显示器)、生物识别等。这些与驾驶人的相关性更强,能够提高驾驶人的操作体验和行车安全。

二、智能座舱的现状与发展趋势

智能座舱是智能汽车的重要组成部分,国内外的许多公司都在积极开发和推出创新的智能座舱产品,以下是一些在国内外有代表性的公司和其智能座舱产品。

1. 国内企业现状

(1)蔚来汽车(NIO) 蔚来汽车是中国领先的电动汽车制造商之一,他们的智能座舱产品包括"NIO Pilot"智能驾驶系统和"NOMI"人工智能助理。NOMI 可以通过语音和手势控制与乘客进行互动,并提供定制化的座舱体验。

(2)小鹏汽车(XPeng) 小鹏汽车是中国新兴的电动汽车制造商,他们的智能座舱产品配备了自然语言处理和语音识别技术,实现了智能语音助手的功能。乘客可以通过与智能座舱的语音助手交互来控制座舱功能和获取信息。

(3)魏牌(WEY) WEY 是中国汽车制造商长城汽车旗下的豪华品牌,他们的智能座舱产品注重舒适性和娱乐体验。WEY 的智能座舱配备了大尺寸触摸屏、高品质音响系统以及全景天窗等,提供出色的视听体验和乘坐舒适性。

2. 国外企业现状

(1)特斯拉(Tesla) 特斯拉是全球知名的电动汽车制造商,他们的智能座舱系统以其创新和先进的特点而闻名。特斯拉的智能座舱配备了超大触摸屏,提供导航、娱乐和车辆控制等功能。此外,特斯拉的智能驾驶功能也与智能座舱紧密集成。

(2)奥迪(Audi) 奥迪是德国豪华汽车制造商,他们的智能座舱产品注重人机交互和高级驾驶辅助系统。奥迪的智能座舱配备了虚拟座舱显示器、语音识别和手势控制等,为乘客提供便捷的操作方式和个性化的座舱体验。

(3)宝马(BMW) 宝马是德国汽车制造商,他们的智能座舱产品融合了先进的科技。宝马的智能座舱配备了数字仪表盘、触控屏和手势识别技术等,乘客可以通过直观的界面进行座舱控制和信息交互。

以上仅是一些在智能座舱领域有代表性的公司和产品介绍。随着技术的进步和市场的竞争,智能座舱将会继续迎来更多的创新和发展。不同公司在智能座舱领域的竞争将推动整个行业向前发展,为消费者提供更加智能化和个性化的座舱体验。

智能座舱的发展可以分为 4 个阶段:电子座舱阶段、智能助理阶段、人机共驾阶段和第三生活空间阶段。

在第一阶段,即电子座舱阶段,汽车的座舱内饰比较单一,只能显示基本的驾驶信息,这些信息主要集中在中控仪表盘上,包括机械式仪表盘和车载收音机。这些设备的操作基本是物理按键的形式,只能提供车速、发动机转速、冷却液温度、油量等基本信息。到了 20 世纪 90 年代,车载收音机和 CD 机成为第一代汽车主要的娱乐设备,从人与汽车进行交互开始进入物理按键时代。车内主要靠大量的物理开关按键来控制车载影音娱乐系统,这些物理按键和按钮在空间设计上进行了一系列优化,最初全部集中在中控仪表上,后来逐渐迁移到方向盘上,这些设计优化使得人机交互的安全性和便捷性得到提高。

在第二阶段,即智能助理阶段,随着汽车电子技术的不断发展和批量应用,汽车的功能越来越丰富。为了提高驾驶人的驾驶体验,收音机、空调、音响和电子系统开关按键分别排列在不同的区域。单一的物理按键已经不能满足驾驶人的需求,屏幕显示开始进入汽车座舱。最初,汽车座舱加入了小尺寸的中控液晶显示屏,车内添加了车载导航、蓝牙、媒体播放等设备。之后,显示屏逐渐升级为触摸屏,减少了许多功能按键。别克最早推出的全触屏中控量产车型 Riviera 内部使用了一块带有触摸传感器的阴极射线显像管显示屏,该屏幕集成了比传统物理按键更多的控制功能，包括音量调节、汽车诊断、油量显示等功能，使得整个车内的人机交互体验提升了一个档次。随后，越来越多的车企采用了车载中控触摸屏幕的设计，并且配备了相应的人机交互系统。

在第三阶段，即人机共驾阶段，中控屏朝着大尺寸、可移动、多屏幕方向发展。部分豪华车型开始采用 HUD 等电子化产品及远程空调操控等功能。之后，在"两客一危"车辆上开始安装驾驶人监测系统（Driver Monitoring System，DMS），汽车智能化的进程加快了智能座舱的发展速度。从 2021 年开始，DMS 和人脸识别（Facial Recognition，FR）被集成在一些新能源汽车上使用。图 13-2 展示了某车型智能座舱的 DMS 和 FR 集成设计，人与汽车的交互方式将会有更大的发展。因此，传统座舱加入各种辅助驾驶功能之后，要求驾驶人能够熟练掌握驾驶舱的交互方式，了解系统的功能与使用限制，理解系统的输入/输出关系，在此基础上决定如何操控辅助驾驶系统。随着人工智能（Artificial Intelligence，AI）算法和智能驾驶的不断发展，智能汽车已经进入智

图 13-2　某车型智能座舱的 DMS 与 FR 集成设计

能驾驶的人机共驾阶段。车辆将会为驾乘人员主动提供场景化的服务，同时汽车将成为与人类互动的智能设备。也就是说，汽车的人机交互方式将超越传统的按键交互，进入车载显示交互时代。

在第四阶段，即第三生活空间阶段，随着智能驾驶进入高级无人驾驶阶段，驾驶舱将转变为真正的智能座舱，与日常生活中的游戏、娱乐更加紧密地结合。智能座舱通过将采集的数据上传云端，并进行处理和计算，从而最有效地适配资源，增加座舱内的安全性、娱乐性和实用性。这意味着智能座舱在很长时间内的发展目标是更加主动、灵敏、情感化的"类人"交互模式。智能座舱可以根据乘车人数灵活安排座椅配置方案，并且可以灵敏感知乘员坐姿变化，自动调节座椅角度与体感温度，进行按摩以舒缓肌肉。根据不同的场景，智能座舱可以切换会议、休闲家庭、私人休憩等模式，让驾乘人员可以在车内进行看电视、唱 KTV、上网打游戏、聊天等娱乐活动，以及参加工作会议等。因此，智能座舱会逐步成为我们生活中的第三个空间。

第二节　智能座舱系统构成

一、智能座舱的空间布局

智能座智能座舱是一种集成了先进科技和智能系统的座舱设计，旨在提供更加智能、舒适和便捷的乘坐体验。它在汽车、飞机、火车等交通工具中得到广泛应用，通过创新的内部空间布局，如图 13-3 所示，为乘客提供高度个性化的座舱环境。在智能座舱的内部空间布局中，强调以下几个关键要素：

（1）人机交互界面　智能座舱采用先进的人机交互技术（包括触摸屏、语音识别、手

势控制等多种方式），为乘客提供直观、便捷的操作界面，使乘客能够轻松控制座舱的各种功能和设备。

（2）座椅布局　智能座舱通常采用人体工学设计原理，以提供最佳的乘坐舒适性。座椅的布局和调整功能可以根据乘客的需求进行个性化调整，例如可调节座椅高度、倾斜角度、腿部支撑等。此外，座椅还可能配备按摩、座椅加热和通风等特色功能，以提供更加愉悦的乘坐体验。

图 13-3　某车型智能座舱的空间布局

（3）娱乐系统　智能座舱系统里可能拥有高清液晶显示屏、音响系统、互联网连接等，为乘客提供丰富的娱乐选择，让乘客可以观看电影、听音乐、上网冲浪等，以打发旅途中的时间。此外，一些智能座舱还配备虚拟现实（VR）或增强现实（AR）技术，为乘客营造沉浸式的娱乐体验。

（4）环境控制　智能座舱注重乘客的舒适度和健康，因此配备了先进的环境控制系统，包括空调系统、空气净化器、照明系统等。乘客可以根据自己的喜好和需求来调节座舱的温度、湿度、气流等参数，使自己拥有一个舒适、健康的环境。

（5）储物空间　智能座舱注重提供充足的储物空间，以方便乘客存放行李、个人物品和设备。这其中可能包括行李舱、储物柜、杯架、USB 接口等，以满足乘客在旅途中的各种需求。

（6）安全系统　智能座舱配备了先进的安全系统，以保障乘客的安全和健康。这其中可能包括智能安全气囊、安全带预警系统、疲劳驾驶监测系统等，能够及时检测和响应潜在的安全风险。

智能座舱通过创新的内部空间布局，结合先进的科技和智能系统，为乘客提供了更加智能、舒适和便捷的乘坐体验。它不仅满足了乘客对于人机交互、座椅舒适性、娱乐和环境控制的需求，还注重乘客的安全。

二、智能座舱的域架构

与智能驾驶域类似，智能座舱域系统架构存在着一定的复用性，如图 13-4 所示。例如，智能驾驶域的感知结果可以作为智能座舱域的感知输入数据进行复用。通常情况下，座舱域更加偏向于视频信息显示，而智能驾驶域则偏向于环境语义识别及处理。因此，如果智能驾驶域控制器进行信息处理时感知端原始输入，则需要驾驶域能够增加有效的编解串器。同时，座舱域还需要搭载一定的图像渲染处理器，例如图形处理器（Graphic Processing Unit，GPU），将原始视频编码信息处理后输入中央处理单元。

智能驾驶域和智能座舱域是独立的信息处理单元。智能驾驶域需要高效利用智能座舱域，如仪表 AR-HUD 显示单元进行有效的驾驶信息显示，同时也需要利用中控屏进行有效的驾驶控制、设置和交互提示等。目前，一些智能座舱域通过多媒体集中计算单元接入云服务平台，移动通信及以太网关单元，功放及无线单元，并设置驾驶人交互显示单元，例如中

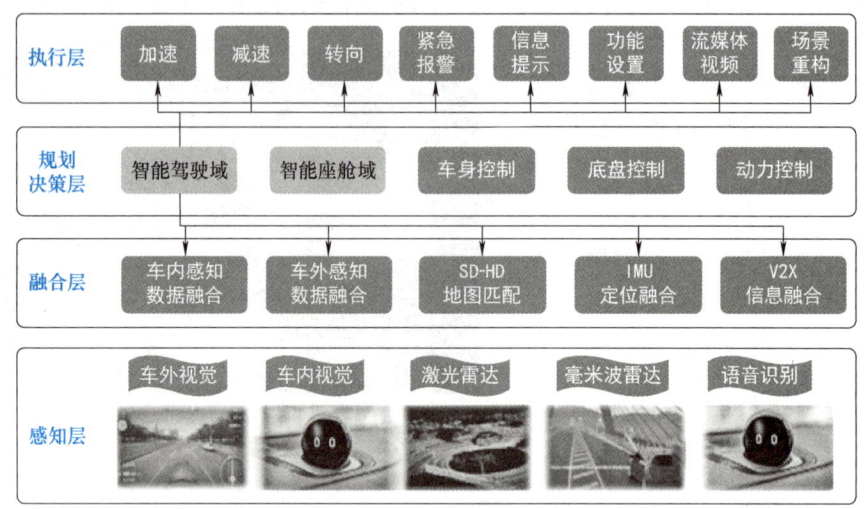

图 13-4　智能座舱域架构

控多媒体显示、驾驶人监控显示、乘员监控等。电子电气架构从电子控制单元（ECU）向域控制器（Domain Controller Unit，DCU）过渡，带来车载影音娱乐底层硬件计算能力的快速增强，能够支持一芯多屏的需求。高级驾驶辅助系统（Advanced Driving Assistance System，ADAS）的丰富功能增加了驾驶人处理信息的难度，面对即时性信息处理的需求，智能交互和显示变得更加重要。随着 AI 引擎逐步成熟，智能化体验得到了显著提升。之前分散的座舱域 ECUs 难以与安全域（ADAS/AD）控制器协同工作，无法将全球定位系统（Global Positioning System，GPS）、毫米波雷达、激光雷达和摄像头的环境信息实时展示给驾驶人。因此，目前座舱域控制平台通过将座舱域多个 ECU 集成到一个控制器上，并整合 IVI-HUD、驾驶信息、多功能信息显示以及 ADAS 和车联网的信息资源，形成高度集成的硬件平台，有效降低整车成本、优化车内空间、减小功耗，也能够整合操作系统，实现软硬件分离，并开启"软件定义汽车"的第一步。

三、智能座舱系统信息交互架构

整个智能座舱系统的信息交互架构如图 13-5 所示，包括以下几个控制单元。

（1）车机硬件　车机硬件主要由原始感光或应声部件构成，用于接收 DMS 摄像头输出的驾驶人面部或手部信息以及 OMS 输入的乘员信息。同时，车机硬件也能够接收车内乘员输入的相关语音信息，包括车载音响、显示等硬件单元。

（2）图像或语音处理芯片　图像或语音处理芯片模块包含人脸、情绪、手势、危险行为等识别功能，以及多模语音和各种功能算法的应用。

（3）系统及中间件平台　系统及中间件平台需要建立硬件适配及驱动控制，包括安全数字输入输出单元、电源能量分配、编解码、音频输出、显示、CAN 通信等单元，与智能驾驶平台类似。

（4）车机服务　作为智能座舱的核心服务，整个车机服务包括系统控制、辐射控制、数据服务、OTA、车身状态及车身数据等内容，能实现以下功能：可与 AI 芯片级以上的系

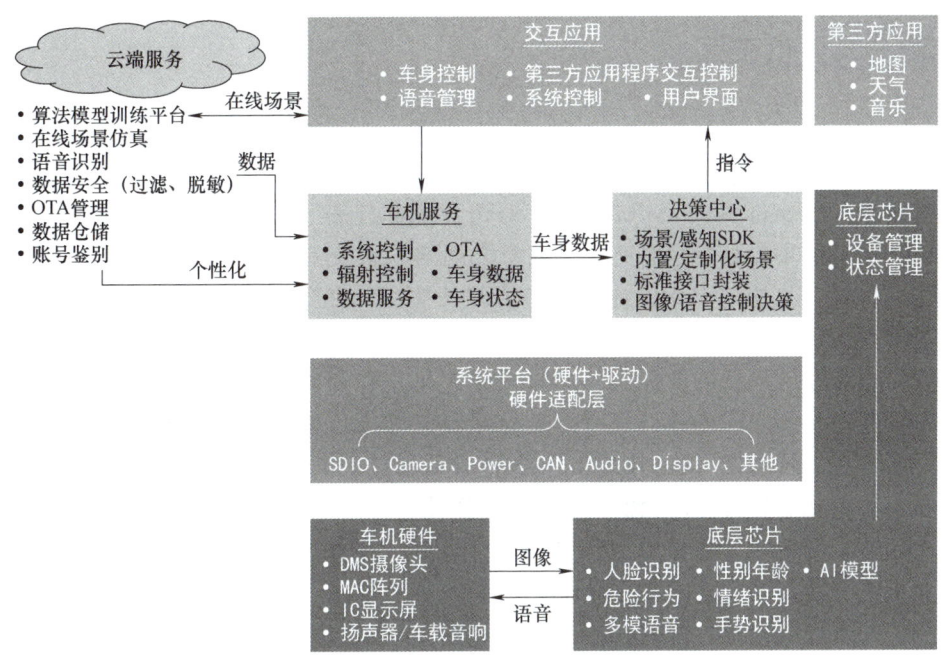

图 13-5 整个智能座舱系统的信息交互架构

统管理与配合,进行进程监控、OTA、HBService 等 AI 芯片管理功能;提供软件开发工具包（Software Development Kit,SDK）,包括接收传感器感知数据结果、融入 AI 芯片算法并提供数据包记录功能;提供控制软件包,包括软件生命周期管理、感知算法控制开关和记录开关等功能;提供应用框架,包括场景定义、多模态语义解析等相关业务流程;在应用框架之上,完成相关业务,包括 FaceID 注册工作模式定义、OTA 和数据闭环等业务;提供数据服务,包括数据管理、数据处理、数据挖掘、数据回馈、数据指标评测、诊断管理、模型训练、模型测试、模型管理、数据标注和标注管理等一系列服务。

（5）决策中心　决策中心包括感知 SDK 和场景 SDK,用于构建定制化场景和图像/语音感知能力。多模态座舱交互技术总体包含语音、手势和视线智能人机交互系统。通常把图像和语音感知处理能力统称为多模态交互应用技术框架。其处理过程包括定义车身数据库和车内感知数据库,并进行驾乘人员交互行为数据库构建。还需开发云端场景推荐匹配 SDK,以便实现全场景联调服务推荐功能。进一步地,采集驾乘人员典型场景行为数据,将其实际行为数据输入个性化配置引擎,可推动实现端上场景 SDK。最终,可以实现车控、放音乐、支付等常规服务功能。

（6）交互应用　整个交互应用包括车身控制、系统控制、第三方应用程序（App）交互控制、语音管理和用户界面等。同时,对于第三方应用中的地图、天气、音乐等,也有一定的要求。

（7）云端服务　由于涉及大量数据的远程传输和监控,智能座舱云端服务包括算法模型训练平台、在线场景仿真、语音识别、数据安全、OTA 管理、数据仓储、账号鉴别服务等。

第三节　人机交互

一、人机交互界面

人机交互（Human Machine Interface，HMI）界面代表了人与机器之间的交互。在汽车领域，HMI 设计的主要目标是研究人与汽车之间的人机交互界面，此界面在驾驶人和车辆之间架起了桥梁。此外，HMI 设计还涵盖了开关按钮、大屏幕、语音等元素，这些元素共同构成了驾驶人与车辆之间的交互方式。HMI 设计的侧重点在于确保交互任务的流畅顺利完成，同时也旨在增强驾驶的乐趣。通过优化人机交互界面，HMI 设计旨在提升用户对界面以及车辆各个系统之间的体验感受。这意味着驾驶人可以更轻松地与汽车进行沟通和操作，从而实现更加智能、高效和愉悦的驾驶体验。通过人机交互界面设计，驾驶人可以更直观地了解车辆的状态和功能，轻松完成各种操作任务，例如调节温度、音频控制、运用导航系统等。同时，HMI 设计还可以通过引入动画效果和视觉反馈，提供更具吸引力和互动性的界面，进一步增强驾驶人的参与感和满足感。

从当前的发展趋势看，智能汽车驾驶舱的发展方向主要集中在 3 个方面：更大的屏幕、自动化的控制界面和人机交互。尽管目前智能车载系统的功能仍然相对有限，在垂直应用场景中，人机交互的体验和技术的稳定性仍有巨大的提升空间。然而，人机交互界面已经发生了质的变化。首先，在界面设计方面，多样化成为主导趋势。过去，界面设计偏向于追求简单而直接的功能性，而如今界面设计更加简洁、现代化，并且考虑到用户的审美需求，甚至提供了多种主题换肤的选择。其次，从交互的角度来看，出现了沉浸式导航界面，旨在提升驾驶专注度。此外，交互体验也得到了增强。借助车联网和车内芯片强大的计算能力，汽车能够更加灵活地向用户提供信息，例如导航、路线推荐、胎压检测和驾驶人习惯记录等。人机交互的发展使得驾驶人能够从繁琐的交互任务中解放出来，使交互过程更加融入驾驶场景之中。

总体而言，智能汽车驾驶舱的发展正朝着更大的屏幕、自动化的控制界面和人机交互的方向迈进，为驾驶人提供了更加丰富、直观且个性化的交互体验。随着技术的不断创新和进步，智能驾驶舱将为驾驶人带来更便捷、安全、舒适的驾驶环境。

二、人机交互车载系统

现有的人机交互车载系统可以分为 3 种，即全面接入内置智能系统、平台解决方案以及软件应用程序。

（1）全面接入内置智能系统　汽车制造商和汽车配件制造商正在将先进技术应用于汽车驾驶舱。举例来说，特斯拉（Tesla）X 车型整合了硬件、软件和人机界面。这种整合不仅可以实现多媒体系统的深度集成，还可以将其与驾驶人进行车内诊断和控制系统的深度集成。该车还内置或集成了智能系统，如图 13-6 所示。同时，它通过连接互联网络并提供 API 接口，使用户能够自定义应用程序，并使独立开发者能够提供定制化的服务等。汽车制造商和配件制造商将不断推动技术的创新和整合，以提供更智能、更高级的驾驶舱体验。

（2）平台解决方案　当前，科技巨头们都在为驾驶场景提供驾驶解决方案。例如，苹果、谷歌、亚马逊、Nuance、阿里巴巴、百度、华为和腾讯等公司都为智能驾驶舱创建了平台和操作系统。这些科技公司提供了软件平台，使汽车制造商能够定制 HMI 单元，根据自身需求选择介入的硬件和服务。这些平台和系统可以将技术和服务集成到汽车专用操作系统中，为驾驶人提供完整的智能驾驶体验。凭借先进的技术研发能力和与汽车制造商的紧密合作，科技巨头有效地优化了相关产品和服务的质量。然而，为了快速抢占市场，科技巨头通常更倾向于提供通用类型的平台服务，难以为不同的车厂提供定制化的服务。尽管如此，科技巨头们在驾驶解决方案领域的参与仍然推动了智能驾驶舱的发展。它们通过提供先进的技术和创新平台，为汽车制造商和驾驶人带来了更多选择和便利。随着技术的进步和市场的竞争，未来有望看到更多定制化的解决方案，以满足不同汽车制造商的需求，并为驾驶人提供更出色的智能驾驶体验。

图 13-6　特斯拉内置智能系统示意图

（3）软件应用程序　软件公司开发了各种智能驾驶相关的便携硬件和软件服务。一种常见的方法是将外部硬件与汽车连接，通过软件服务来优化汽车驾驶舱的性能，将普通汽车座舱转变为智能汽车座舱。这些软件公司提供的服务和产品非常灵活，通常可以根据指定的场景和特定的需求为用户提供定制化的服务。然而，这类服务通常需要一些额外的操作和硬件设备的支持。软件应用程序分为两种类型：车载小程序和应用软件。与普通手机小程序相比，车载小程序在入口、开放程度和定位等方面略有差异。目前，国内百度、阿里巴巴和腾讯在唤醒方式、交互方式和构建场景等方面也展现出不同的侧重和战略。它们都基于对车联网的理解，勾画出了小程序在车载场景下如何应用和延伸的方向，其目的是为用户提升智能网联汽车的体验。总体而言，软件公司通过开发便携硬件和软件服务，为智能驾驶提供解决方案。这些服务的定制化程度较高，但通常需要额外的操作和硬件支持。

第四节　典型案例

一、语音交互

语音交互的核心技术包括以下几个方面。

1. 语音增强

声音信号特征提取的质量直接影响语音识别的精度。车内环境噪声源包括发动机噪声、轮胎噪声、风噪、周围车辆噪声、转向灯噪声和媒体播放声等,这些噪声源会削弱人声的信号特征,进而增加识别难度。如图 13-7 所示,基于麦克风降噪的音频增强处理流程包括波束形成、语音分离、远场拾音与去混响、多通道降噪、声源定位和间隔消除等技术。这些技术能够有效地抑制周围环境噪声和消除混响、回声干扰,判断声源的方向,从而保证音频的清晰,提高了语音识别的准确率,确保车载机器能够"听得清"。目前,最新采用基于神经网络的降噪技术在高噪声环境下取得了较好的效果。

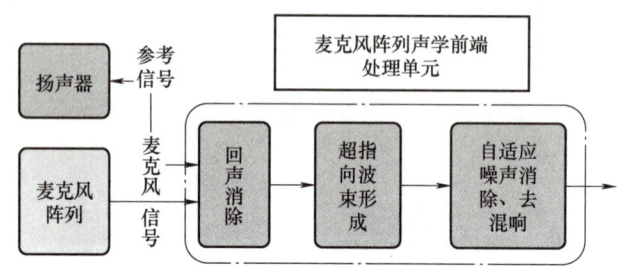

图 13-7 音频增强处理流程

2. 语音识别

语音识别处理流程如图 13-8 所示,该流程的目的是将人的语音内容转化为文本。其技术原理主要包括两种模型——声学模型和语言模型。从最初的基于模板的孤立词识别,到基于统计模型的连续词识别,以及近年来深度学习技术的发展,将语音识别率提高到了新的水平。

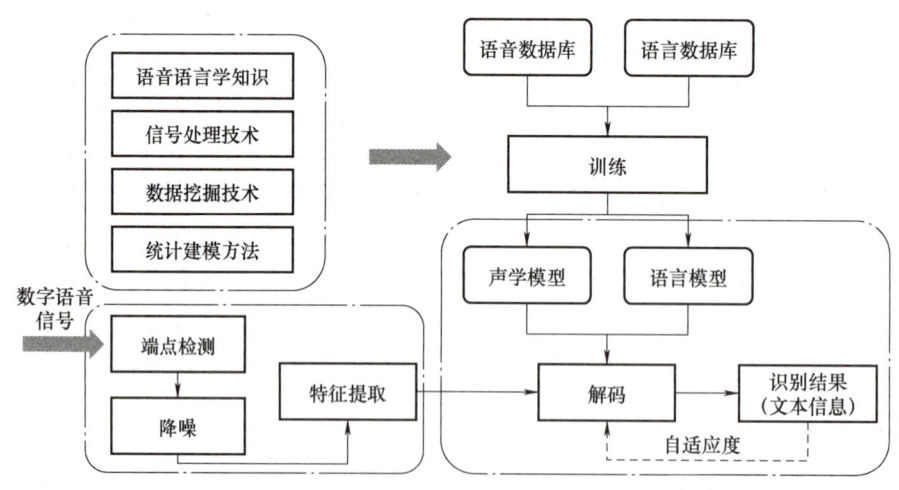

图 13-8 语音识别处理流程

3. 语义理解

语义理解是目前语音交互中最具挑战性的环节之一,如图 13-9 所示,该环节的主要目标是将人类的表达抽象成一个统一的表示形式,以让机器能够理解。在语音交互对话系统中,语义理解主要包括语义抽取、对话管理和语言生成。近年来,随着词向量模型、端到端注意力模型以及谷歌最新的 BERT 模型的引入，语义理解正确率在某些垂直领域中已经达到了基本可用的水平，例如汽车领域中的导航、音乐、车控、收音机和电话等领域。但是，语义表达和开放性表达等仍然是语义理解最棘手的难点，这也造成了在语义效果评估上的困难，尤其是在未来人机交互领域中，这将是最关键的方面。

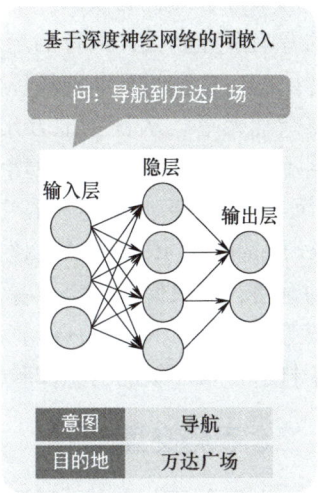

图 13-9　语义理解技术方案

4. 语音合成

如图 13-10 所示，语音合成是将文本信息转换为可听的声音信息，这使得机器能够说话。其技术原理是将文本序列转换成音韵序列，再使用语音合成器生成语音波形。目前，语音合成的方法主要有共振峰合成、发音规则合成、波形拼接合成和基于因子隐马尔可夫模型的合成，前两种基于规则驱动，后两种基于数据驱动，目前主要以数据驱动为主。近年来，基于神经网络技术的语音合成已经有了很大的发展，在主观评估中，其平均意见得分达到了 4.5 分，接近播音员水平。此外，在个性化合成、情感化合成以及方言小语种合成等方面还需要继续探索。

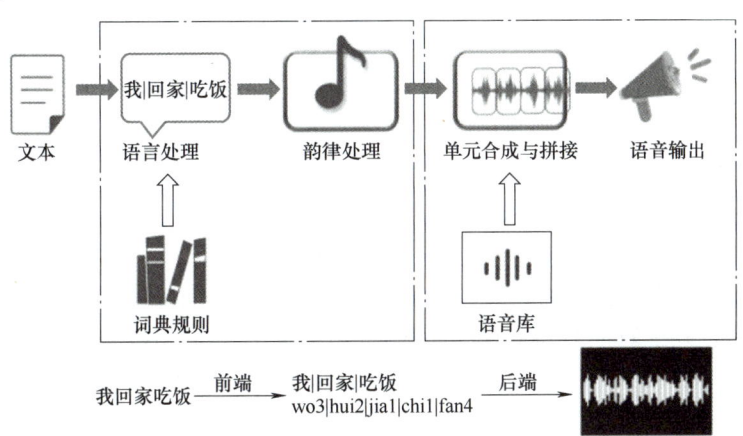

图 13-10　语音合成处理流程

5. 音效增强

如图 13-11 所示，音效增强是语音交互全链路的最后一环，在车内复杂噪声环境及扬声器位置造成的复杂声场环境中，需要通过专业的声学系统设计与调教，还原出自然清晰、具有明确舞台感的音响效果。未经过专业声学处理的音响系统会丢失声音的定位信息，不能还原音乐的左右空间感和前后纵深感，声音也会变得杂乱无章，从各个地方出现并彼此干扰。根据不同的场景需求，音效增强算法技术包括 3D 沉浸环绕声、发动机阶次消除（Engine Order Cancellation，EOC）、超重低音、高精度

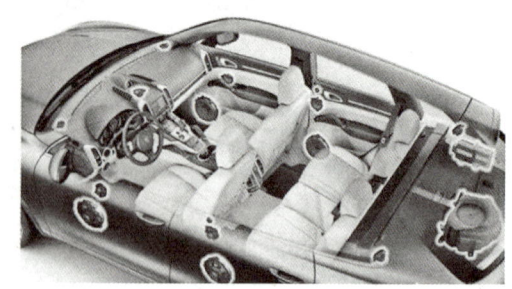

图 13-11　车载音效示意图

声场重建、声浪模拟、提示音播报优化、延时修正、声场重建、虚拟低音、限幅调整和车速补偿等。通过引入高级环绕算法，音量随车速动态增益，主动降噪，优化发动机声音，能为汽车打造音乐厅级的听感体验。

二、手势交互

人类学会直立行走，释放了双手，从此人类的双手逐渐进化成为最灵巧的劳动工具。用双手改变世界，创造新事物，已经成为自然而然的事情了。手作能千千万万，其中就包含人机交互：在 PC 上，手对键盘和鼠标进行操控；在触控上，手对 UI 界面和虚拟键盘触控操纵。在智能交互时代，人机交互诞生了更多的方式，通过人工智能技术，一个动作、一句话，甚至一个眼神都可以作为人机交互的接口。不可否认的是，用手操控，符合人们长久以来的使用习惯。手势交互，必将成为人机交互最流行、最常用的方式之一。

如图 13-12 所示，座舱内一次完整的隔空手势交互包括如下过程：手作为操控的主体，发送指令；摄像头捕捉人手的动作；后端软件分析人手的交互意图；上位机响应应用户手势对应的指令；用户得到手势操控成功的反馈。

按照应用需求，手势可以分为"静态手势"和"动态手势"；按照技术路径可以分为"2D 手势"和"3D 手势"；按照交互的目标，又可分为"单手手势"和"多手手势"。

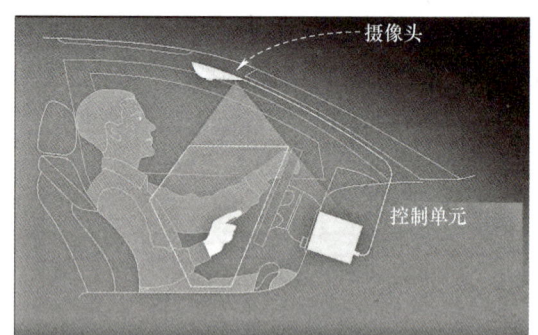

图 13-12　手势交互

（1）静态及动态手势　静态手势是指在发送指令的瞬间，手本身是静止的，智能算法只需要识别手部的静止姿态，就可以区分出手势的类别，如图 13-13 所示。动态手势是指在发送指令的瞬间，除了对手部姿态有特殊要求，手的运动也需要遵循事先预定好的规则，如图 13-14 所示。

由于静态手势只需要识别手部的静止姿态，因而其算法流程较为简单。如图 13-15 所示，在图像中检测手部区域，对手部做跟踪并从原图中抠出手部图像或特征，分类网络预测静态手势置信度，后处理策略得到最终的手势指令。

第十三章　智能座舱系统

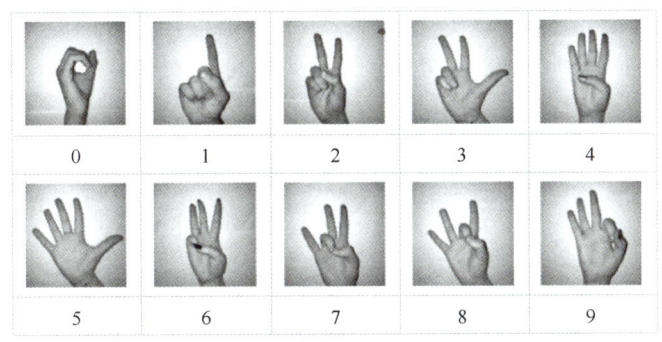

图 13-13　静态手势示例

图 13-14　动态手势示例

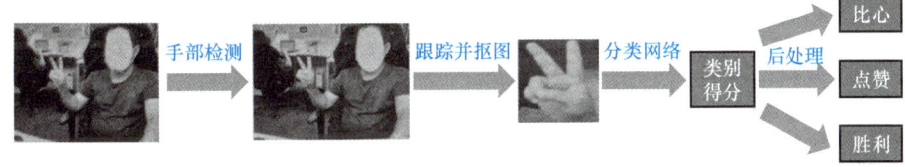

图 13-15　静态手势算法流程

动态手势，除了手部的姿态，还需要解析手的运动状态。如图 13-16 所示，其算法流程一般为：从对连续图像帧检测入手，对连续帧的人手做跟踪并抠出手部图像或特征，监测人手的运动状态（是否开始手势），分类网络预测手势类别，后处理策略得到最终的手势指令。

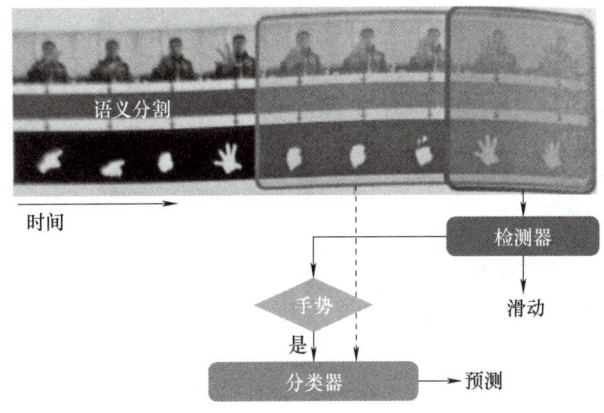

图 13-16　动态手势算法流程

253

（2）2D 及 3D 手势　如图 13-17 所示，2D 手势是指在手势的整个处理过程中，只包含二维空间信号。前面提到的静态手势就是一种典型的 2D 手势。

图 13-17　2D 及 3D 手势

然而有一部分复杂手势（如手在光轴方向的运动），通过 2D 手势算法流程无法区分。另一部分手势（如手指在 XZ 平面画圈），使用 2D 手势算法流程的识别效果可能严重削弱。要处理手在物理三维空间中的全部手势，3D 手势是一个很好的选择。常见的 3D 手势方案及厂家见表 13-1。目前座舱内的主要方案为深度图，未来单目/多目 3D 很可能成为另一座舱 3D 手势的主流方案。

具体来说，深度图方案是通过传感器分别获取 2D 图像和深度图像，两者融合可以建模 3D 场景。如图 13-18 所示，算法上一般将 2D 图像和深度图像同时输入深度神经网络中，经过特征提取和融合，获取人手的 3D 骨架，并最终得到 3D 人手模型。

表 13-1　常见的 3D 手势方案及厂家

方案	厂家	产品名
双目红外	Leap	Leapmotion
	uSens	uSens
深度图	Microsoft	Hololens
单目/多目 RGB	Google	mediapipe
	Facebook	Oculus

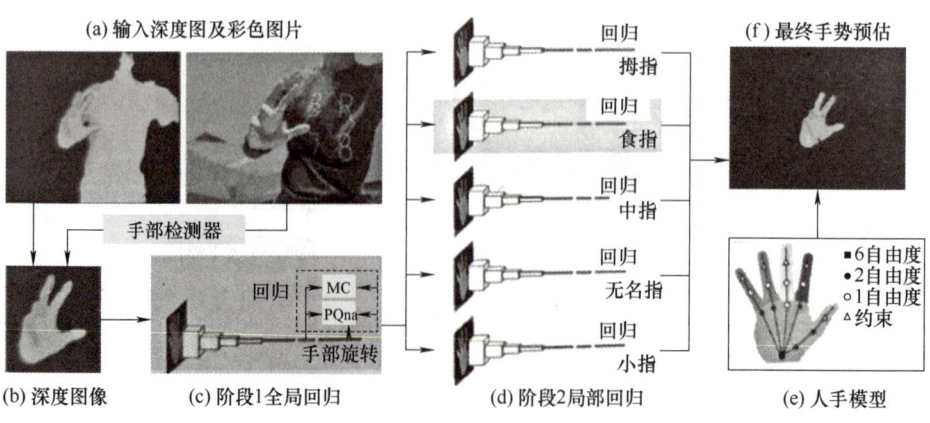

图 13-18　基于 RGB 及深度图的 3D 手势方案

基于单目 RGB 的 3D 手势方案如图 13-19 所示，输入为一帧或多帧的 RGB 图像，利用深度神经网络，得到 3D 人手骨架，进而得到 3D 人手模型。

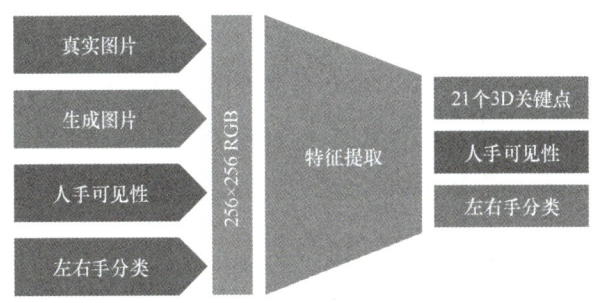

图 13-19　基于单目 RGB 的 3D 手势方案

基于多目 RGB 的 3D 手势方案中，每个相机的图像分别得到 2D 人手骨架，经过三维重建恢复 3D 人手骨架，进而得到 3D 人手模型。当前多目 RGB 方案相比单目 RGB 方案在效果上有一定优势。

总之，相较于传统的语音交互，智能座舱中的手势交互技术是一种创新的交互方式，可以为用户提供更直观、便捷和自然的操控体验。随着计算机视觉和人机交互技术的不断发展，手势交互技术在智能座舱中的应用前景将会越来越广阔。

三、多模态交互

人在感知世界的时候是多模态的，例如我们可以用眼睛看到色彩，用耳朵听到声音，用手指去触碰纹理，用鼻子去闻到气味，或用舌头去品尝味道。模态指的是某种传感器感知到的某种数据模态，当多种模态的数据进行联合处理学习时，则被认为是多模态任务。多模态机器学习（Multi Modal Machine Learning，MMML）的目的是针对多种模态数据进行联合学习、联合处理。当前，多模态机器学习的热点在于视觉、语音、文本的融合学习，如视觉问答（Visual Question Answering）、文字图像搜索（Text-Image Retrieval）、音视觉语音识别（Audio Visual Speech Recognition）等。由于多模算法融合多种模态数据，笔者称之为"鸡尾酒算法"，多模语音算法因其能够在多人说话场景下体现出显著优势，笔者称之为"解决鸡尾酒会问题的鸡尾酒算法"。

在座舱中，常见的多模态算法主要集中在多模语音领域，包括多模命令词识别、多模语音分离等。由于唇语在高噪声场景中能提供相对稳定的视觉信号，多模语音算法相比纯语音算法在高噪声场景、人声混叠场景中能产生显著优势。由于舱内的摄像头和传声器的位置较为固定，座舱内的多模语音算法能带来较为稳定的识别效果提升。

如图 13-20 所示，多模语音是一种在传统语音算法的基础上融合了视觉算法的语音交互方案，使用视觉与语音等多模态 AI 技术融合；结合用户行为，精准判断用户意图；解决了单模态语音下"难唤醒、误唤醒、误识别"三大痛点，大幅提升了消费者的智能交互体验，加速了汽车智能化的发展。

1. 多模语音方案

（1）多模语音解决问题　具体来说，基于单模纯传声器的感知，单模语音难以解决拾音差、实现全车语音交互难、人声干扰处理难以及噪声干扰消除难等问题。针对这些问题，多模语音融合了图像感知，以解决单模语音的痛点为初衷。逐步覆盖更多普适化场景，如图 13-21 所示。

1）多模多音区定位。结合唇动、声音和人员位置信息以及传声器阵列技术，可以通过少量传声器精准进行多音区定位。

2）多模人声分离。结合唇动、声音的特征和盲源分离技术，在高干扰下能够基于更少的传声器精准抽取干净人声，提高干扰下语音识别性能并实现全车语音交互。

3）多通道人检测。基于多通道人声检测技术，可以更好地确定目标人声，隔离干扰人声。

4）场景化降噪和回声消除。基于不同场景的噪声特性，通过 AI 降噪消除噪声和回声，让通话和识别性能大大提升。

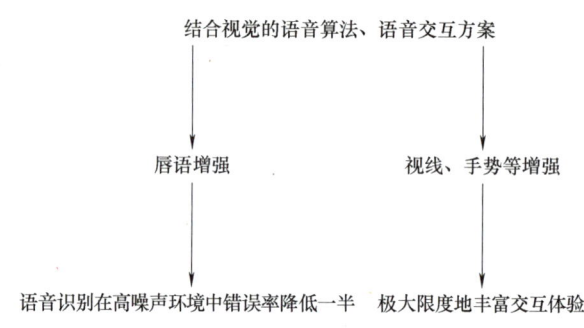

图 13-20 多模语音方案示意图

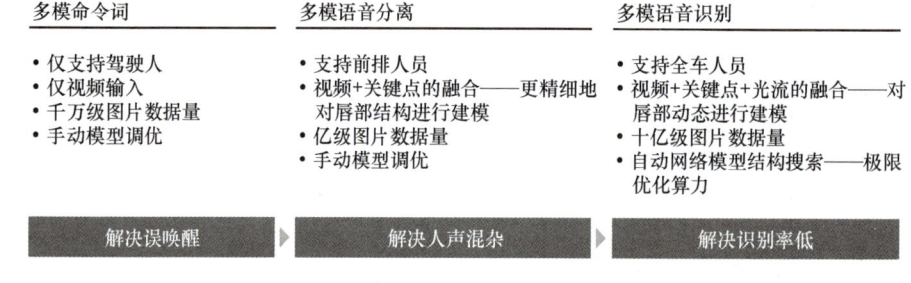

图 13-21 多模语音方案演进路线

（2）多模语音算法流程　图 13-22 为多模语音算法通用方案。在实际开发中，多模语音算法需实现音视频的实时融合预测，需依赖 25 帧/s 及以上帧率的视频，以及实时的音频处理。具体来说，一个多模语音算法流程通常至少有两组输入：

1）视频输入。摄像头数据经过前置神经网络模块的实时处理，第一步往往会需要在图像中进行人脸检测，在获得较为准确的人脸检测结果之后，可以运行人脸关键点检测算法。人脸关键点检测算法能够预测脸部的重要特征点的位置，如眼角、鼻尖、嘴角等。经验上，多模语音算法通常使用 68 点及以上的人脸关键点，其中有 20 个点用于描述唇部区域的定位特征点，使用数量较多的特征点能够在大角度侧脸的场景中，获得较好的唇部区域定位。在使用唇部关键点进行嘴部区域定位后，人脸区域会结合关键点相对标准脸的偏转角度进行仿射变换，从而修正图像角度。唇部区域图像会结合时间戳被整理成视频数据，用于后续识别。

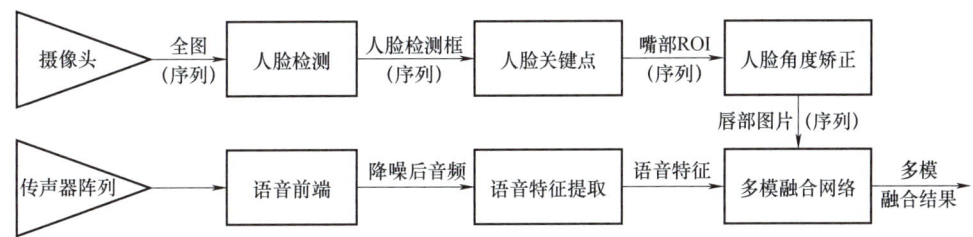

图 13-22　多模语音算法通用方案

2）语音输入。在获取到原始信号及扬声器参考信号后,通过语音前端模块进行降噪处理,再进行语音特征提取,并获得实时流式的语音特征。

2. 多模语音的座舱应用

在视频数据和音频特征都准备好之后,多模语音算法会接受视频和语音数据,进行联合预测。为了实现音视频同步,需要获取到准确的音视频时间戳,通过时间戳实现语音和视频的严格对齐。由于音视频的帧率不一样,一个整数倍的帧率比例更容易让多模语音算法处理,通常使用的帧率是视频 25 帧/s,音频 100 帧/s,这样视频和音频能够以 1∶4 的整数比例关系实现数据对齐。在实际座舱开发中,一个成熟的多模语音系统会融合多个摄像头和多个传声器的数据和结果,且在唇部遮挡或唇部质量不佳的条件下灵活切换单模语音和多模语音方案,将多模系统的性能优势发挥到极致的同时能保障各个场景的基础性能良好。基于以上架构,下面介绍多模命令词以及多模语音分离两个常见的座舱应用。

（1）多模命令词　多模命令词是首个在座舱中被量产交付的多模语音算法。免唤醒命令词任务是基于预定义的命令词词表进行识别的任务。语音免唤醒命令词在座舱中有召回低、误报高的传统痛难点：当有数十个免唤醒命令词的时候,语音免唤醒命令词需要在召回率和误报率中进行权衡妥协。当风噪、胎噪、人声干扰噪声变大的时候,单语音命令词会出现识别性能的大幅下降。多模态音视觉命令词识别系统,通过将视觉唇语和语音融合到一起,在高噪声场景中,实现了 70% 的相对漏报率的下降。

图 13-23 为多模命令词的算法流程。在多模语音原始数据流的基础上,多模命令词模型增加唇部视频和语音特征输入,在模型中融合特征并预测发音音素,音素的概率输出由解码器解析并产出命令词的识别解码结果。

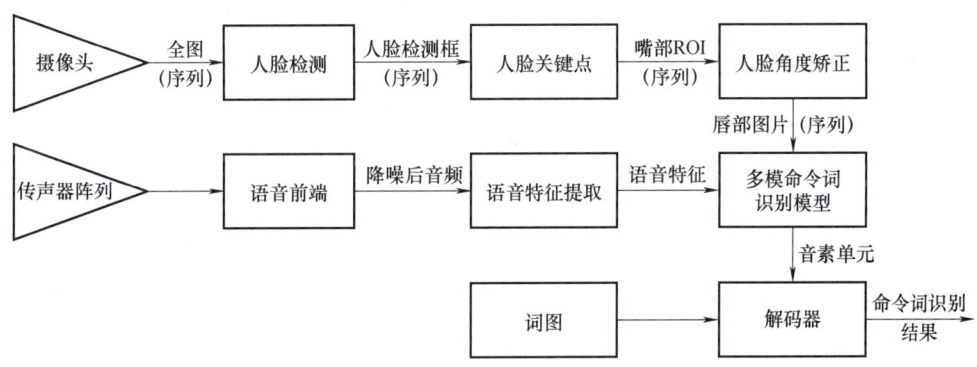

图 13-23　多模命令词的算法流程

如果将以上算法流程进行抽象，可以看到一个通用的多模声学模型结构图，一般由以下几个模块构成，如图 13-24 所示。

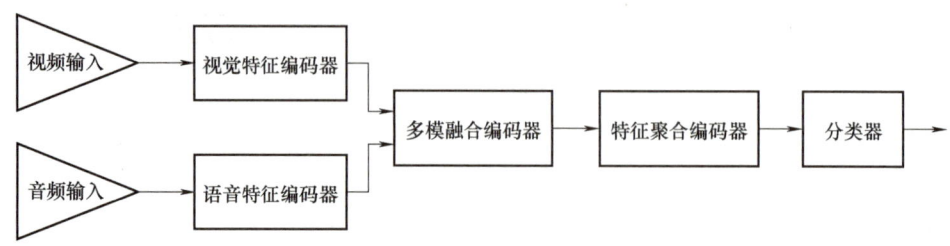

图 13-24　通用的多模声学模型结构

1）视觉特征编码器（Visual Feature Encoder）可以由 3D 卷积（3D Convolution）、2D 卷积（2D Convolution）和视觉转换器（Vision Transformer，ViT）等基础模块及其组合构成。

2）语音特征编码器（Audio Feature Encoder）可以由 2D 卷积（2D Convolution）、ID 卷积（ID Convolution）、转换器组（Transformer Block）、卷积增强转换器（Convolution-augmented Transformer）、前馈序列记忆神经网络（Feedforward Sequential Memory Network，FSMN）等基础模块及其组合构成。

3）多模融合编码器（Multimodal Fusion Encoder）可以由特征拼接（Concatenation）、逐元素加（Elementwise Add）、门融合（Gate Fusion）、注意力机制（Attention）、跨域转换器（Cross-Transformer）等基础模块及其组合构成。

4）特征聚合编码器（Feature Aggregation Encoder）可以由 2D 卷积、1D 卷积、转换器（Transformer）等模块及其组合构成。

5）分类器通常由线性层（Linear Layer）和激活函数层（Activation Function Layer）构成。

与通用识别不同的是，命令词识别的解码网络是词图网络和垃圾回收网络，根据声学打分进行维特比解码，结合后处理逻辑返回命令词识别结果。

（2）多模语音分离　"鸡尾酒问题"是语音识别领域的经典问题，指人们在鸡尾酒会中交谈时，语音信号会重叠在一起，算法需将它们分离成独立的信号。经典的神经网络语音分离方案有聚类方法、频域分离方法及时域分离方法。但语音分离方案由于算法限制，不好解决"谁说了什么"的问题，音频通道容易出现分离错乱。多模语音分离方案能结合更加明确的目标人图像信息，在混叠人声中能较好地实现目标人声提取。

在座舱算法实践中，一种可行的多模语音分离算法如图 13-25 所示。具体来说，特定采样率的音频输入经过短时傅里叶变换之后，能够获得实虚部表示的复数频谱特征。由于频谱特征动态范围较大，可以使用相位不变的指数压缩降低频谱特征的动态范围。压缩后的频谱和唇部特征作为模型输入多模语音分离网络，模型预测的是一组复数理想比率掩模，该掩码会被应用于数值压缩的带噪频谱特征，获得数值压缩后的降噪后频谱特征。在对数值进行指数数值反压缩后，会获得降噪后的频谱特征，通过逆短时傅里叶变换后，我们可以获得降噪后的音频。

模型结构上，可使用 UNet 作为语音分离的主干网络，在 UNet 的瓶颈层（Bottleneck）实现视觉特征的多模态融合。模型训练过程中，使用背景干净的语音数据作为监督信号，训练数据为在原始数据上人工扰动产生的加噪数据，这样就可以实现有效的训练。

第十三章 智能座舱系统

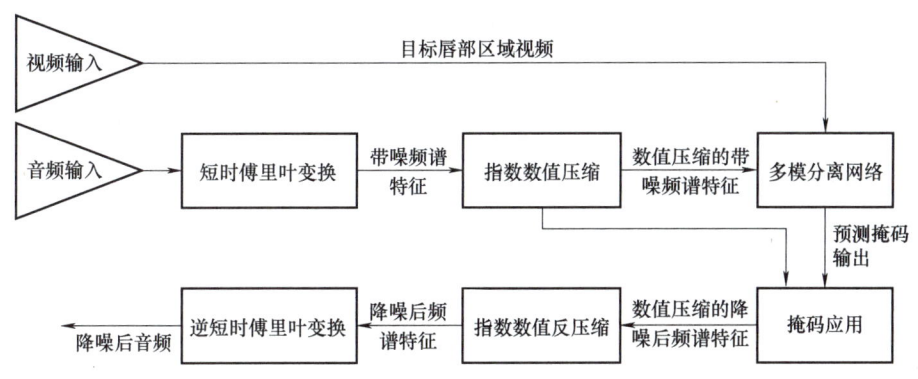

图 13-25　多模语音分离算法

四、DMS 驾驶人监测系统

DMS 驾驶人监测系统采用汽车驾驶舱内的摄像头和近红外技术，全天候监测驾驶人的脸部、眼部、嘴部、手部和体态等细节特征，包括闭眼、凝视方向、打哈欠、头部运动等动作和行为，以检测驾驶人身份以及在行车过程中的状态，并识别疲劳驾驶、危险动作和不规范驾驶等异常驾驶状态。一旦出现异常情况，系统将及时以语音、灯光等方式进行提示，起到警示驾驶人、纠正错误驾驶行为、防范驾驶严重事故的作用。此系统是一种信息技术系统，如图 13-26 所示。

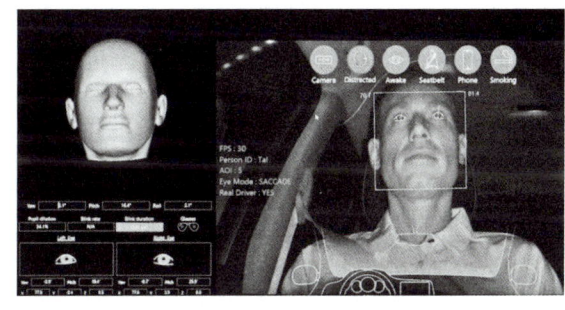

图 13-26　驾驶人监测示意图

1. DMS 的分类

DMS 按技术路线可分为 3 类：基于监测车辆信息间接监测驾驶人状态的方案、基于生物传感器的驾驶人监测方案和基于视觉传感器获取驾驶人行为信息进行直接监测的方案。

1）基于监测车辆信息间接监测驾驶人状态的方案。该方案通过测量方向盘上抓握力或直接利用车道偏离预警系统的行车数据，获取车辆偏离车道的时间和偏离程度，进而分析推算驾驶人的疲劳程度或是否分心。该方案成本低，但是它并不直接监控驾驶人，而是通过驾驶数据间接推测驾驶人状态。因此，难以准确评估驾驶人的疲劳与分心状态，容易导致误报。

2）基于生物传感器的驾驶人监测方案。这是一种利用生物传感器监测驾驶人生理指标的技术方案，目前仍处于早期发展阶段。该方案利用部署在方向盘或安全带上的电容传感器等设备对生理指标数据进行分析，进而推断驾驶人当前状态。基于驾驶人生理反应特征的检测方法一般采用非接触式的检测途径，通过实时图像处理技术来跟踪并分析眼睑状态和眼睛注视位置等驾驶人的生物特征。

3）基于视觉传感器获取驾驶人行为信息进行直接监测的方案。在疲劳的情况下，人会表现出典型的面部表情或动作特征，例如较长的眨眼持续时间、较慢的眼睑运动、点头和打哈欠等。该方案利用这一特点，首先挖掘出人在疲劳状态下的表情特征，然后提取出面部特征点及特征指标作为判断依据，再结合实验数据总结出一套识别方案，最后输入获取到的驾驶人数据进行识别和判断。

2. DMS 的功能

DMS 要求具备驾驶人身份识别、疲劳检测以及危险行为监测功能。驾驶人身份识别基于图像的生物特征识别技术,事先采集驾驶人人脸特征(可添加多个驾驶人),对驾驶人进行身份认证和有效管控。疲劳检测采用非接触方式进行人脸检测、头部特征检测、眨眼检测和眼神检测等,同时跟踪变化,提取症状,实现对驾驶人疲劳程度的检测,如图 13-27 所示。

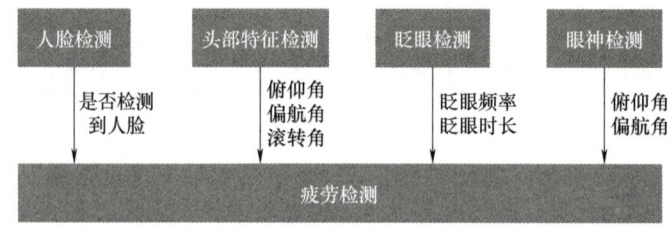

图 13-27　疲劳检测

(1) 人脸检测　人脸检测过程可分为人脸定位、人脸识别和人脸跟踪 3 个步骤。人脸定位的目的是通过识别面部特征点,检测出人脸的位置并标记出来。人脸识别的目的是将新图像中检测到的面部数据与已存储的数据进行匹配。人脸跟踪的目的是跟踪之前已检测到的人脸,以在每一帧图像中保持对人脸的跟踪。

(2) 头部特征检测　头部跟踪系统由 3 个姿态角构成,在系统软件的设计中以图像中脸部区域为输入,通过检测出的面部特征点结合默认的头部模型,可以得到头部的大致姿态。通过不断跟踪已发现的面部特征和寻找到的更多特征,系统可以获得更多数据以添加到头部模型中,从而更新头部的几何特性。在系统运行过程中,此过程不断循环,以三维姿态角的形式持续输出当前头部的姿态。

(3) 眨眼检测　根据识别出的人脸和头部姿态,系统可以进一步识别出眼睛的位置和状态,主要用于识别疲劳状态和注意力是否分散。其中,利用眼睛的开度等信息基于系统软件来判断疲劳状态,包括眨眼信息(速率和时差)和眼部信息(开与合)。

(4) 眼神检测　通过视线方向判断驾驶人的注意力是否分散。根据之前得到的头部姿态,系统可以大致推算出视线的方向。在瞳孔和角膜能够良好识别的情况下,系统可以进一步利用普尔钦斑点计算出准确的视线方向。通过系统内部相关零部件的布置数据,系统可以知道当前驾驶人正在观察的目标。

此外,还有危险行为监测。

在驾驶过程中,驾驶人所有注意力不在驾驶上的行为都被认为是危险驾驶行为。这些行为包括低头找东西、观看窗外风景、接打电话、抽烟喝水、不系安全带、故意遮挡等。可以将这些危险行为监测分为两类:头部姿态检测和异常动作识别。

1) 头部姿态检测。获取人头部姿态角度通常有两种方法:一种是使用相关算法直接拟合人头部三维角度,需要已知人脸上关键点的坐标;另一种是直接训练一个小型网络,输出 Yaw、Pitch、Roll 这 3 个角度,精度较高,直接使用开源人脸数据集进行训练,无须标注。例如,如果检测到驾驶人低头或看窗外,就会发生人头部姿态的变化。但是,系统可以区分车辆转弯时驾驶人观察后视镜和分心驾驶状态下观察车窗外的姿态的差异。

2）异常动作识别。识别打电话、喝水、抽烟等动作时，如果把它们单纯视为动作识别，使用相关算法会消耗大量资源，因此通常采用比较简单的方法。一种方法是把此类动作识别视为目标检测问题，例如识别打电话，就将手机视为待检目标，喝水检测就将水杯视为待检目标。这种方法思路简单，但有缺点，例如，如果 DMS 摄像头安装在汽车左侧的 A 柱上，当驾驶人右手打电话时，成像画面中可能看不到手机，因此在此场景下检测率可能不高。另一种方法是将动作识别视为单帧图像分类任务，采集多种动作下的图片，人工标注监督信号进行训练，使用分类器判断最终的动作分类。例如，喝水、打电话等动作都属于动作识别。如果通过动作识别算法识别出此类动作，则系统会发出报警提示。

3. DMS 的工作原理

DMS 的工作原理如图 13-28 所示，利用摄像头传感器采集的图像进行处理和分析，实时监测驾驶人脸部特征变化、头部活动及身体上半部分反应和动作，并采用人工智能算法评判驾驶人的疲劳程度和不良驾驶行为。设备会根据预先设计好的检测标准，在达到预设报警标准时发出相应提示。

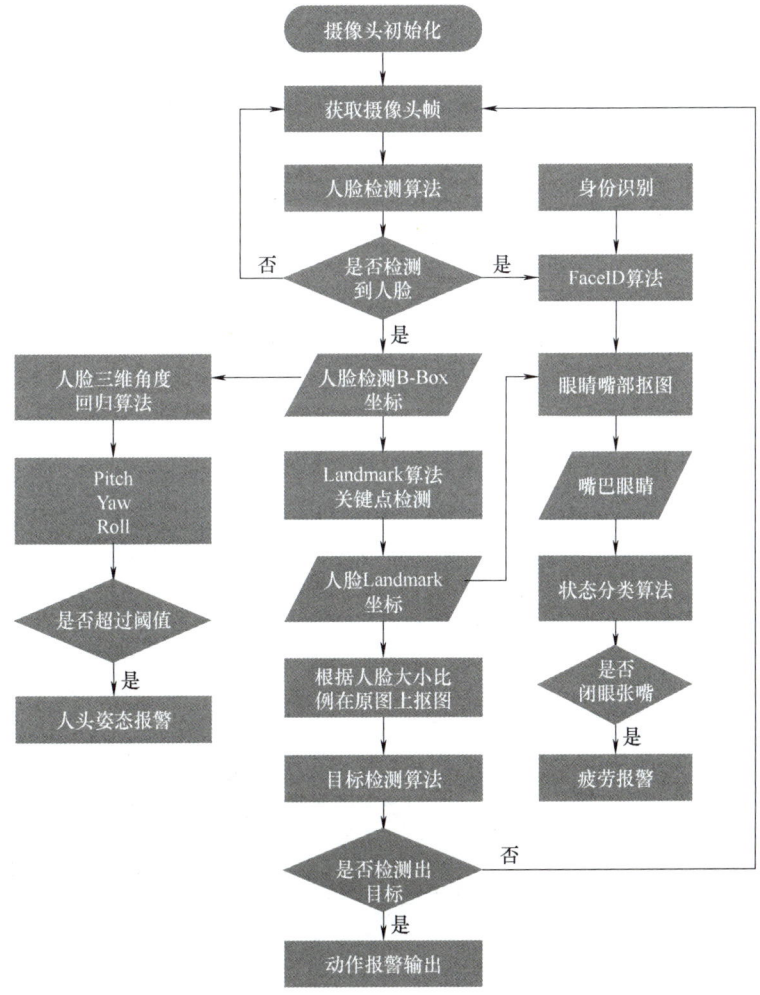

图 13-28 DMS 的工作原理

【思考题】

1. 什么是智能座舱？智能座舱的发展可以分为哪几个阶段？
2. 智能座舱的系统构成有哪些？具体包括哪些架构？
3. 什么是HMI？HMI车载系统有哪几种？
4. 语音交互的核心技术包括哪些？
5. 根据传感器的类型以及识别原理的不同，手势识别技术可以分为哪几种？
6. 多模态交互中常用到的4种驾驶人的模态信息是哪些？请举例说明。
7. 驾驶人监测系统的工作原理是什么？

参 考 文 献

[1] 王峰. 智能网联汽车智能座舱系统［M］. 北京：人民交通出版社，2023.
[2] 杨聪. 智能座舱开发与实践［M］. 北京：机械工业出版社，2022.
[3] 张鹏飞. 图说汽车智能座舱［M］. 北京：化学工业出版社，2023.

第十四章

智能网联汽车标准体系

第一节 国内外智能网联汽车标准发展概况与比较

智能网联汽车是全球汽车产业发展的战略方向，也是我国实现汽车产业转型升级的战略举措。我国智能网联汽车标准体系建设方案是目前全球最先发布、涵盖标准数量最多、系统性最强的标准体系指南，联合国 WP.29、ISO、ITU 等国际主要汽车标准法规组织、欧美日等主要汽车产业国家和地区仅在部分标准法规方面开展了制定工作，至今尚未形成系统性的智能网联汽车标准体系建设方案。其中，德国在 2019 年参考我国标准体系建设方案形成了德国《自动驾驶标准路线图》并对照中国方案开展对比分析工作。从我国车联网产业标准体系的顶层框架来看，我国车联网标准体系规划的特点是系统性和完整性较强。2017 年，《国家车联网产业标准体系建设指南（智能网联汽车）》率先发布，随后信息通信、电子产品与服务、车辆智能管理、智能交通等部分标准体系陆续完善。各领域按照总体标准体系的顶层设计扎实推进、不断优化，形成了单车智能、网联赋能的中国车联网产业标准体系方案，体现了我国智能化网联化融合、多行业协同的产业发展总体思路。

我国智能网联汽车标准体系构建思路遵循国际协调与中国特色相结合的原则，在组合驾驶辅助、汽车信息安全、软件升级、网联车辆方法论、驾驶自动化分级方面，与联合国 UN R79、R155、R156、ISO20077、ISO22736、SAE3016 等通用性质的标准法规保持内容的协调；同时，基于我国道路交通特点，自主制定了车门开启预警、后方交通穿行提示等符合我国交通事故形态的 ADAS 标准，并结合我国智能驾驶技术在城区应用较多的情况，在联合国法规 R157 智能车道保持系统的高速拥塞限定场景基础上进行扩展，确定了系统性的智能驾驶技术要求与试验方法类标准制定方案；结合我国通信技术优势和汽车网联应用的迫切需求，开展基于 LTE-V2X 技术的标准制定，网联标准化工作已走在世界前列；此外，我国面向应用在汽车领域的创新技术大力开展标准化需求研究工作，先后开展的自动驾驶设计运行条件、车载计算平台、量子计算等项目均为国际上较为前瞻的智能网联标准化研究，为未来我国引领国际智能网联汽车标准法规发展奠定坚实基础，从项目总量和规模来看我国标准体系建设已达到国际先进水平（扫码后见资料 A）。本书中涉及的标准扫码后见资料 B。

资料 A

资料 B

第二节　我国智能网联汽车标准体系顶层设计

一、智能网联汽车标准体系总体要求及建设思路

车联网产业是汽车、电子、信息通信和道路交通运输等行业深度融合的新型产业，是全球创新热点和未来发展制高点，更加需要发挥标准在车联网产业生态环境构建中的顶层设计和基础引领作用。2017 年底，工业和信息化部抢抓智能网联汽车发展机遇，与国家标准化管理委员会联合发布第一版智能网联汽车标准体系建设方案——《国家车联网产业标准体系建设指南（智能网联汽车）》，分阶段对我国智能网联汽车标准体系建设工作做出系统规划和全面部署，指导建立适应我国国情并与国际接轨的智能网联汽车标准体系。到 2020 年，初步建立能够支撑驾驶辅助及低级别智能驾驶的智能网联汽车标准体系。重点标准涵盖功能安全、信息安全、人机界面等通用技术，以及信息感知与交互、决策预警、辅助控制等核心功能相关的技术要求和试验方法，促进智能化产品的全面普及与网联化技术的逐步应用。到 2025 年，系统形成能够支撑高级别智能驾驶的智能网联汽车标准体系。重点标准涵盖智能化自动控制、网联化协同决策技术以及典型场景下智能驾驶功能与性能相关的技术要求和评价方法，促进智能网联汽车"智能化+网联化"融合发展，以及技术和产品的全面推广普及。

截至目前，我国已完成智能网联汽车标准体系建设第一阶段目标任务，初步建立起支撑驾驶辅助及低级别智能驾驶的智能网联汽车标准体系，且在体系规划完善程度和标准数量等方面均处于国际领先水平；标准体系建设指南译文还被联合国、国际标准化组织（ISO）等相关机构列为参考文件，成为全球汽车企业战略布局和产品规划的重要指导。

为充分发挥标准在车联网产业生态环境构建中的引领和规范作用，适应我国智能网联汽车发展的新趋势、新特征和新需求，加快构建新型智能网联汽车标准体系，工业和信息化部、国家标准化管理委员会联合修订形成《国家车联网产业标准体系建设指南（智能网联汽车）(2023 版)》，如图 14-1 所示。

新版标准体系建设指南主要针对智能网联汽车通用规范、核心技术与关键产品应用，构建包括智能网联汽车基础标准、技术标准、产品标准、试验标准等在内的智能网联汽车标准体系，指导车联网产业智能网联汽车领域的相关标准制定修订，充分发挥标准在车联网产业关键技术、核心产品和功能应用的引领作用，与《国家车联网产业标准体系建设指南》其他部分共同形成统一、协调的国家车联网产业标准体系架构。

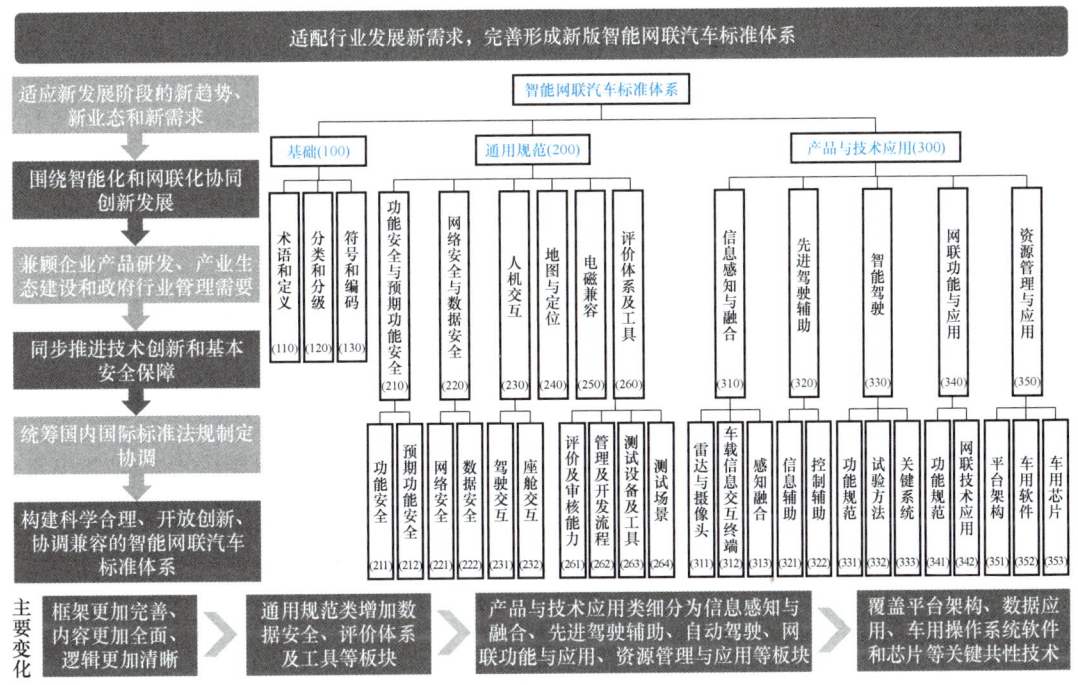

图 14-1 《国家车联网产业标准体系建设指南（智能网联汽车）（2023 版）》建设内容

在建设思路方面，适应我国智能网联汽车新发展阶段的新趋势、新特征和新需求，面向单车智能和网联赋能发展思路，兼顾企业产品研发和政府行业管理需要，协同推进技术创新发展和基本安全保障，统筹国内、国际标准法规制定协调，构建科学合理、开放创新、协调兼容的智能网联汽车标准体系。

在建设目标方面，贯彻落实《国民经济和社会发展第十四个五年规划和 2035 年远景目标纲要》的分阶段规划思路，体现与第一版《国家车联网产业标准体系建设指南》的高度延续性，在全面总结当前标准体系建设进展的同时，提出了 2025 年、2030 年两个阶段的标准体系建设具体规划。

在技术架构方面，考虑智能网联汽车技术深度融合和跨领域协同的发展特点，横向以智能感知与信息通信层、决策控制与执行层、资源管理与应用层 3 个层次为基础，纵向以功能安全和预期功能安全、网络安全和数据安全等通用规范技术为支撑的"三横两纵"核心技术架构，加强与移动终端、基础设施、智慧城市、出行服务及创新技术的关联性。

在项目布局方面，规划标准涉及基础、通用规范、产品与技术应用等方面，按具体领域分为基础类标准、通用规范类标准及产品与技术应用类标准。

基础类标准：包括术语和定义标准、分类和分级标准及标识和编码标准。

通用规范类标准：包括功能安全与预期功能安全标准、网络安全与数据安全标准、人机交互标准、地图与定位标准。

265

产品与技术应用类标准：包括信息感知与融合标准、先进驾驶辅助标准、智能驾驶标准、网联功能与应用标准、资源管理与应用标准。

此外，根据标准体系框架中各领域各层级标准制定内容，体系文件明确了后续各层级标准制定的重点方向，涵盖基础、通用规范、产品与技术应用下设的共 28 个层级，共包含标准项目近 100 项。其中，通用规范类增加数据安全、评价体系及工具等板块；产品及技术应用类细分为信息融合与感知、先进驾驶辅助、智能驾驶、网联功能与应用、资源管理与应用等板块，覆盖平台架构、车用操作系统软件和芯片等关键共性技术，框架更加完善、内容更加全面、逻辑更加清晰，更加符合我国智能网联汽车产业发展的切实需要。

我国智能网联汽车标准体系建设的基本原则如下：

1. 统筹规划，协同推进

立足我国智能网联汽车产业现状，加强标准体系规划与政策措施研究、管理制度建设的协同，按照前瞻布局、急用先行的思路，以汽车产品为核心，统筹推进智能网联汽车标准体系建设。

2. 服务需求，鼓励创新

以产业发展需求为导向，发挥标准在新产品新业态新模式发展中的领航作用，突出企业在技术创新、产品市场化等方面的主体地位，提升标准在智能网联汽车技术创新与产业发展中的贡献和价值。

3. 筑牢底线，保障安全

强化系统思维和底线思维，针对智能网联汽车发展应用带来的新形势新挑战，适时开展功能评价、产品规范、体系保障等相关标准规范制定，为智能网联汽车发展、应用及管理提供安全保障。

4. 开放兼容，动态完善

强化智能网联汽车与相关产业的协同配合，主动分享我国标准体系研究及建设成果，强化国际标准法规参与合作及国内国际协调兼容，以动态发展的思维适时调整、优化智能网联汽车标准体系。

智能网联汽车是具备环境感知、智能决策和自动控制，或与外界信息交互，乃至协同控制功能的汽车。智能网联汽车标准体系建设思路是：适应我国智能网联汽车在新发展阶段的新趋势、新业态和新需求，围绕智能化和网联化协同创新发展，兼顾企业产品研发、产业生态建设和政府行业管理需要，同步推进技术创新发展和基本安全保障，统筹国内国际标准法规制定协调，构建科学合理、开放创新、协调兼容的智能网联汽车标准体系，为我国智能网联汽车发展发挥引领和基础支撑作用。

同时结合智能网联汽车与移动终端、基础设施、智慧城市、出行服务等相关要素的技术关联性，体现跨行业协同特点，共同构建以智能网联汽车为核心的协同发展有机整体，更好地发挥智能网联汽车标准体系的顶层设计和指导作用，如图 14-2 所示。

二、标准体系框架及内容

按照智能网联汽车标准体系的技术逻辑架构，综合考虑不同功能、产品和技术类型、各子系统之间的交互关系，将智能网联汽车标准体系划分为 3 个层级。其中，第一层级规定了智能网联汽车标准体系的基本分类，即基础、通用规范、产品与技术应用 3 个部分；第二层

第十四章 智能网联汽车标准体系

级根据标准内容范围和技术等级,细分形成 14 个二级分类;第三层级按照技术逻辑,进一步细化形成 23 个三级分类,从而形成了逻辑清晰、内容完整、结构合理、界限分明的标准体系框架,如图 14-3 所示。

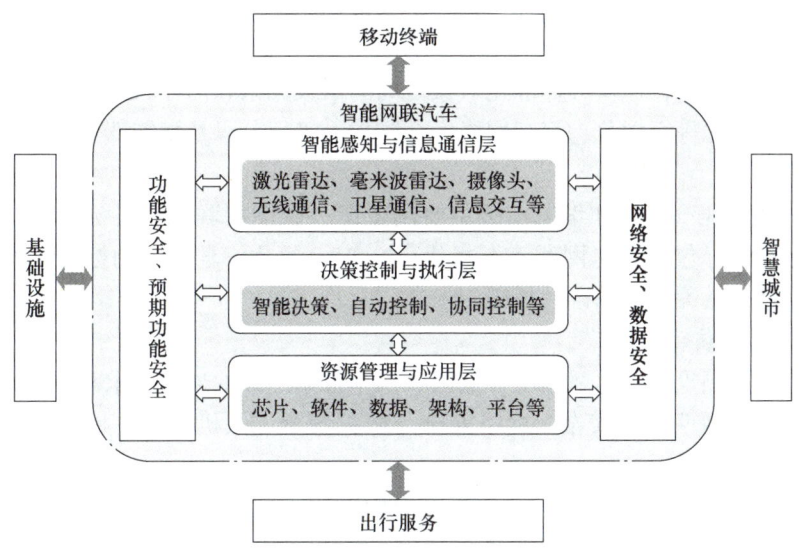

图 14-2 智能网联汽车标准体系技术逻辑框架

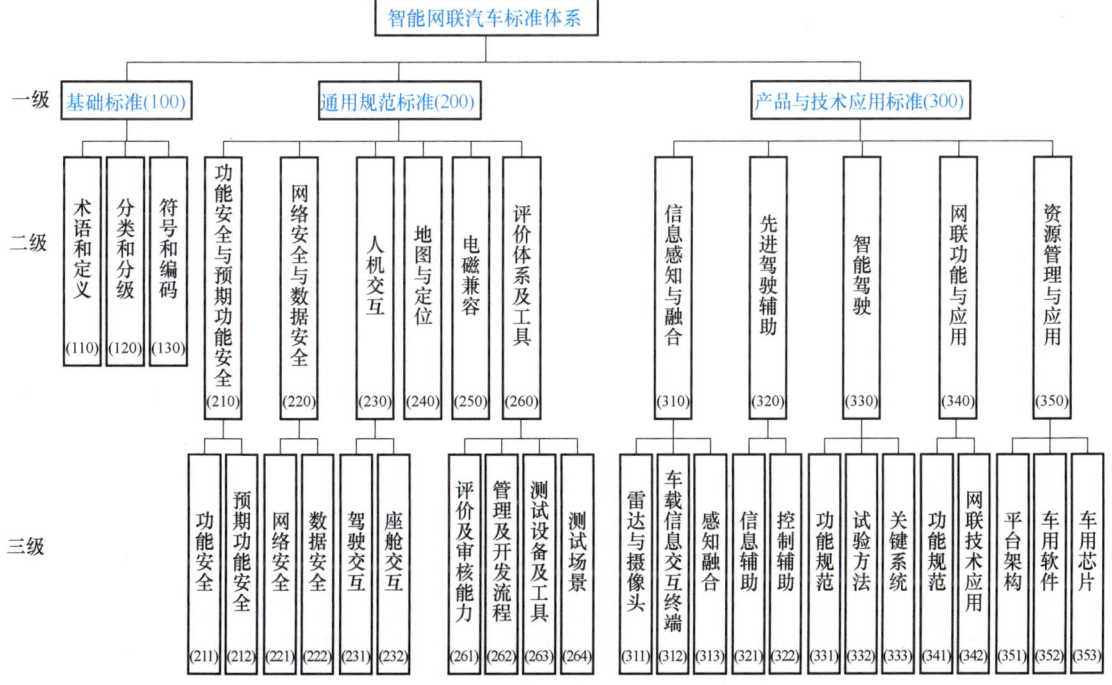

图 14-3 智能网联汽车标准体系框架图

1. 基础标准(100)

基础标准主要用于统一智能网联汽车领域相关概念,厘清标准化对象及边界,建立标准

267

化对象的统一表达方式，包括术语和定义、分类和分级及符号和编码3个部分。

（1）术语和定义　术语和定义标准主要用于统一智能网联汽车领域的基础通用概念，为各相关行业统一用语奠定基础，同时为其他各部分标准的制定提供规范化术语支撑，该部分内容主要包括智能网联汽车相关的术语和定义等标准。

（2）分类和分级　分类和分级标准主要用于支撑各相关方认识和理解智能网联汽车领域标准化的对象、边界，以及各标准化对象之间的层级关系和内在联系，包括汽车驾驶自动化分级、汽车网联化等级划分、汽车网络安全防护等级划分以及智能驾驶系统设计运行条件等标准。

（3）符号和编码　符号和编码标准主要用于统一智能网联汽车各类产品、技术和功能对象的标识和符号，包括智能网联汽车操纵件、指示器及信号装置的标志、汽车软件识别码、车用数据格式及编码等基础性规则。

2. 通用规范标准（200）

通用规范标准侧重于提出适用于智能网联汽车技术框架的通用要求和共性评价准则，主要包括功能安全与预期功能安全、网络安全与数据安全、人机交互、地图与定位、电磁兼容、评价体系及工具等部分。

（1）功能安全与预期功能安全　功能安全标准用于确保电子电气系统（包括软件、硬件、系统）等功能异常的情况下，车辆能够安全运行、不会引发安全风险，主要包括产品层面的功能安全分析、设计开发要求、测试评价方法，以及企业层面的功能安全管理要求和审核评估方法。

预期功能安全标准用于规避车辆因设计不足、性能局限及人为误用导致危害发生的不合理风险，主要包括产品层面的预期功能安全分析、设计开发要求、测试评价方法，以及企业层面的预期功能安全管理要求和审核评估方法。

（2）网络安全与数据安全　汽车网络安全标准基于车联网复杂环境，以车端为核心运用纵深防御理念保护其免受网络攻击或缓解网络安全风险，主要包括安全保障类与安全技术类标准。其中，安全保障类标准主要规范了企业及产品相关的体系管理和审核评估方法；安全技术类标准主要包括车用数字证书、密码应用等底层支撑类技术要求，元器件级、关键系统部件级、整车级安全技术要求及测试评价方法，以及入侵检测等综合安全防护技术要求、软件升级技术要求等。

汽车数据安全标准用于确保智能网联汽车数据处于有效保护和合法利用的状态并具备保障持续安全状态的能力，对重要数据和个人信息提出明确的安全保护要求，主要包括数据通用要求、数据安全要求、数据安全管理体系规范、数据安全共享模型和架构等标准。

（3）人机交互　人机交互标准主要指智能网联汽车产品形态相较于传统汽车在人机工程、信息传递、交互方式等方面存在差异的技术规范类标准，分为驾驶交互和座舱交互两部分。驾驶交互指驾驶人或驾驶自动化系统在执行动态驾驶任务过程中的交互规范，交互的内容与动态驾驶任务有较强的关联性，包括信号提示通用规范、智能驾驶系统与外部交通参与者的交互、用户告知及安全使用等标准。座舱交互指与驾驶无关的智能座舱相关功能产生的交互需求，是针对新形态智能化交互技术在车辆上的应用要求的标准。

（4）地图与定位　地图与定位标准主要包括坐标系、车用地图、卫星定位、惯性导航和融合定位等标准。坐标系标准主要是在车辆和相关关键部件实现导航、定位、测距、感知

等相关功能时,所使用的相关坐标系及其技术要求。车用地图标准主要是指车用地图在实现上车应用的要求及评价方法。卫星定位、惯性导航和融合定位标准主要侧重于为车辆提供安全、可靠的定位服务,支撑车辆实现导航、路径规划和决策控制等功能。

（5）电磁兼容　电磁兼容标准主要包括智能网联汽车电磁兼容典型测试场景,以及在测试场景下进行智能网联汽车电磁兼容性能评价的要求与试验方法,保证在复杂的车内外电磁环境影响下,智能网联汽车相关功能不会发生性能降低或功能失效,进而影响车辆操控、提示报警、数据记录、数据传输等安全相关功能。

（6）评价体系及工具　评价体系及工具标准规范了智能网联汽车测试评价技术中的关键要素,创建以评价及审核能力、管理及开发流程、测试设备及工具、测试场景为核心的全新测试评价系列标准,为建立智能网联汽车测评认证体系提供基础支撑。

3. 产品与技术应用标准（300）

产品与技术应用标准主要涵盖信息感知与融合、先进驾驶辅助、智能驾驶、网联功能与应用、资源管理与应用等智能网联汽车核心产品与技术应用的功能、性能及相应试验方法,其中先进驾驶辅助和智能驾驶相关标准将充分体现智能化和网联化技术的融合发展需求。

（1）信息感知与融合　信息感知与融合是指通过车载毫米波雷达、车载激光雷达、车载摄像头等感知部件以及车载信息交互终端,探测和接收车辆外部信息,经过感知融合和分析处理,为后续的决策与控制环节提供依据。主要包括雷达与摄像头、车载信息交互终端和感知融合等标准。

（2）先进驾驶辅助　先进驾驶辅助是指0~2级驾驶自动化功能,先进驾驶辅助系统（ADAS）是利用安装在车辆上的传感、通信、决策及执行等装置,实时监测驾驶人、车辆及其行驶环境,并通过信息和/或运动控制等方式辅助驾驶人执行驾驶任务或主动避免/减轻碰撞危害的各类系统的总称。ADAS标准主要包括信息辅助以及控制辅助两个部分,主要规定各类别ADAS对于车辆内外目标事件识别、系统状态转换条件及显示方式、动态驾驶任务执行及响应等核心能力的技术要求及相应试验方法。

信息辅助是指ADAS在特定条件下向驾乘人员发出车辆及环境信息的提示或预警信号,包括全景影像、乘用车夜视和盲区监测等标准。控制辅助是指ADAS在特定条件下短暂或持续地辅助驾驶人执行车辆横向和/或纵向运动控制,包括自动紧急制动、紧急转向辅助和车道保持辅助等标准。

（3）智能驾驶　智能驾驶是指3~5级驾驶自动化,智能驾驶系统在特定的设计运行条件下能够代替驾驶人持续自动地执行全部动态驾驶任务,替代人类成为驾驶主体。智能驾驶类标准主要包括功能规范、试验方法和关键系统等。

功能规范标准主要以高速公路、城市道路、其他特定区域等不同应用场景为基础,综合考虑智能驾驶功能的级别和相应的设计运行条件两个因素,提出车辆智能驾驶系统在相应场景下的技术要求以及评价方法和指标。

试验方法标准以"多支柱法"为指导,针对车辆智能驾驶系统,利用仿真试验、场地试验、道路试验等方法验证车辆智能驾驶系统的基础安全性。

关键系统标准针对支撑车辆智能驾驶功能实现的关键系统提出功能、性能要求及试验方法。

（4）网联功能与应用　网联功能与应用主要指车辆在自身传感器探测的基础上,通过车载无线通信装置与其他节点进行信息交互，主要包括功能规范和网联技术应用两个部分。

功能规范标准针对在车辆上通过无线通信技术实现的特定功能，用于规范相关功能的技术要求和试验方法。网联技术应用标准针对不同类型的无线通信技术制定相关系统技术要求标准，用于规范无线通信技术在车辆上的应用。

（5）资源管理与应用　资源管理与应用侧重于规范平台架构、车用软件、车用芯片等智能网联汽车核心共性资源的功能、性能及应用要求，推动软硬件资源协同化规范化，主要包括平台架构、车用软件和车用芯片等标准。平台架构标准主要包括智能网联汽车云控平台、电子电气架构的接口、车内有线通信技术、诊断通信等标准。

车用软件标准侧重于为软件管理及软件层级的应用实现提供标准支撑，主要涵盖软件升级管理标准和车用操作系统标准等。车用芯片标准侧重于智能网联汽车关键芯片性能要求及试验方法，主要涵盖安全芯片等体现智能网联汽车应用特点的车用芯片相关标准。

第三节　已有标准及未来建设目标

截至目前，我国已完成发布先进驾驶辅助系统（ADAS）、网联功能与应用及车用操作系统等标准路线图并持续推进各细分领域标准建设；报批发布国家和行业标准81项、立项起草国家标准项目48项、完成标准化需求研究及成果应用项目49项；组织开展中德智能网联汽车标准化路线图对比和智能网联汽车法律法规适用性分析等重要研究，组织多次标准技术指标试验验证及企业管理体系试运行活动，有效支撑智能网联汽车道路测试、示范应用和产品准入政策的制定实施。我国已初步建立起支撑驾驶辅助及低级别智能驾驶的智能网联汽车标准体系，且在体系规划完善程度和标准数量等方面均处于国际领先水平；标准体系建设指南译文还被联合国、国际标准化组织（ISO）等相关机构列为参考文件，成为全球汽车企业战略布局和产品规划的重要指导。

根据智能网联汽车技术现状、产业需要及未来发展趋势，我国智能网联汽车标准体系的建设目标如下：

第一阶段到2025年，系统形成能够支撑组合驾驶辅助和智能驾驶通用功能的智能网联汽车标准体系。制修订100项以上智能网联汽车相关标准，涵盖组合驾驶辅助、智能驾驶关键系统、网联基础功能及操作系统、高性能计算芯片及数据应用等标准，贯穿功能安全、预期功能安全、网络安全和数据安全等安全标准，满足智能网联汽车技术、产业发展和政府管理对标准化的需求。

第二阶段到2030年，全面形成能够支撑实现单车智能和网联赋能协同发展的智能网联汽车标准体系。制修订140项以上智能网联汽车相关标准并建立实施效果评估和动态完善机制，满足组合驾驶辅助、智能驾驶和网联功能全场景应用需求，建立健全安全保障体系及软硬件、数据资源支撑体系，智能驾驶等关键领域国际标准法规协调达到先进水平，以智能网联汽车为核心载体和应用载体，牵引"车-路-云"协同发展，实现创新融合驱动、跨领域协同及国内国际协调。

未来，在智能化领域将推进自动泊车-融合单元逻辑接口等标准的发布；推进融合单元逻辑接口、测试目标物、自动紧急制动系统等标准的起草工作；推进港口和末端配送智能驾驶系统、纵向行驶控制系统、感知功能评价测试设备、融合定位系统、车载人脸识别等标准

的研究；积极推动 ISO 34501《道路车辆自动驾驶系统测试场景术语》等重点国际标准的转化工作。

在网联化领域将推进密码应用和数字证书、车用操作系统、信息安全工程审核指南、漏洞分类分级、车用数字钥匙、数据安全管理体系等标准的研究进程。

在国际标准法规协调方面，深入参与世界车辆法规协调论坛自动驾驶及网联工作组（WP. 29/GRVA）协调工作；履行自动驾驶法规适用性分析任务组（TF-FADS）联合主席职责。持续开展面向智能网联发展新需求的汽车标准适用性分析，准确识别各相关方在智能网联汽车相关产品研发、测试及管理等过程中遇到的标准适用性问题，为后续修订完善我国汽车标准及联合国技术法规协调等提供支撑。

在国际交流与合作方面，依托政府间汽车标准对话合作框架以及汽车领域各类合作机制，加强与欧盟、德国、法国、日本及"一带一路"沿线国家和地区的交流合作，联合推动国际标准法规制定协调，促进全球智能网联汽车技术及产业发展。

【思考题】

1. 与国际上标准体系相比较，我国智能网联汽车标准体系的先进性体现在哪些方面？
2. 如何理解新版标准体系（2023 版）相较于 2017 版的变化？
3. 由中国牵头的、中外多国联合制定发布的首个智能驾驶国际标准的名称是什么？中国在参与国际标准法规协调方面做了哪些工作？

参 考 文 献

［1］全国汽车标准化技术委员会. 国家车联网产业标准体系建设指南（智能网联汽车）(2023 版)［EB/OL］.［2024-02-15］ https：//wap. miit. gov. cn/jgsj/kjs/wjfb/art/2023/art _ 28a7501f51ae4b408f32f3fb2c49e271. html.

［2］全国汽车标准化技术委员会. 国家汽车芯片标准体系建设指南［EB/OL］.［2024-03-16］ https：//www. miit.gov.cn/jgsj/kjs/wjfb/art/2024/art_5aadf1f986d54feea69ed80fa214126f. html.

第十五章

智能网联汽车测试评价技术

第一节 智能网联汽车测试评价技术定义及组成

一、概述

测试与评价是智能网联汽车研发中的重要环节。科学合理的测试评价体系可以全面检验智能网联汽车各方面的性能表现,在产品的设计、研发、测试与认证各个环节发挥重要作用。

测试是指通过实际操作、观察或使用特定方法来检验被测试对象(ICV 整车、子系统或子模块)的性能、功能或质量。测试通常是基于 ICV 标准或要求进行的,旨在确定被测试对象是否符合这些标准或要求。测试可以用来发现问题、识别错误或验证预期的结果。

GB/T 40429—2021《汽车驾驶自动化分级》对设计运行条件(Operational Design Condition,ODC)和设计运行范围(Operational Design Domain,ODD)进行了定义。就车辆自身而言,ICV 是一个多软硬件系统耦合、高度集成的复杂系统,其是否能够正常运行并达到预期功能和性能,需要经历系统性的测试过程;就车辆运行的环境而言,是复杂多样且充满不确定性的,即使 ICV 系统能够良好运行,但在不同场景下,尤其是在极端场景下,是否能够正确理解场景并执行安全的驾驶动作仍需要反复测试。不充分的测试将带来无法控制的潜在风险,对交通参与者甚至整个交通体系造成损害。完善有效的测试技术是 ICV 技术进步的重要支撑,是验证系统功能有效性、可靠性的重要手段,是迭代优化系统不可或缺的基础条件。

评价是指对被评估对象(ICV 整车、子系统或子模块)进行全面的、系统性的分析和判断。评价通常是基于一系列的标准、指标或要求,旨在评估被评估对象的价值、效果或质量。评价可以包括对性能、可用性、可靠性、安全性、用户体验等方面的考量,并提供关于被评估对象的优点、缺点和改进建议。

简而言之,测试是一种验证性的行为,用于验证被测试对象是否符合特定的标准或要求。评价则是一种综合性的分析,通过多个方面的考察和判断,对被评估对象进行全面的评估和反馈。测试通常是评价的一部分,但评价可以超出测试的范畴,涵盖更广泛的因素和指标。

科学的评价体系是引导系统和功能设计、促进技术良性发展的重要因素。一方面,评价体系是工程师、用户、监管部门等对其价值评判的提炼和系统性表达,体现了人们对于智能网联汽车在安全性、舒适性、经济性、友好性等各方面的需求、偏好和目标,在上述评价体系的引导下，才有可能以合理的投入开发符合需求的产品。另一方面，通过评价体系可以综合展现产品的功能和性能，便于不同智能网联汽车的比较，对系统开发形成有益反馈。总体而言，评价体系的建立对智能网联汽车的发展有着正向促进和推动作用，从而加速智能网联汽车的迭代更新。

从智能网联汽车测试评价技术的整体研发流程来看，将综合基于虚拟技术及模拟测试环境的测试手段，面向环境感知、决策规划、控制执行以及网联相关的 V2X 等不同部件及子系统进行测试验证，以进一步提高测试效率、降低开发成本、加快开发速度。上述测试手段，连同受控封闭场地测试、开放道路等真实世界测试，构成了智能网联汽车完整的测试评价体系，智能网联汽车测试评价工具链如图 15-1 所示。

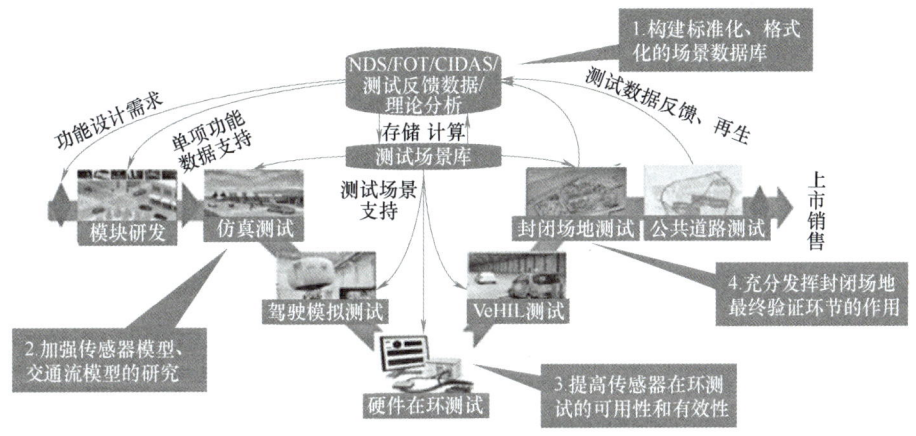

图 15-1　智能网联汽车测试评价工具链

从图 15-1 可以发现，不论是基于虚拟环境的测试，还是基于封闭场地的测试，抑或是开放道路的测试，场景都是智能网联汽车开展测试的核心内容，因此构建标准化、格式化的场景数据库，从而为各测试环节提供场景数据支持，是智能网联汽车测试评价工具链的起点。ICV 根据设计需求完成模块研发后，首先需要基于测试场景库提供测试场景支持完成仿真测试，并通过驾驶模拟测试、硬件在环测试，提高传感器在环测试的可用性和有效性，降低智能驾驶系统测试和回归的时间与成本，避免实车路测的安全问题发生。之后，需要充分发挥封闭场地验证环节的作用，完成封闭场地测试，并在开放道路上进行实车测试，通过标准要求最终才能够上市销售。

综上所述，智能网联汽车测试评价体系主要包括仿真测试评价技术与实车测试评价技术（封闭道路测试、实际/开放道路测试），二者共同构成了智能网联汽车测试评价的完整技术链路，而在智能网联汽车整车的研发与测评过程中，安全测试评价技术是智能网联汽车测试评价体系的重要一环，安全测试评价技术主要包括功能安全测评、信息安全测评与数据安全测评。智能网联汽车的安全测试评价技术同仿真测试评价技术及实车测试评价技术，共同构成其"三横两纵"的测试评价技术架构。

二、ICV 测试与评价方法

ICV 安全框架作为纲领文件，对 ICV 的安全性提供指导和规范。安全框架通常由相关的政府机构、标准化组织或行业联盟制定，旨在促进智能网联汽车技术的发展，并确保车辆在使用过程中的安全性和可靠性。

2019年6月，在日内瓦召开的WP.29第178次全体会议审议通过了中国、欧盟、日本和美国共同提出的UN/WP.29 *Framework document on automated/autonomous vehicles*（《自动驾驶汽车框架文件》），见资料C：WP.29/GRVA《自动驾驶汽车框架文件》。

《自动驾驶汽车框架文件》明确了针对搭载自动驾驶功能的ICV的工作原则、安全愿景和优先关注的要求，为附属工作组提供了指引。以该文件为基础，关于自动驾驶相关的UN法规陆续出台，包括R155网络安全、R156软件升级、R157自动车道保持三大法规等。

目前，美国、欧盟及中国针对智能网联汽车已经开展了充分的研究，逐步构建了一套系统的测试方法与标准，并保持持续改进以适应汽车技术和行业生态的发展。下文将介绍国内外具有一定代表性的两种测评方法。

资料C

1. 联合国NATM测试评价方法

联合国自动驾驶验证方法非正式工作组（VMAD IWG）针对自动驾驶系统（Automated Driving Systems，ADS）提出一种自动驾驶新评估/测试方法（New Assessment/Test Method for Automated Driving，NATM）。NATM涉及场景目录、模拟仿真测试、封闭场地测试、实际道路测试、审核/评估程序、在役监测和报告6种方法（简称"多支柱法"），以支撑ADS的安全性验证。NATM框架文件用于支撑自动车辆功能要求非正式工作组（FRAV IWG）所提出的功能要求的验证。NATM的架构如图15-2所示。

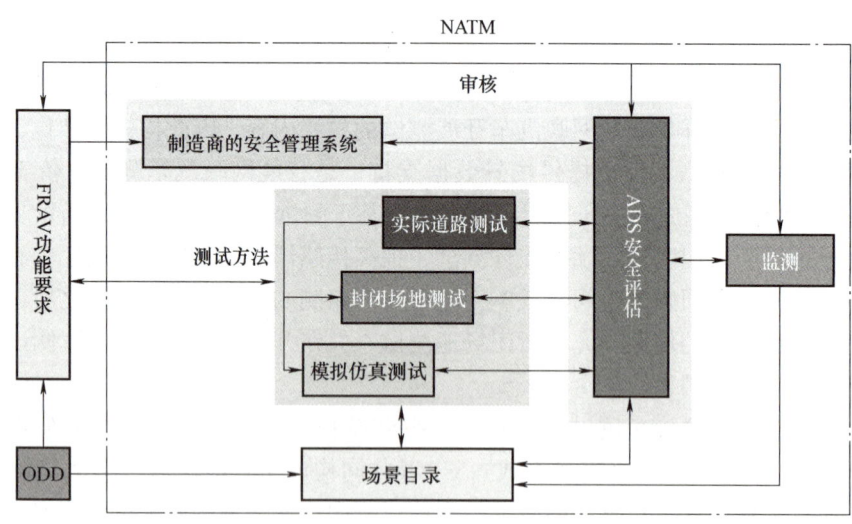

图15-2 NATM的架构

（1）场景目录 场景目录由对给定行程中可能发生的真实驾驶情况的描述组成，将成为NATM多支柱法的工具，用来验证ADS安全性。

（2）模拟仿真测试 模拟仿真测试使用不同类型的仿真工具链，在各种模拟场景中评估ADS是否符合安全要求。其中包括一些在现实环境中极难甚至不可能进行测试的场景。

（3）封闭场地测试 封闭场地测试使用具有各种场景要素的封闭测试场来测试ADS的

能力和功能。

（4）实际道路测试　实际道路测试使用开放道路来测试和评估 ADS 与其在真实交通条件下行驶能力相关的性能。

（5）审核/评估程序　审核/评估程序规定制造商如何利用文件、模拟仿真、封闭场地测试和/或实际道路测试，向安全当局证明 ADS 的能力。审核可验证与系统相关的危害和风险是否已被识别，以及是否已采用一致的安全设计理念。审核还可验证是否制定了稳健的流程/机制/策略（即安全管理系统），以确保 ADS 在整个车辆生命周期内满足相关安全要求。它还将评估不同支柱之间的互补性和总体场景的覆盖情况。

（6）在役监测和报告　在役监测和报告针对的是 ADS 投放市场后的在役安全性。它依靠在现场收集的车队数据以评估 ADS 在道路上运行时是否仍然安全。该数据收集还可为通用场景数据库提供来自现场的新场景，并支持 ADS 从发生的重大事故/事件中学习并优化。

2. 中国智能网联汽车安全测试与评估方法

我国积极推动智能网联汽车测试与评估方法的研究，相关部委通过发布一系列政策文件，逐步明确了智能网联汽车在产品过程保障、测试验证等方面的要求，为智能网联汽车的测试和示范应用提供了指导，营造了良好的测试和示范应用环境。

在这一背景下，我国在智能网联汽车测试与评估方法方面已初步达成共识。参考国内外测试评估方法研究，结合我国智能网联汽车的安全管理需求，以搭载 L3 级和 L4 级智能驾驶功能的智能网联汽车作为研究对象，重点针对车辆在智能化、网联化背景下面临的功能安全、预期功能安全、网络安全、数据安全等安全风险，提出一种系统、可复用、可扩展的安全测试与评估方法，实现对特定 ODC 下搭载智能驾驶功能智能网联汽车的综合安全评估。

该方法将智能网联汽车的安全测试与评估分为基础测评和监测调整两个阶段。即在基础测评阶段综合评估产品对技术要求、过程保障及测试要求的满足情况；在监测调整阶段对车辆实际安全状态进行监测，根据监测结果适时调整评估结果。智能网联汽车安全测试与评估方法的框架如图 15-3 所示。

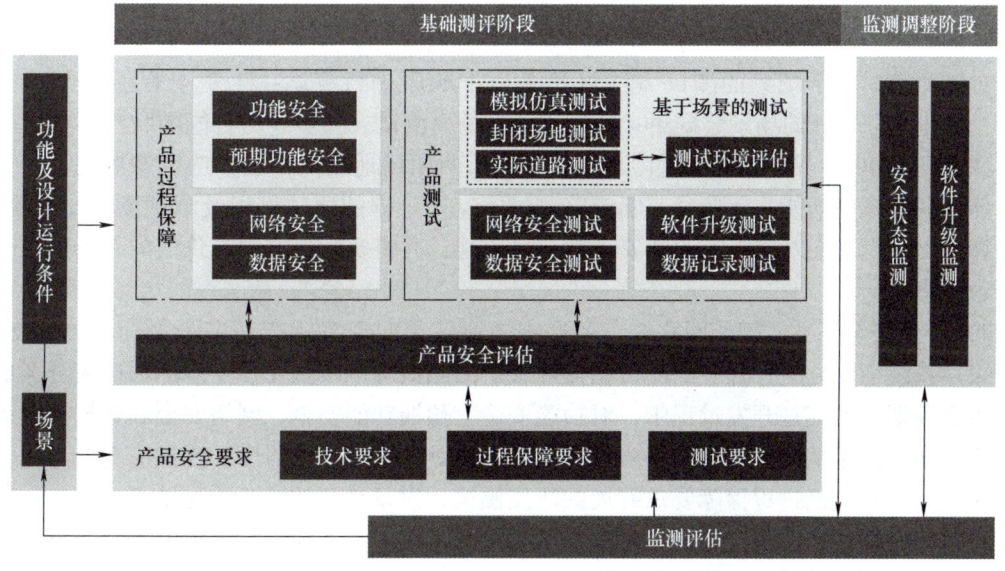

图 15-3　智能网联汽车安全测试与评估方法的框架

（1）基础测评阶段　基础测评阶段主要针对计划量产的研发测试车辆，综合考虑智能网联汽车对产品安全要求的满足情况，形成对智能网联汽车产品的综合安全评估结果。

1）产品安全要求。对于搭载智能驾驶功能的智能网联汽车的产品安全要求，也是基于 ODC 提出的，主要包含技术要求、过程保障要求和测试要求 3 个方面。技术要求包含动态驾驶任务执行和后援、人机交互等方面的要求；过程保障要求包含功能安全、预期功能安全、网络安全和数据安全等方面的要求，重点针对驾驶自动化系统，应覆盖产品开发过程中的软硬件级、系统级和整车级；测试要求包含模拟仿真测试、封闭场地测试、实际道路测试、网络安全测试和数据安全测试、软件升级测试、数据记录测试等方面的要求，用于支撑整车级产品测试验证和安全评估。

2）产品过程保障。基于过程保障要求，实现对功能安全、预期功能安全、网络安全和数据安全的过程保障，包括但不限于开发设计规范、体系建设、风险管理、验证确认等，并考虑 ICV 产品在全生命周期（概念、开发、生产、运维和报废）的过程保障。

3）产品测试。基于测试要求，结合汽车生产企业和检验检测机构的差异化功能定位，综合发挥两者的比较优势，对智能网联汽车开展相关测试。

其中，基于场景的测试方法（包括模拟仿真测试、封闭场地测试、实际道路测试）围绕产品安全分析输出的测试场景，测试评估搭载智能驾驶功能的智能网联汽车的行驶安全性。基于场景的测试方法的优缺点对比见表 15-1。

表 15-1　基于场景的测试方法的优缺点对比

测试方法	保真度	成本	效率	可复制性	安全性	场景覆盖度
模拟仿真	低	低	高	高	高	高
封闭场地	中	高	低	中	中	低
实际道路	高	中	中	低	低	中

基于场景的 3 种测试方法各有侧重。实际测试过程中，需要遵循一定的逻辑关系，实现三者优势互补。基于场景的 3 种测试方法通常按照模拟仿真测试、封闭场地测试、实际道路测试的顺序依次开展测试工作，但也可以针对特定的安全测试需求进行调整和补充。

具体而言，基于场景的测试方法可参考以下顺序进行测试：①基于智能驾驶功能的 ODC，构建充分合理的场景数据集；②通过模拟仿真测试，初步评估智能网联汽车的行驶安全性并验证 ODC 边界，识别出危险场景；③通过封闭场地测试，基于选定的典型场景，验证智能网联汽车的功能；④通过实际道路测试，基于足够的测试里程及测试场景要素覆盖，评估智能网联汽车应对实际交通的安全性和可靠性，并将实际道路中有价值的新场景更新到场景数据集中。

4）产品安全评估。智能网联汽车产品安全评估是实现车辆产品安全管理的关键支撑，主要采用系统工程方法，开展产品过程保障、产品测试等审核工作。安全评估应充分考虑产品全生命周期，尤其是开发过程中，对功能安全、预期功能安全、网络安全和数据安全等过程保障要求的满足情况，同时应保障对产品的测试具备足够的覆盖度。测试应充分考虑汽车生产企业为满足产品过程保障要求开展的研发测试，以及必要的检验检测结果。

产品安全评估在考虑产品满足各类测试要求的基础上，还应综合考虑不同测试方法的优缺点，实现不同测试方法之间的相互补充，提高安全评估的科学性、针对性和有效性。

（2）监测调整阶段　监测调整阶段则是针对已投入使用的车辆，在监测调整阶段，通过对车辆实际安全状态进行有针对性的监测分析，及时发现前期安全评估结果与车辆实际安全状态之间的偏差，适时修正评估结果，并不断细化完善智能网联汽车安全要求、测试与评价体系。车辆实际使用过程中可能会遇到新的有价值场景，可用于更新和完善场景数据集。同时，通过状态监测，可以加强对汽车生产企业软件升级活动的监督管理，保障车辆产品持续满足相关安全管理要求及产品生产一致性要求。

第二节　智能网联汽车仿真验证与评价

一、概述

根据驾驶自动化等级的不同，仿真验证与评价的方法也会不同。目前国际上比较公认的驾驶自动化等级是国际自动机工程师学会的划分方式，将驾驶自动化等级分成了 6 级，从 L0~L5，其实准确地说应该是 5 级，L0 是无自动驾驶功能。SAE 的驾驶自动化等级是根据 DDT、DDT Fallback 以及 ODD 的不同来进行划分的。

动态驾驶任务（Dynamic Driving Task，DDT）指汽车在道路上行驶所需的所有实时操作和策略上的功能（决策类的行为），不包括行程安排、目的地和途经地的选择等战略上的功能。

（1）车辆执行　通过方向盘来对车辆进行横向运动操作，通过加速和减速来控制车辆速度。

（2）目标和事件探测与响应（Object and Event Detection and Response，OEDR）　也称为周边监控，通过对物体和事件的检测、认知归类和后续响应，实现对车辆周围环境的监测和执行对应的操作、车辆运动的计划以及对外信息的传递。

（3）动态驾驶任务后援（DDT Fallback）　智能驾驶在设计时候，需要考虑系统性的失效（导致系统不工作的故障）发生或者出现超过系统原有的运行设计范围之外的情况，需给出最小化风险的解决路径。

（4）设计运行范围（Operational Design Domain，ODD）　也有称为设计适用域或者设计运行域，是一组参数，指智能驾驶系统被设计的起作用的条件及适用范围，例如把我们知道的天气环境、道路情况（直路、弯路的半径）、车速、车流量等信息做出测定，以确保系统的能力在安全的环境之内。

二、L2 及以下级别驾驶自动化仿真验证与评价

1. 仿真验证与评价整体框架

如图 15-4 所示，模拟测试评价体系分为两个部分：测试用例与评价指标。测试用例包括测试场景和测试条件，测试场景指测试时外部环境的状态，如天气、道路状况、道路周围环境、道路的曲率半径等静态条件；测试条件指测试时主车与其他交通参与者的状态等动态条件，如开始测试时的主车车速，主车与其他交通参与者的相对距离，其他交通参与者的预计行为等。

结合模拟仿真测试的优势，我们又将具体的测试用例分为 3 类：标准测试用例、标准扩充测试用例和设计测试用例。标准测试用例为结合已有标准（如 ISO、SAE、NCAP 等），将实车的测试用例搭建成模拟仿真的测试用例。这一部分的测试用例的作用在于与实车测试相互验证，以说明模拟仿真测试可以反映实车的真实性能，可以替代一部分的实车测试。标准

扩充测试用例为结合标准测试用例，扩充其测试场景，如改变道路状态、周边环境、天气等，以及增加其测试条件，如增加主车测试时的速度范围、减速度大小等。标准扩充测试用例既结合了标准测试的权威性，又合理利用了模拟仿真数据无限性、扩展性、批量化和自动化的优势，是从标准测试用例到设计测试用例的一个过渡。设计测试用例是以采集到的真实驾驶场景（如自然驾驶场景、危险工况场景等）作为其测试场景，采集到的驾驶数据（如本车速度、加速度、前车车速等）作为其测试条件，重现真实驾驶场景并进行测试。设计测试用例来自实际驾驶过程，更加广泛也更加贴合实际，能更好地反映测试功能在真实场景中的性能。

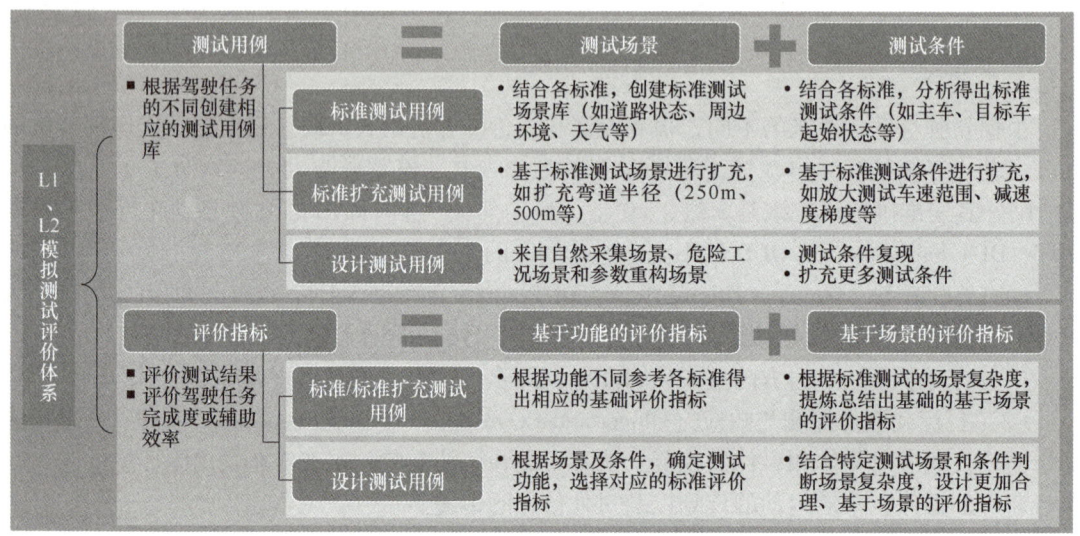

图 15-4　仿真验证与评价整体框架

对于评价指标，则分成了基于功能的评价指标和基于场景的评价指标。基于功能的评价指标根据 L1、L2 各驾驶功能的不同而不同，主要根据已有的相关标准，结合测试的具体情况进行评价，反映了所测车辆对测试功能的完成度的评价。基于场景的评价指标则反映了场景的复杂度，根据场景的不同复杂程度，判断该场景下的评价得分在所有测试用例中的占比，从而得出最终的综合性评价结果。

总体而言，场景数据库中的每一个测试用例都有对应的场景复杂度，即基于场景的评价指标。根据测试功能的不同，从场景数据库中提取符合该功能的测试用例，并根据相应的基于功能的评价指标对该测试功能进行评价，最后结合场景复杂度得出最终评价得分。这种仿真测试评价体系流程能很好地利用模拟仿真易参数化的优势，无须传感器就能获得车辆行驶数据，不仅能与实车测试相互对应（标准/标准扩充测试用例），也能反映日常驾驶或危险驾驶下的性能（设计测试用例），具有简单易实现、测试范围广、测试项目多、测试结果可靠、反映实际驾驶等优点。

2. 仿真测试用例设计

测试用例主要分成了 3 类：标准测试用例、标准扩充测试用例和设计测试用例，在本小节中，以 AEB 功能为例，详细介绍该功能的标准/标准扩充测试用例的测试场景及测试条件，并给出对应部分的图解，见表 15-2。

表 15-2 AEB 功能的部分标准/标准扩充测试用例

评价项目	测试场景		主车车速	目标车车速/行人速度	两车车距/主车与行人垂直距离
AEB	直道测试	低速靠近静止目标	10~50km/h，5km/h 递增，共 9 组	0	120m
		高速靠近静止目标车	50~90km/h，5km/h 递增，共 9 组	0	150m
		靠近慢速目标车	50~70km/h，5km/h 递增，共 5 组	20km/h	150m
		靠近减速目标车	30~70km/h，5km/h 一组，共 9 组	主车速度，减速度 2m/s²，减速至 0	70m
				主车速度，减速度 6m/s²，减速至 0	100m
		目标车静止，干扰车距目标车 85m 变道	70km/h	目标车静止，干扰车车速 70km/h	主车距干扰车 40m，距目标车 140m
		目标车慢速切入	60km/h	20km/h	目标车距主车 40m 开始切入
	弯道测试	曲率半径 = 500m，目标车静止	100km/h	0	68m
		曲率半径 = 250m，目标车静止	86km/h	0	50m
		曲率半径 = 125m，目标车静止	60km/h	0	35m
	直道，行人测试	行人远端横穿道路（距离主车中心线距离 6m）	20km/h	6.5km/h 碰撞位置 50%处	18.5m
			30km/h		27.74m
			40km/h		36.9m
			50km/h	6.5km/h 碰撞位置 25%处	46.2m
			60km/h		55.4m
		行人近端横穿道路（距离主车中心线距离 4m）	20km/h	5km/h 碰撞位置 75%处	18m
			30km/h		27m
			40km/h		36m
			50km/h	5km/h 碰撞位置 25%处	45m
			60km/h		54m
			10km/h	5km/h，碰撞位置为 75%处	9m
			15km/h		13.5m
			45km/h		40.5m
			20km/h	3km/h，碰撞位置为 75%处	30m

表 15-2 中给出了 AEB 功能的部分标准/标准扩充测试用例。其中，直线测试用例部分主要参考了赫尔肖夫（Hulshof）等的研究成果，同时结合 C-NCAP 中测试规定的部分测试条件（如两车车距等）进行设计。除此之外，也结合了 SAE J2400 中干扰车切入、切出的测试用例，设计了日常生活中常见的前方车辆切入、切出情况的测试用例，因这些测试用例主要来自相关标准，且场景较为简单，故在此将其作为标准扩充测试用例，图 15-5 显示了切入、切出测试用例图解，以便于理解。除表上所列举的测试场景外，诸如天气、道路状态、可见度等测试场景均与标准一致，均为晴天无云，道路状态良好，可见度高，因此没有在表中赘述。

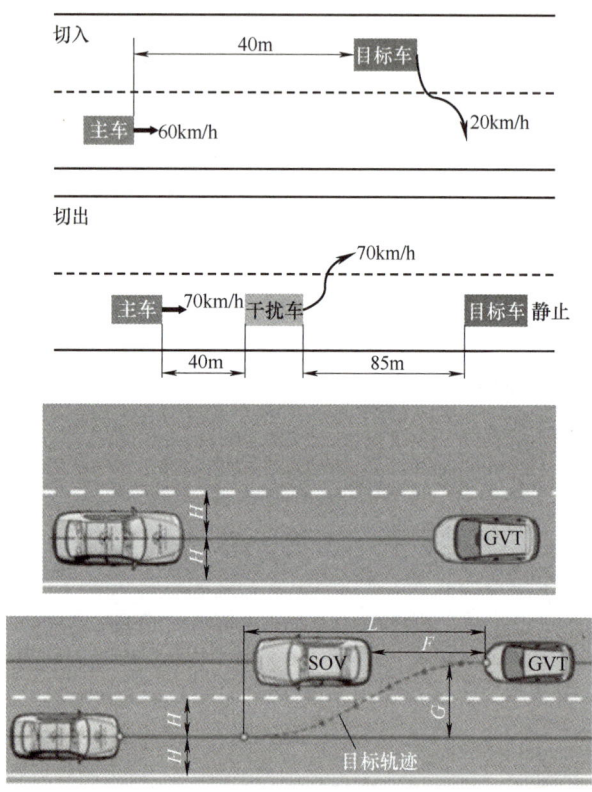

图 15-5 切入、切出测试用例图解

弯道测试用例部分（图 15-6）主要参考了 ISO 15623，其中，主车车速以及主车和目标车距离均参考 ISO 15623，其相关计算公式如下：

$$V_{\text{circle\_start}} = \min((a_{\text{lateral\_max}} \times R)^{1/2}, V_{\max}) \pm 1 \text{m/s} \quad (15\text{-}1)$$

$$D = (R \times W_L - W_L^2/4)^{1/2} \quad (15\text{-}2)$$

$$D_1 = (D^2 + W_L^2/4)^{1/2} \quad (15\text{-}3)$$

式 15-1 中，R 为曲率半径；$V_{\text{circle\_start}}$ 为测试开始时主车的速度；$a_{\text{lateral\_max}}$ 为弯道中最大侧向加速度，当弯道曲率半径小于 250m 时为 2.3m/s^2，当曲率半径小于 500m 时为 2m/s^2；$V_{\max}$ 为 AEB 功能开启时车辆速度的最大值，在这里设为 100km/h。式 15-2 中，D 为主车距离目标车的直线距离。式 15-3 中，D_1 为主车与目标车之间弯道的弧长；W_L 为车道线宽，在这里将其设为 3.5m。

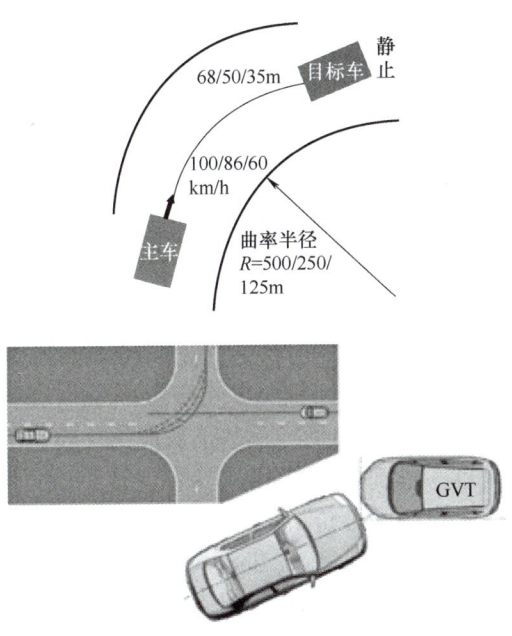

图 15-6 AEB 标准/标准扩充测试用例——弯道

直道的行人碰撞测试用例（图 15-7）主要参考了 C-NCAP 的相关规程，分别给出了直道行人测试的图解和车辆碰撞位置的图解。在行人碰撞测试用例中，行人与车中心线的距离根据 C-NCAP 确定，行人与主车之间的垂直距离则根据行人速度、车辆速度和水平距离进行计算，使得按照测试开始时的速度，主车刚好在规定碰撞位置发生碰撞。

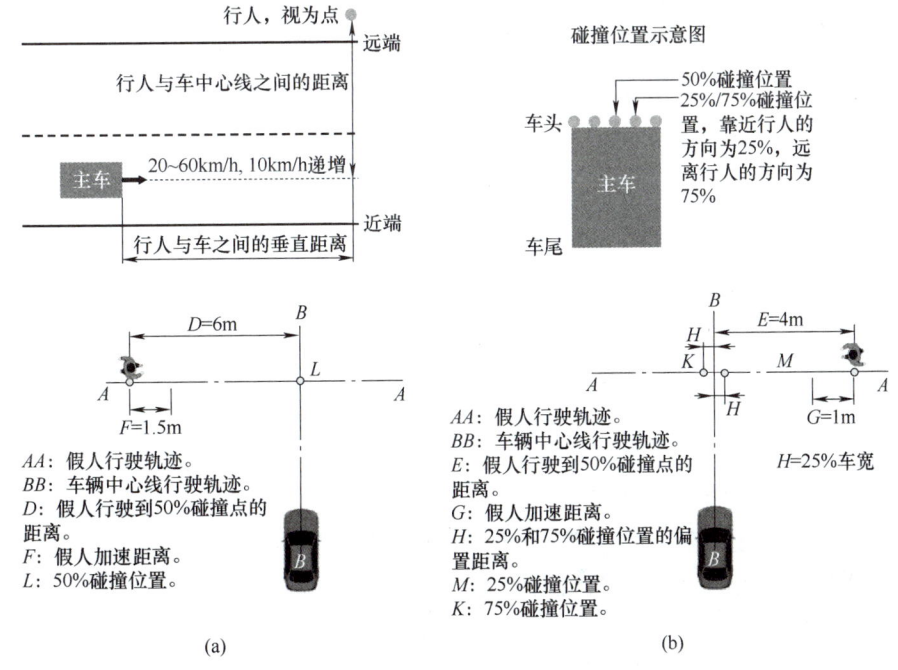

图 15-7 直道的行人碰撞测试用例图解

对于其他 L0、L1、L2 驾驶自动化功能，比如前车碰撞预警（Forward Collision Warning，FCW）、自适应巡航控制（Adaptive Cruise Control，ACC）、车道偏离预警（Lane Departure Warning，LDW）、车道保持辅助（Lane Keeping Assistant，LKA）和自动泊车辅助（Automatic Park Assist，APA）等，其对应的测试用例的设计思路与 AEB 测试用例的设计思路类似。FCW 主要参考了 ISO、NHTSA、SAE；ACC 主要参考了 ISO；LDW 主要参考了 ISO、NHTSA；LKA 主要参考了 ISO、E-NCAP；APA 主要参考了 ISO、JGJ 等。

3. 仿真测试的评价指标

在测试用例确定后，还需要相应的评价指标来对仿真测试结果进行评价。评价指标应该具有一定的客观性、准确性、唯一性，同时，因为不同测试用例的场景具有不同的复杂度，所以不同测试用例的测试结果在最终的评价中应该具有不同的权重。根据以上原则，设计了基于功能的评价指标和基于场景的评价指标，基于功能的评价指标主要评价功能完成的好坏，保证了评价指标的客观性、准确性、唯一性，基于场景的评价指标主要评价该测试用例的结果在最终评价中的权重，保证了评价指标基于场景的特性。

（1）基于功能的评价指标　仿真测试中，同一功能具有多个测试用例，且每个测试用例均包含了不同的测试条件，因此，设计与测试用例一一对应的基于功能的评价指标的工作量太大。另外，评价指标的确立要经过反复的验证，对每一个测试用例下的测试条件都进行反复验证，选择合理的评价指标显然与模拟仿真本身的简化实际测试流程、加快功能验证及开发的目的相违背。因此，在本书中，基于功能的评价指标均为根据已有的相关标准及规范，结合模拟仿真测试的特点，设计成与测试用例无关的、能反映相应功能的基本完成情况的指标。

表 15-3 给出了已完成的基于功能的评价指标。从表中可以看出，各功能的评价指标评价的都是基本功能的完成度，与测试用例无关，也正因为此，各个功能的评价得分均为 1 分。具体计算分数时，则按照满足评价指标的比例，以 1 分为总分进行计算评价。因为基于功能的评价指标没有考虑测试用例的场景复杂度即功能完成难度的影响，因此，不同测试用例下的得分在综合得分中的权重，将由基于场景的评价指标给出。

表 15-3　已完成的基于功能（AEB、FCW、ACC、LDW、LKA、APA）的评价指标

功能	评价指标	总分
AEB	是否避免碰撞	1
	自动制动是否执行	
	碰撞预警是否执行	
	AEB 系统启动时，两车重叠率≥20%	
FCW	预警时，1.5s<碰撞时间（TTC）<4.5s	1
	是否具有点刹预警（持续时间<1s，减速度<0.5g，最大速度减少<2m/s）	
	FCW 系统启动时，两车重叠率≥20%	
ACC	跟车行驶（时距保持在 1.2~2.8s）或达到设定巡航速度行驶	1
	ACC 系统启动期间，平均减速度≤3.0m/s^2	
	ACC 系统启动期间，减速度平均变化率≤2.5m/s^3	
	ACC 系统启动期间，自动加速度≤2m/s^2	
	ACC 系统启动期间，最小跟车时距≥0.8s	

(续)

功能	评价指标	总分
LDW	在警示界限区域[①]内触发警报	1
	在不可警示区域内不触发警报	
	可识别车道线或凸起路标	
LKA	轮胎外边缘超过车道线的距离<d,小型车 d<0.4m,重型车 d<1.1m	1
	LKA 系统启动期间,最大纵向减速度≤3m/s^2	
	LKA 系统启动期间,纵向减速度>1m/s^2 时,速度减少量小于 18km/h	
	LKA 系统启动期间,最大横向加速度≤3m/s^2	
	LKA 系统启动期间,最大侧向急跳度(jerk)≤5m/s^3,jerk 是加速度随时间的变化率	
APA	能搜索检测出测试车辆对应大小的停车位	1
	停车后,车辆偏角在-3°~3°	
	停进目标区域	
	APA 启动后,最大前进速度<10km/h	
	APA 启动后,最大倒车速度<12km/h	
	0.05m≤车边缘距离车位线(或相邻车辆)距离≤0.3m	
	揉库次数≤8 次	

① 警示界限:触发警报的界限,这里定为最早警示线与最晚警示线。最早警示线为车道线内侧 1.25m,最晚警示线对乘用车是车道线外侧 0.3m,对商用车(巴士、货车等)为车道线外侧 1m

(2)基于场景的评价指标 在进行驾驶场景复杂度评级时,通常以信息熵为方法论,结合驾驶场景的维度信息,分别计算场景不同维度的信息熵,并进行加权融合,得到场景的最终信息熵,据此对场景进行复杂度评级。信息熵的概念是 C. E. 夏伦(C. E. Shannon)从热力学中借用过来的,利用信息熵可以描述信源的不确定度,对信息进行量化度量,信息熵越大,则信源所包含的信息量越大,复杂度越高。

根据驾驶场景的特点以及虚拟测试评价体系的需求,我们将驾驶场景分为主车信息、交通参与者信息、道路信息以及环境信息 4 个维度,分别利用信息熵对各个维度的复杂度进行量化,信息熵计算采用对数的形式,并根据不同维度的特点选取合理的形式和权重,从而得到更加准确的计算结果。

具体而言,主车信息包括速度和动态驾驶任务,应将速度以及动态驾驶任务的数量和难度作为权重,分别计算其信息熵;交通参与者信息包括交通参与者类型、数量以及状态,参与者类型的多少、参与者数量以及状态同样会影响场景复杂度,因此,需要以权重的形式作用于信息熵的计算中。道路信息包括道路类型和道路结构,不同的道路类型和结构会影响场景复杂度的计算,因此,这两个要素也需要体现在信息熵的计算过程中;环境信息包括天气和时段,天气和时段的不同会影响路况以及交通参与者的决策,因此,在计算时也应将其考虑在内。信息熵的计算采用如下的形式:

$$C = \log_2(\omega_k + 1) \tag{15-4}$$

式中,ω_k 为不同场景维度下需要考虑的权重因素。

在得到 4 个场景维度的信息熵计算结果之后,根据维度之间的串并联关系,将 4 个结果进行加权融合，确保最终的场景复杂度计算结果在[0,1]，并根据计算结果进行复杂度评级：结果在[0,0.6)，则该场景被评级为简单场景；结果在[0.6,0.8)，则该场景被评级为中等场景；结果在[0.8,1]，则该场景被评级为复杂场景。驾驶场景复杂度评级的流程如图15-8所示。

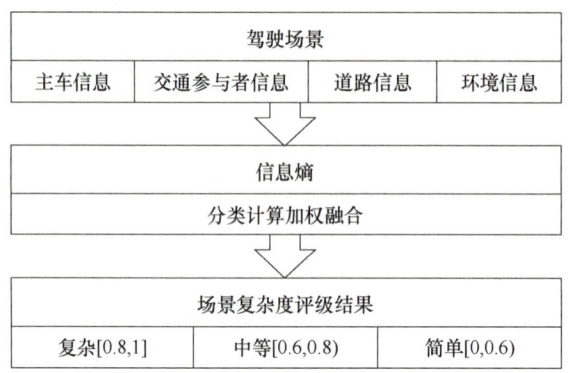

图15-8　驾驶场景复杂度评级的流程

与基于功能的评价指标不同的是，基于场景的评价指标与测试用例一一对应，决定了在该测试用例下功能评价得分占总体最终得分的权重。基于场景的评价指标可以用公式描述出来，且不用经过反复测试，相较于直接在基于功能的评价指标上体现测试用例而言，节省了很多工作量，也更加符合实际。

4. 仿真测试评价流程

如图15-9所示，在测试时，首先根据所需测试功能选择对应的测试用例及基于功能的评价指标，随后结合对应测试用例下的基于场景的评价指标根据公式15-5计算其综合得分，从而对所测功能进行评价。

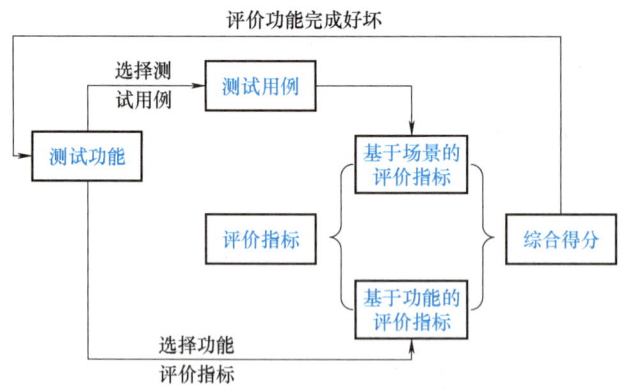

图15-9　模拟仿真测试评价流程

$$y = \left(\sum_{i=1}^{N} f_i \times s_i \right) / N \times 100 \qquad (15\text{-}5)$$

式中，N为测试用例个数；f_i为第i个测试用例下所测功能对应的基于功能的评价得分（满分1分）；s_i为第i个测试用例下的基于场景的评价得分（满分1分）；y为最终的综合得分。

最终的综合得分都调整为百分制，本书基于综合得分提出一种基础的等级设置：极差（$y<20$），较差（$20 \leq y < 40$），一般（$40 \leq y < 60$），良好（$60 \leq y < 80$），优秀（$80 \leq y \leq 100$）。在实际应用时，可根据对功能要求程度对分数等级进行调整，也可设计基准车型进行得分对比评价等。

根据综合得分及等级评价，即可对所测功能完成好坏有数量上的评价，从而给模拟仿真测试提供统一的对照比较方式，加快模拟仿真测试的发展，有助于智能驾驶功能落地实践。

三、L3 及 L4 驾驶自动化仿真验证与评价

目前，还有搭载 L3 智能驾驶功能的量产车辆，以及具备 L4 智能驾驶功能的示范应用和示范运营车辆。L3 智能驾驶功能跟 L2 以下级别的智能驾驶功能的区别在于，智能驾驶系统执行整个 DDT（参与时），驾驶人随时准备接管车辆。由于感知和判断由系统完成，L3 的仿真验证与评价与 L2 的稍有不同。

1. 面临的挑战

目前已有的整车开发 V 模型如图 15-10 所示。V 模型是一个从软件开发角度总结而来的过程模型，同样可用于开发汽车领域中复杂的、高风险的系统。V 模型大体可以划分为以下几个不同的阶段步骤：需求分析、概要设计、详细设计、软件编码、单元测试、集成测试、系统测试、验收测试。首先要从客户角度明确整个产品的功能需求（这里是车辆），V 模型左半边从不同的层级描述了需求说明和系统草图，V 模型右半边描述了系统开发的验证流程。在这一目的下规定了不同层级功能设计的强制测试，这些测试需满足产品开发需求。最后一步是检验整个产品是否满足了客户的功能需求。

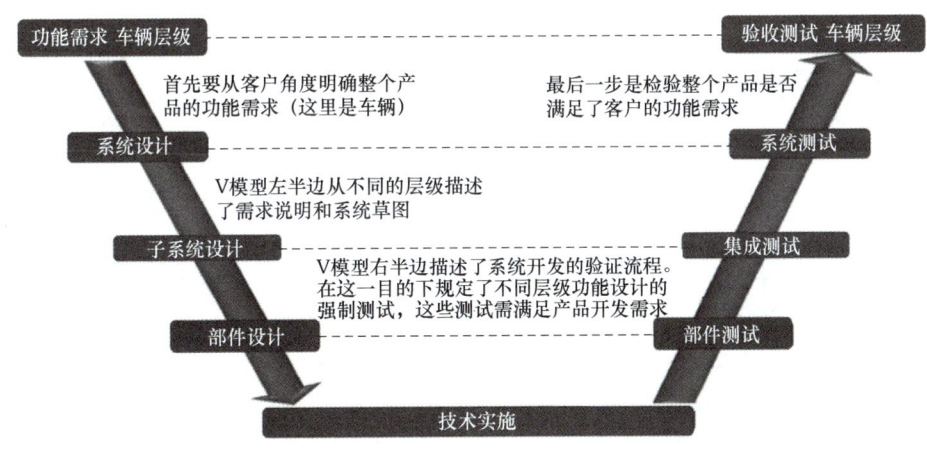

图 15-10 整车开发 V 模型

随着整车电子装备率的提升，功能安全越来越受到重视，国际标准化组织 ISO 定义了汽车电子电气功能安全（Functional Safety）标准 ISO 26262 用于规范系统投入使用前验证系统安全性的流程，这一流程一直成功地应用于只有人类驾驶的车辆以及高级驾驶辅助系统上。加入 ISO 26262 标准之后的 V 模型如图 15-11 所示。

加入高等级的智能驾驶功能之后，面临着非常多的挑战，主要包括以下这些方面：
1）与其他人类交通参与者的交互（混合交通）；

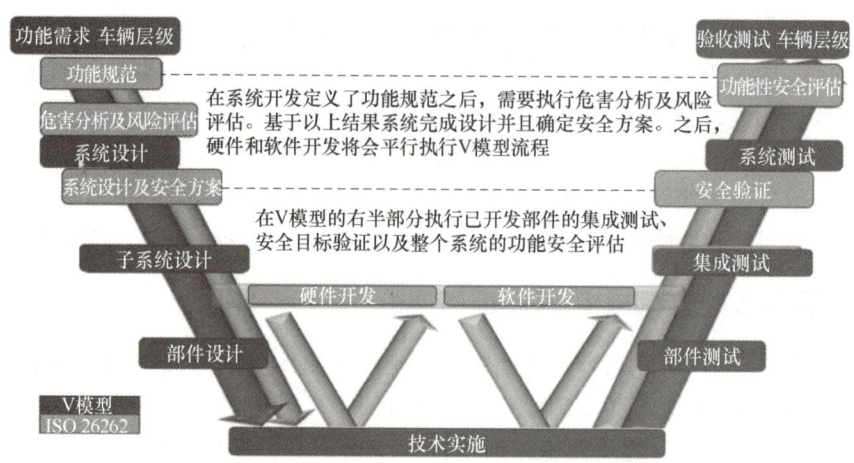

图 15-11　V 模型—ISO 26262 拓展

2）驾驶人与智能驾驶间的接管；

3）运行在高度复杂及难以预测的环境下（开放世界）；

4）在软件模块中大强度使用深度学习方法；

5）无人类驾驶人作为后备保障（失效运行代替失效安全）；

6）在产品生命周期期间改变了需经严格安全验证的功能性需求，例如扩展了功能范围和运行环境。

紧随其后需要的开发和安全保护流程问题如图 15-12 所示，其中包含着急需拓展的流程，用于应对上述挑战。

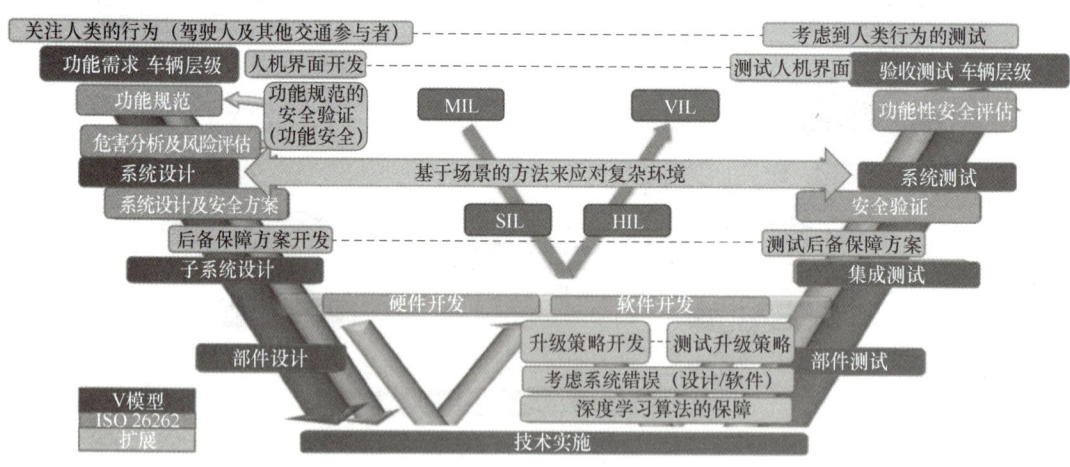

图 15-12　V 模型（智能驾驶功能扩展）

2. 仿真验证与评价流程

德国 PEGASUS 项目提出一个针对 L3 的仿真验证与评价流程，如图 15-13 所示。首先需要对数据库的需求进行定义与转换。需求的来源主要是知识储备（如法律、标准、指南等），根据需求定义将会得到技术需求。场景数据的来源有驾驶测试、仿真、驾驶模拟器及事故等，这些场景信息数据将会被处理转换成统一的数据格式并以逻辑场景和参数空间的形式存储在数据库中。通过对这些场景数据进行标准集成及选择决策，可以得到逻辑测试用例空间。通过将测试用例分配到仿真、场地和道路测试中，对该功能进行评价与分类，最后进行风险测定并得出安全报告。

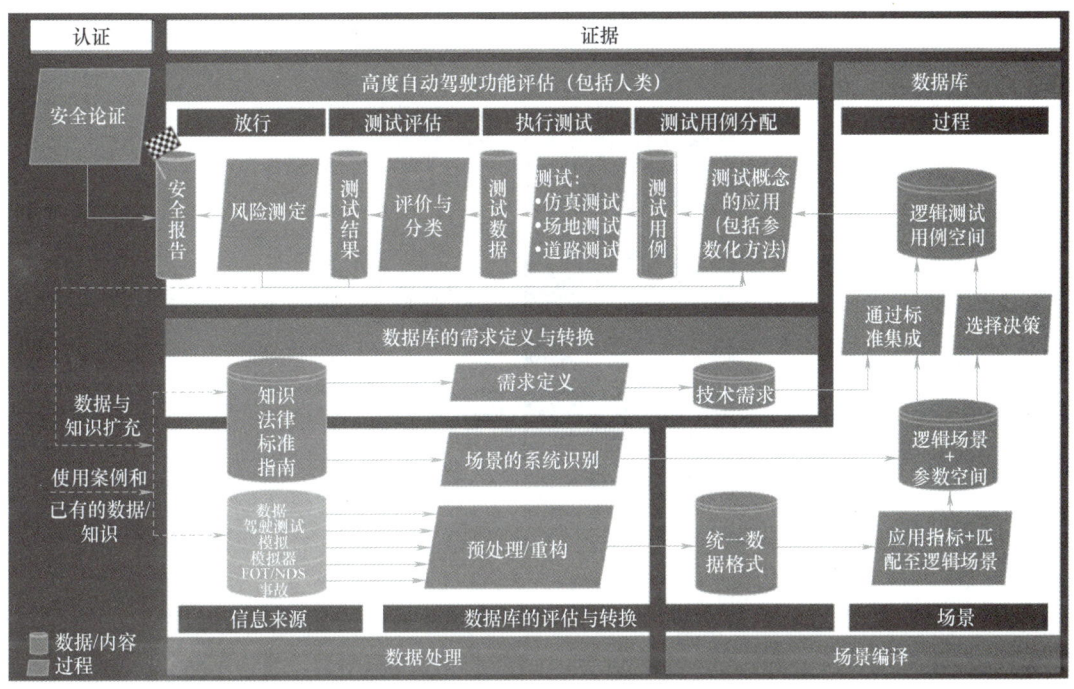

图 15-13　仿真验证与评价流程

3. 测试理念与通过标准

从逻辑场景到测试用例，应如何进行测试用例分配以及测试过程应如何工作？测试理念与测试用例的分配如图 15-14 所示，首先所有的逻辑场景都会在仿真中进行测试，其中测试结果显示具有挑战性的场景将会进一步在场地测试中进行验证。最后的道路测试将在选定的路径上进行，在道路测试中找到的"惊喜"会以补充场景的形式补充逻辑场景空间。

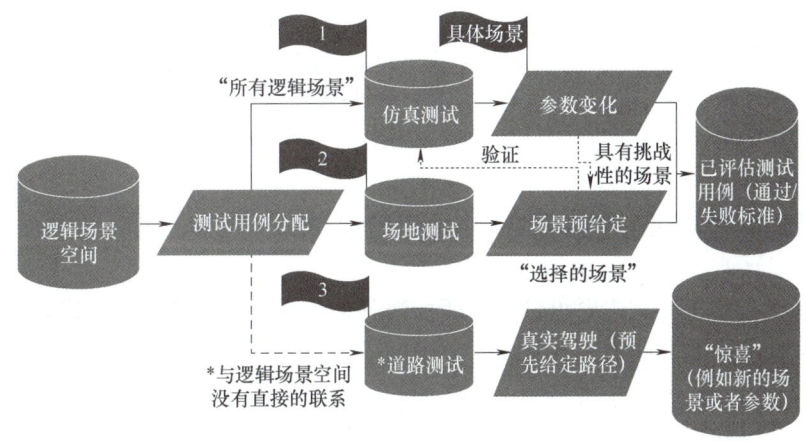

图 15-14　测试理念与测试用例的分配

287

由于 L3 智能驾驶功能能实现连续性的 DDT，它的功能完成度评价无法像前文所述 L2 以下辅助驾驶功能那样进行，因此采用通用的通过/失败准则进行评价，具体分为 3 方面，如图 15-15 所示。

图 15-15　通过/失败准则

同样地，L3 智能驾驶功能的仿真测试场景也可以有不同的场景复杂度评级，并在最后得分中分配不同的权重。常用的仿真测试工具链扫码见资料 D。

15-2-1　VaHIL-高级整车在环

15-2-2　VTHILS-车辆环境交通在环

资料 D

第三节　智能网联汽车实车测试评价技术

智能网联汽车实车测试主要可分为封闭场地测试和开放道路测试的形式。开放道路测试可直接真实地检验智能网联汽车在真实道路中的通行能力，但是在真实的交通环境中出于安全性考虑，不会对高风险场景进行测试。因此为了检验智能网汽车在行驶道路上的安全性，封闭场地测试通过构建接近真实交通场景的测试场景，运用仿真目标物代表交通参与对象，实现对智能网联汽车安全性功能的测试。本节主要对上述两种实车测试技术进行介绍。

一、封闭场地测试

随着智能网联汽车技术研究的深入,智能网联汽车商业化进程开始加快。健全完善的封闭场地测试是智能网联汽车上路行驶的前提,也是支撑建立相关技术标准和法律法规的基础。智能网联汽车的封闭场地测试需要考虑现实交通环境的复杂情况,包括交通参与者、事故或交通冲突分类、道路交通设施等要素。以全面的覆盖现实交通环境中的危险情况为导向,提升智能网联汽车的安全性。

在实际车辆行驶中,交通运行情况复杂,多种场景耦合。在封闭场地测试中,需要分析真实交通运行情况,构建相应的测试场景,包括场景分类、测试设备和测试方法。

1. 场景分类

一方面,封闭场地测试注重智能网联汽车的安全性验证,其场景构建多是根据各个国家的事故统计数据库,对发生频率较高的交通事故进行分类,提取事故发生的关键要素,在封闭场地中通过对交通要素的复现,检验智能驾驶车辆的安全性。另一方面,封闭场地测试也常用于车辆智能驾驶功能的验证,通过封闭场地验证某一项功能或探索某一项功能作用的临界情况。下面以中汽研汽车试验场股份有限公司的智能网联汽车试验场功能区为例展开介绍,如图 15-16 所示。

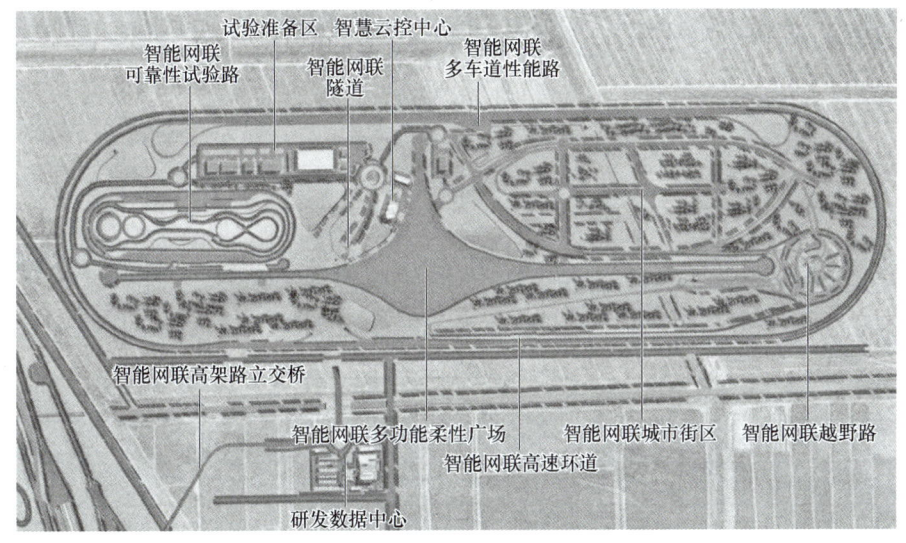

图 15-16 智能网联汽车试验场功能区

无论是安全性测试还是功能验证,封闭场地测试的场景构建均可以依据车辆需要完成的各项运行功能,对封闭场地测试项目进行总结,见表 15-4。

表 15-4 封闭场地测试项目

序号	测试项目分类	测试场景分类
1	交通标志和标线识别及响应	限速标志识别及响应
		停车让行标志线识别及响应
		车道线识别及响应
		紧急车道保持

（续）

序号	测试项目分类	测试场景分类
2	交通信号灯识别及响应	机动车信号灯识别及响应
		方向指示信号灯识别及响应
3	前方车辆行驶状态识别及响应	车辆驶入识别及响应
		车辆驶出识别及响应
		对向车辆借道本车车道行驶识别及响应
		前车静止
		前车慢行
		前车制动
4	障碍物识别及响应	障碍物测试
		误作用测试
5	行人和非机动车识别及避让	行人横穿马路
		行人与车同向行驶
		两轮车横穿马路
		两轮车与车同向行驶
6	跟车行驶	稳定跟车行驶
		停-走功能
7	靠路边停车	靠路边应急停车
8	超车	超车
9	并道	邻近车道无车并道
10	交叉路口场景	左转车辆冲突
		右转行人冲突
		左转行人冲突
		车辆右转非机动车道冲突
11	环形路口通行	环形路口通行
12	人工操作接管	人工操作接管
13	联网通信	联网通信

2. 测试设备

智能网联汽车封闭场地测试需要搭建对应项目的测试场景。封闭场景的搭建需要专业的封闭试验场、符合道路建设规范的交通设施以及交通参与者的替代软目标物。此外，测试设备应具备高精度记录车辆和交通参与者的位置、速度、加速度、航向角等数据的能力。本节将介绍几种广泛应用于封闭场地测试的仪器设备。

（1）软目标物　在封闭场地测试时，软目标物用于代替交通参与者，可减轻碰撞对测试车辆的损伤。目前主流的软目标物分为成年假人、儿童假人、自行车假人、软目标车辆以及具有地方特色的软目标物。

如依据 Euro-NCAP 的 *Test Protocol-AEB Systems Vesion*1.1 标准进行研发的软目标物靶车，以安全碰撞作为设计理念，在保持外观稳定的情况下，可以最大程度释放碰撞冲击力，如

图 15-17 所示；软目标物靶人拥有独特的结构专利和更多的应力释放点，使用寿命长，静态及可动关节靶人结构相同，可直接更换配件升级，避免迭代淘汰，如图 15-18 所示。

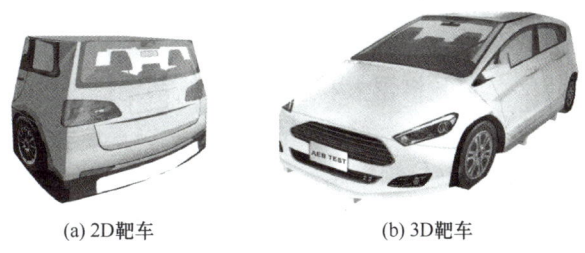

(a) 2D 靶车　　　　　　　(b) 3D 靶车

图 15-17　国产 2D/3D 靶车

图 15-18　国产软目标物靶人

根据 ISO 19206 第二部分《行人目标的要求》可知，行人的目标物包括成人和儿童，由于智能驾驶汽车测试对性别依赖性相对较小，故假人目标物没有对性别进行区分。出于对测试安全的考虑，当试验车辆以 60km/h 的相对速度进行撞击时，行人目标及其部件不应对试验车辆造成损坏。行人的目标姿势可以是静态的或动态的。装有活动腿和活动臂的假人步态应与标准步态相一致。成年假人行走时姿势应与竖直方向成 5°，奔跑中的儿童假人应与竖直方向成 12°，如图 15-19 所示。此外，由于行人行走时，胳膊的摆动不是必要条件，因此对假人目标物胳膊的摆动不做要求。

图 15-19　假人行走姿势

（2）位置与车辆控制设备　智能网联汽车测试需要安装驾驶机器人，通过高精度定位设备实现对车辆的精确速度和位置控制。相对应的软目标物也需要对其进行精确的运动控制，以保证期望碰撞位置的准确性，以及测试的可重复性。

目前封闭场地测试和公开道路测试中常用的定位设备是惯性导航测试系统，该系统通过接收 GPS 和北斗卫星信号实现定位，通过固定基准站或网络基站利用差分信息进行定位修正，可以实现动态 2cm 的定位精度。利用惯性导航测试系统可实现对车辆位置、速度、加速度和运动方向的精确测量。驾驶机器人利用惯性导航系统提供的定位数据，通过对方向盘、加速踏板和制度踏板的程序控制，实现车辆的速度和位置精确控制。同理，软目标物的运动，也通过惯性导航系统提供的位置信息，以及目标物下方扁平的运动平台，如图 15-20 所示，实现其运动控制。

当前，测试常用的国外设备有英国牛津科技生产的惯性导航测试系统，英国 AB Dynamics 公司生产驾驶机器人。近年来，我国自主研发生产的驾驶机器人和测试系统设备也得到广泛应用，如 IAE 智行众维公司自主研发的 iTT 智能网联车载测试与验证系统也被应用于整车开发过程中 ADAS 系统功能测试及验证。其特点主要是基于 Wi-Fi/DSRC 实现车对点、车对车及多车组网通信

图 15-20　假车移动平台

能力，完成 ACC、FCW、AEB 等 ADAS 功能测试及验证。该系统具有厘米级高精度定位能力，可以实时地采集并存储车辆的状态数据，包括精确位置数据、CAN 总线数据、视频数据、数字和模拟量接口数据等。同时该系统还具备云端服务数据上传与远程控制能力，可以通过 4G/5G 移动网络把车辆系统的数据上传至云端服务器，并可以通过云端远程实时操控设备发挥相应的功能，如图 15-21 所示。

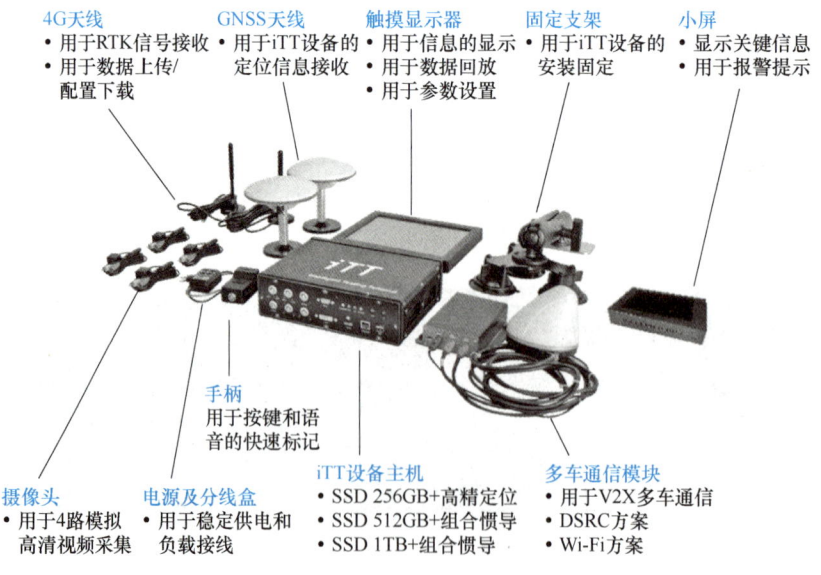

图 15-21　iTT 智能网联车载测试与验证系统

3. 测试方法

（1）交通标志和标线识别及响应　包含限速标志识别及响应、停车让行标志线识别及

响应、车道线识别及响应、紧急车道保持的测试场景。根据 Euro-NCAP 和 EU 2021/1958 对智能限速功能的规定，对普通限速牌和可变电子限速牌识别的正确率、超速报警的及时性以及速度控制的稳定性做出了要求。C-NCAP 对 0.2~0.5m/s 横向偏离速度下的车道保持系统偏出车道的最大横向距离做出了要求，不能偏出车道线边缘 0.2m；对 0.6~0.7m/s 横向偏离速度下车道偏离报警系统报警时最大横向偏出距离做出了要求，报警时不能偏出车道线边缘 0.2m。根据 Euro-NCAP 对紧急车道保持系统的测试要求，分别对车辆偏出道路边缘、车辆压实线、车辆变道同时后方有车辆超车、车辆变道同时对向有来车，以 0.2~0.6m/s 的横向偏离速度进行测试，车辆不能偏出道路边缘或实线边缘 0.1m。此外，对车辆变道同时后方有车辆超车还要增加有意识的偏离测试。对于有目标车辆参与的紧急车道保持系统测试，要求不能与目标车辆发生碰撞。紧急车道保持测试场景如图 15-22 所示。

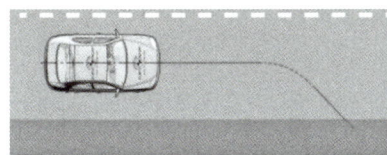
(a) 偏出道路边缘

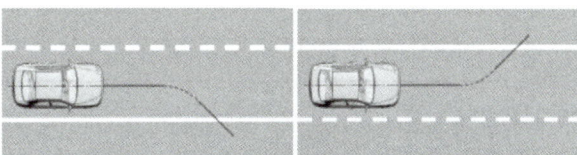
(b) 车辆实线

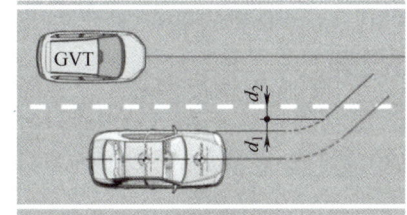
(c) 后方有车辆超车

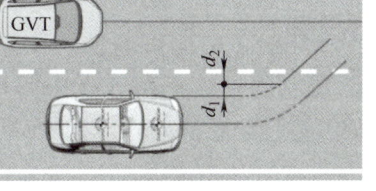
(d) 对向有来车

图 15-22　紧急车道保持测试场景

（2）交通信号灯识别及响应　包含机动车信号灯识别及响应、方向指示信号灯识别及响应的测试场景。主要检验对交通指示灯的识别，通过判断在车道中的位置，使智能驾驶车辆不违反交通规则，遵守交通秩序。

（3）前方车辆行驶状态识别及响应　包含车辆驶入识别及响应、车辆驶出识别及响应、对向车辆借道本车车道行驶识别及响应、前车静止（纵向 & 横向）、前车慢行、前车制动的测试场景。前车静止、前车慢行、前车制动场景考察的是车辆追尾情况下的紧急制动功能，此外 C-NCAP 还需在车辆和目标车不同重叠率情况下进行测试，根据 Euro-NCAP、C-NCAP 和 UN R152 要求，通过检测车辆与目标车辆的相对碰撞速度来评价车辆紧急制动性能。表 15-5 为 UN R152 中测试车与目标车的最大相对碰撞速度要求。

表 15-5　UN R152 中测试车与目标车的最大相对碰撞速度要求

相对速度/(km/h)	静止		运动	
	满载	行驶质量	满载	行驶质量
10	0.00	0.00	0.00	0.00
15	0.00	0.00	0.00	0.00
20	0.00	0.00	0.00	0.00

(续)

相对速度/(km/h)	静止		运动	
	满载	行驶质量	满载	行驶质量
25	0.00	0.00	0.00	0.00
30	0.00	0.00	0.00	0.00
35	0.00	0.00	0.00	0.00
40	0.00	0.00	0.00	0.00
42	10.00	0.00	—	0.00
45	15.00	15.00	—	—
50	25.00	25.00	—	—
55	30.00	30.00	—	—
60	35.00	35.00	—	—

对于车辆驶入识别及响应、车辆驶出识别及响应、对向车辆借道本车车道行驶识别及响应，应根据 C-ICAP 测试规程，开启车辆的 L2 级别的辅助驾驶功能，通过考察其碰撞速度和车辆减速度来评价车辆的辅助驾驶性能，如果减速度大于 $5m/s^2$，则该项目最高获得 70% 的得分率。

（4）障碍物识别及响应　包含障碍物测试和误作用测试的测试场景。障碍物测试如图 15-23 所示，根据 C-ICAP 测试规程，开启车辆的 L2 级别的辅助驾驶功能，通过考察其碰撞速度和车辆减速度来评价车辆的辅助驾驶性能，如果减速度大于 $5m/s^2$，则该项目最高获得 70% 的得分率。

图 15-23　障碍物测试

根据 UN R152 中的误作用场景，智能驾驶车辆不能发出警报和紧急制动作动。误作用会影响驾驶人的驾驶体验，会迫使驾驶人禁用 AEB 功能。具体情况如下：

1）十字路口左转场景，如图 15-24 所示，测试车辆以 30km/h（公差为+0/-2km/h）的速度向交叉路口行驶，并在测试车辆开始左/右转向的点处制动至不低于 16km/h 的速度，与迎面而来车辆的碰撞时间（Time To Collision，TTC）≤2.8s。当测试车辆在交叉口左转或右转时，速度降低至不低于 10km/h，然后以恒定速度行驶。当测试车辆和迎面车辆之间的重叠率变为 0 时，迎面车辆的 TTC≤1.7s。

2）直线道路跟车过程中前车右转场景，如图 15-25 所示，前方车辆和测试车辆在直线道路上以 40km/h 的速度行驶（公差为+0/-2km/h）。前方车辆通过制动减速至 10km/h（公差为+0/-2km/h），以便在拐角处右转或左转，测试车辆也通过制动减速，以与前方车辆保持适当距离。当前方车辆开始右转或左转时,测试车辆的速度不低于 26km/h,且至前方车辆的 TTC≤4.7s。之后,测试车辆减速至不低于 20km/h 的速度,然后以恒定速度行驶。当测试车辆和前车之间的重叠率变为 0 时,前车的 TTC≤2.5s。

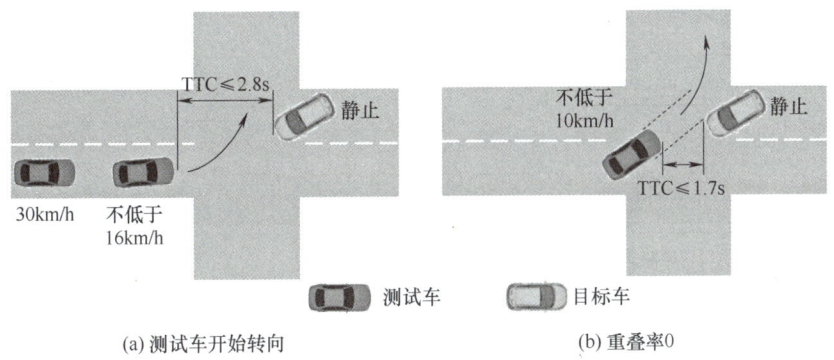

图 15-24　十字路口左转场景

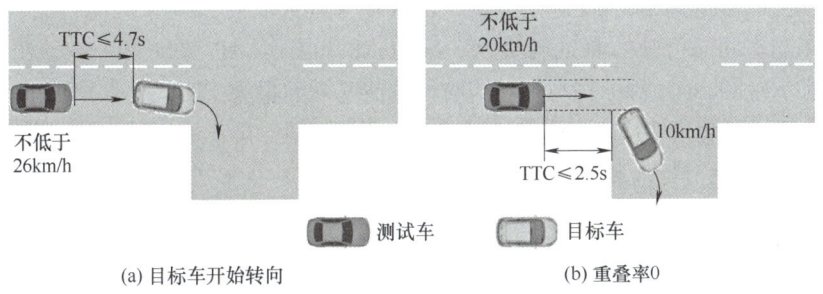

图 15-25　直线道路跟车过程中前车右转场景

3)有防护管和固定物体的弯道场景,如图 15-26 所示,测试车辆以 30km/h(公差为+0/−2km/h)的速度向道路外侧半径不超过 25 m 的弯道行驶,并在测试车辆进入弯道的点处制动至不低于 22km/h 的速度。当测试车辆开始转弯时,到静止物体的 TTC≤1.6s。在弯道中,测试车辆在道路中心线以外的车道上行驶。之后,测试车辆继续以不低于 21km/h 的恒定速度在曲线上转弯。当测试车辆和静止车辆之间的重叠率变为 0,或当测试车辆与静止行人目标或静止自行车目标中心之间的偏移率变为−100%时,到静止物体的 TTC≤1.1s。

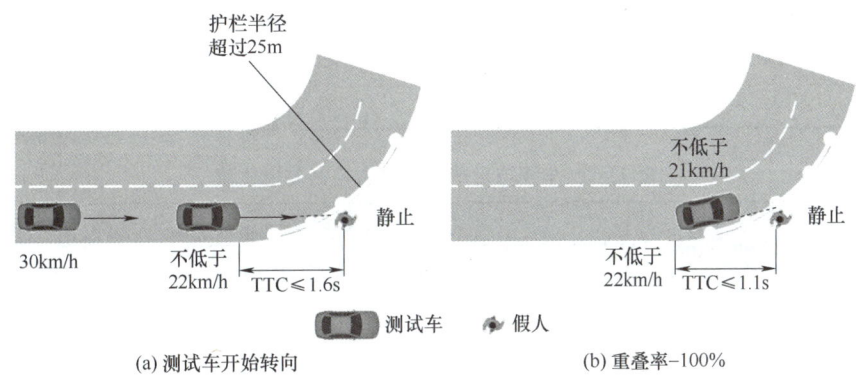

图 15-26　有防护管和固定物体的弯道场景

4）因道路建设而改变车道场景，如图 15-27 所示，测试车辆以 40km/h（公差为+0/-2km/h）的速度在直线道路上行驶，并开始转向，以便在通知减少车道的标志牌前改变车道。没有其他车辆接近测试车辆，当测试车辆开始转向时，到标志牌的 TTC≤4.2s。在变道期间，测试车辆的速度保持不变，当目标车辆与标志牌中心之间的偏移率变为-100%时，到标志牌的 TTC≤3.3s。

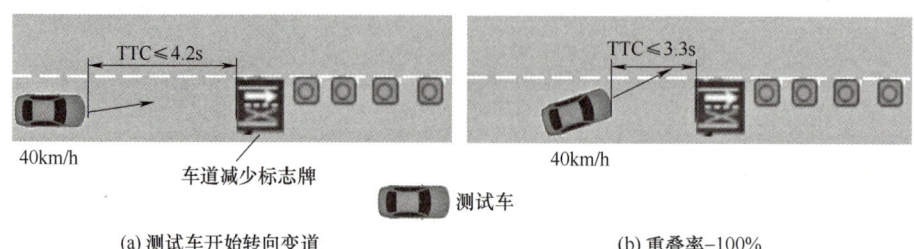

图 15-27 因道路建设而改变车道场景

（5）行人和非机动车识别及避让 包含行人横穿马路、行人与车同向行驶、两轮车横穿马路、两轮车与车同向行驶的测试场景。Euro-NCAP 和 C-NCAP 评价 10~60km/h 行驶速度下的碰撞速度和 50~80km/h 目标物与车辆同向行驶情况下的报警 TTC，要求报警 TTC≥1.7s。另外，UN R152 要求弱势道路使用者横穿场景下碰撞预警时间要早于紧急制动 0.8s。UN R152 对不同行驶速度下，车辆与行人和自行车的最大相对碰撞速度要求见表 15-6 和表 15-7。

表 15-6　车辆与行人的最大相对碰撞速度

试验车辆速度/(km/h)	最大相对碰撞速度/(km/h)	
	满载质量	行车质量
20	0.00	0.00
25	0.00	0.00
30	0.00	0.00
35	0.00	0.00
40	0.00	0.00
42	10.00	0.00
45	15.00	15.00
50	25.00	25.00
55	30.00	30.00
60	35.00	35.00

表 15-7　车辆与自行车的最大相对碰撞速度

试验车辆速度/(km/h)	最大相对碰撞速度/(km/h)	
	满载质量	行车质量
20	0.00	0.00
25	0.00	0.00
30	0.00	0.00

(续)

试验车辆速度/(km/h)	最大相对碰撞速度/(km/h)	
	满载质量	行车质量
35	0.00	0.00
38	0.00	0.00
40	10.00	0.00
45	25.00	25.00
50	30.00	30.00
55	35.00	35.00
60	40.00	40.00

（6）跟车行驶　包含稳定跟车行驶和停-走功能测试场景。这两项功能均考察的是 L2 及以上的智能网联车辆的智能行车功能。以高于目标车速的速度行驶，当发现当前车道内有慢性车辆时，智能驾驶车辆能稳定跟车。当目标车辆停下时，智能驾驶车辆能以适当距离停在目标车之后，不发生碰撞。当目标车重新起动时，智能驾驶车辆能继续稳定跟车行驶。根据 C-ICAP 要求，目标车要在智能驾驶车辆停车 3s 内起步。

（7）靠路边停车　包含靠路边应急停车的测试场景。测试的车辆在车道内行驶，且右侧存在应急车道。以适当的方式向智能驾驶车辆发出路边停车指令，车辆可以自动打转向灯，并实现右侧变道，在应急车道内停车，并开启危险警告信号灯。

（8）超车　包含超车的测试场景。该场景的设置是考察智能网联汽车的感知、决策和执行能力。超车应包含变换到相邻车道、超越目标车辆、变换回原车道 3 个阶段。场景要求有两条长直道，且至少中央车道线为虚线。测试车辆最开始跟随目标车稳定行驶，以适当的方式向智能网联车辆发出超车信号，智能网联车辆可以开启转向灯，实现转向动作，且超车过程也不得与目标车发生碰撞。

（9）并道　包含邻近车道无车并道的测试场景。邻近车道无车并道场景测试的是智能网联汽车的换道能力。智能网联汽车在本车道内匀速行驶，以适当方式发出变道指令，智能网联车辆在转向灯开启 3s 后开始并道动作，且并道动作要在短时间内结束，具体依据企业不同车速下的开发标准决定。

（10）交叉路口场景　包含左转车辆冲突、左转/右转行人冲突和车辆右转非机动车道冲突的测试场景。

左转车辆冲突是模拟测试车辆十字路口左转，同时对向车道有车辆直行的场景，根据 Euro-NCAP 要求，要分别测试测试车速度为 10km/h、15km/h、20km/h，对向目标车（包含乘用车和摩托车）速度分别为 30km/h、45km/h、60km/h，共 9 个测试点。测试车按图 15-28 和表 15-8 所示的参数进行左转，在转向动作作动前 1s 拨动转向指示灯。如果测试车辆没有制动，则目标车左前角与测试车前保险杠正中央发生碰撞。该场景以避免发生碰撞作为评价指标。

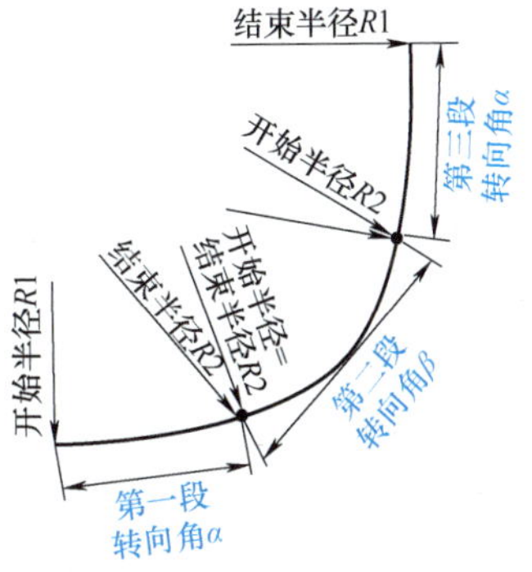

图 15-28　转弯路径

表 15-8 转弯路径参数

测试速度 /(km/h)	第一段（螺旋线）			第二段（圆弧）			第三段（螺旋线）		
	开始半径 R_1/m	结束半径 R_2/m	转角（°）	开始半径 R_2/m	结束半径 R_2/m	转角（°）	开始半径 R_2/m	结束半径 R_1/m	转角（°）
10	1500	9.00	20.62	9.00	9.00	48.76	9.00	1500	20.62
15	1500	11.75	20.93	11.75	11.75	48.14	11.75	1500	20.93
20	1500	14.75	21.79	14.75	14.75	46.42	14.75	1500	21.79

左转/右转行人冲突是模拟测试车辆十字路口右转，同时十字路口左侧/右侧斑马线上有行人过马路的场景。根据 Euro-NCAP 要求，测试车辆以 10km/h、15km/h、20km/h 的速度进行左转，测试车辆以速度 10km/h 的速度进行右转。行人分别从车辆左侧和右侧以 5km/h 的速度匀速行走。如果测试车辆没有制动，行人与车辆前保险杠正中央发生碰撞。该场景以避免发生碰撞作为评价指标。

车辆右转非机动车道冲突是模拟车辆右转，同时十字路口车辆右侧有非机动车行驶的场景。根据 C-NCAP 要求，测试车辆以 10km/h、20km/h 的速度进行右转，同时右侧相邻非机动车道的踏板式摩托车以 20km/h 的速度直行。如果测试车辆没有制动，则踏板式摩托车与测试车辆的右前角发生碰撞。该场景以避免发生碰撞作为评价指标。

（11）环形路口通行　包含环形路口通行的测试场景。环形路口通行以测试智能网联汽车进出环形路口的通行行为为目的，评价被测智能驾驶车辆路径规划和执行的能力。该场景测试环形路口不能少于 3 个出入口，每个出入口至少为双向两车道。智能网联车辆可根据目的地选择出口，能够避让进出环形路口的其他车辆，不发生碰撞。

（12）人工操作接管　人工操作接管包含驾驶方式接管和中断功能接管的测试场景。驾驶方式接管：当智能网联汽车功能发生故障时，应向驾驶人以视觉、听觉、触觉的方式发出人工接管提醒。中断功能接管：当智能网联车辆检测前方有碰撞风险，车辆已经开始制动，驾驶人可通过深踩加速踏板和较大角速度转动方向盘的方式，接管车辆，终止车辆的自动紧急制动。当车辆车道居中开启时，驾驶人可通过在方向盘上施加较大转向力，人工接管方向控制。根据 UN R79 要求，接管的转向力应小于 50N。

（13）联网通信　智能网联汽车的联网通信能力是未来实现智能驾驶的重要条件之一。智能网联汽车之间可以进行数据交互，也可以和道路设施进行数据交互。因此封闭场地可以对其数据交互的效率，信息交互的成功率，车辆和信号灯、限速设施的交互功能进行测试。

二、开放道路测试

智能驾驶系统的开放道路测试是产品安全至关重要的保障。开放道路测试可直接真实地检验智能网联汽车在真实道路中的通行能力。开放道路测试最关键的评估方式是采集数据和数据分析处理，因此开放道路的测试设备至关重要。开放道路测试设备主要工作原理是集成高精度数据采集系统，此系统由 GPS 和惯性组合导航测试系统、真值感知系统、数据记录系统等组成。采集的道路信息、天气信息、场景信息数据是数据分析和处理的主要基础。场景信息数据采集设备是数据评估分析、功能验证和确认的必要条件。

开放道路测试的数据采集主要包含两部分内容：一是驾驶场景数据采集平台的搭建和工

具链的设计，实际道路数据采集需要相应的定位系统、感知系统、数据记录系统等进行支撑，同时需要依靠统一的工具链实现传感器数据采集、数据存储和同步处理；二是需要设计合理的采集方案和采集需求，包含测试路线、测试需求、天气情况、测试时段（白天及夜晚）、光线条件，为后续的数据处理应用等提供基础数据。实际道路数据采集具有真实性和客观性。

智能驾驶系统和高级辅助驾驶系统与车辆动力系统、制动系统、转向系统有直接的耦合，是车辆中可靠性要求极高的控制系统，因此针对 ADAS/AD 相关电子产品的功能和性能的道路试验必不可少。现阶段，ADAS/AD 道路测试主要是通过软件结合硬件的方式，按照设计好的路线在全国范围内进行被测系统可靠性和稳定性的开放道路测试。通过手动和自动两种方式，记录系统误报、漏报等问题事件。离线回放中，同步还原并分析事件发生时间段内的车辆总线、视频、音频信息数据，为系统开发人员进行问题定位和系统升级提供依据。系统主要组成如图 15-29 所示。

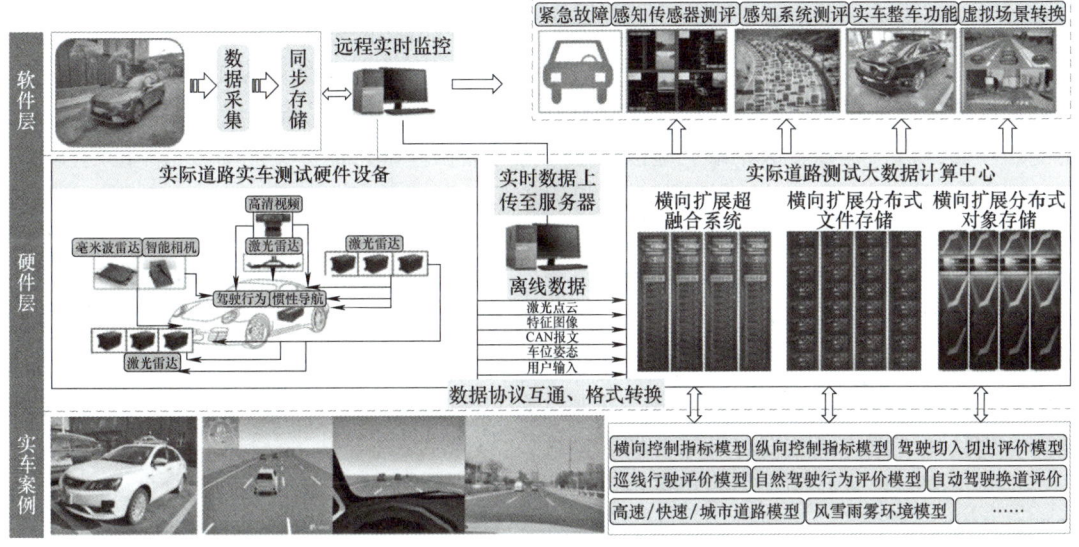

图 15-29 开放道路测试系统主要组成

在数据标记方面，智能网联汽车的开放道路测试可通过手动标签记录问题的方法和真值传感器自动标签记录问题的方法。基于手动标签记录问题的方法，硬件系统采集的数据主要有车辆数据、事件数据、交通参与者数据 3 类。其中车辆数据主要指车辆总线数据（CAN/CAN-FD 等）；事件数据则有总线自动触发事件数据、手动标签触发数据；交通参与者数据有车辆、行人目标物数据，车辆内外摄像头、GPS 定位、光照计（选配）等数据。基于真值传感器自动标签记录问题的方法，系统采集的数据主要有真值数据、环境数据、车辆数据、事件数据 4 类。环境数据和车辆数据与基于手动标签记录问题的方法记录内容相同，真值数据是将通过外接毫米波雷达、激光雷达、智能摄像头、惯导等传感器获得的数据进行融合得到最终的目标识别结果。事件数据则有总线自动触发事件数据、真值结果自动触发数据。

在开放道路测试过程中，自动化是手工标签的补充与升级，更高效更精准，不是所有的标签都需要自动化实现，为了自动化而自动化反而得不偿失，需要根据项目具体需求确定合适的自动标签。自动标签的应用需要满足以下条件：

一是需求稳定：自动化标签最大的挑战是需求的变化，如果产品不稳定，维护自动化标签用例的成本太大，自动化标签投资回报率太低。例如根据需求设定车辆总线信号标签、传感器数据信号等。

二是多平台运行：标签数据、标签用例、自动化脚本的重用性和移植性较强，这样可以降低成本，提高效率和价值。

三是项目维护周期长：自动化框架的设计、脚本开发与调试均需要时间，如果项目周期短，就没有足够的时间去支持这一过程。

四是比较频繁的回归标签：如果选用手工标签，第一轮可能还没完，第二轮就开始了，同时需要覆盖大量的标签项。

在开放道路测试过程中，从降低成本和保证数据有效性两个角度考虑，一般单独采用基于手动标签记录问题的方法，或者同时结合手动标签和真值自动标签来使用。两种方法的配套软件，在功能上也会有具体差异，但总体来讲，实现的功能都主要包括项目管理、在线显示和采集、同步回放和分析、结果统计等，都能完成对采集的多源数据的合理利用和分析，得到系统性能评估报告。ADAS/AD开放道路测试设备数据采集系统可以提供智能驾驶典型功能、性能分析、感知算法验证、虚拟场景转换等数据基础，促进智能网联汽车的进步和发展，为实现智能网联汽车落地奠定基础。

开放道路测试，根据不同测试需求，车上配备的人员也有不同。大部分情况下要求除驾驶人外，还需配备一名测试人员。驾驶人负责驾驶，测试人员负责操作软件和记录被测系统问题。若只需进行单一要求的道路测试，从节约成本出发，有时候车上只需配备一名驾驶人即可。这两种情况下，对测试设备的操作便利性都有一定的要求，尤其单人跟车时，更加要求测试设备具有十分友好的交互方式，以最大限度减轻测试人员（或驾驶人）的负担，保证安全驾驶和有效记录数据。具体有如下要求：

一是控制系统开始采集、停止采集，要求操作简单，界面友好，最好同时具备软件、硬件两种控制方式。

二是问题事件手动触发方式，要求操作便捷，被测ADAS/AD系统较多时，需要手动打点记录的漏报、漏动作、误报、误动作等事件名目增多，若测试人员或驾驶人无法快速找到对应的触发按钮，将影响事件记录的及时性，甚至发生危险。因此，要求测试设备提供的手动打点记录方式能让测试人员/驾驶人快速找到对应按键。

三是保证安全驾驶和注意力的专注。ADAS/AD道路测试采用的测试设备应尽可能避免分散测试人员和驾驶人的注意力。例如，在手动打点触发某事件按钮后，在设备某接口出现异常后，能及时给出语音反馈，及时正确提示测试人员和驾驶人，可保证记录数据的有效性。

下面对智能网联汽车的功能运行情况、功能失效原因进行数据分析。以拥堵行驶为例，需要对开放道路测试中功能退出、失效、异常时刻的结果进行详细数据分析，具体见表15-9。运用仿真工具对测试车辆出现问题的场景进行构建，进行场景重现，且在辅助驾驶功能升级后运用仿真场景进行验证。进一步，根据场景构建要素，可在封闭场地进行真实的测试场景构建，验证实际辅助驾驶功能修改效果。因此，封闭场地测试和开放道路测试是智能网联汽车开发过程中必不可少的环节，二者共同促进问题的解决与智能网联汽车功能的提升。

表 15-9　拥堵行驶数据分析要点

场景	分析要点
拥堵行驶	最短跟停距离
	最长跟停距离
	跟停距离分布
	最长起步响应时间
	最短起步响应时间
	起步响应时间分布
	切入时制动最短车距
	切入时制动最长车距
	切入时制动时刻车距分布
	起步最大加速度
	起步最小加速度
	起步加速度分布

【思考题】

1. 如何选择测试场景，以确保覆盖各种交通、路况和气象条件？如何确定哪些场景是最具挑战性的？
2. 简述封闭场地测试用到的主要测试设备及其用途。
3. 仿真场景数据库主要包含哪几个部分？
4. 参照 AEB 测试用例，尝试对 FCW/ACC/LDW/LKA/APA 等功能进行测试用例设计。

参 考 文 献

[1] 中国汽车技术研究中心有限公司. 智能网联汽车测试与评价技术［M］. 北京：机械工业出版社，2022.
[2] 全国汽车标准化技术委员会. 汽车驾驶自动化分级：GB/T 40429—2021［S］. 北京：中国标准出版社，2021.

第十六章

智能网联汽车安全测试评价技术

第一节 功能安全测试评价技术

一、功能安全定义与标准

国际上汽车安全设计开发遵循必备的标准准则为 ISO 26262（2011/2018），适用范围包括乘用车、货车、公共汽车、挂车、半挂车等，我国全国汽车标准化技术委员会目前已将 ISO 26262—2011 和 ISO 26262—2018 进行国标转化，发布了 GB/T 34590—2017《道路车辆 功能安全》和 GB/T 34590—2022《道路车辆 功能安全》两版功能安全标准。该标准在国内汽车开发设计中得到了广泛应用。国内外汽车功能安全标准现状见表 16-1。

表 16-1 国内外汽车功能安全标准现状

分类	标准名称	发布日期
国际标准	ISO 26262—2011 *Road Vehicles-Functional Safety*（10 个部分）	2011 年 11 月
国际标准	ISO 26262—2018 *Road Vehicles-Functional Safety*（12 个部分）	2018 年 12 月
国内标准	GB/T 34590—2017《道路车辆 功能安全》（10 个部分）	2017 年 10 月
国内标准	GB/T 34590—2022《道路车辆 功能安全》（12 个部分）	2022 年 12 月

二、功能安全测试与评价

汽车安全完整性等级（Automotive Safety Integrity Level，ASIL）评价是目前进行功能安全危害分析和风险评估最基本的理论。功能安全的开发包含硬件层面、软件层面、系统层面及整车层面，在不同开发阶段的后端，均会涉及不同阶段的产品进行不同维度的测试验证活动，比如硬件集成和验证、软件集成和验证、软硬件集成和测试、系统集成和测试、整车集成和测试、安全确认等。本小节重点介绍整车集成和测试、安全确认两个阶段的重点内容。

1. 整车集成和测试

在进行整车集成和测试之前，应使用恰当的方法来导出集成测试案例，功能安全标准中给出了 9 种常用的测试案例导出方法，见表 16-2。

表 16-2　导出集成测试案例的方法

方法		ASIL 等级			
		A	B	C	D
A	需求分析	++	++	++	++
B	外部和内部接口分析	+	++	++	++
C	软硬件集成等价类的生成和分析	+	+	++	++
D	边界值分析	+	+	++	++
E	基于知识或经验的错误猜测法	+	+	++	++
F	功能的相关性分析	+	+	++	++
G	相关失效的共有限制条件、次序及来源分析	+	+	++	++
H	环境条件和操作用例分析	+	++	++	++
I	现场经验分析	+	++	++	++

注：对于每种方法，应用相关方法的推荐等级取决于 ASIL 等级，分类如下："++"表示对于指定的 ASIL 等级，高度推荐该方法；"+"表示对于指定的 ASIL 等级，推荐该方法。

得出整车集成测试案例后，将相关项集成到整车上，并实施整车集成测试。测试目的主要包含功能安全要求在整车层面上的正确执行、安全机制在整车层面的正确功能性能/准确性/时序、整车层面内外部接口实现的正确性、整车层面的鲁棒性水平。

2. 安全确认

安全确认即基于检查和测试，确保安全目标是充分的，并已达到且具有足够的完整性等级。其目的是证明集成到目标车辆的相关项实现了其安全目标，证明功能安全概念和技术安全概念对于实现相关项的功能安全是合适的。

安全确认应对整车层面的典型环境下所集成的相关项的安全目标进行确认。在进行安全确认前，需定义安全确认的规范，包括待安全确认的相关项配置、安全确认流程、测试案例、驾驶操作、接受准则定义、设备和要求的环境条件等。

进行安全确认可以使用以下方法的适当组合。

1）可重复性测试，例如正向测试、黑盒测试、边界条件下的测试等。
2）测试分析，例如 FMEA、FTA、ETA、仿真等。
3）长期测试，例如车辆驾驶日程安排和受控测试车队。
4）实际使用条件下的操作用例、抽测或盲测。
5）评审。

在进行完安全确认后，还应对安全确认的结果进行评估，便于提供证据证明已实施的安全目标实现了相关项的功能安全。

第二节　预期功能安全测试评价技术

一、预期功能安全标准

ISO 21448 *Road Vehicles-Safety of the Intended Functionality* 标准于 2022 年正式发布，被各国广泛应用并形成共识，作为预期功能安全领域的技术基础。我国全国汽车标准化技术委员会已将 ISO 21448 进行国标转化，GB/T 43267—2023《道路车辆 预期功能安全》已于 2023 年 11 月正式发布。

如图 16-1 所示，在预期功能安全（Safety of the Intended Functionality，SOTIF）标准中，将车辆运行场景分为 4 个区域：已知安全场景（区域1）、已知不安全场景（区域2）、未知不安全场景（区域3）、未知安全场景（区域4）。

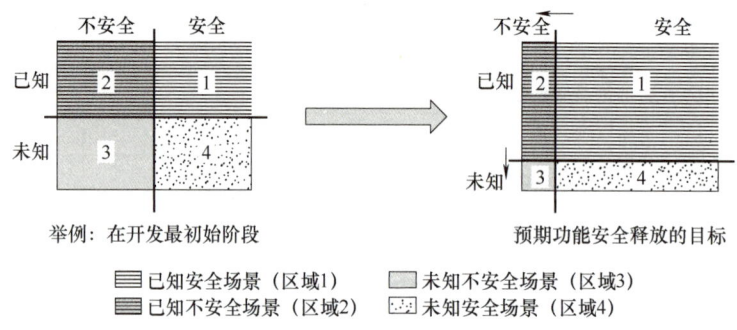

图 16-1　SOTIF 活动带来的场景区域之间的演变替代表现形式

SOTIF 活动的最终目标是评估区域 2 和区域 3 中存在的潜在危害行为，尽量扩大已知的场景，并减少未知的场景，从而减少系统可能带来的危害和风险，并提供论据以证明这些场景导致的残余风险足够低，即达到或低于接受准则。

二、预期功能安全测试与评价

1. 定义验证和确认策略

该部分旨在制定验证和确认策略，以提供证据来证明与 SOTIF 相关的整车层面残余风险符合可接受的水平，要素满足其功能要求，对设计运行范围的覆盖是充分的。验证和确认活动的导出方法见表 16-3。

表 16-3　验证和确认活动的导出方法

	方法
A	需求分析
B	外部和内部接口分析①
C	等价类的生成与分析
D	边界值分析
E	基于知识或经验的错误猜测法
F	功能的相关性分析
G	常见限制条件和次序的分析
H	环境条件和操作用例分析②
I	现场经验和教训分析③
J	系统架构（包括冗余）分析
K	传感器设计及其已知潜在局限性分析
L	算法及其决策路径，以及各自的已知局限性分析

(续)

	方法
M	系统和部件老化分析④
N	触发条件分析
O	性能目标分析⑤
P	危害分析中可测量参数的分析
Q	边界值中极端场景和边缘场景的分析⑥
R	现有系统的 SOTIF 相关更新的分析
S	使用包含收集到的测试用例和场景的数据库
T	场景和用例的优先度子集分析和使用
U	接受准则的分析
V	事故场景数据分析
W	执行器中已知潜在限制的分析

① 如果可以的话，还包括 V2X、地图。
② 包括系统或其要素潜在危害行为的已知来源。
③ 这考虑了各种驾驶条件、驾驶风格、驾驶环境和终端用户要求。
④ GB/T 34590—2022 通常会考虑导致失效的半导体老化效应。与 SOTIF 相关的半导体老化效应，即影响标称性能的老化效应，都在本标准的范围内。
⑤ 性能目标可以在不同的抽象级别上指定，例如传感器级别以及系统级别。
⑥ 极端场景是指两个或两个以上的参数值都在系统的能力范围内，但共同构成了挑战其能力的罕见情况。边缘场景指由于系统处于极值状态，或者系统的一个或多个参数导致挑战系统能力的情况。

2. 已知场景的评估

该部分旨在基于验证和确认策略导出相应的验证和确认测试用例，验证针对的是系统及其组件（传感器、算法和执行器），证明它们在已知场景和可预见的误用情况下是安全的，同时需要证明测试用例对设计运行范围的覆盖度足够高。感知验证、规划算法验证、执行验证、集成系统验证的方法分别见表 16-4、表 16-5、表 16-6、表 16-7。

表 16-4 感知验证的方法

	方法
A	验证传感器定义的充分性（例如：范围、精度、分辨率、时序约束、带宽、信噪比等）①
B	基于需求的测试（例如：分类、传感器数据融合）
C	注入触发功能不足的输入②
D	对选定的 SOTIF 相关用例和场景，结合已识别的触发条件进行在环测试③
E	对选定的 SOTIF 相关用例和场景，结合已识别的触发条件进行实车测试③
F	在设计运行范围内，不同环境条件下的传感器测试（例如：低温、潮湿、光照、干扰条件等）
G	验证传感器老化影响（例如：加速寿命测试等）④
H	评估来自该传感器或此类传感器的现场经验（包括现场监控）
I	通过对已知危害场景进行回注仿真，以验证已实施的风险缓解机制的效果

（续）

方法	
J	验证架构属性，包括触发条件之间的独立性（如果适用）

① 这还包括传感器组装期间的终检线测试（例如：雷达天线和雷达天线罩之间的安装校准、摄像头成像器与摄像头镜片的安装校准）。
② 在一些测试用例中，可以通过在仿真层面进行错误注入的方式，来模拟传感器某个潜在的功能不足。仿真的结果可以与触发条件的分析结果相结合。
③ 使用已经识别出的传感器模型的局限性来选择测试环境。
④ 在某特定传感器有着行业共识的老化故障模型的情况下，传感器老化效应的验证可部分在模拟仿真中完成。

表 16-5　规划算法验证的方法

方法	
A	对于输入数据不受其他来源干扰的鲁棒性验证（例如：白噪声、音频、信噪比降级等）
B	基于需求的测试（例如：场景分析、功能、传感器数据的可变性）①
C	验证架构属性，包括触发条件的独立性（如果适用）
D	对选定的 SOTIF 相关用例和场景，结合已确定的触发条件进行在环测试（例如：SIL/HIL/MIL）
E	对选定的 SOTIF 相关用例和场景，结合已确定的触发条件进行实车测试
F	注入触发潜在危害行为的输入
G	验证是否正确遵守驾驶策略（如：实现最小风险状态和退出设计运行范围时的操作）①
H	通过对已知危害场景进行回注仿真，以验证已实施的风险缓解机制的效果

① 包括车辆选择并实现了适当的最小风险状态的验证。

表 16-6　执行验证的方法

方法	
A	基于需求的测试（例如：准确性、分辨率、时序约束、带宽）
B	验证执行器被集成在整车环境中或系统测试台架中时的特性
C	不同环境条件下的执行器测试（例如：低温条件、潮湿环境）
D	不同载荷条件下的执行器测试（例如：从中等载荷变化到最大载荷）
E	验证执行器老化的效应（例如：加速寿命测试）①
F	对选定的 SOTIF 相关用例和场景，结合已确定的触发条件进行在环测试
G	对选定的 SOTIF 相关用例和场景，结合已确定的触发条件进行实车测试
H	验证架构属性，包括触发条件的独立性（如适用）
I	通过对已知危害场景进行回注仿真，以验证已实施的风险缓解机制的效果

① 对于某特定执行器具有行业共识的老化故障模型时，可使用仿真来完成一部分老化效应的验证。

表 16-7　集成系统验证的方法

方法	
A	验证系统鲁棒性（例如：通过噪声注入测试）①
B	在整车集成环境或系统测试台架上进行的基于需求的测试（例如：性能目标和行为特征，可测量参数、范围、精度、分辨率、时序约束、带宽）
C	对选定的 SOTIF 相关用例和场景，结合已确定的触发条件进行在环测试（例如：SIL、HIL、MIL）

(续)

	方法
D	不同环境条件下的系统测试（例如：低温、潮湿、光照、能见度条件、干扰条件）
E	验证系统老化影响（例如：加速寿命测试）
F	定向随机输入测试[2]
G	对选定的 SOTIF 相关用例和场景，结合已确定的触发条件进行实车测试
H	可控性测试（包括合理可预见的误用）
I	验证内部和外部接口
J	车载传感系统特性验证[3]
K	验证架构属性，包括触发条件的独立性（如果适用）
L	通过对已知危害场景进行回注仿真，以验证已实施的风险缓解机制的效果

[1] 这还包括整个设计运行范围、感知和判断的鲁棒性的验证，以及包括退出设计运行范围在内的最小风险条件策略的稳健执行的验证。

[2] 预期的现实世界场景通常很难重现，因此随机输入测试可以作为替代，例如以下情况：图像传感器添加翻转图像或更改的图像块；雷达传感器添加虚假目标以模拟多路径返回；雷达传感器因多车雷达干扰增加虚假目标或丢失检测目标。

[3] 这包括不同传感器在不同运行条件下的工作（例如：当一种传感器技术的能力不足时，如雾或风窗玻璃反射率影响摄像头、保险杠/标志的形状和油漆类型影响雷达）和传感器位置的误差。

3. 未知场景的评估

通过确认结果可以证明来自未知危害场景的残余风险以足够的置信度满足接受准则。确认的关键因素之一是累积测试里程和场景覆盖率。测试里程的适当性以及验证环境和场景的选择需要一个基本原理。这种基本原理可以考虑以前的经验、驾驶人的可控性和情景的关键性。场景分布需要与目标市场保持一致。残余风险的评估方法见表16-8。

表 16-8 残余风险的评估方法

	方法
A	对信噪比降级的鲁棒性确认（例如：进行噪声注入测试）
B	确认架构设计的效果和特性，包括触发条件的独立性（如果适用）
C	采用随机测试用例（源自技术分析和错误猜测）的在环测试
D	随机输入测试[1]
E	考虑已识别的触发条件，对选定的测试用例（源自技术分析和错误猜测）进行整车层面测试
F	长期车辆试验
G	车队道路测试
H	基于现场经验的测试
I	极端场景和边缘场景的测试[2]
J	与现有系统的比较
K	随机场景集合的仿真
L	对随机使用和新手驾驶人潜在误用的测试
M	考虑场景特定条件的功能敏感度分析[3]

(续)

	方法
N	相关参数的分析/仿真
O	现实世界里的场景发掘④
P	功能分解和概率建模（即考虑一个要素的不足条件由其子要素的多个输出不足组成）
Q	相较于真值的确认

① 预期的现实世界场景通常很难重现，因此随机输入测试可以作为替代，例如以下情况：图像传感器添加翻转图像或更改的图像块；雷达传感器添加虚假目标以模拟多路径返回；雷达传感器因多车雷达干扰增加虚假目标或丢失检测目标。

② 极端场景是指两个或两个以上的参数值都在系统的能力范围内，但共同构成了挑战其能力的罕见情况。边缘场景指由于系统处于极值状态，或者系统的一个或多个参数导致挑战系统能力的情况。

③ 如果该情况的微小变化可能导致车辆整车上显著不同的行为，则功能被视为对场景的特定情况很敏感。

④ 发掘的方法是通过对现实世界场景覆盖一个多样性集合，来搜索未知的场景。这可以包括系统地或随机地改变场景的相关参数。

4. 预期功能安全发布与运行

（1）预期功能安全实现的评估　该部分旨在评估 SOTIF 活动的结果是否充分，足以论证实现了 SOTIF。

（2）运行阶段的活动　该部分旨在定义在运行阶段识别和解决可能出现的 SOTIF 现场运行问题的流程。

第三节　信息安全测试评价技术

一、国内外标准法规进展

UN/WP. 29（全称为"联合国世界车辆法规协调论坛"）于 2020 年 6 月发布了一系列关于智能网联汽车的重要法规，其中 R155 法规对车辆网络安全（Cybersecurity）进行了相关规定。R155 作为第一个汽车网络安全强制法规，其主要适用范围包括欧洲、日本、韩国等"1958 协议"缔约国（以下简称"58 协议国"）。WP. 29 所出台的法规被"58 协议国"整车认证法规引用后成为强制要求，即只要"58 协议国"上市的汽车就必须通过相关认证。对新认证车型于 2022 年 7 月起实施，新生产车于 2024 年 7 月起实施，如不满足则不能销售。

与 R155 相对应的国际标准《道路车辆　信息安全工程》(ISO/SAE 21434 *Road Vehicle Cybersecurity Engineering*）也于 2021 年 8 月正式发布。从落地实施角度来看，ISO/SAE 21434 可作为 R155 法规落地实施时的参考标准。

国际自动机工程师学会编制的 SAE J3061 推荐规程《信息物理汽车系统的网络安全指南》(*Cybersecurity Guidebook for Cyber-Physical Vehicle Systems*）是首部针对汽车网络安全而制定的指导性文件。其第一版于 2016 年 1 月发布，前瞻性地确立了网络安全活动在整车生命周期中的重要地位，并定义了一套覆盖车辆全生命周期的流程框架，将汽车网络安全理念贯穿到汽车全生命周期流程中，并为开发具有网络安全要求的汽车电子系统提供了重要的过程依据。

2017 年，全国汽车标准化技术委员会智能网联汽车分技术委员会（SAC/TC114/SC34）正式成立，之后陆续成立了包括"信息安全标准工作组"在内的多个工作组。截至目前，信息安全标准工作组依据体系规划已分 4 批次开展了 15 项标准制定及研究项目，涵盖整车、系统部件技术与过程管理类标准。其中，智能网联汽车信息安全领域国家强制标准，即汽车整车信息安全技术要求于 2021 年正式启动制定工作，2023 年 5 月正式公开征求意见。

目前，关于汽车信息安全标准，国际上主要有两个，即 2021 年 8 月发布的《道路车辆　信息安全工程》(ISO/SAE 21434 *Road Vehicles—Cybersecurity Engineering*)，2022 年 3 月发布的《道路车辆　信息安全工程审核指南》(ISO/PAS 5112：2022 *Road Vehicles—Guidelines for Auditing Cybersecurity Engineering*)。

国内标准主要有 2021 年发布的 GB/T 40861—2021《汽车信息安全通用技术要求》，GB/T 40856—2021《车载信息交互系统信息安全技术要求及试验方法》等，已发布或报批的标准共 12 项。

二、信息安全测试技术

根据 GB/T 40861—2021《汽车信息安全通用技术要求》，依照保护对象范畴，汽车可划分为车内系统、车外通信和车外系统 3 类子保护对象，其中车外系统（如后端服务器）属于传统互联网信息安全防护领域，本书中不涉及其测试技术，如图 16-2 所示。

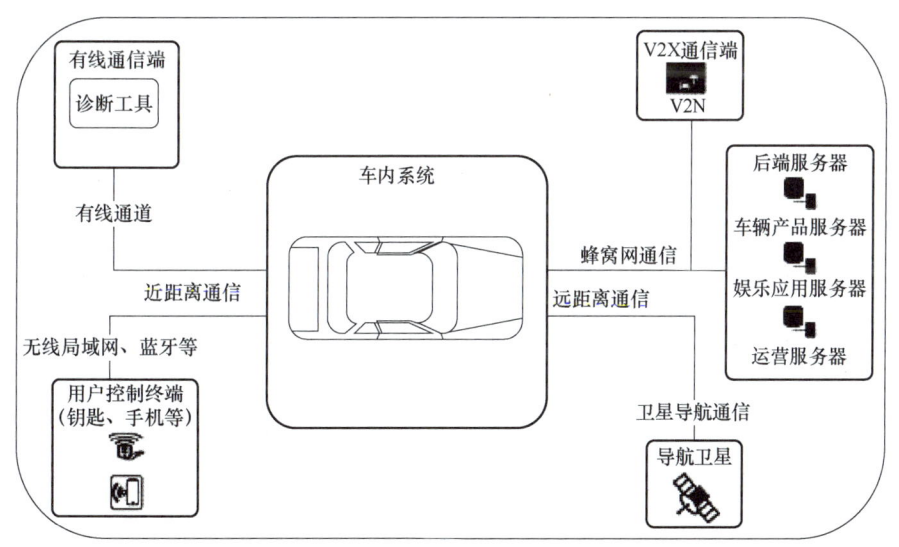

图 16-2　汽车信息安全保护对象模型

1. 车内系统信息安全测试技术

车内系统又可细分为车内电子电气硬件、车内软件系统、车内通信和车内数据四大子保护对象：

（1）车内电子电气硬件信息安全测试技术　车内电子电气硬件信息安全测试主要是针对车内关键控制器的板载接口（JTAG/UART/SPI/SWD 等）、外设接口（USB 口、OBD、充电口等）、芯片安全等开展测试，可通过侵入式、半侵入式、非侵入式 3 类测试方法，查看在板级电路互联过程中芯片调试接口、数据总线等暴露的安全风险，如图 16-3 所示。

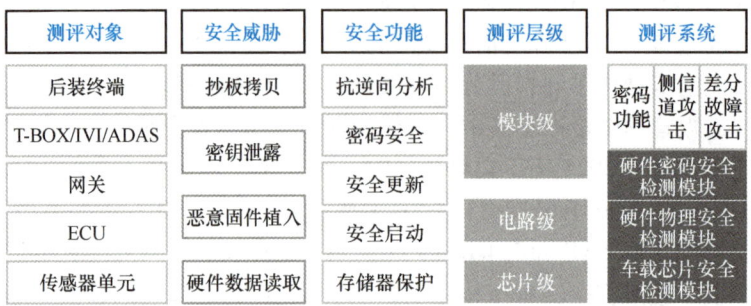

图 16-3 硬件信息安全测试系统架构

（2）车内软件系统信息安全测试技术　车内软件系统信息安全测试主要针对搭载了车载操作系统或车控操作系统的关键控制器，通过源代码分析、固件漏洞扫描、代码逆向、暴力破解、端口扫描等方法，验证其软件系统安全机制的有效性，包含安全加固、安全启动、安全文件、安全登录等多方面（表 16-9）。

表 16-9　车内软件系统信息安全常用测试用例

常用测试技术		测试技术简介
系统权限安全测试技术	安全登录测试	扫描系统账号，检查是否存在无用账号，同时验证各账号最小权限集合
	安全文件测试	扫描系统敏感目录，并验证敏感文件访问权限机制，使用非授权行为对文件进行异常行为测试
	安全启动测试	修改操作系统启动相关的信任根或其他相关文件，并验证系统启动过程
	安全加固测试	遍历系统目录，查看是否存在安全事件相关的日志。利用漏洞扫描查看系统中是否存在后门以及漏洞
软件运行安全测试技术	运行完整性测试	替换软件部分代码并检测软件运行状态
	业务安全测试	模拟应用软件数据交互场景，非法获取软件数据
软件代码安全测试技术	代码构建安全测试	使用代码扫描工具扫描软件代码，识别漏洞和第三方开源软件
	代码防逆向测试	通过代码逆向工具，查看被测软件是否做了代码加壳、混淆等安全防护机制
	代码签名认证测试	通过工具分析验证代码是否采用签名认证机制
	调试后门测试	使用调试分析方法，检验软件发布后是否存在调试信息或后门
软件基础安全测试技术	安全下载测试	从非应用商店处下载安装测试软件，并验证安装过程
	安全使用测试	使用漏洞扫描工具和动态服务分析工具来验证软件运行是否安全，是否存在漏洞或后门
		查看应用使用时对数据接口的访问是否越权
		检验并分析应用中产生的会话，同时检验被测应用是否具备会话安全保护机制
		验证登录认证机制，并使用爆破方法验证弱密码等安全隐患
	安全更新、卸载测试	扫描更新、卸载过程中的通信连接以及产生的中间文件

（续）

常用测试技术		测试技术简介
软件访问控制测试技术	权限最小化测试	通过分析软件设计文档、利用工具进行模糊测试，来验证应用的最小权限是否满足安全设计要求
	应用软件校验测试	仿照第三方网站为应用软件输入信息，例如用户界面、进程通信、定位符等，查看应用软件校验机制
	身份校验测试	模拟云平台或其他第三方设备与被测软件应用进行接入，验证身份校验机制

（3）车内通信信息安全测试技术　车内通信信息安全测试主要基于车载通信协议的特性，通过信息收集、逆向工程、非法利用诊断命令、命令注入等方式，分析是否针对车内通信通道进行安全防护加固，保障利用车内通信通道实现的数据刷写和软件升级的安全性。依照协议差异，车内通信信息安全测试可细分为车载总线信息安全测试和车载以太网信息安全测试。车内通信信息安全常用测试用例见表16-10。

表16-10　车内通信信息安全常用测试用例

方式	说明
丢弃攻击测试	可用性攻击，例如删除或不转发某些消息，致使ECU一些功能失效
修改攻击测试	尝试修改从被测设备（例如网关等）转发的消息
读取攻击测试	尝试使用任何连接到总线的节点非法读取总线消息
欺骗攻击测试	尝试发送错误消息、诊断信息，使总线上ECU对事件进行错误响应，消耗ECU的处理器资源
泛洪攻击测试	尝试控制任意ECU向其所在网络发送高速率泛洪消息报文
重放攻击测试	尝试将任何被记录的消息和消息发起的事件在任意时间重放到网络中

（4）车内数据信息安全测试技术　车内数据信息安全测试主要面向车内数据存储和使用等场景，使用暴力破解、非授权操作、代码注入等方式，测试是否可对车内数据进行非法插入、篡改、伪造等操作，验证车辆的数据安全保护机制是否有效。

2. 车外通信信息安全测试技术

车外通信通道可根据通信通道特征分为车外远距离通信和车外近距离通信两类子保护对象。

（1）车外远距离通信信息安全测试技术　车外远距离通信是指通过蜂窝移动网络进行远距离通信的方式。目前在开展车外远距离通信信息安全测试时不会对蜂窝移动网络本身的协议设计实现进行测试，而是侧重于使用用户隐私模拟攻击、服务劫持模拟攻击、信号欺骗、远程控制指令篡改重放和漏洞扫描等测试方法，测试基于蜂窝移动网络的应用业务是否存在信息安全风险，如图16-4所示。

（2）车外近距离通信信息安全测试技术　车外近距离通信是指蓝牙、近场无线通信（射频信号）、Wi-Fi等近距离通信方式。

蓝牙信息安全测试分为车载经典蓝牙信息安全测试和车载低功耗蓝牙信息安全测试。车载经典蓝牙信息安全测试主要通过模糊测试、安全配对、拒绝服务攻击、已知漏洞验证等测试方法分析蓝牙协议和配对方式是否存在安全问题。车载低功耗蓝牙信息安全测试在车载经

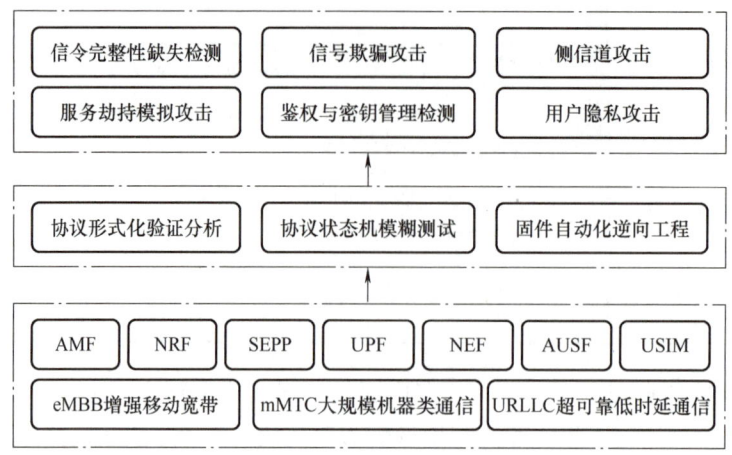

图 16-4 车外远距离通信信息安全测试系统架构

典蓝牙测试方法的基础上,还会使用数据抓包、重放攻击等方法,测试低功耗蓝牙数据传输的保密性、完整性和有效性。

射频信息安全测试主要是针对近场无线射频通信信号抓包后进行重放攻击和中继攻击等,测试车辆对近场射频无线通信信号有效性和唯一性的识别校验。

Wi-Fi 信息安全测试通常是针对 802.11 协议在车联网上的设计实现及应用问题进行安全风险检测与漏洞挖掘,包括模糊测试、加密方式检测、密码爆破、拒绝服务攻击、中间人攻击以及钓鱼攻击等方法,如图 16-5 所示。

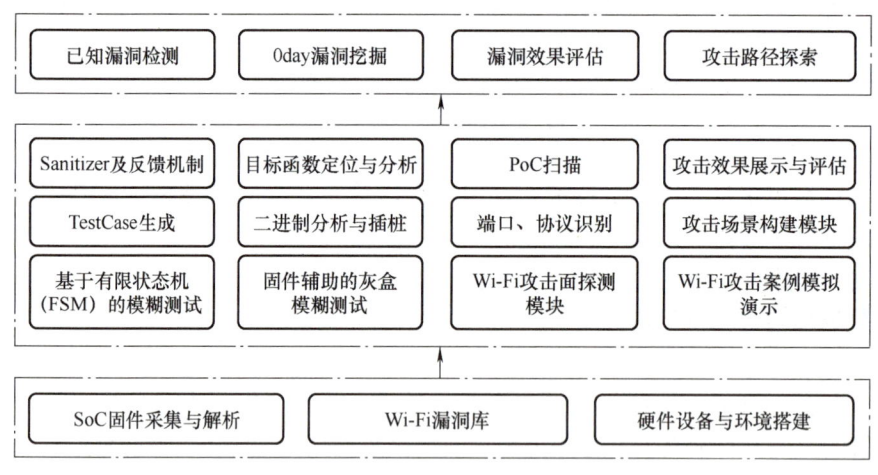

图 16-5 车外近距离通信信息安全测试系统架构(以 Wi-Fi 为例)

三、经典信息安全防护水平评价方法

智能驾驶汽车始终存在信息安全漏洞风险,因此无法通过安全防护性能参数指标来评价车辆的信息安全水平,只能建立一套基于漏洞评分模型的评价方法来系统地评价车辆整体的信息安全风险水平。常见的漏洞评分模型包括 CVSS 通用漏洞评分模型、EVITA 威胁严重性分类模型和 HEAVENS 模型等,其中 CVSS 通用漏洞评分模型是当前汽车行业最常使用的漏洞评分模型。

依据 CVSS 模型，将智能驾驶汽车信息安全领域漏洞风险的评价因子分为场景因子组、威胁因子组、影响因子组 3 类，各个不同影响因子有不同的分值。

1. 场景因子组

场景因子组包括技术掌握、车辆工况和攻击区域 3 个维度，其中技术掌握可细分为高、中、低 3 个等级，车辆工况可细分为静止、低速、中速、较高速和高速 5 个等级，攻击区域可细分为单车攻击、单一车型攻击和多车型攻击 3 个等级，测评人员可根据实际情况计算各场景的场景因子度量分值。

2. 威胁因子组

威胁因子组包括窗口、知识技能、设备和攻击范围 4 个维度。其中窗口可细分为远程、近距离、本地和物理接触 4 个等级；知识技能可细分为业余者、熟练操作者、汽车安全专家和多领域安全专家 4 个等级；设备可细分为公开的硬件设备和软件、公开的专用硬件设备和软件、定制或专有的硬件设备和软件、多种定制或专有的硬件和软件 4 个等级；攻击范围可细分为单一、多个和几乎全部 3 个等级，测评人员可根据实际情况计算各威胁的威胁因子度量分值。

3. 影响因子组

影响因子组包括人身安全、财产安全、操作、隐私、公共安全及法规和危害持续时间 6 个维度，每个维度可细分为无、低、中和高 4 个等级，测评人员可根据实际情况计算各影响的影响因子度量分值。

根据计算公式得出 3 类因子的分值后，测评人员可分别计算各漏洞的攻击等级和影响等级。

（1）攻击等级赋分　攻击等级参数总分由场景因子得分与威胁因子得分相加形成，攻击等级划分和赋分方法见表 16-11。

表 16-11　攻击等级划分和赋分方法

攻击等级参数总分	攻击等级	攻击等级赋分
0~15	低	1
16~40	中	2
41~70	高	3
70 以上	极高	4

（2）影响等级赋分　影响参数总分由场景因子得分确定，影响等级划分和赋分方法见表 16-12。

表 16-12　影响等级划分和赋分方法

影响等级参数总分	影响等级	影响等级赋分
0~15	低	1
16~40	中	2
41~70	高	3
70 以上	极高	4

综上所述，根据攻击等级与影响等级可确定最终的漏洞等级，见表 16-13。根据车辆各等级漏洞数量可客观评价车辆信息安全风险水平。

表 16-13　漏洞等级划分

漏洞等级		影响等级			
		1	2	3	4
攻击等级	1	低危	低危	低危	中等
	2	低危	中等	中等	高危
	3	低危	中等	高危	高危
	4	中等	高危	高危	严重

第四节　数据安全测试评价技术

一、行业现状

智能网联汽车作为新型网络世界的重要智能终端，与云端服务器、移动端、车端、路侧端等设备涉及的大量数据交互，在大规模商用和上路行驶后，如果未进行有效管控，将带来较大的数据安全隐患。近年来，越来越多的数据安全事件涌入大众视野，涵盖驾乘画面非法曝光、大批量用户隐私泄露、车辆财产被盗等，影响单车驾乘安全，进而危及车主生命财产安全。此外，智能网联汽车除了车辆的位置、车速、导航地址这些数据外，外部摄像头能够不断拍摄汽车周围的环境，包括周围的行人和其他车辆，如果采集到的地理位置、公共环境甚至军事设施等敏感数据被非法利用，都将严重威胁到社会安全。

为应对汽车数据安全事件和风险，国内逐步加强数据安全监管力度。随着《个人信息保护法》和《数据安全法》的先后颁布，国内密集出台了一系列加强汽车数据安全管理的相关政策条例。其中，智能网联汽车准入方面明确提出了对数据安全企业保障能力、过程保障能力、产品技术要求和测试方面的要求。《汽车数据安全管理若干规定》作为国内首个汽车安全管理规定，提出了车内处理、默认不收集、精度范围适用、脱敏处理四大原则。《数据出境安全评估办法》也为企业明确了重要数据和个人信息在出境时应当满足的出境评估要求。

与此同时，智能网联汽车面临更加严格的数据安全合规要求，《汽车数据安全管理若干规定》中明确提出"因保证行车安全需要，无法征得个人同意采集到车外个人信息且向车外提供的，应当进行匿名化处理，包括删除含有能够识别自然人的画面，或者对画面中的人脸信息等进行局部轮廓化处理等"。全景泊车、实景导航、远程拍照等功能均可能受到影响，为应对监管要求，诸多企业暂时停用 App 中的远程拍照功能，以及车机端录像机中照片分享和上传等功能。

由于智能网联汽车面临着更为复杂的网络环境、更长的生命周期和更为严格的安全技术需求，行业需要更有效、更系统的解决方案。在汽车行业大规模应用背景下，数据安全应用不规范，检测技术、检测标准和检测平台缺失等卡脖子难题，使得汽车数据安全测试评价体系建设已成为行业迫切需求。与此同时，也涌现了隐私安全测试、车外人脸/车牌匿名化测

第十六章 智能网联汽车安全测试评价技术

试、数据出境测试等行业广泛关注的测试技术。

二、主要数据安全风险及测试需求

根据个人信息保护相关的法规政策要求，从数据脱敏处理、数据车内处理、数据安全传输、数据安全存储、数据安全访问及计算等方面，结合个人信息处理典型场景或数据安全风险，提出了常用的个人信息保护技术手段。常见数据处理方法及测试要求见表 16-14。

表 16-14 常见数据处理方法及测试需求

序号	数据处理关键环节	典型场景/数据安全风险	测试需求
1	数据收集安全	非法收集可能涉及国家秘密的地理信息数据；非法收集未经用户授权的数据；数据收集安全管控措施不合规	隐私安全测试
2	数据存储安全	非授权或跨权限访问存储的重要数据和敏感个人信息；不同级别数据没有进行数据隔离存储；数据存储加密防护不合规	数据安全可信测试
3	数据传输安全	汽车在安装的摄像头采集的车外视频、图像中包含人脸、车牌等敏感个人信息	车外人脸/车牌信息匿名化测试技术
4	数据使用安全	非授权或跨权限访问存储的重要数据和敏感个人信息，数据使用过程缺乏监管措施	访问权限控制测试
5	数据共享安全	数据非法共享或共享给不必要的第三方，数据非法出境	数据共享测试、数据出境测试

三、智能网联汽车数据安全测试技术

智能网联汽车数据安全测试评价体系研究主要针对个人信息和重要数据在采集、存储、使用、加工、传输、删除等阶段展开，主要以功能点检、文件审核、黑盒/灰盒/白盒测试的形式开展。在数据采集阶段，主要针对显著告知和个人同意的内容进行评估，以及告知内容与实际处理一致性的测试；在数据存储和使用阶段，主要针对数据的真实性、完整性、保密性进行验证；在数据向车外传输阶段，主要针对座舱数据默认不出车、车外图像匿名化处理等功能进行验证；数据共享阶段，主要针对数据是否存在非法共享与非法出境的情况进行测试和分析。

1. 隐私安全测试

隐私安全测试主要通过功能点检的方式对个人信息处理合规性进行测试。首先，通过检验用户使用手册、车载显示面板等文件，查看是否存在相应的界面等显著告知用户；其次，对车辆上所有个人信息处理功能进行复现，判断告知形式是否显著、数据处理过程描述是否完整、数据处理目的是不是最小必要情况；再次，对车辆上所有个人信息处理功能进行复现，在功能复现的过程中查看是否存在用户同意，并查看是否存在某些基础功能不同意信息采集不能进行使用的情况；最后，针对个人信息的撤回进行确认，在车端和手机 App 上查看个人信息处理功能界面中，是否存在用户撤回授权同意的选项和隐私删除的申请方式，且撤销或删除的途径是否过于烦琐。

2. 车外人脸/车牌信息匿名化测试

车外人脸/车牌图像及视频匿名化检测主要采用实车道路测试的方式，进行匿名化对象

采集工作,确定试验关键速度区间、车辆所搭载的视觉传感器位置和所采集数据向外部输出的方式。试验开始后,试验车辆于设定路线正常行驶,行驶过程中同步开启车外信息采集、记录和传输功能,并将匿名化后的图像或视频数据进行导出;试验结束后,读取车端数据并通过数据抽帧、数据标注等对实际人脸和汽车号牌的范围进行标注,并对实际人脸和汽车号牌匿名化范围进行标注;最后,对人脸检出率、车牌检出率、人脸误检率、车牌误检率、不可识别性各项指标进行计算,以验证匿名化处理的性能及效果。

3. 数据安全可信测试

数据安全可信主要指数据来源真实、不可抵赖,数据内容的完整和一致,主要涉及数据存储、传输、使用加工等环节,测试算法包括认证算法 SM2、DSA 等,加密算法 SM1、SM4 等,完整性校验算法 SM3、SHA1 等,密钥交换算法 SM9、ECDH 等。数据安全可信测试支持对非对称算法密码算法强度检测,验证密码算法核心参数的安全性,并验证和识别国密 TLS 协议和国际上 HTTPS、SMTPS 等密码协议,防止未知来源的指令执行、数据内容非法插入篡改等。

4. 汽车数据共享与出境检测

(1) T-BOX 流量监控方案 该种方法需要获取到 T-BOX 的系统进入方式及相应接口和最高调试权限,将相关的测试电脑与 T-BOX 建立连接,进入 T-BOX 系统,在系统内安装流量监控软件,对 T-BOX 的传输功能通过 IVI 或者其他可控零部件对车外数据传输的功能进行复现,利用流量监控软件获取传输的流量数据包,使用数据出境自动化检测工具对数据包的内容进行检测,验证其中是否存在境外传输数据。该方法监控的是整个 T-BOX 的数据,数据完整性较高,但该方法需要企业提供 T-BOX 进入系统的接口及接入方式、T-BOX 系统的最高调试权限等。

(2) 空口设备流量监控方法 开启车辆全部 Wi-Fi 及蜂窝网络传输功能,模拟遍历数据传输功能在车端进行使用,采用网络数据抓包工具进行不少于 30min 的数据抓包,将空口数据抓包工具与零部件的 eSIM 卡上的芯片连接,然后将整车传输功能通过 IVI 或者其他可控零部件对车外数据传输的功能进行复现,通过空口数据监测工具对车外传输流量进行捕获,使用数据出境自动化检测工具对数据包的内容进行检测,对数据出境的情况、流量、IP 地址等进行分析,验证其中是否存在境外传输数据。

【思考题】

1. 预期功能安全和功能安全解决的问题有哪些异同点?
2. 全流程的功能安全测试包含哪些层级的测试活动?预期功能安全活动要达到的最终目标是什么?
3. 信息安全体系审核的全局不符合项分哪几类?分别应该如何整改?
4. 汽车数据安全主要涉及哪些功能场景?主要存在哪些安全风险?

参 考 文 献

[1] 王宇,张宏伟,张通,等. 远程遥控泊车辅助系统功能安全整车级测试方法研究 [J]. 汽车电器,2021 (5): 7-9.

［2］全国汽车标准化技术委员会. 道路车辆 功能安全 第4部分：产品开发：系统层面：GB/T 34590.4—2022［S］. 北京：中国标准出版社，2022.

［3］全国汽车标准化技术委员会. 汽车信息安全通用技术要求：GB/T 40861—2021［S］. 北京：中国标准出版社，2021.

［4］SHAN H，HE K X，WANG B Z，et al. Road vehicles cybersecurity system evaluation method［J］. Journal of physics：conference series，2020，1607（1）：012054.

第十七章 智能驾驶解决方案与典型产品

第一节 激光雷达及解决方案

一、功能及技术指标

在智能驾驶方案中,激光雷达成为最主要的环境感知硬件之一。本节将以图达通智能科技(苏州)有限公司(以下简称"图达通")的产品为例,来介绍全球图像级激光雷达及解决方案。图达通公司成立于2016年,在硅谷、苏州和上海设有研发中心,在宁波和苏州拥有高度工业化的车规级激光雷达制造基地。目前,该公司与国内外多家主机厂、车联网、智慧高速、智慧港口、智慧航运、智慧轨交、智慧矿区等领域的行业龙头企业开展积极合作,用先进的硬件及软件解决方案赋能安全与智能生活。

二、特点与优势

目前图达通共推出了两个系列的激光雷达及解决方案,猎鹰系列(图17-1、图17-2)和灵雀系列(图17-3、图17-4)。猎鹰激光雷达是图达通通过正向开发打造的车规级超远距激光雷达,最远探测距离可达500m,10%反射率下标准探测距离为250m,其动态聚焦功能可灵活调整感兴趣区域,在视场局部产生高密度点云,便于更好地追踪目标,从而有效保障各类复杂环境下辅助驾驶、智能驾驶及智慧交通场景对感知和安全的要求。其产品特点有:500m超远探测距离,图像级超高分辨率;定睛凝视,感兴趣区域视场角灵活可调节;1550nm激光光源,提供更好的人眼保护;更强的环境适应性。

图17-1 猎鹰灵动版(车规量产超远距主视激光雷达)　　图17-2 猎鹰精英版(一体式超远距AI激光雷达)　　图17-3 灵雀-E　　图17-4 灵雀-W

灵雀-E是图达通全新一代产品平台打造的图像级远距离前视激光雷达(图17-3),具备500m测距能力,可提供120°(H)×24°(V)视场角,同时能够输出0.1°(H)×0.2°(V)的图像级分辨率点云,每秒点频超过 153 万,在城区及高速场景中能够提供丰富的目标检测与感知细节。灵雀系列产品均采用平台化设计理念,机身小巧,功耗超低,易于量产,稳定可靠。

灵雀-W 是图达通全新一代产品平台打造的高性能中短距广角激光雷达(图 17-4),具备 120°(H)×70°(V)超大视场,2 倍于市场同类产品的测距能力,零盲区的同时兼顾侧向大范围感知,为城区十字路口行驶、高速变道超车以及更加舒适的转弯掉头策略保驾护航;0.13°(H)×0.36°(V)高分辨率,可以提供每秒超 177 万点频,能够在测距能力范围内提供优异的感知结果,为辅助驾驶及智能驾驶提供更好的安全感知方案。

三、应用领域与市场

1. 前装车载激光雷达应用

随着智能驾驶辅助系统在量产车型上的需求与日俱增,相关的感知硬件也得以快速发展。智能驾驶感知方案中,毫米波雷达与摄像头的组合较为成熟。但随着道路状况越来越复杂,当前技术条件下,毫米波雷达加摄像头的方案在面对强光、黑夜、未经算法训练的物体等场景时难以可靠识别障碍物。而摄像头配合视觉算法,在目标物体处于较远位置时,信息感知精度相对较低。

意识到这些感知方案的局限性,汽车生产商蔚来汽车选择将激光雷达加入其感知系统,实现整车感知的升维,寻求量产车从驾驶辅助到智能驾驶的进化。目前,蔚来 NT2.0 平台车型,包括 ET7、ES7、ET5、EC7、ES6、ES8、EC6 在内全系标配图达通猎鹰激光雷达,能输出三维空间数据,提供可靠的深度信息。

在日间逆光、夜间暗光等场景中,不同于人眼或摄像头难以准确发现隐藏在暗处的风险,猎鹰作为高性能超远距激光雷达,拥有更强的抗干扰能力,无惧环境光线变化,可以更好地应对复杂场景,更早"看"到潜在危险,例如行人"鬼探头"、抛锚车辆等。

同时,猎鹰拥有超远探测距离及超高分辨率优势,在高速行驶时,能够提前发现远处危险目标,包括车辆、行人、车辆掉落的抛洒物等,为蔚来 NOP+提供准确、可靠的辅助决策信息,做到舒适制动、紧急避让。

作为 Aquila 蔚来超感系统的重要组成部分,图达通高性能猎鹰激光雷达与多传感器融合,可为车辆提供全方位海量级的环境信息输出,助力蔚来 NOP+领航辅助功能的稳定运行,逐步实现高速、城区、泊车、换电等场景下的全程安全放松的点到点智能驾驶体验,如图 17-5 和图 17-6 所示。

图 17-5 传感器布置示意图

图 17-6　图达通猎鹰实景点云图

17-1-1　NOP 不同场景视频

2. 在智慧城市交通的应用

图达通雷达除了在前装车载应用外，还在智慧城市交通场景中得到应用，可有效解决城市拥堵问题，提高交通效率。在苏州高铁新城智能网联先导区，连接姑苏区和工业园区的苏州相城区主干道，早晚高峰期间，这里 5km 通行时间超过 30min，通行效率非常低。同时该区域路口交通多变且复杂，电动自行车横穿马路、闯红灯现象时常发生，交通事故频发，影响城市交通安全。

在智能网联先导区二期建设中，当地建设者曾引入高性能激光雷达（图达通猎鹰精英版）作为路侧感知设备，获取交通参与者信息。基于之前的成功经验，此次猎鹰精英版又助力三期项目实现道路化升级。猎鹰精英版拥有超高分辨率，在 10% 反射率下，探测距离达 250m，可以在恶劣环境下对路段进行全天候、全方位实时监控，提供"上帝视角"的感知能力；结合实时算法，持续输出交通参与者的多维信息，包括车辆位置定位、速度及行驶姿态等；通过声、光、显示设备及时予以信息提醒，减少盲区碰撞事故发生，保障道路通行安全。同时能够在超过 200m 的距离范围内，对平均车速、排队长度及交通流量等进行统计，为缓解城市交通拥堵、提高通行效率及合理分配交通资源提供辅助决策信息。此外，猎鹰精英版的超远探测距离优势，意味着在路端布置时，能很大程度上减少布置数量，降低部署成本及后期维护压力。

基于图达通的高性能激光雷达等智能化设备，完成路侧设施智能化建设后，苏州高铁新城三期智能网联道路项目对智能网联道路划分了"核心-重点-普通"3 种类别。核心道路打造全息路网，路口和路段实现全息感知，实现协同智能驾驶、精细化交通流统计等高等级应用；重点道路路口部署感知激光雷达，联动弱势交通参与者碰撞预警系统、路口通行辅助信息服务等；普通道路车辆也可在路口接收前方道路交通信息，规避拥堵，降低碰撞和闯红灯的风险，提升整体交通效率，充分体现了"智慧交通"的示范作用。

17-1-2　OmniVidi-city

第二节 毫米波雷达及解决方案

一、功能及技术指标

在 L0~L5 的智能驾驶方案中,毫米波雷达作为唯一不受雨、雪、雾及光线骤变影响,能在全天候、全工况下高效运行的感知元件,具有不可或缺性。本节将以南京楚航科技有限公司(以下简称"楚航科技")的产品为例,介绍高频率段毫米波雷达及解决方案。楚航科技成立于 2018 年,在斯图加特、南京和上海设有研发中心,在安庆拥有"世界级工厂"的车规级毫米波雷达制造基地。楚航科技专注于研发、生产基于毫米波雷达的高级驾驶辅助系统,通过可持续的产品平台化建设,为车企提供在智能驾驶、智能座舱、人工智能等多领域内更本土化的一体化感知解决方案。其旗下的第五代车载雷达产品已与全球 40 多家主机厂达成合作,并在 20 多款车型上实现量产搭载。

二、特点与优势

基于全球毫米波雷达技术发展,楚航科技车规级平台目前已实现第五代毫米波雷达产品的规模化量产,并接轨国际前沿技术升级迭代第六代雷达系列产品(波导天线技术)。楚航科技毫米波雷达产品具有高集成度、模块化研发、整车安装免校准等技术特点,其中产品功能应用特点如下。

(1) 77GHz 角雷达产品 探测度数 FOV±75°,探测距离 150m,通过 HMI 报警,适用车载以太网/CAN-FD 接口,可实现盲点辅助监测(Blind Spot Detection, BSD)、变道辅助预警(Lane Centering Warning, LCW)、开门预警(Door Open Warning, DOW)、后方横向交叉碰撞报警(Rear Cross Traffic Alert, RCTA)等高级辅助驾驶功能,如图 17-7 所示。

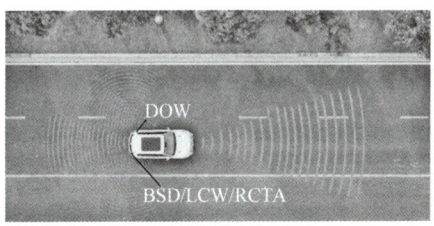

图 17-7 77GHz 角雷达产品及其功能示意图

(2) 77GHz 前向雷达产品 探测距离 250m,可进行高度探测,识别高空和地表目标,产品符合 ISO 26262 功能安全 ASIL B 要求,抗干扰能力强,如被遮挡可进行报警,可实现自适应巡航控制(Adaptive Cruise Control, ACC)、自动紧急制动(Autonomous Emergency Braking, AEB)、前方碰撞预警(Forward Collision Warning, FCW)功能,如图 17-8 所示。

(3) 60GHz 生命体征探测雷达 可覆盖车内全区域(多颗雷达布置),体积小易安装,尺寸只有 45mm×52.1mm×15.4mm,低功耗,小于 0.5% 误报率与 0 漏报率,可实现后排占位检测(Seat Occupancy Detection, SOD)与儿童存在探测(Child Presence Detection, CPD),或驾驶人员生命体征监测(Driver Vital Sign Monitoring, DVSM,生命体征含呼吸心跳)功能,如图 17-9 所示。

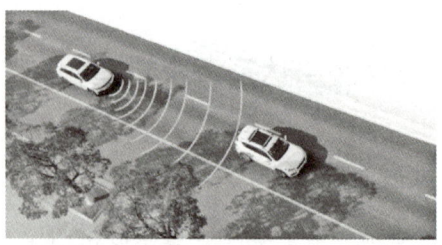

图 17-8　77GHz 前向雷达产品及其功能示意图

图 17-9　60GHz 生命体征探测雷达及其功能示意图

（4）4D 成像雷达　具有更精细的测距和测高能力，更高的感知精度和系统可靠性，可应用于 L3 及以上智能驾驶场景，其探测距离达 300m，如图 17-10 所示。

图 17-10　4D 成像雷达及其功能示意图

隐形雷达 ART 具备四大核心技术特点：

1）灵活布局：天线模组与射频基带分离部署，适配任意车型。

2）共形设计：天线结构与车内玻璃共形，贴合玻璃形态。

3）大角度测量：无天线罩结构，不仅消除了天线罩引入的系统消耗，更避免了天线罩导致的大角度性能恶化。

4）采用栅格结构来构建天线单元拓扑，相较于实体天线结构，可显著减少对玻璃透光性的影响。如图 17-11 所示。

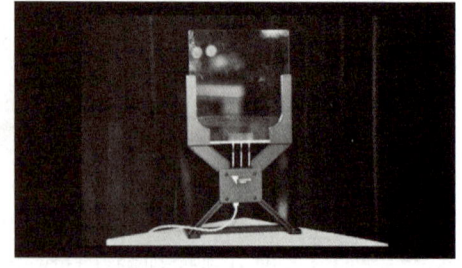

图 17-11　隐形雷达 ART 样机

三、应用领域与市场

1. 毫米波雷达细分市场

自 20 世纪 60 年代开始，车载毫米波雷达的相关研究主要集中在欧美和日本等发达国家。作为 ADAS 和智能驾驶不可替代的传感器，其核心技术一直由大陆、博世等欧美企业垄断。在雷达整机方面，大陆和博世的份额占全球近 35%。

随着全球汽车智能化的发展趋势，我国近些年相继加大了有关车载毫米波雷达行业政策出台的力度，其中，《汽车雷达无线电管理暂行规定》指出 76～79GHz 频段用于汽车雷达，2022 年 3 月 1 日起不能再生产和进口使用 24.25～26.65GHz 频段的汽车雷达。2023 年 6 月发布的《中华人民共和国无线电频率划分规定》指出 79～81GHz 频段无线电定位业务将优先用于汽车雷达等应用，相关兼容共存条件及协调程序确定前，不投入实际部署使用。

舱内应用上，为避免儿童单独留车内而导致悲剧事件的发生，欧盟 E-NCAP 规定了针对车内儿童存在检测的需求，促使制造厂在未来产品设计上提供此检测功能。东南亚等地区也陆续将儿童遗忘提醒功能纳入新车评价规程。60GHz 生命检测雷达可感知轻微呼吸与心跳，检测儿童和宠物，保护隐私，成为该领域的领先技术设备。

至此，60～79GHz 高频率段毫米波雷达技术成为全球主流的汽车智能化感知方案之一。

2. 车载毫米波雷达 ADAS 应用

ADAS 各项功能的实现，需要短程、中程、长程多个毫米波雷达的结合。按探测距离，毫米波雷达可分为 SRR（短程毫米波雷达，小于 60m）、MRR（中程毫米波雷达，100m）、LRR（长程毫米波雷达，大于 200m）。探测角度和探测距离通常不可兼得，例如 SRR 探测距离短，但探测角度大，多个 SRR 结合可实现车身近距离全方位覆盖。因此，L1/L2 车辆通常需要在车辆前方、车身和车辆后方安装多个短程、中程和长程毫米波雷达，以对汽车周围环境实现全方位探测，协同实现 ADAS 的自适应巡航控制（Adaptive Cruise Control，ACC）、自动紧急制动（Autonomous Emergency Braking，AEB）、前方防撞预警（Forward Collision Warning，FCW）等功能。

毫米波雷达是 L2/L2.5 车辆标配，目前一辆 L2/L2.5 车辆装配 3～5 个毫米波雷达，例如小鹏 G3 采用 3 个毫米波雷达（1 前向+2 后向），蔚来 ES8 装配 5 个毫米波雷达（1 前向+2 侧向+2 后向），随着 ADAS 智能驾驶需求的提升，毫米波雷达的渗透率也将被带动。毫米波雷达布置示意图如图 17-12 所示。

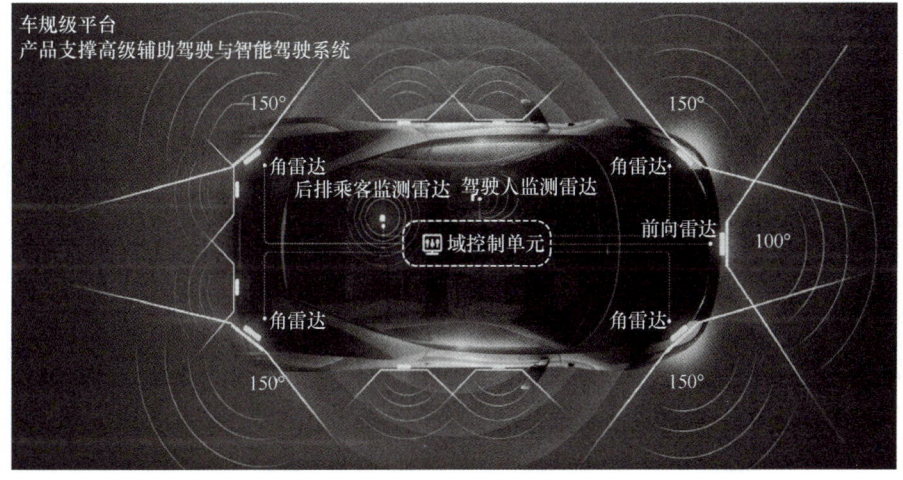

图 17-12　毫米波雷达布置示意图

楚航科技角雷达、前向雷达、4D 成像雷达产品已在零跑、奇瑞、吉利、长安、长城、北汽、东风、海马等多款车型上量产搭载，同时还获得欧洲知名主机厂定点，已成功实现毫米波雷达国产化替代进程，并将向国产化超越前进。

3. 车载毫米雷达智能座舱应用

作为智能驾驶的核心感知基础部件，毫米波雷达除了目前已被广泛应用在乘用车 ADAS 领域上外，还因其保护隐私、探测精准等特点被应用在了智能座舱的安全升级上。

美国国家公路交通安全管理局的调查显示，自 1998 年至 2019 年，美国因儿童被误锁车内导致的窒息死亡就高达 853 例。数据显示，大多数汽车热死儿童事件绝非故意，54% 的事件是因为粗心的父母将儿童遗落在车内，28% 的事件是因为儿童在无人看守的汽车内玩耍。毫米波雷达可以利用动态目标感知功能精准地探测到车内是否存有活体，并向驾驶人发出警报，有效避免该类事故的发生。

17-2-1　毫米波雷达智能驾驶

为突破毫米波雷达在车内座舱如何有效区分活体与非活体，以及活体位置两大算法难点，特别是在如何快速识别熟睡的婴儿这一核心算法诉求上，60GHz 生命体征探测雷达实现了在多种运动状态下（包括微动和大运动），迅速锁定生命体征信号实现活体检测及占位监测的功能应用，能有效锁定汽车座舱内活体存在情况，并通过手机、车辆管理平台、车辆本身等多种途径进行智慧报警。

除了报警语音提示外，60GHz 生命体征探测雷达还可以实现车主及相关亲属的手机同步示警。在报警的同时，雷达还可以控制车辆开启 10% 的车窗，启动空调系统，为车内输送新鲜空气，并利用声光报警提示路人以保障最大限度地解救被困乘员，为客户提供全方位的车内生命体征探测，保障用户驾乘安全，出行无忧。生命体征探测雷达布置示意图如图 17-13 所示。

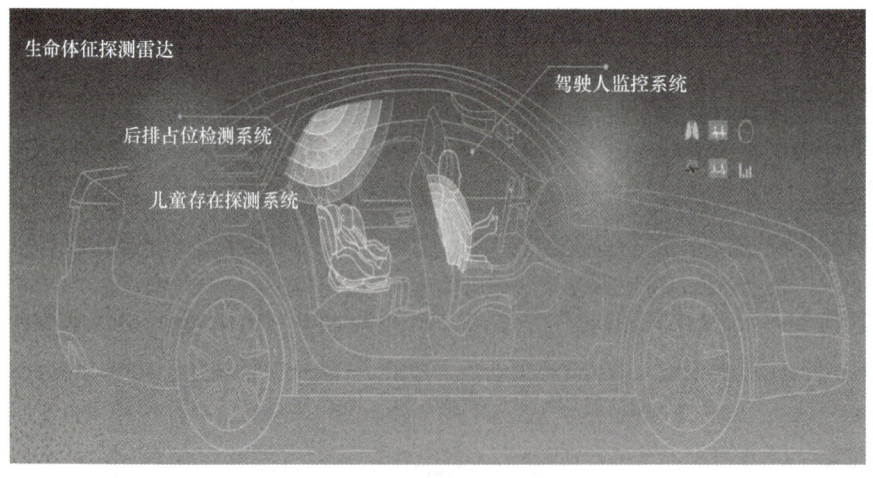

图 17-13　生命体征探测雷达布置示意图

17-2-2　生命体征探测雷达

第三节　乘用车智能驾驶方案

一、乘用车智能驾驶方案概述

近年来，我国北京、上海、广州、深圳等大城市率先开始 L3 及以上智能驾驶上路试点工作，参与试点的有百度科技、小马智行、广远知行、上汽赛可等科技公司。本节以赛可智能科技（上海）有限公司的方案为例来进行阐述。

赛可智能科技（上海）有限公司是上汽集团子公司，该公司以 AI 创新应用为技术基础，以 L4 智能驾驶为公司技术目标，深耕城市出行领域，深度探索未来城市的智慧交通方式。截至 2023 年，上汽赛可智能科技通过自建的数据闭环系统，实现了智能驾驶算法的持续迭代。如图 17-14 所示为上汽第一代 Robotaxi。

Robotaxi 车辆利用激光雷达、毫米波雷达以及多相机器多源的感知，通过高算力的芯片，经过深度学习等核心的感知融合算法

图 17-14　上汽第一代 Robotaxi

处理，形成"老司机"般的路径规划和决策，最终应用高集成度的线控底盘系统进行车辆的纵、横向协同控制，实现 Robotaxi 无人化运行的技术目标，在国家法规要求下，形成在全天候、高速城区车库场景全覆盖下的整车功能矩阵，见表 17-1。

表 17-1　Robotaxi 功能矩阵

超级巡航	动态避障	自主超车	路口通行	多车博弈
道内躲闪	自动泊车	动态规划	精准停靠	车辆监控
车路协同	OTA	自动标定	影子模式	远程驾控

二、方案特点与技术优势

L4 的 Robotaxi 基于驾驶位无人化的目标，将整车的系统安全性作为软、硬件开发的基础和目标，这里主要表现在以下几个方面。

1. 感知系统

（1）多源融合的感知冗余系统　赛可智能 Robotaxi 采用了五重的冗余感知系统，满足车辆 360°、近中远距离条件下，实现无死角全覆盖，在大幅度提升感知精度的同时，增强了感知的鲁棒性；即使某一局部感知部位出现问题时，仍能给出比较可靠的感知结果，如图 17-15 所示。

第一重感知是由 6 个固态激光雷达组成的，车顶前后左右各 1 个（作为主雷达），车前左右各 1 个（作为盲区雷达），形成覆盖近距、中距和远距的点云感知系统。在此基础上，第二重感知融合了摄像头前 2 个、左右后各 1 个的周视系统；第三重感知融合了前后左右各

1个的鱼眼环视摄像头系统；以及第四重感知融合了前1个、角4个的毫米波雷达系统；第五重感知融合了12个一周全覆盖的超声波系统，最终形成五重的冗余感知架构。该方案通过冗余的3D感知，可以满足比如安全的换道、加塞和老旧小区的窄路通行与泊车等复杂的安全行车需求。

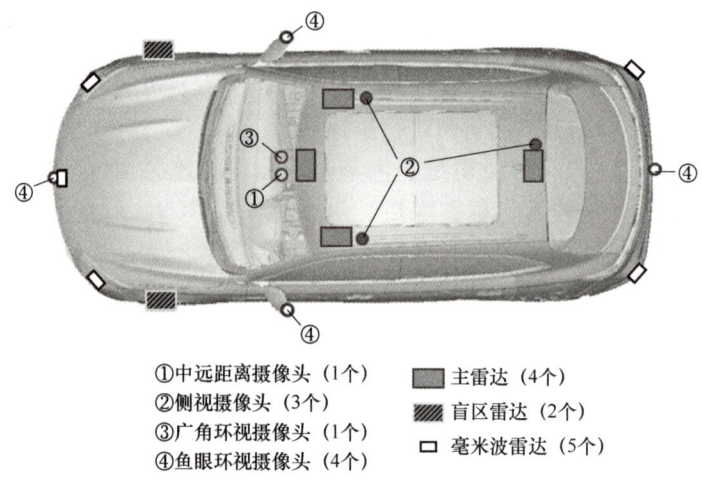

① 中远距离摄像头（1个）　　　■ 主雷达（4个）
② 侧视摄像头（3个）　　　　　▨ 盲区雷达（2个）
③ 广角环视摄像头（1个）　　　□ 毫米波雷达（5个）
④ 鱼眼环视摄像头（4个）

图 17-15　Robotaxi 冗余感知系统

（2）多重异构的冗余计算系统　高性能计算平台可以提供超过 1000 TOPS 强大算力支持，通过微控制单元安全岛实现必要的安全策略，结合变速器控制单元优异的性能，计算形成类似于金字塔的系统，从上而下，层层递进，通过不同层次的功能降级设计，实现整体算法的功能冗余设计，如图 17-16 所示。

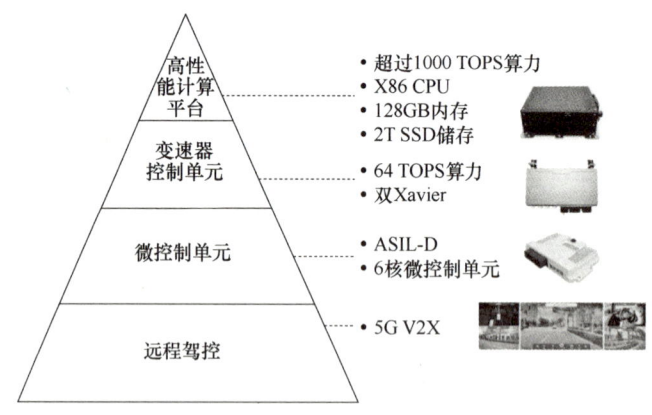

图 17-16　Robotaxi 冗余计算系统

（3）时空 4D 多源融合感知算法　此算法智能驾驶车辆进行环境理解与信息提取的核心模块，也是学术界研究的热点和持续突破的领域。其中，基于激光雷达点云和视觉图像的融合算法，因其能结合激光雷达点云丰富的 3D 几何信息以及图像中致密的语义信息，所以在目标检测、场景语义分割等感知任务中，起到了关键作用，如图 17-17 所示。

在时空多源感知融合算法中，不同的传感器承担了各自的关键功能。图像作为其中一种

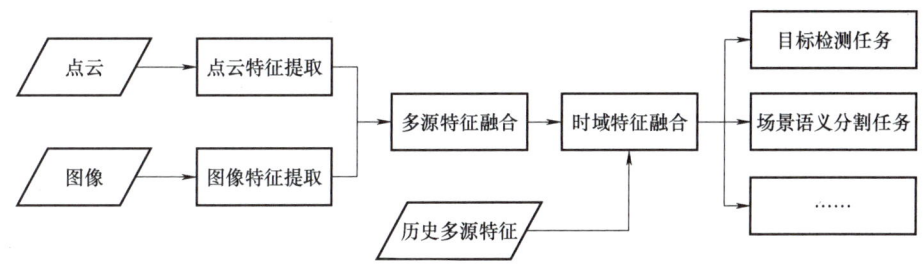

图 17-17　时空 4D 多源融合感知算法

传感器数据，存储了丰富的色彩与纹理信息。此类信息对于目标类别识别以及其他语义信息的获取有着关键作用。通过对该数据进行特征提取，我们可以获取更高维的、抽象的图像特征，从而为下游融合子模块提供丰富的、多尺度的信息。

与相机图像不同，激光雷达点云像素排布较为稀疏，同时单点云获得的信息相较于单像素的色彩信息来说仅反射强度一致，不算丰富。但是激光雷达点云有着精确的 3D 位置信息，对于空间物体位置的捕捉、几何信息的获取有着至关重要的作用。通过将点云的特征进行提取，我们可以获取环境中丰富的 3D 与几何信息。

在多源特征融合模块中，点云和图像的表征空间获得统一，例如，均统一到 BEV 空间下，从而可以通过对齐的形式进行特征融合。在多源特征融合后，时域特征融合以当前帧与历史帧的多源特征为输入，在时域上进行特征的交叉学习，从而将一段时间内的多传感器特征结合起来，形成对整体 4D 时空环境语义的理解，从而更好地为下游任务提供所需的信息。

在 4D 多源融合特征的加持下，可以从自车周围的环境中检测出物体的尺寸、朝向、位置、类别、运动状态等信息，从而在后融合与追踪模块中，进一步融合毫米波雷达等其他目标级别的信息，来加强物体运动状态的估计，为下游预测和规划控制模块提供信息支持。

2. 预测系统

在真实的驾驶场景中，我们需要在复杂的交通状况下，对不同的交通参与者进行行为预测及对其未来可能所处的位置进行预测。在自车位置的不断变化中，其他相关的交通参与者也可能因此改变意图或行驶轨迹。预测模块作为 4D 感知在时空上的延拓，为自车的决策与轨迹规划提供关键的未来物体信息。而交互式预测算法通过结合道路元素信息、自车历史轨迹与规划轨迹信息、4D 融合感知获取的各类交通参与者的历史运动信息，最终获得各交通参与者的未来运动信息。

在交互式预测算法中，包括各类地面标线、车道属性等在内的道路元素通过特征编码器抽象为特征向量。同时各类别的交通参与者的历史运动信息通过编码器后，也会形成相应的特征向量。这些特征向量连同自车的历史轨迹与规划信息形成的高阶特征被一同送入交叉注意力模块中，进行更高阶的特征提取。在交叉注意力模块中，道路元素、交通参与者历史信息与自车信息之间的关联被重新学习，各交通参与者形成更高阶的包含交互信息的特征，从而在通过物体信息解码器后，可以获得其意图、轨迹及相应的概率，如图 17-18 所示。

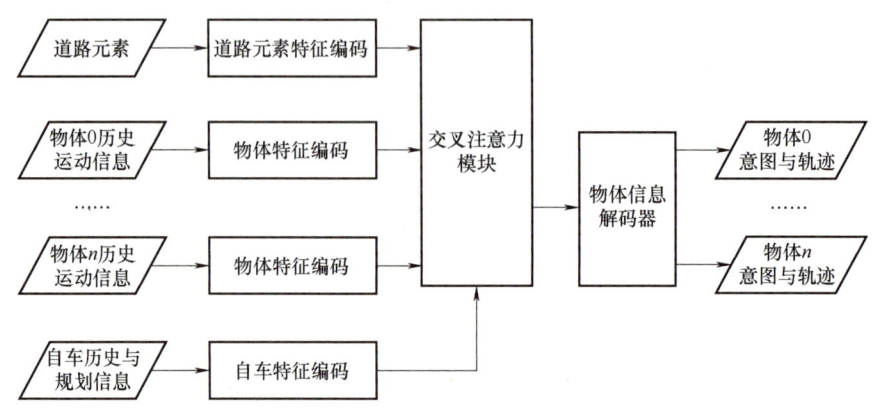

图 17-18　交互式预测算法

兼顾安全、舒适、智能的规控设计，规控决策在智能驾驶领域具有举足轻重的地位，它直接影响到智能驾驶技术的成功应用。首先，规控决策对于"安全第一"的追求毋庸置疑。其次，高效的规控决策有助于提升道路通行效率，缓解交通拥堵，降低能源消耗。最后，智能的规控决策还能保证舒适性和拟人化的决策，极大提升乘客体验。一套安全、高效、智能的规控决策技术方案，是推动智能驾驶技术健康发展的重要保证。

3. 决策与控制系统

在决策模块，一般采用对不同交通参与者进行分级处理的机制，依托预测模块给所有交通参与者的意图标识，对于意图不明确的目标，利用人类驾驶经验进行减速缓行、横向躲避等决策为自车主动制造安全和舒适的驾驶空间。对于强交互的目标，将自车行为对他车的影响及他车对自车的影响进行交互博弈决策。在智能驾驶系统中，决策模块不能只考虑自身的舒适性、安全性，而完全忽略其他交通参与者的体验。综合考虑整体的平衡和通行效率，考虑交互车辆的感受，才能实现更加类人的驾驶体验。

在强交互场景下，自车的决策和其他交通参与者的预测往往是相互影响的。因此，基于神经网络的交互式预测和交互式决策逐渐成为业内主攻的重点方向。将道路信息和交通参与者的历史信息进行矢量编码，利用图卷积和注意力机制处理目标之间的意图交互。采用数据驱动的深度学习方案，比卡尔曼滤波能更快更准地识别出目标的意图，从而有助于自车做出更加合理的决策。对于一些特定场景的驾驶行为，例如很多人在掉头的时候往往会向右打方向借道再往左打方向掉头。一般算法往往会给出右转的行为预测，从而导致自车在与之交互时做出错误的决策。而深度学习的模型可以更早地给出掉头的意图，从而为自车决策预留更多的空间来应对。此外，基于神经网络的交互决策方案也能在较多交互参与者的情况下，给出更自洽、更智能的决策方案。

运动规划模块的功能是将决策的动作分解成满足物理约束的运动轨迹。比较普遍的做法是采用动态搜索和非线性优化组合的方式，进行横纵向解耦求解。这样做的好处是降低求解复杂性，达到实时求解的目的，确保行车的安全性。另外一种做法是时空耦合的优化求解，优势是在复杂的交通环境中，能够求解出更合理的轨迹。当然，这种情况需要在求解器的速度方面做相应的加速策略。通过时空联合运动规划和基于神经网络快速筛选的联合方案，可以同时兼顾求解空间的完备性和求解的实时性。首先，基于大量人类驾驶数据，聚类出不同运动空间下的轨迹集，大幅减小轨迹采样空间，这种采样曲线就天然隐含了车辆的运动学和动力学约束条件。其次，通过神经网络实现对采样的时空轨迹的快速筛选。最后，将筛选的轨迹作为初值放入时空优化求解器迭代求解。该方案的计算效果和效率都远高于传统的基于数值计算的优化算法。

在控制方面，除了传统的 MPC、LQR 和 PID 等控制器，在实际的工程应用中，需要增加自动纠偏模块、自动在线参数学习器等设计。此外，积累足够的老司机驾驶数据库，还可以实现通过自学习技术和大量的专家数据，不断地提升控制的安全性和舒适性。

远程驾控是目前 L4 运营的法规要求，它在无人驾驶车辆无法安全通过或智能驾驶车辆主动发出接管请求的场景下，通过远程下发指令或接管车辆，帮助车辆脱困或按特定线路行驶，可实现实时同步、视频与指令传输低延时、一控多车、远程关注车辆内外的实时动态、下发驾驶指令、与智能驾驶系统有效融合，从而形成多级安全机制，如图 17-19 所示。

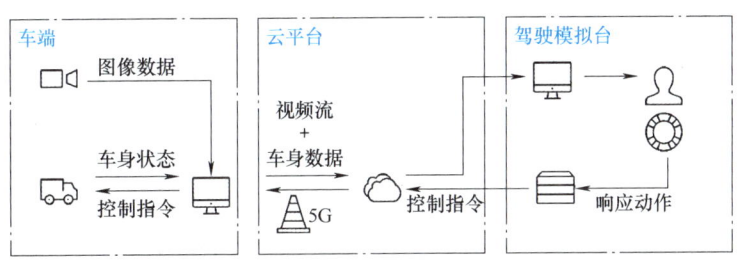

图 17-19　Robotaxi 远程架控系统

4. 数据闭环系统

数据闭环系统是智能驾驶算法开发的基础性平台，包括感知闭环的云平台和规控闭环的仿真平台，它们给算法工程师提供快速迭代的基础设施和基础工具，是实现智能驾驶规模化、量产化的必要条件。该平台必须和业务建立深入的、及时的联系，具有"源于业务""先于业务""高于业务"的特点。赛可智能根据自己的开发实际，建立了具有自己特色的"珊瑚"数据闭环系统，可实现车辆数据的统一管理，并提供数据开发平台、仿真测试平台、车辆问题管理平台以及业务数据工具链、数据挖掘等相关服务，全套闭环自动化工具链形成数据闭环，能更好地发挥数据驱动优势，提升研发效率，助力技术迭代，如图 17-20 所示。

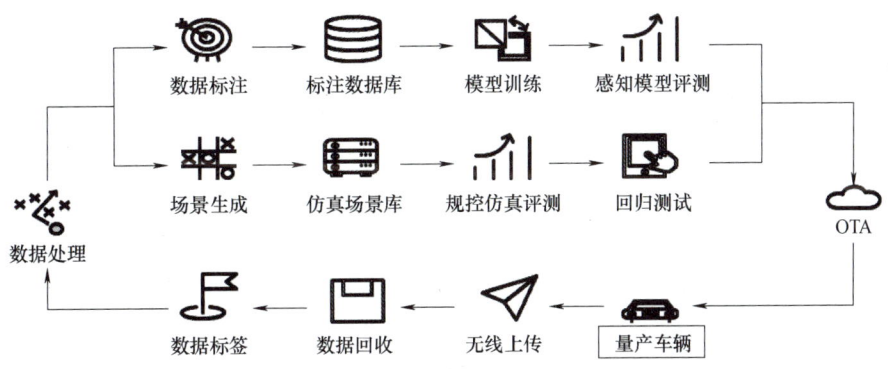

图 17-20　Robotaxi 数据闭环系统

三、产品应用领域与展望

Robotaxi 是现代汽车"电动化""智能化""网联化""共享化"新四化技术融于一体的未来出行的最高阶段,是未来高级别智能驾驶市场投放最为广阔的场景之一,可以实现对人力的替代,并在未来共享出行的场景中解决出行需求与供给不平衡的矛盾。

从 2020 年开始,Robotaxi 在国内开始测试投放,主要参与者包括上汽集团、百度、小马智行、文远知行等,在北京、上海、广州、深圳等多个城市开放载人测试运营服务,在国家政策的支持下,运营的范围和车队的规模都在加速增加。未来 10 年,随着汽车电动化的加速和私家车的普及,以及汽车智能化和网联化技术的成熟,配合城市的智能化建设,无人驾驶车辆将会逐渐渗透进人们的生活中。与此同时,消费者日趋习惯共享出行服务,智能出行的参与者和参与方式将发生变化。

预计整个共享出行市场的市场规模在 2030 年将达到 2.25 万亿元人民币,复合增长率为 20%~28%。在共享出行市场中,Robotaxi 将占到 60% 以上,市场规模超过 1.3 万亿元人民币,Robotaxi 未来市场前景广阔,如图 17-21 所示。

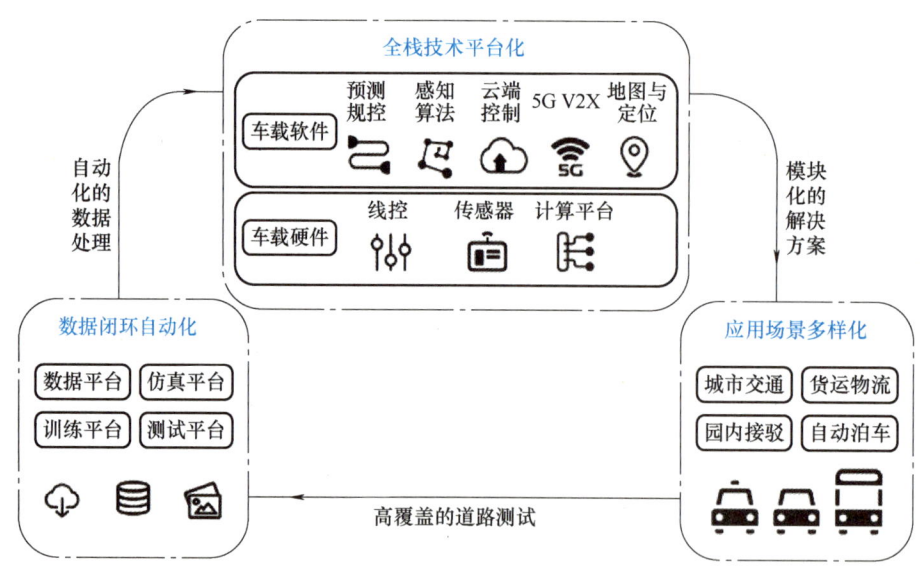

图 17-21 Robotaxi 整体技术链

随着硬件水平的迅猛发展,L2 和 L4 在硬件趋势上开始趋同,一方面,量产的新车型开始搭载激光雷达,摄像头数量也越来越多;另一方面,随着低成本车规级高算力芯片的装车,算力已不再是瓶颈。软件功能上,L2 也开始往更复杂的城区道路场景发展,现在城区自动领航辅助驾驶的场景和 L4 已经非常接近,它们背后的研发体系、组织架构和测试开发方式也是高度重合的,数据、算法复用成本低。因此,近年来各车企通过 L4 的技术架构和"硬件预埋"去实现 L2+的功能。通过 L2 的规模化量产,一方面可实现商业化,获得营收,另一方面也能获取更多数据。正向反馈 L4 的性能持续提升,L4 智能驾驶公司降维做 L2 前装量产,逐渐为一个趋势。

第四节 货车智能驾驶方案

一、货车智能驾驶方案概述

智能驾驶技术是横跨车辆工程、半导体、系统软件、人工智能以及云计算等多个领域和技术栈的系统工程。打造一款成功的智能驾驶货车，必须把这些领域的核心能力进行全栈整合。在中国智能驾驶货车技术的探索与实践中，赢彻科技选择智能驾驶货车核心领域的全栈自主研发，并坚信全栈自主研发是取得量产成功、技术加速迭代并成功走向全无人驾驶的关键。

首先，完整技术链条的构建，可以充分发挥跨技术领域的深度融合优势。通过软件、硬件和车辆的协同设计，可以综合各种系统资源，最大限度地挖掘整个系统的潜能，使得整个智能驾驶系统高效运转的同时，还能有效降低整体成本。

其次，全栈技术能力可以非常灵活地适配不同场景、不同车辆，进而拓展生态，为加速智能驾驶技术量产与产业化提供强有力的保障。

最后，在核心环节上拥有充分自主权，能够在量产的每一个关键环节，比如供应链、成本优化等，拥有足够的能力规避各种风险，顺利且高效率地达成量产的目标。

赢彻科技设计了一套完整的智能驾驶系统全景图（图17-22）。在智能驾驶算法上，需要解决货车独有的物理局限和量产的限制条件所带来的问题，实现一套高性能且满足商用车应用场景的感知、定位、规控和节油算法。智能驾驶域控制器是货车领域自带全冗余且高算力的车规级车载计算平台，并且已经成功量产。在系统软件层，其不仅为智能驾驶货车提供

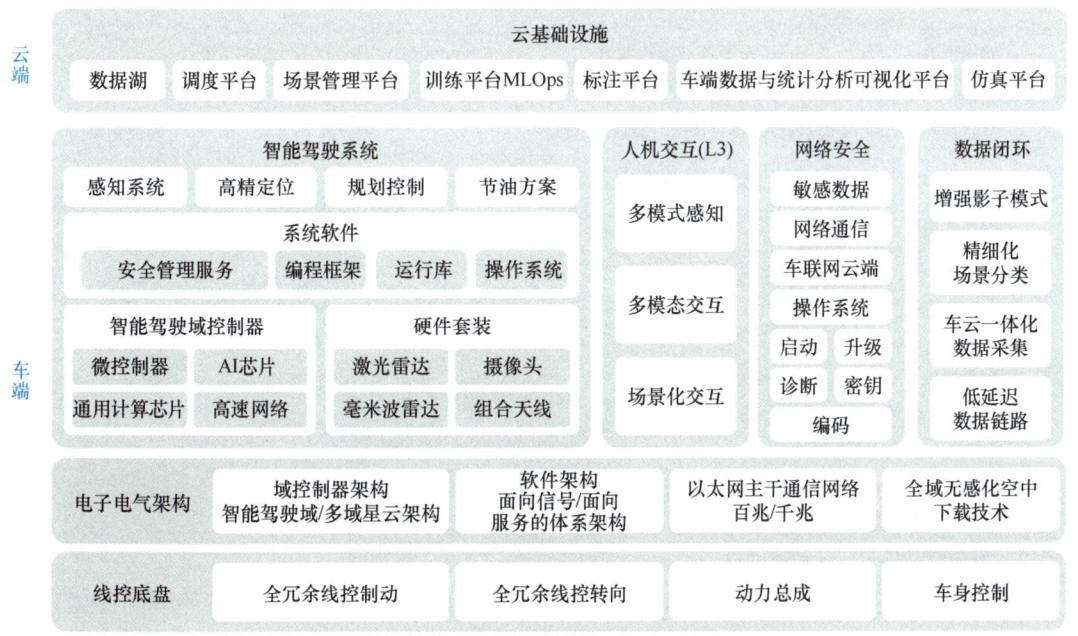

图17-22 智能驾驶系统全景图

高性能、高安全、高可靠的中间件服务，也为产品研发效率提供了强大的支撑，创造了一个更友好的集成环境。在云端，打造了"三横两纵"的基于云原生的技术栈，为量产提供了规模化的实时数据分析服务。在车端，集中式电子电气架构，减少了系统复杂度，并提供高通信带宽、整车信息安全以及整车 OTA 的能力。在线控底盘方面，全冗余技术实现了精准安全的车辆控制和流畅的人机共驾，保证了车辆安全平稳运行。人机交互系统解决了安全员对系统的信任以及疲劳管理问题。此外，集成的传感器套装，达成了主机厂认可的生产件批准程序。

17-4 赢彻科技-L4 货车视频

二、货车智能驾驶系统框架

图 17-23 展示了智能驾驶系统软硬件部署方案，包括应用软件、系统软件与硬件。

图 17-23 智能驾驶系统软硬件部署方案

1. 感知系统

感知系统的核心任务是通过处理分析多种传感器的信号输入，实现对环境的深度理解，为车辆了解周边环境并作出后续规划控制提供保障。在智能驾驶系统中，感知系统作为第一环，是规划控制系统的上游，其结果的准确性及鲁棒性直接决定了智能驾驶系统的能力边界。

① 与乘用车相比，货车需要更远的感知距离：货车的制动距离更长，会超过 100m，所要求的感知距离一般在 200m 以上，甚至达到千米级别。② 更高的横向精度：货车宽度相比于乘用车更宽，高速公路车道线宽 3.75m，因此，货车对目标车横向位置的精度要求比乘用车更高。③ 后向感知：由于货车带挂，并且挂车无法安装量产传感器，因此正后方视角无传感器可以直接观测，给后向感知的精度及距离带来挑战。④ 传感器布局：相比于乘用车，货车更宽更长，传感器的分布更加离散且不在同一刚体上，不同传感器的视场（Field of View，FOV）重叠度较低，标定参数失效会给算法的精度带来挑战。

智能驾驶方案常采用摄像头-毫米波雷达-激光雷达配置，实现车体 360°环境感知覆盖。传感器布置方案如图 17-24 所示，为满足不同级别配置的需要，左右两侧补盲激光雷达为高配选装。

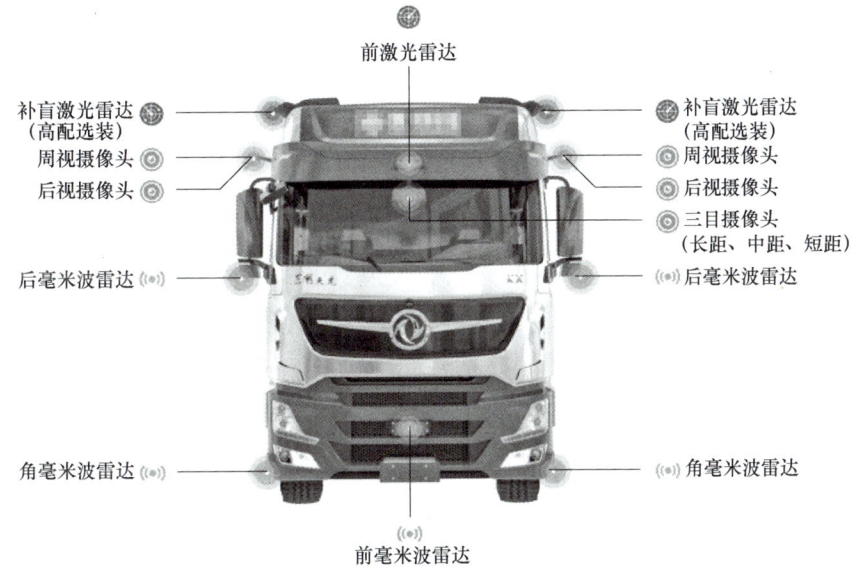

图 17-24 智能驾驶系统传感器布置方案

该技术方案对传感器的安装布置进行了不同程度的优化设计，以满足商用车相关法规要求，并充分考虑实际运营场景中的潜在问题与风险：将后向毫米波雷达融入后视镜的一体化布局，多处传感器支架进行了应对碰撞的溃缩吸能设计；新增适应实际长时间运营的激光雷达清洗功能；舱外传感器分别满足对应位置的防水防尘要求（部分甚至可达 IP6K9K），且均经过验证，在商用车的高强度、长时间振动环境下，达到与整车运营时间相匹配的零件寿命（最高 30000h）。

为了实现量产，感知系统需突破瓶颈限制，力求看得更远更准、耗时更低。为此，充分融合多传感器信息，将重点聚焦于：

（1）长距离感知　利用非监督学习，融合百米级探测距离的高精度激光点云和千米级视距的长焦摄像头图像信息。利用近处的激光点云对低精度的背景点云进行高精度约束，并通过注意力转移算法实现精准的千米距离感知，深度误差低于 5%。

（2）高精度横向感知　结合目标实例分割、车道横向偏移量预测和目标物点云模糊轮廓提取等技术，利用障碍物检测算法，实现横向误差在相同测试集下比国际知名厂商低 54%，达到业内领先水平。

（3）多任务深度神经网络突破算力局限　采用加权多任务学习策略和 Warm-Up 策略，在确保充分节省算力的前提下，重点提升难训练任务和重要任务的训练效果；成功解决 GradNorm、PcGrad 等算法在多任务学习中的精度下降难题；在保证精度不变的条件下，实现了 5 倍以上的加速，大幅度改善算力局限带来的影响，如图 17-25 所示。

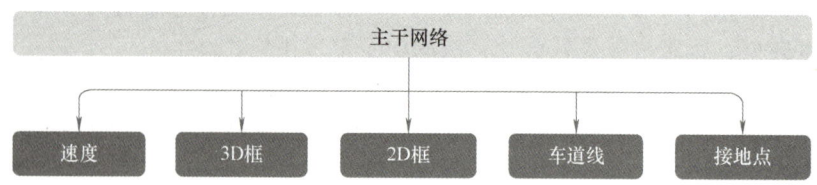

图 17-25　多任务深度神经网络

多模多视角 Transformer 的前融合感知，全方位提升感知精准度：对于不同类型传感器（如激光雷达、毫米波雷达和摄像头）的输入，设计并实现了在鸟瞰视角（Bird's Eye View，BEV）下融合不同数据源的前融合框架。此框架首先基于 Transformer 方法，将摄像头视角映射到 BEV 视角下，其次利用 Transformer 方法将不同数据源的 BEV 特征图充分融合，最后利用长短期记忆（Long Short-Term Memory，LSTM）的时序融合网络获得视频流的感知结果。相比于前一代的后融合方法，前融合大模型在多项感知任务和场景上表现出更强和更稳定的性能，以及更加简洁的推理流程。目前业界常用的前融合框架通常会为每类数据源设置单独的 BEV 主干网络，并通过将不同源的特征图堆叠后进行局部卷积实现融合。为了在融合过程中更加高效地获取更多有效信息，将投影后的 BEV 特征直接进行融合，并共享 BEV 下的特征编码（Feature Encoder）与多任务头（Multi-Task Head），此融合方式能节省约 10% 的计算量与参数。同时，相较于将不同源的特征图（Feature Map）堆叠再局部卷积，使用 Transformer 方法能同时捕捉到局部和全局的相关信息。经过评测，相较于业内领先的算法 BEV Fusion，这套前融合感知方案在检测任务上超过 2%mAP/NDS，将部署于下一代高算力智能驾驶域控制器。

2. 基于多传感器融合的高精定位系统

货车的高精定位与乘用车相比，需要考虑货车带来的限制以及货车自身的特性，由于重卡主要有空间小、振动大、驾驶室与底盘的非刚性连接等特性，高精定位需要用满足车规和功能安全要求的低成本方案，需要能支持全场景，包括隧道、匝道、山区，因此将高精地图作为定位（以及规划等模块）的重要先验，需要其能覆盖全国的高速路网（双向大于 300000km），并且提供足够的鲜度（小于天级别的限速、线型等属性更新，小于周级别的车道线等几何信息的更新）。智能驾驶中常用于定位的点云数据，由于其数据量与作业成本较大，在覆盖率和更新效率上的挑战更高。除此之外，由于存储空间的限制，对三维点云的存储效率也同样有较高要求。

面向量产落地的要求，货车智能驾驶系统设计者研发了带有多重校验和冗余的高效融合定位算法，能够有效地抵抗各类噪声，通过融合低成本 GNSS/IMU、视觉、LiDAR、轮速等传感器信息，实现在不同工况下均能提供高精度的定位输出。系统重点模块如下。

（1）面向货车的运动模型　针对驾驶室与底盘的相对姿态、挂车的相对角度进行动态估算，综合对货车的运动进行建模，能有效缓解驾驶室与底盘非刚性连接带来的问题，并能在弯道、变道的场景下提供更精准的位姿估算。

（2）全方位置信度模型　结合单传感器置信度评估和多源置信度评估，对每一个传感器输入进行多维度校验，自适应地去除不良观测带来的影响，在不同场景下都能利用最有效的观测来提供精准定位，实现高稳定性，如图 17-26 所示。

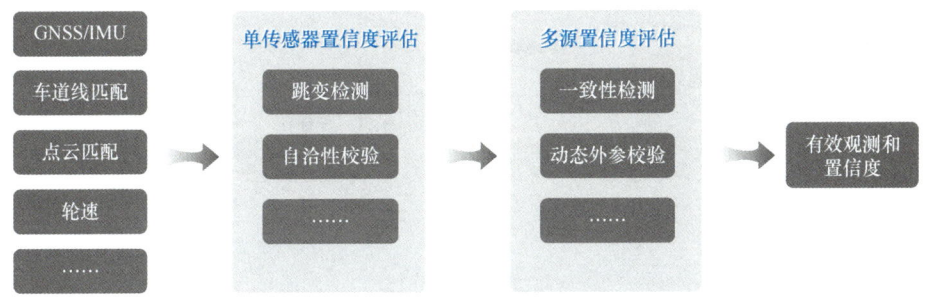

图 17-26　高精定位系统观测置信度模型

（3）动态传感器标定　通过提取的特征信息（角点、车道线等），在线动态检查和更新传感器外参，消除传感器之间由路况、振动等导致的位姿误差。

（4）高效、轻量级的 3D 点云匹配　点云地图本身数据量巨大，采用原始点云数据很难量产泛化。常用方式是将 3D 点云降级到 2D 栅格地图，虽然这能大幅度减少数据量，但会导致信息的丢失。货车智能驾驶系统采用基于等高线的表达方式，既能在一定程度上保留 3D 信息，又能有效降低数据量，让覆盖全国高速、推向量产成为可能。

（5）安全芯片上的冗余定位　在主系统异常失效的情况下，在安全芯片上利用惯导推算提供自车轨迹，配合其他冗余模块对车辆进行紧急状态下的安全应对，让车辆能持续处于安全可控的状态。

货车智能驾驶系统基于多传感器融合的高精定位算法系统，其横向定位精度<7cm 以及航向角精度<0.3°，能很好地支持隧道（包括长隧道、连续隧道等）、匝道、夜间等不同工况。

3. 规划控制

货车的规划控制系统需要为客户提供安全的驾驶、精确的控制、舒适的乘坐、经济的使用和良好的耐用五大价值，挑战在于如何在安全、舒适、经济和可靠中找到平衡和最优解，主要矛盾在于精准建模与一车一调的矛盾，精确控制与可靠性、经济性的矛盾，规划控制分层和融合的矛盾。

为了解决上述问题，货车智能驾驶系统对规划控制系统在车辆参数建模和算法架构等方面开展一系列创新，形成了独特的规划控制一体化架构，以满足商业货车量产需求，如图 17-27 所示。

目前行业中普遍采用的是分层规划控制架构，即预测、决策、规划和控制分步进行。智能驾驶系统是一个极其复杂的软件系统，需要大量团队人员协作开发，这种相对简洁的分层规划方式有益于工程实现，在智能驾驶公司中较为流行。然而，这类分层架构在全局误差最

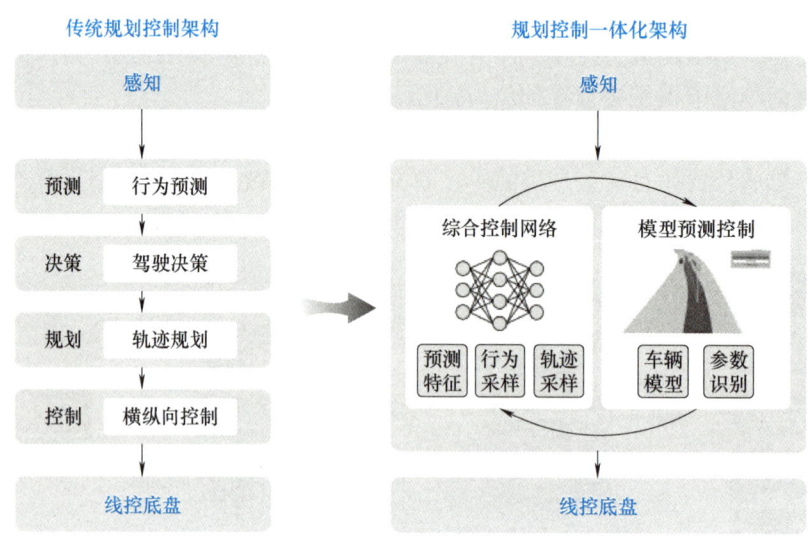

图 17-27 货车智能驾驶系统规划控制一体化架构

优、舒适、经济和耐久的动态平衡，适配货车底盘控制延迟等方面存在很大的技术瓶颈，无法满足商业货车的技术需求。货车智能驾驶系统规划控制一体化架构包含以下一系列技术创新。

1）长时长预测模型。与城市场景中通常 3s、5s 的预测时长不同，高速场景车辆速度快，货车控制延迟大，需要更长的预测时长以实现提前的控制行为。长时长预测（Long-Term Prediction）即对周围车辆进行长达 10s 以上时间的行为、轨迹预测，典型方案在长时长预测上精度较差，无法满足货车规划控制的要求。货车智能驾驶系统开发的时序分解方案 TDPred（Temporal Decomposition Prediction），将完整时长分解为多个短时组合，通过金字塔式卷积操作，实现精确的高速长时长预测，如图 17-28 所示。

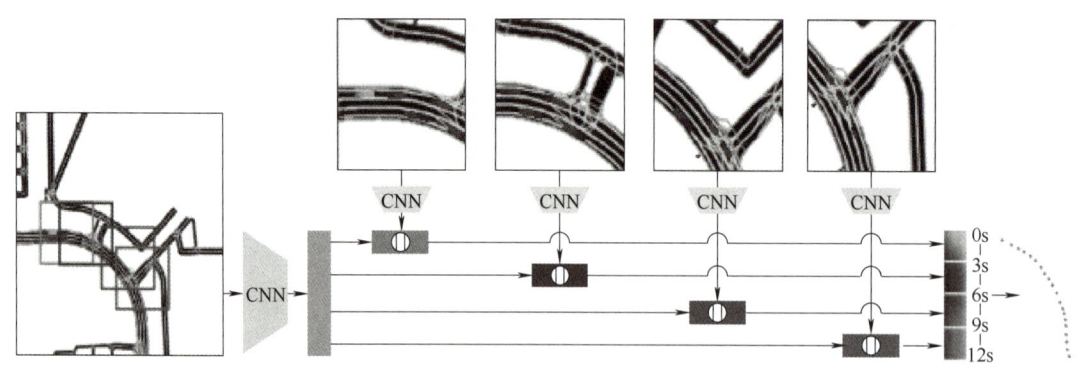

图 17-28 长时长预测模型

2）后决策模型。典型的规划控制算法中，通过规则和优化算法结合的方式生成车辆的行为决策和轨迹，仅能考虑简单的车辆模型，加重了轨迹追踪产生的体感和经济性损失，如更耗油。通过引入更复杂的车辆模型，使用采样方式生成车辆可达到的所有动作空间，并使用神经网络综合决策最优的驾驶行为，获得安全、舒适、经济和耐久的综合最优的驾驶策略，满足商业货车的运营需求。

3) 车辆控制参数自适应建模。构建自适应的模型辨识技术成为量产条件下控制技术的重要组成部分。在车辆的运行过程和不同动态下,对车辆和环境进行了一系列的建模,同时通过在线学习的方法实时更新模型参数,并反馈给控制器,从而解决商用车车辆生产精度低、运营过程中车辆参数偏移和运营环境复杂等方面的问题,如图17-29所示。

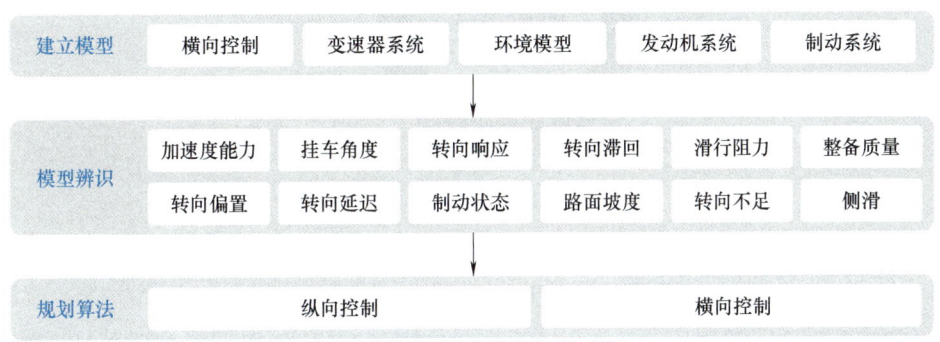

图17-29 车辆控制参数自适应建模

4) 基于模型的预测控制。通过模型预测算法,在设置的安全边界内尽量减少控制调整,兼顾舒适性、经济性和耐久性。同时还需要在横纵一体控制算法方面取得突破,整合车辆的横向控制和纵向控制,从整体上给出系统最优驾驶行为。车辆底盘多系统控制将传统的仅实现对车辆的横向(方向盘)、纵向(加、减速踏板)控制,逐步升级为增加对车辆辅助制动系统的控制、对车辆电子驻车系统的控制,乃至未来实现对车辆变速器的控制。通过对底盘多系统的控制,实现兼顾舒适性和耐久性。

5) 横向控制的平均误差。误差控制在5.5cm以内,其中0~40cm超宽挂车不压线的占比达到了99.825%,0~20cm无体感偏差占97.45%。

6) 方向盘的调整角度和调整转速都低于人类驾驶人的,在保证安全和高精度的同时,综合保证了车辆的耐久性。基于在相同路段条件下的实验,对比智能驾驶系统和人类驾驶人的横向控制能力(方向盘转角与转速),结果表明:智能驾驶系统更倾向于以小角度对方向盘进行小幅调整,且方向盘调整转速明显低于人工驾驶。这不仅确保了更舒适的乘坐体验,而且对底盘系统机械件磨损更小,提升了耐久性,如图17-30和图17-31所示。

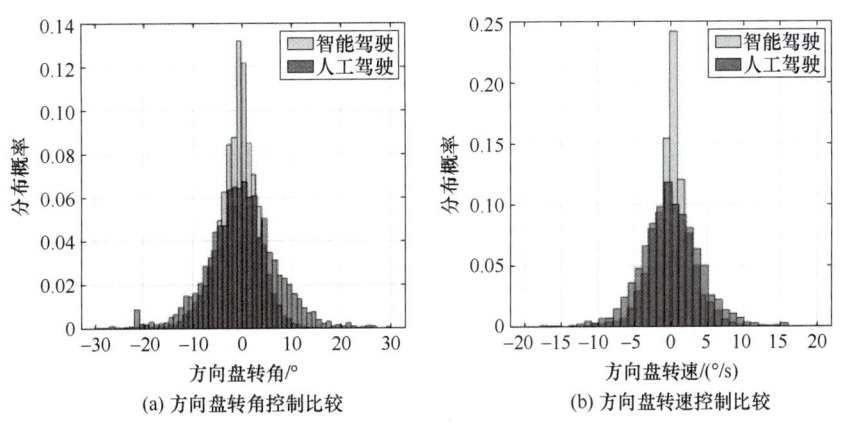

图17-30 方向盘控制转角转速时长分布

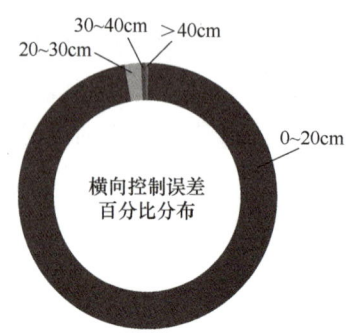

图 17-31　横向控制误差百分比分布

三、产品应用领域与展望

经过多年的努力,我国货车智能驾驶系统已实现了 L3 能力级别智能驾驶货车的量产落地。为了进一步实现 L4 智能驾驶货车量产落地,还需实现以下 3 个跨越。

1. 更好的 ODD 覆盖率,应对各类突发的动态场景

由于不再依赖安全员,在特定路段内,需系统可以自主应对各类潜在动态事件。比如,应对雨雪雾等低能见度极端天气,响应临时限速标牌,自主绕行临时施工隔离路段,响应交警的人工指挥,主动避让各类异物等。这就要求,静态 ODD(与地图类的道路结构相关)覆盖率需由当前的 99.8% 提升至 100%,动态 ODD(与天气、临时施工、交警指挥等相关)覆盖率需由当前的 95% 提升至 99.99%。

2. 每次人工接管的行驶里程间隔若干数量级的提升

当前人工驾驶条件下,赔付成本超过 5 万元人民币的百万公里事故率为 $0.1\sim1$,这意味着,有显著事故的每次人工接管的行驶里程间隔范围在 $100000\sim10000000 km$。可以预见,在全无人驾驶场景下,人们对事故的容忍度将大幅度降低。假设容忍度降低 10 倍,相应每次人工接管的行驶里程间隔的要求范围将会在 $1000\sim100000000 km$。

3. 更强的 Fallback 控制能力

首先通过稳定性及冗余系统设计优化,将 Fallback 频次降至极低水平。同时提升应对最小风险状态(Minimal Risk Condition,MRC)能力,使车辆具备自主在应急车道安全停靠、跛行回家甚至远程驾驶的能力。

为了实现上述目标,智能驾驶货车及系统需要在以下 3 个方面进行提升。

1)升级算法迭代,以应对更高的 MPD 及 ODD 要求。这个对智能驾驶技术提出了极高的要求。

2)持续改进和提升冗余系统设计,优化功能、性能及稳定性表现,包括传感器、智能驾驶域控制器(Autonomous Driving Control,ADCU)和线控底盘系统。为了满足 L4 智能驾驶产品的更高要求,线控底盘系统的主系统与冗余系统应是高度集成一体化的设计,可以支持故障时毫秒级的无缝切换,同时在功能、性能方面与主系统完全相同,并且可长时间工作。在传感器和 ADCU 方面,也需要做到在任何单一部件故障情况下,仍可支持智能驾驶。在稳定性方面,产品投放运营后的磨砺和实战检验,不断提升硬件系统和整车层面的系统稳定性,将系统 Fallback 频次降到无人驾驶可接受水平。

3)升级最小风险状态机制,确保在各类极小概率的 ODD 场景及失效模式下,系统依旧可以支持自主行驶到预设的安全地带停车。在确保安全的同时,避免对社会交通产生影响。

尽管面临挑战,智能驾驶必须从目前的监督方法转向弱监督或无监督方法,以满足现实世界交通中全智能驾驶的最严格要求。随着视图合成、模拟和深度强化学习方面的技术进步,一个自我进化和可扩展的智能驾驶量产方案必将实现。该突破是智能驾驶领域的重大突破,将推动智能驾驶能力快速提高,迈向全无人驾驶。

第五节 港口场景智能驾驶案例

一、港口场景智能驾驶概述

为了实现水平运输自动驾驶安全、高效及规模化,集装箱物流场景成为目前智能驾驶探索比较深入的领域。集装箱物流场景的装卸过程通常会涉及 3 个作业环节:集装箱的垂直运输,通过岸桥设备在码头水平面进行装卸船;货物通过水平运输设备,在码头面和堆场之间运输;货物通过场桥设备,在堆场进行装卸箱。其中最大的痛点来自集装箱的水平运输,主要是人力成本过高和人力资源供不应求带来的压力。

1. 港口场景智能驾驶技术要求

与其他开放道路的智能驾驶场景相比,港口无人驾驶货车场景更关注集装箱的生产运营,该场景所带来的挑战如下。

(1)作业定位精度要求厘米级 从定位精度来看,开放道路对车辆的定位精度一般要求在纵向 20cm 左右,与之相比,港口的无人驾驶货车还需和大型吊装机械进行对位和交互,实现厘米级别的对位作业精度要求,提高作业效率,融入码头的生产业务流程。大量的实际数据评估表明,这一定位和控制精度必须在 3cm 左右,吊具才能精确抓放集装箱,与开放道路相比定位精度要求高出 10 倍以上。

此外,港口场景由于受金属船舶靠岸以及岸桥、金属集装箱等屏蔽引起的信号干扰,多路径效应影响卫星导航系统定位,需要利用冗余的定位方法提高定位精度。

(2)作业环境高度动态变化 港区虽是半封闭的低速限制环境,但堆场内集装箱装卸灵活,同时港口作业车辆繁忙,场景动态灵活,作业路径可能面临经常性的变更,环境高度动态变化,与开放道路差距较大。

(3)复杂工况的车辆感知难度较大 智能驾驶在港口参与不间断的生产作业,需要面对白天强光、夜间复杂的光照、阴影、雨天、雾天低能见度等诸多复杂工况,包括海港的潮湿、盐雾等问题,因此,提升全天候多要素作业时的环境感知能力和目标预测能力,方能提高驾驶车辆在复杂港口作业场景的效率和安全。

(4)车队协同作业的要求 港口生产作业往往是一个车队协同来完成一系列任务,车队管理系统(Fleet Management System,FMS)负责和码头的管理系统(Terminal Operating System,TOS)进行对接,给运输车辆分配作业任务。

车队管理系统需要具备集中式的多车路径规划,对车队进行管理,同时单车也要具备实时动态路径规划的能力,结合全局和局部两层路径规划,在保证每辆车最优路线前提下,避免多车占用同一行使区域,避免可能存在的路权冲突,才能高效完成水平运输业务。

2. 西井科技 Qomolo 港口智能驾驶解决方案

针对集装箱水平运输环节，上海西井科技股份有限公司（以下简称"西井科技"）Qomolo 新能源智能驾驶解决方案不断创新，推出 Q-Truck 全时无人驾驶新能源商用车、E-Truck 智能网联新能源货车、Q-Tractor 新能源无人驾驶牵引车、Q-Chassis 无人驾驶重载水平运输车、Q-Shuttle 智能小巴等多类型新能源智能化商用车，形成多元产品矩阵，赋能集装箱物流，以适配全球用户的不同场景需求，如图 17-32 所示。下面将以西井科技港口智能驾驶汽车为例，来分析港口应用场景下智能驾驶解决方案。

图 17-32　西井科技 Qomolo 产品家族

二、智能驾驶技术在港口的应用

近年来，面向港口水平运输的智能驾驶技术进入了大规模商业化阶段。西井科技作为新能源全栈智能驾驶厂商，其产品和服务已覆盖欧洲、亚洲、美洲等多个地区。下面将以该公司技术为例，介绍智能驾驶技术如何赋能港口作业场景。

1. 港口智能驾驶技术总体架构

智能驾驶是一个复杂的系统，需要接入各类传感器，基于实时收到的传感器数据进行自身定位和周围环境感知，根据感知到的信息进行规划决策，为车辆生成安全平滑的路径，实现稳定的智能驾驶。整个智能驾驶系统按照层次可以分为 3 个部分，具体如图 17-33 所示。

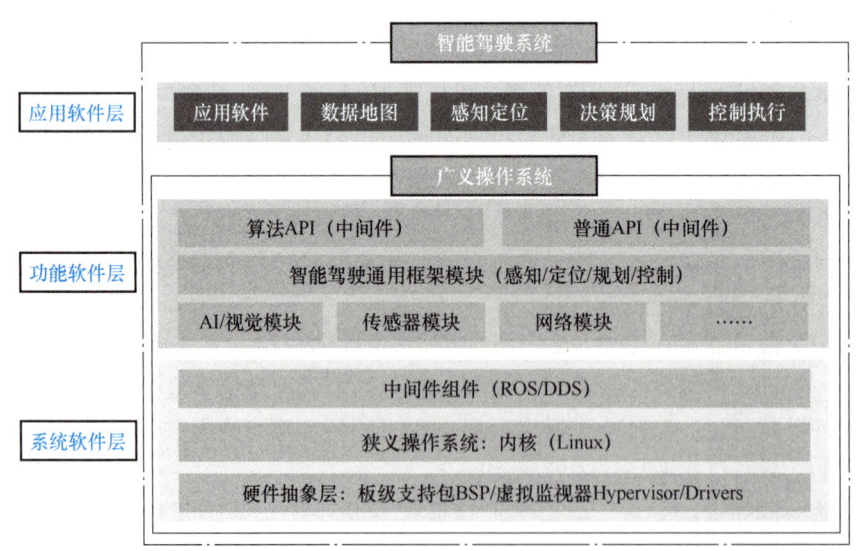

图 17-33　智能驾驶系统架构

（1）系统软件层　系统软件层主要是指操作系统层面，它是整个智能驾驶的底座，承担硬件接入和传感器数据的读取任务，也包括用于协同各个核心模块数据交互的消息中间件。

（2）功能软件层　功能软件层指智能驾驶通用的算法模块，包括算法中间件等通用的框架。

(3)应用软件层 应用软件层主要是用来和外部业务进行对接,提供对外的应用和接口。

2. 多传感器融合定位技术

定位系统为智能驾驶运行期间提供全时段在某个确切的坐标系下车辆实时的位置(x,y,z)和姿态(Roll,Yaw,Pitch),提供给规控参考用以跟随轨迹。

与开放道路不同,在封闭工业场景,对运营效率和失效率均有严格要求,如在港口作业场景,车辆要全天候运行,为了保证较低的失效率,定位模块必须非常稳定,失效率要非常低。

但传统基于卫星导航的定位方式,受到集装箱和大型起重机构的金属屏蔽信号影响,会导致卫星导航方式在该场景中经常失效,这就要求定位系统要结合多种传感器,实现稳定可靠的定位。

针对上文提到的定位高精度、高帧率、全覆盖的目标要求,西井科技采用多传感器融合定位设计,可在任意运行场景内,通过多定位源实现综合定位的判断。此设计在大幅度提升定位精度的同时,增强了其整体的安全性及鲁棒性;即使某一定位源出现问题,仍能给出可靠的感知结果,融合定位完成各项定位源信息的融合处理。

定位模块的数据融合,需要以下两类传感器进行加权平均:惯性测量单元(Intertial Measurement Unit,IMU)、轮速计等瞬时精度很高但是累计误差很大的传感器,以及GPS、激光、视觉等瞬时精度低、但是没有累计误差的传感器。

融合滤波的整个过程,类似于做贝叶斯估计。在扩展卡尔曼滤波器(Extend Kalman Filter,EKF)中,状态变量和观测变量都会被认为服从正态分布。这一核心即在于如何计算出定位更新的权重,即卡尔曼增益,其通过从特征提取的功能中对输出进行合理的置信度估计来完善。定位更新频率为50Hz,横向绝对位置误差小于±10cm,纵向绝对位置误差小于±10cm,航向角绝对误差小于±0.01rad。整体定位系统的架构如图17-34所示,应用示意图如图17-35所示。

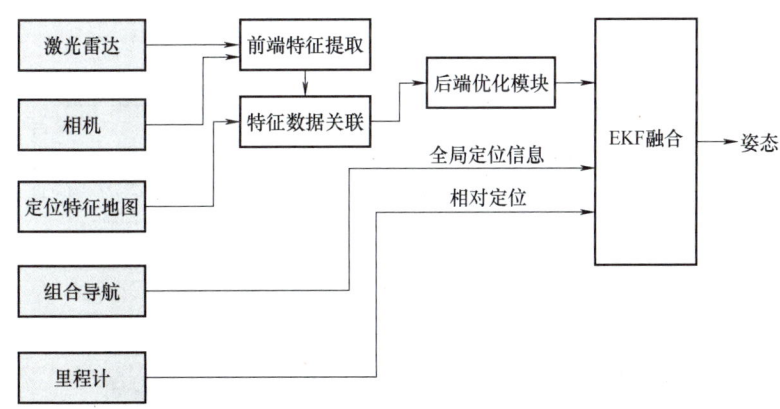

图17-34 港口智能驾驶整体定位系统的架构(西井科技供图)

3. 多传感器融合感知技术

融合感知模块负责给智能驾驶系统提供障碍物识别和跟踪功能。西井科技自主研发的多传感器融合感知技术,基于多个视觉和激光传感器的输入,实现场景分割、物体识别和跟踪的功能,如图17-36、图17-37所示。通过建立一套感知融合的流水线,实现了特定物体的过滤(如地面、车身等)、静态障碍物的识别、动态障碍物的识别和跟踪、交通信号的识别别,以及特定场景的感知,比如多节拖挂的位姿感知、集装箱扭锁工作站的感知等。

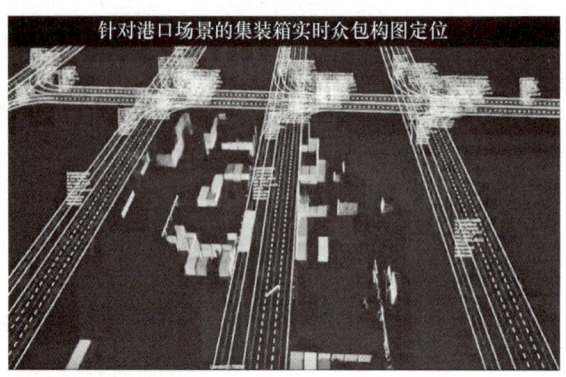

港口场景视觉/IMU SLAM技术实现

图 17-35 多传感器融合定位技术在港口场景中的应用示意图（西井科技供图）

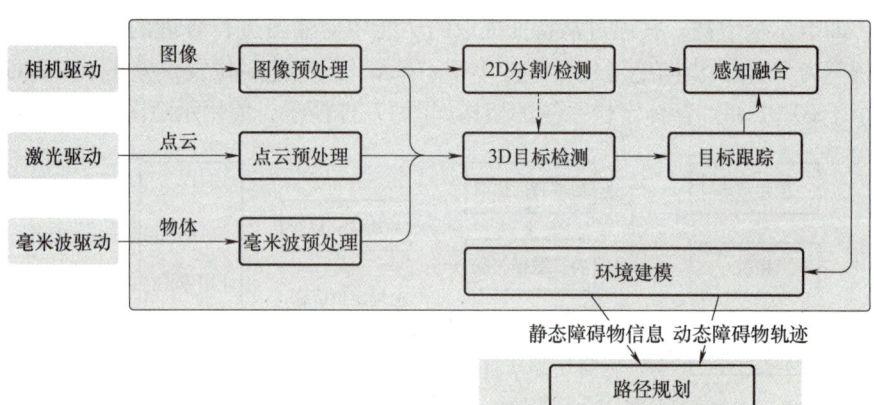

图 17-36 融合感知技术方案（西井科技供图）

图 17-37 融合感知技术在港口场景的应用（西井科技供图）

第十七章　智能驾驶解决方案与典型产品

4. 路径规划决策技术

路径规划是智能驾驶最核心的组件，分为全局规划和局部规划。全局规划重点关心生产系统的高层信息，是一种长期规划，解决的是从出发点到目标点之间的路径搜索问题。局部规划关注局部环境信息，根据全局规划的参考线，结合具备的环境信息，优化给出适合车辆导航的轨迹。局部规划结合车辆状态、静态障碍物、动态障碍物预测轨迹以及交通规则等，以全局规划给出的路径作为参考线，优化出一条既安全又能让车辆跟随的轨迹。

主流路径规划模块采用层级架构，分场景、分规划器执行。每个场景对应不同的规划器，规划器分为横向速度规划器和轨迹规划器。这样分层的优点是可以保证不同场景的参数分开调试，互不影响，且构建好架构后，场景和算法模块可方便扩展。路径规划模块系统架构如图 17-38 所示，路径规划决策在港口场景的应用如图 17-39 所示。

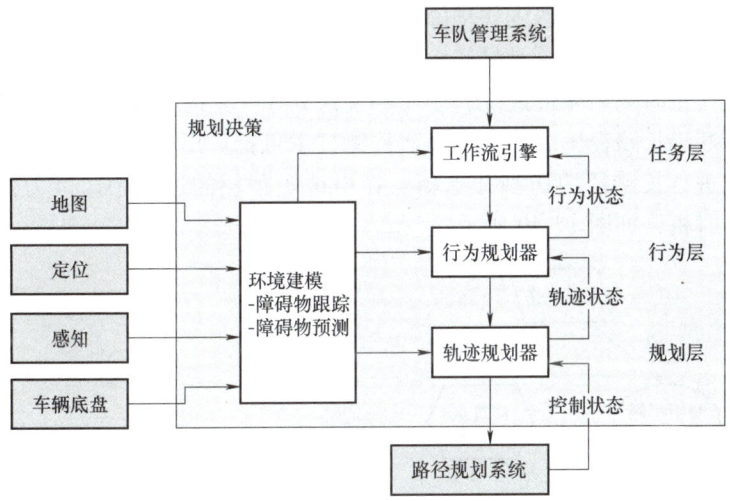

图 17-38　路径规划模块系统架构（西井科技供图）

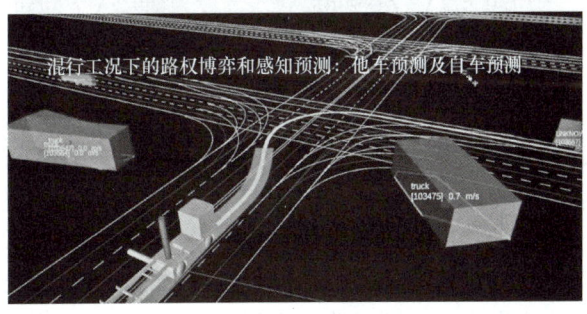

图 17-39　路径规划决策在港口场景的应用（西井科技供图）

5. 多车路径规划和调度技术

多车集群路径规划技术，应充分考虑场景实时动态变化、车辆动力学约束以及场景中不确定性因素，如码头作业系统临时改变生产，车辆则无法严格按照规划路径完成等，因此需要解决多车在复杂环境中的无碰撞路径规划问题，以便让多车以最优的路径到达目的地，节省能源。

（1）最优路径搜索　最优路径搜索是指在高精地图上搜索最优路径的技术。一般情况下，最优路径搜索会在从高精地图抽象出的拓扑地图上进行。不同于一般的单车最优路径搜索，多车最优路径搜索同时要考虑场景拥堵情况、任务距离远近、周围其他车辆位置，以及自身车辆运动学约束等信息，在存在多个约束条件的情况下搜寻最优解。在求解过程中，带约束条件的A^*搜索算法能够提供该问题的相对最优解，其约束条件可以根据场景的不同自行定义。

（2）短路径切割　车辆已获得了一个相对最优的路径，但车辆在执行该路径的过程中仍会面临很多不确定性，比如遇到移动障碍物、人工驾驶车辆的不规范驾驶等，此时最优路径的执行会产生偏差，使其不再是最优解。

为了使路径在每时刻均靠近最优，多车路径规划在一定时域范围内需要提供短路径供车辆行驶。短路径基于长路径生成，速度障碍检测技术可推算出其他车辆在未来一段时间内的大概位置，据此进行长路径的切割并更新。在申请短路径的过程中，行为树技术被广泛使用，以控制申请时机，如图17-40所示。

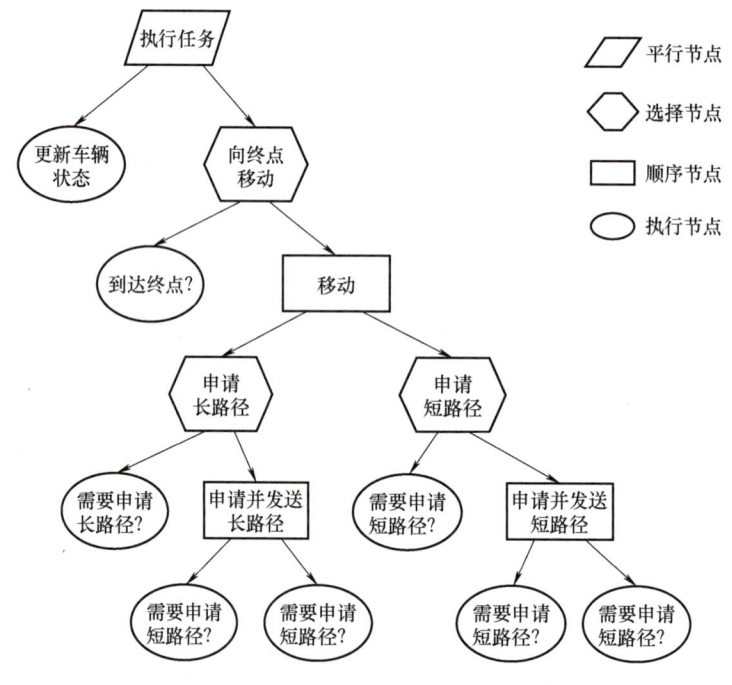

图17-40　短路径切割

（3）碰撞检测　出于安全考虑，在短路径切割过程中，必须保证各个车辆的短路径之间无干涉。此时就需要一个完整的碰撞检测机制，来避免短路径干涉的产生。

在短路径的轨迹产生以后，碰撞检测模块需要以轨迹为参考线，以车辆的运动学模型为基准，在参考线上的每一点建立碰撞体积，形成包络线 Envelope。各个车辆的包络线之间需要进行多边形运算。如果没有交集，则短路径之间不存在碰撞。一旦产生交集，则该短路径的切割被视为无效,需要做进一步处理。

(4)死锁检测 在短路径切割过程中,如果多辆车不能同时获得短路径,则车辆不能继续移动,此时该车所处状态称为死锁。为避免死锁现象发生,短路径在切割时要保证路权的优先级,一旦发现同一段路有可能会被多辆车占有,则会根据一定规则建立短路径优先级,避免同时申请。多车调度和路径规划技术在港口场景的应用如图 17-41 所示。

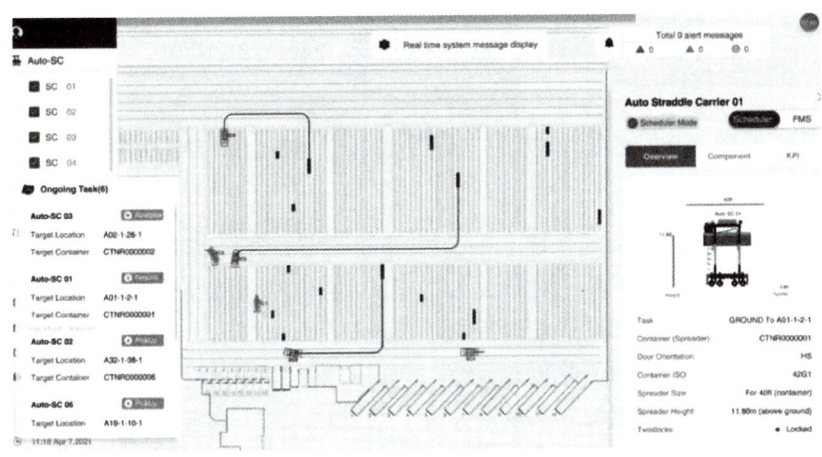

图 17-41 多车调度和路径规划技术在港口场景的应用(西井科技供图)

6. 车辆协同智能决策

在集装箱物流场景中,作业区域时有遮挡发生,特别是在交叉路口、岸桥区域,车辆在上述区域工作时,常缺少有效的信息做智能决策。因此,通过路端的协同感知系统对整场态势进行分析,给车辆提供全局的精细化的决策信息。

下面以西井科技车路协同系统为例,介绍车路协同的技术方案。

(1)港口人员安全监控 通过路端相机识别人员的位置,并统计数量。该系统可以与 FMS 集成,通过 FMS 下发车辆智能驾驶系统,帮助智能驾驶系统提前对运行周围环境态势有所感知,从而提前实现减速、制动或避免碰撞的决策,具体如图 17-42 所示。

图 17-42 车路协同系统行人位置识别和决策(西井科技供图)

(2)港口车辆安全监控 通过路端相机识别车辆的位置,并统计数量,该系统可以与 FMS 集成,FMS 将场景中车辆实时信息发送给智能驾驶车辆,智能驾驶车辆得到一个全局态势感知输入,从而实现提前减速、制动或避免碰撞的路径规划,减少单车传感器盲区带来的决策问题,如图 17-43 所示。

(3)全局交通状态感知 在码头摄像头完全覆盖的情况下,可识别堆场内所有车辆的数量和位置,将识别数据与 FMS 实时同步,识别结果最终转变为对场景内态势的全局研判,根据全局的态势感知,结合车辆的当前位置,重新规划和选择最优路线,为单车提供最优路径。

智能网联汽车技术与应用

图 17-43　车路协同系统车辆信息识别和决策（西井科技供图）

7. 港口场景全流程仿真技术

无人驾驶系统是一个复杂的系统，涉及软件和硬件，实际的开发中经常需要真实的验证，但因码头生产作业不能中断，对于无人驾驶的前期开发来说，所开发的算法和模型提前进入真实的码头环境里进行测试非常困难。

比如在码头内部的路口场景就较为复杂，如果要想测试无人驾驶货车在这样的场景中的行为决策是否合理，需要大量的真实数据支撑，但是这在项目开展前期是很难满足的，只有系统实际运行了一段时间，才能得到这样的场景数据。另外，港口的一些极端场景并不是经常发生的，要在实际作业中遍历那些特殊场景非常难，但是如果不能在测试中覆盖这些特殊场景，对于系统的健壮性和安全性有很大影响。

针对码头全天候的室外作业过程，无人驾驶系统需要面对各种天气情况，比如强光、暴雨、雾天等，码头作业强依赖于作业流程，因此通过在仿真平台中搭建作业流程所涉及的所有功能区域，可在仿真过程中从数据流、作业流、车辆功能等综合因素进行集成测试，提取在进入码头部署前那些完成港口作业的业务流程和各个周边系统的对接流程，从而加快在新码头的系统部署进度。

针对港口应用场景，西井科技开发了全流程的仿真引擎 WellSim，该仿真环境可以进行车辆动力学模拟、车和人模拟、传感器模拟、港口场景模拟、港口作业设备模拟、天气状况模拟等，实现港口无人驾驶水平运输的全流程仿真，如图 17-44 所示。

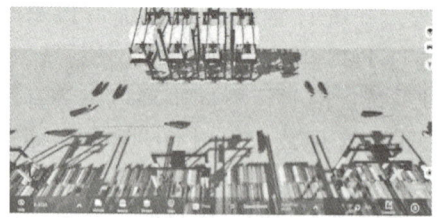

图 17-44　全流程无人驾驶仿真平台 WellSim 在港口场景中的应用（西井科技供图）

三、技术应用及行业展望

整体来看,加快自动化集装箱物流的规划与发展已经成为世界航运界所达成的共识。在这一过程中,无人驾驶新能源商用车将成为未来发展的趋势。

随着无人驾驶技术的发展,更多潜在的应用场景不断拓展延伸。相比传统的有人驾驶来说,无人驾驶货车有更大的商用价值,不仅可以在集装箱物流间运输集装箱,还能进入更为开放的场景,如在高速公路承担干线运输,未来还可打造从货轮到仓储区、物流中心的跨场景"一条龙"服务。

集装箱物流运输的货物体积大、重量大,对于运输设备的动力需求巨大,过去在集装箱物流中常使用柴油机作为内燃机驱动的半挂和全挂车。然而,随着能源供给日趋紧张以及国家"双碳"战略实施,集装箱物流运输的绿色转型势在必行。

17-5　港口无人车视频

第十八章 智能网联汽车科创平台

第一节 基于 PanoSim 的智能驾驶仿真实验流程

一、构建仿真行驶环境

1. 场地与道路构建

场地与道路构建是开展仿真实验的基础。PanoSim 可提供 3 种方式支持丰富多样的场地与道路构建，具体包括：第一，基于绘图工具，手工制作自定义的仿真场地与道路；第二，基于高精地图，导入并自动生成相应的仿真场地与道路；第三，基于原子地图，通过自由拼接方式生成仿真场地与道路。

上述 3 种模式中，建议采用基于 PanoSim（扫码见资料 G）工具链内嵌 FieldBuilder 模块的原子地图拼接方式。该方式具有高效率，而且能够产生更逼真的 3D 显示效果。目前软件已内置了 8 个大类共 26 个小类的预置原子地图，原子地图将伴随版本升级持续更新，具体见表 18-1。用户可以基于这些预置原子地图自由拼接，生成各种不同种类、大小和特征的仿真场地与道路。例如，针对当前以及未来一段时间内都备受瞩目的自动领航辅助驾驶等高端智能驾驶测试需求，其开发和测试需要大规模的虚拟道路验证环境。使用 FieldBuilder 工具，用户能够在数日内构建一个十几平方公里大小的虚拟城市，该城市包括高速道路、城市街道、停车场（地面、地下多层、地上多层）等，而且可以输出其对应的 OpenDRIVE 格式高精地图，如图 18-1 所示。

18-1-1　场地与道路构建

资料 G

表 18-1　FieldBuilder 包含的原子地图

卡片类型	卡片名称	释义
Free Path	Free Path	自由路径
直道	Straight-Road-TwoLane	双车道直道
弯道	Curved-Road-TwoLane	双车道弯道
环岛	Roundabout-TwoLane	双车道环岛
十字路口	Crossroad-SingleLane	单车道
	Crossroad-TwoLane	双车道
	Crossroad-ThreeLane	三车道带绿化带
匝道	Highway-RampIn + Highway-RampIn2	（高速）三车道带绿化带右侧弯道匝道进入
	Highway-RampOut + Highway-RampOut2	（高速）三车道带绿化带右侧弯道匝道离开
	Viaduct-RampIn + Viaduct-RampIn2	（高架）三车道带绿化带右侧上行进入接丁字路
	Viaduct-RampOut + Viaduct-RampOut2	（高架）三车道带绿化带右侧下行离开接丁字路
丁字路口	T-Junction-SingleLane	单车道
	T-Junction-OnewayIn	单车道带一个单行道入
	T-Junction-OnewayOut	单车道带一个单行道出
	T-Junction-TwoLane	双车道
	T-Junction-CurveLeft	双车道左侧倾斜接入
	T-Junction-CurveRight	双车道右侧倾斜接入
	T-Junction-TwoLaneWithSingle	双车道带单车道接入
	T-Junction-ThreeLaneWithTwo	三车道带双车道接入
收费站	TollStation+ TollStation-CurveLeft	收费站站台接单车道向左拆分变为左和前两个匝道
	TollStation+ TollStation-CurveRight	收费站站台接单车道向右拆分变为右和前两个匝道

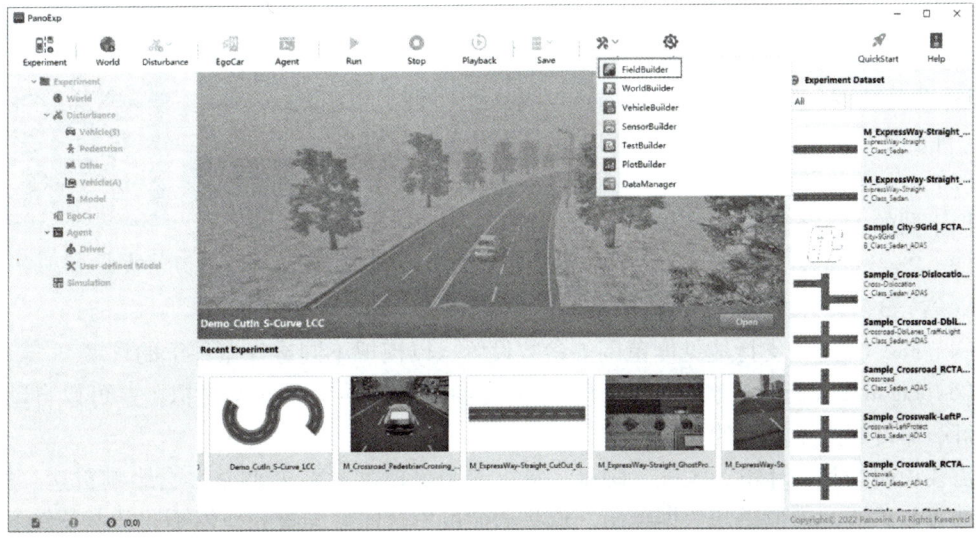

图 18-1　PanoSim 中控台的 FieldBuilder 功能入口

2. 叠加场景与交通

完成虚拟场地与道路构建后,需要进一步叠加交通。交通场景模型设置在 PanoSim 的 WorldBuilder 中完成,其支持静态交通参与物(如 TrafficSign、Facility、Obstacle 等)及动态交通参与物的设置(使用软件内置的干扰模型、交通流模型,或者第三方和用户自研的交通模型)。完成设置后,打开软件的 Preview 功能,可以预览虚拟行驶环境。PanoSim 支持 3 种不同视角的预览方式,包括鸟瞰视角、跟随视角和驾驶人视角。预览过程中可以切换视角,以便更好地观察和评估当前构建的虚拟行驶环境是否满足需求,如图 18-2 所示。

18-1-2　叠加场景与交通

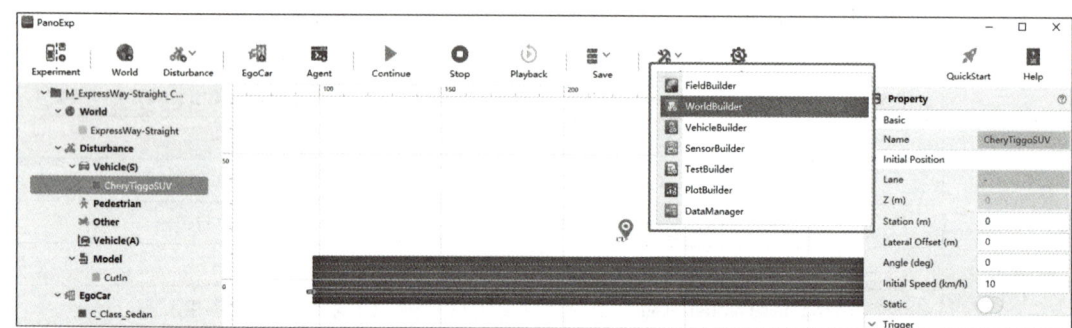

图 18-2　PanoSim 中控台的 WorldBuilder 功能入口

3. 叠加天气

在 WorldBuilder 中可完成天气与光照的配置,包括 Environment(环境)、Atmosphere(大气)、Precipitation(降水)、Fog(雾)、Lighting(光照)等相关设置,具体为:

(1)Environment(环境)　可以选择 7 种典型的预置模式,包括 Morning(早晨)、Sunny(晴天)、Sunset(日落)、Night(夜晚)、Rainy(雨天)、Snowy(雪天)和 Foggy(雾天),同时也支持 Customized(自定义)模式,允许修改参数以自定义配置底层能力。

(2)Atmosphere(大气)　可以配置温度、压力和湿度 3 种参数,以模拟不同的大气条件。

18-1-3　叠加天气

(3)Precipitation(降水)　支持 None(无降水)、Rain(雨)和 Snow(雪)3 种降水模式的设置。

(4)Fog(雾)　支持能见度范围等参数设置,以模拟不同雾气条件下的环境。

(5)Lighting(光照)　支持太阳光/直射光和环境光的实时动态模拟,并可以自动化控制街灯、车灯等人工光源的开关。

需要说明的是,环境、大气、降水、雾、光照等模型参数的调整,会影响雷达、相机、超声波等传感器的模拟感知数据输出。这些功能可更全面地配置和模拟不同环境条件下的虚拟行驶环境,以满足各种测试需求,如图 18-3 所示。

第十八章 智能网联汽车科创平台

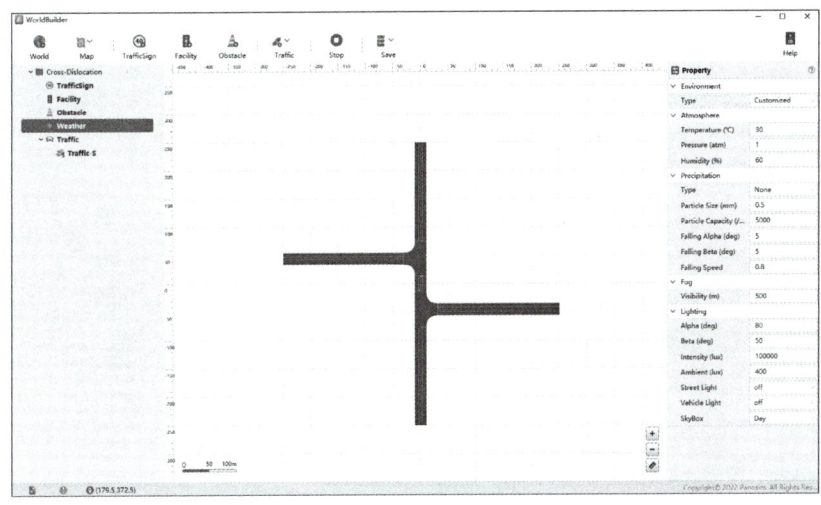

图 18-3　World 中设置 Weather 参数

二、构建仿真主车

1. 仿真车辆构建与配置

车辆建模方面，可以使用 PanoSim 工具链内嵌的 VehicleBuilder 工具，其启动面板如图 18-4 所示。该工具支持选择车辆的 3D 外形及相应的车辆动力学参数配置。

当前车辆动力学模型系统拓扑包括 Body、Aerodynamics、Powertrain、Brake、Steer、Suspension、Tire 7 个子系统。其中：Powertrain 包括 Engine、Transmission、Torque Converter、Differential；Suspension 包括 Front、Rear 的分别建模；Tire 包括 LeftFront（LF）、RightFront（RF）、LeftRear（LR）、RrightRear（RR）的分别建模，如图 18-5 所示。

18-1-4　仿真车辆构建与配置

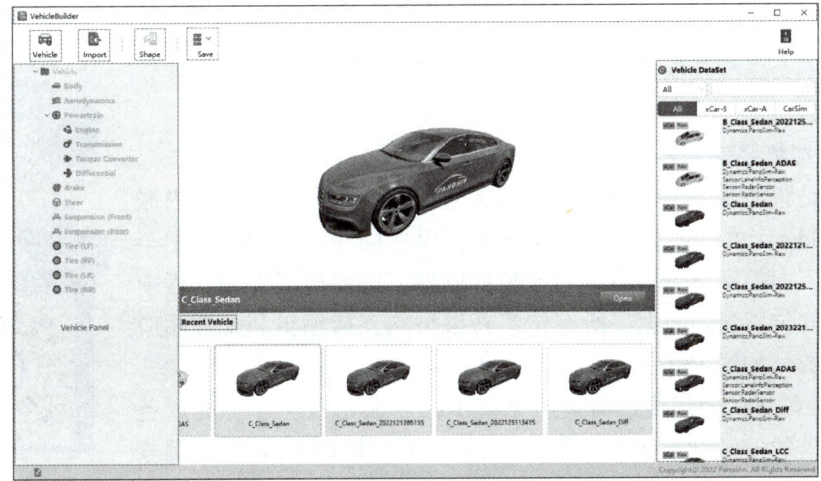

图 18-4　VehicleBuilder 启动面板

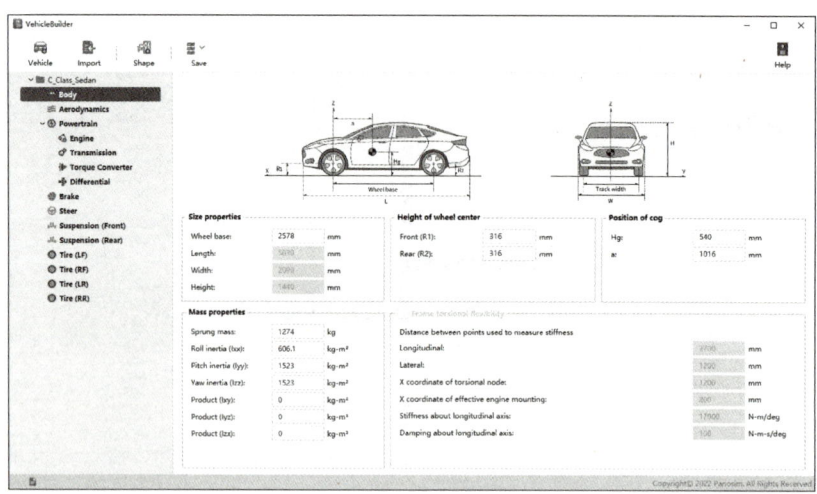

图 18-5　VehicleBuilder 参数设置面板

PanoSim 内置的车辆动力学为 27 自由度的高置信度车辆动力学模型，充分考虑车身、动力传动、悬架、转向、制动、轮胎的整车基础架构。对外开放了丰富的输入、输出接口，为 ADAS/电控算法开发提供高精度受控对象，例如加速踏板开度、方向盘转角、主缸压力、档位选择及使能等输入控制接口，以及轮边驱动、轮边制动、车轮转向及其使能开关等底盘控制接口，还有数百个车辆运行过程中的状态变量输出接口，供用户实施观测主车当前的运行状态。

为了方便用户开发，PanoSim 内置了两类驾驶人模型，支持用户实现对仿真主车行驶行为的配置：

（1）控制型驾驶人模型　包含横向控制和纵向控制模块，可以根据用户指定的速度和路径，实现速度跟随和路径跟踪功能。

（2）智能型驾驶人模型　包含决策、规划和控制模块，具备避让车辆行人、识别交通信号灯等功能，可以根据用户指定的驾驶任务，完成从起点到终点的智能驾驶。另外还具备协作开发能力，用户可以将"决策规划""横向控制""纵向控制"中的任意模块切换为用户算法，而不会影响其他模块的运行，帮助用户快速完成智能驾驶软件闭环的测试。

2. 虚拟传感器安装与配置

传感器是智能驾驶车辆感知环境的关键因素，使用 PanoSim 内嵌的 SensorBuilder，可以对上述 VehicleBuilder 模块构建完成的仿真主车添加和配置不同类别、不同数量的虚拟传感器，进而模拟驾驶过程中各类环境感知传感器的数据。所有传感器模型均支持编辑和配置相应的内外部参数，如图 18-6 所示。

PanoSim 内置的通用传感器模型见表 18-2。在仿真主车上完成各种虚拟传感器的安装和配置后，可以通过工具栏中 Preview 功能观察仿真效果，并通过调整传感器坐标系的位置和姿态角，更改所安装传感器探测到的包络空间。

18-1-5　虚拟传感器安装与配置

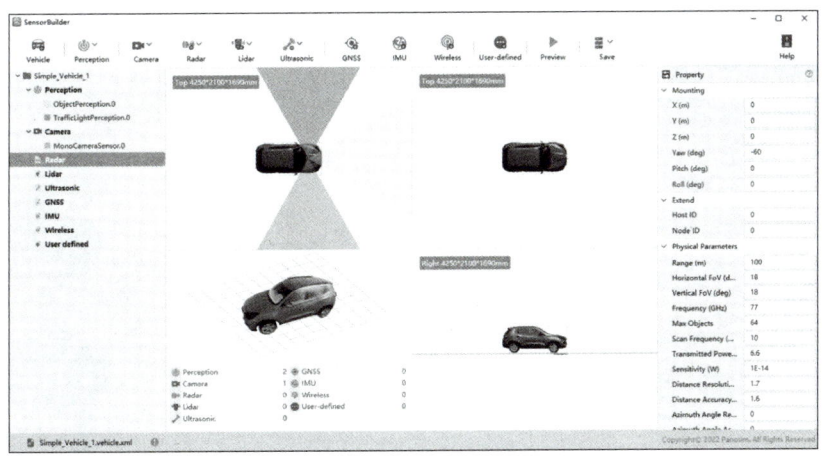

图 18-6　SensorBuilder 参数设置面板

表 18-2　PanoSim 内置的通用传感器模型

传感器类型	名称	释义
感知器（Perception）	Object Perception	单目相机目标感知器
	Lane Info Perception	单目相机车道线感知器
	Traffic Light Perception	单目相机交通信号灯感知器
	Depthmap Perception	深度相机感知器
	Segmentation Perception	语义分割相机感知器
	Free Space Perception	可通行区域感知器
	Parking Lots Perception	空车位感知器
相机（Camera）	Mono Camera Sensor	单目相机
	Fisheye Camera Sensor	鱼眼相机
雷达（Radar）	Radar Sensor	毫米波雷达
激光雷达（LiDAR）	Surround Lidar Point Cloud Sensor	机械式点云级激光雷达
	Solid State Lidar Point Cloud Sensor	固态点云级激光雷达
超声波（Ultrasonic）	Ultrasonic Sensor	超声波雷达
	Ultrasonic HIFI Sensor	高精度超声波雷达
GNSS	GNSS	全球导航卫星系统
IMU	IMU	惯性测量单元
用户自定义（User-defined）	Event Camera	事件相机

三、运行仿真实验

1. 仿真实验执行

在完成仿真行驶环境、仿真主车（包含传感器）的构建后，用户可以将已经开发完成的智能驾驶算法接入，在 PanoSim 工具链内嵌的 PanoExp 模块设置实验相关参数，开启仿真实验。在 PanoSim 中，一个仿真实验的文件拓扑结构，如图 18-7 所示。

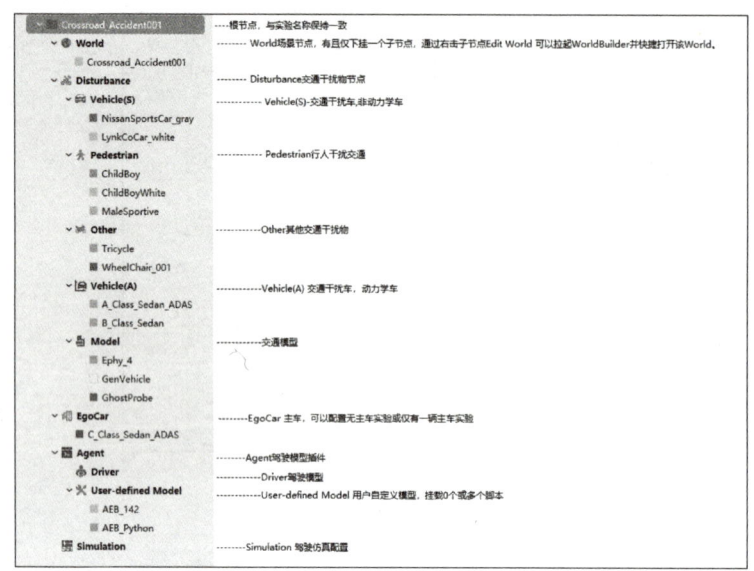

图 18-7　仿真实验的文件拓扑结构

18-1-6　仿真实验执行

上述实验树里面的"Agent"节点下的"User-defined Model",即为用户开发和编辑的智能驾驶相关算法。目前 PanoSim 支持用户基于 C/C++、Python、Simulink 等开发平台。PanoSim 提供相应的算法框架撰写模板和 Demo 实例,用户可以将其作为基础和参考去完成相应智能驾驶算法的深入开发工作,并接入 PanoSim 软件里面,PanoExp 在启动时会自动从上述安装目录提取算法模块展示到上述实验树的"User-defined Model"节点下面,用户也可以从上述节点下选择删除相应的算法模块节点。PanoSim 能提供方便的"插件"方式,支持用户智能驾驶算法的开发和调试:

1)步骤 1。将编写完成的算法(MDL/Py/DLL)放入目录"...\PanoSimDatabase\Plugin\Agent"。

2)步骤 2。启动 PanoExp 主程序,打开一个仿真实验,单击菜单栏中 Agent 按钮,可打开算法模型插件库,遍历上述目录里放置的算法模型。

3)步骤 3。将所需算法模型文件拖动到 PanoExp 软件的中央场景编辑区域,则算法可以显示在左侧实验树的"User-defined Model"节点下,完成算法模型接入。

4)步骤 4。在 PanoExp 软件左侧实验树中,选中 User-defined Model 下对应的算法,可在属性编辑器中进一步编辑和调整相关算法参数。

5)步骤 5。此时算法模型插件接入完成,可以在实验中运行。

2. 仿真实验调试及重新仿真

PanoExp 给用户提供算法软件开发和调试过程中的高效 Debug 支持,例如:-print 方式,在 PanoExp 的设置中将 Debug Level 设置为 Verbose,则可以在仿真过程中打开调试窗口,观察仿真过程中的相关打印信息,如图 18-8 所示。

18-1-7　仿真实验调试及重新仿真

第十八章 智能网联汽车科创平台

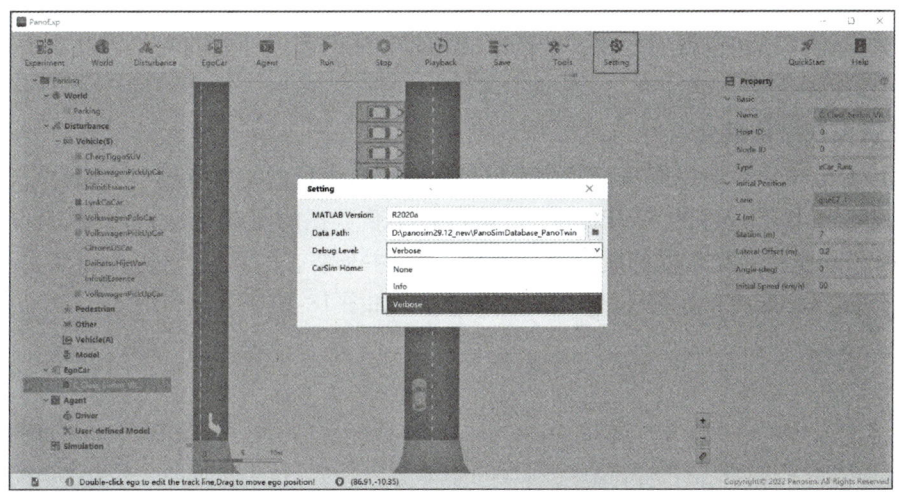

图 18-8　Debug Level 设置示意图

在调试过程中，可以实时查看数据总线变量的输出。如使用 Simulink 时，可以在关键变量上添加示波器（Scope），实现总线数据变化的实时观察；使用高级语言时，可以采用打印输出的方式，并在命令行窗口观察或者利用绘图方式观察。PanoExp 给算法开发者提供其参数的图形用户界面自动生成方法，开发者可以将需要调节的参数按照 PanoSim 建议的方式进行编辑，即可在图形用户界面窗口看到参数当前的赋值，并可以动态修改参数赋值然后重新运行，这样算法开发用户就可以通过快速调参实现高效率的算法调试，如图 18-9 所示。

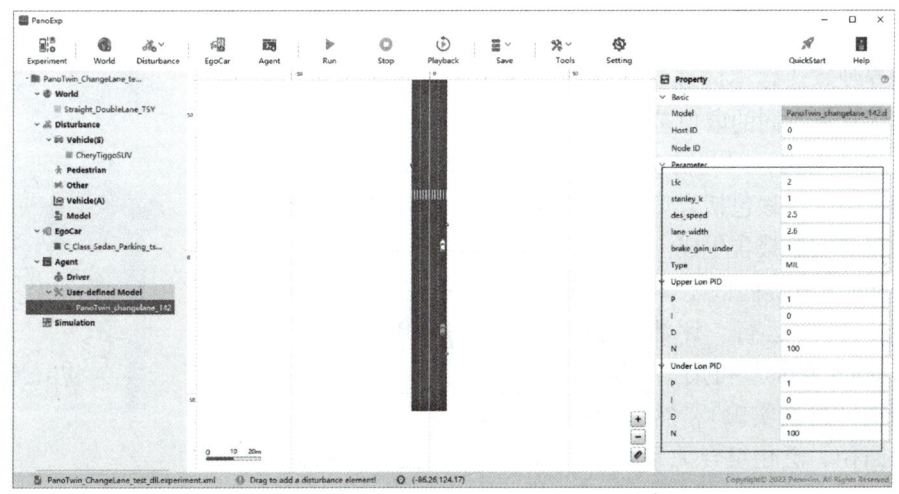

图 18-9　PanoExp 中自动生成算法参数调试的图形用户界面窗口

PanoExp 提供 Playback 功能，支持不同视角下（鸟瞰视角、跟车视角、驾驶人视角）对仿真实验过程的回顾、观察及分析，支持快进/快退等基本的回放功能。更重要的是，用户可以通过此功能实现高效的 Re-Simulation，因为在 Playback 过程中，除动力学模型和交通模型不参与实际运行，其他模型均正常仿真（如各传感器模型），因此可通过修改传感器内外参数，快速验证其感知包络的变化、开环感知总体算法的表现性能的变化，以及相关告警算法的触发变化等。

3. 仿真实验数据后处理

在 PanoExp 模块里面完成执行的仿真实验，会产生大量的实验数据。实验终止后，可以通过 PanoSim 工具链内嵌的 PlotBuilder 模块进行实验数据的可视化分析和存储管理。当前 PlotBuilder 模块支持 4 类数据的展示，分别是 ego（主车姿态信息）、ego_extra（主车动力学信息）、global（全局变量）及 judge（评测数据），如图 18-10 所示。

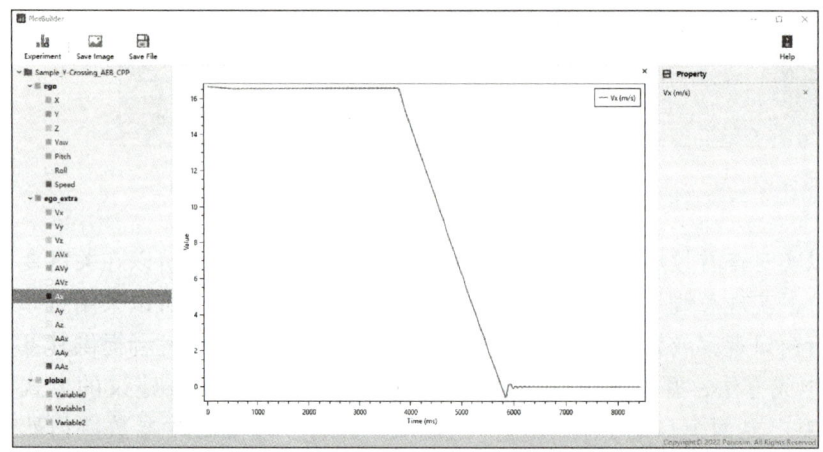

图 18-10　PanoExp 中 PlotBuilder 界面

18-1-8　仿真实验数据后处理

4. 仿真实验自动化

智能驾驶算法在不同场景下的运行需要考虑多个关键性参数，每个参数都具有不同的取值范围和采样方法。这些参数的组合形成了大量的测试用例，因此需要进行自动化测试，以提高测试效率。自动化测试的全流程包括自动化的实验运行、自动化的实验过程评测和自动化的实验报告生成。

PanoSim 工具链内嵌了 TestBuilder 模块，可支持仿真实验的自动化功能，包括运行、评测和报告生成。TestBuilder 模块中的 "Generalization Tools" 可用于实验参数的泛化。用户可以选择特定的测试用例（仿真实验），然后选择要泛化的一个或多个参数，并配置参数路径、泛化组合关系（平行或正交）、泛化起始值、泛化终值、步长等。多条件泛化配置可采用 N-Wise 方法。

18-1-9　仿真实验自动化

PanoSim 还预置了一些基础评测模型，如 VerifierSpeedOver、VerifierCollision、VerifierPressLine、VerifierOutRoad、VerifierRetrograde、VerifierRedLight、VerifierComityToTraffic、VerifierStopSign 和 VerifierDerail 等。用户可以基于 PanoSim 提供的模板和 Demo 开发评测模型，并将其应用于自动化测试过程中，如图 18-11 所示。

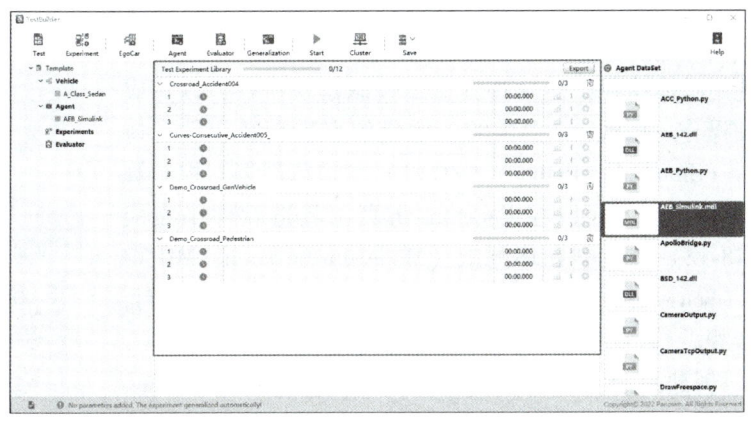

图 18-11　PanoExp 中 TestBuilder 界面

四、基于仿真平台的智能驾驶科创实验

1. 基于纯仿真软件的算法开发

（1）感知算法开发　智能驾驶汽车在行驶过程中必须通过感知算法完成对环境的感知工作，包括但不限于车道线、交通信号灯、交通标识、动态/静态障碍物等目标的识别和状态估计。环境感知算法通过车辆上安装的各种传感器（如相机、激光雷达、超声波传感器等）来实现对行驶环境的实时感知和认知，提供数字化和结构化的环境信息，以供决策和规控算法使用。PanoSim 提供了一套集成仿真工具链软件，支持在不同开发平台（如 Python 和 C/C++）下进行感知算法的开发和测试验证。下面以在 PanoSim 仿真工具链软件中完成车道线识别算法的软件在环测试（Software-in-the-Loop，SIL）方式的开发与测试为例，介绍基本实践步骤。

18-1-10　感知算法开发

1）步骤 1。在 FieldBuilder 中构建车道线曲率持续变化的测试道路，例如 8 字绕环道路。

2）步骤 2。在 VehicleBuilder 中构建或选择仿真主车，并根据车道线识别需求，在 SensorBuilder 中配置高保真度传感器（例如单目相机传感器），并保存主车辆配置。

3）步骤 3。在 PanoExp 中创建仿真实验。

4）步骤 4。将仿真主车辆引入实验，并基于 PanoSim 内置的驾驶人模型设置主车的行驶路线。

5）步骤 5。用户开发车道线识别算法，以仿真主车的单目摄像头传感器输出图像为输入，通过计算机视觉算法计算车道线候选点，并拟合车道线参数。将车道线参数方程系数作为车道线识别算法计算结果输出。

6）步骤 6。可以通过与 PanoSim 内置的车道线感知器输出结果进行比对，验证开发的感知算法精度。

7）步骤 7。将开发的车道线识别算法引入仿真实验并运行。

这样的流程有助于开发和验证感知算法，并确保其在不同场景下的可靠性。同时，可以将内置的车道线感知器输出结果作为"真值",方便量化评估自研算法的精度。

(2) 规控算法开发　智能驾驶汽车在完成环境感知后,通常需要由规划模块规划具体路径,然后将其交给控制模块执行,以完成闭环控制的行驶操作。PanoSim 提供的一体化仿真工具链软件支持在不同开发平台(Simulink、Python、C/C++)下进行规划与控制算法的开发和测试验证。下面以在 PanoSim 仿真工具链软件中完成 AEB 算法(图 18-12)的模型在环测试(Model-in-the-Loop,MIL)/软件在环测试(Software-in-the-Loop,SIL)方式开发与测试为例,介绍基本实践步骤。

18-1-11　规控算法开发

1) 步骤 1。创建适合 AEB 算法测试的场景,包括道路选择、前方的静止障碍物以及干扰模型的配置。

2) 步骤 2。构建或选择仿真主车辆,配置目标传感器(例如毫米波雷达的目标级模型)并保存主车辆配置。

3) 步骤 3。创建仿真实验。

4) 步骤 4。引入仿真主车辆,并使用 PanoSim 内置的驾驶人模型配置主车辆的行驶路线。

5) 步骤 5。用户开发 AEB 算法,使用毫米波雷达模型的输出和主车辆状态信息作为输入,基于动力学模型提供的接口设计 AEB 算法,生成车辆控制命令,并作为算法输出。

6) 步骤 6。将开发的 AEB 算法引入仿真实验,并运行实验。

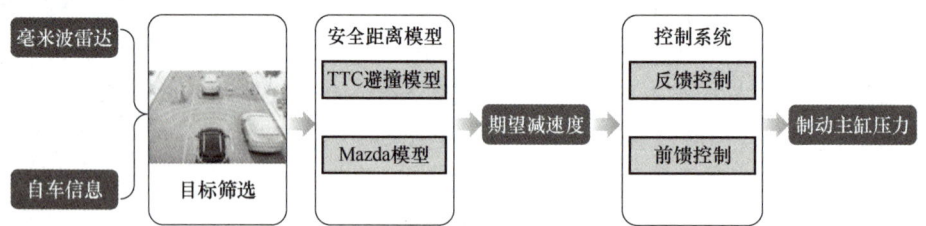

图 18-12　AEB 算法基本原理示意图

(3) V2X 算法开发　智能驾驶汽车的"智能"可以基于自主智能,也可以基于协作智能,通过车辆与其他实体(包括车辆、道路、行人、云等)之间的智能信息交换和共享,实现在复杂环境下的感知(尤其是超视距情况下)、智能决策和协同控制等功能。PanoSim 提供的一体化仿真工具链软件支持在不同的开发平台(Simulink、Python、C/C++)下进行 V2X 算法的开发和测试验证。下面以在 PanoSim 仿真工具链软件中完成 T/CSAE 53 标准中的 V2X 前方碰撞警告(Forward Collision Warning,FCW)算法(图 18-13)的 MIL/SIL 方式的开发与测试为例,介绍基本实践步骤。

1) 步骤 1。构建产生 V2X 前方碰撞警告的场景(场地选择、前方静止障碍物、干扰模型配置等)。

18-1-12　V2X 算法开发

2) 步骤 2。构建(选择)仿真主车,给仿真主车配置 V2X 传感器(SensorBuilder 下的

Wireless 模型，选择 V2X_ BSM），并保存主车。

3）步骤 3。创建仿真实验。

4）步骤 4。接入仿真主车，并基于 PanoSim 内置的驾驶人模型配置主车的行驶路线。

5）步骤 5。用户开发 V2X FCW 算法（以上述 V2X_BSM 的输出及主车状态信息为输入，基于系统提供的告警 API 为输出）。

6）步骤 6。将 V2X FCW 算法接入实验，运行仿真实验。

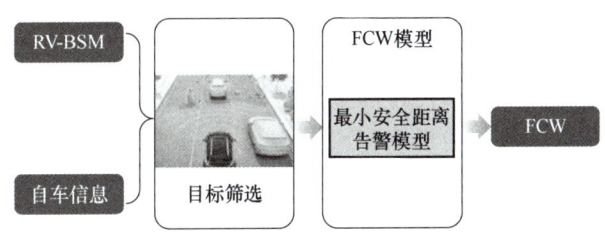

图 18-13　FCW 算法基本原理示意图

2. 基于仿真 HIL 台架的算法开发

在纯仿真平台下的开发与测试存在着与实际物理系统之间的模型仿真置信度的问题。为了进一步提升系统的仿真置信度，可以在仿真系统中集成真实车辆底盘执行器单元，形成实物仿真平台，从而提升仿真平台的保真度和置信度。这包括将汽车底盘内的动力子系统、制动子系统、转向子系统、悬架子系统等与仿真平台进行集成。

制动系统硬件在环台架，如图 18-14 所示，其包含了真实的制动负载舱、敏感的踏板力加载器、模块化的被测设备安装位置、实时控制的虚拟驾驶人模型，以及实时车辆动力学计算反馈、高精度传感器阵列等组件。结合 PanoSim 仿真工具链，可以支持创建丰富的测试场景和测试用例，提供多样的过程 I/O 数据接口，支持高效的线控制动和线控底盘算法的开发。此外，它还支持 MATLAB/Simulink 下的联合仿真，或脱离 Simulink 环境进行仿真。这对于高校师生在真空助力器、2Box/1Box Booster、ABS/ESC 等算法研究，以及各种线控制动控制系统的科研实践等方面可发挥重要作用。

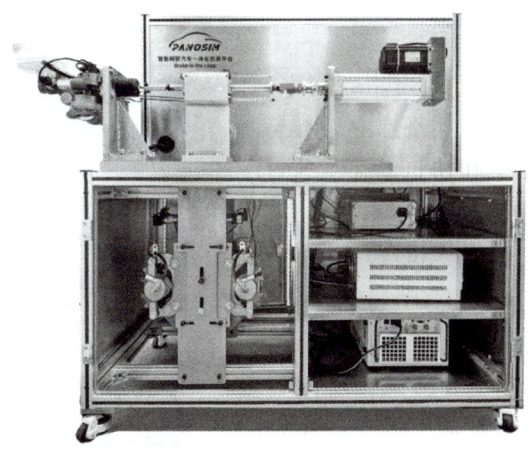

图 18-14　制动系统硬件在环台架

18-1-13　基于仿真 HIL 台架的算法开发

3. 基于数字孪生仿真平台的算法开发

场景在智能驾驶测试中起到了模拟真实世界情况、验证系统性能和安全性、改进智能驾驶技术的关键作用。通过多样化的场景测试，可以更全面地评估智能驾驶系统的可行性和可靠性。封闭测试场和道路测试具有诸多优势，但同时也存在一些固有缺陷。例如场景工况的覆盖面有限、在构建边缘场景时存在一定难度，以及安全性难以保障等。这些固有缺陷，也直接影响着智能驾驶技术和产品的实际应用。

18-1-14　基于数字孪生仿真平台的算法开发

基于模拟仿真技术，可以自动构建和生成多样、逼真且大规模的虚拟场景，包括典型驾驶场景、极限或边缘驾驶场景，并创建满足不同测试标准、规范和需求的测试用例。模拟仿真测试不仅具有良好的可重现性，而且不受时间、气候和地点的限制，同时可以替代危险性试验。它还可以方便、自动地调整试验参数，从而缩短开发周期、提高效率、降低成本并确保安全性，实现全天候、全工况的智能汽车自动化测试、验证和评估。因此，基于数字孪生技术，PanoSim 将真实世界的场地和车辆在虚拟世界中构建为数字场地和数字车辆。同时，在虚拟世界中创建丰富的场景，形成了虚实融合的仿真开发与测试平台 PanoTwin，如图 18-15 所示。

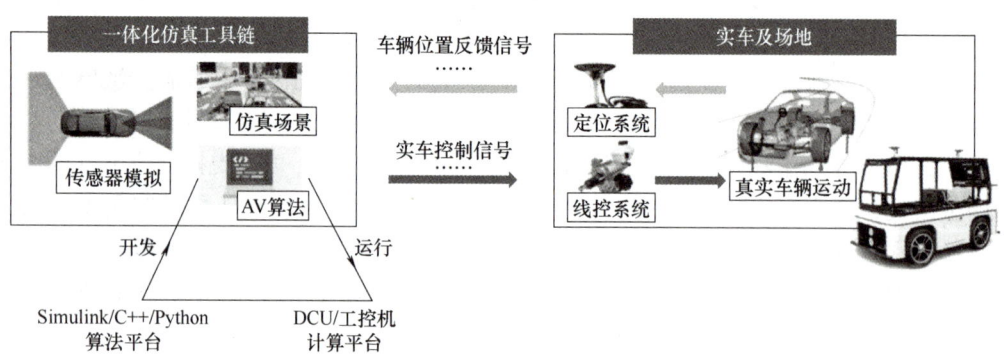

图 18-15　PanoTwin 系统构成示意图

PanoTwin 有助于师生们利用丰富多样且逼真的虚拟测试场景，以及实车场地在环测试的较高置信度系统，高效安全地完成算法调试和验证评估。PanoTwin 能提供丰富的数据 I/O 接口、开放的二次开发和接入 API，支持高效的汽车智能驾驶算法开发和测试验证，支持 MATLAB/Simulink 下的联合仿真，或无 Simulink 环境的仿真，支持在 Simulink、C/C++、Python 等不同平台下的算法开发。

4. 基于驾驶模拟器的智能化算法开发

在实际车辆上进行汽车智能化算法的开发和测试，会面临着成本、效率和安全性等方面的挑战，因此这可能并不合适高等院校内的教研和科创活动。通过建立多物体硬件仿真平台（包括实物和半实物组分），如驾驶模拟器座舱（包括视觉、操作、人机

18-1-15　基于驾驶模拟器的智能化算法开发

界面等)、仿真工具链(包括实时动力学模型、高度逼真的行驶环境、高度逼真的传感器模型、高度逼真的交通模型等)以及高效的算法开发和集成平台等,可以为高校学生提供在汽车智能化领域进行科创活动的支持。驾驶模拟器 PanoDrive 即可满足上述的创研需求。

PanoDrive 融合了 PanoSim 的专业仿真软件工具链(用于创建行驶环境、提供车辆模型和传感器模型,以及强大的车辆智能化算法开发平台)和实际车辆所使用的硬件组件(包括加速踏板、制动踏板、方向盘、档位操作,以及 HMI、DMS、OBU、DCU、ECU 和工控机等),不受环境限制,可提供逼真的驾驶体验。如图 18-16 所示,PanoDrive 具有开放且灵活的架构设计,便于集成和二次开发。此外,它可以从单机仿真扩展到分布式仿真架构,支持包括安全的极限功能开发和测试验证、人机共驾、人机对抗、多车编队等复杂使用场景下的汽车智能化相关科创活动。

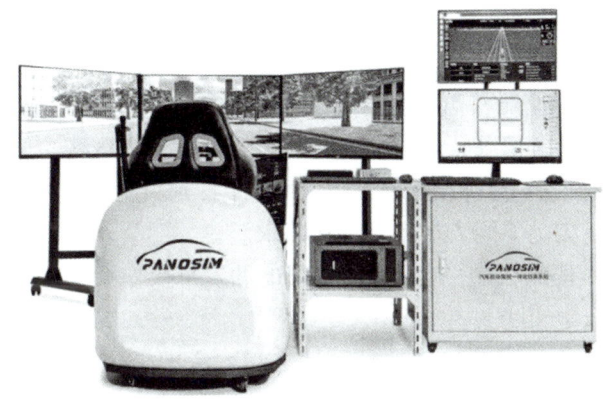

图 18-16　PanoDrive 系统构成示意图

第二节　uCom 智能座舱科创平台

uCom 智能座舱科创平台(简称座舱科创平台)基于 i.MX8M 硬件平台,可进行 Linux 和安卓操作系统的移植,结合 Qt 进行 UI(用户界面)设计与开发,支持多种主流音/视频媒体播放。uCom 智能座舱科创平台的研发过程中,有多名经验丰富的车载 IVI 开发者和管理者参与其中,他们注重理论联系实际,注重产学研相结合,将实际车载开发的成果转化至座舱科创平台之中。

一、uCom 智能座舱科创平台的主要功能及指标

(一)uCom 智能座舱科创平台的主要功能与技术指标

uCom 智能座舱科创平台的主要功能:支持多种主流音/视频媒体播放,具有 FM/AM 播放、USB 播放、手机互联、语音识别、地图导航、CAN 通信,以及功能设置等多种功能;可以和手机进行蓝牙连接,能够提供完整的车载信息娱乐系统整体解决方案;可以建立车载培训资料库,进而建立完善的车载培训体系。uCom 智能座舱科创平台功能画面如图 18-17 所示。

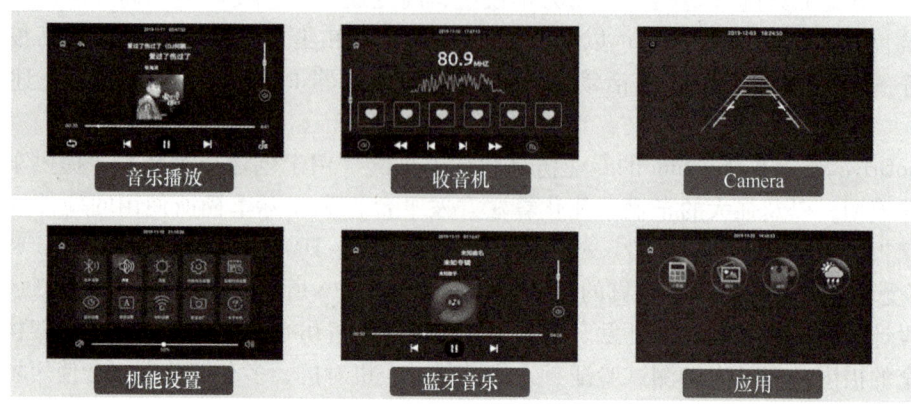

图 18-17 uCom 智能座舱科创平台功能画面

uCom 智能座舱科创平台的技术指标：

（1）性能和稳定性　座舱科创平台具备良好的性能和稳定性，软硬件兼容性好，适配性强，不会出现黑屏等异常情况，触屏响应时间短，画质清晰流畅。

（2）用户界面友好　座舱科创平台的界面设计直观友好，易于接受和使用，同时具备一定的可定制性，以满足不同人员的个性化需求。

（3）多平台支持　座舱科创平台能够在 Linux 和安卓操作系统上运行，确保可以在不同系统环境下都能进行教学实践。

（4）扩展性和定制性　座舱科创平台设计之初，考虑未来的可扩展性，架构设计采用了模块化设计，可以根据教育机构或教育者的需求进行定制，教学内容可以根据实际需要和应用场景进行适当裁剪，以满足不同组织的个性化的教学要求。

（5）技术支持和维护　座舱科创平台可以提供专业可靠的技术支持和售后维护服务，可以通过多种方式解决用户在使用过程中遇到的问题。

（二）uCom 智能座舱科创平台的特点与优势

1. uCom 智能座舱科创平台的特点

（1）实践性强　车载教学体系注重学科知识的实际应用，通过具体的项目设计和实践操作，使学生在实战项目开发中掌握所学的知识，获得开发经验。

（2）贯穿全程　教学过程中车载开发的实践活动贯穿始终（从课程设计到实施），使学生能够在整个学习过程中不断进行实践性训练。

（3）项目驱动　教学活动以具体实践项目为导向，学生通过参与项目，解决实际问题，提升了解决实际问题的能力。

（4）团队合作　在车载教学过程中，鼓励学生之间的团队合作，培养学生的团队协作能力和沟通能力。

（5）产出可见　学生通过车载教学可以产出具体的项目成果，这些成果提高了学生的自信心，对学生的能力提升和职业发展具有实质性的帮助。

2. uCom 智能座舱科创平台的优势

（1）培养综合能力　座舱科创平台以嵌入式开发知识为基础，同时结合车载的基础知识和车载业务知识等多学科知识，促进学科知识融合，培养学生的综合能力。

（2）提升就业竞争力　学生通过座舱科创平台获得的实际项目经验，能够提升其在就业市场上的竞争力。

（3）激发学习兴趣　座舱科创平台使学生能够参与到具体项目中，增加了学习的趣味性和吸引力。

（4）适应产业需求　座舱科创平台紧密结合实际车载开发技术，培养出符合汽车电子产业需求的应用型人才，使学生更容易适应职业生涯。

总体而言，uCom 智能座舱科创平台通过实践性强、贯穿全程的特点，使学生能够在实际开发应用过程中获得丰富的经验，提高学生的综合能力和实际问题解决能力，对学生的职业发展具有积极的推动作用。

（三）平台的应用领域与市场

uCom 智能座舱科创平台可以供全日制本科、大专院校、职业技术学院和高中等教育机构选用，培养学生的实际操作能力；也可以供企业和行业组织选用，培养初级开发人员的研发能力；还可以供个人爱好者使用，通过自学或者面授教学的方式，结合专业的远程技术指导，达到快速学习并掌握车载开发技能的目的。

uCom 智能座舱科创平台的市场前景取决于嵌入式技术和汽车电子技术发展的需求。随着车载微控制单元、智能座舱、智能驾驶等领域的发展，消费市场对车载开发人员的需求将会持续增长，对人员的专业技能的要求也会越来越高。因此，uCom 智能座舱科创平台的市场具有较好的发展前景。

此外，随着教育数字化的发展趋势到来，uCom 智能座舱科创平台未来也可以融合在线教学和远程学习技术，为读者提供更加灵活多样的学习体验。

二、uCom 智能座舱科创平台的系统组成

本节主要介绍了 uCom 智能座舱科创平台的系统架构、硬件构成、软件构成及基本功能和特点，旨在帮助相关学习者更高效、更准确地掌握使用 uCom 智能座舱科创平台，并熟悉基于该平台下进行科创项目研究与学习的操作基础。

智能座舱作为将车内人员与云端服务有机结合的窗口，是一个多领域技术结合的产物，需要将芯片、传感器、模组、通信控制、软件操作系统、图形化框架库、第三方功能服务 SDK、上层应用、人机交互设计、人工智能、云服务等各类知识技术体系有效地运用在一起，因此智能座舱的知识体系相对复杂。

uCom 智能座舱科创平台根据智能座舱的知识体系的特点，将智能座舱的中控屏的交互类上层应用软件作为切入口，帮助相关学习者更好地掌握智能座舱交互类上层应用软件的开发技术。

图 18-18 和图 18-19 为 uCom 智能座舱科创平台基于不同操作系统的整体架构示意图。

（1）硬件平台　uCom 智能座舱科创平台的硬件是基于 NXP 公司 i.MX8M 系列芯片的 MYD-JX8MX 系列开发板。i.MX8M 系列芯片的应用处理器基于 Arm® Cortex®-A53 和 Cortex-M4 内核，具有较为领先的音频、视频处理功能，广泛应用于消费家庭音频、工业楼宇自动化及移动计算机等领域，如图 18-20 所示。在已量产的各类整车厂的智能座舱产品中，此系列芯片较为常见。

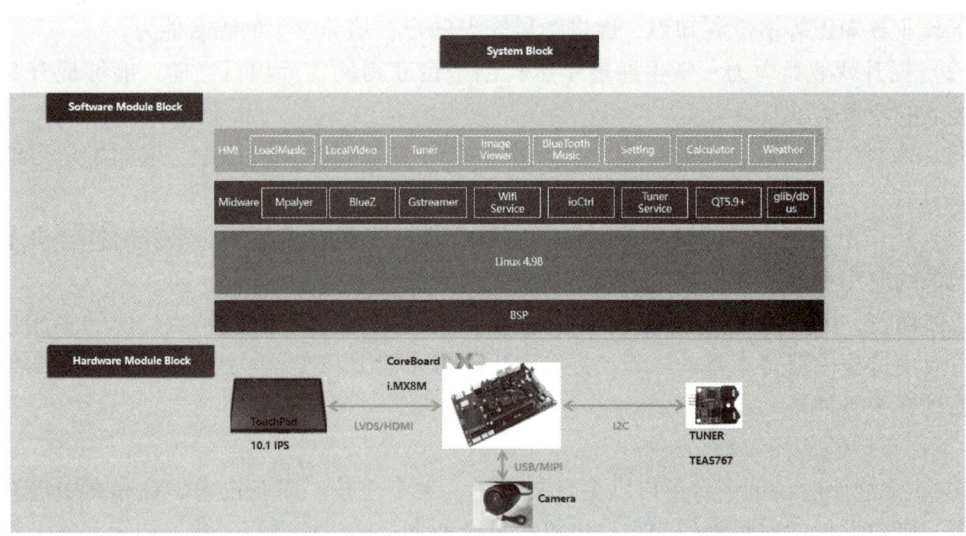

图 18-18　基于 Linux 系统的整体架构示意图

图 18-19　基于 Android 系统的整体架构示意图

图 18-20　i.MX8M 系列芯片的 MYD-JX8MX 系列开发板实物图

i.MX8M 处理器资源相关参数见表 18-3。

表 18-3　i.MX8M 处理器资源相关参数

英文名称	中文名称	相关参数
Feature	芯片特征	i.MX 8M Quad/QuadLite i.MX 8M Dual
Main CPU	主中央处理器	2×或 4×Cortex-A53 @ 1.3GHz，1MB L2
Microcontroller	单处机	Cortex-M4 266MHz
DDR	双倍速率同步动态随机存储器	×16/×32 LPDDR4/DDR4/DDR3L
GPU	图形处理器	GC7000Lite（4 shaders） OpenGL ES 2.0/3.0/3.1，Vulkan，OpenCL 1.2
Display Features	显示支持功能	4K HDR，DCSS，LCDIF
Display Interfaces	显示接口	1×MIPI-DSI，HDMI 2.0a Tx（ARC）t
Video Decode Video Encode	视频编解码	4Kp60 HEVC H.265，VP9，H.264 [S/W 1080p30 H.264 uses 3×A53]
Audio Interface	音频接口	6×SAI（10Tx+14Rx external I2S lanes）： 每条通道最高支持 24.576MHz BCLK（32-bit，2-ch 384kHz，最多支持 32 个音频通道数据传输） DSD512
Camera Interface	摄像头接口	2×MIPI-CSI（4-lanes each）
USB	USB 接口	2×USB3.0 Type C
Ethernet	以太网接口	1×GbE
SDIO/eMMC	—	2×SDIO/eMMC
I2C	I2C 接口	4
SPI	SPI 接口	3
Temperature	工作温度	-40~105℃

　　MYD-JX8MX 系列开发板可以满足高性能产品的板卡要求。该开发板采用核心板（MYC-JX8MX）加底板（MYB-JX8MX）的形式，提供了 HDMI、LVDS（或 MIPI）、双摄像头输入（CSI）、4G 模块扩展（带 SIM 卡卡座）、Wi-Fi/BT 模块、多路 USB、多串口等外设接口。除此以外，硬件平台还提供了 MIPI-Camera 摄像头模组、TUNER-TEA5767 收音机模组、10.1inch IPS LVDC 触控屏等硬件模组，便于学习者进行科创项目的研究。

　　（2）软件平台　uCom 智能座舱科创平台可以提供基于 Linux、Android 两种操作系统的架构，学习者可以根据学习目的，在开发板中导入对应操作系统的镜像文件来完成开发板的软件系统配置。表 18-4 为平台的软件模组。

表 18-4　平台的软件模组

名称	作用
Linux 4.9.88 内核	Linux 版本开发板的软件基础包
U-boot	第一级引导启动程序，用于硬件初始化后，启动高级操作系统

(续)

名称	作用
各类设备驱动	USB、Ethernet、LCD、Wi-Fi、BT、Watchdog 等设备的驱动包
Yocto rootfs 文件系统	基于 Yocto 构建带 xwayland 的文件系统
Qt 5.9	图形化软件框架
应用实例程序	如音乐播放、收音机播放等应用程序
第三方 SDK	用于支持软件系统的第三方软件包及算法库,如科大讯飞云隐识别、旷视人脸识别、OpenCV、GStreamer 等
SOA 架构的服务 API	基于 SOA 架构的原子级服务的 API,如启动蓝牙服务、Wi-Fi 服务、GPS 服务等

uCom 智能座舱科创平台的软件系统分为系统层、中间层、应用层,具体见表 18-5。

表 18-5 各层软件的概述

名称	概述
系统层	操作系统、BSP、HAL 等; 开发语言:C 语言
中间层	图形框架、通信框架、功能算法、第三方软件包等功能模块及基于相关功能封装的 SOA 架构的服务 API; 如蓝牙服务、Wi-Fi 服务; 开发语言一般为 C 语言、C++
应用层	真正实现人机交互的按钮、下拉框、显示框等界面功能的软件系统; 开发语言一般根据图形框架系统指定

系统层是运行在硬件平台上的基础软件层,为软件系统提供操作系统调度、文件系统、设备驱动、状态管理、通信控制等基础服务,包括板级支持包(Board Support Package,BSP)、操作系统、硬件抽象层(Hardware Abstraction Layer,HAL)等软件结构。

中间层是运行在系统层上的、基于服务与框架的软件层,为应用层提供基于服务的软件接口。它将硬件、系统层与应用层进行了隔离,使得业务与技术的软件达到解耦,为满足复杂的用户需求、提高产品的开发效率起到了关键的作用。

应用层是直接与用户产生触点的媒介,是用户体验智能座舱的各类场景与功能的软件层。一般采用基于商业图形化框架软件来实现相关功能,如 Android 原生 Java 语言、Unity、Qt、Kanzi 等。

图 18-21 是在 uCom 智能座舱科创平台下实现音乐播放器的各软件层的调度场景。由应用层捕获用户的触控动作后,通过通信机制通知应用层的音乐播放器控制软件模块,由该模块做出决策后将音乐播放的指令发送至中间层提供的服务应用程序接口,中间层的相关播放音频服务接收到指令后,再通过系统层的设备虚拟 HAL 提供的应用程序接口,启动硬件的音频硬件模组,将音乐播放出来。

三、uCom 智能座舱科创平台的开发应用与实例

1. 车内语音识别功能开发案例

随着科技的不断发展,以及语音识别准确度的不断提高,语音交互在汽车智能座舱中的

第十八章　智能网联汽车科创平台

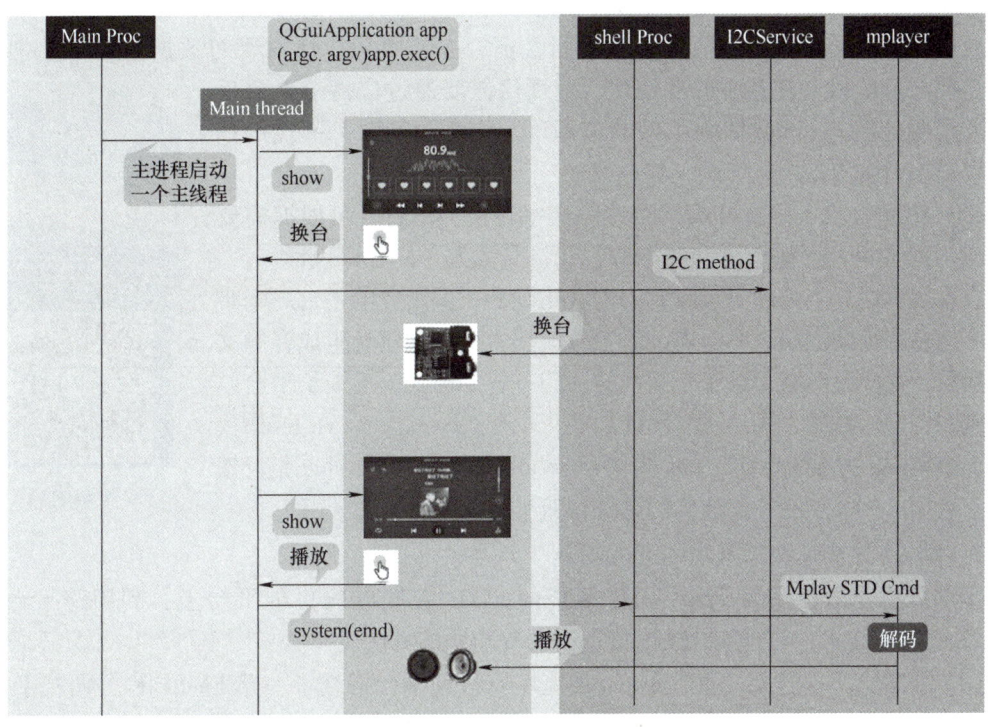

图 18-21　平台下实现音乐播放器的各类软件层的调度场景

应用越来越广泛，为驾驶人提供了更加便捷、安全的驾驶体验。下面将详细介绍语音交互在搭载安卓（Andriod）操作系统的 uCom 智能座舱科创平台中的使用案例。

uCom 智能座舱科创平台集成了科大讯飞的语音识别 SDK，可以实现语音唤醒、语音命令词识别、语音合成等功能。例如，现在平台已经实现通过呼唤指定的关键词来唤醒语音，通过分析用户的语音指令来实现对应的功能，最后通过语音合成把执行的结果以语音的方式再反馈给用户。同时，该平台还为开发者提供了扩展接口，可以让开发者在原基础上进行扩展，开发出属于自己的个性化功能。下面简单介绍如何通过 uCom 智能座舱科创平台中的语音识别功能扩展接口进行语音识别应用开发。

（1）语音唤醒　在一次完整的语音交互过程中，语音唤醒是整个过程的第一步。语音唤醒是一次交互过程的触发条件，平台在监听到唤醒词时，就会开启语音识别功能，等待用户继续说出之后的语音指令。

本案例中，唤醒功能是封装在平台内的，不需要外部应用再去实现，而唤醒词可以通过平台提供的配置程序进行配置。

（2）语音识别　通过语音唤醒，平台即可启动语音识别功能。语音识别是把接收到音频中的文字信息识别出来，再根据命令词配置文件中的槽点和内容，并整理文字。

本案例中会把整理好的内容，通过广播的方式发送出来，这样有需要处理语音指令的应用只要监听了这个广播，就能得到对应的指令信息。这个广播的 action 为 "com. ucom. vr. data"，带有 2 个 String 类型的参数，Key 分别为 "vr_data" "vr_sc_data"。"vr_data" 对应的 value 是语音识别出来的完整句子，"vr_sc_data" 对应的 value 是语音识别中根据所使用的配置文件，对应解析出的每个词所使用的 slot 信息。

应用需要以动态注册广播的方式进行注册，在接收到广播时要对数据中的 slot 进行校验：需要处理的 slot 数据则正常处理，处理后需要通过广播给平台反馈；不需要处理的 slot 数据则不做响应即可。相关功能的关键代码扫码见资料 H 中的①。

（3）语音合成　语音合成是将一段文字转换为语音，可根据需要合成出不同音色、语速和语调的声音，让机器像人一样开口说话。

在本案例中，当处理完接收到的语音指令后，应用要给平台一个带有文字信息的反馈，用于平台通过语音合成技术把文字信息生成音频文件并播放，这样就形成了语音交互中的一问一答的形式。反馈给平台结果使用的也是广播的方式，这个广播的 action 为 "com.ucom.vr.result"，带有 1 个 String 类型的参数，Key 为 "vr_result"，其对应的 value 是反馈的文字数据。相关功能的关键代码见资料 H 中的②。

资料 H

2. Wi-Fi 连接查询天气功能开发案例

本部分将介绍在搭载 Linux 操作系统的 uCom 智能座舱科创平台上，利用跨平台 Qt5 QML 图形框架技术，实现 Wi-Fi 连接查询天气功能的方法。

（1）实现 Wi-Fi 连接功能　uCom 智能座舱科创平台搭载了一路 Fn-LINK 公司基于博通的 43362 芯片组打造的、型号为 8274B-PR 的 2.4G/5G 的 Wi-Fi/BT 模块，模块处理器接口为 PCIE 和串口。

首先在 Wi-Fi 功能启动的界面捕获用户做出的 Wi-Fi 启动的指定，绑定一个 C++的槽函数，并通过 Linux 系统命令（shell 命令）调出封装的 Wi-Fi 启动脚本。Wi-Fi 启动脚本 wi-fi_start.sh 将硬件平台提供的 Wi-Fi 驱动 SDK 集成在应用程序中，实现指定 Wi-Fi 连接的功能。调用命令和脚本代码见资料 H 中的③。

当设置界面的 Wi-Fi Setting 按钮显示开启后（图 18-22），uCom 智能座舱科创平台上的 Wi-Fi 功能就允许使用。至此，开发者可以根据自己应用程序的需求，使用网络连接功能。

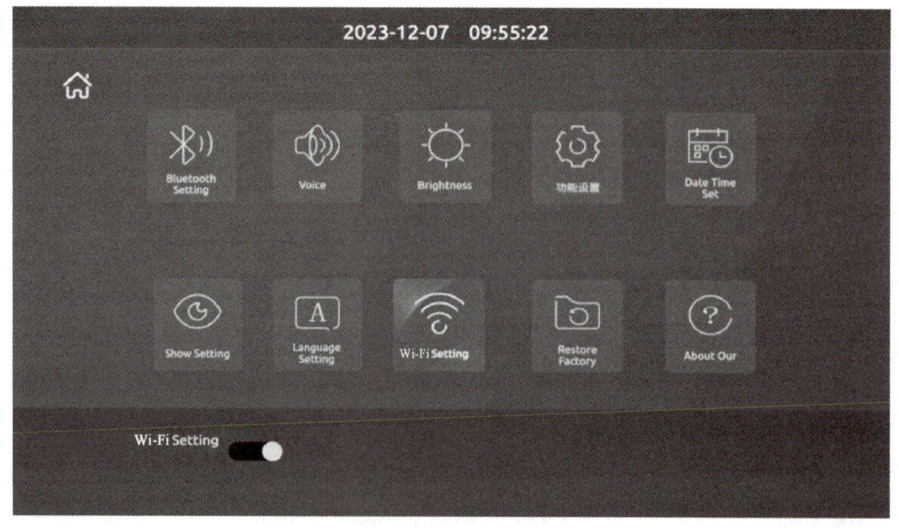

图 18-22　Wi-Fi 启动设置功能界面

（2）获取天气信息　开启 uCom 智能座舱科创平台的网络连接功能之后，就可以通过互联网获取国内城市的实时天气信息。本案例中使用了聚合数据提供的免费公开天气信息 API 接口。相关功能的关键代码见资料 H 中的④。

获取到的天气信息，如城市名称、温度、天气情况等信息，以 JSON 文本格式抓取后，为方便按城市名称显示在界面上，还需要转换成 QML 模块所能识别的 QString 格式，并通过 Qt 的信号槽机制发送到界面显示层。相关功能的关键代码见资料 H 中的⑤。

（3）实现天气信息显示　获取到天气信息之后，就需要实现人机交互，以显示选取城市的天气信息。由于采用了 Qt5 QML 图形框架技术实现人机交互界面，因此显示层与控制层之间的数据交互要符合 Qt 的信号槽机制。以天气信息中的多云、晴、雨天等图标显示的功能为例，做以下相关说明。

首先，需要在控制层的 C++ 代码里，先绑定一个信号槽关联。而后需要在 QML 的代码中进行对象数据 weather 的显示功能的代码实现。相关功能的 QML 关键代码见资料 H 中的⑥。

绑定后的对象数据 weather，在控制层的线程里发生数据变更时，会自动向显示层的 QML 代码发送刷新指令，从而触发画面刷新，并按照新的天气信息刷新对应的图标，如图 18-23 所示。

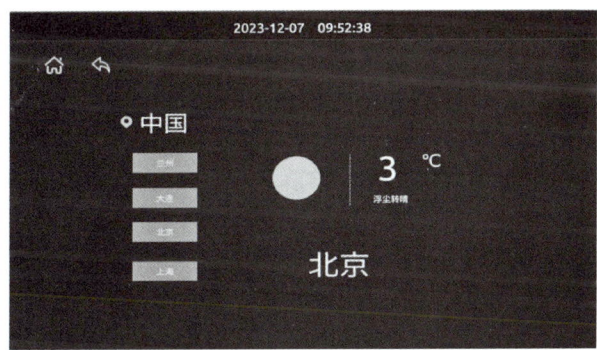

图 18-23　天气信息显示界面（城市：北京）